KB252430

러시아 극동지역의 역사

진인진

History of Russian Far East by S.M. Dudaryonok and F.E. Azhimov

Copyright © 2013 by Дальневосточный федеральный университет

All rights reserved.

This Korean edition was published by Zininzin Co., Ltd in 2018 by arrangement with Far Eastern Federal University(FEFU) through KCC(Korea Copyright Center Inc.), Seoul.

이 책은 (주)한국저작권센터(KCC)를 통한 저작권자와의 독점계약으로

진인진에서 출간되었습니다. 저작권법에 의해 한국 내에서 보호를 받는 저작물이므로

무단전재와 복제를 금합니다.

일러두기

- 본 저서의 각 장에서는 이 책의 저술에 많은 수의 전문 역사가 들이 참여하고 있다는 특징으로 인해 필자들의 개인적인 서술 기법과 표현 방식이 다양하게 나타나고 있다. 번역은 이러한 특징들을 살려주기 위해 가능한 직역에 충실하게 진행되었다. 그러나 번역된 한국어 문장이 너무 부자연스럽거나 이해하기 어려운 일부 경우에는 완역을 했으며, 의역은 최소한으로 진행 했다.

- 러시아어 고유명사와 고유명사처럼 사용되는 일반명사는 가 능한 국립국어원의 외래어 표기법 중 〈러시아어 표기 원칙(역 자에 의해서 표기 원칙에 약간의 변경이 가해졌다.)〉에 준해서 표기했다. 이에 따라 러시아어 고유명사 중에서 기존 한국어 표기가 본 역서의 러시아어 표기 원칙과 상치되는 것이 발생하 게 되는데, 이 경우에도 소수의 예외를 제외하면 〈러시아어 표 기 원칙〉에 준해서 표기했다.
  · 변경 예) Новгород: 노브고로드(×), 노브고로트(○)
  · 예외 예) Совет: 소비에트(○), 소베트(×)

- 표기 원칙과 관련된 자세한 사항은 책 뒷부분에 정리해 놓은 〈러시아어 표기 원칙〉을 참조하라.

- 본 책에 나오는 '동해'는 원문에는 '일본해(Японское море)'
  로 표기되어 있는 것을 역자가 임의로 바꾼 것이다.

- 고유명사(인명, 지명, 단체명 등), 법령, 도서제목 등은 첫 번째
  로 기술될 때 일 회에 한해서 원어 명칭을 병기했다.

- 러시아어 원본에는 각주가 없다.
  · 번역본에 나오는 모든 각주는 역자주이다.

- ( )로 처리된 것은 원문에 있는 설명이다.

- [ ]로 처리된 것은 역자가 부연한 설명이다.

- (2016)과 같이 ( ) 안에 수치가 들어 있다면, 특별한 표시가 없
  는 한 모두 연도를 가리킨다.

목차

서문

친애하는 독자 여러분!

여러분은 러시아 극동지역이라는 "소(小)조국"의 역사를 다루고 있는 교과서를 펼쳤습니다. 이 책은 고등교육과정에 있는 역사전공자는 물론이고 비 전공 학생, 그리고 모향(母鄕)의 역사에 관심이 있는 모든 이들을 위해 편찬되었습니다.

극동사를 대학 강의 목록에 포함시켜야만 하는 이유로는 여러 가지를 들 수 있습니다. 러시아 사회는 발전의 변곡점에서 자기 역사를 변화시키는 거대한 작업을 수행하고 있습니다. 젊은 전공학생은 특정한 지역과 인민의 경제적, 정치적, 사회문화적 발전이 반영되어 있는 지역의 역사에 대한 지식을 습득함으로써 견문을 확대할 수 있게 될 뿐만 아니라, 자신에게 주어진 지정학적 공간이라는 조건 속에서 지역 내부에서 그리고 국가들 사이에서 발생하는 수많은 문제들을 보다 전문적으로 해결할 수 있게 될 것입니다. 지역사에 대한 연구는 역사 인식의 지적 토대를 전반적으로 심화시키고 확대시켜 주고, 애국심, 시민의식, 자국민의 과거에 대한 존중, 나라의 미래는 인간적이고 문화적인 공동체라는 공간과 법치 국가라는 공간 속에서 가능하다는 것에 대한 이해 등을 인지할 수 있도록 알려 줍니다. 바로 여기에 『러시아 극동지역의 역사』 수업의 실용적 의미가 있습니다.

조국사에서 전 러시아적인 것과 지역적인 것의 본질과 이것들의 상호관계라는 현 시점의 당면 과제도 이에 못지않게 중요합니다. 따라서 『러시아 극동지역의 역사』 수업의 과업들 중 하나는 러시아에서 역사 과정의 보편 법칙이 발현되는 지역적 특수성을 인식하고 또한 이해하는 것입니다.

350년 이전에 러시아인들의 용기와 끈기 덕분에 "어둠에 쌓여있고", "다양한 이교도들"이 거주하고 있던 "낯선" 동쪽 땅이 러시아에 연결되었습니다. 이 지역은 멀고 먼 이국적인 변방에서 위대한 러시아 국가의 한 구성 부분으로 바뀌었습니다. 우리 선조들에게 있어 극동을 러시아에 통합시키는 것은 쉽지 않은 일이었습니다. 한 뼘 한 뼘의 땅을 얻기 위해 많은 생명을 바쳤습니다. 기근, 혹독한 겨울 그리고 알려지지 않았던 질병들로 인해 탐사자들이 건설한 촌락과 거점지가 사라지곤 했습니다. 그러나 발견자들과 조직자들은 러시아를 위해 개척한 땅을 포기하지 않았고, 후손들을 위해 이 땅을 지켰냈으며, 눈동자처럼 보호하고 부를 증대시키고 힘을 축적하여 남겨주었습니다. 극동지역의 땅이 가지고 있는 힘을 보존하고 불리며 축적하는 것은 이 땅의 역사를 잘 아는 사람만이 할 수 있습니다.

본 교과서에는 구석기 시대부터 현 시대까지 러시아 극동지역에서 진행된 역사적 발전 과정 상의 주요 지점들이 포함되어 있습니다. 특히 고대 시대, 러시아 극동지역에서의 초기 국가 형성, 러시아인에 의한 이 지역의 발견과 개척 과정, 외교 정책 문제들과 러시아 국가에 의한 이의 해결 과정, 그리고 20세기와 21세기에 극동지역 발전의 특징에 관심을 두고 있습니다.

본 교과서는 극동연방대학교 인문학부 산하 국사학과와 고문서학과가 극동연방대학교 인문학부 산하에 있는 다른 여러 학과들에 소속된 교육자들과 함께 공동으로 작업한 것입니다. 본 교과서의 저술에는 극동지역의 역사가들과 지역연구자들의 저작들이 이용되었는데, 이들의 연구들에는 극동변경지역의 경제적, 정치적, 사회문화적, 민족적 모습이 부문별로 재현되어 있습니다.

교과서는 다음과 같이 구성되어 있습니다. 먼저 역사적 자료가 사건-연대기 원칙에 따라 15개 장으로 구분되어 서술되어 있으며, 매 장 마지막에는 자율검토를 위한 질문이 제시되어 있습니다.[1]

교과서 마지막에 첨부되어 있는 연대기표를 통해 지역 역사에서 가장 중요한 사건들에 대한 보다 충분한 진술을 얻을 수 있을 것입니다.[2] 학생들은 각 장 별로 추가적으로 권장되는 도서들을 스스로 학습함으로써 교과서에서 살펴보고 있는 역사적 문제들에 대한 사고를 확대할 수 있을 것입니다.

본 교과서의 필자들은 극동지역의 역사를 총체적으로 조명하고 있다고 주장하지 않으며, 교과서의 구조에 대한 것에서부터 내용에 대한 것에 이르기까지 어떠한 형태의 논평이나 건설적인 제안도 환영하는 바입니다.

---

1   한국어 번역본에는 질문 부분을 생략하고 싣지 않았다.
2   한국어 번역본에는 연대기표를 생략하고 싣지 않았다.

서론

러시아 극동. 우리는 이 개념을 어떻게 설명할 것인가? 지역의 지리적 경계인가, 행정-영역적 구성체인가 아니면 민족-영역적 구성체인가? 언제 이 개념이 처음으로 등장했을까? 학자들과 지역연구자들 사이에서는 아직 이에 대한 통일된 견해가 형성되어 있지 않다. 몇몇 연구자들은 "러시아 극동"이라는 명칭이 20세기 초에, 즉 1906년 6월에 러시아 제국 내각이 정부 산하에 극동정주위원회(Комитет по заселению Дальнего Востока)의 구성을 결의하면서 작성한 공식 문서들에서 나타났다고 주장하고 있다. 다른 설들에 따르면, 이 지역에 명칭을 부여한 것은 V. K. 아르세니예프(B. K. Арсеньев)가 1912년 하바롭스크에서 출간한 『우수리 변경지역의 군사-지리·군사-수치 간략 개요집(Краткий военно-географический и военно-статистический очерк Уссурийского края)』이다. 물론 다른 견해도 있어서, 1908년에 저명한 경제학자인 N. V. 슬류닌(Н. В. Слюнин)이 상트페테르부르크에서 간행한 『극동 현황(Современное положение нашего Дальнего Востока)』이라는 저작에서 "극동"이라는 개념을 도입했다는 것이다. 그런데, 우리가 보기에는, 혁명 전에 편찬된 역사서로 1885년 상트페테르부르크에서 출간된 F. F. 슈페르크(Ф. Ф. Шперк)의 연구저작인 『극동 러시아(Россия Дальнего востока)』에서 최초로 이 개념이 도입된 것으로 보는 것이 형평성에 맞는 일이다.

현재 역사기술에서 "극동"으로 이해되고 있는 곳은 17세기 중반 이래로 러시아가 식민화하고 소유하게 된 동북아시아 땅이다. 한편, 야쿠티야는 이에 포함되지 않는데, 그것은 이곳이 러시아 극동 땅을 개척해 가는 단계들과 역사적으로 관련되어 있긴 하나 독립된 지역인 "동시베리아(Восточная Сибирь)"로 인식되고 있기 때문이다. "극동"이란 무엇인지에 대한 질문에 종합적 의미를 가진 답을 제시하기는 어려우나, 그럼에도 한 가지 분명한 것은 이 변경지역에는 우리가 습득하고 지킬 필요가 있는 풍부한 역사, 수많은 유산들, 전통들이 있다는 것이다. 만일 모향(母鄕)의 과거와 현재를 이해하지 못한다면, 현 젊은 이들에게 미래는 없다.

극동지역의 역사는 수만 년을 헤아린다. 러시아는 약 4세기 전에 이 옛날 이야기에나 나올 정도로 풍요로운 변경지역을 소유하게 되었다. 이것은 일관되고 중단 없는 과정이었으며, 이러한 경과 속에서 러시아의 영토적·지정학적 토대로서 극동지역이 가지는 의미는 커져갔다. 러시아 당국은 17세기에도, 18세기에도, 19세기에도, 20세기에도 극동 소유지를 보존하는 것뿐만 아니라 확장하기 위해 노력했다. 러시아 제국과 소련은 동방의 땅을 소유하기 위해 세밀한 정책을 추진하는 과정에서 무엇보다도 먼저 군사전략적이고 정치적인 고려에 따라 행동했다. 오늘날에 와서는 러시아의 아시아·태평양 공동체(Азиатско-Тихоокеанское сообщество)로의 통합이라는 맥락 속에서 극동 땅의 경제적 의의에 대한 논의가 점점 더 증가하고 있다. 그런데 러시아 극동 영토가 환태평양(ATP)의 경제구조에 들어가는 데에는 문명적이고 인구적인 장벽들이 존재한다.

극동지역 경제의 원료 지향적 특성, 빈약한 수준의 농업과 사회간접자본, 혹독한 기후조건 등으로 주민의 적응능력 중 많은 부분이 활성화되지 못하고 있다. 현재까지도 이 영토는 점유 수준이 낮고 거주에 그리 적합하지 않은 곳으로 남아있다.

러시아 극동지역에서 보이는 적은 주민 수는 인접하고 있는 동아시아 영토들에서 나타나고 있는 과정들을 배경으로 감안하면 특히 두드러진다. V. L. 라린(В. Л. Ларин) 교수가 정확하게 포착하고 있는 것처럼, 이 지역들에서는 인구밀도와 생산경제적 개발 수준이 폭발적으로 증가하고 있는데, 이것은 러시아가 극동 영토를 보존하는데 있어 명백한 난관으로 작용하고 있다.

오늘날 러시아 극동 영토가 (자연-지리적인 면이 아니라, 경제적, 정치적, 문화적인 면에서) 동아시아 지역과 동반하기에 충분한 자격을 갖추게 되는 것은 극동지역 사회·경제 발전 계획이라는 깊이 숙고되고 일관된 목적을 가진 계획에 크게 의존하고 있다. 2009년에 러시아 연방정부는 극동지역과 바이칼 지역의 발전 전략을 추인했는데, 여기에서는 동방 영토들에서의 주민 고착화가 핵심 목표로 수립되었다.

본 교과서의 필자들은 전문 역사학자들로서, 많은 시간 동안 극동지역 역사의 다양한 문제들에 대해 연구해 오고 있다. 필자들은 러시아 국내 역사학의 핵심 방법론들(역사주의, 객관성, 합목적성)에 기반을 두어 이 지역의 역사를 고대 시기부터 재구성하고, 17세기부터 현재에 이르는 동방 땅의 소유를 놓고 러시아 제국, 소련, 러시아 연방의 통치자들이 행한 정책들을 분석할 것이다.

사건-연대기 원칙에 따른 극동지역 역사의 해명, 지역적 역사-문화 요소들(전통, 주민의 심성, 주민의 역사적 기억)의 성격 규정은 러시아 동방에서 역사적 과정의 이해를 조성할 수 있도록 해 줄 것인데, 이것들은 국지적인 의미만 가지고 있다고는 결코 볼 수 없다. 이것들은 이웃 국가들의 역사들을 이해하는데 있어서도 중요하다.

러시아 극동을 포함한 아시아 대륙의 동방 지역들은 인구이주지대, 즉 간종족적(間種族的), 간문명적(間文明的), 경제적, 문화적 접촉들이 발생하는 지대이다. 본 극동사 연구 교과서의 필자들이 조사한 이러한 새로운 측면들은 오늘날 매우 중요하며, 이것들은 역사를 통한 교육과 역사를 통한 훈육에 있어, 무엇보다도 애국심의 형성, 러시아의 한 부분으로서 이 지역이 가지는 중요성에 대한 이해라는 맥락에서 도움이 될 것이다.

2000년에 새로운 지정학적 현상인 극동연방관구(Дальневосточ-ный федеральный округ)가 구성되었는데, 여기에는 프리모리예[3]변강주(примроский край), 하바롭스크변강주(Хабаровский край), 캄차카변강주(Камчатский край), 아무르도(Амурская область), 마가단도(Магаданская область), 사할린도(Сахалинская область), 유대인자치도(Еврейская автономная область), 축치자치구(Чукотский автономный округ), 사하(야쿠티야)공화국(Республика Саха (Якутия))이 포함되어 있다. 이것은 가장 규모가 크고, 가장 혹독하고, 아마도 특징들을 나열한다면 가장 다양한 관구이다. 『러시아 극동지역의 역사』라는 본 교과서에서는 바로 이 극동연방관구 경계 내에서 발생한 사실들과 사건들을 검토하고 있다.

---

3 '프리모리예(Приморье)'는 '(태평양 연안의) 해안 지역'이라는 의미로, 현재는 러시아의 태평양 연안 지역 중에서 남쪽에 위치한 우수리강에서 태평양 사이에 자리잡은 지역을 가리키는 명칭이다. 현재 국내에서는 이 용어를 '연해(주) 지역'으로 번역해서 사용하고 있으나, 이 책에서는 원어 그대로 표기하여 '프리모리예'로 사용할 것이다. 이 외에도 '프리아무리예(Приамурье)', '프리바이칼리예(Прибайкалье)', '자바이칼리예(Забайкалье)' 등과 같이 '~ 지역'을 지칭하는 러시아식 표기는 원어 그대로 표기할 것이다.

1장 고대와 중세의 극동지역

프리모리예 지역의 선사시대와 극동지역 역사에서 차지하는 위치

극동지역에 인류가 등장하는 과정은 현재 러시아 국내 학문 분야에서 가장 시의성있고 논쟁적인 문제들 중 하나이다. 인류의 등장 시기, 극동지역 이주 인류의 원주지들, 이주 방향, 고대인의 인류학적 유형, 인류가 사용한 석기의 기술적·유형학적 형태 등과 같이 극동 고고학의 핵심적인 문제들은 아직 더 많은 연구가 필요한 주제이다.

오늘날 고고학, 인류학, 고유전학(古遺傳學)에서 이룩한 성과물들로 판단해 보면, 지리적으로 극동지역 영토에 근접해 있는 시베리아, 동아시아와 동북아시아라는 광대한 공간들에는 이미 전기 구석기 시대부터 사람이 살고 있었다. 중국에서는 1백 80만 년에서 1백 50만 년 전에 만들어진 수많은 고대 주거유적지들이 발굴되었다. 알타이에서는 80만 년에서 50만 년 전으로 추정되는 카라마(Карама) 유적이, 야쿠티야에서는 최소한 35만 년에서 25만 년 전 시기에 해당하는 디링그-유랴흐(Диринг-Юрях) 유적이 연구되고 있다. 이러한 자료들은 적어도 1백 50만 년 전에 아프리카에서 출발한 원인(原人(호모 에르가스테르, 호모 에렉투스))과 생물학적으로 관련이 있는 고대인이 동남아시아와 동아시아에 정착했음을 증명하고 있다. 여기에서부터 사람들이 더 멀리 북쪽과 동북쪽으로 이동하기 시작했던 것으로 보인다. 극동지역 영토에서 고대인들이 확산되는 과정이 언제 시작되었는지를 정확하게 말하는 것은 불가능한데, 그것은 이곳에서는 전기 구석기 시대 연구자와 관련이 있는 유적만이 산발적으로 발굴되고 있기 때문이다. 인류학적 유물이 부재한 상황에서 우리는 어떤 생물학적 종에 속하는 인류가 극동에 흘러 들어 왔는지, 이들이 후기 원인(호모 에렉투스)이었는지 또는 고(古)사람과의 보다 완전한 형태인 구인(舊人(호모 네안데르탈렌시스))이었는지에 대해 답할 수 없다.

생물학적 분류 상 현생 인류(호모 사피엔스 사피엔스)는 약 20만 년~15만 년 전에 동아프리카에서 등장했다. 약 80,000년~60,000년 전에 현생 인류는 유라시아와 오스트레일리아로 확산되기 시작했다. 처음에 호모 사피엔스 사피엔스는 동유라시아와 오스트레일리아에 정착했으며, 이후 중앙아시아와 유럽에 정착했다. 극동에 현생 인류가 등장한 것은 후기 구석기 시대(40,000년~9,000년 전)와 관련이 있다. 프리모리예(Приморье)에서 인류의 오래된 흔적들을 탐사하는 것은 이곳의 지리적 상황, 즉 이곳이 - 유적들로 가득 차 있는 프리아무리예(Приамурье)[4], 중국, 한반도, 그리고 일본열도의 영토들과 이웃하면서 대륙, 연안, 도서 지역의 교차점에 있다는 - 극동지역에서 가지는 중요한 역할 때문이다.

고풍스런 외관을 한 특별한 돌로 된 인공유물들은 프리모리예에서는 이미 19세기 말~20세기의 첫 사반세기에 발견되어 알려져 있었다. 문헌에서 가장 자주 언급되는 것들 중에는 1889년 한카(Ханка)호수 주변에서 발굴된 A. V. 옐리세예프(А. В. Елисеев) 수집품, 또한 슈코토보(Шкотово)마을이 위치한 군에서 1918년에 파르카스(Joseph Farkas)에 의해 발견되고 1925년에 H. 브뢰이(Henri Breuil)가 『앙트로팔로지(Anthropologie)』에 발표한 세석기촉(細石器鏃) 등이 있다.

---

4 '프리아무리예(Приамурье)'는 아무르강 주변지역을 가리키는 명칭이다.

1953년부터 프리모리예에서는 구석기 시대 유적에 대한 체계적인 조사와 연구가 시작되었다. 이미 그 해에 우수리스크(Уссурийск)시에서 멀지 않은 곳에 위치해 있으며 프리모리예 구석기학의 상징이라 할 수 있는 오시놉카(Осиновка) 다층위 유적이 연구되기 시작했다. 오시놉카 구릉에 있는 발굴지에 대한 조사에서는 전형적인 계열의 무거운 자갈로 만든 도구들을 수집할 수 있었다. 오시놉카 유물에 뒤이어 1950년대 중반에 프리모리예의 내륙 지역에 대한 연구작업을 진행하면서 고르늬후토르(Горный Хутор), 일리유슈키나(Ильюшкина) 언덕, 가듀치야(Гадючья)언덕, 아스트라한카(Астраханка)마을 부근, 라즈돌리예(Раздолье)마을 부근 등과 같은 구석기 시대 유물이 발견되는 또 다른 장소들을 확정했다.

1954년에는 프리모리예 동부에 있는 제르칼나야(Зеркальная)강(구 타두쉬(Тадуши)강)에서 지질학자 V. F. 페트룬(В. Ф. Петрунь)이 석기 매장지를 발견했는데, 후에 고고학 저작들에서 우스티놉카(Устиновка)-I로 널리 알려지게 된 곳이다. 이어진 연구들에 의해 이곳에 여러 유적들이 존재한다는 것이 확증되었으며, 이곳들은 수십 년에 걸쳐 러시아와 외국의 전문가들이 집약적으로 많은 성과를 내게 되는 연구계획 대상지가 되었다.

1963년에 프리모리예에서는 구석기 시대 동굴이 발견되었다 – 지리학회의 전문가들 중에서 동굴학자-향토학자인 E. T. 레쇼크(Е. Т. Лешок)와 V. I. 샤부닌(В. И. Шабунин)은 나홋카(Находка)시에서 멀지 않은 곳에 위치한 예카테리놉카(Екатериновка)마을 근방에 있는 동굴에 관심을 보인 최초의 사람들이었다.

1960년대에 제르칼로강 연안계곡에서 Zh. V. 안드레예바(Ж. В. Андреева, 1961, 1966)와 A. P. 오클라드니코프(А. П. Окладников,

1963, 1968)가 지휘하는 다년간에 걸친 체계적인 조사가 진행되었다. 프리모리예의 남부에서는 올례니(Олений)-I (아르툐몹카(Артёмов-ка)-I) 주거유적지에서 중요한 작업이 진행되었으며, 또한 여러 장소들(예를 들면, 피르사노바(Фирсанова) 언덕)에서 수집이 진행되었다.

1970~1990년대에는 알려진 구석기 시대 주거유적지들과 작업장들(우스티놉카-III, IV, VI, VII, 수보로보(Суворово)-III, IV, VI, 리소보예(Рисовое), 몰로됴쥬나야(Молодёжная) 등등)에 대한 적극적인 연구가 진행되었다. 몇몇 동굴들(수하야(Сухая) 동굴)도 연구되었다.

21세기 초 현재 구석기 시대 유적들에 대한 탐색과 연구 작업은 프리모리예의 연안 부분은 물론이고 내륙 부분에서도 계속되고 있다. 이와 병행해서 이전에 획득한 자료들에 대한 분석과 해석이 진행되고 있다.

지역 역사의 고전 시기에 대한 가장 전체적이고 세밀한 시각들, 그리고 또한 기본적인 논쟁 상황들은 A. P. 오클라드니코프(А. П. Окладников), A. P. 데레뱐코(А. П. Деревянко), R. S. 바실리옙스키(Р. С. Васильевский), S. A. 글라듸셰프(С. А. Гладышев), V. I. 디야코프(В. И. Дьяков), N. A. 코노녠코(Н. А. Кононенко), A. A. 크루판코(А. А. Крупянко), A. M. 쿠즈네초프(А. М. Кузнецов), Ya. V. 쿠지민(Я. В. Кузьмин), A. V. 타바레프(А. В. Табарев) 등등의 저작과 논문에 소개되어 있다. 거명한 저술들에서 중요하게 다루어지고 있는 것은 프리모리예 구석기 시대의 연대와 시기구분에 관한 논쟁이다. A. P. 오클라드니코프는 동프리모리예의 우스티놉카 복합유적지에서 나온 자료들을 보자마자 이것들이 극동지역 전체의 석기시대 연구에 있어 매우 중요한 유물이라는 사실을 알아차렸다. 동북아시아 석기시대에 대한 자료가 축적되면서 그는 이것들을 몽골, 프리바이칼리예(Прибайкалье)[5], 일본에서 나타나는 일련의 후기 구석기 시대-중석기 시대 문화들과 서로 연관 지을 수 있었다. 그는 17,000년에서 15,000년 전에 이르는 시기에 홋카이도와 혼슈에 형성된 여러 주거 유적지들에 대한 방사성탄소연대측정을 우스티놉카-I의 지층 본줄기 연대를 판정하는데 적용하는 것이 가능하다고 생각했는데, 이에 따르면 "잎새모양으로 양쪽 면을 가공한 검들"이 묻혀 있던 가장 위층은 시기상 12,000년 전 경으로 추정할 수 있다.

A. P. 데레뱐코, R. S. 바실리옙스키, S. A. 글라듸셰프, V. I. 디야코프, N. A. 코노넨코는 이 지역 석기시대의 전체적 모습에서 우스티놉카 발견물들이 차지하는 근본적인 중요성에 대해 반복해서 강조하고 있다. A. A. 크루퍈코와 A. V. 타바레프는 우스티놉카 시대(устиновская индустрия)의 진화에 대한 이론을 제기했다. 이들은 여러 자료들과 석기의 기술-유형학적 특징을 근거로 제르칼로강 계곡에서 발견된 모든 유적들은 최고 추정치인 16,000년~12,000년 전의 단계로, 세형돌날 복합유적지 발전의 최종단계 및 여러 새로운 요소들(외부에서 들여온 흑요석으로 만든 미세가공된 촉들과 세공품들)의 발생과 관련이 있는 12,000년~10,500년 전의 단계로, 그리고 홍적세(Pleistocene)와 완신세(Holocene) 사이의 전환기에 우스티놉카 시대에서 나타난 변형을 보여주는 10,500년~9,000년 전의 단계로 나누고 있다.

뿐만 아니라 일련의 사례들(오그라든 세공품들, 서로 다른 칼 모양의 도구들, 가공 중인 돌날들 사이에 있는 잎 꼭지 모양의 화살촉들, 유문암 세공품들 등)은 제르칼로강 연안 계곡에 후기 구석기 시대로

5　'프리바이칼리예(Прибайкалье)'는 바이칼 주변지역을 가리키는 명칭이다.

분류할 수 있는 최초의 거주지와 관련이 있는 조금 더 이른 단계가 있었음을 짐작하게 해 준다.

프리모리예의 구석기 시대는 넓은 광물지대(응회석, 규질 석회암, 규질암, 유문암, 흑요석, 자스페로이드(Jasperoid) 등)의 개발, 발전된 돌날(세장석편(細長石片, подпризматическое ядрище) 조각) 기술과 세형돌날(세석인석핵(細石刀石核, микроклиновидные нуклеу-сы)) 기술의 결합, 모든 종류의 사냥-채집물 가공을 위한 다양한 모양의 도구 등을 특징으로 한다.

가장 의미깊은 자료는 동프리모리예의 우스티놉카-IV, 수보로보-III, IV, VI 주거유적지에서 상주 조사를 하며 획득한 것들이다.

제르칼로강 수역에 있는 또 하나의 유적인 우스티놉카-VI에서 나온 석제 도구는 계절적 주거유적지의 모든 징표들을 특징적으로 보여주고 있다. 이 주거유적지에는 두 개의 방사성탄소연대측정 연대가 나타나고 있으며, 이에 따라 그 존재 시기를 최대 12,000년에서 11,500년 전으로 상정할 수 있다.

우스티놉카 복합유적지들 중에서 우스티놉카-V 주거유적지는 얼마간 다른 모습을 보이고 있다. 이 유적에 사용된 선사시대 재료가 가지는 독특성은 사용된 원자재가 특이하게도 유문암(데이사이트 이그님브라이트(dacitic ignimbrite))이라는 것과 이것만을 사용했다는 것인데, 이것은 사용한 현지에서 바로 획득한 것이었다.

수집품 중에서 대표적인 유물(단단한 석핵 모양과 긁개-자귀 모양의 세공품들, 가장자리의 단일 면이 부분적으로 손질된 크고 투박한 뗀석기(세석기촉과 긁개), 시험용으로 사용한 원자재의 수많은 조각들)은 유형학적 독창성에 있어 우스티놉카 선사시대의 맥락에서는 벗어나서 좀 더 먼 고대의 이주 단계를 보여주는 것들이다.

프리모리예의 내륙 부분에는 자갈 모양의 흑요석을 원재료로 주로 사용하고 기술적으로 다채로운 복합유적지인 고르바트카(Горбат-ка)-III, 일리스타야(Илистая)-I, 티모페옙카(Тимофеевка)-I 등의 주거유적지들이 있다. 수집품 중에는 다양한 형태의 소석핵(小石核)들, 수많은 면들로 이루어진 돌도끼들, 긁개들, 촉들, 손질된 돌날들과 뗀석기들, 나뭇잎 모양의 주먹도끼들과 그 조각들 등이 들어있다.

프리모리예의 동북부에서 유형학적이고 형태학적으로 우스티놉카에 가까운 선사시대 재료로는 타요쥬나야(Таёжная)강 계곡에서 발굴된 것들이 유명하다.

일련의 유적들에서 생산-거주 또는 거주를 추정할 수 있게 하는 복합유적지들의 흔적들이 발견되었다. 그 중 두 곳은 움집의 형태로 우스티놉카-I의 유적에 등재되어 있는데, 한 곳은 A. P. 오클라드니코프(Окладников)의 1968년 발굴지에 있는 것으로 면적이 20제곱미터 가량 되고 중앙에 화로가 있으며, 다른 한 곳은 R. S. 바실리옙스키(Васильевский)의 발굴지에 있는 것으로 대략 6제곱미터 면적에 화로가 있다. V. I. 디야코프(Дьяков)는 우스티놉카-IV 유적 발굴지에 있는 타원형 구덩이가 있는 거주지 한 채와 문간방이 두 개 있는 거주지 세 채에 대해 서술하면서, 이것을 ("겨울용") 장기 거주지라고 설명하고 있다. 수보로보-IV 주거유적지의 발굴지들에 대한 것 중에는 돌로 반원 모양으로 에워 싼 면적이 3제곱미터 정도 되는 크지 않은 지상 가옥의 흔적에 대한 내용이 있다. 무엇보다도 구조적인 면에서 비슷한 종류로는 "주머니들[주머니 모양의 수혈들]"을 또한 들 수 있는데, 이것들은 수보로보-VI과 우스티놉카-VI가 있는 곳들에 붙어 있는 땅에 판 구덩이들이다. 유적들이 네레스트(Нерест)강과 그 지류들을 따라 집중되어 있다는 것을 통해 이것들이 계절에 따라 생물 자원(사냥, 채집, 어로)을 획득하는데 있어 더 편리한 장소에 일정하게 거주했던 흔적이라고 추정할 수 있다.

어로(연어의 계절적 포획)의 중요성은 우스티놉카-I, 우스티놉카-III, 수보로보-VI에서 발견된 돌을 손질해 만든 다수의 물고기 모양 세공품들을 통해서도 확실히 알 수 있다. 고르바트카(Горбатка)-III 주거유적지의 물고기 세공품도 유명하다. 손질하거나 조각한 곰, 멧돼지, 조류, 뱀 등의 수형신(獸形神) 모양들(우스티놉카-I, IV, 피르사노바(Фирсанова) 언덕)도 이러한 모빌 예술 작품의 범주에 포함된다. 이러한 유일무이면서도 매우 의미있는 발견물들로 인해 구석기 시대 프리모리예 지역에 거주하고 있던 수렵-채집인들의 신화적 특성을 짐작할 수 있다.

종교의식 복합유적지들은 구석기 시대 프리모리예 거주민 사이에서 출현한 독특한 의식과 관련이 있다. V. I. 디야코프의 기록에 따르면, 우스티놉카-IV 복합유적지에는 0.3×0.3미터 넓이의 공간에 7개의 주먹도끼들이 모여 있고, 이 주변에는 또 하나의 좀 더 큰 주먹도끼가 수직으로 세워져 있었다. 데이사이트 반암(斑巖)으로 된 육각형 "축"이 수보로보-IV 주거유적지의 가장 높은 지점에서 수직으로 세워진 형태로 발견되었다. 동일한 형태의 육각형 축과 몇 개의 보다 긴 돌들로 이루어져 있고 그 밑에는 양날이 선 칼들이 놓여있던 복합유적지가 전문가들에 의해 보고폴(Богополь)-IV에서 발견되었다. 수보로보-IV 주거유적지에서 발견된 나뭇잎 모양(꽃무늬 선사 디자인)의 커다란 주먹도끼(18cm)도 여기에 추가할 수 있다. 서로 비슷한 작은 종교의식용 매장지들은 태양 숭배의 발생을 그리고/또는 특정한 집단들에서 떨어진 곳에 생산 활동을 하기 좋은 곳으로 확보한 장소라는 것을 표시하는 것일 가능성이 있다.

원산지가 프리모리예 내륙 지역과 백두산인 흑요석의 분포에 대한 분석은 극동지역의 연안지대와 도서지대에서 흑요석이 활발하게 채취되고 운반된 곳을 표시한 지도와 완전히 일치한다. 모든 정황으로 판단해 볼 때, 흑요석은 도구를 만드는데 필요한 고품질의 원재료를 얻기 위한 지역간 교류의 지표일 뿐만 아니라, 장식 수준과 신분 수준을 나타내는 세공품의 제작을 위한 다른 체제의 – 이른바 고급 – 기술들이 실존하고 발전했음을 보여주는 척도였다

결론적으로, 현재 프리모리예 지역에는 구석기 시대와 관련된 장소가 수백 개 이상 알려져 있다. 유감스럽게도 오늘날 이것들은 전기 구석기 시대나 중기 구석기 시대의 개별 유물이나 층위화된 복합유적지로 확정되어 있지 않다. 일련의 유물들은 전기 구석기 시대 초기로 분류할 만한 개연성을 크게 가지고 있다. 이런 해석은 같이 발굴된 화석이나 문화층에 대한 지질학적 판정에 따른 연도 추정, 아니면 석제유물들에 대한 형태학 또는 유형학에 근거한 것이다. 뿐만 아니라 현시대 전 세계 구석기학의 요구 조건에 따르면, 이와 같은 복합유적지들의 유구성을 입증하기 위해서는 보다 복합적인 논증(층위학, 동물상학(動物相學)적 자료, 방사성탄소연대측정 등)이 필수적이다.

프리모리예 지역에서 구석기 시대 말기(결말 시기, 최종 시기)는 16,000년에서 10,500년 전 사이로 확정할 수 있다. 여기에서 이 시대의 최소 수치는 수보로보–IV 유적에 대한 방사성탄소연대측정에 따른 연대로, 최대 수치는 홀로세(Holocene)의 시점으로 산정된다. 이 시기에 극동 전 지역에 인간이 거주했다는 점에 대해서는 매우 확실하게 말할 수 있다. 이 시대의 유적들이 모든 생태적 단위(해안가, 강변, 내륙, 호수가, 산지)에서 발견되고 있어서, 고고학 지도 상의 공백들이

점차 메워지고 있다.

　유감스럽게도 이 지역의 구석기 시대에는 매장이나 심지어는 독자적인 인류학적 자료가 알려져 있지 않고, 동굴 예술 유적도 없고, 장신구나 제사 관련 물품도 극히 빈약하며, 프리모리예 거주민의 일상생활에 관한 보다 자세하고 분명한 정보를 제공해 줄 수도 있는 동물 흔적도 남아있지 않다.

신석기 시대의 문화와 사회의 발전, 극동지역의 〈신석기 혁명〉

18,000년~16,000년 전에 전 지구적인 기후 온난화가 시작되어서 육지의 빙하가 녹기 시작했다. 동북아에서는 대략 10,000년 전에 빙하가 사라졌다. 이로써 지질학적 측면에서 지구 역사의 새로운 시기인 홀로세가 시작되었다. 기후 온난화, 세계적인 해수면 상승, 지형 변화, 식물계 교체, 맘모스의 멸종 등과 같은 것들로 인해 원시 인류의 생활은 급격하게 변하게 되었으며, 인류는 자연환경에 적응하기 위해 새로운 매커니즘을 개발해야만 했다. 원시공동체의 역사에서 신석기 시대가 시작되었다. 이 시대는 20세기 중반에 영국 고고학자 고든 차일드(V. G. Childe)가 제안한 〈신석기 혁명〉이라는 개념과 밀접하게 연관되어 있다. 고든 차일드의 견해에 따르면 신석기 혁명의 주요 내용은 획득경제(사냥, 어로, 채집)에서 잉여생산경제(농경, 목축)로의 전환이다. 사람들은 이전에 자연상태에서는 하지 못했던 것들을 생산하기(재배 식물을 선별하고 새로운 종의 가축을 사육하기) 시작했다. 고든의 견해에 따르면, 이런 주요 생산 활동의 변화는 공동체 내에서 사회적 차별의 진전을 가져왔는데, 기념물, 정착지에서의 위계, 예술의 발

전 등은 이를 보여주는 고고학적 증거이다.

유럽 고고학과 시베리아 고고학에서는 구석기 시대와 신석기 시대의 사이를 특별한 전환기인 중석기 시대(Mesolithic)로 구분한다. 중석기 시대는 평평한 판을 손질해서 만든 작은 궁형, 삼각형, 말굽형 등과 같은 기하학적 모양으로 된 작은 세석(細石)들이 부착되어 있는 삽입형 사냥 도구를 널리 사용한 것이 특징이다. 그러나 세계의 다른 많은 지역들에서는 기하학적 모양의 세석이 있는 도구가 알려져 있지 않으며, 따라서 모든 곳에서 중석기 시대를 독립된 시대로 구분하지는 않는다. 그 한 부분으로서, 현재 극동지역 남부에서는 많은 연구자들이 후기 구석기 시대 이후를 전기 신석기 시대로 구분하고 있으며, 또한 이 시기에 신석기 시대에 나타나게 되는 기본적 특징들이 나타나고 있다고 보고 있다.

극동지역 신석기 시대가 가지고 있는 또 하나의 특징은 신석기 혁명의 전개 내용과 연관이 있다. 극동지역에서 잉여생산경제(농경)는 신석기 시대 후기에 접어 들어서야 극동지역 최남단(프리모리예 그리고 아마도 프리아무리예)에서 나타난다. 극동지역의 북부 및 북동부지대는 농경에 유리한 환경이 아니었다. 이 지대에서 목축은 조금 더 늦은 시기에 보급되어서, 신석기 시대 말기 또는 철기 시대가 되어서야 전파가 된 듯하다. 따라서 극동지역에서 신석기 시대의 시작은 잉여생산경제가 발생한 시점이 아니라 완전히 다른 혁신이 일어난 시점부터이다. 일부 연구자들은 이런 특성을 감안하여 극동지역과 관련해서는 〈신석기 혁명〉이 아니라 〈신석기화(新石器化)〉 – 물질 생산에 있어 새로운 기술들의 출현과 보급, 총체적으로 생산성이 높은 생산경제의 형성, 이산(離散) 구조의 변화 등등 – 라는 개념을 사용해야 한다고 쓰고 있다.

극동지역 신석기 시대의 가장 중요한 발견은 토기이다. 이것은 그릇을 제작하기 위해 사용한 지구상 최초의 인공 재료(광물 및 유기물을 첨가하여 불에 구운 진흙 혼합물)이다. 프리아무리예와 프리모리예 지역에서 극동지역 및 세계에서 가장 오래 된 토기가 발견되었다. 이것은 벽면에 간단한 무늬가 있고 바닥이 평평한 단순한 모양으로 된 그릇 조각들이다. 초기 및 전기 신석기 시대의 문화들에서 토기가 등장하는 것은 13,000년에서 7,500년 전의 일이다. 프리모리예에서 고대 토기는 체르니곱카(Черниговка)-I(10,800년~9,000년 전)과 우스티놉카-III(9,300년 전)의 유적들에서, 하프리아무리예에서는 오시폽카(Осиповка)-I, 가샤(Гася), 훔미(Хумми), 곤차르카(Гончар-ка)-I 및 기타(오시폽카 문화, 13,000년~9,000년 전)의 유적들에서, 중프리아무리예에서는 그로마투하(Громатуха), 체르니곱카-나-제야(Черниговка-на-Зея, 그로마투하 문화, 13,000년~8,000년 전), 노보페트롭카(Новопетровка)-II(노보페트롭카 문화, 10,000년~8,000년 전)의 유적들에서, 사할린(Сахалин)에서는 아드로-틔모보(Адро-Тымово)-II와 벨라야(Белая)-II(9,000년~7,500년 전)의 유적들에서 발견되었다.

연구자들은 극동지역 남부에서 이렇게 이른 시기에 토기가 출현한 것을 신석기 시대 사람들의 생산경제구조에서 강과 바다에서의 어로가 차지하는 중요성과 연관시키고 있다. 예를 들어, (에너지원이 되는 가장 중요한 식품들 중 하나인) 어유(魚油)는 토기에서 제조하는 것이 가장 적절했다. 이에 못지 않게 토기를 고안하게 되는데 있어 중요한 역할을 한 것은 아마도 인류의 장기적 정착생활이었을 것이다. 한 곳에 여러 해 동안 거주하게 되면서 한 정착지에서 다른 정착지로 갖고 다니지 않아도 되는 단단하고 물이 새지 않으며 열에 강한 그릇에 대한 수요가 발생했다.

돌을 가공하는 방법에도 중요한 변화가 나타났다. 구멍을 뚫고 쪼개고 연마하는 기술이 확산되고 발전했다. 연마를 통해 효율성이 더 좋아진 석기(도끼, 자귀, 홈, 화살촉, 투창, 창, 칼)가 출현했다. 장신구(목걸이, 귀걸이)도 연마를 통해 제작되었다. 선사 문화들에서 격지 기술[큰 돌에서 얇은 돌조각을 떼어내는 것]은 박편(剝片) 기술(도구 제작을 위한 자재로 사용하기 위해 석핵에서 석기 조각을 떼어내는 것)과 양면 가공 기술(지속적인 양면 가공을 통한 도구 제작)로 대체되었다. 극동지역 남부에 있는 문화들에서는 격지 및 박편 기술, 양면 가공 기술이 동시에 발전하는 특징을 보이고 있다. 예를 들어, 중기 신석기 시대에 프리모리예에서 격지 기술을 가지고 있는 문화로는 베트카 문화(Веткинская культура, 6,600년~5,800년 전)가 유명하다. 이와 동시대에 박편 기술과 양면 가공 기술을 보유한 루드나야 문화(Руднинская культура, 7,500년~5,000년 전)와 보이스만 문화(Бойсманская культура, 7,100년~4,900년 전)가 존재했다. 동북아시아 지역(추콧카(Чукотка), 캄차카, 프리오호티예(Приохотье)[6]에 있었던 모든 문화들은 보다 발전된 형태의 격지 기술을 가지고 있었는데, 이것은 이 지역 주민들의 생활에서 사냥이 중요한 역할을 한 것과 관련이 있는 것으로 보인다. 사냥이 특화되면서 날이 선 자르는 도구가 많이 필요하게 되었다. 이것은 격지가 대량으로 생산되면서 충족되었다. 동북아시아 지역의 격지 문화로는 싀알라흐 문화(Сыалах-ская культура, 6,500년~5,200년 전), 벨카치 문화(Белькачинская культура, 5,200년~4,100년 전), 의믜야흐타흐 문화(Ымыяхтахская

6　'프리오호티예(Приохотье)'는 오호츠크해 주변지역을 가리키는 명칭이다.

культура, 4,100년~3,300년 전) 등등이 있다.

신석기 시대에 극동지역 거주민의 생산경제는 지상과 수중(강, 호수, 바다) 생물 자원을 활용하는 것에 치우쳐 있었다. 해안 지역에 거주하는 사람들의 기본적인 생존 수단은 집약적인 어로(주로 연어류 물고기의 포획), 해양동물(고래, 해마, 바다표범, 돌고래) 사냥, 연체동물, 해초, 기타 다른 해양생물 채집 등이었다. 신석기 시대에 사람들은 연안 경제를 위한 모든 수단들 ─ 배, 어차(魚杈),[7] (구조가 좀 더 복잡한 것들을 포함한) 섬(銛),[8] 어망, 추, 찌, 낚시바늘, 가짜미끼 등 ─ 을 소유하고 있었다. D. L. 브로댠스키(Д. Л. Бродянский)의 생각에 따르면, 프리모리예 지역에서는 신석기 시대에 해양문화, 즉 연체동물류를 비롯한 수중생물 채집 활동이 나타났다. 육상생물 사냥과 야생식물 채집 등은 해안 지역에 거주하는 사람들의 부차적인 생존 원천이었다. 극동지역 남부의 내륙 지방에서는 큰 강들(아무르와 그 지류들)과 호수들에서 어로작업을 하는 것이 주요 생활수단이었으며, 이와 함께 육지에서 사냥(곰, 멧돼지, 백두산사슴(Manchurian wapiti), 노루 등)과 채집도 했다. 추콧카와 프리오호티예의 내륙 지방에서는 순록과 말코손바닥사슴 사냥, 그리고 강과 호수에서의 어로가 기본적인 생활수단이었다.

생산경제의 특성에 따라 다양한 인구 분포 체계가 형성된다. 극동지역 남부(프리모리예, 프리아무리예, 사할린)에 거주했던 주민은 안

7　'어차(魚杈)'는 물고기를 찔러서 잡는 작살의 일종으로, 그 끝은 하나에서 세 개의 쇠꼬챙이로 되어 있다.

8　'섬(銛)'은 물고기를 찔러서 잡는 작살의 일종으로, 그 끝은 하나에서 세 개의 쇠꼬챙이로 되어 있다.

정적이고 예측가능한 영양 공급원(무엇보다도 어류)이 있었기에 정주 생활을 견실하게 유지할 수 있었다는 특징을 가지고 있었다. 사람들은 바다, 강, 호수의 연안을 따라 장기 정착지들을 형성했다. 부락에는 구덩이를 파 기초를 다듬고, 골조-기둥 구조물을 가진 견고한 지붕과 난방과 조명을 위한 화로가 있는 거주지가 들어섰다. 이러한 구조의 거주지는 겨울에 찾아오는 추위, 강풍, 눈보라에 대한 훌륭한 보호시설이었다. 하나의 부락을 형성하는 가옥 수는 한 채에서 열 채 이상에 이르기까지 다양했다. 따뜻한 계절에는 생산 활동을 하는 장소에 간단한 구조물(움막, 차양)로 된 임시 거처를 만들었다. 캄차카 남부에서 어로와 육지 및 바다 사냥을 하면서 정주 생활을 하던 정주민들(타리인스카야 문화(Тарьинская культура), 5,200년~2,100년 전)도 유사한 정착 구조를 가지고 있었다. 추콧카와 프리오호티예의 내륙 지역에서 순록 사냥 생활을 하는 사람들은 짐승 무리의 이동을 따라 함께 움직였다. 이로 인해 이곳에는 장시간 거주하는 부락은 존재하지 않았으며, 사람들은 가벼운 지상 가옥(움막, 원추형 천막)에 임시로 거주했다.

신석기 시대의 사회는 후기 씨족 공동체(позднеродовая община)이자 부족 조직체(родоплеменная организация)의 시대이다. 한 지역에 이웃해 있으면서 자연자원을 공동으로 사용하며 살던 사람들(씨족 공동체)이 부족으로 통합되었다. 공동체 내부에서는 사회적인 위계 질서가 출현했고 정치 지도자가 구별되었다. 이들은 개인적인 능력(육체적인 힘, 전쟁에서의 용맹성, 사냥기술 등등) 덕분에 독자적인 권위를 지니게 된 사람들이었다. 그 외에도 부족 지배층(가구, 가족, 씨족 등의 우두머리)의 대표자들도 지도자가 되었다. 사회적 불평등은 재산 상의 차별을 가져와서, 지도자는 공동체의 일반 구성원 보다 많은 개인 재산을 소유했다. 고고학적 자료에 따르면 사회적 차등의 발생은 고분에서 나온 물품을 통해 잘 알 수 있다. 프리모리예 남부에서 A. A. 크루퍈코(А. А. Крупянко)와 A. N. 포포프(А. Н. Попов)는 보이스만(Бойсман)-II라는 특별한 유적을 연구했는데, 이곳은 중기 신석기 시대의 보이스만 문화에 속하는 곳이다. 이곳에서는 두 개의 고분군(古墳群)이 발견되었는데, 각 고분군은 하나의 매장지를 중심으로 배열되어 있다. 첫 번째 고분군의 중앙에는 고령의 여성이, 두 번째 고분군의 중앙에는 45~50세의 남성이 매장되어 있었다. 매장지들 대부분에는 매장품들(장신구, 토기, 뼈나 돌로 만든 도구)이 함께 묻혀 있었다. 흥미로운 것은, 두 번째 고분군에는 중심부에서 벗어난 한 쪽 편에 젊은 여자가 아무런 매장품 없이 묻혀있다는 점이다. 고분군에서 나온 물품들은 이곳에 매장된 사람들 중 일부가 보다 높은 사회적 지위에 있었음을 증명해 준다. 그 누구보다도 중앙에 매장된 고령의 여성과 성인 남성, 그리고 다량의 물품들과 함께 매장되어 있던 이들이 이에 해당된다. 고분군의 다른 매장지들에서 떨어진 곳에 매장된(이것은 매장자가 사회적으로 하위 신분이라는 징표일 것이다.) 젊은 여성에게 특히 주목할 필요가 있다. 사회적인 관계에 있어 보이스만-2의 고분군들은 씨족 공동묘지로 해석할 수 있을 것이다.

비슷한 자연 기후 환경에서 살았던 사람들은 물질적·정신적 문화에 있어 그리고 경제생활에 있어 공통점이 많았다. 고고학자들은 유사한 문화적 요소들의 분포 상황에 대해 관찰한 결과를 토대로 극동지역 신석기 시대를 고고학 지역권들로, 즉 여러가지 원인들에 따라 특정한 연대기적 시간 간격 동안에 문화와 경제생활에 있어 이웃한 선사 문화들에서 보이는 것과 유사한 특성들을 형성하고 있는 커다란 지리적 지역들로 나누었다. 가장 많이 연구되고 있는 것은 D. L. 브로단스키가 구분한 프리아무리예-만주 고고학 지역권(Приамурско-маньчжурская археологическая провинция)이다. 예를 들어, 중기 신석기 시대(7,500년~4,800년 전)에 이 지역(프리모리예, 하프리아무리예(Нижнее Приамурье), 만주 동부)에 있는 아무르(Амур)강과 그 주요 지류들의 수역에는 사냥, 어로, 채집에 종사하는 정주민들이 이룩한 문화들이 널리 퍼져 있었다. 앞서 말한 모든 문화들의 공통적인 특징은 토기에 기하학적 무늬 틀을 찍어 복잡한 무늬로 장식하는 전통이다. 프리모리예에서는 루드나야 문화, 보이스만 문화, 베트카 문화가, 하프리아무리예 지방에서는 콘돈 문화(кондонская культура)와 말리셰보 문화(малышевская культура)가, 동만주 지역에서는 신카일류 문화(新開流, культура синькайлю) 등등과 같은 것들이 이에 해당한다. 후기 신석기 시대(4,800년~3,000년 전)에 이 지역에서는 자이사놉카 문화(зайсановская культура)와 보즈네세놉스코예 문화(вознесеновская культура)가 널리 보급되어 있었는데, 이것들은 토기에 전혀 다른 장식인 나선형 또는 가는 선으로 된 무늬가 새겨져 있다는 특징을 보이고 있다.

자이사놉카 문화에서는 극동지역 최초로 농사가 시작되었고, 보즈네세놉스코예 문화에서도 잉여생산경제의 흔적일 가능성이 매우 큰 발견들이 있었다. 자이사놉카 문화는 사냥, 어로, 채집, 괭이농사(수수 재배) 등이 혼합된 복합경제를 특징으로 하고 있다. 경제적 잠재력이 커짐에 따라 후기 신석기 시대의 사회 자체도 발전했다. 즉, 인구가 증가했으며, 세부조직을 가지고 있고 인근지역과 결속된 거대한 씨족 공동체들이 생겨났다. 깊게 땅을 파 만든 동계 거주지, 임시 여름 가옥, 생산경제 및 생활을 위한 시설 등이 혼재되어 있는 장기 정착지들이 확산되었다. 최근의 연구자들 중에서는 생산관련 복합유적지들을 곡물을 가공하기 위한 것과 보관용 용기에 담아 저장하기 위한 것으로 구분하는 이도 있다.

극동지역의 신석기 문화 발달에서 중요한 역할을 한 것은 아무르 강이라는 거대한 물줄기이다. 아무르는 어로와 사냥으로 생활을 영위해 나가는 독특한 문화가 형성되는데 있어 핵심적인 요소였다. 프리아무리예의 중부 및 남부 지역에서는 북부(남 야쿠티야), 남부(동만주, 한반도, 프리모리예), 동부(사할린)에 있던 고대 문화 간에 복잡한 상호 작용이 전개되었다. 신석기 시대에 아무르 하류지역에는 독특하고 예술성 있는 문화들이 퍼져 있었다. 콘돈 문화, 말리셰보 문화, 보즈네세놉스코예 문화는 토기에 부조 장식이 많은 것이 특징이다. 보즈네세놉스코예 문화의 토기에는 토기 항아리 몸체에 사람의 얼굴 형상을 비롯한 복잡한 그림을 그려 넣기 위해 물감이 사용되었다. 아무르 하류지역의 신석기 시대 유물들 중에는 사람과 짐승을 본딴 토우들이 있으며, 콘돈-포츠타(Кондон-Почта)의 집단부락에서는 '콘돈의 네페르티티(кондонская Нефертити)'라는 유명한 여성 토우가 발견되었다. 하아무르(Нижний Амур) 지역에 있는 시카치-알란(Сикачи-Алян)부락 주변의 바위에서는 세계적으로 유명한 신석기 시대 암각화가 발견되었다. 고대인들은 거대한 현무암 바위에 동물(짐승, 조류, 뱀), 사람, 배의 형상을 새겨 넣었다. 이 모든 것들의 중심에는 인간 모양의 부조, 즉 간략하게 그려진 사람 얼굴들이 자리잡고 있다. 추콧카에 있는 페그틔멜(Пегтымель) 강변 바위에 새겨진 그림 또한 유명한 신석기 시대 동굴벽화이다. 사슴과 고래를 사냥하는 장면이 가장 흥미를 끌며, 머리 위에 기묘한 버섯 모양의 형상이 있는 사람 그림이 눈에 띈다.

극동지역 인류의 금속 사용

극동지역의 신석기 시대는 수천 년간 지속되었다. 기원전 2,000년대 말~기원전 1,000년대 초에 극동지역에서는 신석기 시대가 저물고 '금속 사용'의 새로운 시대(청동기 시대와 초기 철기 시대)가 도래한다. 인간은 금속을 녹여 장신구, 도구, 무기, 그릇 등을 만드는 또 하나의 중요한 발견을 한 것이다. 극동지역 남부 인근의 고대 야금술(冶金術) 중심지로는 중국, 한반도, 자바이칼리예(Забайкалье)[9]가 있다. 여기에서는 이미 기원전 2,000년에 구리와 주석을 정련했으며, 이것들을 사용해서 청동 합금을 만들었다. 중국에서 야금술의 발달은 도시의 발생, 사회계층과 국가의 형성 등과 같은 중요한 발전을 동반했다. 그러나 극동지역에서는 초기 금속 정련의 흔적이 아직 발견되고 있지 않으며, 원주민은 풍부한 자연자원(물고기, 짐승) 덕분에 신석기 시대 이래로 만들어온 익숙한 도구를 가지고도 오랜 기간 동안 성공적으로 발전할 수 있었다. 극동지역 남부에서 금속 제품이 최초로 나타나기 시작한 것은 기원전 1,000년대 초인데, 대부분의 연구자들은 이 시기의 금속 및 금속 물품이 수입된 것, 다시 말해 교역을 통해 프리모리예와 프리아무리예로 유입된 것이라고 생각한다. 금속을 수입한 대상지역은 아직 명확하게 밝혀지지 않았는데, 아마도 인접한 중국과 한반도 지역에서 찾아 볼 필요가 있을 것 같다. E. I. 데레뱐코(Е. И. Деревянко)는 극동지역 남부에서 청동 제품을 대량으로 사용한 증거가 나타나고 있지 않는 것과 관련해서 흥미로운 가설을 제시하고 있다. 그녀의 견

---

9 '자바이칼리예(Забайкалье)'는 바이칼호수 뒷지역이라는 뜻으로, 바이칼 동부지역을 가리키는 명칭이다.

해에 따르면, 중국의 은, 주 시대에 독립적이고 호전적인 인근 종족에게 금속을 제공하는 것은 정치적으로 불리한 행위였다. 반대로, 인근 종족들도 노예제 국가로서 자신들의 자유를 박탈할 수도 있었던 중국과 가까운 관계를 유지하고자 하지 않았다. 극동지역의 섬 지역(사할린, 쿠릴열도(Курильские острова))에서 금속은 대륙으로부터 유입되었다. 극동지역의 북부 및 북동부 지역에서는 금속이 기원전 2,000년 말~기원전 1,000년 초 경에 모든 문화들에 동시에 보급되었다. 아마도 시베리아(자바이칼리예, 야쿠티야)의 인근 지역에서 유입된 것으로 보인다.

유라시아의 다른 지역들과 비교했을 때 극동지역의 금속 도입 과정에서 나타나는 또 다른 특징은 청동과 철이 이 지역에서 거의 동시에 나타난다는 것이다. 따라서 극동지역에서 청동기 시대와 철기 시대를 시기상 순차적으로 구분하는 것은 의미가 없으나, 다만 최초로 금속을 사용한 시기를 명명하기 위해 학자들은 '고금속시대(古金屬時代, палеометалл)'라는 용어를 사용하고 있다. 금속의 존재에 대해서는 알고 있었으나 직접 금속을 생산하지는 않은 고대 문화들을 구 금속기 시대로 분류할 것인지를 놓고 고고학자들 사이에서는 오랜 기간 동안 논쟁이 있어왔다. 오늘날 연구자들 중 다수는 독자적인 야금술을 보유하지 않은 사회에 완제품이 우연히 교역을 통해 유입되었다고 할지라도 물질문화 형태 전반에 변화가 일어나게 되므로 이런 경우 이 문화를 구 금속기 문화로 분류하는 것이 옳다고 본다.

프리모리예 지역의 문화들 중에서 청동을 제일 먼저 접한 것은 시니가이 문화(Синегайская культура, 기원전 11~10세기)와 리돕카 문화(Лидобская культура, 기원전 10~3세기)이다. 시니가이 문화는 몇몇 유적들을 통해 알려졌는데, 그 중 가장 큰 집단부락은 시니가이

A(Синий Гай А)이다. D. L. 브로댠스키는 시니가이 A에서 17개의 가옥을 발굴했는데, 그 중 한 곳에는 고대의 골재 세공품들(5,000점의 뼈와 뿔 조각들 그리고 수십 여 개의 물품들과 부속품들)이 묻혀 있었다. 칼, 청동판, 화살촉 등 이 유적에서 발견된 일련의 청동 물품들(21점)은 특별한 의미를 지니고 있다. 시니가이 문화의 청동 물품은 남시베리아 청동기 시대의 카라수크 문화(Карасукская культура)와 형태상 유사하다.

리돕카 문화의 집단부락과 임시거주지는 그 수가 매우 많다. 아직 리돕카 문화의 유적들에서 청동 제품이 많이 발견되지는 않았지만 돌을 연마하여 만든 창 촉은 형태상 청동 문화를 모방했다는 것이 이 문화의 특징이다. 청동 제품을 모방한 석기 제품은 리돕카 문화의 사람들이 금속 제품을 잘 알고 있었으나 [금속 제품이] 희귀하여 그 가치가 높았음을 증명한다. 사람들은 청동이 없었으므로 그 모양뿐만 아니라 색상(청동의 푸른 녹을 표현하기 위해 모방 제품을 만들 때에는 녹색 돌이 사용되었다.)까지도 정교하게 모방하여 돌로 창 촉을 제작했다. 청동 제품 자체는 물론이고 청동 무기의 모방 제품을 소유하는 것만으로도 특별하게 여겨졌다. 구 금속기 시대에도 대부분의 도구는 이전과 다름없이 돌이나 뼈로 제작되었다.

드보랸카(Дворянка) -I 유적의 발굴은 프리모리예 지역으로 청동 제품이 수입되었다는 중요한 증거가 되었다. N. A. 클류예프(Н. А. Клюев)는 석관에 안치되어 매장되어 있는 사람을 발굴했다. 매장지에서 멀지 않은 곳에서 청동 제품(단추, 귀걸이 조각)이 발견되었다. 석관에 매장하는 풍습은 프리모리예 지역에서는 흔치 않았던 반면, 한반도 및 중국과의 접경 지역에서는 청동기 시대에 널리 사용되었던 방법이다. 이러한 이유로 청동 세공품에 대해 알고 있으며 석관에 사람을 매장하던 주변지역 거주민의 프리모리예 유입에 대해 이야기해 볼 수 있다.

프리모리예 지역의 철기 시대 전기에 얀콥스키 문화(Янковская культура, 기원전 8~1세기), 크로우놉카 문화(Кроуновская культура, 기원전 5세기~1세기), 폴체 문화(Польцевская культура, 2~5세기)에서는 주철로 만든 도구가 널리 보급된다. 도끼, 삽자루 끼우개, 화살 촉, 칼 및 기타 제품들이 주로 주철로 제작되었다. 주철 도구는 A. P. 오클라드니코프(А. П. Окладников)에 의해 얀콥스키 문화의 집단부락인 페스차늬(Песчаный)-I이 발굴 될 당시에 최초로 발견되었다. 이러한 발견물들에도 불구하고 아직 학자들은 얀콥스키 문화의 사람들이 독자적인 야금술을 가지고 있었음을 보여주는 증거를 발견하지는 못했다. N. A. 클류예프는 얀콥스키 문화의 집단부락인 바라바슈(Барабаш)-III에서 이차 금속 가공 과정과 연관이 있는 생산시설을 발굴했다. 이것은 (의식용) 주철 제품을 가공하는 작업장, 대장간, 부대시설 등으로 구성되어 있다. 작업장에서는 반제품 상태의 철제 기구를 오랜 시간 동안 달구었으며, 그 결과 이것은 좀 더 유연해져서 제련하기 좋게 되었다. 원하는 모양으로 만드는 작업은 대장간에서 이루어졌다. 프리모리예 지역의 고대인들은 금속 가공에 대한 지식과 경험을 계속해서 쌓아감으로써 독자적인 야금술을 구축해 나갔다. 크로우놉카 문화와 폴체 문화의 집단부락들에서는 주조 성형틀, 도가니, 금속 조각, 쇠 찌꺼기, 청동, 주석 멍울 등의 주조 과정을 증명하는 많은 증거들이 발견되었다. 금속 제품의 수량과 종류가 증가함과 동시에 석기의 역할은 (특히 폴체 문화에서) 퇴색되어 갔다.

구 금속기 시대에 극동지역 남부의 생산경제는 복합적이었다. 사냥, 어로는 예전과 같이 중요한 비중을 차지하고 있었으며, 프리모리예 거주민은 획득할 수 있는 모든 종류의 해양 생물 자원을 활용했다. 크로우놉카 문화와 폴체 문화의 사람들에게 있어 농사는 중요한 의미를 가졌다. 크로우놉카 문화 사람들은 이랑을 만들고 그 위에 작물을 심는 방식[10]으로 수수, 보리, 밀을 재배했다. 목축이 모든 지역에 널리 확산되어 있었는데, 주로 키웠던 것은 돼지였다. 다양한 형태의 음식물을 사용하게 됨으로써 여러 배에 달하는 인구의 양적 증가, 인구 집중, 인구 안정이 가능해졌다. 수십여 채의 가옥으로 이루어진 커다란 농촌 거주지에 수백 명의 사람이 거주했다. 이 시기에는 종족간에 평화로운 교역과 물물교환뿐만 아니라 전쟁도 있었음을 추정할 수 있는 근거들이 있다.

폴체 문화에 속하는 종족들은 프리모리예와 프리아무리예에 분포되어 있었다. 실질적으로 이것은 몇 개의 지역 문화들을 포함하는 대규모 문화공동체였다. 폴체 문화 종족들이 차지하고 있던 광대한 영역은 대부분 강을 따라 교역망 및 교통망과 연결되어 있었다. 폴체 문화 사람들은 적으로부터 자신들의 영토를 보호하고 물이 흐르는 길을 통제하기 위해서 제방과 수로를 건설했다. 예를 들어, S. A. 콜로미예츠(С. А. Коломиец)는 우수리(Уссури)강에 있는 글라좁카(Глазов-ка)-고대도시의 작은 소초(小哨 [초소 형태의 취락])를 연구했다. 고대도시 근처의 높은 언덕에 위치하고 있어 강 골짜기와 운송수단들의 이동상황을 감시하기 좋았다. 고대도시 내부에는 지하 저장실이 있어서 (포위 되었을 경우 비상 식량으로 사용하기 위해) 큰 토기에 곡물을 저장해 놓았다.

크로우놉카 문화와 폴체 문화의 시대에는 대규모의 군사적·정치

10　이러한 방식을 농종법(壟種法)이라고 한다.

적 통합, 즉 종족 연합이 일어났을 가능성이 상당히 크다. 또한, 고고학적 자료들을 통해 크로우놉카 문화와 폴체 문화의 사회에서는 새로운 형태의 사회정치조직, 즉 군장국가가 형성되었음을 알 수 있다. 군장국가는 권력의 위계 조직이 있고, 평범한 공동체 구성원과 지도층으로 사회 계층화가 이루어지며, 잉여 생산물이 권력에 따라 수직으로 재분배 되는 등의 특징을 보인다. 실제로 군장국가는 군집형태인 부락들의 집단으로, 군장의 소재지, 즉 보통 규모가 보다 큰 부락에게 예속된다. 이런 조직의 예로서 N. N. 크라딘(Н. Н. Крадин)과 Yu. G. 니키틴(Ю. Г. Никитин)이 분류한 크로우놉카 문화와 폴체 문화의 부락들을 들 수 있는데, 이곳들은 기후 조건이 농사에 적합한 지역에 속한다.

오늘날 사할린에 대해서는 청동기 시대를 따로 구분하지 않는다. 이 지역 거주자들은 남부(홋카이도)와 서부(프리모리예, 프리아무리예)에서 유입된 청동 제품을 사용했던 것으로 여겨진다. 기원전 5세기에 사할린 거주민은 냉간단조나 온간단조를 통해 철과 비철금속을 가공하는 기술을 보유하고 있었다. 연구자들이 초기 철기 시대로 구분하는 아니바 문화(Анивская культьтура, 기원전 8~3세기), 필툰 문화(Пильтунская культьтура, 기원전 10~4세기), 수수야 문화(Сусуй-ская культьтура, 기원전 5세기~5세기) 등등과 같은 문화들이 널리 퍼져 있었다. 이 문화들은 분명하게 표현하면 자연에서 획득하는 형태의 복합경제(어로, 해양 및 육상 사냥, 채집)였다. 학자들은 초기 철기 시대에 사할린에서 몽고계 주민(아무르강 하류지역 출신 이주자들)과 원주 고(古) 아이누 주민 사이에서 충돌이 발생한 것으로 추정하고 있다.

추콧카 지역, 캄차카 지역, 프리오호티예 지역에 있던 많은 수의 문화들에서는 바다짐승 사냥을 비롯한 수렵경제가 발달해 있었다. 전문적인 바다짐승 사냥의 발생은 동북아시아 지역 민족들의 역사에서 중요한 사건이었다. 둔중하고 보온성이 좋고 물에 젖지 않는 모피 옷, 고래 뼈로 만든 반 지하 가옥, 순록 모피로 된 덮개, 기름을 태워 난방을 하는 사슴 가죽 텐트, 해상용 보트(카약, 바이다라(байдара)[11]) 등과 같은 북극 수렵 문화의 주요 요소들이 형성된다. 북부와 동북부로 유입된 금속은 바다짐승 사냥의 주요 도구인 끼워서 사용하는 회전식 작살 촉을 만드는데 사용되었다. 연구자들은 추콧카에서 몇몇 고(古) 에스키모 문화들을 분류하고 있는데, 이것들은 바다짐승 사냥을 경제 기반으로 삼고 있었다. 생존을 위한 안정적인 원천이 있었기에 사회는 발전해서, 고 에스키모 인의 무덤들 중에서 샤먼과 전사의 무덤은 매장품의 풍부한 양으로 구분되었다. 추콧카, 캄차카 프리오호티예의 구 금속기 시대 문화들은 현 동북아시아 토착민족 – 에스키모인, 축치족, 코랴크족, 케레크족 등 – 의 형성 토대가 되었다.

중세 극동지역

5~8세기에 러시아 극동지역 남부 영토에는 퉁구스어계 민족인 물길-말갈(勿吉-靺鞨, уцзи-мохэ) 문화에 속하는 유적들이 확산된다. 역사서들은 말갈을 농경민, 목축민, 수렵민으로 규정하고 있다. 6세기 말부터 시작해서 물길-말갈은 크게 7개 집단으로 나뉘었는데, 이것들은 독자적인 부족들로 형성된 커다란 공동체들이었으며, 따라서 각각의 부족에는 지도자가 있었다. 이 집단들 중 가장 규모가 큰 것으로

11　'바이다라(байдара)'는 축치, 에스키모 등이 사용하는 전통적인 배이다. 목재, 바다짐승의 가죽과 뼈로 만들며, 크기에 따라 9~15명의 사람을 태울 수 있다.

는 쑹화강(松花江, Сунгари) 상류에 있던 속말말갈(粟末靺鞨, сумо моэх), 쑹화강 하류와 부분적으로는 아무르강 및 우수리강 계곡을 포함하는 지역에 있던 흑수말갈(黑水靺鞨, хэйшуй мохэ)을 들 수 있다. 7세기에 말갈 부족은 수십 개를 헤아렸다. 말갈의 거주 영역은 남으로는 백두산에서부터 북으로는 아무르강에 이르고, 서로는 쑹화강과 서북쪽으로는 자바이칼리예 동부 경계, 그리고 동으로는 태평양 연안에 이른다.

5세기부터 물길-말갈은 중국 지도자들의 궁정으로 사신단을 파견하기 시작했다. 7세기에 이들은 동아시아에서 일어난 정치적 사건들에서 중요한 역할을 했다. 이들은 수 제국[12](581~618) 그리고 좀 더 이후에는 당 제국(618~907)이 한반도의 고대 왕국인 고구려와 벌인 전쟁들에 참여했다. 이때 말갈 부족들 중 일부는 고구려인 편에 서서 싸웠으며, 고구려의 압박을 받아 수 나라로 도망간 다른 일부는 중국 군대 측에 서서 참전했다. 북중국으로 들어간 속말말갈 지도자인 돌지계(突地稽, Тудицзи)의 아들 이근행(李謹行, Ли Цзиньсин)은 7세기에 당의 걸출한 장군으로서 티베트인들과의 전쟁들에서 명성을 떨쳤다. 722년에 흑수말갈 지도자인 예속리계(倪屬利稽, Нишулицзи)가 당 황궁에 입조했을 때, 현종(玄宗, Сюань-цзун)은 그에게 발리주자사(勃利州刺史)직을 제수했다. 이후 당 제국은 흑수부(黑水部, Хэйшуйфу)를 설치하고, 부족장들에게는 도독(都督)직과 자사(刺史)직을 제수했다. 이러한 행위는 말갈 부족의 힘을 이용해서 다른 말갈 국가인 발해[13]가 강해지는 것을 저지하기 위한 것이었다. 결과적으로

---

12 이 책에서는 중국에서 성립된 국가들을 "제국(Империя)"이라고 표기하고 있다.

13 러시아에서는 발해를 말갈 국가로 분류하고 있다.

732년에 벌어진 당-발해 분쟁에서 흑수말갈과 실위(室韋)의 기병 오천이 당군을 지원하기 위해 (현 베이징 북방에 위치한) 마도산(馬都山) 지역으로 왔다. 말갈은 또한 중앙아시아 스텝지역에 정주하고 있던 유목민들과도 유대관계를 맺고 있었다.

말갈과 관련된 고고학적 유적들에는 성채가 있기도 하고 없기도 한 다양한 취락들과 보통 산정(山頂)을 따라 쌓은 방어용 성곽들, 언덕 위의 평평한 정상, 높아서 침수되지 않는 단구(段丘)의 언저리 그리고 강의 계곡에 있는 옛 도시들, 오래된 묘지들이 포함된다. 프리모리예에서는 말갈 유적에 대한 연구를 통해 말갈 문화의 유적들을 몇몇 집단으로 나눌 수 있게 되었는데, 이것들은 도자기 제작 기술과 장식에 따라 구분된다. 이것들 중 가장 수가 많은 것은 나이펠드 집단(Найфельдская группа)과 트로이츠크 집단(Троицкая группа)이다. 연구자들의 견해에 따르면 이것들은 흑수말갈과 만주 중심에서 온 이주민들과 7세기의 토착 미하일로프 문화(михайловская культура) 보유자들이 동화되어 형성된 주민들이 남긴 유적들이다.

말갈 문화의 가장 특징적인 유물로는 입구 아래 관 모양의 테가 둘려있는 단지나 질그릇처럼 보이는 형태의 "말갈 그릇들", 형상이 새겨진 직사각형이나 원형의 청동제 허리띠 고리들 그리고 좁고 긴 몸과 짧은 다리를 가진 말을 타고 있는 기마병 모양의 매우 독특한 청동상들이 있다. 이것들은 모든 말갈 문화 유적들은 물론이고, 말갈과 근친관계인 발해인, 여진인 그리고 포크로프 문화(покровская культура)의 보유자들에게서도 찾아볼 수 있다.

698년에 현 만주 동부, 무단강(牧丹江)과 하이란강(海蘭河) 계곡들에 있던 속말말갈 부족들이 말갈국(진국(震國))을 건설했는데, 이 나라는 8세기 초부터 발해(698~926)라는 국호를 가지게 되었다. 전성기에 이 국가는 만주 동부, 한반도 북부, 프리모리예의 남부 절반을 차지하고 있었다. 나라 안에는 5개 도읍이 있었고, 국토는 부(府), 주(州), 현(縣)으로 구분되었다. 프리모리예 영토를 보면, 이곳의 남쪽 부분은 8세기 중엽부터 발해에 편입되었으며, 최소한 이 국가의 영토-행정 단위 두 개가 자리잡고 있었다: 수이펀강(綏芬河, 수이푼강, 라즈돌나야강(река Раздольная))에서 따온 명칭으로 이 강 계곡에 부 중심지가 자리잡고 있었던 솔빈부(率賓府, 슈아이빈 지방(область Шуайбинь))와 하산 지역의 크라스키노(Краскино)마을 근방에 있는 고대도시인 수도[14]를 제외한 나머지 부분인 염주(鹽州, 얀조우(Яньжоу))가 그것이다. 이 지역에 있는 포시에트(Посьет)만은 발해에서 일본에 이르는 해로가 시작되는 곳이었는데, 이를 통해 발해와 일본은 외교적, 상업적, 문화적 교류를 가졌다.

발해의 도시들과 집단부락들은 라즈돌나야강, 일리스타야(Илистая)강, 아르세니옙카(Арсеньевка)강, 우수리강의 골짜기에 위치한 비옥한 땅에 자리잡고 있었다. 발해인은 농사, 목축 외에도 사냥, 어로, 바다짐승 사냥 등에 종사했다. 이곳에서는 다양한 형태의 수공예들, 특히 철과 비철금속의 주조 및 가공업, 토기, 목재가공, 건축기술 등이 발달되어 있었다. 연대기에 따르면, 라즈돌나야강 계곡에 위치해 있던 발해의 솔빈부는 말이 유명한 곳이었다.

국가 체계는 유교 이념에 따라 조직된 당 제국의 기구를 많이 모방했다. 발해에서는 불교와 무속 신앙이 성행했다. 프리모리예에서는 다섯 채의 발해 시대 불교 사찰터가 발견 되어 발굴되었다. 옥탸브리스키구역(Октябрьский район)에 있는 체르냐티노(Чернятино) − 5

14　발해의 5경 중에서 동경인 경주(慶州)이다.

고분군에서는 매우 다양한 형태의 발해인 매장지들이 발견되었는데, 이것들 중 일부는 흙구덩이에 매장된 것이었고, 다른 일부는 바닥이 돌로 포장된 곳에 매장된 것이었으며, 가장 부유한 사람들인 세 번째 부류는 돌로 둘러싼 방인 석실에 매장되었다. 이러한 다양성은 발해가 농민과 수공업 종사자 외에도 관료와 세습 귀족이 존재하는 신분제 사회였음을 증명한다. 상류층을 비롯한 발해 인구 중에는 적지 않은 수의 고구려 유민이 포함되어 있었다. 고구려의 영향은 도자기 형태, 발해 도시의 축성양식, 기와 장식, 분묘의 지실 축조 등에서 드러난다.

발해의 통치자들은 변방에 거주하고 있던 독립적인 말갈 부족들을 복속시킴으로써 영토를 확장하려고 했다. 독립적인 부족들 중 상당수가 점차적으로 발해에 예속되었다. 국력이 가장 강력했을 때 발해는 우수리강 연안지역 중 일부를 점령했던 것으로 보인다. 우수리강 연안지역에서 가장 북단에 위치한 발해 유적으로는 키로프(Киров)지구에 있는 마리야노프(Марьянов)의 고대도시가 있다. 발해의 동쪽과 북쪽에 위치해 있던 흑수말갈은 발해로부터 문화적, 정치적으로 큰 영향을 받았다.

926년에 발해는 거란(кидани)에 의해 멸망했다. 거란은 발해 영토를 확고하게 복속시키기 위해 동란국(東丹國, Дундань)이라는 괴뢰국을 세웠으나, 제국의 중심지역으로부터 너무 멀리 떨어져 있고 수많은 봉기들이 일어났다는 것을 통해 알 수 있듯이 주민들의 극렬한 저항으로 인해 929년부터 발해인들 대부분을 서남쪽으로, 즉 오늘날의 만주와 내몽골 지역에 위치한 랴오허(遼河, Ляохэ)와 시라무룬허(西拉木倫河, Шара-мурэн) 연안지역으로 이주시키기 시작했다. 구 발해 영토에는 국가들이 형성되었는데, 그 중 가장 알려진 것으로는 정안국(定安國, Динъань)이 있다. 아마도 10세기에 일어난 이러한 사건들은 프리모리예변강주(Приморский край) 추구옙카 지역(Чугуевский район)에 있는 코크샤롭카(Кокшаровка)-I 성터와 연관이 있을 것인데, 이곳에서는 큰 궁궐이 발견되었다.

9~13세기에 아무르강 중류 및 하류, 우수리강 하류와 중국의 쑹화강 하류에는 흑수말갈의 후예들이 살았는데, 선사 유적들로 보아 이들은 포크로프 문화(아무르 여진 문화)로 통합시킬 수 있다. 철기 시대의 폴체 문화, 말갈 문화, 포크로프 문화 사이의 연속성을 알 수 있다. 포크로프 문화의 부락, 성터, 봉토분(封土墳)이 가지는 특징은 강, 호수, 우각호(牛角湖)의 침수되지 않는 연안지역 중에서 고지대에 위치해 있다는 것이다. 가옥은 장방형의 반지하 움집으로, 조약돌로 둘러싼 화로나 강(炕)[15]이 설치되어 있었는데, 강은 화로, 내부에 연기 통로가 뚫려 있는 벽을 접하고 있는 흙침상들, 바깥쪽으로 나가는 연통으로 구성된 난방 체계이다. 지상 가옥도 잘 알려져 있다. 가장 오래된 것은 11세기에 출현한 토총이다. 장의식(葬儀式)에는 매장은 물론이고 화장도 있었다. 매장 후 3~5년이나 그 이상의 시간이 흐른 후 시신을 발굴하여 악을 없애는 의식을 치르는 것이 포크로프 문화인들이 가지고 있던 장의식의 중요한 특징이었다.

포크로프 문화인들의 생산경제는 복합적이었다. 그들은 농사를 지었고, 목축은 주로 말을 사육했으며, 또한 돼지, 대유각가축(大有角家畜)[16], 개도 사육했다. 어로와 사냥이 큰 비중을 차지했다. 도자기, 야

15　'강(炕, кан)'은 중국 황허(黃河) 이북지역에서 나타나는 쪽구들 형태의 온돌이다.

16　러시아어에서는 소, 사슴, 순록, 염소 등과 같이 뿔이 난 가축들을 통칭해서 'рогатый скот'이라고 부르기도 한다. 한국어에는 이에 대응하는 말이 없기에, 이 책에서는 이것을 '유각가축(有角家畜)'이라고 번역하여 사용할 것이다. 그리고 이 중에서 '덩치가 큰 소족(-族)에 속하는 뿔 있는 집짐승(крупный рогатый скот)'은 '대유각가축(大有角家畜)'으로 표기할 것이다.

금술, 귀금속 등의 수공예도 발전되어 있었다.

기록에 따르면 포크로프 문화가 분포되어 있는 지역에는 우고(уго, "5개의 영지"라는 의미)족이 살고 있었다. 연대기에서는 그들이 언어와 물질문화에 있어 여진족과 다르다고 지적하고 있다. 거란 제국인 요(遼) 시대에 우고는 거란에 종속되어 있었다. 해안가까지 이어지는 매의 길이 이들의 영역을 가로질러 나 있었는데, 이곳에서는 거란에게 조공으로 바칠 사냥매를 잡았다. 거란은 여러 관점에서 포크로프 문화인들의 물질문화에 큰 영향을 끼쳤다. 1115년에 여진족이 금 제국을 수립하면서 쑹화강 하류지역과 아무르강 계곡 일부 지역은 금의 훌리가이 지방(胡里改路, губерния Хулигай)으로 복속되었다. 포크로프 문화의 몇몇 마을들에서 발견된 지붕용 기와와 벽돌조각은 금나라 시대의 행정이나 종교와 관련된 건축물들이 그곳에 있었음을 보여준다. 문서사료에 따르면, 여진 제국의 최동북단에 있었던 도시는 텔린(特林, Тэлин, 현 아무르강 하류지역의 틔르(Тыр)마을)에 있는 누르간(Нургань)이다. 그러나 틔르마을에 있는 절벽의 발굴지에는 15세기의 첫 삼반세기에 세워진 불교 사원과 좀 더 이른 시기인 13~14세기 몽골 지배 시기에 세워진 건축물의 흔적만이 남아 있었다. 13세기 후반에 몽골인들은 누르간 지역에서 활동하며 사할린을 정복하려고 했다. 전문가들은, 섬의 토착민들이 남긴 것이라고 볼 수 없는 흔적인 알렉산드롭스크-사할린스키(Александровск-Сахалинский)와 크릴리온(Крильон)곶에 있는 장방형의 성터들을 몽골군의 사할린 주둔과 연관시키고 있다. 두 유적들 모두에서 포크로프 문화에서 나타나는 문양이 찍힌 도자기들이 발견되었다. 아무르 하류지역 거주민이 몽골 군대에 편입되어 출정했음이 분명하다.

발해가 거란에 의해 멸망한 후 빈 땅이 된 프리모리예와 동만주에는 흑수말갈의 후예와 발해의 지배를 받던 말갈 부족들의 후예들이 이주해 왔다. 후자는 10세기 이래로 여진이라는 명칭으로 알려지게 된다. 10~11세기에 걸쳐 여진 부족들은 완안(完顔, Ваньянь) 가문의 지휘 아래 강력한 연합체로 통합되었다. 1115년에 이 연합의 지도자 아골타(阿骨打, Агуда)는 금나라(금 제국, 1115~1234)의 건국을 선언했다. 여진족은 10년 사이에 거란의 요 제국(916~1125)을 멸망시켰고, 한족 국가인 송과의 전쟁을 통해 북중국 지역 전역을 점령했다. 전성기에 금은 남으로는 화이허(淮河, Хуайхэ)로부터 북으로는 아무르강 계곡에 이르고, 서로는 다싱안링(大興安嶺, Большой Хинган)산맥에서 동으로는 태평양 연안에 이르는 광대한 영토를 장악했다. 제국의 수도는 1150년까지는 아스허(阿什河, Ашихэ, 현 하얼빈 부근) 계곡에 있는 초기 여진 지역에 있었으나, 이후 오늘날의 베이징 지역으로 이전되었다. 여진은 독자적인 문자를 창제했는데, 이것은 16세기까지 사용되었다. 프리모리예 지역에는 속빈로(速頻路, 슈이핀(수빈(蘇濱, Субинь)) 지방(губерния Сюйпинь))[17]가 있었는데, 그 중심지는 현 우수리스크시가 자리잡고 있는 곳이다. 이곳에는 옐란 완안(еланский Ваньянь) 부족장이자 금 제국 건설자인 아골타의 가장 가까운 전우인 완안충(完顔忠, Ваньянь Чжун, 에싀쿠이(Эсыкуй))의 무덤에 있던 비석 윗부분이 보존되어 있다(기록에 따르면 완안충은 1124년에 자신의 부족과 함께 프리모리예 동부지역 어딘가에 위치한 것으로 추정되는 옐란(Елань) 지역에서 현 우수리스크 지역으로 이주해 왔다).

13세기 초에 몽골과의 전쟁으로 금이 멸망하던 시기에 랴오둥에서

17　금나라의 지방행정구역으로는 상경로에 부속되어 있던 휼품로(恤品路)이다.

는 금의 군대를 이끌던 포선만노(蒲鮮萬奴, Пусянь Ваньну)가 1215년에 대진(大眞, Великое Чжэнь)이라는 국가를 세우고 왕을 자칭했다. 인접한 금의 지방군들과의 전투들 그리고 몽골의 지원을 받아 반란을 일으킨 거란족과의 전투들에서 여러 차례 참패한 후, 그는 십만이 넘는 군사를 이끌고 동쪽으로 진출해서 동만주, 한반도 북부, 프리모리예에 걸치는 지역에 동하(東夏, Дун Ся(“Восточное Ся”), 1215~1233)라는 독립국을 세웠다. 포선만노가 금나라 동쪽 수도의 관할 하에 있던 여러 지방들에서 이끌고 온 여진족은 몽골의 침공에 대비하기 위해 산 골짜기와 언덕 위에 성곽들을 쌓았다. 파르티잔스크 구역(Партизанский район)에 있는 샤이가 고대도시(Шайгинское городище)와 예카테리놉카 고대도시(Екатериновское городище), 우수리스크 근방에 위치한 크라스늬야르 고대도시(Краснояровское городище), 나데쥬딘스키구역(Надеждинский район)에 위치한 아나니옙카 고대도시(Ананьевское городище), 라조 고대도시(Лазовское городище), 그리고 다른 고대도시들에 대한 고고학적 발굴을 통해 여진족이 세운 국가의 경제적, 문화적, 사회정치적 조직을 연구할 수 있는 풍부한 자료를 확보할 수 있었다. 동하의 수도는 현 우수리스크 지역에 위치해 있던 카이위안(开原, Кайюань)이다. 크라스늬야르 고대도시에 있는 대규모의 궁궐-행정 복합시설은 수도의 주요 부분이었다. 철주조 작업장과 대장간의 흔적들, 농경, 목축, 다양한 종류의 수공예들이 발전했음을 보여주는 흔적들이 발견되었다. 여진인 종교 신앙의 특징은 발전된 계급사회의 종교인 불교와 유교가 무속신앙과 혼합되어 있었다는 점이다.

동하는 얼마 동안은 몽골과 평화로운 관계를 유지했으나, 1233년에 고려의 영토를 지나 침공해 온 몽골 군대에 의해 남쪽 수도가 포위

되었다. 도시는 점령되었고, 포선만노는 포로가 되었다. 몽골은 동하의 모든 지방들을 점령했다. 몽골 점령 이후 이 변경지역은 점차 황폐해져 갔다. 농민과 수공업자는 몽골군 사령부가 있는 도시들로 이주되었다. 주민 중 일부는 수공업과 농경을 버리고 사냥꾼과 어부로 삶의 방식을 전환해야만 했으며, 이에 따라 사회 조직과 문화는 쇠퇴하고 민족의식은 희미해져 갔다.

13~17세기에 프리아무리예 지역에서 아무르강과 제야(Зея)강 상류에는 다우르(Даур)족이, 아무르강 중류와 하류 일부에는 듀체르(Дючер)족이, 셀렘쟈(Селемджа)강 하구와 토미(Томь)강 하구 사이에 있는 제야강 계곡에는 고굴리(Гогули)족(제야 듀체르족(зей-ские дючеры))이 살고 있었다. 이들은 모두 농경에 종사하고 있었으나, 그 출신은 서로 달랐다. 다우르족이 몽골어를 사용하는 이들로서 몽골 종족 출신이거나 아니면 거란족 출신이라면, 듀체르족은 퉁구스(말갈) 공동체의 후예로서 포크로프 문화(아무르 여진 문화)를 이어받은 사람들이었다. 블라디미롭카 문화(Владимировская культура) 시대의 유적들은 아무르강과 제야강 상류에 거주하던 후기 중세인들과 관련이 있는데, 이 문화의 유적층에는 몽골 관련 지층과 퉁구스 관련 지층이 혼재되어 있다. 블라디미롭카 문화에 속한 고대도시, 마을, 고분 등이 40여 개 발견되었는데, 그 중 고분에 대한 연구가 가장 많이 이루어졌다. 이 문화의 유적들 중 다른 카테고리로 분류되는 것은 다우르형 고대도시라고 불리는 것인데, 이것은 각 모서리에 탑 모양의 돌출부가 튀어나와 있는 제방과 참호로 이중 삼중 둘러쳐져 있는 800제곱미터~1,200제곱미터 면적의 크지 않은 장방형 축성물이다.

　**동방 지역의 개척과 편입을 위한 국가 정책:
16세기 말~18세기**

17세기는 러시아 역사에서 지리적 발견의 시대로, 아마도 그 의미는
유럽 국가들의 중요한 지리적 발견들과 견줄 수 있을 것이다. 60년이
안 되는 기간 동안 러시아 탐사자들은 우랄산맥 동쪽으로 펼쳐져 있
는 광대한 영역을 정복하기 위해 시베리아 강들의 지류 체계를 적극적
으로 이용함으로써 서시베리아와 동시베리아를 지나 태평양과 북빙양
연안에 도달했다. 국가의 동쪽 국경이 설정되기 시작했다. 러시아 국
가는 끊임 없이 영토를 확장하면서 동유럽 해양 강국이라는 새로운 특
성을 공고화했다.

러시아 동방진출의 사회경제적 · 정치적 전제조건들

러시아의 영토 확장은 합법칙적인 역사적 과정이었다. 16세기 중반
까지 국가 경계는 모스크바로부터 멀어져서 북쪽으로는 백해(Белое
море)와 바렌츠해(Баренцево море), 남쪽으로는 체르니고프
(Чернигов), 푸티블(Путивль), 랴잔(Рязань), 서쪽으로는 스몰렌스크
(Смоленск)에서 국경이 획정되었으며, 동쪽으로는 영토가 북우랄과
니쥬니노브고로트(Нижний Новгород)까지 확장되었다. 모스크바
국은 독립과 자립을 획득하면서 적극적인 대외정책을 진행하게 되었
으나, 유럽으로 진출하는 노선은 막혀 있었다. 발트해로 나가는 출구

는 스웨덴에 의해 막혀 있었고, 흑해로 나가는 출구는 드네프르강 하구에 위치한 오차코프(Очаков)와 돈강 하구에 있는 아조프(Азов)에 거대한 요새를 가지고 있었던 오스만 제국에 의해 막혀 있었다.

러시아 국이 상대적으로 빠르게 동쪽으로 공간적 팽창을 한 것은 다음과 같은 조건들 때문이었다.

1. 이반 그로즈늬(Иван Грозный)의 국내정치, 장기간 지속되고 있던 리보니아 전쟁, 그리고 이에 뒤따른 동란시대 등으로 인한 경제 위기로 중앙정부는 농업과 목축업을 발전시키는데 필요한 새로운 토지를 동방에서 획득함으로써 경작지 범위를 확대할 필요가 있었다.

2. 17세기 중반 이래로 시작된 상품생산의 발전과 도시의 성장은 전 러시아 시장의 조성을 촉진했다. 새로운 지배지역, 값싼 원료공급원, 유럽과 아시아에서의 이윤이 남는 판매시장이 요구되었다. 시베리아와 극동지역에 건설된 거대 산업들, 즉 제염(製鹽), 철광석의 채굴 및 주조, 목재업과 어업, 탄산칼륨 생산 등이 러시아 시장을 상당 정도 강화시키고 확장시켰다.

3. 한편으로는 러시아에서 상품-화폐 관계의 발전 경과로 인해, 다른 한편으로는 수많은 전쟁들로 인해 국고 보충이 필요했는데, 이러한 국고수입 중에서 가장 중요한 위치를 점유하고 있었던 것은 모피제품이었다. 모피는 해외시장에서 가장 요청이 많은 수출품목들 중 하나였다. 시베리아 모피에 대한 대가로 러시아인은 유럽 납품업자들로부터 전략적 상품들, 즉 화기, 화약, 납, 은 등을 얻었다. 바로 이 모피를 구입하기 위해 매년 영국, 네덜란드, 독일계 국가들의 상선들이 아르한겔스크를 왕래했다. 이에 따라 모피가 풍부한 지역들로 러시아 자본이 들

어가는 것은 국가의 필요에 부응하는 것이었다. 현지주민들로부터 징수한 야사크(ясак)[1]는 국가재정을 보충하는데 있어 적지 않은 도움이 되었다.

4. 17세기 중반에 러시아에서는 농노제가 법적으로 공인되었다. 1649년 법전(Соборное уложение 1649 г.)으로 농민은 토지와 영주에게 영구적으로 결박되었으며, 이러한 조건 속에서는 머나먼 변경으로의 도주만이 견딜 수 없는 압박으로부터 벗어날 수 있는 유일한 구원책이었다. 토지 부족과 빈곤화로 자유농 또한 우랄 동쪽 지역으로 밀려났다. 동방에 있던 주인 없는 땅들이 자기 자신을 위해 일할 수 있는 얼마간의 자유와 가능성으로 이들을 유인했다.

5. 러시아의 리보니아 전쟁 패배, 가망없는 발트해로의 진출 시도, 흑해 출구의 부재와 같은 복잡한 국제 정세로 러시아는 태평양 출구를 위한 투쟁을 특별히 중요시하게 되었다. 이러한 사실들에 기초해서 러시아의 국제적 위신을 높이기 위해서 영토 상실을 보상받고 국가의 대외정치적 이미지를 강화하는 과업이 제기되었다. 이를 해결할 수 있는 방법들 중 하나는 동방에서 영토와 해양을 획득하는 것이었다.

6. 동방 진출에 대한 요구는 또한 동쪽과 동남쪽에서 러시아 국가의 안전을 보장하는데 있어 필수불가결한 것이었다. 동아시아와 동북아시아에서 진행되었던 에스파냐, 포르투갈, 네덜란드, 영국의 활동을 고려할 때 러시아는 전 세계적인 흐름을 무시할

---

1 '야사크(ясак)'는 러시아인들이 동쪽으로 진출하여 시베리아지역을 점령한 후 이곳에 살고 있던 원주민들에게 부여했던 세금으로, 주로 모피의 형태로 납부받았다.

수 없었으며 이 지역에서 자신의 영토적 이익을 지키려고 했다.

7. 러시아인이 우랄 동쪽 지역을 새로운 영토로 편입함으로써 17세기 중반에 러시아에서 정교회의 분리가 가속화되었다. "구신앙(старая вера)" 추종자들은 추적을 피하기 위해 변경지역에서 피난처를 찾아 시베리아와 극동 땅으로 이주했다.

러시아인의 시베리아와 극동지역 진출 목적

동방 팽창을 실현하기 위해 러시아는 다음과 같은 주요 과제들을 결정했다.

- 국가 영토의 확장, 동쪽 국경의 강화.
- 국제통상로와 이어지는 출구.
- 시베리아와 극동지역에 있는 풍부한 토지의 생산경제적 경영으로의 편입, 농업 경작과 가축 사육에 알맞은 토지 조사.
- 유용광물, 특히 금과 은의 산출지 발견, 나라의 미래 발전을 위한 자원 수요의 충족.

고향집과 가까운 사람들을 남겨둔 채 두려움과 위험을 감수하면서 지금까지 누구에게도 알려지지 않았던 끝없이 펼쳐진 시베리아와 극동의 땅들을 개척하고 획득하기 위해 왔던 사람들의 사회적 구성은 어떻게 되는가?

먼저 봉직자(카자크)가 있으며, 이들을 뒤이어 사냥꾼 무리, 모피 매매업자, 무역상, 도망 농민, 구의식교도(старообрядцы), 수공업자가 들어왔으며, 순수한 모험가도 적지 않았다. 러시아인이 새로운 땅에 확고하게 정착하는 것은 당연하게도 대규모 농민 이주와 관련이 있었다. 이와 함께 중앙으로부터 멀리 떨어져 있다는 점과 새로운 땅의 혹독한 기후 조건들이 이 지역의 사회적 발전을 방해하고 있었다.

새로운 영토들은 전쟁을 통해, 그리고 러시아 국가로의 자발적인 편입을 통해 획득되었다. 이미 16세기 중반부터 동방으로의 대규모 팽창이 시작되었는데, 이곳에서 러시아는 금장 칸국(Золотая Орда)의 잔해 위에 세워진 조직들과 충돌했다. 1552년에 카잔 칸국(Казанское ханство)을 정복했으며, 다음으로 아스트라한 칸국(Астраханское ханство)과 대 노가이 칸국(Орда Больших Ногаев)이 러시아 국가에 신종(臣從)했다. 모르드바인(мордва), 추바쉬인(чуваши), 서바슈키르인(западные башкиры)이 자발적으로 러시아에 귀화했다. 그 결과 볼가강 연안 지역은 모스크바 국의 일부로 편입되었다. 그러나 우랄 동쪽에는 금장 칸국의 "잔여물"로서 러시아에 적대적인 시비리 칸국(Сибирское ханство)이 존속하고 있었다. 시비리 칸국은 오비(Обь)강, 이르틔슈(Иртыш)강, 토볼(Тобол)강을 포괄하고, 남시베리아 스텝지대까지 미치는 거대한 서시베리아 영토를 차지하고 있었다.

모스크바 당국은 동방에 있는 지속적 위험의 온상을 제거하고, 광활하고 풍요로운 서시베리아 대지를 러시아에 병합하는 것을 과업으로 삼았다. 이러한 목적을 달성하기 위해 프리우랄리예(Приуралье)[2] 중부지역의 실질적인 주인으로서 상인이자 실업가인 스트로가노프(Строганов) 형제를 끌어들였는데, 이들은 소금 채취, 주철 정련, 벌목에 종사했으며, 모피무역을 하고 있었다. 1580년대 초에 스트로가

---

2 '프리우랄리예(Приуралье)'는 우랄 주변지역을 가리키는 명칭이다.

노프 형제는 아타만(атаман)[3] 예르마크 티모페예비치 알레닌(Ермак Тимофеевич Аленин)을 볼가 지역 카자크 부대 지휘관으로 초빙했다.

1581년에 예르마크는 약 500명에 이르는 자신의 부대와 함께 시비르 칸 쿠춤(Кучум)을 정벌하러 나섰다. 그 결과 쿠춤의 군대를 분쇄하고, 시비리 칸국의 수도인 카슐릐크(Кашлык)를 점령했다. 모스크바 국 차르의 이름으로 예르마크는 현지 주민들에게 야사크를 부과했다. 예르마크는 이반 그로즈늬의 궁전으로 사자들을 보내서 자신이 이룬 승리들에 대해 쓴 편지와 검은담비 모피, 여우 모피와 같은 많은 선물들을 진상한 후 자신의 행위에 대한 차르의 승인을 받았다. 이렇게 해서 카자크 아타만의 지휘 아래 시작된 시베리아 병합은 국가의 지지를 획득했다.

러시아의 동방 식민화는 수 세기에 걸쳐서 실현되었는데, 이러한 과정의 초반에 중앙 권력은 최소 간섭 정책을 견지했으며, 이와 함께 초기 개척자들에게 모든 필요한 것들, 무엇보다도 무기와 식량을 지원해주었다. 태평양으로의 팽창은 대체적으로 평화로운 방식으로 진행되었으나, 때에 따라서는 유혈이 낭자한 전투를 동반하기도 했다. 현지 종족들에게는 그들이 이제부터 모스크바 차르에게 신종해야 하며 공납으로 야사크를 바쳐야 한다고 선포되었다. 순응하지 않는 경우에는 화기로 응대해서, 토착민들로부터 부녀자들과 아이들을 잡아오는 일이 적지 않게 발생했는데, 이들이 러시아인에 의해 건설된 요새에 남아 살게 되면서 최초의 종족간 결혼이 나타나게 되었다.

러시아 카자크들, 그리고 그 뒤를 이어 수공업자들, 농민들, 상인들, 실업가들이 병합된 영토들의 거주민에게 영향을 미쳤다. 후자들은

---

3 '아타만(атаман)'은 카자크 부대의 지휘관을 가리키는 명칭이다.

토지 개간, 곡물 재배, 목초베기, 금속 정련, 자연자원 이용 등과 같은 당시로서는 선구적인 활동을 했다. 이것은 단일 국가 영토의 형성과 강화, 여러 다른 지역들의 경제적 유사화를 촉진했다.

러시아인의 시베리아 획득

1581~1585년에 걸친 예르마크의 원정들은 시비리 칸국의 붕괴와 그 영토의 러시아 병합으로 이어졌다. 카자크들의 활동은 정부의 지지를 받았다. 1580~1590년대에 서시베리아로 간 부대들은 요새들을 건설함으로써 영토를 공고화했는데, 이것들은 후에 도시로 성장했다. 이런 식으로 튜멘(Тюмень, 1686), 토볼스크(Тобольск, 1587), 베레조프(Березов, 1593), 수르구트(Сургут, 1594), 케티요새(Кетский острог, 1597), 베르호투리예(Верхотурье, 1598) 등등이 설립되었다. 요새들은 동쪽으로 보다 멀리 진출하기 위한 기지 역할을 했다. 이러한 도시들 중 다수는 유럽 러시아에서 시베리아로 가는 노선 위에 건설되었다. 북쪽에서는 또 다른 "바위 통로(чрезкаменный путь)"(우랄산맥의 옛 명칭은 "바위(Камень)" 또는 "바위 띠(Каменный пояс)"이다.)가 이용되고 있었다: 페초라(Печора)강에서 그 지류인 우사(Уса)강과 더 멀리는 1595년에 오브도르스크(Обдорск)가 건설된 오비강 하류까지. 시베리아 병합과 함께 이 길들은 지속적으로 발전하고 있다. 이 도로들은 공식적으로 인정되었으며 국가소유로 공포되었다.

17세기의 두 번째 사반세기부터 동시베리아에 대한 적극적인 병합이 시작되었다. 1632년에 카자크 백부장인 표트르 베케토프(Петр

Бекетов)가 레나요새(Ленский острог, 현 야쿠츠크(Якутск))를 건설했으며, 뒤이어 베르흐네-레나 동계거주지(Верхне-Ленское зимовье), 스레드네-레나 동계거주지(Средне-Ленское зимовье), 니쥬네-콜릐마 동계거주지(Нижне-Колымское зимовье)가 출현했다. 1649년에 건설된 오호타요새(Охотский острог)는 이후 도시로 성장하여 19세기 중반까지 러시아의 유일한 태평양 출구가 되었다. 러시아인들이 극동지역의 남쪽으로 이동하면서 새로운 요새들이 연이어 출현하게 된다.

1653년에 쉴카(Шилка)강 기슭에는 이후 네르친스크(Нерчинск)라고 불리게 되는 쉴카요새가 세워졌다. 17세기 후반에 네르친스크는 지하저장소, 창고, 병기고를 갖춘 강력한 구조물로 변했다. 아나듸리요새(Анадырский острог)는 특별한 분기지점이어서, 이곳을 통해 캄차카반도와 연결되었다. 요새는 일반적으로 강기슭을 따라 전략적으로 중요한 장소에 건설되었으며, 다양한 용도로 사용되는 건축물들의 보다 폭넓은 연계망을 구축함으로써 방어 기능을 수행했다. 합병한 영토들 위에 있던 모든 정착지들은 행정, 야사크 징수, 무역, 생산경제활동 등 모든 것의 중심지였다.

원정대는 러시아 요새들을 기반으로 끈기있게 동방으로 전진했다. 야쿠트요새는 봉직자들로 구성된 원정대가 여장을 챙겨 떠날 차비를 하는 중심지가 되었다. 카자크 부대들과 실업가들은 그곳에서 여정을 시작했다. 부대 통솔자는 야쿠트군정관(軍政官, воевода)으로부터 토착종족들, 그들의 수, 생산경제활동, 풍습 등에 대한 정보를 수집해 오라는 명령을 받았다. 바로 이곳 야쿠트로 주변의 방대한 영토로부터 야사크가 모여들었기 때문에, 상인, 실업가, 자유민이 이곳으로 이끌려 왔다.

카자크 부대들은 두 방향으로 새로운 땅을 향해 나아갔다:

- 첫 번째: 남시베리아 국경을 따라 동쪽으로.
- 두 번째: 북해를 따라 아시아의 동북 말단으로.

아무르 원정

1683년 5월에 드미트리 코필로프(Дмитрий Копылов)가 지휘하는 톰스크 카자크 부대는 오호츠크 연안의 토착민들로부터 남부의 "치르콜(Чиркол)"("쉴카르(Шилкар)"에서 바뀐 명칭)강의 하류에 "은산"이 있다는 정보를 입수했다. 이것은 프리아무리예에 관한 가장 오래된 정보였다. 러시아인들은 "치르콜"을 "오무르(Омур)" 또는 "모무르(Момур)"(현재의 아무르)라고도 부른다는 사실을 나중에 알게 되었다. 1639년에 이반 모스크비틴(Иван Москвитин)이 이끄는 카자크 부대가 "은산"을 찾기 위해 파견되었다. 모스크비틴의 부대는 울리야(Улья)강을 따라 오호츠크해 연안까지 내려갔다. 카자크들은 극동지역에서는 처음으로 이 강 어귀에 우스티-울리야 동계거주지(Усть-Ульинское зимовье)를 구축하고 토착민으로부터 야사크를 징수했다. 혹독한 기후와 항상 호의적이지만은 않은 토착민, 식량 부족으로 인해 원정대는 생존을 위한 방법을 강구해야만 했다. 굶주림의 위협에서 벗어나기위해 모스크비틴의 부대는 1639년 10월에 물고기가 많은 오호타(Охота)강까지 진출했으며, 여기에 오호타요새를 세웠다. 이렇게 극동지역의 땅과 사람이 러시아에 합병되기 시작했다.

1643년에는 머나먼 변경지역에 대한 지식을 축적하고 경작에 유리

한 땅을 발견하기 위해 바실리 포야르코프(Василий Поярков)의 원
정대가 야쿠츠크로부터 파견되었다. 포야르코프와 원정대원들은 레나
강과 알단(Алдан)강을 건너고 스타노보이산맥(Становой хребет)을
거쳐 아무르강 유역에 도달했다. 이 변경지역의 아름다움과 풍요로움
은 실로 놀라웠으나, 토착민인 다우르족과 듀체르족의 적대감으로 인
해 포야르코프 무리는 이곳에 요새를 지어 근거지를 구축할 수는 없었
다. 원정에서 돌아온 후 바실리 포야르코프는 직접 관찰한 바에 기초
해서 아무르강과 그곳 토착민족들의 생활에 대한 최초의 기록을 남겼
다. 포야르코프의 원정으로 프리아무리예 지역이 실질적으로 러시아
에 개방되었다.

　1648년에 예로페이 하바로프(Ерофей Хабаров)라는 레나의 부
유한 실업가가 아무르에 관심을 가지기 시작했다. 그는 뛰어난 업무
능력과 추진력을 가지고 상업과 사채업에 종사하고 있었고, 우스티-
쿠타(Усть-Кута)에 염전을 소유하고 있었으며, 운송업을 운용하고
있었다. 1649년에 하바로프는 사비를 들여 70명의 지원병으로 이루어
진 부대를 조직해 아무르로 떠났다. 프리아무리예 지역에 평화롭게 정
착하고자 했던 시도는 실패로 돌아갔다. 다우르족의 저항에 부딪히자
하바로프는 무력을 사용해서 다우르족 5개 부락을 모스크바 차르의
통치 아래로 복속시켰으며, 예로페이 파블로비치 자신은 다우르족의
족장인 알바직(Албазы)가 있던 소도시에 정착했다. 이곳은 후에 알바
직의 이름에서 명칭을 따오게 된다. 1665~1666년에 니키포르 체르니
곱스키(Никифор Черниговский)가 이끄는 카자크와 농민 84명으
로 구성된 집단이 이주해 오면서 알바진(Албазин)의 역사는 새로운
단계로 접어들게 된다. 그런데 1650년에 인원이 얼마 되지 않았던 하
바로프의 부대는 아무르 땅 전역을 탐색하고 그곳에 거주하는 토착 주

민들로부터 야사크를 징수하는 과업을 감당할 수 없었다. 하바로프는 인원과 물품을 보충하기 위해 야쿠츠크로 돌아왔다. 1651~1652년에 예로페이 하바로프는 자원병과 카자크로 구성된 새로운 부대를 이끌고 다시 아무르 지역으로 갔다. 우수리강 하구에 목책을 두른 동계거주지를 세우고 아찬요새(Ачанский городок)라는 명칭을 붙였다. 그런데 러시아인의 아무르 진출은 당시 중국을 통치하던 만주인의 불만을 샀다. 만주인 부대들이 하바로프를 성채에서 몰아내고자 시도했으나 러시아인들은 자신들의 소유지를 지켜냈다.

이 과정에서 하바로프와 다른 지휘관들 및 카자크들 사이에서 갈등이 발생했다. 원정 참가자인 스테판 폴랴코프(Степан Поляков), 콘스탄틴 이바노프(Константин Иванов) 그리고 다른 이들은 요새를 짓고 땅을 경작하며 농경에 종사하고자 했던 반면, 첫 성공에 도취된 하바로프는 새로운 땅을 찾아 계속 전진해서 토착민을 수탈하기를 원했다.

먼저 드보랴닌(дворянин)[4]인 드미트리 지노비예프(Дмитрий Зиновьев)가 갈등을 해결하려고 시도했다. 1653년에 새로운 땅과 그 땅의 통합 가능성에 대한 정보를 얻기 위해 차르 알렉세이 미하일로비치(Алексей Михайлович)가 프리아무리예로 파견한 전권공사였던 지노비예프는 하바로프가 여러 가지 측면에서 권력을 남용했다는 이유를 들어 그의 지휘관 지위를 박탈했으며, 보다 상위 기관에서 이 문제를 검토하기 위해 그와 폴랴코프를 모스크바로 이송했다. 모스크바에서 내려진 결정은 이중적인 성격을 띠었다. 한편으로, 프리아무리예를 러시아에 합병한 하바로프의 공로를 인정하여 '소귀족(сын бояр-

---

4　'드보랴닌(дворянин)'은 제정 러시아의 귀족 신분을 가리키는 명칭이다.

ский)’ 작위를 내리고 일림스크요새(Илимский острог)에 영지를 하사했다. 다른 한편으로, 그는 향후 아무르 출입이 금지되었으며 거액의 채무를 징수했다.

17세기 중반에 카자크들에 대한 통솔권이 일명 ‘대장장이(Куз-нец)’라고도 불리는 오누프리 스테파노프(Онуфрий Степанов)에게 부여되었다. 그의 지휘 아래 러시아 카자크 부대는 현 프리모리예변강주의 북부지역에 처음으로 도착했다. 1655년에 스테파노프와 그의 동료들은 우수리강과 그 지류인 비킨(Бикин)강, 호르(Хор)강, 이만(Иман)강을 따라 이동했다. 1658년 6월에 쑹화강 하구에서 멀지 않은 곳에 위치한 아무르강에서 스테파노프가 이끄는 카자크 부대가 만주인들의 습격을 받아 붕괴되고, 아타만 자신도 사망했다.

러시아인에게 있어 아무르를 소유하게 된 것은 매우 중요했다. 아무르의 기름진 땅을 확보하게 됨으로써 이후에 새로운 영토를 획득하기 위해 매우 중요했던 식량 문제를 해결할 수 있었다. 아무르강은 러시아인들이 오호츠크해 연안으로 짐을 실어 나르고, 동북 지역의 영토와 알래스카를 획득하기 위해 반드시 필요했다. 아무르 획득으로 동방에서 러시아와 가장 가까운 이웃 국가인 중국과의 교역도 상당히 증가했다.

아시아 북동지역으로의 진출

17세기에 러시아 원정대들은 아시아의 동남지역으로의 진출과 함께 북동지역으로의 중요한 진출을 진행했다.

러시아인의 레나강과 그 이북 지역 진출은 야쿠츠크를 획득한 후에 바로 시작되었다. 이 원정에 관여한 인물로는 일리 페르필리예프 (Ильи Перфильев), 드미트리 즤랸(Дмитрий Зырян), 미하일 스타 두힌(Михайл Стадухин), 페도트 포포프(Федот Попов), 세묜 데 쥬뇨프(Семен Дежнёв) 등이 있다. 미하일 스타두힌과 세묜 데쥬뇨 프는 오이먀콘(Оймякон)에서 함께 복무하면서 인디기르카(Инди- гирка)강 하구로, 그리고 알라제야(Алазея)강 하구를 따라 바다로 나 가는 항해를 했고, 드미트리 즤랸은 알라제야 강변에 요새를 건설했 다. 데쥬뇨프와 즤랸은 카자크 오십부장인 스타두힌의 동의를 받아 콜 리마(Колыма)강 하구를 따라 바다로 진출하기로 결정했다. 그러나 1647년의 첫 번째 시도는 극심한 추위로 인해 실패했다.

　1648년 여름에 세묜 데쥬뇨프와 페도트 알렉세예프(포포프)가 이 끄는 90인으로 구성된 군대가 코치(коч)[5]를 타고 여정을 시작했다. 원정의 목적은 북쪽(추콧카 지역)에서 새로운 땅을 발견하고, 원주민 을 모스크바 차르의 통치 아래 복속시키고, 이들로부터 야사크를 징 수하는 것이었다. 7년 넘게 지속된 원정은 매우 힘겨웠다. 데쥬뇨프가 아나듸리(Анадырь)강에 도달했을 때에는 부대에 12명 밖에 남아 있 지 않았다. 카자크들은 아나듸리강을 얼마간 거슬러 올라가서 첫 번째 러시아 요새를 건설했으며, 이곳을 기점으로 데쥬뇨프는 탐험을 지속 했다. 그와 그의 동료들은 원정 중에 대규모 바다코끼리 서식지를 발 견했는데, 이것은 이후 국가에 크게 이익이 되는 산업을 위한 단초가 되었다. 데쥬뇨프는 새로운 땅의 형세를 그리고, 아나듸리 강변의 삼 림, 연어 밀집 지역, 기타 많은 정보를 기록했다. 중요한 것은 콜리마

5　'코치(коч)'는 러시아에서 17세기에 항해용으로 사용한 돛으로 운항되는 중형 보 트이다.

강 하구로부터 축치반도(Чукотский полуостров)를 돌아 베링해까지 원정하는 동안 아시아와 아메리카 사이에 있는 해협을 발견했다는 것인데, 이곳은 후에 베링해협(Беринговый пролив)이라고 불리게 되었다.

아나디리강 연안에 러시아인이 정착한 후 캄차카 지역에 대한 소식을 더 자주 접하게 되었다. 1651년에 미하일 스타두힌이 캄차카 북부지역에 처음으로 도착했다. 그는 아나디리와 펜쥔(Пенжин)강 사이에 반도가 존재한다는 사실을 전해주었으나, 여기에서 캄차카 내지로 들어가지는 못했다. 1662년에 이반 루베츠(Иван Рубец)가 바다를 통해 캄차카강까지 도달했다.

블라디미르 아틀라소프(Владимир Атласов)는 캄차카를 탐사하여 기록으로 남기는 업적을 세웠다. 아틀라소프는 아나디리요새의 집행관(приказчик)으로 있으면서 루크 모로스코(Лук Мороско)가 통솔하는 카자크 부대를 캄차카로 파견했는데, 그가 가져온 정보가 매우 유용했기에 1년 뒤인 1696년에는 아틀라소프 자신이 직접 대규모 부대를 이끌고 새로운 땅을 향해 출발했다. 아틀라소프가 이끄는 카자크들은 캄차카강 하구에 도착한 후, 새로운 땅이 야쿠트군정관 관할지역으로 병합되었음을 상징하는 대형 십자가를 세웠다. 2년 만에 원정 참가자들은 캄차카반도의 서부 연안을 통과했다. 원정 중 아틀라소프는 이 땅에 있는 자연, 거주민, 자원 등에 대한 상세한 정보를 기록한 『이야기(сказки)』를 썼다. 후에 푸슈킨은 블라디미르 아틀라소프에게 "캄차카의 예르마크"라는 별칭을 부여했다.

이렇게 17세기가 지나는 동안에 극동지역의 광대한 새로운 땅이 러시아에 병합되어서 개척되기 시작했다.

동방 영토의 생산경제적 개척: 17세기

시베리아와 극동지역의 땅을 취합하는 것은 매우 복잡한 조건 속에서 진행되었다. 군정관, 봉직자, 수렵꾼은 새로운 땅에 거주하고 있던 원주 주민을 인도적으로 대하라는 국가의 지시에도 불구하고, 지리적으로 멀리 떨어져 있어 처벌을 받지 않는다는 점을 이용하여 적지 않은 경우들에서 이를 이행하지 않았다. 그들은 자의적으로 야사크를 인상하고 토착민을 기만했으며, 이에 대해 토착민은 봉기로 맞섰다. 대부분의 부족들은 모스크바 차르의 공민이 되어 야사크를 납부하는데 동의했다. 초기에 야사크는 "할 수 있는 만큼(поскольку будет можно)" 거두어 들였다. 17세기 말에 와서야 야사크 징세는 체계적 형태를 갖추게 되었다.

야사크는 정액와 비정액의 두 가지 형태를 띠고 있었다. 정액 야사크는 목록에 따라 정해진 양을 거뒀다. 야사크 산출은 흑담비 모피로 계산했는데, "야사크 납세자(ясачная душа)" 1인당 흑담비 모피 1~5장으로 책정되었다. 흑담비 모피가 없는 경우에는 여우, 다람쥐, 늑대, 살쾡이 등의 모피로 대체되었다. "야사크 납세자"가 사망하면 이 세금은 재산과 마찬가지로 상속되었다. 비정액 야사크는 다양한 이유로 인해 공민으로 받아들여지지 않은 종족들이 납부하는 것으로, 양은 정해져 있지 않았다.

현지 행정은 군정관과 집행관이 종족의 상위 신분을 매개로 수행했다. 이것은 현지 엘리트의 권력강화로 이어져서 지역에 대한 러시아 당국의 행정 부담을 덜어주었다.

러시아인 개척자와 원주민이 하나의 영역 안에서 조우하게 됨으로써 독특한 사회적·문화적 통합이 나타나게 되었다. 개척자들은 토착민들에게 생필품을 제공해 주었는데, 이를 통해 러시아의 식민화는 보다 부드럽게 진행될 수 있었다.

소통에 있어서 정교회의 역할에 대해서도 강조하지 않을 수 없다. 토착 주민들 사이에서는 그리스도교가 확산되었는데, 그리스도교는 이들에게 몇 가지 특전을 제공했다. 공동체 구성원 중에서 일반병사는 봉직자 명단에 올랐으며, 종족의 상위 신분자들은 소귀족(Дети бояр-ские)이 되었다. 또한 새로이 세례를 받은 사람들은 야사크 납부에서 벗어났으며 분여지(надел)[6]를 분배 받았다.

개척자들이 새로운 땅에서 맞닥뜨린 가장 심각한 문제는 식량이었다. 카자크와 문관을 위한 빵의 주요 원천은 국가에서 공급되는 곡물과 밀가루였다. 곡물과 밀가루를 운반하는 대상(隊商)이 벨리키우스튜그(Великий Устюг)에 구성되었는데, 이들은 이쉼(Ишим)~크라스노야르스크(Красноярск)~야쿠츠크 노선을 따라 동쪽으로 이동했다. 이 노선은 거의 2년에 걸쳐 확보되었는데, 운송하는 식료품의 총액은 수십 배 증가했다. 당시 상당 수 러시아아인들의 표준정량에서 곡물이 차지하는 비중은 절대적이었다. 뿐만 아니라, 통조림이 없던 시대에 말린 빵과 밀가루는 점점 더 많은 지역으로 진출하고 있었으나 다른 식량원을 찾을 시간은 없었던 개척 원정대들에게 있어 기본적인 식량 공급원이었다. 이런 이유로 시베리아와 극동지역에서 경작에 유리한 땅을 발견하는 것은 점점 더 현실적인 문제가 되었다. 이를 해결

6　제정 시기에 러시아에서 경작지는 농민공동체 내에서 농민들에게 가구 규모에 따라 분배되었는데, 이 토지를 '분여지(надел)'라고 한다. 이때 농민은 분배 받은 토지에 대한 사용권만을 가지고 있었다. 여기에 나오는 '분여지'는 러시아 국가가 이러한 원래 의미에 기반해서 그리스도교로 개종한 토착민에게 분배해 주었던 일정 면적의 토지를 가리키는 말이다.

하는 것은 러시아 중앙정부가 동부지역의 지방행정 당국에 부여한 국가적 과업이었다.

모스크바 정부는 봉직자들에게 새 영토에서의 식량 공급 문제를 자력으로 해결하도록 압박했다. 16세기의 첫 사반세기에 서시베리아 지역에는 베르호투리예-토볼스크 농경구역(Верхотуро-Тоболь-ский земледельческий район)이 형성되었으나, 이곳에서 거둬들인 곡물로는 시베리아의 도시들에 필요한 곡물 중 일부만을 충당할 수 있었다. 1660년대 초까지 모스크바 정부는 동시베리아의 다수 지역에 대한 주요 식량 공급 책임을 예니세이스크(Енисейск)에 부과했다. 그러나 예니세이스크는 이것을 감당하지 못했다. 예니세이군에서 수확하는 곡물로는 농경 조직에서 사용하는 소비량도 채우지 못했다. 상황은 바실리 포야르코프가 아무르에서 농사가 가능하다는 사실을 통보한 이후에야 달라졌다. 제야강과 아무르강 연안에 거주하고 있는 현지 종족들이 곡물과 특용작물을 재배하고 가축을 사육한다는 것이 1643~1646년 원정에 참여한 대원들에 의해 알려지게 되었다. 후에 이 정보는 예로페이 하바로프의 원정 과정에서 확인되었다. 프리아무리예 땅의 농업적 러시아화라는 새로운 단계가 시작되었다. 러시아인에 의한 첫 파종은 1660년대에 알바진 근방에서 행해졌는데, 이후 알바진은 식량을 자급했을 뿐만 아니라 잉여 식량을 판매하기도 했다. 1682년까지 돌로네츠요새(Долонский острог, 제이요새(Зейский острог)) 부근에서도 농사가 발전했으나, 만주인의 압력으로 러시아 카자크들은 이 땅에서 떠나야만 했다. 자바이칼리예와 프리아무리예의 주요 곡물과 특용작물로는 호밀, 밀, 보리, 귀리, 수수, 콩, 마 등과 양배추, 오이, 순무, 마늘 등의 채소가 있다.

자바이칼리예에서는 17세기 중반에 처음으로 파종을 시도했다. 네르친스크 주변의 셀렌가(Селенга)강 기슭과 그 지류를 따라 곡물 파종이 성공적으로 진행되었다. 그러나 자바이칼리예에서 카자크와 농민에게 곡물을 완전히 공급할 수 있게 된 것은 18세기 말에 접어들어서의 일이다.

동방영토에서 농민 인구는 얼마간은 정부에 의해 강제로 동원된 사람들이었으나, 대체적으로 농민 대부분은 민족적 식민화의 결과로 러시아의 중심지역에서 이곳 먼 땅으로 오게 된 사람들이었다. 정부는 그들에게 면세 혜택과 장려금을 지급했는데, 그것은 농민들이 새로운 땅에 거주하고 있는 모든 주민에게 곡물을 온전히 공급하는 것이 중요했기 때문이었다. 농민은 약탈자로부터 보호될 수 있도록 요새 부근에 정착되었다. 동쪽 땅을 개척할 때 원주민의 이익이 배려되었다. 농민은 "주인이 없는 땅에만 정착할 수 있고, 야사크용 토지는 점유할 수 없으며, 야사크 납부자의 사용지를 황폐화시키는 [자는] 몰아내어 가차없이 채찍질한다."

시베리아의 농민들은 강 기슭을 따라 정착하면서 점차 농촌 마을들을 이루어 갔는데, 이 중에는 수공업 종사자들의 집단도 있었다. 그 시기에는 목축업도 시작되었는데, 18세기에는 가축을 주로 농지 경작을 위한 보조 노동력으로 이용했다. 자바이칼리예와 프리아무리예에서는 이런 용도로 말을 사용했으며, 경작용 말 외에도 크고 작은 유각 가축을 사육했다.

러시아인들은 기후환경에 적응하게 되자 생활필수품을 확보하는데 노력을 집중했다. 이 지역의 무수히 많은 자연자원은 시간이 흐름에 따라 국가에 엄청나게 큰 경제적 효과를 가져다 줄 수 있었다. 그러나 17세기에 도로를 건설하고 산업 생산을 조직하는 것은 불가능했다. 러시아 경제는 농노제에 기반을 두고 있었고, 직물 산업이 겨우 시작되고 있었다. 봉직자들로 구성된 초기 부대들의 구성원 중에는 이미 대장장이들이 있었다. 대장장이에 대한 수요가 매우 컸으므로 정부는 국고를 들여 대장장이 교육과정을 조직했다. 주택과 선박을 만들기 위해 목수와 목공을 비롯한 다른 장인들도 요구되었다.

동방 영토의 개조에 있어 산업 부문에서 특별한 위치를 차지하고 있었던 것은 광업이었다. 국가는 은이 심각하게 부족했다. 차르는 훈시를 통해 개척자들에게 지하 자원을 탐사하라고 권고했다. 1687년에 네르친스크 지역에서 발견된 은광에서 처음으로 은이 채굴되었다. 1689년에 차르는 아르군(Аргунь) 광상(鑛床)에 은 제련소를 건설하라는 칙령을 내렸다.

시베리아와 극동지역을 소유하게 됨으로써 교역 관계가 발달하게 되었는데, 이것은 대체로 현물 교환의 특징을 띠고 있었다. 개척자들은 철 제품과 보석을 모피, 매머드 뼈, 바다코끼리 송곳니 등과 교환했다. 교환은 대등하게 이루어지지 않았으며, 교역은 자연발생적인 특징을 띠고 있었다. 17세기 후반부에는 교역 관계가 좀 더 안정적이고 목적지향적으로 바뀌었다. 교역이 가져다 주는 이익을 알고 있었던 정부는 군정관들에게 "교역을 하는 사람이라면 러시아인이든 외국인이든 …… 모든 호의와 환대를 …… 제공할 것"을 지속적으로 권장했다. 자바이칼리예와 극동지역에는 백 개 이상에 달하는 상품이 유입되었다. 공산품 중에서 가장 인기가 많았던 것은 주석 그릇, 맹꽁이 자물쇠, 꺽쇠, 칼, 못, 철사, 캔버스, 나사, 남성용 액세서리 등이었다. 식료품 중에는 설탕, 쌀, 건포도, 생강 등이 수입되었다. 이 과정에서 향신료, 과일, 장과(漿果) 등과 같은 수입식품이 꿀, 밀랍, 호프 등의 러시아산 식품에게 자리를 내주었다. 극동지역에 대한 러시아 상인의 관심은 들여오는 물품의 높은 가격과 관련이 있었다. 이곳에서의 판매로 얻은 이익으로 이곳 모피를 구입했는데, 이것은 어마어마한 이익을 가져다 주었다.

이 시기에 이웃하고 있는 중국과 교역 관계가 형성되기 시작한다. 시베리아와 극동지역에서 산출되는 상품들, 주로는 모피가 행정 중심지인 네르친스크를 통해 중국으로 보내졌다. 이런 방식으로 이 지역은 전 러시아 시장으로 통합되었다.

쿠릴열도 발견

러시아 황제 표트르 1세는 동방의 아시아에 어떠한 땅이 있는지에 대한 소식에 항상 관심을 가지고 있었다. 그러나 서방에서의 국제 정세로 인해 서북 방면의 개방된 영토를 탐사하고 획득하는 것과 관련된 결정을 시의적절하게 내릴 수 없었다. 1709년에 스웨덴이 폴타바(Полтава) 전투에서 크게 패한 후 북방전쟁에서의 세력대결은 러시아에게 유리하게 흘러갔고, 차르 정부는 캄차카 이남에 자리잡고 있는 도서(島嶼)들을 탐사하기 위한 목적으로 해양 원정대를 조직한다. 이 지역들을 영토에 편입시키는 것은 국가에 엄청난 이익을 가져다 줄 것이었다.

1711년에 처음으로 다닐 안치페로프(Данил Анциферов)와 이반 코즈렙스키(Иван Козыревский)가 이끄는 33명으로 구성된 카자크들이 쿠릴섬으로 떠났다. 그들은 쿠릴열도의 북쪽 섬인 슘슈(Шумшу)에 도착해서 이 섬에 있는 동식물 세계, 섬주민, 그들의 풍속, 생활습속, 생산경제활동 등에 대한 흥미로운 자료들을 수집했다.

코즈렙스키는 쿠릴 지역에 1712년과 1713년에 걸쳐 두 번 진출해서 열도 전체를 탐사하고, 로파트카(Лопатка)곶(캄차카 최남단)에서 홋카이도섬에 이르는 열도 전체를 지도에 표기했다. 일본에 대한 그의 정보는 흥미롭다. 예를 들면, 일본인에게는 홋카이도 이북으로 항해하는 것이 금지되어 있었으며, 쿠릴열도 남부에 사는 주민인 아이누인은 자주적이고 독립적인 존재이다.

1760년대에 쿠릴열도에 대한 러시아인의 관심은 실질적인 소유라는 관점으로 바뀌었다. 러시아 선박이 점점 더 자주 쿠릴열도에 있는 섬들에 정박했고, 쿠릴 지역에서 겨울을 보냈다. 쿠릴열도에 있는 이투루프(Итуруп)섬과 우루프(Уруп)섬의 지역주민들은 러시아 국적을 부여받았다. 러시아인은 아이누인에게 총기 사용법과 짐승 사육법을 가르쳐 주었고, 1795년에는 우루프섬에 최초의 러시아인 정착지가 나타났다.

캄차카와 쿠릴을 러시아 영토에 편입시킴으로서 동방 지역에 대한 러시아인들의 탐사가 상당히 활발해지게 되었는데, 이러한 이동은 오호츠크해 연안지역을 따라가는 적지 않은 시간과 노력이 요구되는 방식으로 진행되었다. 캄차카로 가는 항로 개척이 절실히 필요해졌다. 코지마 소콜로프(Козьма Соколов)가 이끄는 원정대가 1716년에 여장을 꾸려 오호츠크에서 캄차카까지 항해하는데 성공하며, 이후 캄차카는 태평양에서 러시아의 주요 거점이 된다.

북아메리카 발견 및 탐사

소콜로프의 원정 성공으로 용기를 얻은 표트르 1세는 1719년에 이반 예브레이노프(Иван Евреинов)와 표도르 루쥔(Федор Лужин)이라는 해양 아카데미(Морская академия)를 졸업한 두 명의 측량사를 극동지역으로 파견했다. 이들은 "…… 캄차카로 간 후, 그곳부터는 지시한 곳으로 가라. 그리고 아메리카와 아시아가 만나는 지점들을 기록하는데, 이 일을 꼼꼼하게 완수하며, …… 그리고 모든 것을 지도에 정확하게 표시하라."는 명령을 받았다. 예브레이노프와 루쥔은 방대한 양의 지도 제작 작업을 진행해서, 캄차카와 쿠릴섬들 중 거의 대부분이 표시된 지도를 제작했다. 1722년에 페테르부르크로 돌아온 예브레이노프는 황제에게 직접 지도를 진상했다. "아메리카와 아시아가 연결되어 있는"가 하는 중요한 질문에 대한 답을 탐사대는 찾지 못했다.

러시아 황제는 아시아 국가들, 특히 중국과 일본으로 가는 단거리 항로를 집중적으로 조사하도록 압박했다. 1724년에 표트르 1세는 아시아와 아메리카 사이에 있는 해협을 찾기 위해 당시 러시아 함대에서 근무하고 있던 덴마크인 비투스 베링(Битус Беринг)이 이끄는 새로운 원정대의 조직을 명령했다. А. 치리코프(А. Чириков)와 М. 슈판베르크(М. Шпанберг)가 그를 보좌했다. 이 원정대는 최초의 캄차카 원정대(1725~1730)로 역사에 남아있다. 1725년 1월에 페테르부르크를 출발한 원정대는 1728년 7월에야 캄차카강 하구에서 소범선 "스뱌토이 가브리일(Святой Гавриил)"을 타고 캄차카와 추콧카 동쪽 해안을 따라 북쪽으로 갔다. 여정은 매우 힘들어서, 원정대 구성원 수십 명이 사망하고 화물 일부를 분실했다. 원정대는 도서와 해안, 그리고 후에 베링의 이름이 붙여지게 되는 해협에 관한 정보들을 모으고, 아시아와 아메리카 사이에 해협이 있을 가능성이 매우 높음을 입증할 수 있는 자료들을 수집했다. 그러나 유감스럽게도 안개로 인해 아메리카 연안 지역을 발견하지는 못했으며, 베링은 원정대에 되돌아 갈 것을 지시했다.

1732년에 부항해사 이반 표도로프(Иван Федров)와 측량사 미하일 그보즈데프(Михайл Гвоздев)가 지휘하는 범선 "보스토츠늬 가브리일(Восточный Гавриил)"이 베링이 갔던 노선을 따라가 아메리카에 도달한다. 그들은 아시아에서 북미까지 항해한 첫 유럽인이었다.

18세기 전반부에 있은 가장 큰 원정들 중 하나는 1733년부터 1743년에 걸쳐 진행된 대북방탐험(Великая Северная экспедиция, 제2차 캄차카 탐험(Вторая Камчатская экспедиция))이었다. 원정대 지휘관에는 비투스 베링 제독이 임명되었다. 탐험의 목적은 매우 광범위했다: 아메리카뿐만 아니라 일본까지 도달하는 것, 페초라(Печора)강 하구로부터 동편에 있는 시베리아 해안 지역을 탐사하고 이것을 지도로 제작하는 것, 대서양에서 태평양으로 직접 항해할 수 있는지를 알아보는 것. 제2차 캄차카 탐험은 실질적인 의미에서 학술적 성격의 탐험이라고 할 수 있어서, 원정대를 구성하고 있던 약 천 명의 사람들 중에는 선원과 항해사, 측량기사와 지도제작자, 러시아과학아카데미의 교수와 조수, 화가, 러시아 함대의 장교, 기타 전문가 등이 있었다. 탐사에는 여러 척의 배가 사용되었으며, 연구는 바다와 육지 양면에서 진행되었다. 탐험 활동의 결과는 놀라웠다: 페초라강에서 콜리마강에 이르는 북빙양 연안 지도가 완성되었고, 거의 모든 쿠릴열도가 러시아어 명칭으로 지도에 등재되었다. 이 일은 1745년에 발간된 러시아 제국 전도를 구성하는 근간이 되었다.

탐험에 참가했던 러시아과학아카데미의 학자들은 시베리아 내륙 지역과 태평양으로 연결되는 영토에 대한 귀중한 지리적이고 자연적·역사적인 정보들을 수집했다. 캄차카와 아메리카 대륙의 북서 해안 지역에 대한 최초의 학술자료가 스테판 크라셰닌니코프(Степан Крашенинников)와 게오르기 스텔레르(Георг Стеллер)에 의해 발

간되었다. 이들이 수집한 방대한 자료는 크라셰닌니코프의 유명한 학
술서인 『캄차카 지역 개관(Описание земли Камчатки)』과 스텔레
르의 『캄차카에서 아메리카까지의 여행기(Дневник путешествия
от Камчатски в Амерку)』 및 『캄차카의 역사, 주민 그리고 풍속
(История Камчатки, ее обтателей и их нравы)』이 저술될 때 사
용되었다.

　　아마도 탐험의 주요 성과로는 아시아와 아메리카 사이에 놓인 해
협의 발견을 들 수 있을 것이다. 베링이 지휘한 "스뱌토이 표트르(Свя-
той Петр)"호와 치리코프가 지휘한 "스뱌토이 파벨(Святой Павел)"
호는 짙은 안개로 인해 서로를 시야에서 놓친 채 각각 따로 북미 해안
에 도착했다. 1741년 12월 8일자 탐험 과정에서 과감한 항해자인 비
투스 베링은 태평양의 섬들 중 한 곳에서 마지막 안식처를 찾았는데,
이곳은 후에 그의 이름을 따서 불리게 되었다. 1742년에 치리코브는
"스뱌토이 파벨"호를 타고 알류샨열도까지 항해를 했으며, 그 결과 아
메리카 북서 연안지역에 대한 지도를 작성했다.

러시아령 아메리카

발견된 새 땅과 도서는 러시아의 소유가 되었다. 이때부터 러시아령
아메리카의 역사가 시작되었다. 새로운 지역에 서식하는 많은 수의 모
피동물과 해양동물에 관한 러시아 항해자들의 이야기로 인해 상인들
과 사업가들이 이 땅에 대해 관심을 가지게 되었다. 이들이 획득한 "가
벼운 잡동사니(мягкая рухлядь[모피를 가리키는 은어])" 중 1/10이
국고로 납입되었기에 이들의 모피 획득 활동은 국가에 이익이 되었으

며, 이에 따라 지역 당국들과 페테르부르크 정부에 의해 장려되었다. 많은 수의 사업적 목적의 원정대가 섬에서 섬으로 이동했으며, 이와 함께 이 지역들에 대한 중요한 정보를 수집했다.

1764년에 예카테리나 2세 여제는 앞서의 탐험들에 뒤이어 태평양 북부지역을 탐사할 새로운 원정대를 조직하는 일을 해군성(Адми-ральтейств-коллегия)에 부여했다. 동북시베리아지역의 차르 행정부 대표인 F. 플레니스네르(Ф. Плениснер)는 한 보고서에서 다음과 같이 말하고 있다: "만일 지시된 것을 수행하려 노력했었다면, …… 캘리포니아에서 북아메리카의 마지막 끝에 이르는 모든 지역들이 대 러시아 제국에 복속되어 있었을 것으로, 이것이 성공했을 것이라는 점에 대해서는 한 치의 의심도 없습니다."

1780년대에 북아메리카에서는 러시아 실업가들의 활동이 눈에 띄게 활발해졌다. 상인인 파벨 레베데프-라스토츠킨(Павел Лебедев-Ласточкин)(야쿠츠크), 표도르 키셀료프(Федор Киселев)와 미하일 키셀료프(Михайл Киселев) 형제(이르쿠츠크), 이반 오레호프(Иван Орехов)(툴라), 루크 알리나(Лук Алина)(캄차카) 등등이 여러 섬들에 회사를 설립했다.

릴스크(Рыльск, 현 쿠르스크도(Курская область)) 출신의 상인 그리고리 셸리호프(Григорий Шелихов)는 북아메리카를 소유하고 그곳에 산업 시설을 조직하는데 있어 중요한 역할을 담당했던 인물인데, 시인 G. 데르쟈빈(Г. Державин)은 그를 러시아의 콜럼버스라고 불렀다. 셸리호프는 맹렬한 활동과 과거에 쌓은 경험을 바탕으로 러시아인에 의한 알류산열도와 아메리카 대륙 북서부 해안지대 획득 노력은 모피동물 산업에 대한 권리를 가지고 있는 상인 회사의 수중에 집중되는 것이 합리적이라는 결론을 내리게 되었다. 그러나 페테르부르크 정부는 셸리호프의 지적들 중 몇 가지만을 고려했을 뿐, 그의 제안에 관심을 보이지 않았다. 1781년에 동북산업사(Северо-Восточная промышленная компания)가 설립되어서 아메리카 연안을 탐사하는 몇몇 원정들이 시행되었는데, 그 과정에서 코디액(Kodiak)섬, 어포그낙(Afognak)섬, 알래스카 등에 러시아인 정주지가 형성되었다. 셸리호프의 지시에 따라 알래스카에는 문장(紋章)과 "러시아 소유 영토(Земля Российского владения)"라는 글귀가 구리로 새겨진 철판 15개가 세워졌다.

그리고리의 공로는 수도에서도 모를 수 없었다. 1788년에 그는 이러한 일들에 대한 포상으로 증서, 금으로 된 메달, 은검을 수여받았다. 그런데 태평양에서 러시아 선박의 항행 범위와 규모를 확장하려 했던 셸리호프의 생각이 정부의 지원을 받게 된 것은 그가 불안과 위험을 무릅쓰고 자신의 사비를 들여 활동하기 시작한 이후의 일이라는 점에 대해서는 지적할 필요가 있다.

셸리호프가 사망한 이후인 1799년에 러시아-아메리카사(Россий-ско-Американская компания)가 설립되었는데, 이것은 19세기 전반부에 러시아의 경제와 정치 발전에 있어 중요한 역할을 했다. 파벨 1세 정부는 산업, 무역, 주거지 건설, 다른 국가들과의 무역 관계 개설 등에 대한 권한과 같은 폭넓은 혜택을 기업에 제공했다. 18세기 말까지 알류산열도와 알래스카의 러시아인 총인구는 8,000명이 넘었다.

극동지역의 생산경제발전: 18세기

18세기에 러시아는 북아시아와 극동지역의 광활한 영역을 병합하면서 생산경제적 개척도 병행했다. 극동지역의 산업적 형태는 광산 부문, 제철 부문, 조선 부문의 주도적 발전으로부터 시작되어 형성되었다. 모든 산업체들에서는 강제 노동, 주로는 봉건 농노[7]의 강제 노동이 지배적이었다.

표트르대제가 시행한 개혁은 지속적인 국고 보충을 필요로 했다. 이미 1704년에 황제의 칙령으로 극동지역 최초의 제련소(아르군)가 재건되었다. 이후 공장 면적은 지속적으로 확장되었다. 1708년에서 1712년까지 이곳에서 노동자는 2.5배 증가했으며, 정련한 순은의 양은 연간 11푸드(пуд)에 달했다. 1721년에 표트르 1세의 칙령에 따라 네르친스크 은 제련소는 광업성(鑛業省, Берг - коллегия)으로 경영권이 이양되어 국영기업이 되었다. 18세기 후반에 극동지역에는 은-납공장들이 생겨났다. 그 외에도 우랄, 자바이칼리예, 알타이 등지에서 금을 대량으로 채굴하기 시작했다.

이 지역에 러시아인이 출현하면서 철 제련 산업이 시작되었다. 가장 큰 제철소들 중 하나는 페트롭스크 제철소(Петровский железо-делательный завод)로, 네르친스크공장 북쪽에 위치해 있었다. 18세기에 이 공장에서는 1만 파운드의 철 제품을 생산했다.

조선은 당시 산업 발전에 있어 중요한 분야였다. 표도르 이바노

---

7 1861년에 제정 당국에 의해 추진된 농노제 폐지로 농노제가 사라지기 이전까지 제정 러시아 내에 거주하고 있던 농민은 크게 세 종류로 분류되었다. 하나는 귀족들의 사유지에 묶여있던 '영지농노(Помещичьи крестьяне)'이고, 다른 하나는 국유지에 묶여있던 '국가농민(Государственные крестьяне)'이며, 마지막은 황실영지에 묶여 있던 '궁정농민(Удельные крестьяне)'이다. 이 중에서 봉건 영주의 영지에 결박되어 있던 영지농노는 영주와 국가 양쪽에 다양한 형태의 납부금과 봉사를 제공할 의무가 있었으며, 이러한 의미에서 이 세 농민집단들 중에서 가장 열악한 상황에 있었다.

비치 소이모노프(Федор Иванович Соймонов) 시베리아주지사 (1757~1763)는 사업가들의 태평양 항해를 조직했던 사람들 중 한 명이었다. 주요 선박건조 중심지로는 네르친스크, 야쿠츠크, 오호츠크 등이 있으며, 좀 더 이후에는 페트로파블롭스크-캄차츠키(Петропав-ловск-Камчатский)를 들 수 있다. 극동지역에서 강과 바다를 통한 항해는 이동 수단에 대한 이 지역의 필요를 전적으로 충족시켜 주었다.

18세기에 극동지역에서 가공업은 매우 느리게 발전했는데, 수공업, 협동조합, 매뉴팩처 등이 있었다.

극동지역에서 산업발전 수준이 낮았던 것은 이 변경지역으로의 미약한 이주, 국가 중심지역에서 원거리에 있다는 점, 활용 가능한 노동시장의 부재, 국가의 불충분한 재정 지원 등 때문이었다.

이와 함께 국가는 갖은 방법을 동원하여 새로이 편입된 동방 지역들에서 농업을 장려했다. 이 땅에서 겨울 호밀과 여름 호밀, 보리, 메밀, 귀리, 마, 채소 등을 재배했다. 18세기 중반에 정부 정책에 따라 캄차카와 다른 여러 지역들로 국가농민(государственные крестьяне)을 이주시켰다. 극동지역의 농업 개발은 식량 문제, 지역 생산력 발전 문제를 해결해 주었으며, 이와 함께 이 지역이 러시아에 통합되었음을 입증해 주었다.

18세기 말로 가면서 극동지역에서는 교역이 매우 활발해 졌고, 그 경계선도 동북지역으로 확대되었다. 이 지역에서 일하던 상업 종사자들 중에는 현지인 출신 상인도 적지 않았다. 이 지역 교역 발전에서 보이는 가장 중요한 특징은 상공업 회사가 출현했다는 점이다. 야쿠츠크, 오호츠크, 추콧카, 아나디리에 시장이 형성되었다. 캬흐타(Кяхта)에는 대외무역 중심지가 형성되었다. 1775년에 러시아의 대외무역에서 캬흐타가 차지하는 비중은 8.3퍼센트였다. 러시아의 대중국 수출에 있어 중심 상품은 여전히 모피였다. 18세기 후반에 모피의 비중은 전체 상품 가격 중 약 80퍼센트에 달했다. 중국 상인들은 가공을 거친 가죽, 양가죽, 모직 등을 적극적으로 구매했다. 중국과의 교역 확대로 극동지역에서 산업, 수공업, 농업의 발전이 촉진되었다. 대외무역으로 인해 국고 또한 커다란 수입을 획득했다. 18세기 후반에 중국과의 무역으로 발생하는 관세 수입이 러시아 관세 수입의 20~38퍼센트를 차지했다. 이 모든 것들을 통해 극동지역이 국제 시장에 통합되어 가기 시작했음을 알 수 있다.

따라서, 18세기에 진행된 극동지역의 생산경제적 개척은 인구적 식민화와 국가의 적극적인 개입 덕분에 더욱 빨리 진행되었다.

시베리아와 극동지역의 러시아 편입의 역사적 의의: 17~18세기

시베리아와 극동지역의 광활한 땅이 러시아 영토에 편입된 것은 매우 큰 의미를 가진다.

첫째, 이것은 이전에는 낙후되어 있던 이 땅에서 상공업 및 농업 식민이주가 시작되고, 발전된 농경, 도시, 교역, 그리고 최종적으로는 매뉴팩쳐가 이곳에 출현하는 것을 가능하게 했다.

둘째, 러시아인의 진출로 [토착] 종족들 사이에서 벌어지던 잦은 유혈 충돌이 중단되었고, 좀 더 발전된 생산 형태가 형성될 수 있었으며, 쌍방 모두에게 중요했던 경험과 기술의 교류가 시작되었다.

셋째, 러시아는 시베리아와 극동지역을 소유하게 됨으로써 막강한 부의 원천을 얻게 되었다. 모피, 물고기, 삼림, 광물자원 등은 상당한 수준에서 러시아의 국고를 풍요롭게 해 주어서, 수백 년에 걸친 보다 진전된 국가 발전을 가능케 했다.

넷째, 러시아는 동쪽으로 영토를 확장함으로써 중요한 해양 강국이 되었다. 러시아는 시베리아와 극동지역의 강들에서 베링해, 오호츠크해, 동해로 물건을 운반함으로써 태평양 연안 국가들과의 대외무역을 활성화시켰다.

다섯째, 태평양으로의 진출, 새로운 땅으로의 이주와 개척은 국방력 강화 차원에서 러시아에게 중요했다. 아무르강과 태평양은 러시아 제국의 자연지리적 경계가 되었다.

여섯째, 개척가들의 활동 덕분에 이전에는 알려지지 않았던 새로운 땅들에 대한 풍부한 자료, 즉 자원, 기후, 주민 등에 관한 자료를 획득하게 되었다. 이 모든 것들은 러시아의 학문 발전에 기여했다.

이렇게 해서, 17~18세기에 러시아는 동방으로 거대한 영토 팽창을 진행했다. 국가의 미래를 위한 이 숙명적 발전은 민간의 자발적인 식민이주와 정부에 의한 식민이주 덕분에 가능할 수 있었다. 우랄에서 태평양에 이르는 러시아인의 진출과정은 선도성이라는 특징을 가지고 있었으며, 모스크바 정부는 국가 차원에서 물질적 지원을 제공함으로써 이러한 선도를 지원했다. 17세기 말~18세기 초가 되어서야 차르 당국은 극동지역의 발견, 탐사, 개발과 동부 국경 지역의 강화와 같은 명확한 목적을 가진 정책을 시행했다. 시베리아와 극동지역의 땅은 거대한 영토적 획득물임이 드러났으며, 러시아는 세계에서 영토가 가장 큰 나라들 중 하나가 되었다.

3장 러시아 제국의 동방 변경 행정: 17세기 말~20세기 초

행정체계와 행정구획 상의 변화: 18세기 초

17세기 말~18세기 초에 러시아의 영토는 동쪽으로 크게 확장되었다. 새로운 땅을 획득해서 편제할 때에는 기존의 행정 체계와 행정구획 체계에 포함시켰다.

새로운 영토들이 가지고 있는 까다로운 자연기후상의 조건들과 인구의 배분 및 구성에 있어서의 특징들 그리고 이것들의 편입과 개발 과정 자체가 가지고 있는 특징들로 인해 행정과 행정구획 상의 특성이 나타나게 되었다. 구성 행정 단위는 유럽 러시아 지역의 행정 단위에 비해 지나치게 컸고, 중앙에서 멀리 떨어져 있기 때문에 군사적 정책 결정을 진행하기 위해서나 행정구역의 수장에게 폭넓은 권한이 부여될 필요성 때문에 커다란 독립성이 요구되었다. 그 외에도 이 지역 국경의 특성으로 인해 행정 체계는 군사정치적 과제들을 해결하는 것과 연계되어 있었다.

19세기 중반까지 극동지역은 시베리아를 구성하고 있는 개별 지역으로 구분되어 있지 않았으며, 1637년 이래로 시베리아지역의 행정은 최초의 성(省, приказ)들 중 하나로 특별히 창설된 시베리아성(Сибирский приказ)에서 담당했다. 시베리아성의 업무에는 재정문제, 관세문제, 행정문제(야사크 징수, 군정관의 임명과 해임, 시베리아

도시지역들 내의 화승총부대(Стрелцы)[1] 관리, 교역 조직과 모피 무역, 방어 조직 등)가 포함되어 있었다.

　기본적인 행정 단위는 군(郡, уезд)이었고, 군의 중심지는 시(город)나 요새(острог)였다. 중앙에서 멀리 떨어져 있는 방대한 지역을 관리하기 위해 편의상 군들을 부(府, разряд)로 통합했다. 17세기 말에 극동지역은 야쿠츠크군, 이르쿠츠크군, 네르친스크군 등 세 개의 군으로 이루어져 있었는데, 이것들은 레나부(Ленский разрад)와 예니세이부(Енисейский разряд)에 속해 있었다.

　군과 부의 수장은 군정관(즉, 군(郡)군정관과 부(府)군정관)이 맡았다. 시베리아에서 군정관은 광범위한 권한을 가지고서 행정, 사법, 치안 업무를 관장했으며, 재정 – 조세문제, 국방문제, 그리고 때로는 외교문제를 수행했다. 중국과 접촉하는 것과 관련해서, 중앙에서 멀리 떨어져 있었기에 국경지역 부(府)군정관들의 직무들 중에는 군사와 외교가 포함되어 있었다. 부(府)군정관과 군(郡)군정관은 시베리아성에서 임명했다.

　군정관은 성 행정청(приказная палата)를 통해 부를 관리했는데, 성 행정청에는 군의 과(課, стол)들도 포함되어 있었다. 군의 행정과 사무처리를 조직하는 중심은 치안소(治安所, съезжая изба)였는데, 이곳은 군에서 특정한 생활 관련 문제들(야사크의 징수, 공급 등)을 담당하는 과들로 구성되어 있었다. 성 행정청과 치안소의 수장은 서기관(дьяк)이었고, 과의 수장은 부서기관(подьячий)이었다. 요새는 군정관이 임명하는 집행관이 관리했다.

1　'화승총부대(Стрелцы)'는 이반 4세 시기에 창설된 신식 군대로, 초기적 형태의 개인화기인 아퀴버스(arquebus)로 무장하고 있었다.

17세기 중반에 진행된 카자크의 프리아무리예 탐험으로 인해 이곳의 땅들이 시베리아 행정기관의 관리 범주로 들어오게 되었다.

군 행정은 러시아인 행정과 토착민 행정이라는 두 가지 방향으로 수행되었다. 토착민 행정을 위해 야사크 읍(ясачная волость)이 획정되었는데, 이곳은 부족장이 관습법에 따라 다스렸다. 러시아인 정주지는 프리수도크(присудок) 단위로 구분되었는데, 이것은 군정관에 의해 임명되거나 거주민에 의해 선출된 집행관이 관리했다.

제국이 형성되던 18세기 초에 국가행정체계가 크게 바뀌었다. 1708년에 지방 행정 개혁이 시작되어서, 러시아 영토 내에는 면적과 인구의 규모가 서로 다른 행정단위들인 8개의 주(州, губерния)가 만들어졌다. 각 주의 수장으로는(페테르부르크주와 아조프(Азов)주를 제외하고) 주지사가 임명되었는데, 이들은 이전의 군정관과 마찬가지로 광범위한 전권(군부대 통솔권, 행정, 사법, 재정 관련 직무)을 부여받았다. 시베리아지역에는 시베리아주(Сибирская губерния)가 만들어졌다. 1719~1720년에 행정구획 체계에 새로운 단위인 현(縣, провинция)이 도입되었으며, 이 체계는 (군을 대체하는) 보다 작은 단위인 지구(地區, дистрикт)[2]로 세분되도록 계획되었다.

개혁이 진행되는 과정에서 시베리아성은 폐지되지 않았으며, 다만 역할이 축소된 채 1727년까지 존속했다.

행정체계와 행정구획의 통합은 1730년까지 계속되었다.

시베리아지역에는 시베리아주가 있었는데, 이것은 뱌트현(Вят-

2　행정단위인 'дистрикт'와 'округ'는 모두 '지구(地區)'로 번역했다. 다만 구분을 위해 전자의 경우에는 '한글명칭(러시아어명칭)'의 형태, 즉 '지구(дистрикт)'로 표기했다.

스카야 провинция), 예니세이현(Енисейская провинция), 이르쿠츠크현(Иркутская провинция), 솔리캄스크현(Соликамская провинция), 토볼스크현(Тобольская провинция) 등 5개의 현으로 구성되었다. 극동지역은 이르쿠츠크현에 편입되었다. 시베리아주의 수장은 주지사였는데, 그는 주 행정청(губернская канцелярия)의 보좌를 받아 주를 관할했다. 주지사는 제국 내각(императорский кабинет)에서 임명했다. 현은 부주지사가 관할했다. 부주지사는 주지사가 임명했다. 1730년에는 시베리아성이 부활되었는데, 이것은 (인사문제, 중국상품과 모피의 교역문제를 주관함에 있어) 중앙 당국과 지방 당국 사이에서 매개자 역할을 했으나, 표트르 개혁 초기 이전에 이관되어 없어진 역할은 더이상 수행하지 않았다.

현은 군으로 구성되어 있었는데, 이것은 1724~1730년에는 지구(дистрикт)라고 불렸었다. 이르쿠츠크현은 베르홀렌스크(Верхоленск), 일림스크(Илимск), 이르쿠츠크(Иркутск), 네르친스크(Нерчинск), 셀렌긴스크(Селенгинск), 우딘스크(Удинск), 야쿠츠크(Якутск) 등의 지구(дистрикт)로 구성되었다. 군은 주지사가 임명한 군정관이 관할했다. 읍은 행정구획으로서 유지되었다. 러시아인 주민이 거주하는 읍은 집행관이 관할했는데, 그는 이곳을 읍 행정소의 보좌를 받아 다스렸다. 읍 행정소의 관할 범위에는 사법문제와 토지문제, 세금징수 등이 포함되었다.

표트르 개혁과 함께 행정체계 통합, 중앙 당국과 지방 당국의 권한 설정 등이 진행되기 시작했다.

1730~1750년대에 근대화는 지속되었다. 태평양과 동북아시아에서의 탐사와 관련하여 오호츠크요새의 중요성이 커지면서 1731년에 오호츠크 연안, 캄차카, 쿠릴스크, 알류산열도, 우트요새(Удский острог)와 주변지역(1739년부터)을 포함하는 오호츠크연안관리청 (Охотское приморское управление)이 야쿠츠크군에서 독립했다. 군들과는 달리 연안관리청의 수장은 군(軍) 지휘관이 맡았다. 1736~1740년에 영토 획정을 통해 이르쿠츠크현은 정부 직속령이 되었다.

이렇듯 18세기 전반부에 동부 변경지역 행정체계에서의 변화는 중앙집권화와 통합이라는 목표에 따라 제국의 지역행정체계를 재구축하는 방향으로 진행되었다. 세 단계의 체계가 확립되었다: 주(수장은 주지사) – 현(수장은 군정관) – 군(수장은 군정관). 각 단계에서의 관리는 해당 행정관서, 다시 말해 행정기관의 보좌를 받아 이루어졌다. 가장 낮은 행정 단위는 읍으로서, 큰 의미를 지니지는 않았다. 시베리아의 토착민 문제는 개혁에 포함되지 않았다.

행정체계와 행정구획 상의 변화: 18세기 후반~19세기 초

예카테리나 2세 시대에 새로운 개혁의 바람이 불었다. 이 시기에는 광활한 영토를 관리할 수 있는 최적의 방법을 채택하려는 시도로서뿐만 아니라 시베리아 관리들의 권력 남용을 막는 방법으로서 시베리아를 제국 내부의 주와 유사한 관리 체계로 개혁하고자 했다.

1760년대 초에 시베리아를 몇 개의 행정 단위로 구분할 필요성이 제기되었는데, 특히 Ya. P. 샤홉스크(Я. П. Шаховск)는 시베리아를 시베리아주, 이르쿠츠크주(Иркутская губерния), 야쿠츠크주(Якутская губерния) 등 세 개로 나누는 안을 제안했다. 1760년대 중반에 이 제안은 부분적으로 현실화되었다. 1763년에 시베리아성이 최종적으로 폐지되었고, 1764년에는 시베리아주가 이르쿠츠크주와 토볼스크주(Тобольская губерния)로 분리되었다. 이르쿠츠크주(이르쿠츠크현에서 개편)에는 이르쿠츠크군, 네르친스크군, 야쿠츠크군, 오호츠크군, 일림스크군이 포함되었다. 1760~1770년대에는 주요 지역들의 행정 효율성을 높이기 위한 목적에서 시베리아에 있는 주들의 내부 행정구역을 개편할 필요성이 대두되었다. 이를 위해 특히 주와 군 사이에 또 다른 단위(현)를 도입하자는 제안이 나왔으며, 1775년에 이 제안은 현실화되었다. 이르쿠츠크주 안에 베르흐네우딘스크현(Верхнеудинская провинция)과 야쿠츠크현(Якутская провинция)이 구성되었다.

새로운 행정체계로의 변화는 지방 개혁 단행으로 인해 1775~1784년에도 계속되었다. 러시아 제국에서 현은 폐기되었고, 주의 총수는 (23개에서) 50개로 늘어났다. 시베리아에서는 러시아의 다른 지역들보다 조금 늦게 지방 개혁이 시작되었다. 1782년에 시베리아의 행정단위로서 주 대신에 3개의 도독부(都督府, наместничество)가 거대 행정구역 단위로서 설치되었다. 도독부의 수장은 도독(都督, наместник(군정지사(軍政知事, генерал-губернатор)))이었는데, 이들은 도독부 행정청(наместническое управление)을 중심으로 정무를 주관했다. 극동지역은 이르쿠츠크도독부(Иркутское наместничество)에 편입되었다. 도독부는 도(道, область)들로 나뉘었고, 도는 군들로 나뉘었다. 이르쿠츠크도독부에는 이르쿠츠크도, 야쿠츠크도, 오호츠크도, 네르친스크도가 포함되었다. 1797년에 개혁은 중단되었다. 도독부는 폐지되고 두 개의 주가 부활했다.

정부 인사들 사이에서는 시베리아 영토가 차지하고 있는 특별한 위상을 인정하고, 특별한 행정 체계를 조직할 필요성에 대한 인식이 커져갔다. 인구분포가 불균등한 광활한 영토, 다양한 종족들로 구성된 거주민, 행정 중심지들 사이의 지나치게 먼 거리 등으로 인해 제국 공통의 행정 모델을 적용할 수 없었다. 개혁은 1803~1804년에 단행되었다. 이때 이르쿠츠크주와 토볼스크주가 이르쿠츠크를 주도(主都)로 하는 시베리아군정주(Сибирское генерал‒губернаторство)에 편입되었다. 뿐만 아니라 극동지역 최초의 도로서 캄차카도(Камчат-ская область)가 만들어졌고, 오호츠크군이 독립적인 행정 단위로 편성되었다. 도의 정무는 캄차카의 책임자가 담당했다. 1805년에는 네르친스크에 있던 도 행정부가 폐지되었으며, 산하에 있던 군들은 오호츠크군에 통합되었다. 행정구역 통합의 다음 단계가 1812년에 실시되어서, 오호츠크항이 캄차카도에 통합되었다.

행정 개혁이 시작된 시점인 1708년부터 1822년에 이르는 기간에 러시아 제국에 편입된 극동지역들은 시베리아를 관리하기 위해 생성된 거대한 행정구역 단위들(시베리아주, 이르쿠츠크현, 이르쿠츠크주, 이르쿠츠크도독부, 시베리아군정주)에 편성되었다.

19세기~20세기 초에 이르는 기간은 극동지역이 러시아 제국의 독자적인 지역으로 형성되는 시기이다. A. V. 렘네프(А. В. Ремнев)의 견해에 따르면, 극동지역에 대한 정부 정책은 단속적이며 모순적이었고, 충동적인 특징(긴장고조‒쇠퇴기)을 보였고, 제국의 구성 지역으로 보존하기 위한 필요성(과 주기적으로 발생한 상실 가능성에 대한 두려움)에 종속되어 있었으며, 아시아·태평양지역이라는 국제무대에서 영향력을 확대하려는 과업을 가지고 있었다. 극동정책이 집중된 시기는 18~19세기 사이의 이행기, 1840년대 말~1850년대, 1870~1880년대, 1890년대 말~1905년, 1908~1911년이었다.

행정체계와 행정구획 상의 변화: 1820년대~20세기 초

이전 시대에 자행되었던 시베리아 행정당국의 권력 남용은 18세기 후반~19세기 초에 시행된 개혁으로도 근절되지 않았으며, 이로 인해 제국 정부는 새로운 개혁을 추진함으로써 러시아 제국의 동부 외곽과 시베리아에서 행정 질서를 확립하는 일을 1917년까지 진행해야만 했다. 개혁의 주요 과제들 중 하나는 시베리아 고위 지도층의 권력 남용을 제한하고 다양한 행정 기관들의 기능을 획정하는 것이었다.

개혁을 준비하고 실행하는 일이 알렉산드르 시대의 유명한 정치가이자 1819년에 시베리아군정지사로 임명된 M. M. 스페란스키(М. М. Сперанский)에게 부여되었다. 개혁에는 감사가 포함되어 있었는데, 그 결과 시베리아 관리들의 수 없이 많은 위법 행위와 권력 남용이 밝혀지게 되었고, 이에 따라 이들 중 상당수(약 700명)가 해임되었으며, I. B. 페스텔(И. Б. Пестель) 군정지사, D. V. 일리쳅스키(Д. В. Илличевский) 톰스크주지사, N. I. 트레스킨(Н. И. Трескин) 이르쿠츠크주지사를 비롯한 48명은 재판에 회부되었다.

스페란스키는 개혁의 근간을 형성하게 되는 일련의 대책들을 제시했다. 1822년에 입안된 법률들(《시베리아주들의 행정 기관(Учреждение для управления Сибирских губерний)》과 일련의 특별부칙들 – 규약들)은 시베리아와 극동지역의 행정 체계를 변화시켰으며, 그 와중에 군정주(軍政州)급, 주급, 지구(округ)급, 읍급 등 네 단계가 만들어졌다.

시베리아에는 서시베리아군정주(Западно-Сибирское генерал-губернаторство)와 동시베리아군정주(Восточно-Сибирское генерал-губернаторство)라는 두 개의 군정주가 만들어졌는데, 그

경계 획정에는 앞선 시기에 형성된 서부와 동부 시베리아의 대략적이나 자연스러운 구획, 지리적 특성, 주민 구성상의 특징, 산업 및 교역 발전 등이 고려되었다. 동시베리아군정주에는 이르쿠츠크주와 예니세이주, 야쿠츠크도와 특별국경관리청들 – 중국과의 국경 지역에 형성된 트로이츠코삽스크특별국경관리청(Троицкосавское особое территориальное пограничное управление), 그리고 또한 캄차카도를 폐지하고 그 영토 위에 구성한 캄차카특별국경관리청(Камчатское особое территориальное пограничное управление)과 오호츠크특별국경관리청(Охотское особое территориальное пограничное управление) – 이 포함되었다.

군정주의 수장은 군정지사로, 행정, 재정, 사법, 국방에 이르는 광범위한 전권을 부여받았다. 군정지사는 황제에 의해 임명되었으며, 내무부에 소속되었다. 주 행정청은 주 행정부, 재정부, 주 사법부로 구성되어 있었으며, 주지사가 수장으로 있고 그 아래 협의회가 존재했다.

19세기 후반에 극동지역이 발전하면서 (군정지사가 관할하는) 지역행정청과 중앙부서들 사이의 상호 관계는 긴밀해졌다. 중앙부서 기관들의 지역망이 발달되어 있지 못했던 당시 조건 속에서 군정지사의 광범위한 전권이 효율적으로 수행되었다. 지역망의 발달과 함께 군정지사는 중앙정부와 부서들에 크게 의존하게 되었으며, 이로 인해 이러한 제도를 보존할 필요성을 놓고 논쟁이 벌어졌다. 그러나 대내외의 정치적 위협으로 인해 제정 시대 말까지 군정지사직은 유지되었다.

성은 지구(地區, округ, 1902년에 군으로 명칭이 바뀐다.)로 나뉘는데, 이곳의 수장은 경찰서장(исправник)이었다. 지구는 젬스트보의원(земский заседатель)들이 관리하는 구역(區域, участок)들로 나뉘는데, 이 의원들은 읍 행정과 마을 행정을 감시하는 기능을 수행했다.

개혁 과정에서 국가위원회 산하에는 (시베리아에서 개조 작업이 끝날 때까지) 특별 조정 기관인 시베리아위원회(Сибирский коми-тет)가 설치되어서, 초기에는 임시적 특성을 띠면서 1838년까지 존속했다가, 다음으로 1852년에 부활되었으며, 1864년에 각료위원회(Комитет министров)에 통합되었다. 시베리아위원회에서는 시베리아를 대상으로 하는 법률과 관련된 모든 문제들이 심의되었으며, 군정지사들은 시베리아위원회에 보고서를 제출해야만 했다.

1882년 개혁은 유형지 행정의 재조직과 조정을 계획하고 있었다: 유형자들에 대한 감시 체계와 기본적인 유형호송단을 확정하고, 죄수를 이송 중에 배치하기 위한 호송감옥이 만들어졌다.

극동지역 행정 부문에서 진행된 다음 단계의 개편은 기본적으로 행정구획의 변경과 관련이 있었다. 러시아 제국의 극동정책이 활성화되고 새로운 지역이 편입됨으로써 이러한 변경이 요구되었다.

중국과 맺은 아이훈 조약(1858)과 베이징 조약(1860)을 통해 러시아 제국 극동지역의 남쪽 국경이 획정되었다.

1851년에는 치타(Чита)를 주도(主都)로 하는 자바이칼리예도(Забайкальская область)와 (페트로파블롭스크-캄차츠키를 주도로 하는) 캄차카도라는 두 개의 도가 설치되었다. 1856년에 캄차카도는 프리모리예도로 변경되었는데, 처음에 그 주도는 니콜라옙스크-나-아무레(Николаевск-на-Амуре)였으며, 후에 영토 발전에 있어서의 우선순위가 변화됨에 따라 블라디보스토크로 변경되었다.

결론적으로, 1856~1858년에 동시베리아군정주는 2개의 주(이르쿠츠크주와 예니세이주)와 3개의 도(야쿠츠크도, 자바이칼리예도, 프리모리예도)로 이루어져 있었다.

1858년에 블라고베셴스크(Благовещенск)를 주도로 하는 아무르도가 구성됨으로써 군정주 소속의 도는 4개가 되었다.

같은 시기에 동남부 국경이 획정되었다. 일본과 맺은 첫 번째 협정인 시모다 조약(Симодский договор, 1855)[3]에 따라 양국 사이의 국경은 쿠릴열도의 우루프섬과 이투루프섬 사이로 획정되었는데, 이때 사할린섬이 공동 관할 구역이 됨으로써 사할린으로의 식민이주가 시작되었다. 1875년에 페테르부르크 조약(Петербургский договор)을 새로이 체결하게 되면서 최종적으로 국경이 획정되었다. 사할린섬은 러시아 제국에 편입되었으며, 일본은 쿠릴열도에서 완전히 물러났다. 1884년 이전까지 사할린섬은 프리모리예도에 편입되어 있었다.

1884년까지 동시베리아군정주에는 이르쿠츠크주, 야쿠츠크도(문관 주지사들이 관리했다.), 자바이칼리예도, 아무르도, 프리모리예도(무관 주지사들이 관리했다.) 등으로 구성되어 있었다. A. V. 렘네프의 견해에 따르면, 자바이칼리예도를 프리아무리예군정주(Приамур-ское генерал-губернаторство)에 편입시킨 것은 의도적인 것이었다. 자바이칼리예는 경제적으로나 행정적으로 이르쿠츠크와 연결되어 있으나, 국방문제(중국과 국경을 접하고 있는 도들의 행정 통합)와 극동지역 발전문제(경제적인 면에서 보다 발전된 자바이칼리예도가 발전의 발판이 되어야 한다는 것)와 같은 제국의 전략적 과제들로 인해 이런 결정이 내려지게 되었다.

대개혁 시대에 러시아 극동지역의 행정 부문은 부분적으로만 다루어졌다. 드보랴닌 소유지의 부재와 이 지역에 대한 군사적 방어를 위해 무엇보다도 요청되었던 강력한 중앙 권력의 유지 필요성으로 인해

---

3   러일화친조약이라고도 부른다.

19세기 후반~20세기 초에 러시아 제국 극동지역의 행정 체계에서 보이는 특수성들 중 하나가 나타나게 되었다. 즉, 이 지역에는 젬스트보 자치단체(земское самоуправление)가 도입되지 않았다. 이 시기에, 제국의 유럽 부분에서와 동시에 극동지역에서도 시자치단체(городское самоуправление)의 도입이 완료되었는데, 이것은 무엇보다도 도시 시설의 정비와 유지에 따른 지출을 시자치단체로 전가해야 할 필요가 있었기 때문이었다. 이때, 지역 당국이 지적한 1870년대 중반 극동지역 도시민 구성의 특징은 고려되지 않았다.

행정구획 상의 또 다른 큰 변화가 1884년에 나타났는데, 여기에는 러시아와 중국 사이의 상호관계가 복잡해진 것이 여러가지 면에서 영향을 끼쳤다. 이때 동시베리아군정주는 이르쿠츠크군정주(Иркутское генерал-губернаторство)와 프리아무리예군정주로 분할되었다. 실제로 극동지역 영토는 프리아무리예군정주의 사법권에 속했다. 하바롭스크가 군정주의 주도(主都)가 되었다. A. N. 코르프(А. Н. Корф) 남작이 초대 프리아무리예군정지사로 임명되었다. 프리아무리예군정주는 자바이칼리예도, 아무르도, 프리모리예도와 사할린섬으로 구성되었는데, 사할린섬은 이 해 5월에 독자적인 행정구역 단위로 분리되었다. 사할린의 관리는 1884년[4]까지는 섬의 책임자가 담당했으며, 1884~1906년에는 무관 주지사가 담당했다.

20세기 초의 불안정한 대외 정치 상황으로 인해 새로운 개편이 단행되었다. 1903~1905년의 짧은 기간에 프리아무리예군정주는 극동도독부(Дальневосточное наместничество)에 종속되었으며, 러시아가 새로이 중국으로부터 조차한 영토가 관동주(關東州, Квантун-

---

4 　원문에는 1894년으로 되어 있으나, 문맥상 1884년의 오기인 것으로 보인다.

ская область)로 획정되어 극동도독부의 일부가 되었다. 제국 정책의 방점이 제국의 영향력을 아시아·태평양지역에서 확대하는 방향으로 다시 이동했으며, 러시아 극동지역은 관심 영역으로 남아있었다. 지역 상실의 위험은 러일전쟁의 불운한 결과로 인해 현실이 되어서 사할린섬의 남부지역을 잃게 되었으며, 이로 인해 다시금 방점을 상실하게 되었다. 1905년에 도독부가 해체되고 군정주가 부활되었다.

극동지역에서 행정구역 단위의 세분화 과정은 러시아 제국 최후의 10년 동안에도 지속되었다. 1906년에 혁명 운동과의 투쟁이라는 생각에 따라서 그리고 군관구(軍管區, военный округ)[5] 재편성으로 인해서 자바이칼리예도가 이르쿠츠크군정주에 편입되었다. 1909년에 거대한 프리모리예도로부터 알렉산드롭스크(Александровск)를 주도(主都)로 하는 사할린도(처음에는 알렉산드로프(Александров)구역과 틔몹스크(Тымовск)구역이 포함되었으며, 1914년에 여기에 우트군(Удский уезд)과 니콜라옙스크-나-아무레시가 편입되었다.)와 페트로파블롭스크-캄차츠키를 주도로 하는 캄차카도가 분리되었다.

1917년에 극동지역은 프리아무리예군정주(아무르도, 캄차카도, 프리모리예도, 사할린도)와 이르쿠츠크군정주의 일부(자바이칼리예도(Забайкальская область))로 편입되었다.

"러시아 동부변방 행정 체계 전반을 지지하는 뼈대"

극동 영토의 행정 중심지는 극동지역의 도시들이었다. 지적할 필요가

5 　군관구(軍管區, военный округ)는 제정 러시아 시기에 설치된 군사적 지역 행정 단위이다.

있는 것은, 도시의 생성 과정, 주거지역의 도시지위 획득(과 해소)는 그 지역에서의 국가 과제와 지역 강화의 필요성에 달려 있었다는 점이다. 미래의 도시도 처음에는 요새나 초소(военные посты)로서 개척과 탐사, 교역, 병합한 영토에 설립된 러시아 행정관서 등과 같은 모든 것들의 중심지였다. 제정 시기 전반에 걸쳐 존재했던 극동지역에서 가장 오래된 도시는 오호츠크인데, 이곳은 1647년에 야사크 수취를 위한 동계거주지로 건설된 옛 요새이다. 오호츠크는 1730년대 초에 항구로 승격된 후 오랜 기간 동안 태평양에 위치한 러시아의 유일한 항구였다. 이 도시는 제2차 캄차카 탐사(1733~1743) 시기에 특히 성공적으로 발전했는데, 이때 이곳은 이 지역 탐사를 위한 기지였다.

18세기~19세기 초에 걸쳐 지속적으로 진행된 행정 개편 과정에서 극동지역의 도시들은 정부의 의지에 따라 형성되기도 했고 사라지기도 했으며, 19세기 후반~20세기 초에 도시로서의 지위를 획득한 것(또는 그런 수준의 주거지역으로 발전한 것)은 이것들 중 소수에 불과했다. 니쥬네캄차츠크(Нижнекамчатск)와 기쥐가(Гижига)는 18세기 중반에는 정규 도시로서 군을 배후지로 두고 있었으나 19세기 초에는 도시로서의 지위를 상실한 채 점차 쇠락했는데, 이 시기에 네르친스크와 베르흐네우딘스크(Верхнеудинск) 등은 지속적으로 성장하고 있었다.

19세기 초에 캄차카도가 구성된 덕분에 페트로파블롭스크-캄차츠키가 극동지역 도시들 사이에서 중요한 위치를 차지하게 되었는데, 이곳은 제2차 캄차카 탐사작업이 진행되던 시기에 추콧카와 오호츠크 연안 지역을 탐사하기 위한 기지이자 항구로서 1740년에 건설된 것이었다.

19세기의 중반과 후반에 나타난 극동지역 남쪽부분의 도시들은 처음에는 극동지역의 주요 수계인 아무르강 연안에 위치한 니콜라옙스크-나-아무레(1852), 블라고베셴스크(1856), 하바롭스크(1858), 그리고 졸로토이 로크(золотой рог)만 연안에 위치한 무라비요프-아무르스키(Муравьев - Амурский)반도의 남쪽 부분에 있는 블라디보스토크(1860)와 같은 초소들이었다.

19세기 후반에 새로운 거주지들이 도시 지위를 획득하는데 있어 중요하게 작용했던 요소는 경제 발전, 인구의 수와 고용구조와 같은 것이 아니었다. 결정 요소는 새로운 영토의 행정조직에 부여된 여러 가지 과업들에 대한 적합성이었다. 남쪽 정착지들이 도시 지위를 획득하게 된 것은 형성 후 초기 20년 사이에 이루어졌는데, 이 기간에 이 곳들은 행정 중심지로서의 기능을 부여받았다: 니콜라옙스크-나-아무레(1856), 블라고베셴스크(1858), 하바롭스크와 블라디보스토크(1880).

러시아 역사의 제국 시기 전반에 걸쳐 극동지역 도시들의 가장 중요한 기능은 군사적·행정적 기능이었다. 극동지역 역사학자들이 말하는 정확한 정의에 따르면 극동지역의 도시들은 "러시아 동부변방 행정 체계 전반을 지지하는 뼈대"였다.

20세기 초에 접어들어서도 단지 몇몇 도시들만이 발전 수준에 있어서, 즉 사회간접자본의 발전 정도, 경제적 생활에서 이 지역의 위치, 인구수 등에 있어서 러시아 평균 수준에 도달해 있었다. 이와 함께 극동지역 식민이주의 특수성, 거주에 좀 더 유리한 남부지역의 뒤늦은 편입, 이 지역에 대한 국가정책의 변화도 광활한 극동지역에서 도시의 수가 적었던 원인이었다. 프리아무리예군정주가 만들어지던 시기까지 이 지역에는 모두 14개의 도시가 있었다. 그 중 절반이 프리모리예도와 아무르도(오호츠크, 기쥐가, 페트로파블롭스크-캄차츠키, 니콜라

옙스크-나-아무레, 블라디보스토크, 하바롭스크, 블라고베셴스크)
에 위치해 있었다. 나머지 절반은 자바이칼리예도(네르친스크, 베르흐
네우딘스크, 셀렌긴스크, 바르구진(Баргузин), 아크샤(Акша), 트로
이츠코삽스크(Троицкосавск)[6], 치타)에 자리잡고 있었다. 제국 시
기 말에 러시아 극동지역(프리아무리예군정주)에 있던 도시로는 페트
로파블롭스크, 오호츠크, 알렉세옙스크(Алексеевск), 제야-프리스
탄(Зея-Пристань), 니콜라옙스크-나-아무레, 하바롭스크, 니콜스
크-우수리스키(Никольск-Уссурийский), 블라고셴스크, 블라디
보스토크를 들 수 있다. 이것들 중에서 네 개(44퍼센트)는 중요한 행
정 중심지였다. 하바롭스크는 1884년 이래로 극동지역의 중심지가 된
곳으로, 프리아무리예군정주의 주도(主都)로서 군정지사의 관저와 행
정청이 있었다. 블라고베셴스크는 실질적으로 도시가 건설된 시점인
1858년부터 아무르도의 주도였다. 블라디보스토크는 1880~1888년에
이르는 시기에 독자적인 블라디보스토크군무주(Владивостокское
военное губернаторство)로 분리되었다가, 이후 프리모리예도의
주도가 되었다. 페트로파블롭스크-캄차츠키는 프리모리예도의 분할
로 인해 1909년부터 다시 캄차카도의 주도가 되었다.

극동지역 도시들의 형성과 유지 과정에서 국가의 의지와 국가의
이해관계가 영향을 끼치고 있음을 보여주는 예로 20세기 초에 아무
르도에 만들어진 알렉세옙스크의 출현을 들 수 있다. 이 도시는 아무
르철도(Амурская железная дорога)의 건설을 지원하는 중심지로
서 1912년 여름에 만들어졌다. 비슷한 시기에 포스트 알렉산드롭스키

---

6 '트로이츠코삽스크(Троицкосавск)'는 현 러시아 연방을 구성하고 있는 부랴트공
화국의 캬흐타시이다.

(Пост Александровский)[알렉산드르 초소]가 1881년에 사할린 유형장의 행정 중심지로서 건설되어서, 1909년부터는 사할린도의 주도(主都)가 되었지만, 1917년까지도 도시 지위를 획득하지 못했다.

도시건설의 특징은 내부 발전과 번영이 정부의 의지에 크게 의존하고 있다는 것이다. 대표적인 예로서 니콜라옙스크-나-아무레의 운명을 들 수 있다. 1871년에 러시아의 태평양 중심 항구라는 지위를 상실하고 프리모리예도의 주도가 블라디보스토크로 이전된 이후 이 도시의 성장률은 눈에 띄게 떨어졌으며, 당대인들의 증언에 따르면, 20세기 초에는 퇴락하게 되었다. 다른 한편, 블라디보스토크는 새로운 행정적 역할을 맡게 된 덕분에 집약적으로 발전하게 되었으며, 그리하여 20세기 초에 국가의 이해관계, 무엇보다도 국방관련 이해관계가 도시 자체의 성장과 관련된 이해관계와 충돌하게 된다. 무라비요프-아무르스키반도 지역과 졸로토이로크만 연안에 상당한 부지를 소유하고 있던 육군부와 해군부는 국방 상의 이해관계를 주관하고 있었기에 부지를 시의 "건축용" 토지를 확장하는 용도로 제공하는 것에 적극성을 보이지 않았으며, 그 결과 상수시설의 개선을 방해했다. 젬스트보자치단체의 기관들은 블라디보스토크의 발전에 대한 군사적 영향력을 축소하는 것과 관련해서 프리아무리예군정지사의 이해와 지지를 획득했음에도 불구하고 긍정적인 결과를 얻지는 못했으며, 이에 더해 1910년에 블라디보스토크요새를 위해 필요했던 토지제공은 지속되었다. 러시아 제국에게 있어 블라디보스토크는 요새이자 전진기지였을 뿐이고, 인근 주변지역과의 관계 속에서 높은 발전 잠재력을 가지고 있는 경제 중심지는 아니었다.

국가의 의지는 19세기 후반~20세기 초에 극동지역 도시들의 행정조직 부문에서도 발현되었다. 민간자치행정의 도입은 시기상조이고 필수적인 사회경제적 조건들이 부족하다는 지방 관리들의 의견에도 불구하고 도시개혁(Городская реформа)이 극동지역에서 단행되었다. 한편으로, 지역적 특수성으로 인해 간소화된 형태(선출기관들의 구성 절차 간소화, 이것들의 구조 간소화, 책임자에게 실행기능 부여, 운영위원회 하나만 기관으로서 보존, 유권자 수 축소 등등)의 민간자치행정 도입이 예정되어 있었다. 다른 한편으로, 극동지역의 도시들, 특히 남쪽지역에 위치한 도시들의 행정 기구들은 커다란 인구 유동성과 인접국들로부터의 노동 이주라는 조건 속에서 생활 조직과 관련된 특정한 문제들을 해결해야만 했다.

러시아 극동지역의 도시들은 국가정책의 결과로 생겨난 것들로서, 국가가 동부 변경지역의 행정과 국방을 수행했던 중심지들이었는데, 이것이 도시들의 내부 발전 문제들, 무엇보다도 국가 중앙에 대한 커다란 의존성을 많은 부분에서 결정지은 것이었다.

이상의 내용을 종합해 볼 때, 18세기 초 이래로 러시아 제국의 동부변방 행정은 행정 체계의 근대화와 통합이라는 정책을 추진하는 과정에서 실현되었다. 초기에 행정구역 조직에 결정적인 영향을 행사한 것은 제국의 군사적·정치적 과제들이었는데, 이 요소는 해당 시기의 마지막까지도 커다란 중요성을 유지했다. 지역의 특수성, 즉 광활한 영토, 무엇보다도 빈약한 경제적 개발 정도, 주민을 구성하고 있는 종족들의 다양성, 옛부터 이어지는 정치적 영역과 문화적 영역의 부재 등으로 인해서, 국가 중심에서 멀리 떨어져 있는 영토에 적합한 행정 양태를 항상 찾아야만 했다. 행정 기관들의 독립성 수준, 중앙 행정부와 지방 행정부 사이의 상호협력 문제와 같은 지속적으로 제기되는 문제들로 인해서 최적의 행정 체계를 모색할 필요가 있었다. 동쪽 변경지역들은 국가 중앙의 끊임없는 관심 속에 있었으며, 국가 중앙은 이

지역의 모든 생활을 조직하는데 있어 중요한 역할을 했다. 극동지역의
행정조직은 제국 건설과 관련된 과업들에 완전히 종속되어 있었다.

　　제국 편입 시기의 초기에 러시아 극동지역은 광대한 시베리아지역
의 한 부분이었으나, 19세기 초부터는 행정적으로 프리아무리예군정
주의 창설이 완료됨으로써 독자적 지역의 외관을 획득했다.

4장 극동지역의 원주종족들: 17세기~20세기 초

종족학적 측면에서 볼 때 러시아 극동지역은 하나의 권역이 아니다. 이곳에서는 역사적으로 크게 세 곳의 종족학적 지역권들이 형성되어 왔는데, 각각의 지역권은 지리적 환경, 종족의 역사적 발전과정, 그들이 속한 어족(語族) 및 상호관계에서 기인하는 나름의 특성을 갖고 있었다.

동북최극단지역(Крайний Северо-Восток, 현재의 축치자치구, 마가단도, 캄차카변강주)에는 축치족(чукчи), 에스키모(эскимосы), 코랴크족(коряки), 이텔멘족(ительмены), 유카기르족(юкагиры), 알류트족(алеуты)이 살고 있다.

오호츠크 연안의 타이가-툰드라지대(하바롭스크변강주 북부 및 마가단도 일부 지역)는 에벤족(эвены)의 주거지역이다. 이 지역에는 에벤크족(эвенки, 구 퉁구스족)도 일부 살고 있다. 두 종족이 구사하는 언어는 퉁구스어족에 속한다.

세 번째로 큰 종족학적 지역권을 이루고 있는 곳은 프리아무리예, 프리모리예, 사할린이다. 이곳은 나나이족(нанайцы), 우데게이족(удэгейцы), 울치족(ульчи), 네기달족(негидальцы), 오로치족(орочи), 오로크족(ороки), 니브흐족(нивхи)의 주거지역이다. 언어로 보면 니브흐족을 제외한 나머지 종족들은 만주-퉁구스어족에 해당된다. 니브흐족은 고아시아 종족의 후예로 여겨지지만, 문화적으로는 만주-퉁구스계 종족에 가깝다.

수많은 세기에 걸친 역사를 가지고 있는 이러한 종족들은 오랜 시간 동안 존속해 왔다. 동북최극단지역 종족들의 특징적인 요소는 언어의 문법적 구성이 일치한다는 점이다. 반면, 이들의 생활 양식은 매우 다양하다. 동북최극단지역에 사는 축치족과 코랴크족은 프리모리예의 "정착민(сидячие)", 즉 정주민과 툰드라인, 즉 유목민으로 구별되었다. 이 두 종족 집단들은 경제적으로 서로 긴밀히 연결되어 있었는데, 순록유목민은 어로-수렵인 없이 존재할 수 없었으며 반대로 수렵인 역시 순록유목민 없이 살아갈 수 없었다.

축치반도에는 축치족이 분산하여 거주하고 있었다. 프리모리예 축치족은 바다짐승 사냥꾼이었다. 이들은 바다로 나가 바다코끼리, 고래, 바이칼 물범, 턱수염바다표범 등 여러 종류의 바다표범을 잡았다. 부업으로 어로활동, 북극여우와 야생순록 사냥에 종사했다. 이동수단으로는 개를 이용했다. 축치족은 고래의 턱뼈나 갈비뼈로 집을 지었는데, 둥근 뼈대 위에 떼를 입히고 그 위에 흙을 덮는 형태였다. 그러다 뼈대가 땅 속으로 들어가면 지표 밖으로 돌출되는 지붕을 가진 반지하식 가옥이 되었다.

툰드라 축치족(Тундровые чукчи)은 동북최극단지역에서 순록을 가장 많이 소유하고 있었다. 순록은 이들에게 이동수단이었고, 그 고기는 식량이 되었으며, 가죽은 옷, 신발, 주택의 재료로 쓰였다. 이들은 모피짐승 사냥을 했다. 구덩이에 빠뜨려 잡는 방식(함정사냥)으로 북극여우와 여우를 사냥했다. 그리고 야생순록과 산양도 사냥했다. 특수한 형태의 던지는 무기와 투창이 담긴 판자, 순록 힘줄이나 고래 수염으로 만든 올가미를 가지고 새를 사냥했다. 당시에는 야생에서 자라는 식용 식물을 채집하는 것이 매우 보편적이었다. 이들의 집은 사슴 가죽으로 만든 이동식 원형가옥인 야란가(яранга)로, 상부는 원추형에 하단은 원통형태로 되어 있는 큰 천막처럼 생긴 것이다. "정착" 축치족("Сидячие" чукчи)과 순록유목 축치족(оленные чукчи) 사이에서는 물물교환이 이루어졌다. "정착" 축치족은 순록목축의 생산물을 받았고, 순록유목 축치족은 이들 프리모리예의 주민으로부터 그 대가로 바다짐승 기름(식용, 난방용, 등불용으로 사용)과 바다표범 가죽(여름용 의복과 신발을 만드는데 사용)을 받았다.

코랴크족은 캄차카와 오호츠크 연안의 북부지역에 정착해 살았다. 정주 코랴크족은 주로 어업에 종사했다. 이들의 기본적인 겨울 양식은 말린 생선이었다. 어로 방식에 있어 이들은 정주 퉁구스족과 많이 유사하다. 정주 코랴크족은 바다짐승 수렵도 해서, 바다표범, 바다코끼리, 고래 등을 잡았다. 바다로 나갈 때는 바이다라(байдара)[1]를 탔고, 하천을 다닐 때는 바트(бат)[2]를 이용했다. 야생순록, 곰, 산양 등의 짐승을 사냥했다. 이것들을 활로 쏘거나 산길에 올가미를 설치해서 잡았다. 이들의 주된 이동수단은 개였다. 겨울에는 움집에서 생활을 했고, 여름에는 원추형 천막에서 살았다.

유목 코랴크족의 삶에서 순록유목은 중요한 의미를 지니고 있었다. 순록은 이동수단이었으며, 음식, 신발, 의복, 주택재료를 제공해 주었다. 생산경제에 주된 도움이 되는 것은 수렵, 어로, 채집 활동이었다. 유목 코랴크족은 동북최극단지역의 다른 순록유목 종족들과 마찬가지로 순록 가죽으로 만든 원추형 천막에서 살았다. 순록유목에서 얻은 물건들 중 남은 것은 정주 코랴크족이 바다짐승 사냥으로 얻은 물품과 교환했다.

1　'바이다라(байдара)'는 캄차카와 알류샨열도 등에서 원주민들이 사용하던 바다짐승 가죽으로 만든 배이다.

2　'바트(бат)'는 통나무 속을 파서 만든 배이다.

　동북부지역 고아시아인의 서쪽 이웃은 유카기르 부족(Юкагир-
ские племена)이었는데, 이들은 시베리아 순록을 잡는 사냥꾼이자
어부였다. 부족들의 생활 방식은 서로 차이가 났다. 타이가 지역에서
는 겨울에 손썰매와 스키를 사용하여 걸어서 이동하며 사냥을 했고,
툰드라 지역에서는 미끼순록을 이용해서 몰이사냥을 했다. 유카기르
족의 문화에는 고대 생활의 특징들이 남아있다. 이 같은 고립성에도
불구하고 이들은 동북부지역 고아시아인과 교류를 했고, 심지어 그들
의 종족집단 형성에 참여했다.

　캄차카의 대부분 지역에 정착한 이텔멘족(ительмены)은 코랴크
족과는 달리 전형적인 하천 어업인이었으며, 다른 생계활동은 모두 이
들의 삶에서 부차적인 의미를 갖는 것이었다. 하천을 따라 이동하기
위해 이텔멘족은 통나무 배를 이용했다. 하천 유역에 있는 많은 고대
도시들은 움집과 말뚝기초주거로 이루어져 있었다. 이 고대도시들의
주민들은 토기를 알지 못해서 나무와 자작나무 껍질로 만든 그릇을 사
용했다. 물은 이러한 그릇에 받아 장작불 속에서 달군 돌을 집어넣어
데웠다. 이텔멘족은 생선껍질이나 짐승가죽을 벗겨 옷과 신발을 만들
었다. 식물을 원료로 만든 실로 짠 시트와 베갯잇을 보편적으로 사용
했다. 모자, 쿠흘랸카(кухлянка)[3]와 같은 모피로 만든 옷을 입었다.
그리고 개 썰매를 타고 다녔다.

　캄차카 남부에 있는 큰 촌락들에는 쿠릴열도에서 이주해 온 아이
누족(айны)이 살고 있었다. 많지 않은 수의 아이누족이 6~10세기에
최초로 캄차카로 들어왔는데, 이것은 캄차카반도 남부에 있는 쿠릴호

3　'쿠흘랸카(кухлянка)'는 동북시베리아지역에 거주하는 소수민족들이 입었던 전
통의상으로, 짐승가죽으로 만든 겉옷이다.

수 연안에서 발굴된 아이누족 주거지를 통해 확인할 수 있다. 13세기에 아이누족은 이미 상당한 면적의 영토를 차지했다. 이 과정에서 이들은 이텔멘족과 싸움을 벌일 수밖에 없었다. 학자들은 아이누족이 캄차카 원주민의 삶과 생산경제활동에 지대한 영향을 미쳤다고 주장한다.

사회적 관계에 있어서 가장 발전된 이들은 축치족이었는데, 이들은 전사민주주의 단계에 있었으며, 매우 조직적이고 싸움에 재능이 있는 사람들로서 150~500명의 무사들로 이루어진 부대들을 보유하고 있었다. 이들은 코랴크족과 유카기르족을 겨냥한 군사 작전들을 성공적으로 진행해서, 이들로부터 순록, 소유물, 여자, 아이를 약탈했다. 이 변경에 있는 모든 종족들 중에서 축치족은 러시아 탐사대에 가장 강력하게 저항했다.

동북부 지방들은 매우 혹독한 기후를 특징으로 하고 있었다. 하지만 사람들은 자연기후조건에 적응했고, 노동과 사냥도구, 생활도구를 만들기 위해 경이로운 창작 재능을 보여서 매우 제한적인 재료를 합리적으로 활용함으로써 생존에 필요한 모든 것을 확보했다. 동북최극단지역 거주민은 프리바이칼리예, 자바이칼리예, 프리아무리예와 같이 [러시아인에 의해서] 매우 적극적으로 개척되고 있던 지역들에서 멀리 떨어져 있었다. 따라서 이들 지역들과의 교류는 우연히 이루어지는 것이 대부분이었다.

동북최극단지역 종족들의 수세기에 걸친 삶의 경험은 그들의 세계관, 의례, 풍습 그리고 정신문화 속에 녹아서 표현되었다. 세계관의 기본은 애니미즘이었다. 토착민들은 동물, 자연현상 등에 영적인 능력이 있다고 여겼고, 그런 영적 존재에게 제물을 바쳤다. 조상숭배도 발전해서, 조상에게 삶의 모든 힘든 상황에 대한 도움이나 지원을 구하는 기도를 올렸다. 모든 사물은 자신만의 고유한 생을 산다고 사람들은 믿었다. 종교관은 생활 관습과 생산경제활동의 모든 부문에 침투했다. 의례 집행에서 주도적 역할을 수행한 것은 샤먼이었다. 신화, 민담, 전설과 같은 민속문학이 정신 생활에서 중요한 위치를 차지히고 있었고, 장식공예가 상당히 높은 수준에 올라와 있었다.

극동지역 남부의 주민은 종족적 측면에서 볼 때 복잡했다.

러시아과학아카데미 탐사대장(1854)이자 프리아무리예 종족들에 대한 탁월한 러시아 연구자였던 레오폴드 이바노비치 슈렌크(Леопольд Иванович Шренк)의 표현을 빌리면, 니브흐족(нивхи, 길랴크족(гиляки))은 오호츠크해 연안, 아무르강 하류지역, 사할린섬이라는 세 지역을 이어주는 역할을 했다. 기원을 살펴보면, 니브흐족은 아무르강 하류에 살던 고대 아시아 종족들 중 하나이다. 생산경제활동이 활발해지면서 아무르강 유역에 살던 일부 씨족들이 13~15세기에 사할린섬으로 이주하기 시작했는데, 이곳은 모피와 풍부한 어족 자원으로 유명했다. 이렇게 해서 사할린 니브흐족이 탄생했는데, 이들은 아무르 니브흐족과 어느 정도 차이가 있기는 하지만, 이들과의 씨족관계를 상실하지는 않았다.

니브흐족은 주로 사할린 북부 연안지대에 흩어져 살았다. 이곳에서 그들은 촌락을 이루었다. 주요한 생존 수단은 물고기 잡이와 바다 짐승 사냥이었다. 니브흐족의 정착촌은 하절기용과 동절기용으로 나누어져 있었다. 이것은 계절에 따라 이루어졌던 생산경제활동과 관련이 있었다. 하절기 정착촌은 생산을 하는 곳 근처, 즉 하천 연안이나 해안가에 위치해 있었다. 이곳에서 잡아온 연어와 송어를 손질해서 건어(말린생선)를 만들었다. 움집들로 이루어진 동절기 정착촌은 야생 동물 사냥이 가능한 툰드라나 타이가에 위치해 있었는데, 이곳은 때에 따라 해안에서 멀리 떨어진 곳에 위치해 있었다. 보통 한 촌락에는 하나의 씨족이 살았다. 하나의 씨족은 물고기를 잡는 곳, 사냥하는 곳, 열매를 채집하는 곳을 공동소유했다. 물고기 잡이를 위해 쐐기풀을 꼬아 어구를 만들었다. 작살을 사용해서는 짐승을 잡았다. 가죽으로는 옷, 신발과 개들을 연결하는 줄을 만들었다.

1640년대부터 프리모리예 일부와 프리아무리예를 개척했던 러시아 탐사자들의 『서신들』과 『이야기들』 속에는 다우르족(дауры), 듀체르족(дючеры), 나트카족(натки), 아창족(ачаны), 골드족(гольдики), 론카족(лонки), 네기달족(негидальцы) 등이 언급되고 있다. 극동지역 남부의 종족들 중에서 가장 수가 많은 종족은 나나이족(골드족(гольды))이었다. 그들의 정착지는 아무르강을 따라 수백 킬로미터까지 뻗어있었다. 학자들은 아무르강 하류의 종족들(정주민인 어부들, 수렵꾼들, 개사육자들(собаководы))이 서로 활발하게 교류했음을 발견했다. 현지에서 만들어진 제품과 원료의 교환이 종족간 교류를 촉진시켰다. 아무르에서는 그물을 만드는데 쓰이는 사할린산 쐐기풀이 높은 가격을 받았다. 니브흐족과 울치족은 나나이족에게서 화려하게 수를 놓은 옷과 삼나무 속을 파서 만든 배를 사왔다. 종족간 결혼에 따른 접촉 과정에서 이전의 종족적 특성과 언어는 사라져갔고, 외지인은 다수인 현지인에게 동화되어 갔다. 이렇게 해서 니브흐족 사이에서는 나나이 계통, 네기달 계통, 울치 계통의 씨족들이 생겨났으며, 울치족 사이에서는 니브흐 계통, 나나이 계통의 씨족들이 생겨나게 되었다.

프리아무리예 및 프리모리예 연구자이자 러시아 지질학회 시베리아 지부 탐사대장인 R. K. 마아크(P. K. Маак)는 자신이 허저족(ходзены)이라고 불렀던 나나이족의 삶에 대해 다음과 같이 묘사하고 있다.

이들은 "그 규모가 크던 작던 물고기 잡이에 유리하고 해안으로

그물을 끌어오기 편한 지역들, 그러한 동절기 거주지들에서, 그러한 하절기 거주지들에서 보통 몇몇 가족들이 모여 산다. 이들이 사는 곳에서는 급하게 만든 생선 건조대를 자주 보게 되는데, 생선이 많이 잡힌 경우에는 세로로 배를 가른 생선이 이 건조대에 연속해서 걸리게 된다. 물고기 잡이는 가구생활에 커다란 영향을 끼치는데, 이것이 연중 가을과 겨울 시기에는 그들의 주된 식량원천이 되고, 일부는 또한 옷을 만드는데 쓰이며, 게다가 이와 함께 개 먹이 또한 제공하기 때문이다. 이들은 언제나 개를 위해서도 충분한 비축분을 마련해 두려고 애쓰는데, 이것은 개의 도움이 있어야만 보통 개(썰매)를 타고 가는 멀리 떨어진 산에서 짐승을 사냥할 수 있기 때문이다."

다우르족의 총수는 만 명에 달했으며, 듀체르족도 대략 그 정도 수였다. 이들의 분포 경계는 제야강과 부레야(Бурея)강의 하간지(河間地)를 지나며, 몇몇 듀체르족 집단들은 쑹화강과 우수리강의 하구들 사이에서 살았다. 다우르족과 듀체르족은 씨족 단위로 살았다. 몇 개의 씨족들이 모여 중소규모의 부족을 형성했으며, 그 수장은 부족장(князь)이었다. 삼중의 성벽으로 둘러싸인 중소 규모의 도시-울루스는 부족장의 이름을 붙여 불렀다.

상아무르(Верхний Амур) 지역과 중아무르(Средний Амур) 지역에 살던 다우르족과 듀체르족은 농경, 야채재배, 축산에 종사했다. 이들은 귀리, 보리, 수수, 완두콩을 재배했고, 소, 돼지, 말을 키웠으며, 수공업 활동을 했다. 그렇지만 철제 무기, 용기, 옷감, 여러 가지 장식품들 등은 주로 프리아무리예 남부의 이웃 부족에게 모피를 주고 가져왔다.

사료가 보여주는 바에 따르면, 다우르족이 생산한 곡물은 자바이칼리예 동부지역의 퉁구스족과 매년 교역할 수 있을 만큼 충분한 양이었다. 프리아무리예와 자바이칼리예의 다른 종족들 사이에서 수공업이 발달하면서 이웃한 부족들 사이에서 생산품 중 일부를 교환하는 현상이 확산되었다.

이들 종족들 모두는 단계는 각기 달랐지만 원시공동체적 체제가 해체되고 있는 상황이었다. 농경민과 목축민은 봉건적 관계를 형성해 가고 있었고, 나머지 집단들은 지역공동체를 구성해 갔다. 프리아무리예의 종족들은 지역 내 종족들뿐만 아니라 이웃 지역의 종족들과도 다양한 형태로 상호관계를 형성하고 있었다. 니트카족, 길랴크족, 에벤크족 사이의 관계는 가까웠지만, 길랴크족은 암군 퉁구스족(амгунские тунгусы)과, 그리고 많은 경우들에서는 심지어 친족관계에 있는 아이누족과도 적대적인 관계에 있었다. 아무르만(Амурский лиман)과 사할린에서 벌어지고 있던 길랴크족과 아이누족 사이의 전쟁은 러시아인이 이 지역에 온 이후에야 종식되었다.

러시아인이 도래하기 이전에 자바이칼리예에는 단일종족집단으로 통합된 부랴트 부족들과 퉁구스족(에벤크족) 계통의 다양한 집단들이 거주하고 있었는데, 이들 중에서 스텝지대에서 최상위 위치에 있던 것은 기마 에벤크족(конные эвенки)이라고 불리는 종족이었다. 남쪽에서는 몽골어족인 타부나트족(табунаты) 계통의 강력한 부족 집단이 두각을 나타내고 있었는데, 이 집단은 이후 부랴트 종족의 구성집단이 된다. 서자바이칼리예(Западное Забайкалье)에서는 호리 부랴트족(хоринские буряты)과 타부나트족이 살고 있었는데, 이들은 유목식 목축을 영위했다. 다수 연구자들의 견해에 따르면, 이 시기에 부랴트족은 가부장적 봉건제 단계에 있었던 것으로 보인다.

자바이칼리예의 기마 에벤크족은 몇 개의 지역별 집단들로 나뉘어 있었다. 이들은 바로 아르군강 유역의 네르친스크 기마 퉁구스족(конные тунгусы)과 비팀-올료크마 순록유목 퉁구스족(витимо-олёкминские оленные тунгусы)이다. 기마 퉁구스족에게 있어 유목적 생산경제의 토대는 말사육이었고, 순록유목 퉁구스족에게 있어서는 순록유목이었다. 기마 퉁구스족에게 두 번째로 중요한 것은 목축업이었고, 순록유목 퉁구스족에게 있어서는 어업이었으며, 사냥 또한 양쪽 모두에게 이러한 정도의 중요성을 가지고 있었다. 사회제도의 측면에서 보면 퉁구스족은 서로 다른 단계의 가부장적 씨족관계에 있었다. 자바이칼리예에 거주하는 퉁구스족의 총수는 17세기 말에 약 8,000명 정도였다.

1690~1860년대에 종족들의 주거지역과 구성에 변화가 나타났다. 1689년 네르친스크 조약 체결 후 러시아인은 다우리야(Даурия) 동부 지역에서 떠나야만 했다.

다우르족, 듀체르족, 나나이족은 청 제국 영토로 강제로 이주되었다. 17세기에 이들 중 일부가 자신들의 땅으로 다시 돌아왔고, 같은 시기에 북부 퉁구스족이 프리아무리예로 진출했으며, 네기달족은 동으로 이동했다.

러시아인이 출현한 시기에 가장 낙후한 사회조직 형태를 보이고 있던 종족은 고립 상태가 가장 심각했던 동북최극단지역에 살던 종족들이었다. 내부의 (씨족간) 분쟁, 부족간 전쟁, 약한 씨족들에 대한 추악한 억압과 공공연한 약탈, 약한 씨족들의 가장 질나쁜 땅으로의 이주, 일부 종족들의 다른 종족들로의 동화 등과 같은 것들은 극동지역 토착민의 삶과 변함없이 함께하는 동반현상들이었다.

분명히 할 필요가 있는 것은, 이 종족들이 극동 타이가와 툰드라

지역을 최초로 개척했고, 순록을 길들였고, 북빙양과 태평양 연안에 진출했으며, 극동지역의 바다를 최초로 항해했었다는 사실이다. 이들은 척박한 자연기후에 가장 적합한 가옥을 지었고, 수렵, 어로, 바다짐승사냥을 위한 도구를 고안했다. 이들은 경이로운 정신문화와 독창적인 실용예술의 창조자로서 세계 문화 유산에 값을 매길 수 없는 공헌을 했다.

러시아인의 출현으로 인해 원주민 생산경제에 눈에 띄는 변화들이 일어났지만, 그럼에도 불구하고 본질적으로는 반(半) 자연경제적인 상태를 여전히 유지했다. 상품-화폐 관계의 등장으로 가부장적 씨족제도의 해체가 촉진되었다.

극동지역의 원주민은 거대종족이었던 적이 전혀 없었던 것으로 여겨지며, 상당한 정도의 인종적이고 언어적인 다양성에 따라 구별되었다. 이들은 발전된 문명의 진원지에서 멀리 떨어져 있었고 고립되어 있었으며 소수라는 점으로 인해서 이들의 문화 발전은 뒤처져 있었다. 극동지역이 러시아로 합병되기 직전까지도 이들의 문화는 여러 세기 동안 진공보존되어 있었다. 생산력 발전에 있어서도 발전 속도는 매우 더뎠다. 심지어 저명한 캄차카 연구자인 S. P. 크라셰닌니코프(С. П. Крашенинников)는 18세기 중반에 이곳에서 완전한 의미에서의 석기시대와 맞닥뜨렸다. 그는 다음과 같이 기록하고 있다.

"초기 캄차카의 금속은 뼈와 돌이었다. 이것들로 도끼, 칼, 창, 화살, 장창, 바늘을 만들었다. 이들은 순록과 고래의 뼈로, 그리고 또한 끌과 비슷한 모양인 벽옥으로 도끼날을 만들어서 가죽끈으로 휜 도끼자루에 묶었다. …… 도끼를 사용해서 보트, 대접, 통 등등을 파내어 만들었는데, 이러한 노동력, 그리고 이러한 노동시간을

가지고서 이들이 배를 만드는 데에는 3년이 필요했고, 큰 대접을
만드는 데는 1년 이상이 걸렸다."

러시아 봉직자와 실업가에 의한 극동지역 개척은 원주민의 역사적 발전에 있어 각별한 의미를 가진다. 원주민들은 러시아인들로부터 새로운 농작물, 경작방법과 목축방법을 기꺼이 받아들였다. 쇠날이 달린 쟁기를 사용해서 토양을 깊이 갈아엎는 경작, 써레를 이용한 경지갈이, 당시 극동지역 남부에 거주하던 현지 종족들(다우르족과 듀체르족)의 낫을 사용하는 수확과는 다른 도리깨로 곡물을 수확하는 방법, 곡물 종류의 다양화 등이 극동지역으로 도입되었다. 목축에서도 특정한 변화가 있었다. 토착민들은 덩치 큰 유각가축은 견인력으로만, 말은 이동용으로만 사용하고 있었다. 러시아인이 출현한 이래로 유각가축은 고기-우유 용으로 이용하게 되었고, 말은 주요한 견인용 가축으로 사용하게 됨으로써 토지 개간시간이 단축되었다. 가축을 연중 내내 노천에 방치하던 토착민의 가축 사육 방식도 개선되었다. 러시아인은 겨울에는 가축을 축사에서 보호하고, 겨울용으로 저장할 목초를 따뜻한 시기에 준비할 수 있는 목초지를 도입했는데, 이것은 토착민에게는 새로운 것이었다.

부업 활동에 있어서도 러시아인에 의해 여러 가지 새로운 제도들이 도입되었다. 그 한 부분으로, 러시아인 덕분에 구덩이 방식의 덫, 함정, 화기 등과 같이 보다 우수한 사냥용 무기와 방법을 사용할 수 있게 되었다. 이 중에서 화기는 모피짐승뿐만 아니라 고기용 짐승의 획득 수가 증가하는데 있어 매우 중요한 의미를 갖고 있었다. 화기는 18세기 말로 가면서 동북 지역에도 침투해 들어왔다. 원주민은 새로운 수상이동수단

(용골을 이어 붙인 보트, 바르카스(баркас))[4]를 받아들였다. 새로운 작업도구가 확산된 이후에 축치족과 코랴크족의 생산경제 분야는 유목 목동의 순록유목과 해안정주민의 수렵으로 나뉘어 전문화되었으며, 이 것은 두 종족간의 교류가 주기적으로 이루어지는 결과를 가져왔다.

그런데 이러한 영향은 일방적인 것이 아니었다. 러시아인 문화와 원주민 문화가 상호작용하고 상호영향을 미쳤으며, 물질적 가치들을 점차적으로 교환하게 되었다.

원주종족들의 전통 문화가 어떤 면에서 러시아인에게 유익했을까? 러시아인들은 원주종족들의 문화 속에서 지혜로운 것과 합리적인 것 을 적지 않게 발견했는데, 그것은 자연에 대한 주의 깊은 태도, 러시아 중부지대와는 다른 조건에 있는 자연환경에서 이들 토착민들이 적응 해 온 수 세기에 걸친 값을 매길 수 없는 경험 등과 같은 것이었다. 삶 의 형태를 구성하는 자기 문화를 가지고 있는 유입민이 새로운 사회문 화적 공간에 들어서게 된 것이었다. 새로운 환경에 적응하고, 현지 전 통을 익히며, 원주민의 정신적, 물질적 문화양식을 받아들이는 것이 필요했다.

러시아인은 현지인의 경험을 파악하고, 러시아인으로서는 힘들고 낯선 조건 속에서 현지인으로부터 생산경제를 영위해가는 숙달된 방 법들을 받아들였다. 캄차카에서 러시아인에게 있어 중요한 배움은 사 냥과 낚시였다. 이들은 이텔멘족으로부터 수렵과 어로의 방법, 야외생 활 구조물인 발라간(балаган)과 생선 건조와 보관을 위한 덕장 축조 법을 배웠고, (통나무 속을 파내어 만든 배인) 바트(бат)를 만들고 사 용하는 것을 익혔으며, 겨울에는 이텔멘족이 손질한 따뜻한 모피로 만

---

4 '바르카스(баркас)'는 롱보트(longboat)의 일종이다.

든 옷과 신발을 신었는데, 때에 따라서는 러시아인 스스로 이것들을 직접 만들었다. 현지 주민에게서 생선 손질하는 법, 특히 건조, 소금 없이 생선 절이는 법 등을 배웠는데, 이런 것들은 유럽 러시아 지역에서는 상대적으로 잘 알려져 있지 않은 방법이었다. 러시아인은 사람이 끄는 사냥용 썰매와 사슴가죽 스키와 같은 원주민의 이동수단도 받아들였는데, 이것들은 무엇보다도 부업 활동을 위해서는 필수적인 것이었다. 거의 모든 러시아 가정에 바닥이 평평한 아무르식 보트가 보급되어 있었다.

17~18세기에 극동지역에서 러시아인 정주지들은 토착민의 문화와 전통과의 상호작용 속에서 연계망을 이루며 발전해갔다.

17세기에 극동지역에서 러시아인 정착의 특징은 두 가지 주요한 요소로 정의될 수 있는데, 그것은 하천수로의 존재와 모피세(야사크) 부과대상이었던 토착민의 거주지였다. 변경지역의 척박한 환경 속에서 토착민은 수변(강, 호수)에 위치해 있어 자연 자체가 방어막 역할을 해주는 장소를 거주지로 선택했다. 이를 위해 토착민은 두 강이 합쳐지는 곳에 있는 하안 단구의 고지대에 자리를 잡았다. 추가적인 방어막(제방, 참호, 벽)을 구축함으로써 주거지를 외부의 공격으로부터 보호했다. 많은 점들에 있어서 자연에 종속되어 있던 토착민은 거주와 생산경제활동을 하기에 가장 적합한 장소에 실수 없이 자리 잡는 법을 터득하고 있었다. 이와 같은 경험적 지식이 없었던 러시아 개척자들은 현지인 정주지 근방에 자신들의 정주지를 건설했으며, 많은 경우에 원주민 정주지를 자신들의 거점지로 활용하면서 원주민 촌락의 명칭을 같은 지역에 새로 건설한 요새(알바진요새, 아찬요새, 돌론요새 등등)에 차용해 붙였다.

러시아인과 현지인 사이의 긴밀한 경제적 관계로 인해 봉직자, 카

자크, 농민이 토착민과 결혼을 통해 가족관계를 형성하는 일도 빈번하
게 발생했다. 서로 다른 문화들의 상호 영향은 정신 분야에서도 나타
나서, 개척 초기 단계에는 소소한 수준에서, 18세기부터는 상당히 커
다란 수준에서 진행되었다. 부분적으로는 유입민이 원주민의 종교적
현상들 중 몇몇을 수용하게 되었으며, 토착민은 그리스도교를 받아들
이게 되었다. 소련 역사가로 시베리아 역사 분야의 탁월한 전문가인
세르게이 블라디미로비치 바흐루쉰(Сергей Владимирович Бахру-
шин)이 말한 것처럼, "토인과 이웃해 있다는 것이 새로운 러시아인 이
주자들의 정신 문화 영역에 깊은 흔적을 남겼다." 특히, "혹독한 ……
자연이라는 토양 위에서 만들어"졌으며 "북쪽 타이가의 깊숙한 오지에
던져졌다는 러시아인의 무서운 현실인식으로"인해 무의식적으로 사로
잡히게 되었던 토착민의 "암흑신앙(мрачные верования)"은 러시아
주민의 자산이 되었다. 예를 들면, 높은 관등에 있는 봉직자들, 심지어
행정부처에 소속된 사람들이 때때로 샤먼을 찾아갔다는 것은 잘 알려
진 사실이다.

이렇게 해서 러시아식 생활 양식의 현지 이식 결과라고 할 수 있는
일정한 사회경제적이고 공적인 관계가 만들어졌고, 특정한 민속 문화
가 전 민족적 러시아 문화라는 보편적이면서 특수한 통합체의 한 형태
로서 형성되기 시작했다. 학술적 연구들에서는 토착민 문화에 대한 러
시아 문화의 절대적인 영향이라는 문제에 크게 관심을 두고 있다. 최
근 연구사에서는 원주종족들의 문화와 습속에 대한 러시아인들의 부
정적이고 해로운 영향, 즉 만일 러시아인이 없었으면 토착민의 삶은
행복하고 빛났을 지도 모른다는 주제의 연구들이 나타나고 있다. 이
두 개념 모두 참된 모습을 보여주는 것은 아니다. 문화의 상호작용에

대한 것으로 논의가 진행될 필요가 있다.

원주종족들이 러시아 국가의 구성요소로 통합되는 과정은 복잡한 양상을 띠고 있어서, 대체적으로 한 세기에 걸쳐 완료되었다. 이것은 많은 요소들로 이루어져 있었는데, 이 중에서 화력이라는 요소는 유일한 것도 아니었고 언제나 가장 주요한 것도 아니었다. 적지 않은 수의 부족들과 씨족들이 이웃한 경쟁자들을 격퇴하는데 있어 러시아의 도움을 받기를 바라는 마음에서, 또는 파괴를 일삼는 적의 습격으로부터 보호받기를 기대하면서 러시아 국적을 자발적으로 받아들였다. 1640년대 초에 바이칼 연안에 거주하던 부랴트족 중 상당 수가 러시아 국적을 받아들이는 것에 자발적으로 동의했다. 자바이칼리예 지역이 러시아에 빠르게 편입되고 이곳이 우딘스크요새(Удинский острог), 셀렌긴스크요새(Селенгинский острог), 네르친스크요새(Нерчинский острог) 및 다른 요새들로 견고해지게 된 데에는 몽골족과 만주족의 침략에 맞서 싸우는데 있어 러시아의 지원을 받고자 했던 원주민 일부의 의지도 작용했다. 게다가, 현지 주민은 새로운 땅으로 가는 러시아 분견대에 일정 수의 안내자-"길잡이"를 제공했다. 러시아인은 "오랜 시간 동안 전대미문이었던" "산맥 너머에 있는" 강들에서 무엇이 그들을 기다리고 있는지를 토착민으로부터 사전에 전해들을 수 있었다. 부족간 불화가 발생할 때에는 모든 "이방인" 집단들이 [러시아] 봉직자 분견대에 합류했다.

러시아인들의 적극적인 동북최극단지역, 캄차카, 프리아무리예, 자바이칼리예 진출과 다른 풍속, 관습, 생활양식을 가지고 있던 토착 주민 사이에서의 정주지 건설은 무력 저항을 빈번히 불러일으켰다. 연구자들이 지적하는 바에 따르면, 17세기까지 원주종족들 중 다수가 도달해 있던 발전단계는 호전성이 이들의 성격과 행동에서 가장 특징적인 모습이었던 시기였다. 이때는 원시공동체적 체제가 해체되는 시기, 즉 이른바 전사민주주의와 초기적 형태의 계급관계가 형성되는 시기였다. 동시대인들의 묘사에 따르면 퉁구스족은 호전적 성향으로 유명했다. 17세기에 봉직자들은 이들에 대해 "이 사람들은 호전적이며 전투에서는 잔인하다."고 평했다. 1647~1649년에 세묜 셸코브니코프 (Семён Шелковников)가 이끄는 분견대가 태평양 연안으로 진출해서 이곳에 훗날 러시아인의 주요 거점이 되는 요새(미래의 오호츠크)를 건설하는데, 이것은 퉁구스족과의 격렬한 충돌을 가져왔다. 그 시대의 역사가들은 러시아 카자크들이 오호츠크해 연안에 진출할 때 야쿠트족과 퉁구스족 출신의 인질을 사로잡은 사실을 다수 인용하고 있다.

"오호타(Охота)에서 6개의 유르타(전통가옥)를 파괴하고 그 안에 있던 40명을 죽였으며, 우라크(Урак)에서는 2개의 유르타를 파괴하고 그곳에 있던 20명을 죽였다."
"군주에게 야사크를 바치고 군주의 손길 아래 들어가는 것"을 거부한 대가로 카자크들은 퉁구스족 계통인 셸간족(шелганы)을 격파하고 이들의 "족장"을 처형했다.

공격적인 습격이라는 면에 있어서는 코랴크족을 들 수 있다. "영웅정신"과 "잔인성"은 캄차달족(камчадалы)의 천성이었다. 1696년에 블라디미르 아틀라소프(Владимир Атласов) 오십부장의 분견대가 아나디리요새에서 캄차카로 출발했다. 그는 수백킬로미터 떨어진 캄차카반도 최남단에 도달할 때까지 그에게 거세게 저항하는 몇몇 씨족들과 부족들의 연맹체들을 "몰살했다." 가장 "온건하고" 계급사회에 아직 도달하지 못한 원주종족들 중 하나인 유카기르족도 "호전적인, 즉 전쟁에서는 무자비한 부족"이었다.

200명의 병사로 구성된 예로페이 하바로프의 분견대는 아무르에서 수년간 현지인들과 전투를 벌이면서, 듀체르족으로부터 아찬요새(Ачанский острог)를 방어했다. 러시아인이 화기를 보유하고 있기는 했지만, 이것은 턱없이 크고 무거웠으며, 기본적으로는 화승총이었다. 토착민은 활을 사용했기에 목표를 쉽게 전환할 수 있었으며, 많은 인원을 전투에 동원했다. 개척자 분견대들에서 희생자가 많이 나왔다. 바실리 포야르코프, 블라디미르 아틀라소프, 세묜 데쥬뇨프 등등이 쓴 『서신들(отписки)』은 이에 대해 말해주고 있다.

광범위한 지역에서 벌어진 러시아인에 대한 토착민의 저항으로 러시아인이 동쪽 더 깊은 땅으로 들어가는 것이 중단되었을 뿐만 아니라, 그들이 이미 얻은 것들을 잃게 되었다. 이를 인식하게 된 러시아 통치자들은 비군사적인, 그리고 외교적인 협력 방안들을 정책 기조들 중 하나로 삼았다. 군정관들에게는, "잔인함이 아니라 온화함으로 …… 이종족을 황제의 통치아래 들어오도록 만들고", 그들과의 사이에서 가능한 한 "혈기"와 "싸움"을 일으키지 말라는 엄중한 명령서를 매년 보냈다.

17세기에 차르의 권력과 중앙집권체제가 강화되었고, 동방 영토에 대한 행정 체계 또한 확립되었다. 개척 정도에 따라 변경지역을 중앙정부의 보호 아래로 이전하는 기제가 갖추어졌다.

17세기에 러시아에서 최소행정구획 단위는 군이었다. 특정 지역이 러시아 영토로 편입되면 군이 설치되었다. 17세기 말에 극동지역 영토는 세 개의 군, 즉 야쿠티야군, 이르쿠츠크군, 네르친스크군으로 구성되어 있었다. 중앙행정기구는 1637년에 모스크바에서 구성된 시베리아성이었는데, 이곳은 러시아 동부지역을 담당하는 행정조직으로서

각 군 중심지에 군정관을 파견하고 이들에게 행정과 관련된 특별지시를 내렸다. 토인들 중 다수는 야사크를 지불했다. 세금은 중앙 당국으로 유입되어서 지역 당국과 지역 봉직자를 유지하는데 사용되었다.

극동지역 토착민에 대한 행정은 군정관과 집행관이 부족 지배층을 통해 수행했다. 역사적으로 형성되어 내려온 씨족과 부족은 야사크 읍이라는 행정구역 형태 속에 보존되고 고착되었다. 읍 경계 내에서 토착민 행정은 관습법에 기초해서 형성되었다. 차르 정부가 부족 지배층을 인정하고 그들에게 야사크 징수를 맡기게 됨으로써 "부족장"의 권력은 강화되었고, 이들의 특권적 지위는 견고해졌다. 부족장들은 러시아 당국의 관리들과 부족 구성원들 사이에 있는 매개자가 되었으며, 수합된 모피의 일부를 사유화할 수 있었기에 상당한 경제적 이득도 얻게 되었다.

17세기 말에 봉직자들이 촌락과 유목민 거주지의 소재를 파악할 수 있게 되면서 개별 토착민에게 야사크를 부과하는 것으로 제도가 변경되었다. 야사크 세액은 흑담비모피로 산정되었다. "야사크 납세자(ясач-ная душа)"당 부담하는 세액의 범위는 1년에 흑담비모피 1~5장이었는데, 이것은 사냥하는 지역의 특성에 따라 차이가 났다. 사냥을 하지 않는 부족은 담비로 야사크를 지불하는 것이 상당히 어려웠다. 부랴트족과 퉁구스-기마종족은 자신들의 생산품을 담비로 교환해야만 했다. 시베리아성에는 이들 부족들이 제출한 민원과 흑담비로만 야사크를 지불하지 않게 해달라는 요청이 끊임없이 들어왔다. 흑담비의 대량 살상으로 인해 차르 당국은 다른 모피로도 야사크를 징수하는 것에 동의할 수밖에 없었다.

야사크를 바치는 주민에게 부여된 무거운 부담은 이른바 군주와 군정관에게 바치는 상납품을 제공하는 의무였는데, 이 상납품은 보통 야사크보다 더 많았다. 그 결과 야사크 정책은 평범한 사람들에 대한 약탈로서 폭력을 수반했다.

극동지역 형성 과정이 완료되지 않았던 18세기의 상황, 정착민 부족, 미개척 등으로 인해 행정 개편 정책에 특정한 변경이 이루어졌다. 태평양 연안 지역에 이르는 시베리아 전역은 시베리아주가 되었다. 세금정책을 보다 효과적으로 시행하기 위해 오호츠크 연안 행정청이 독립적인 행정 단위로 분리되었다.

행정개편과 함께 토착민에 대한 세제도 변경되었다. 1696년에 표트르 1세는 《다우르와 네르친스크의 군정관들에게 보내는 훈시(Наказ даурским и нерчинским воеводам)》를 통해 강제 세례, 주류 반입, 사적 재산 축적을 위한 상거래, 현지 주민의 예속화를 금지시켰다. 1697년에 최상급 모피 매매에 대한 국가독점이 시행되었다. 이것은 모피짐승에 대한 약탈적인 사냥과 군정관들 및 야사크 징수자들에 의해 자행된 원주민에 대한 끊임없는 강탈과 유린으로 야사크가 감소했기 때문이었다.

그러나 국가의 모피거래 독점은 효과적이지 않은 것으로 드러났다. 수색과 세관검문소들이 있었음에도 불구하고 상인들은 부락들에 침투해 들어가서 모피를 헐값으로 수매했고, 원주민들로부터 강탈했으며, 이들에게 술을 가르쳤다. 체납자의 수는 증가했다. 야사크 세금정책 개선을 위해 차르 정부는 18세기에만도 여러 차례 법을 개정했다. 그리고 마침내 새로운 세액과 과세제도가 정해졌다. 세금은 개인이 아니라 부락 단위로 부과되었다. 야사크는 모피뿐만 아니라, 사냥 상황, 상품관계의 발전수준 등에 따라 현금이나 다른 사냥물로도 납부할 수 있도록 허용되었다. 야사크 징수는 종족 우두머리가 통제하는 것으로 이전되었다. 이렇게 해서 차르 정부는 변경지역들에서 현지 지배층으로부터 믿을만한 토대를 획득할 수 있었다.

19세기 전반부에 극동지역 원주민 행정은 M. M. 스페란스키(M. M. Сперанский)와 G. S. 바테니코프(Г. С. Батеньков)에 의해 작성된 1822년 7월 22일자 차르 정부 법령인 이른바《이종족 통치 규약(Уставоб управлении инородцев)》을 근간으로 이루어졌다.

이《규약》에서 토착민은 (정착의 정도 및 주요 생업의 종류에 따라) 기본적으로 세 가지 사회적 범주로 나뉘었다. 첫 번째 범주는 "정착 이종족", 즉 "도시와 촌락에 거주하며" 농경과 상업에 종사하는 사람들이었다. 이들의 시민적 조건은 모든 권리와 의무에 있어 러시아 납세자의 조건과 동일했다. "유목 이종족"에 해당되는 대상은 부랴트족, 야쿠트족, 에벤크족과 같은 수가 많은 이종족들로, 반(半) 정착생활 양식을 영위하고 목축과 부분적으로는 농사에 종사했다. 이 신분은 권리 면에서 국가농민과 동등했고, 선출직에 의한 행정이라는 요소가 도입이 되었는데, 여기에서 결정적 역할을 했던 것은 부족 지배층이었다. 그리고 마지막으로, "유랑 이종족"에는 사회적인 측면에서 볼 때 동북최극단지역에서 가장 덜 발달한 원주민들(코랴크족, 유카기르족, 캄차달족, 알류트족, 축치족, 오로치족 등등)이 들어갔다. 이들의 운명은 전적으로 부족 지배층인 현지 "부족장"들의 손에 맡겨졌다. 이들과 관련해서는 예전부터 형성되어 있던 차르 행정부와 부족 최고위층 사이의 상호협력체제가 유지되었다.

《규약》에는 특히 "이종족"들의 생산경제적 이익들, 그 중에서도 토지에 대한 권리를 보호하는 방안이 명기되어 있어서, 이들이 보유하고 있는 토지를 승인해 주었고, 매매를 허용했으며, 납세의무자 1인당 야사크, 징수금, 부역 이행의 양을 규정했다. 《규약》에 의거해 만들어진 "유목 이종족"의 이종족 자치기구와 씨족 행정관서는 20세기 초까지 유지되었다.

주지할 필요가 있는 것은, 이러한 시베리아 행정개혁이 가지고 있던 진보적 성격이 제한적이었다는 사실이다. 이 개혁으로 변방지역의 원주종족들은 일정한 조건 속에서는 과거에 자신들이 가지고 있었던 것보다 훨씬 고등한 절차를 가지고 있는 권력 관계 구조에 포함되었지만, 개혁 수행 과정 자체는 충분한 정도로 연속적이거나 구체적이지 않았다. 그 이유는 당시에는 중앙 당국과 지방 당국 사이의 상호관계와 관련된 법적 토대가 부재했기 때문이었다. 1822년《규약》은 원주민 업무와 관련된 행정을 어느 정도 체계화했지만, 동시에 차르 정부는 부족 지배층의 특권을 보존해주었을 뿐만 아니라 그들의 권력을 더욱 강화시켜 주었다.

앞에서 지적한 것처럼, 행정개편과 더불어 토착민 과세에 있어 얼마간의 진척도 있었다.

《규약》은 사냥의 결과와 상품관계의 발전 정도에 따라 한 종류의 세금용 물품을 다른 종류의 세금 물품 대신 낼 수 있도록 보장해주었다. 모피의 자유로운 거래에 가해진 규제가 해제되었으며, "시기와 상관 없이 모든 비축물과 상품에 대한 …… 자유로운 거래"가 승인되었다. 하지만 이를 악용하는 일은 여전히 계속되었다. 토착민에게는 이중의 부담이 지워졌는데, 국가에 내는 세금과 지역당국에 바쳐야 하는 뇌물이 그것이었다. 여기서 강조할 필요가 있는 것은 극동지역의 토착민은 일반적으로 약탈적 형태의 생산경제에 종사했다는 사실이다. 그들은 노동 생산물을 공동으로 소유했는데, 획득되는 생산물의 양은 사용하는 노동 도구에 달려 있었고 소비관념, 즉 관습에 따라 결정되었다.

19세기 중엽에 러시아는 자본주의적 발전 노선에 들어섰다. 이제 극동지역 토착민의 운명은 러시아 주민과 보다 더 긴밀하게 얽히게 되었다. 국경이 최종적으로 획정되었고, 동부지역들은 러시아 영토에 포함되었다. 원주민 분포에서 변화가 나타나게 된 것은 러시아인 이주자가 유입되기 시작한 것과 관련이 있다. 이 시기에 프리모리예 남부에서는 중국계 주민과 조선계 주민이 증가하고 있었는데, 이들은 주로 농민과 수공업자였다. 씨족은 토착민에게 더 이상 이전과 같은 역할을 제공하지 못했다. 소가족으로의 해체 과정이 강화되면서, 이것이 주요한 생산경제단위가 되었다. 러시아 이주자의 유럽 러시아로부터 프리모리예와 프리아무리예로의 이동, 같은 시기 만주와 중국에서 오는 계절노동자의 침습 등으로 인해 토착민은 방해 받지 않고 전통적인 생산활동을 할 수 있는 인적 없는 타이가 지역으로 물러날 수밖에 없게 되었다. V. K. 아르세니예프가 지적한 바에 따르면, 곤궁기에 러시아인 부락들과 산업시설들에서 가까운 곳에 살았던 우데게이족과 오로치족이 멀리 떨어져 살았던 이들에 비해 여건이 훨씬 더 좋았다.

토착민과 중국인 계절노동자 사이에는 복잡한 관계가 맺어졌다. V. K. 아르세니예프는 비킨강과 이만(Иман)강 유역에서 행상무역을 하던 중국 상인의 움직임이 가지는 특징에 대해 기술하면서, 중국인은 우데게이족이 자신들의 전횡에 대해 러시아 당국에 고소했다는 이유만으로 이들을 약탈하고 죽이는 명백한 강도들이라고 기술했다. 이 연구자의 주장에 따르면, 토착민은 "진정으로 중국인을 증오하고 러시아인과 가깝게 지내는 것을 보다 더 선호한다."

이반 파블로비치 나다로프(Иван Павлович Надаров) 총참모부 중령은 블라디보스토크군무지사(軍務知事)에게 배속된 행정청장으로 임명된 후, 1880년에 세베르노-우수리 변경지역과 유쥬노-우수리 변경지역(Южно-Уссурийский край)에서 조사가 미진한 타이가 지역을 탐사했다. 탐사 기간에 나나이족과 우데게이족의 어민부락과 수렵민부락을 찾아가 많은 수의 원주종족민들을 탐문했다. I. P. 나다로프(И. П. Надаров) 또한 자신의 출판물들에서 중국 상인과 장사꾼의 토착민 착취를 보여주고 있으며, 중국인들이 순박하고 무지한 우데게이족과 나나이족에게 빚을 지우는 교활함을 선명하게 묘사했다.

종족 고유의 생산활동에는 많은 변화가 일어났으며, 새로운 종류의 생산경제 운용 방식을 습득하게 되었다. 경작, 채소재배, 목축에서 보다 많은 발전이 이루어졌고, 이윤을 목적으로 하는 전통산업과 수공업의 비중이 늘어났으며, 작업 도구들이 교체되었다. 어업에는 공장에서 생산하는 그물과 어망이 도입되었다. 사냥에도 변화가 나타나서, 전통적인 작업도구와 함께 화기가 보편적으로 사용되기 시작했다. 모피짐승 사냥으로 인한 생산물뿐만 아니라, 부분적으로는 고기짐승 사냥으로 인한 생산물 또한 상품가치를 가지게 되었다. 심지어 채집 생산물 – 인삼, 호두, 장과(漿果) – 도 상품이 되는 등 원주민 경제에서, 특히 극동지역 남부에서 상품 생산이 지속적으로 확대되었다. 그 무엇보다도 이것은 이미 시장과 긴밀한 관계가 형성되어 있었던 수렵에서 가장 먼저 나타났다.

많은 무역회사들이 극동지역 종족들로부터 모피를 대량으로 구매했는데, 이 중에는 외국 회사도 있었다. 예를 들어, 1894년에 미국 무역상들은 축치족과 에스키모로부터 45장의 여우 모피를 구매했고, 1895년에는 118장의 모피를 사들였다. 20세기 초에 시장에 나온 모피의 80퍼센트 이상은 코랴크족이 판매한 것이었다. 이 시기에 상품 분야로 전환되고 있던 어업은 모피를 팔아 얻은 수입 덕분에 보다 생산성 높은 도구를 갖추게 되었다.

사할린과 아무르 하류지역의 토착민들 사이에서도 자본주의적 생산활동에 대한 적극적 참여가 관찰되었다. 여기서는 연어가 한창인 시기에 생선 작업을 위해 원주민을 고용하기도 했다. 니브흐족과 오로치족에게는 주로 생활용품과 식료품으로 임금을 정산했다. 오로치족은 해마다 데-카스트리(Де-Кастри)와 키지(Кизи)호수로 와서 식료품, 담배, 의복을 사갔다. 가내수공업도 상품유통 분야에 들어오게 되었다. 뼈로 만든 물건, 모피와 가죽으로 만든 의류, 신발 등이 상인에 의해 적극적으로 구매되었는데, 이것들은 구 이주민[5] 사이에서 수요가 많았다.

일부 토착민들 사이에서는 부르주아적 관계가 형성되는 조건 속에서 부족 상층부가 부족원들을 예속화시키기 위해 가부장적 씨족 전통을 최대한 활용했다. 이들은 씨족적이고 무역-고리대금적인 권력으로의 통합에 성공했고, 다양한 형태의 시장지향적 업체들을 운영했으며, 특별한 종족적 색채를 띠는 "상업자본권력"을 만들어 냈다.

그런데 극동지역 종족들의 생산경제가 자본주의적 생산 세계로 진입하는 것은 극히 느리게 진행되었다. 그럼에도 불구하고 캄차카의 최북단 지역에서조차 강 하구들에서 상업적 어업활동들이 조직되기 시작했다. 원주민의 생활과 관련해서 언급해야만 할 것은, 축치족, 코랴크족 그리고 그 밖의 이종족들 사이에서 소득상의 분화가 눈에 띠게 심해졌다는 점이다. 프리아무리예군정지사 행정청에서 발간한 1915년도 『프리아무리예 변경지역 이종족에 대한 기록(Записка об инородцах Приамурского края)』에 언급된 바에 따르면, 예를 들어 캄차카 코랴크족은 생산경제당 평균 20~30마리의 순록을 소유하고 있었는데,

---

5　'구 이주민(старожильческое население = старожилы)'은 식민 개척 초기에 시베리아와 극동지역으로 이주한 러시아인들과 이들의 후손을 가리키는 명칭이다. 초기 러시아 이주민들은 시베리아와 극동지역에 거주하고 있는 원주민 여자들과 결혼을 하는 경우가 많았기에, 그 후손들은 혼혈이 많다.

이 시기에 몇몇 가족들은 1,500마리의 순록을 소유하고 있었다. 그리고 기쥐긴스크군(Гижигинский уезд)에 살고 있던 코랴크족 한 명은 12,000마리에 이르는 순록 떼를 소유하고 있었다.

　재산에 따른 분화와 모든 다양한 형태의 자본주의적 특징들이 원주민의 삶 속으로 점차 강하게 스며들어 갔음에도 불구하고, 여러 다양한 사회 계층들 사이의 상호관계에는 가부장적인 이데올로기의 흔적이 짙게 남아있었다. 부자와 빈자는 대립되는 개념이 아니었다. 지배층과 샤먼은, 부자와 빈자는 동일한 씨족과 부족에 속한 동일한 사람들이고 부자는 자신의 조력자인 빈자를 보호하는 사람이라고 부족민들에게 가르쳤다. 씨족적 상호관계의 형태는 부자, 즉 "부족장들"과 샤먼들의 경제적이고 사상적인 작용 덕분에 충돌로 진전되지는 않았다.

　지적해야 할 것은, 앞에서 언급한 것은 주로 유목 및 유랑 종족들과 관련된 내용이라는 점이다. 정주성을 가지게 된 소수의 종족들은 보다 높은 발전단계에 있었으며, 자신의 위치를 보다 정확하게 인식하고 있었다. 앞에서 언급한 것처럼, 이들 중 다수는 자본주의적인 목재산업과 어업에 종사했다.

　생산경제활동 분야의 확대, 작업 도구의 개선으로 인한 사냥물과 어획물의 증가로 원주종족들의 삶이 향상될 것으로 여겨졌었다. 그런데 이주민의 수가 증가하고 물품 판매의 필요성이 커지면서 자연자원의 남용과 토착민의 전통적인 자연이용 방식은 불가피하게 훼손되었다. 캄차카에는 큰 수산회사들이 등장했다. 일본 수산업자는 러시아 해안 지역, 즉 러시아 내해로 접근할 수 있는 허가를 받아 캄차카와 오호츠크의 해안 주변 러시아 영해에서 연어류 생선을 잡는 조업활동을 강화했다. 이러한 본업 외에도 일본인 스쿠너(шхуна)[6] 선주들은 식

6　'스쿠너(шхуна)'는 2개 이상의 돛을 가지고 있는 범선의 일종이다.

료품과 물건을 생선과 교환하기도 했는데, 이때 식료품과 물건의 값을 다른 상인들보다 훨씬 싸게 제시했다. 생필품은 다음 번 어획물을 담보로 제공되기도 했다. 채무를 청산할 때 일본인들은 송어 한 마리당 1코페이카로 값을 매겼다. 빚을 청산하느라 토착민들에게는 생선이 남지 않는 일이 자주 발생했으며, 겨울이 오면 어쩔 수 없이 동일한 일본인들에게서 염장한 송어를 마리 당 10코페이카에 게다가 또다시 돈이 없었기에 외상으로 사는 일이 적지 않게 발생했다. 미국 포경업자들은 추콧카 연안에서 집약적으로 고래 사냥을 했다. 외국인 업자들에 의해 어류와 바다짐승이 남획됨으로써 원주민의 생존 자체가 위협을 받게 되었다. 토착민이 전통적으로 생산경제 운용을 하던 곳으로부터 그 자신들의 구축(驅逐), 늘 성공적이지만은 않았던 생산활동, 매점매석자들에게 갚아야 할 빚, 그리고 또한 의료 지원의 부재, 비위생적인 생활 환경 등으로 인해서 20세기 초에 원주민 사이에서는 전염병과 기아가 발생하게 되었다.

기아에 대한 보고가 1886년, 1890년, 1910년에 추콧카로부터 들어왔다. 1903~1904년에 베르흐네콜리마 유카기르족(верхнеколым-ские юкагиры)이 살던 곳에서도 극심한 기아가 발생했다. 이 당시에 많은 대표적인 러시아 인텔리겐치야[지식인]들이 토착민의 비참한 상황에 대해 언급했다.

N. 노봄베르그스키(Н. Новомбергский)는 사할린에 대해 다음과 같이 기록하고 있다.

"이종족은 격감하고 있고, 이들이 가지고 있던 어장들은 이주민에게 강탈되었으며, 사냥터는 훼손되었는데, 이 과정에서 매 단계마다 보드카와 착취가 있었다."

골드족(나나이족) 연구자인 종족학자 I. A. 로파틴(И. А. Лопатин)
은 다음과 같이 적고 있다.

"골드족이 빠른 속도로 사라지고 있다. 만일 상황이 바뀌지 않
는다면 수십 년 후에 골드족은 남지 않게 될 것이다."

V. K. 아르세니예프는 아무르 변경지역에서 이종족이 급감하게 된 근
본적인 원인에 대해 이야기했다. 임페라토르스카야가반(Император-
ская Гавань) 지역에 거주하는 오로치족 사이에서 사망률이 지속적으
로 높게 유지되는 것에 큰 충격을 받은 그는 다음과 같이 지적했다.

"아무르 이종족들이 발전에 부적합하다고 말하는 것은 커다란
거짓말이다. 이들은 버려졌고, 잊혀졌기에, 더 분명하게 말하면 경
제적으로 노예화되어 버렸기에, 바로 이러한 이유로 인해 발전하지
못하고 있는 것이다! 정신적으로나 경제적으로 노예화 되어버린 모
든 종족은 진보하지 못할뿐만 아니라, 그 반대로 나아가 그 속에서
퇴보가 나타나 빠르게 소멸하게 된다."

V. K. 아르세니예프의 이 같은 발언은 식민주의 사상이 만연하는 과정
에서 나타난 원주민의 열등함, 비역사적 존재가 이들의 숙명이라는 것
등과 같은 창작에 대한 반박이었다.

극동지역 원주종족들의 공동체 안에서 일어나고 있던 변화들은
당시 통용되고 있던 법의 개정을 필요로 했다. 《이종족 통치 규약》
(1822)은 이제 너무나 낡은 법이 되었다. 이 규약에 기초한 행정 기구
의 씨족 중심 원칙은 이제 시대착오적인 것이 되어버렸다. 이러한 이

유로 1892년에 《이종족에 관한 규정(Положение об инородцах)》
이 새로이 비준되었으며, 이에 준해서 경찰관서나 읍사무소에 소속된
촌장관리부서가 설립되었다. 그러나 극동지역 이종족들의 민감한 문
제들이 줄어들지는 않았다. 1916년에 『프리아무르스키예 베도모스티
(Приамурские ведомости)[프리아무리예 통보]』신문에는 《이종족
들과 그들에 대한 통치에 대하여(Об инородцах, их управлении)》
라는 제목으로 연속해서 기사들이 실렸다. 프리아무리예군정지사 산
하의 특명관리인 V. V. 솔랴르스키(В. В. Солярский)는 다음과 같이
적고 있다.

> "씨족이 붕괴되면서 씨족행정부서는 이종족들의 생활과 밀접하
> 게 연결되어 있던 이전의 본질적인 관계를 상실해가고 있을 뿐만
> 아니라, 이제는 이들의 삶에 커다란 불편을 가져다 주는 짐이 되어
> 가고 있으며, 그럼으로써 이종족들 사이에서 나타나고 있는 새로운
> 생활양식들과 정면으로 대치되고 있다."

내무성은 《프리아무리예 변경지역 이종족 통치 규정(Положение об
управлении инородцами Приамурского края)》의 기안을 만들
것을 제안했다. V. V. 솔랴르스키가 1916년에 작성한 기안에는 근본
이념이 여러가지 담겨 있었다. 이에 따르면, 프리아무리예와 프리모리
예에 거주하고 있는 원주종족들 중 상당수는 농촌 농민과 동일해지게
되었다. 이에 따라, 유효기간이 1년 미만인 여권만을 발급받을 수 있
으며 그 갱신은 이종족공동체와 그 지도부의 동의를 통해 가능했던 이
종족 여권 규정과 그 밖의 많은 제약들이 폐지되었다. 아울러 자신이
등록되어 있던 공동체의 결정에 대한 토착민의 종속성이 제거되었으

며, 이들이 다른 곳에서 돈벌이하는 것을 어렵게 했던 제한들도 폐지되었다. 이종족들에게는 최초로 공직에 나올 수 있는 권리가 부여되었는데, 사실 이것은 정착 종족들에게만 적용된 권리였다. 다른 신분들에 포함되게 된 이종족들은 해당 신분들의 권리를 누릴 수 있다는 것이 확증 되었다.

경제적(생산경제적) 문제들을 해결하는데 있어 법안은 다음과 같은 원칙에 입각해 있었다: 오랜 시간 동안 토착민들이 살아온 토지들은 모두 "국유재산에 포함되"고, 이종족들에게는 "영구적인 공동 사용권"이 부여된다. 하지만 예외규정도 명시되었다. 이주민에게 토지를 분여하기 위해 이종족이 개간한 가경지(可耕地) 중 일부를 수취할 필요가 있다고 판단되는 경우 군정지사는 이를 집행할 권한을 가졌는데, 정확하게는 이 경우 이종족에게는 토지 수취에 대한 특별 보상으로 계획된 다른 토지를 받을 권리가 주어졌다. 법안은 1915년에 N. L. 곤다티(Н. Л. Гондатти) 프리아무리예군정지사가 인준한 규정을 확증해 주었는데, 이 규정에 따르면 이종족 공동체들은 특별한 조치가 있기 전까지는 자신들이 위치해 있던 강들에서 무상으로 어로에 종사할 수 있는 권리를 부여받았다. 프리아무리예 변경지역 이종족 통치 규정안은 토착민이 간섭받지 않고 무상으로 사냥과 어업에 종사할 수 있도록 규정함으로써, 토착민의 자연경제적 생활방식이 극동지역에서 빠르게 발전하고 있었던 시장에 "유연하게" 적응할 수 있도록 해주는 역할을 일정정도 했다.

이와 더불어 국가의 주요 이익을 보장해줄 일련의 규제와 금지 조치도 도입되었다. 이것은 담비, 물개, 해달 사냥에 관한 것이었다. 부역·납세 의무에 관한 규정에서도 중요한 사항들이 개정되었다. 토착민이 법적으로 농민과 동일한 지위를 갖게 되면서 야사크 징수가 사라졌고, 이와 함께 납세상호보증제도와 인두세 원칙도 소멸되었다. 토착민의 현물 부역들 중에서는 운송 부역이 특히 부담스러운 것이었다. (1912년 12월) 군정지사령에 따라 예심판사, 군(郡) 경찰 및 지방우체국 관리가 공무 수행으로 다니기 위한 운송 비용은 국고로 보상하게 되었다. 법안에 따르면 토착민은 젬스트보자치단체의 현물 부역들을 젬스트보자치단체 부역에 관한 규약에 명시된 규정에 따라서만 담당하면 되었다. 공동체의 개별구성원들 사이에서 부역을 분담하는 것은 촌회(村會)에서 결정되었다. 프리아무리예 변경지역 이종족 통치 규정안은 N. L. 곤다티 군정지사의 직접적인 참여하에 작성되었는데, 여기에는 당시 러시아에서 지배적이었던 사회경제적이고 정치적인 원칙들이 반영되어 있었다. 법안은 전반적으로 민주적인 방향성을 띠고 있었으며, 당시까지도 유지되고 있던 극동지역 원주민의 종족적 특성들은 고려되지 않았다.

계획에 따른 문명화의 진전이라는 조건에도 불구하고 토착민은 여전히 극도로 힘든 상황에 처해있었다. 이들은 이중, 삼중으로 착취되고 있었다. 이들은 러시아의 차르와 관리, 상인, 상공업자, 기존 엘리트와 신흥 엘리트, 러시아 극동지역 경제에 적극적으로 진출하고 있던 외국자본에 의해 착취되고 있었다. 현재 연구자들이 지적하는 바에 따르면, 19세기 후반에 관리들은 토착민과의 상호관계에 있어 보다 온건한 방법을 사용하려고 애썼다. 이들은 토착민이 조달하는 모피의 양을 늘리기 위해 사냥꾼에서 더 좋은 작업도구(총, 그물, 덫, 화약)를 제공하면서 모피 조달 할당량을 설정했다. 이렇게 함으로써 관리들은 전통적 생활방식을 깨지 않았으며, 일정한 정도로는 토착민과 자연 사이의 친화적인 상호작용을 촉진하기도 했다. 이와는 달리, 국가정책을 제외하면 토착민은 특정한 관리들과 주민 집단들이 운영하는 "사적 업체들"과 충돌했으며, 이로 인해 토착민은 직접적인 폭행에서부터 여러가지 형태의 착취에 이르는 다양한 문제들로 인해, 특히 거주환경 파괴로 인해 고통받았다.

정부는 전통적인 생활방식의 파괴 및 문명과의 접촉에 따른 결과들(전염병, 기아, 알콜중독)과 관련하여 토착민에 대한 정부의 책임을 인정했으며, 이에 따라 소수종족 주거지역으로 의사를 파견했고 기근이 발생하면 국영곡물상점을 개설했으며 토착민에 대한 보드카 판매를 금지하는 등 상황을 완화하기 위한 몇몇 방안들을 마련했다. N. I. 그로데코프(Н. И. Гродеков) 프리아무리예군정지사는 중부아시아(Средняя Азия)[7] 토착민과 교류한 경험이 풍부했기에, 극동지역 원주민이 겪는 문제를 시야에서 놓치지 않았다. 군정지사는 심각한 눈병인 트라코마가 이종족 마을들에서 폭발적으로 유행하게 된 이유를 밝혀낸 후, 페테르부르크로부터 불러온 이동의료대를 통해 많은 토착민이 이 병에서 완치될 수 있도록 도왔다. 아무르강 유역에서의 어업조정안을 만들 때에도 N. I. 그로데코프 군정지사는 원주민의 이익이 축소되는 것에 대해 염려했다. 그의 견해에 따르면, 이들은 "언제 어디서나 무엇을 가지고서든 해왔던" 어로를 할 수 있었다. 그로데코프는 토

---

7   러시아에서 중앙아시아 지역을 부르는 명칭은 두 가지가 있다. 하나는 제정 러시아 시기 이래로 사용해 오고 있는 전통적 명칭인 'Средняя Азия'이고, 다른 하나는 소련 해체 이후 새로 독립한 이 지역 국가들을 중심으로 적극적으로 사용되고 있는 'Центральная Азия'이다. 이 두 명칭은 포괄하는 공간적 범주도 달라서, 'Средняя Азия'는 현재의 우즈베키스탄, 키르기즈공화국, 타지키스탄, 투르크메니스탄과 대략적으로 겹치는 지역을, 'Центральная Азия'는 이 4개국에 카자흐스탄을 더한 지역을 가리키는 명칭이다. 현재 이 두 명칭은 이러한 내용적 차이를 내포한 채 병존해서 사용되고 있으며, 따라서 구분해서 번역할 필요가 있다. 이러한 필요에 따라 이 책에서는 'Средняя Азия'는 '중부아시아'로, 'Центральная Азия'는 '중앙아시아'로 번역했다.

착민의 내부 생활에 대해서는 불간섭정책을 견지했으며, 이들이 독립적으로 존재해 온 천 년의 역사 동안 형성된 관습과 질서를 존중했다. 토착민에게서 보이는 호의적 태도, 개방성, 진정성과 같은 가치들은 군정지사에게 감명을 주었다. 군정지사는 변경지역의 자연자원을 조사하는 연구자에게 협조한 마을과 부락의 모든 책임자들에게 적극적으로 포상을 내렸다.

1903년에 하바롭스크에서 D. I. 숩보티치(Д. И. Субботич) 프리아무리예군정지사가 소집한 대회가 열렸는데, 여기에서는 퉁구스족, 니브흐족, 오로치족, 우데게이족을 비롯한 극동지역의 다른 많은 토착민들의 현황에 대한 특별보고들이 발표되었다. 보고들에서는 이들 종족들의 사멸 과정을 저지하고 이들에 대한 상인과 장사꾼의 억압과 착취를 근절하기 위해서는 원주민들 사이에서 교육, 그리스도교, 식량창고체계, 의료지원 등의 확대가 필수불가결하다는 것이 언급되었다. 대회 참석자들 중에서 진보적 성향을 띠는 이들의 개별 발표들에서는 "이종족들이 상위 문화와 접촉하는 시점에 어떤 경제적이고 법적인 상황에 놓이게 되는지"를 고려해야 한다고 제안되었다.

변경지역 단체들의 대표자들 중에서 진보적인 인사들은 원주민의 상황이 개선되기를 진심으로 바라는 마음에서 토착 주민의 생활과 관습을 부단히 연구했다. 몇몇 관리들(예를 들어, 아나듸리지구(Ана-дырская округа)[8]의 책임자로 있던 시기의 N. L. 곤다티)은 현지 종족들을 치료해주고, 그들의 언어와 문화를 배웠으며, 아이들을 가르쳤다. 토착민들은 러시아 정교회의 선교활동 대상이었는데, 그 결과 이

---

8 '아나듸리지구(Анадырская округа)'는 현 축치자치구의 제정 러시아 시기 행정구역으로, 축치자치구 면적의 2/3정도 크기였다.

들은 러시아의 종교문화뿐만 아니라 문화생활도 접하게 되었다. I. P. 나다로프의 신념에 따라 선교사들은 소수종족들을 정주생활과 농경생활로 이끌어야만 했으며, 이들 모두가 러시아 차르의 신민이라는 점을 한 명도 예외 없이 받아들이도록 설득해야만 했다.

선교사업은 러시아 정교회 활동의 주요 분야들 중 하나로서, 정교회 확장을 촉진시켰을 뿐만 아니라, 극동지역이라는 난관을 극복하며 끈기있게 개척한 곳이 러시아인 소유로 남아 있도록 하기위해 할 수 있는 모든 일을 했다. 1870년 12월에 설립된 아무르선교단(Амурская духовная миссия)은 베르흐네-아무르(верхне-амурский)선교팀 혹은 만주인선교팀, 스레드네-아무르(средне-амурский)선교팀 혹은 골드선교팀, 니쥬네-아무르(нижне-амурский)선교팀 혹은 길랴크선교팀, 유쥬노-우수리(южно-уссурийский)선교팀 혹은 조선선교팀으로 구성되었다. 이 선교단에는 또한 아무르강으로 흐르는 하천들을 따라 유목하는 이종족을 대상으로 사역하는 두 개의 퉁구스순회선교팀들도 소속되어 있었다.

고아시아계와 퉁구스·만주계 현지 종족들의 생산경제, 관습, 예식, 풍습, 특히 언어 상의 특징에 대한 지식이 없었기에 초반에는 포교 활동이 항상 순탄하게 진행되지는 않았다. 게다가 선교사는 토착민들 사이에서 선교사로서의 일과 교구사제로서의 직무를 동시에 수행했는데, 이 교구 의무로 인해 토착민들이 집에 있을 때 이들을 방문하지 못했다. 예들 들어, 골드족은 생산경제활동의 특성에 있어 반유랑생활을 하는 종족이었기에 자신들의 영구정주지역에 항상 있는 것은 아니었다. 부락을 방문할 때 사제-선교사는 통역의 도움을 받으며, 적지 않은 경우에는 수행하는 부락농민들(촌장, 서기) 중 한명이 참석한 가운데 그리스도교가 이교에 비해 가지는 탁월성, 다가오는 그리스도교 명

절, 삶의 중요한 문제들 등에 대해 토착민들과 이야기를 나누었다. 부
락에서 선교사는 짧은 기도를 하기도 하고 세례를 베풀거나 앞서 죽은
고인에 대한 추도식을 집전했다. 여기에서는 또한 다양한 논쟁과 말씨
름이 허용되었으며, 조언을 해주었고, 선교사의 권한 밖에 있는 요청
들은 기록해 두었다. 선교사는 나중에 그런 요청들을 해당 부서에 전
달해주었다. 선교사가 특정한 의료구호를 제공하는 것도 드문 일이 아
니었다. 이것은 의약품 배급과 같은 것으로, 이를 위해 특별한 약품 상
자를 소지했으며 심지어 종두접종도 했다. 아무르 토착민들 사이에서
행해진 최초의 종두접종은 1895년에 사제-선교사들에 의해 이루어졌
다. 이 모든 것들은 토인을 이교에 묶어두려고 하는 샤먼에게 도움이
필요한 이들이 찾아가지 못하도록 하는데 목적을 둔 것이었다.

　그리스도교 확산과 함께 정교선교사들은 아이들을 위해 선교구학
교를 세웠는데, 이곳들은 정교회와 교회 산하 정교선교회가 재정을 지
원했다. 선교사들은 학교를 현지인들의 "…… 종교적이고 도덕적인 생
활 수준을 끌어올리는" 방법들 중 하나로 생각했다. 최초의 선교구학
교들이 18세기에 캄차카에서 등장했다. 이 학교들에서는 캄차달족, 코
랴크족의 아이들이 교육을 받았으며, 얼마 후에는 아무르와 유쥬노-
우수리 변경지역에도 학교들이 세워졌다. 1856년에 신성종무원(Свя-
тейший синод)은 아무르 변경지역의 이종족들에게 공개적으로 그리
스도교 복음을 전하기로 결정했다. 그런데 캄차카선교단(Камчатская
духовная миссия)의 보고서에 지적되어 있는 것처럼, 골드족은 아이
를 잠시라도 놓아주기를 원하지 않아서 선교구학교에 적극적으로 보
내지 않았다. 이것은 나나이족과 니브흐족 가정에서 아이들의 일손을
많이 필요로 했다는 것과 상당부분 관련이 있다. 봄과 가을에는 어로
철이 도래하는데, 이때에는 언제나 일손이 추가적으로 필요했다. 한

학년 동안 학교에 다니는 일수가 적었음에도 불구하고, 아이들은 러시아어를 배웠고, 러시아의 전통적인 생산경제와 생활양식을 배웠으며, 러시아 문화를 접했다.

20세기 초에 블라고베셴스크주교관구(Благовещенская епархия) 내에는 15개의 선교구학교가 있었다. 주교관구는 이 학교들에서 현지인 출신의 교사가 러시아인과 동등하게 가르칠 수 있도록 하는데 관심을 기울였다. 이를 위해 블라고베셴스크선교단(Благовещенская миссия)은 자체 예산을 들여 매년 블라고베셴스크신학교(Благовещенская духовная семинария)와 신학전문학교(Духовное училище)에서 선교구학교 졸업생들 중에서 재능있는 이들을 가르쳤으며, 그 이후 이들을 선교팀에서 일하도록 보냈다.

연구자들의 평가에 따르면, 극동지역 토착종족들의 그리스도교화는 기복이 심했다. 이것은 1870~1880년대에 활발하게 진행되었으며, 이후에는 1890년대와 20세기 초에 활발히 진행되었다. 그러나 에벤크족만은 남달라서, 그리스도교에 대한 헌신에 있어 다른 모습을 보였다. 다른 원주종족들은 처음에는 그리스도교를 거의 받아들이지 않았다. 세례를 받은 나나이족의 다수가 성직자들이 교회를 방문하는 경우에는 십자가를 목에 걸고 있었지만, 이들은 대체로 호기심에 교회를 다니는 것이었다. 오로치족은 형식적으로는 세례를 받고 러시아식 이름을 받았으나, 그리스도교 의례가 거의 일상화 되지 않아서 단지 사제가 있을 때만 이를 행했다. 애니미즘 신앙, 애니미즘에 기초를 두고 있는 샤먼 숭배와 영물 숭배, 가족의례가 확고하게 자리잡고 있는 것처럼 보이지만, 다른 경우들에서는 이것이 그리스도교 의례와 병행되거나 서로 다른 의례들이 부분적으로 차용되었다. 예를 들어, 20세기 초에 골드족은 러시아 전통의 영향을 받아 자신의 아기에게 세례를 주는 것에 대한 거부감이 없었으며, 전통 혼례보다 더 견고한 의례라고 여겨 정교 성당에서 결혼성사 예식을 올리기도 했다.

나나이족의 삶과 생활양식에 대한 연구자로 널리 알려진 I. A. 로파틴(И. А. Лопатин)은 기록하길,

> "골드족(나나이족)은 점차적으로 러시아 문화에 통합되어서, 건전하고 자연스러운 동화가 진행될 것이며, 몇 세대가 지나면 골드족 혈통은 러시아인 혈통이라는 대양에 녹아들어가 골드 종족의 육체적이고 정신적인 본질의 고유한 색채를 아무르의 루스키(Русский)[9] 식민개척자들의 특성에 더해주게 될 것이다."

이런 방식으로 원주종족들의 문화와 러시아의 오래된 정교문화가 유사해져 가는 경향이 나타나기 시작했으며, 극동지역, 특히 극동지역 남부의 토착종족들은 이주민들과 긴밀하게 교류했다.

토착민이 러시아 농민 및 카자크와 가진 다양한 형태의 접촉들은 삶의 다양한 양상들 속에서 이들의 생활에 반영되어서, 이들의 전통문화 속에서 전통은 물론이고 새로운 현상까지 발전시키고 풍성하게 만들어 주었다.

극동지역 토착민 인구에 대한 정보는 1860~1890년대의 개략적 조

---

9 '루스키(Русский)'는 현 러시아 연방 인구에서 다수를 구성하고 있는 슬라브계 러시아인을 가리키는 명칭으로, 국내에서는 '러시아인'으로 번역되고 있다. 그러나 '러시아인'이라는 용어는 러시아 국가의 구성원이라는 의미 또한 가지고 있기에, 이 책에서는 우크라이나인, 벨라루시인과 구분되는 존재로서 러시아 지역에 거주해 오고 있는 슬라브계 민족(이른바 '대러시아인')이라는 점을 드러낼 필요가 있을 경우에는 '루스키'라고 음가를 표기해서 사용했다.

사든 1897년과 1915년의 인구조사든 모두 대략적인 수치에 불과하다. 이것은 유목민, 유랑민, 반유목민을 계수하는 것이 매우 어렵기 때문이다. 이 점에 대해서는 주지사들의 보고서들에서 수 차례에 걸쳐 언급하고 있는데, 여기에서 지적한 바에 따르면 이종족에 대한 정보는 수집이 불가능한데, 그것은 한편으로는 생활 양식, 출생자 수와 사망자 수에 대한 정보를 제공하는 것에 이들이 저항감을 가지고 있기 때문이고, 다른 한편으로는 젬스트보자치단체의 치안담당자들이 광활한 영역에 흩어져 있는 유목 이종족들을 다 조사할 수 없기 때문이다.

성장(省長)들의 보고서들에는 원주민의 종족구성이 매우 부정확하게 파악되어 있어서, 그 안에 들어있는 수치들도 아마 실제로 진행된 과정들의 전반적인 흐름을 보여줄 수 있는 상태가 아닐 것이다. 이런 일이 발생한 것은 보고서든 인구조사자료든 해당 지역에서 우세한 종족을 기준으로 원주민이나 지역의 종족적 구성을 파악했기 때문이다. 예를 들어, 우트군에는 길랴크족이 압도적으로 많이 살고 있었지만, 골드족 또한 얼마간 존재했다. 보고서들을 통해 얻을 수 있는 것은, 우트군에는 오직 길랴크족만 살고, 하바롭스크군(Хабаровский уезд)에는 오직 골드족(나트카족)만 살며, 유쥬노-우수리군(Южно-Уссу-рийский уезд)에는 오로치족만 산다는 것이다.

주민의 종족구성 계수에서 보이는 이러한 방법론상의 오류들과 명백한 불완전성을 고려한다는 조건 하에, 다음과 같이 극동지역 원주종족들의 인구수 변화 추이를 관찰할 수 있다. 1860년대 말까지 극동지역 남부에서 토착민 수는 이 변경지역에 대한 러시아의 공격적인 식민이주, 중국인-조선인의 유입, 천연두와 콜레라와 같은 전염병 등으로 인해 (상시적 정주민에 대비해 볼 때) 75퍼센트에서 15.2퍼센트로 감소했다. 그러나 주로 변경지역이 러시아의 일부로 통합된 이후 이 지역에 거주했던 원주민 수가 급격히 감소하는 현상은 19세기 말로 가면서 종식되었다. 다만 이때 러시아 당국이 현지주민의 상황을 개선하기 위해 많은 일을 했는지에 대해서는 확증할 수 없다.

오늘날 연구자들의 견해에 따르면, 20세기 초까지 러시아에서는 이종족의 소멸이 일어나지 않았다. 야쿠트족, 부랴트족 그리고 몇몇 다른 종족들과 같이 수적인 면에서 규모가 큰 종족들은 소소한 정도의 증가를 보였으며, 다만 캄차카와 동북부지역에 있는 고립된 지역들에서만 캄차달족, 유카기르족, 정주 축치족, 길랴크족의 숫적 감소가 관찰되었다. 1897년부터 1911년 사이에 유카기르족의 수는 754명에서 723명으로, 캄차달족의 수는 2,805명에서 2,182명으로, 길랴크족의 수는 4,649명에서 4,298명으로 감소했다. 예를 들어, 축치족이 감소한 주요 원인은 바다짐승 수의 감소때문이었는데, 많은 지역에서 고래와 바다코끼리가 멸종했다. 당대인들은 이러한 현상을 가져온 원인제공자를 미국인이라고 생각했는데, 미국인은 러시아 해안 지역에서 통제받지 않은채 주인노릇을 하면서 고래와 바다코끼리를 대량으로 몰살했으며, 살아남은 것들이 겁을 집어 먹게 함으로써 덩치 큰 동물 사냥을 매우 어렵게 만들었다. 러시아 농민과 접촉을 유지하고 있던 토착민의 생활여건은 악화되지 않았으며, 앞에서 살펴본 것처럼, 이 과정에서 토착민은 농경(주로 채소재배)과 축산에 익숙해지게 되었는데, 당연하게도 이것은 이들에게 긍정적인 영향을 미쳤다. 토착민 아이들의 교육을 위한 학교 건립과 (니콜라옙스크지구(Николаевский округ)에서 진행된 것과 같이) 이주해 온 중국인의 횡포로부터 토착민을 보호하는 일은 의심의 여지 없이 토착민에게 유익한 것이었다.

20세기 초에 소수종족들의 정신문화는 부족적 단계에 머물러 있었다. 1913년에 추콧카에는 3개의 초등학교에서 36명의 아이들이 공부

를 하고 있었다. 소수종족들은 자신의 문자, 그리고 당연하게도 기록
문헌을 가지고 있지 않았다. 코랴크족의 예와 같이, 그런 종족들 중 몇
몇은 종족 전체가 문맹이었다. 심지어 부랴트족과 같이 문화 분야에서
큰 성취를 이룬 비교적 발달한 종족도 종합적으로 볼 때 이 문제와 관
련해서는 자부심을 가질 만한 근거가 없었다. 1916년에 부랴트인 중
에서 교원학교를 마친 사람은 단지 42명에 불과했다. 자바이칼리예도
에 있던 초등학교들에서는 부랴트 아이들 전체 중에서 5~6퍼센트만
이 교육을 받았다. 문맹과 경제적이고 문화적인 후진성이 모든 부문에
서 감지되었다.

결론적으로, 두 세기 이상에 걸친 시간 동안 러시아인은 극동지역
의 접근하기 어려운 영토에 정착하고 이곳을 생산경제적으로 개발하
는데 있어 중요한 진전들을 이루어내면서, 원주민에게 교육과 계몽을
제공했고, 국가의 법률 체계를 이들에게까지 확대했으며, 풍속과 신앙
의 전통을 지켜나갔다. 다만 유감스러운 것은, 이 부문에서 차르 당국
이 행한 것은 그리 많지 않았다는 점이다.

5장 극동지역에서의 국경 형성 과정: 17세기~20세기 초

시베리아와 극동지역에서 새로운 영토를 발견하고 획득해 가면서 러시아 정부는 이웃 국가들과 국경을 획정하는 문제로 충돌하게 되었다. 17세기에 러시아는 그 어느 곳 보다도 중국과 이 문제를 해결해야만 했다.

러중 국경 형성의 시작: 17세기

17세기 중반에 러시아는 프리아무리예 지역에서 중국 제국의 영역에 근접하게 되었다. V. D. 포야르코프(В. Д. Поярков) 탐사대(1643~1646)와 뒤이은 E. P. 하바로프(Е. П. Хабаров) 탐사대(1649~1653)는 아무르 지역까지 진출했으며, 이곳에서 다우르족과 듀체르족 계통의 독립 부족들과 충돌하게 되었다. E. P. 하바로프는 이 부족들을 복종시킨 후 야사크를 징수했다. 아무르강의 좌안과 우안에 알바진요새(Албазинский острог)와 쿠마라요새(Кумарский острог)가 건설되었고, 농민 슬로보다(слобода)[1]와 경작지가 나타났다. 1656년에 다우르군정관구(Даурское воеводство, 이후 알바진

---

1 '슬로보다(слобода)'의 기원은 농노 신분에서 해방된 자유인으로 이루어진 마을이었는데, 이후 도시 내에서는 자치지구를 가리키는 명칭으로 사용되었다.

군정관구로 명칭이 변경됨)가 만들어졌는데, 여기에는 상아무르와 중아무르의 양안을 따라 이어지는 계곡 지역이 포함되었다. 프리아무리예의 개척은 극동지역 식민이주 과정에 있어 중요한 의미를 가지는데, 그것은 아무르 지역의 토양이 농사에 매우 적합해서 러시아가 이 지역을 공고화하는데 있어 필수적으로 요구되었던 식량을 보장해 줄 수 있었기 때문이었다.

러시아 정부는 동방에 있는 영토를 확실하게 확보하기 위해 노력하면서 동쪽 이웃들과 공식적인 정치 관계와 경제 관계를 수립하는데 착수했다. 러시아인에 의한 최초의 공식적인 중국 방문은 1618년의 I. 페틀린(И. Петлин) 사절단에 의해 수행되었다. 이후 러시아는 긴 시간 동안 중국과의 접촉을 재개하지 않았다. 17세기 중반 이후에야 사절단들의 방문이 연이어 이루어졌다: 1654~1656년의 F. I. 바이코프(Ф. И. Байков) 사절단, 1658~1662년의 I. 페르필리예프(И. Перфильев)와 S. 아블린(С. Аблин) 대표단, 1666년의 S. 아블린 대표단, 1670년의 I. 밀로바노프(И. Милованов) 대표단, 1676~1677년의 N. G. 스파파리(Н. Г. Спафарий) 대표단. 바로 이 교류의 공백기에 중국에서는 통치 왕조의 교체가 일어났으나 러시아는 이에 대해 알지 못했다. 이처럼 중국 자체와 이 지역에서 일어나는 국제 정세에 대한 이해 부족이 청 제국과 평화로운 방법으로 관계를 수립하려는 러시아 정부의 시도를 어렵게 만들었다.

현 중국의 동북 지역에 거주하고 있던 만주족은 17세기 초에 이웃 부족들을 복속시키면서 광활한 영토를 정복했다. 그들이 갖추고 있던 군사-행정 체계인 〈깃발군〉은 사실상 지역민을 기군(旗軍)에 강압적으로 징발하는 것을 의미했다. 중국 내지를 침략하기 시작한 만주족은 1644년에 베이징에 입성했다. 그때부터 만주족 왕조인 청이 확립되었으며, 그 세력은 중국 전역으로 확장되었다. 수많은 만주족 군대가 상당 수의 주민과 함께 중국 내지로 이주하면서 드넓은 묵던평야는 황량해지게 되었다. 청 제국의 국경은 랴오둥반도에서 얼마간 더 북쪽을 지나고 있었다. 그럼에도 불구하고, 청나라는 러시아인이 프리아무리예를 획득했다는 보고를 받자, 러시아인에 의해 시작된 프리아무리예로의 식민이주 작업을 중단시키고 현지 부족들이 러시아에 종속되는 것을 막기위한 계획을 수립했다. 이 시기에 중국 정부는 해당 지역에 대한 러시아의 의도와 가능성을 잘 이해하지 못하고 있었다. 러시아의 영향력 확산을 저지하기 위해 이들은 1650년대 중반부터 아무르강 우안에 "불모지대(мёртвая зона)"[2]를 조성하기 시작했다.

17세기 하반기 내내 두 나라는 아무르강 주변지역을 자국 영토로 확보하고자 애썼다. 러시아 분견대에 대한 만주족의 체계적인 공격이 시작되어서, 1652년에는 아창요새(Ачанский острог), 1655년에는 쿠마르스크요새, 1657년에는 O. 스테파노프(O. Степанов)의 분견대가 만주족으로부터 공격을 받았다. 중국은 1670년대에 프리아무리예에서 대규모 군사행동을 시작하려 했으나 불안한 국내 정세로 중단했는데, 그것은 정복민인 만주족에 대한 중국 내지 주민의 거센 저항이 일어났기 때문이었다.[3]

그러다 이미 1681년이 되면 청나라는 제야강과 부레야강 유역의 인도를 요구했고, 1683~1684년에 진행한 군사행동으로 이 지역들을 점령했다. 1683년 이래로 주요 표적이 된 것은 알바진요새여서, 이곳

---

2   이 시기에 청나라는 봉금령(封禁令)을 내려 한족과 조선인 등 이민족의 만주지역 입경을 금지했다.

3   이때 청나라에서는 삼번의 난(三藩之亂, 1673~1681)이 일어났다.

에서는 1686년까지 간헐적으로 군사행동들이 진행되었다. 러시아 정부는 프리아무리예의 정세를 우려해서 N. 베뉴코프(Н. Венюков)와 I. 파보로프(И. Фаворов)가 이끄는 사절단을 중국으로 보냈다. 협상을 통해 알바진에 대한 포위 해제와 중국군의 철수가 합의되었다. 영토분쟁 문제를 최종적으로 해결하기 위해 1686년에 F. A. 골로빈(Ф. А. Головин) 백작이 이끄는 대표단이 전권을 부여받아 중국으로 파견되었다. 청 정부는 모든 방법을 동원해서 협상 개시를 늦췄다. 그래서 협상은 1689년 8월 12일이 되어서야 네르친스크 인근에서 시작되었다.

협상은 러시아 사절들에게 불리한 상황 속에서 진행되었다. 네르친스크는 청의 군대에 의해 포위되었다. F. A. 골로빈과 그의 수행단으로 구성된 대표단은 만주족의 우세한 무력에 의해 신체적 위해를 받을 수 있다는 위험한 상황에 처해있었다.

협상에서는 오콜리치(окольничий)[4]인 F. A. 골로빈과 스톨니크(стольник)[5]인 I. E. 블라소프(И. Е. Власов)가 러시아를 대표했다. 수어투(索額圖), 보그듸한(Богдыхан)[6]의 숙부인 둥고간(佟國綱), 알바진 주변에 주둔하고 있던 만주군 지휘관 랑탄(郞坦)이 청 조정을 대표했다. 협상의 공식 언어는 라틴어로 정해졌다. 러시아 측 통역관은 A. 벨로보츠키(А. Белобоцкий)였고, 중국 측 통역관은 예수회 선교사인 프랑스인 F. 제르비용(F. Gerbillon)과 포르투갈인 T. 페레이라(T. Pereira)였다.

4　'오콜리치(окольничий)'는 차르 체제 시기 러시아의 궁정 관료로, 17세기에 관료 위계 내에서 보야르(бояр) 다음인 2번째 등급에 해당되었다.

5　'스톨니크(стольник)'는 차르 체제 시기 러시아의 궁정 관료로, 17세기에 관료 위계 내에서 5번째 등급에 해당되었다.

6　'보그듸한(Богдыхан)'은 차르정 시기 러시아에서 청 황제를 일컫던 칭호이다.

협상은 양국간의 경계 획정에 대한 것부터 시작되었다. 먼저 이야기를 시작한 F. 골로빈은 자국 정부의 입장에 대해 이야기하면서, 아무르강을 따라 바다에 이르는 선을 러시아의 개척 결과에 따른 자연적 경계선으로 제시했다. 아무르강을 따라 좌안의 땅은 러시아에 귀속되고 우안의 땅은 중국에 귀속되어야만 한다는 것이었다. 러시아가 오래 전부터 아무르 좌안 지역을 소유하고 있고, 게다가 아무르 지역에 있는 나머지 모든 다우르족 땅에 대한 합법적 통치자인 간티무르(Гантимур) 족장이 러시아에 자발적으로 귀속했기에, "…… 그래서 아무르강 좌측면은 차르 전하의 손에 있고 우측면은 보그듸한 전하의 손에 있는데, 왜냐하면 오래 전부터 이 강의 좌측면은 차르 전하의 소유이기 때문"이라고 그는 지적했다.

중국 특사들은 바이칼 이전까지의 땅을 양도하고, 이에 더해 야사크를 바치고 있는 부랴트족, 에벤크족, 몽골족을 중국 속민으로 돌려줄 것을 요구했다. 이들은 그 근거로 청의 황제들이 "알렉산드로스 마케도니아와 칭기즈 칸의 계승자로서" 이 영토들을 소유하고 있다고 말했다. F. 골로빈은 이들의 요구를 단호하게 거부했다. 그는 표명하길, "이렇게 행하는 것은 물론 이에 대해 말하는 것조차도 할 수 없"고, 이 땅들은 중국의 것이 아니었으며, 이 땅들에 살고 있던 유목민들은 결코 누구에게도 야사크를 지불한 적이 없고 현재는 러시아에게도 지불하고 있지 않은데, 러시아는 이 땅들도, 야사크를 바치는 자국 신민들도 양보할 수 없다. 양측 대표단들은 합의에 도달하지 못한 채 헤어졌다.

8월 23일 전까지 양국 사절단들은 만나지 않은 채 전령들을 통해 국경 획정 방안을 교환했다. 8월 20일에 만주인들은 고르비차(Горби-ца)강과 아르군강을 따라 국경을 정해야 한다는 최종 결정을 통보했다. 아르군요새(Аргунский острог)를 이전시키고 "뿐만 아니라 위대한 폐하들의 그 어떤 요새나 마을도 더 이상 세우지 말" 것이 제안되었다. 알바진은 파괴되어야만 했다.

러시아 대표단에 대해 전례 없는 압박이 가해졌다. 1689년 8월 14일부터 27일까지 네르친스크는 실제로 포위되어 있었다. 협상과 함께 러시아에 야사크를 내는 현지인들 사이에서는 청나라 대표들의 분열 활동이 병행되었다. 러시아를 배신한 부랴트족과 온코트족(онкоты)이 청나라 군대와 함께 네르친스크를 공격할 위험이 커졌다. F. 골로빈은 수 차례에 걸쳐 방어 태세를 갖출 것을 지시했다.

> "이 시기에 봉직자들에게는 네르친스크 외곽에 방어책을 삼중으로 세우고 방어책 주변에는 호를 파라는 명령이 내려졌다. 그리고 대 [러시아의] 특사들 자신들은 소총수 부대와 함께 무장한 채 방어책 뒤에서 중국인들이 요새로 접근해 올 것을 기다렸다."

네르친스크에서 방어 태세를 유지하는 것은 쉽지 않았는데, 그것은 "네르친스크요새는 매우 작고 협소한 곳이었고 방어책의 나무들이 많이 썩어 있어서 군사적 의미에 있어서는 효용성이 없었기" 때문이었다.

러시아 대표들은 자국에 보다 이롭게 국경선을 확정하기 위해 할 수 있는 모든 일을 했으나, 공공연한 위협을 통한 압박으로 인해 중국 측의 제안을 수용하기로 결정했다.

1689년 8월 29일에 진행된 대표단들의 3차 회담에서 네르친스크 조약이라고 불리게 되는 양국 역사상 최초의 조약이 체결되었다.

네르친스크 조약(1689)

이 조약은 전문과 6장으로 구성되었다. 조약문은 러시아어, 라틴어, 만주어로 작성되었다.

1조와 2조에서는 러중 국경을 확정했다. 국경은 아르군강을 따라 이어지고, 다음으로 국경은 쵸르나야(Чёрная)강 근방에 있는 쉴카강으로 흘러들어가는 고르비차강을 따라 설정되며, 그리고 고르비차강 상류지역부터는 "바위산들(каменные горы)"[7]을 따라 우다(Уда)강까지 이어진다. 우디야(Удья)강과 "바위산들의 주변 영역" 사이에 위치한 지역은 "다른 적절한 시기"까지 경계를 정하지 않은채 남겨두었다. 러시아 대표단은 이런 경계획정에 대해 권한이 없었다. 아르군요새는 러시아쪽 지역인 강의 좌안으로 이전되었다.

3조는 알바진의 운명을 결정한 것으로, 요새는 철거되고 거주 주민은 소유물을 가지고 러시아 영토로 옮기게 되었다.

4조에 명시된 바에 따르면, 1689년 조약 이전에 상대 국가로 넘어간 도망자는 송환하지 않아도 되며, 그 이후의 도망자는 즉시 상대 국가로 인도해야 했다.

5조에서는 양국 신민들 중에서 〈여행증명서〉를 소지한 이에게는 상대국 영토에서 자유롭게 상거래를 할 수 있도록 허용했다.

6조는 러중 국경 규칙을 정했다. 무단으로 국경을 넘어 그곳에서 범죄를 저지른 사람은 이에 대한 처벌을 받도록 본국으로 송환하도록 했다. 이 조항에 기술된 바에 따르면, "유사한 유형의 사건들, 이것들은 - 전쟁의 사유가 되어서는 안되며 - 외교서한 및 회담을 통해 해결한다."

---

7 '바위산들(каменные горы)'은 다싱안링산맥을 가리키는 용어이다.

러시아 측은 또한 청 대표들에게 알바진 지역으로 청나라 신민을 이주시키지 않겠다는 서약을 할 것을 요구했다.

F. 골로빈은 8월 31일에 곧바로 요새를 파괴하고 모든 러시아 주민을 네르친스크로 이주시키라는 지시를 알바진으로 보냈다. 그리고 아르군요새로는 강의 다른 쪽 연안으로 요새를 이전하라는 지시를 내렸다. 알바진의 마지막 집행관(집행관은 군정관에 의해 임명되었으며, 요새와, 때에 따라서는, 군(郡)을 관리했다.)인 A. 베이톤(A. Бейтон)은 10월 8일에 보고하길,

> "그, 즉 아포나세이(Афонасей)는 앞에서 기술한 대 중국의 특사들과 군 지휘관들이 참석한 가운데 알바진을 파괴했고, 모든 목조건물을 불태웠으며, 흙벽을 무너트렸다. 그리고 아포나세이는 모든 사람을 모아 그와 봉직자들에게 제공된 부사(буса)[8]들을 타고 알바진 지역에서 떠났다."

러시아 대표단은 1689년 10월 15일에 네르친스크를 떠나 1691년 1월에 다시 모스크바에 도착했다.

모스크바에서 네르친스크 조약은 추인받지 못했다. 러시아 측의 굴복과 손실이 너무나 명백했기 때문이었다. 외무성(Посольский приказ)은 F. 골로빈이 진정으로 국익의 보호를 위해 최선을 다했는지를 알아보기 위해 그에 대한 조사를 진행했다. F. 골로빈의 행위들은 합당했던 것으로 인정되었으며, 같은 해에 그는 시베리아도독에 임명되었다.

---

8 '부사(буса)'는 작은 배의 일종으로, 큰 통나무의 속을 파서 만들었다.

　　반면 청나라 측은 이 결과에 매우 만족했는데, 이것은 황제에게 올라간 조정의 상소문에 드러나 있다.

　　"이전에는 중국의 소유가 아니었던 동북부에 위치한 수천 리 땅이 우리 영토로 편입되었습니다."

　　프리아무리예의 상실로 인해 이후 러시아에 의한 이 지역의 연구와 개척 과정은 크게 늦춰지게 되었다. 이백년 동안 프리아무리예는 사실상 러시아인에 의해서도, 그리고 만주인 자신들에 의해서도 개척되지 않았다. 연구자들의 평가에 따르면, 이 지역에서 러시아와 중국의 경쟁은 프리아무리예에서의 농업 퇴보와 절반 이하로 줄어든 급격한 인구 감소라는 결과를 가져왔다.

극동지역 국경 획정에 대한 러시아의 정책: 19～20세기

18세기 동안에 프리아무리예에서 러시아가 처한 상황은 모든 측면에서 상당히 불리했다. 국가 중심지역에서 이 지역으로 이주해 와서 정착한 이들의 인구밀도는 낮았고, 생존에 있어 중요했던 중심지역에서 멀리 떨어져 있었고, 군사력은 약했으며, 이 지역 전체는 물론이고 중국과 직접적으로 맞닿은 부분에 대한 조사조차도 충분히 진행되어 있지 않았다. 이 모든 문제들로 인해 정부가 국경 문제를 해결하는 것은 쉽지 않았다. 한편으로, 러시아 정부 관료들은 태평양으로 진출하는 가장 편리한 출구로서 아무르강이 가지는 의미와 아무르강 주변지역을 러시아 영토로 편입시키는 것이 중요하다는 것을 인식하고 있었다. 다른 한편으로, 이 지역에 대한 조사가 불충분하다는 것을 인식하고 있었기에 중대한 실책을 저지르지 않기 위해 러시아는 다음 단계의 국경 획정과 관련된 중국 측의 제안들을 회피했다. 그래서 1735년 6월에 극동지역에서의 다음 단계 국경획정을 진행하자는 중국 측의 제안에 대해 원로원(Сенат)은 이 지역에 대한 믿을 만한 자료들을 획득할 때까지 이 문제를 미루어 놓기를 요청했다. 새로운 국경획정을 시작하려는 중국 측의 의도는 프리아무리예를 확실히 중립지대로 바꾸어 놓겠다는 자신들의 목적에 따른 것임이 매우 분명했다. 러시아는 이를 피하고자 애쓰면서, 동시에 상호호혜적인 러중무역을 유지하고 확대하며 중국과의 심각한 충돌 가능성이 발생하지 않도록 하기 위해 노력했다.

1780~1790년대에 극동지역에서 러시아 정부의 활동은 캬흐타를 중심으로 하는 러중 무역 관계와 직접적으로 연관되어 있었다. 러시아 정부는 자국 상인들의 이익을 보호하기 위해 애쓰면서, 청나라와의 관계를 정상화하기 위한 방책들을 실행했다. 이익이 큰 캬흐타 교역에 대한 지속적인 폐쇄 위협으로 인해 러시아는 중국과의 관계에 있어 신중한 정책을 펼칠 수밖에 없었다. 반면 중국은 형식적으로만 자국의 우세를 강조했으며, 프리아무리예에 대한 방어를 강화하려고 나서지는 않았다.

이 시기에 러시아인들의 극동 영토 개척은 계속되고 있었기에 정부는 이들에게 필요한 것을 공급해주고 이들을 이웃한 경쟁국들로부터 보호해야 하는 과제를 안게 되었다. 이 문제의 성공적인 해결은 아무르강을 이용하는 것을 통해서만 가능했다.

18세기의 네 번째 사반세기에 극동지역의 대외정치 경쟁무대에는 새로운 요소가 등장했는데, 이것은 서구 열강의 침투, 특히 영국의 침투와 이 지역 국가들을 자국의 영향력 아래 복속시키려는 이들의 시도였다. 이것은 러중 무역에 해를 끼치는 것뿐만 아니라, 러시아 소유지에 직접적인 위협이 될 수도 있는 것이었다. 러시아 대외정치의 주요 경쟁자가 아직 완전히 확정되어 있지 않았으며, 이들이 제대로 보호하지 못하고 있는 국경 인접 지역으로 영향력을 확대할 수 있다는 위험성으로 인해 러시아 정부는 과감한 행동을 할 필요성을 느끼게 되었다. 러시아 외교관들은 극동지역의 국가들, 무엇보다도 중국 및 일본과의 관계를 공식적으로 구축하기 위해 노력했다.

이와 함께 18세기~19세기 전반부 사이에 러시아는 프리아무리예와 태평양 연안에 대한 조사를 강화해갔다. 탐사 참여자들은 아무르강을 이용하지 않고는 극동지역의 발전을 온전하게 이룰 수 없다는 사실을 깨달았다. 같은 시기에 이 지역에 대한 생산경제적 개척 과정이 진행되었다. 동시베리아지역에서는 인구가 증가했고 새로운 도시들이 나타났으며, 19세기 중반에 이르러서는 국경문제를 해결하기 위해 필요한 최소한의 사회경제적 제반 조건이 마련되었다.

국경 획정 문제와 러일 관계

19세기 후반에 일본 역사의 새로운 장이 시작되었다. 이것은 봉건시대의 종식과 도쿠가와 막부(1600~1868)가 추진했던 외부 세계로부터 국가를 봉쇄하는 정책의 붕괴로 묘사할 수 있다. 일본은 자본주의적 발전의 대열에 합류했다. 1868년의 메이지 유신, 즉 왕정복고와 이에 뒤이은 자본주의적 개혁들을 통해 일본은 국가 근대화의 길로 접어들게 되었다.

러시아는 이미 18세기에 일본과 통상관계를 수립하려고 했다. 예

카테리나 2세는 A. K. 락스만(А. К. Лаксман) 탐사대(1792~1793)에
이 임무를 부여했다. 그런데 당시 일본은 외부 세계로부터 국가를 봉
쇄하는 정책을 고수하고 있었다. 그 결과 19세기 중반까지 러시아에게
있어 일본은 지극히 단편적인 정보만이 알려져 있는 낯선 나라였다.

1850년대에 유럽 열강 사이에서는 동방의 해뜨는 나라[일본]로 진
입하는 것을 놓고 경쟁이 벌어졌다. 유럽 열강과 미국의 행위, 즉 러시
아 극동 영토에서 매우 가까이 위치해 있는 일본을 복속시키려는 시도
들이 러시아를 불안하게 만들었다. 하지만 이것만이 일본과의 접촉에
나서도록 한 전적인 이유는 아니었다. 군사전략적인 필요성 이외에 러
시아에게는 경제적인 이해관계도 있었다. 바다에 있는 섬들 중에서 러
시아 영유지와 일본 영유지를 나누는 합의된 국경이 없음으로 인해서
일본인들이 쿠릴열도 남부로 진입해 들어오고 사할린 연안에서 일본
어부들이 물고기를 잡을 수 있는 조건이 조성되었다. 이 모든 것들로
인해 러시아와 일본 사이의 관계가 조속히 조정될 필요가 있었다.

미국인 C. 링골드(Cadwalader Ringgold)와 M. 페리(Matthew
C. Perry)가 이끄는 탐사대가 가까운 시일에 일본 해안에 도착할 것
이라는 정보를 접수한 러시아 정부는 즉각적으로 이 문제를 해결하기
위해 움직이게 되었다. 1852년 5월에 소집된 아시아문제특별위원회
(Особый комитет по азиатским делам)에서는 E. V. 푸탸틴(Е. В.
Путятин) 해군중장(вице-адмирал)이 통상외교관계 수립을 위한 특
사로서 이끄는 탐사단을 일본으로 파견하기로 결정했다.

E. 푸탸틴 사절단의 주요 목적은 일본과 통상조약을 체결하는 것이
었다. 이와 더불어 그는 러시아 영유지와 일본 영유지 사이에 국경선
을 확정할 필요성을 일본 정부에 납득시켜야만 했다.

동시에 러시아 정부는 G. I. 네벨스코이(Г. И. Невельской)에게

사할린 남부 해안에 군사기지를 세우라고 지시했다.

1852년 10월 7일에 세 척의 배와 463명의 인원으로 구성된 탐사대가 크론슈타트를 출발했다. E. 푸탸틴 일행은 1853년 8월 10일에 나가사키에 도착했으며, 매우 비우호적인 응대를 받았다. 일본 당국은 회담을 오랫동안 회피했다.

1853년 11월 19일자 서한에서 E. 푸탸틴은 일본 정부의 최고 기관인 막부에 국경획정 문제에 관한 러시아의 입장을 설명했다. 이 서한에서는 사할린을 러시아의 영토로 남겨두고 라페루즈해협(La Pérouse Strait)을 따라서, 즉 러시아의 역사적 권리를 고려해서 이투루프섬과 쿠나쉬르(Кунашир)섬 사이에서 국경선을 정할 것을 제안했다.

"일본 북쪽에 위치해 있는 쿠릴열도(Гряда Курильских островов)는 오래 전부터 러시아가 소유하고 있어서, 러시아가 전적으로 관리하고 있는 곳입니다. 쿠릴 원주민과 일부 일본인이 정착해 있는 이투루프섬도 이 열도에 속합니다. 게다가 러시아 실업가들은 오랜 시간에 걸쳐 이 섬에 정착해 왔습니다. 이러한 이유로 러시아인들과 일본인들 중 누가 이곳을 소유할 것인가 하는 문제가 발생하게 된 것입니다."

일본 정부가 직접 협상에 응한 것은 1854년 1월이 되어서였는데, 이때 이들은 매우 완고한 태도를 견지했다. 이들은 이투루프섬과 북위 50도까지의 사할린섬에 대해 자신들이 권리를 가지고 있다고 표명했다.

E. 푸탸틴은 완고하게 나갔다. 협상은 수 개월간 결렬되었다가 1854년 12월이 되어서야 시모다(Симода)에서 재개되었다.

이 시기에 국제정세는 러시아에게 불리하게 조성되고 있었다. 크림 전쟁이 발발했다. 영국과 프랑스의 함선들이 러시아의 극동 영유지들을 위협했다. 우루프섬에 있던 러시아 교역소가 이 함선들에 의해 파괴되었고, 상륙부대가 캄차카 상륙을 시도했다. 게다가 E. 푸탸틴 사절단은 지진과 해일로 전함 〈디아나(Диана)〉를 잃은 상태에서 영국과 프랑스의 군함들로부터 공격받을 수 있는 위험에 지속적으로 노출되어 있었다. 이 모든 상황들은 회담에서 일본 측에 유리한 분위기를 조성했다. 푸탸틴은 외무부의 L. G. 세냐빈(Л. Г. Сенявин) 아시아국장에게 보낸 1855년 7월 18일자 암호 전문에서 다음과 같이 적고 있다.

"전함이 최종적으로 침몰한 후 본인은 일본인들이 우리가 처한 상황을 이용해 조약 체결을 전면 거부하거나 혹은 적어도 국경선 획정과 관련해서 새로운 요구를 생각해 내지 못하도록 하기 위해 매우 조심하고 있습니다. ……"

통상 조약 체결이 가장 우선적인 과제라고 생각했던 E. V. 푸탸틴은 영토 획정 문제에서 양보하는데 동의했다.

시모다 조약(Симодский договор, 1855)

시모다 조약(Симодский договор)이 1855년 1월 26일에 체결되었다. 이것으로 양국간에 외교관계가 수립되었다. 일본은 러시아 선박을 위해 하코다테(Хакодате), 시모다(Симода), 나가사키(Нагасаки)의 세 항구를 개항하기로 했다. 하코다테항과 시모다항에서는 상호무역이 허가되었으며, 그 중 한 곳에서는 1856년부터 러시아 영사관을 개설할 수 있게 되었다. 러시아 신민은 치외법권을 인정받았으며, 최혜국 대우를 적용받았다.

쿠릴열도의 국경선은 우루프섬과 이투루프섬 사이에 그어졌다. 사할린(가라후토(樺太廳))섬은 미분할 지역으로 남겨졌다.

러일 조약은 양국 관계의 발전을 촉진시켰다. 하지만 여러 가지 조건들, 특히 러시아 상품의 낮은 경쟁력으로 인해 여러 해가 지나도록 양국 교역은 아주 미약하게 발전했다. 이 기간에 사할린 문제는 분쟁적 성격을 점차 강하게 띠게 되었다.

1859년 8월에 N. N. 무라비요프(Н. Н. Муравьёв) 동시베리아군 정지사는 사할린 지역 국경 획정 문제를 논의하기 위해 분함대(分艦隊)를 이끌고 에도만에 도착했다. 하지만 이 협상에서는 제대로 된 결과가 도출되지 않았다.

이 시기에는 일본도 국내 상황이 복잡했다. 막부체제에 대한 불만, 다이묘들 사이의 내분, 외국세력을 배척하는 애국적 성명, 농민봉기가 나타나고 있었다. 이런 상황 속에서 몇 년 동안 일본 해안에 정박해 있던 러시아 분함대는 1865년 여름에 일본을 떠나게 되었으며, 하코다테에 있는 러시아 영사관을 위해 군함 〈바랴크(Варяг)〉호만 남겨놓았다. 알렉산드르 2세의 승인을 받아 하코다테에 있는 E. K. 뷰초프(E. K. Бюцов) 영사에게 보낸 1865년 5월 15일자 러시아 외무성 훈령에는 일본 내에서 발생하고 있는 내전에 대해 이전과 동일하게 중립주의를 견지하고 서구 열강과 일본 사이에서 발생하는 사건들에 간섭하지 말라고 적혀있다.

1856년경에 사할린섬 서쪽 연안에는 두에(Дуэ) 러시아군초소가 세워졌고, 1857년에는 쿠수나이(Кусунай, 일인스크(Ильинск))초소가 세워졌고, 1867년에는 크림 전쟁 기간에 잠정적으로 철수했던 무라비요프초소(Муравьёвский пост)가 섬 최남단의 새로운 장소에 재건되었으며, 그 외에도 섬의 여러 지역들에 초소 5개가 더 세워졌다.

이 시기에는 또한 러시아 본토에서 사할린섬으로 200명이 이주해 왔다. 이러한 방식을 통해 러시아의 [사할린]섬 식민이주는 일본보다 더욱 성공적으로 진척되었다.

1867년 3월에 《페테르부르크 협약(Петербургская конвенция)》이라고도 불리는 《임시 규범(Временные правила)》이 체결되었는데, 여기에는 특히 사할린섬의 공동소유 규칙이 확정되었다. 이 협약에 따라 사할린은 러시아와 일본의 "공동 소유"로 하며, 양국 신민은 섬 내에서 주인이 없는 곳이라면 어디에나 건물을 짓고 정착할 수 있는 권리를 가지게 되었다.

왕정복고 이후 일본은 1869년에 사할린섬에 대한 권리를 포기하는 데 동의한다고 선언했다.

내정 불간섭 정책을 추구하고 있던 러시아는 하코다테에 있는 자국 영사관을 통해서만 일본과의 관계를 유지했다. 일본 북부에 위치해 있는 이 도시는 수도에서 먼 곳에 있었다. 자연히 러시아 영사관도 일본 중앙 당국으로부터 멀리 떨어져 있었다. 그리고 1872년이 되어서야 에도(도쿄) 주재 러시아 대리대사가 임명되었다. 하코다테에 있던 E. K. 뷰초프 영사가 그 직책에 임명되었다. 그는 소에지마 다네오미(副島種臣) 외무경(外務卿)과 국경에 대한 협상을 다시 시작했다. 협상은 최초의 주러일본특명전권공사인 에노모토 다케아키(榎本武揚)가 페테르부르크에 파견됨으로써 1874년에 계속되었다.

러시아는 극동지역에서 자국의 전략적 위상을 강화하면서 동시에 쿠릴열도와 사할린에 대한 자국의 권리를 고수할 수 있는 가능성이 없었기 때문에 문제 조정에 있어 외교적인 후퇴를 할 수밖에 없었다.

조약은 1875년 4월 25일에 페테르부르크에서 A. M. 고르차코프(А. М. Горчаков) 러시아 외무대신과 에노모토에 의해 체결되었다. 이 조약으로 일본은 사할린 전체를 러시아 소유로 인정했다. 그 대신 러시아는 우루프섬에서부터 캄차카반도에 이르는 북쿠릴열도의 18개 섬을 일본에게 양보했다. 국경은 캄차카의 로파트카(Лопатка)곶과 슘슈섬 사이에 있는 해협으로 정해졌다. 일본 영사가 코르사코프(Корсаков)로 부임할 수 있게 되었다. 이렇게 해서 쿠릴열도 전체가 일본 소유로 넘어갔다.

페테르부르크 조약으로 러일 관계는 오랫 동안 안정적으로 유지되었다. 그러나 러시아 측의 평가에 따르면 이 조약은 일본에 대한 러시아의 영토적 후퇴를 보여주는 것이었다.

1876년에 러시아 정부는 태평양의 새로운 항구인 블라디보스토크에 일본 상무관(коммерческий агент)이 상근 체류하는 것에 동의했다.

극동지역에서 강대국들간의 경쟁은 1890년대에 치열해지기 시작했는데, 당시 러시아는 이에 대한 준비가 되어있지 않았다. 프리아무리예와 프리모리예의 경제적 식민화는 느린 속도로 진행되고 있었다. 국가 중심지역에서 농민을 짓누르고 있던 가난과 농노제적 착취, 거주 이전의 자유 부재 등이 경제 발전을 지연하는 요소였다. 교통 체계의 상태는 러시아 사업가들의 극동시장 접근을 어렵게 만드는 것이었다. 시베리아횡단철도의 건설은 1891년에야 시작되었다. 이 지역은 지리적 구도에서뿐만 아니라 전략적 구도에서도 주변부적 상태에 있었다. 군부대도 많지 않았다. 극동지역은 군사적 조건에 있어 취약한 곳이었다. 정부는 자국의 입지가 취약하다는 사실을 깨닫고 있었기에 이웃하고 있는 중국 및 일본에 대해 우호적 정책을 펼치는 경향을 보이고 있었다.

그럼에도 불구하고, 러시아 정부 인사들이 러시아의 대외 경쟁자들을 평가하는데 있어 근시안적이었다는 사실을 인정할 필요가 있다. 러시아는 다른 지역들에서의 경쟁들과 마찬가지로 극동지역에서도 주적을 영국으로 상정했으며, 동시에 일본을 허약하고 우호적인 이웃 국가로 인식하는 실수를 저질렀다. 바로 이 시기에 자본주의적 발전에 박차를 가하면서 식민지를 필요로 하고 있던 바로 이 일본이야 말로 이 지역에서 가장 위험한 나라였던 것이다. 일본의 관심 대상은 조선과 만주였는데, 이곳들은 러시아의 이해관계에 포함된 지역들이었다. 1894년에 일본은 조선으로 군대를 보냈으며, 다음으로 중국과 전쟁을 일으킴으로써 침략성을 공공연하게 드러냈다.

다른 한편에서는 서구 열강과 미국도 보고만 있지 않았다. 영국과 미국은 일본의 도움을 받아 극동지역에서 러시아의 입지를 약화시키려고 했다. 러일간의 갈등이 격화되고 있는 상황 속에서 이들 나라들은 일본을 러시아와의 군사적 충돌 상황으로 밀어넣으려 했다. 1899년에 영국은 전쟁 물품을 위해 필요한 거액의 차관을 일본에 제공했다. 그리고 1902년 1월에는 영일동맹이 체결되었다. 이 동맹의 체결은 일본이 대러시아 전쟁을 위한 외교적 준비를 하는데 있어 중요한 역할을 했다. 러시아 정부는 일본의 전쟁 준비 상황을 제대로 평가하지 못했다. 결과적으로, 1904~1905년에 러일전쟁이 일어났으며, 러시아의 패배와 포츠머스 강화조약(Портсмутский мир)의 체결로 끝났다.

포츠머스 강화조약(Портсмутский мир, 1905)

평화회담을 준비한 중재국은 미국이었다. 바로 이 미국의 영토 안에 있는 작은 해안도시인 포츠머스에서 7월 27일에 러시아 대표단과 일본 대표단의 회담이 시작되었다. 일본 측 대표단을 이끌고 있었던 것은 고무라 주타로(小村壽太郎) 외무대신이었고, 러시아 대표단을 이끌고 있었던 것은 각료위원회 의장이었던 S. Yu. 비테(C. Ю. Витте) 백작이었다. 러시아의 육군과 해군이 쓰라린 패배를 당했음에도 불구하고 S. Yu. 비테는 러시아를 위해 최선의 강화조약을 이끌어내기 위해 노력을 다했다. 게다가 일본 또한 전쟁을 거치면서 능력의 한계에 다달아 있었다. 바로 이러한 사실로 인해 일본은 자신들의 요구조건들을 고수할 수 없었다. 평화 협정은 1905년 8월 23일에 체결되었다. 본협정에 따라 러시아는 조선이 일본의 영향권에 속해 있음을 인정했고, 포트아서(Port Arthur)[9]와 달니(Дальний)항[10]을 포함한 랴오둥반도 내의 러시아 조차지와 그 주변의 영토 및 수역, 그리고 또한 장춘역(콴청(Куаньчэн)구)에서 뤼순항에 이르는 동청철도(Китайско-Вос- точная железная дорога) 남만지선을 일본에 이양하기로 했다. 일본은 또한 러시아로부터 사할린섬 남쪽 지역을 강탈해 갔다. 북위 50도가 국경선이 되었다.

그 결과 러시아는 상당한 영토적 (그리고 당연하게도 경제적) 손실을 입었다. 그런데 포츠머스 강화조약은 일본과 러시아 사이의 대립을 일시적으로 해결한 것이었을 뿐이다. 이 조약을 이용해서 일본은 광범위한 팽창을 시작했으며, 만주에서 러시아를 완전히 밀어내려고 했다.

중국과의 국경 확정: 19세기

19세기 후반에 극동지역에서 러시아의 대외정책이 활기를 띠게 된 것은 이 지역에서 열강의 갈등이 첨예화된 것과 상당부분 관련이 있다.

9　'포트아서(Port Arthur)'는 현 중국 다롄시의 뤼순(旅順)항이다.

10　'달니(Дальний)항'은 현 중국의 다롄(大連)시이다.

태평양 지역에서 러시아 소유지에 대한 서구 열강의 위협은 페테르부르크 당국이 이 지역에서 자국의 입지를 강화하도록 촉진했다.

우선적으로는 중국과의 국경획정을 마무리지을 필요가 있었다. 러시아는 프리아무리예와 프리모리예를 자국으로 편입시키는 것을 염두에 두고 있었다. 이를 통해 러시아는 태평양으로 나가는 출구를 갖게 될 것이고, 극동 국가들과의 교역 발전을 촉진시키게 될 것이며, 러시아 영토에 대한 안전을 확보하게 될 것이기 때문이었다.

N. N. 무라비요프 동시베리아군정지사는 이 문제에 많은 관심을 기울였다.

1853년 4월에 페테르부르크에서는 N. H. 아흐테(H. X. Axte) 대령의 자바이칼리예 탐사 결과가 알려졌는데, 이 탐사대는 1849~1850년에 동시베리아와 프리아무리예를 탐사했다. 이 탐사로 고르비차강에서 더 동쪽으로 가면 러시아와 청나라 사이의 국경이 존재하지 않는다는 사실이 확인되었으며, 아울러 아무르탐사대원들이 이미 밝혀냈었던 사실이 확증되었다. 즉,

> "우스티-스트렐카(Усть-Стрелка)에서 부레야강 하구에 이르는 아무르강 상류지역만이 중국에게 속하는 것으로 볼 수 있다. 이 강에서부터 동쪽에 위치한 지역에 대해 말하면, 이곳은 모든 권리에 따라 러시아에 속해야만 한다."

G. I. 네벨스코이 탐사대(1849~1855)는 프리모리예와 프리아무리예에 중국인이 정착하고 있지 않음을 재확인했다. 동시에 아무르강으로는 해양 항해용 선박이 들어올 수 있으며, 따라서 서구 열강의 군함이 그곳으로 침공할 위험이 존재한다는 것도 입증했다.

1853년 10월에 크림 전쟁이 발발했다. 한 달이 경과한 후 N. N. 무라비요프는 해군원수(генерал-адмирал)인 콘스탄틴 니콜라예비치(Константин Николаевич) 대공 앞으로 보낸 극비서한에서 이 전쟁이 발발한 원인에 대한 자신의 견해를 밝혔다. 그는 오스만 제국과 서유럽 강대국들의 공조도 유럽 러시아 지역에 대한 큰 위협이 되지는 않는다고 보았다. 무라비요프는 지적하길,

> "하지만 극동지역에서의 문제는 이와 다릅니다. 러시아는 캄차카의 아바친스크만(Авачинская губа)과 …… 아무르강 하구들, 그리고 이 강을 통한 항행을 강제로 빼앗길지도 모릅니다. 인구가 많은 이웃 국가인 중국은 무지로 인해 현재는 무력하지만, 영국인과 프랑스인의 영향과 지도를 받으면 쉽게 우리에게 위험한 일을 행할 수 있습니다. 그렇게 되면 시베리아는 더 이상 러시아의 영토가 아니게 될 것입니다. 하지만 시베리아는 금 이외에 그 영역 자체로도 우리에게 중요한데, 이것은 유럽 러시아 지역에 있는 농업 인구의 잉여분을 한 세기는 충당할 정도로 충분합니다. 유럽에서 어떤 승리나 정복도 이 땅의 상실에 대한 보상이 될 수 없습니다."

특별위원회는 N. N. 무라비요프의 건의를 검토한 후, 중국이 국경 설정 회담에 나서도록 만들고, 또한 오호츠크 연안을 방어하기 위해 군대를 파견하여 아무르강을 건너게 하며, E. V. 푸탸틴 해군중장의 분함대는 아무르강 하구에 집중하도록 하는 것으로 결정했다.

1854년 4월 14일에 무라비요프는 베이징으로 서한을 보내서, "우리의 해안 지역 영토들에 대해 사악한 계략을 품고 있는" 서유럽 열강의 침략에 대비하기 위해서 러시아 선박들이 아무르강을 항행할 예정

이라고 통지했다. 서한에는 또한 "지금까지 국경이 정해지지 않은 상태로 남아있는 두 대 제국들의 동쪽 국경선을 획정하기 위해 대청국(Дайцинское государство)의 전권을 위임 받은 고관들을" 정확히 언제 어디로 보낼 예정인지에 대한 문제가 제기되어 있었다.

크림 전쟁 시기의 사건들, 즉 일곱 척으로 구성된 영국-프랑스의 분함대가 페트로파블롭스크-캄차츠키를 차지하려고 시도했을 때 러시아의 우려가 옳았음을 눈으로 확인할 수 있었으며, 이에 러시아의 외교 활동이 활발하게 전개될 수밖에 없었다.

1855년 6월에 알렉산드르 2세는 극동지역에서 러중간 경계 획정에 대한 새로운 조약을 체결하기 위해 청나라 대표들과 회담에 임하는 것을 N. N. 무라비요프 동시베리아군정지사에게 위임했다.

크림 전쟁이 끝나고 얼마 지나지 않아 서유럽 열강은 중국 침략을 강화할 수 있었다. 영국은 중국 남부지역에서 충돌을 부추긴 후, 청 제국에 대해 2차 "아편" 전쟁을 개시했다. 영국을 따라 프랑스도 전쟁에 참여했다.

런던은 중국을 자신의 영향력 아래 복속시키려고 하면서, 아편의 중국 반입을 합법화하고 대외무역을 위해 개방하는 중국의 항구를 더 늘리며 베이징에 상설 외교공관을 둘 수 있는 권리를 부여할 것을 요구했다. 영국과 프랑스는 전쟁 초기에 러시아를 끌어들이고자 했다. 하지만 러시아는 중국과 평화 관계를 유지하는데 관심이 있었다.

러시아 외무성 아시아국장인 E. P. 코발렙스키(Е. П. Ковалевский)는 1857년 1월 22일자 상소문에 다음과 같이 썼다.

"무엇을 우리는 해야만 하겠습니까? 다른 유럽 열강과 연합해서 그들이 얻게 될 이익을 누리는 것일까요? 그런데 우리의 관심사는 다른 유럽 열강의 관심사와는 매우 많이 다르고, 또한 우리는, 당연하게도, 아무르 지역에서 우리의 국경을 획정하는데 있어 그들의 협조를 기대할 수 없습니다. 게다가 우리가 중국의 적들과 연합하는 것은, 중국을 적대할 어떤 동기도 가지고 있지 않으면서 중국이 우리에 대해 불만을 가질 원인을 제공하게 됨으로써, 정치적 관계에 있어서조차 함께할 수 없게 될지도 모릅니다. 중국과의 사이에서 발생한 문제들을 해결하는 것은 평화적인 회담을 통하는 길뿐입니다."

러시아 정부는 협상을 진행하고 연합군의 동태를 살피기 위해 E. V. 푸탸틴 해군중장을 베이징으로 보내기로 결정했다. E. 푸탸틴에게 주어진 훈령에 지적된 바에 따르면, 중국에서 영국이 하고 있는 행위들로 인해 러시아와 중국 사이에서 논쟁이 되는 문제들을 조속히 마무리할 필요가 있는데, 가장 시급한 것은 아무르 지역과 서부 영역에서의 국경선 확정이었다. 앞서 N. 무라비요프에게 했던 것처럼, E. 푸탸틴에게도 아무르강 좌안이 러시아로 넘어오도록 조약을 체결하라는 지시가 내려졌는데, 이때 아무르강 좌안은 강의 하류에서 남쪽으로 뻗어 해안지대까지를 포함하는 것이었다. 중국 국내 정세와 연합군의 활동에 대한 정보 수집 또한 중요한 사항이었다. E. 푸탸틴에게는 중국 내부 문제에 간섭하지 말 것이 요청되었다. 영국과 프랑스에 맞서 전쟁을 치르고 있는 중국을 돕기 위해서 소총 1만 자루를 무상으로 제공하고 러시아인 장교-교관을 지원하는 것을 중국인들에게 제안해 보라는 지시가 E. 푸탸틴에게 내려졌다.

1857년 2월에 E. 푸탸틴은 캬흐타로 갔다. 그러나 중국 당국이 베이징으로 가는 길을 내주지 않았기 때문에 아무르강을 따라 하구로 내러가야만 했다. 그리고 다음으로 기선 〈아메리카(Америка)〉를 타고 베이징의 해양관문인 즈리만(直隸灣, Чжилийский залив)[11]의 톈진 (天津)항으로 떠났다. 하지만 그곳에서 푸탸틴은, 톈진은 "양 제국의 신민들이 협상을 진행할만한 장소가 아니다."라고 알렸다. 중국 측은 국경 지역에서 국경에 대한 협상을 진행하자고 제안했다. 청 당국은 그가 베이징에 가도록 허용하지 않았다.

러시아 정부는 청 정부의 요청으로 회견에 응해서 아이훈(Айгунь) 에서 협상을 벌이는 것에 동의했다. 다가오는 국경 협상의 러시아 측 전권대표로 동시베리아군정지사인 N. N. 무라비요프 백작이 임명되 었다는 소식이 1857년 12월에 베이징에 전달되었다.

1858년 초에 중국에서는 전쟁이 북으로 확산되었다. 군함을 타고 온 영국·프랑스 연합군이 5월에 다구(大沽)와 톈진을 점령함으로써 베 이징을 직접적으로 위협하게 되었다. 청 정부는 정전 협상을 시작했다. 1858년 6월에 톈진에서는 영국과 프랑스가 중국과 조약을 체결했다.

군사적인 불운은 러중 국경 획정 문제에 있어 청 정부의 입지를 약 화시켰다. 무라비요프는 이러한 상황을 활용해서 아이훈에서 협상을 개시했다.

아이훈 조약(Айгунский договор, 1858)

1858년 5월 11일에 아이훈에서 러시아와 중국의 협상이 시작되었다. 러시아 대표단은 N. N. 무라비요프 동시베리아군정지사, P. N. 페롭스 키(П. Н. Перовский) 베이징러시아선교단 감독관, K. F. 부도고스키

---

11 '즈리(直隸, Чжили)'는 명나라 이래로 베이징의 배후지, 즉 수도 주변지역에 설 치된 직할지이다. 이 직할지 동쪽의 서해 상에 있던 만을 즈리만(直隸灣, Чжилий- ский залив)이라고 했는데, 오늘날의 보하이만(渤海灣)이다.

(К. Ф. Будогосский) 총참모부 중령, E. K. 뷰초프 서기관, Y. P. 쉬슈마료프(Я. П. Шишмарёв) 통역관 등으로 이루어져 있었다. 청 대표단으로는 헤이룽장 장군(黑龍江將軍) 이샨(奕山), 부장(副將) 아이쥔다이(Айжиндай), 아이훈 암반(시정 책임자)인 취라민가(Чжираминга) 등이 배석했다.

첫 번째 회의에서 N. N. 무라비요프는 극동지역에서 러중간 영토획정의 역사에 대해 짧게 설명하고, 극동지역에서 서구 열강이 공격적인 정책을 지속하고 있기 때문에 현재 양국은 모두 국경영토문제를 해결해야만 하는 상황에 놓여 있다고 강조했다. 무라비요프는 지적하기를,

> "현재 청 정부는 더더욱이나 본 사안을 종결해야만 하는데, 그것은 중국이 아무르 하구와 여기에서부터 해안을 따라 남쪽으로 이어지는 지역들을 차지하려는 야욕을 보이고 있는 영국인들과 전쟁 중에 있기 때문이다. 우리는 – 체결된 조약에 근거해서 – 앞서 제시한 지역들이 우리 측에 속해 있다는 것을 입증할 수 있는 경우에만 이들을 제어할 수 있다."

회의 막바지에 러시아 조약안이 청 대표단에게 전달되었다.

다음 회의에서 청 대표들은 아마도 프리아무리예와 프리모리예가 중국 소유임을 증명하는 논증을 제기하려고 시도했다. 그들은 앞서 제시한 지역들이 청의 수비대에 의해 수비되고 있는 것으로 보이고, 원주민들로부터 야사크가 징수되고 있으며, 우수리 변경지역은 중국의 현 통치 왕조가 발원한 곳으로 볼 수 있다고 표명했다. 무라비요프는 이전에 체결된 러중간 조약들의 조항들과 조사결과들을 토대로 아무르강 하류에도, 프리모리예에도 청 수비대는 없었고 있을 수도 없다고

확고하게 제시했는데, 왜냐하면 이 장소들은 국경이 획정되지 않은채 남아있었기 때문이었다. 청 정부가 국경 미확정 지역 주민들로부터 야사크를 걷는 것도 불법적인 형태로만 가능한 것이었다. 무라비요프는 지적하길,

> "중국 통치왕조의 발원지는 우수리강 수역이 아니라 쑹화강으로 흘러들어가는 닝안(Нингута)강 수역, 즉 닝안시 근방에 위치해 있는데, 우리는 이 지역에 대해 권리를 주장하는 것이 아닙니다. 그리고 마지막으로, 만일 프리우수리예 변경지역(Приуссурийский край)에 중국인들이 있다면, 이들은 중국 법에 따라 그들에게 내려질 형벌을 피하고자 탈주해서 마치 다른 나라로 가듯 이 지역으로 숨어들어온 범법자들입니다."

청 대표단은 이에 대해 어떠한 반박도 할 수 없었다. 하지만, 보이기로, 타국인들에게 지나치게 양보했다는 비난이 두려워서 러중간 국경획정 문제를 미결 상태로 남겨두기로 결정했다. 즉, 그들은 아무르강 하구까지의 좌안 지역을 러시아 소유지로 간주하는데 동의했지만 우수리 변경지역을 러시아에 넘겨주는 것은 단호하게 거부했다. 협상 결렬을 바라지 않았던 무라비요프는 타협점을 찾아야만 했다. 우수리 변경지역은 양국의 공동 소유지로 결정되었다.

1858년 5월 16일에 러시아와 중국 사이에서 아이훈 조약이 체결되었다. 전문에 명시된 바에 따르면, 이 조약은 "공동의 합의에 따라, 양국의 보다 영구적인 상호 우호를 위해, 양국 신민의 이익과 외국으로부터의 보호를 위해 공동의 합의에 따라" 체결되었다.

조약 1조에는 다음과 같이 적혀있다.

"아르군강에서 시작해서 아무르강 해안 하구에 이르는 아무르 강 좌안은 러시아 국의 영토로 할 것이고, 아무르강 줄기 아래쪽으로 우수리강까지의 우안은 대청국의 영토로 할 것이다. 우수리강과 바다 사이에 위치한 지역과 땅은 앞으로 해당 지역에 대한 국경 획정이 양국 사이에서 있기 전까지 현재와 같이 대청국과 러시아 국의 공동 소유지로 할 것이다. 아무르강, 쑹화강, 우수리강을 항행할 수 있는 것은 오직 대청국과 러시아 국의 선박들뿐이며, 다른 모든 외국 선박들은 이 하천들을 항행해서는 안된다."

이렇게 해서 극동지역에서 러중간 국경획정 문제는 1858년에는 종결되지 않았다. 우수리 변경지역의 영토는 아이훈 조약에 따라 공동통치지역으로 남겨졌는데, 이것은 러시아 측에게는 불만족스러운 것이었다.

톈진 조약(Тянцзиньский трактат, 1858)

N. 무라비요프와는 별도로 톈진에서는 E. 푸탸틴이 움직이고 있었다. 그는 상하이와 톈진에서 몇 개월 동안 러시아 선박의 선상에서만 머물며 전쟁의 추이를 관찰했다.

그는 프랑스 측의 요청에 따라 베이징에서 열린 [청과] 연합군과의 협상에서 중재자의 역할을 맡았다. 러시아는 중국을 완전히 파멸시키고 중국에 강화조약의 굴욕적인 조건들을 강요할 생각이 없었다. 러시아에게는 중국의 주권을 보존하는 것이 중요했다. E. 푸탸틴은 이 협상에서 최선의 노력을 기울였다. 베이징은 그의 중재 노력을 높이 샀다. 그 결과 1858년 6월 1일에 톈진에서 러중조약이 체결되었다.

전체적으로보아 톈진 조약에는 러중간 상호관계와 관련된 문제들이 폭넓게 담겨 있으며, 국경 문제는 개괄적인 수준으로만 다루어졌다. 즉, 조약 9조에는 다음과 같이 적혀있다.

> "중국과 러시아 사이에서 국경이 확정되지 않은 지역은 지체없이 양국 정부들의 대리인들에 의해 현장에서 조사될 것이며, 그들이 국경선에 대해 합의한 사항들은 본 조약의 부가 조항으로 추가한다. 지정된 국경에 따라 접경지역에 대한 기록과 지도가 작성될 것인데, 바로 이것이 향후 국경에 대한 논쟁의 여지가 없는 문서로 양국에 도움이 될 것이다."

1859년 1월에 톈진 조약이 비준되었다.

러중간에 체결된 아이훈 조약과 톈진 조약으로 러시아는 프리아무리예에서의 적극적인 정착을 위한 방안들을 수립할 수 있게 되었다. 프리아무리예 지역이 러시아의 일부로 편입됨으로써 행정 개편이 필요해지게 되었다. 1858년 12월 8일자 칙령에 따라 새로운 도 – 아무르도 – 가 만들어졌으며, 이곳으로 아무르강 좌안 전체를 귀속시켰다. 블라고베셴스크(Благовещенск) 카자크마을(구 우스티-제야초소(Усть-Зейский пост))이 시로 승격되면서 이 도의 행정 중심지가 되었다.

극동지역에서 러시아의 입지를 공고화하기 위해서는 훌륭한 항구들이 갖춰진 우수리 변경지역을 러시아의 영토로 편입시켜야만 했다. 이 지역은 조사가 충분히 이루어지지 않은 곳이었다. 빠른 조치가 필요했다. N. 무라비요프는 영국과 프랑스의 함대가 국경이 확정되지 않은 지역에서 부동항을 확보할 수도 있다는 점을 경계하고 있었다. 1858년 6월에 총참모부의 M. I. 베뉴코프(М. И. Венюков) 대위가 인솔하는 측량탐사단이 우수리 변경지역으로 파견되었다. 탐사의 목적은 앞으로 있을 경계획정을 준비하기 위해 지형지도를 제작하는 것이었다.

우수리 변경지역에 대한 탐사 과정에서 M. 베뉴코프는 정착해 있는 중국인을 보지 못했다. 그는 그곳에서 청 당국의 추적을 피해 숨어든 중국인만을 포착할 수 있었다.

1859년 1월에 우수리스크 변경지역으로 러중합동탐사대를 보내기로 예정되어 있었다. 러시아 측 탐사대장은 총참모부의 K. F. 부도고스키 중령이었다. 그러나 중국은 자국 대표단의 파견을 회피했다. K. F. 부도고스키 탐사단은 육상 국경선 획정을 위해 우수리강에서 바다까지 이르는 탐사작업을 단독으로 진행했다. 무라비요프는 제작된 국경지도를 베이징에 있는 N. P. 이그나티예프(Н. П. Игнатьев) 특명전권대사에게 보내서 중국 측의 승인을 얻도록 했다.

N. P. 이그나티예프 백작은 1859년 6월에 특명전권대사로서 중국에 파견되어 있었다. 그는 다구에서 중국군이 영국·프랑스 연합군에게 승리한 지 이틀이 지난 시점에 베이징에 도착했는데, 이때 그는 차갑고 비우호적인 대접을 받았다. 아이훈 조약의 비준은 실수였다고 그에게 공지되었다. 황제가 이러한 실수를 용인한 것은 오직 "모든 생명체를 아끼는 마음에서 러시아 국의 평범한 사람들이 상실과 제약을 견뎌야 하는 것을 원치 않았으며, 이에 거처할 곳이 없는 이들에게 아무르강 좌안의 빈 땅과 코툰툰(Котуньтунь, 마린스크(Мариинск))과 지찌(基濟, 키지(Кизи))가 위치해 있는 땅을 준 것이었다." 아이훈 조약에 서명한 헤이룽장 장군 이샨의 행동은 어리석을 뿐만 아니라 자의적인 것인데, 왜냐하면 그가 러시아에 양도한 땅은 그의 관할 하에 있던 것이 아니라 지린성(吉林省) 장군의 통치 하에 있던 곳이기 때문이

라고 청 측은 말했다. 그런데 청나라는 아무르 좌안과 해안 항구들에 대한 러시아의 소유권은 인정했으나, 우수리 변경지역에서의 국경 확정을 위한 협상을 진행하는 것은 원하지 않았다.

영국과 프랑스가 중국의 저항을 분쇄하려는 목적에서 새로운 군사 탐사를 준비하면서 극동지역에서는 긴장감이 강화되었는데, 이것은 러시아의 태평양 연안 지역에 대한 실질적인 위협이었다. 청 정부의 근시안성과 오만으로 협상이 교착 상태로 들어가게 됨으로써 상황은 더욱 악화되었다.

1859년 11월에 N. N. 무라비요프는 프리모리예도군무지사인 P. V. 카자케비치(П. В. Казакевич) 해군소장(контр-адмирал)에게 항해를 통해 노브고로트항만과 블라디보스토크에, 그리고 표트르 벨리키만(залив Петра Великого)에 소규모 부대를 위한 거점지 두 곳을 마련하여 다져놓도록 지시했다. (프리모리예도는 1856년 11월 14일자 국가평의회(Государственный совет) 결정에 따라 구 캄차카도, 하아무르와 사할린 지역이 합쳐 구성되었다). 아니바만(залив Анива)과 사할린섬에 두 개의 중대가 주둔할 장소를 마련해서 다져놓을 것. 표트르벨리키만을 따라 항해하며 남쪽으로는 (튜멘-울라(Тюмень-Ула)강[12] 하구의) 조선 국경까지, 북쪽으로는 올가만(бухта Ольга)까지의 해안 지도를 작성할 것. N. P. 이그나티예프에게 이 명령을 지시하면서 N. N. 무라비요프가 1860년 1월 13일에 적어 놓은 바에 따르면, 이 조치들은 봄에 시작되어 여름 내내 계속될 것이며, 그 결과 만약 외국 군함이 이 바다를 차지할 계획을 세운다면 이들은 이곳이 "우리의 실효 지배 아래 있음을" 알게 될 것이다.

---

12 '튜멘-울라(Тюмень-Ула)강'은 현재의 두만강을 가리키는 명칭이다.

　　1860년 5월에 N. P. 이그나티예프는 협상 전망이 어둡다는 것을 깨닫고 베이징을 떠나 상하이로 갔다. 상하이에서 그는 서구 열강의 대표자들과 접촉했다. 상하이 체류 기간에 N. P. 이그나티예프는 현 충돌 상황에서 본인이 중립적 위치에 있음을 알리는 공문을 중국 당국에 보내면서, 양측이 강화하는데 있어 도움을 줄 수 있기를 바란다고 표명했다. 청 정부는 영국과 프랑스의 공격에 대항할 능력이 부족하다고 판단하게 되자 N. 이그나티예프의 제안을 받아들였다.

　　1860년 8월 상순에 영국·프랑스 연합군은 바이허(白河) 하구에 있는 방어시설을 탈취했고, 8월 25일에는 톈진을 점령했다. 그리고 9월에 영국과 프랑스의 군대는 베이징으로 진격했다. 연합군은 톈진에서 베이징으로 진군하면서 야만적인 약탈과 파괴를 저질렀다. 황제의 여름 궁전인 원명원(圓明園)이라는 유서 깊은 문화유산이 파괴되었다. 연합군이 베이징으로 접근하자 함풍제(咸豊帝)와 신하들은 러허(熱河)시[13]로 피신했으며, 공충친왕(恭忠親王)이 강화협상 추진을 위해 남았다. 영국·프랑스 지휘부는 자신들의 모든 조건을 수용하라는 최후통첩을 중국 측에 보냈다. 공충친왕은 협상에 나서는 것을 두려워했으며, 이에 영국·프랑스 연합군은 N. 이그나티예프에게 도움을 요청할 수밖에 없었다. N. 이그나티예프가 베이징에 도착하자, 청나라의 고관들이 그를 찾아와 서양 열강과의 강화 협상에서 중재자가 되어줄 것을 공충친왕의 이름으로 요청했다. 러시아 공사는 청나라가 러시아의 요구사항을 들어주는 조건으로 이에 동의했다. 특히 아이훈 조약을 인정하고, 우수리강 하구부터 조선까지의 경계를 확정하며, 서쪽 국경은 청나라의 국경 초소선 등을 따라 확정한다. 중국 측은 이에 동의한다

13　'러허(熱河)시'는 현 허베이성 청더(承德)시이다.

고 확언함으로써 영국 및 프랑스와 강화 조약을 체결하는 바로 그 순간 러시아와의 모든 문제들도 완결할 의무를 지게 되었다. 결과적으로 베이징 공격은 중단되었으며, 수도는 파괴와 약탈을 면하게 되었다. 중국 측은 모든 일이 순조롭게 해결된데 대해 러시아 외교관에게 감사를 표했다. N. 이그나티예프는 10월 24일에는 영국과 중국 사이에서, 10월 25일에는 프랑스와 중국 사이에서 베이징 조약이 체결될 때까지 협상에 적극적으로 참여했다.

베이징 조약(1860)

베이징 조약이 1860년 11월 2일에 러시아와 청나라 사이에서 체결되었다. 조약 1조에 따라,

> "…… 양국의 동쪽 국경은 쉴카강과 아르군강의 합류지점에서 시작해서 아무르강이 아래로 흘러 우수리강과 합류하는 지점까지 이어진다. 아무르강의 좌안(북쪽)에 위치한 땅은 러시아 국에 속하고, 아무르강의 우안(남쪽)에서 우수리강 하구까지 위치한 땅은 중국에 속한다. 다음으로 우수리강 하구부터 한카호까지의 지역에서 국경선은 우수리강과 쑹아차허(松阿察河)를 따라 그어진다. 이 강들의 동쪽 연안(우안)에 위치한 땅은 러시아 국에 속하고, 서쪽 연안(좌안)에 위치한 땅은 중국에 속한다. 다음으로 양국의 국경선은 쑹아차허의 발원지에서 한카호수를 가로질러 바일렁허(白棱河, 투르(Тур))로 이어지고, 이 강 하구로부터 산맥을 따라 후비투(Хубиту, 후브투(Хубту))강 하구로 이어지며, 여기서부터 훈춘허(琿春河)와 바다 사이에 위치해 있는 산맥을 따라 두만강으로 이어진다. 여기에서도 또한 동쪽에 위치한 땅은 러시아 국에 속하고,

서쪽에 위치한 땅은 중국에 속한다. 국경선은 두만강의 바다 어귀
에서 상류로 20중국베르스타(리) 떨어진 지점에서 이 강에 부딪힌
다."

조약 2조는 러시아의 서쪽 영토(중앙아시아)에서 러중간 국경의
전반적인 방향을 규정해 놓았다.

조약 3조에 언급된 바에 따르면, "동부 국경을 살피고" 국경 표식들
을 설치하기 위해 양국 정부는 대리인들(책임자들)을 지정한다.

"책임자 회의는 이듬해 4월 중에 우수리강 하구에서 여는 것으로
정해졌다."

이들에 의해 합의된 의정서들과 첨부 조항들은 "이 조약의 부가조
항으로 간주될" 것이다. 이후에 두 개의 이러한 의정서들이 체결되었
다. 그중 하나는 1861년 6월 4일에 체결된 한카 의정서(Ханкайский
протокол)라고 불리는 것으로, 우수리 변경지역에서 확정된 국경지
대에 대한 지도와 기록을 교환하는 것에 관한 것이다.

나머지 조항들은 양 제국들 사이의 경제 및 외교와 관련된 것들을
다루었다.

형식상 베이징 조약은 아이훈 조약과 톈진 조약에 대한 부속조약
이었지만 실질적으로는 독자적인 의미를 가지고 있었다. 이 조약으로
우수리 변경지역은 최종적으로 러시아 영토로 인정되었다.

베이징 조약의 의의를 가장 먼저 평가한 이는 러시아 상인들이었
다. N. 이그나티예프가 중국에서 캬흐타로 돌아왔을 때 100명이 넘는
시베리아 상인들이 쓴 축하 편지가 전달되었는데, 거기에는 "러시아

무역의 이익을 배려해 준 것에 대한" 뜨거운 감사가 표현되어 있었다. 정부 역시 이그나티예프의 공을 높이 평가했다. 28세의 젊은 외교관은 황실부관(Генерал-адъютант) 칭호를 하사 받고 외무성 아시아국장 으로 임명되었다.

N. N. 무라비요프는 외무대신이었던 A. M. 고르차코프에게 보내 는 1860년 11월 27일자 서신에 다음과 같이 적었다.

> "이제 우리는 합법적으로 이 멋진 우수리 변경지역을, 그리고 남쪽의 항구들을 소유하게 되었고, 캬흐타에서 출발하는 육상 교역 권을 가지게 되었으며, 우르가(Ypra)[14]와 카슈가르(Кашгар)[15]에 영사관을 설치하게 되었습니다. 이 모든 것들이 러시아인의 피흘림 없이 오직 우리 공사의 전문성, 끈기, 그리고 헌신으로 이루어졌으 며, 게다가 중국과의 우호는 침해받지 않은 정도가 아니라 더욱 굳 건해졌습니다."

노보키옙스크 의정서들(Новокиевские протоколы, 1886)

1886년에 한카호수부터 남쪽으로 이어지는 국경을 다시 한 번 점검하 면서 추가적인 경계표시를 설치했다. 나무기둥으로 된 표시물들이 석재 로 바뀌었다. 국경선의 재표시 결과는 9개의 의정서들에 삽입되었다.

14　'우르가(Ypra)'는 현 몽골의 수도인 울란바토르의 옛 명칭이다.

15　'카슈가르(Кашгар)'는 현 중국 신장 위구르자치구에 있는 카스(喀什)시이다.

치치하얼 의정서(Цицикарский протокол, 1911)

치치하얼 의정서에는 아르군강을 따라 아무르강 상류에서 중국과의 국경 표시 사항이 삽입되었다.

프리아무리예와 유쥬노-우수리 변경지역의 러시아 영토 편입은 19세기 러시아 극동정책의 핵심적인 결과물이었다. 이를 통해 러시아는 태평양 지역에서 입지를 강화하고 풍요로운 극동지역에 대한 경제 개발을 도모할 수 있었다. 러시아와 중국 사이에서 체결된 조약들은 상호호혜적인 통상과 관계강화를 보다 집약적으로 발전시킬 수 있는 환경을 조성했다.

러시아와 조선의 관계

19세기 중반에 조선에서는 봉건적 관계가 팽배해 있었다. 국가의 수반이었던 왕은 무소불위의 권력을 가지고 있었다. 중국은 조선을 속국으로 바라보았지만 실질적으로 조선은 독립 국가였다. 이 두 국가들 사이에는 경제적, 정치적, 문화적으로 매우 밀접한 관계가 형성되어 있었다. 조선 역시 중국이나 일본처럼 쇄국정책을 고수하고 있었다.

1854년에 조선에 온 E. V. 푸탸틴 탐사함대의 수병들이 최초로 조선 땅을 밟은 러시아인이었다. 1860년에 러시아와 중국 사이에서 베이징 조약이 체결된 후 러시아와 조선 사이에서도 실질적으로 국경이 형성되었다. 그러나 공식적인 관계는 수립되어 있지 않았다. 이와 함께 더 나은 삶을 찾아 러시아 영토로 이주해 오는 조선인들이 나타났다. 이로 인해 러시아와 조선 사이의 교역은 자연발생적으로 발전하게 되었다. 조선에서 유입되는 곡물과 가축은 프리모리예에 거주하는 러시아인들에게 큰 의미를 가지고 있었다. 조선으로는 섬유와 금속이 유출되었다.

1884년에 한성에서는 K. I. 베베르(К. И. Вебер) 러시아 전권대표와 김병시 조선 외무아문독판(外務衙門督辦)이 조로수호통상조약을 체결했는데, 이에 따라 러시아는 조선과 외교 관계를 수립하게 되었다. 1888년 8월에는 러시아와 조선의 대표들이 육로통상조약, 즉《두만강 유역에서의 국경 관계와 통상에 관한 조약(Правила о пограничных сношениях и торговле на Тумыньцзяне)》을 체결했다.

양측 사이의 비공식적인 협약에 따라 러시아에서는 양국간 외교관계가 수립된 1884년 이전에 러시아로 이주해 와서 러시아 국적을 부여받은 조선인들이 다른 러시아 국적자들과 동등한 권리를 누리는 것으로 인정되었다. 이 조약이 체결된 후에 이주해 온 조선인은 2년 내에 모국으로 돌아가야만 했다.

러시아와 조선 사이에서 체결된 조약들은 양국 사이에서 경제와 교역 관계가 발전하는데 영향을 끼쳤다. 그런데 1880년대 이후로 조선은 서구 열강과 일본의 격렬한 경쟁과 병합의 대상이 된다. 이에 따라 조선에서 러시아의 활동도 커졌다. 러시아 상공인들은 철광석 개발, 벌목, 전신선 부설 등에 대한 배타적 권리를 취득했다. 조선에서 영향력이 강화되면서 러시아는 조선에서의 경제적 우위를 추구하고 있던 일본과 극단적으로 대립하게 되었다. 러일간 대립은 1904~1905년의 전쟁을 가져왔다.

결론적으로, 위대한 제정 러시아 건설의 길고도 험난한 길이 19세기에 완료되었다. 극동변경지역의 광활한 영역을 러시아의 한 부분으로 편입시키는 것은 이 정책의 연결고리들 중 하나였다. 러시아는 태평양 지역에서 공식적으로 입지를 확보하게 되었다.

6장 극동지역 이주에 대한 정치경제적 상황의 영향: 19세기~20세기 초

러시아 국의, 그리고 이에 이은 러시아 제국의 변방 식민이주는 러시아 역사의 다양한 측면들, 즉 사회경제적 측면, 정치적 측면, 문화적 측면들을 망라하고 있다. V. O. 클류쳅스키(В. О. Ключевский)의 판단에 따르면, 변방 식민이주는 러시아 역사의 "본질적인 요소"이다. 그는 러시아 역사에 대한 시기구분을 하면서, 그 기준을 새로운 땅에 대한 개척과 정착으로 잡았다.

15~16세기부터 러시아인들은 동유럽 평원의 북부, 남부, 동부에서 적극적으로 영토를 개척했다. 이후 식민이주 과정은 중앙흑토지대(Центральное Черноземье), 볼가강의 중류지역과 하류지역, 시베리아, 그리고 러시아 국의 북부 및 북서부에 있는 개척이 미진하거나 전혀 개척되지 않은 땅으로 확산되었다. 이것은 본질적으로 새로운 영토로의 평화로운 이주 과정이었다.

19세기 후반에 러시아 제국은 17~19세기에 걸쳐 러시아인들이 개척한 동부 영역을 자국 영토로 완전히 확보했으며, 외부로부터의 침입에 대비해 국경을 강화했다. 중국과 분쟁 상태에 있던 국경 문제는 압력이나 군사적 위협 없이 1860년 11월에 해결되었다. 조약들은 중국의 국가적 이해관계에 부응하는 것이었는데, 그것은 북동쪽과 아무르강쪽으로부터 서구 열강이 침입하는 것을 예방할 수 있었기 때문이었다.

양국 사이에 형성된 선린 관계는 향후 두 국가가 가까워지고 협력하는데 있어 견고한 토대가 되었다. 극동지역 역사의 새로운 장이 시작되었는데, 이를 보여주는 가장 중요한 차이는 새로운 지역을 러시아 지역 전체에 통합하는 복잡한 과정이었다. 러시아 정치가들과 관료들은 외부로부터 가해지는 인구적이고 경제적인 팽창이라는 현실적인 위협을 감안할 때, 군사적이고 행정적인 과제들을 해결하는 것 외에도 국가적 통일성을 위한 인구적 토대로서 일정 수 이상의 러시아 주민을 확보하는 것이 필요하다고 생각했다. 군인과 관리뿐만 아니라 민간의 농민-이주자 또한 이 임무를 수행해야만 했다.

러시아 제국 시기에 진행된 변경지역 식민이주는 그 나름의 특성을 가지고 있어서, 원주종족들의 반 러시아 활동과 차르 정부 측에 의한 군사력과 정치적·생산경제적 수단들의 사용이 나타났다.

1860~1870년대의 개혁들[1]은 국가의 자본주의적 발전 경로에 놓인 장애물들을 치워버렸는데, 이것은 러시아 제국의 우랄 동쪽 영토에도 반영되었다. 금, 은, 주석, 철, 소금의 생산이 활성화되면서 금속 산업이 발달했다. 농민 식민이주의 부재로 농업 발전은 억제되었다. 전체적으로 보아 극동지역은 생산경제적인 면에서 정착민이 적고 발전되지 않은 곳이었다. 두 대륙에 걸쳐 있는 이 나라를 근대화시킬 필요가 있었다. 제국의 변경지역들은 중심지역에 비해 불공평한 평가를 받고 있었고, 별도의 역사적 과거를 가지고 있었다. 정부 정책의 개혁 방향은 극동의 변경지역들과 미미한 정도로만 관련되어 있었다. 1890년대에 들어와서야 사법 개혁이 극동지역에서 시작되었으나, 지방 개혁

1　알렉산드르 2세 시기에 추진된 러시아 근대화 개혁을 가리킨다. 1861년 농노제 폐지를 시작으로 제정 러시아 당국은 1860~1870년대에 산업, 행정, 군사, 지방조직, 교육, 사법 등 국가 전반에 대한 광범위한 개혁'들'을 진행했다. 현 러시아 학계에서는 이를 '대개혁(들)'이라고 부르고 있다.

은 전혀 실현되어 있지 않았다.

개혁 시기에 러시아 경제 발전의 주요 특징은 자본주의 산업화와 후진적 농업이라는 이행기 형태의 모순이 전반적으로 깊어졌다는 것이었다. 러시아 경제에 실재하는 농노제의 수많은 잔존물들은 자본주의가 심도 깊게 발전하는 것을 늦추었던 반면, 이와 함께 국가의 변경지역들로 부르주아적 생산 관계가 확산되는 것을 촉진했다.

거대하고 거의 개척되지 않았으며 정착민도 적은 영토의 실존, 식민이주가 진행되고 있던 변경지역에서 기업가가 시장을 찾아서 안착할 수 있는 가능성, 그리고 농민에게 있어서는 새로운 땅으로 이주할 수 있는 가능성 등이 자본주의의 폭넓은 발달을 촉진했다.

극동지역에서 러시아 영토의 총면적은 19세기 중반에 3,894,500제곱킬로미터였다. 여기에는 401,500명이 살고 있었다. 19세기 후반에 걸쳐 거주민 수는 2.5배 늘었다. 그러나 인구밀도는 나라 안에서 가장 낮아서, 1제곱킬로미터당 1명이 되지 않았다. 이런 조건 속에서 새로운 땅을 개척하고 유지하려면 국가가 유연하면서도 목적이 분명한 전략과 전술을 가질 필요가 있었다. 이러한 이유로 농민 식민이주가 군사적 팽창 이후 반드시 필요한 추가조치로 고려되었다.

농민 이주민으로 대표되었던 러시아 주민은 특별한 임무를 수행해야 했다: 새로운 땅에 자신들의 경작 경험을 적용할 것, 민족적 의무와 전 러시아적 애국주의라는 감정을 내포한 새로운 종족문화적 조건을 형성할 것, 제국 공간의 구조를 확고히 할 것. 이것은 국가의 의도적인 정책 방침이었다. N. K. 분게(Н. Х. Бунге) 각료위원회 의장은 1895년에 자신의 정치적 유언에서 러시아인 식민이주를 부족적 차이들을 제거하는 수단으로 사용하라고 권고했다.

　　"변경지역들에서 인종적 특징의 약화는 순수혈통의 루스키 주
민을 변경지역으로 끌어들임으로써만 달성될 수 있는데, 이 방법은
변경지역으로 유입된 순수혈통의 주민이 변경지역의 언어와 풍속
을 익히는 대신 자신들의 것들을 이식시킬 때에만 의미가 있을 것
이다."

달리 말하면, 어떤 영역을 러시아 국의 구성 부분으로 통합했을 때 그
정도는 러시아인 식민이주, 무엇보다도 농민 식민이주의 성공 여부에
달려있었다.

　　1861년의 농노제 폐지는 국가의 유럽 부분에서 시베리아와 극동
지역으로의 대규모 이주를 고착화시켰다. 개혁 이후 러시아의 유럽 부
분에 있던 농민들 중 다수는 보유하고 있던 분여지 면적이 줄어들었
다. 농민공동체는 농민의 생산경제활동 상의 자유를 억제했으며, 농민
공동체에서 벗어나는 것은 극히 어려웠다. 농민은 선택의 기로에 서게
되었다: 지주로부터 땅을 빌리는 것, 또는 일거리를 찾아 도시로 떠나
는 것, 또는 주인 없는 엄청나게 거대한 땅이 있고 지주의 토지소유가
존재하지 않던 동쪽의 새로운 영역으로 이주하는 것.

　　이주는 강제와 자발이라는 두 가지 형태로 진행되었다. 이 과정은
다양한 사회계층들에 속한 주민들과 연계되어 있었다. 강제적 방법에
따른 식민이주에는 명령을 통한 군부대의 이동, 추첨을 통한 카자크 파
견, 농민의 대체복무 파송, 행정조치에 의한 국가농민의 정착, 죄수 유
배 등등이 있었다. 카자크의 체계적인 극동지역 이주는 1850년대 중반
부터 시작되었다. 카자크 식민이주는 국가의 통제와 관여 아래 진행
되었다. 이들에게는 2년치로 산정된 15루블과 보급품이 지급되었다.

　　카자크 공동체의 변경지역 강제 이주에는 이주자를 (추첨을 통해)

선별하는 것뿐만 아니라, 새로운 장소들에 이들을 특정해서 배치하는 것도 포함되어 있었다. 카자크마을들은 지정된 장소들 내에서 강을 따라 이어지는 국경 인근에 배치되었다. 정착지의 건설은 카자크 공동체들의 생산경제적 이해관계에 대한 고려를 배제한 채 20베르스타~30베르스타 정도의 간격을 유지하는 것으로 전제되었다. 카자크 공동체에는 두 가지 역할이 주어져서, 새로운 땅의 생산경제적 개척과 국경지역의 안전 확보가 요구되었다. 1879년부터 카자크 이주는 주로 유쥬노-우수리 변경지역으로 가는 자발적인 형태로 진행되었으며, 얼마 지나지 않아 이곳에는 자율적인 우수리 카자크 부대가 형성되었다. 이 유형의 카자크 공동체에는 최대 50루블에 이르는 이주지원금이 보장되었다.

1855년에서 1862년까지 우수리강 주변에는 29개의 카자크 촌락과 마을이 들어섰다. 이후 카자크마을은 프리모리예 남쪽에도 나타나기 시작했으며, 1859년에는 한카호수 연안인 투리로크(Турий Рог)와 스뱌타야올가만(Залив Святой Ольги)에 초소들이 설치되었다. 1860년에는 현재의 라즈돌리예마을과 우글로보예(Угловое)마을의 영역에 속하는 노브고로트만에 제3국경경비대대 소속 군인들이 초소들을 구축했다. 1860년 6월 20일(신력 7월 2일)에는 제4국경경비대대 3중대 소속 군인들이 셰프네르(А. К. Шефнер)가 지휘하는 수송함 〈만쥬르(Манджур)〉를 타고 졸로토이로크만으로 이동해서, 이곳에 블라디보스토크군사기지를 건설했다. N. V. 코마로프(Н. В. Комаров) 소위보가 지휘를 맡았다. 처음에는 순전히 전략적인 목적에서 건설되었던 블라디보스토크는 이후 항구로 발전하기 시작했다. 1871년에는 니콜라옙스크-나-아무레(Николаевск-на-Амуре)에 있던 시베리아함대의 기지가 이곳으로 이전되었다. 1880년에 블라디보스토크는 시가 되었다.

1895년부터 카자크 이주민의 유입은 새로 건설된 시베리아횡단철도에 대한 보안을 강화할 필요성으로 인해 크게 증가했다. 이와 관련해서 정부는 이주자들에 대한 특전 체계를 확대했다. 카자크들은 젬스트보자치단체에 대한 부역을 3년간 면제받았고, 카자크마을에 대한 부역은 1년간 면제받았다. 또한 생산경제활동 도구를 마련할 수 있도록 600루블의 대부금이 지급되었고, 1년간 식량을 제공받았다. 국가의 사회정책으로 극동지역에서는 카자크 공동체라는 새로운 신분이 자리잡을 수 있었다.

강제적 절차에 따라 극동지역으로 이주되어 온 사람들로는 카자크와 군인 외에 유형이주자가 있었다. 1869년 4월 18일에 알렉산드르 2세는 사할린 지역을 징역과 유형 장소로 지정하는《노역 조직에 관한 각료위원회 규정(Положение Комитета об устройстве каторжных работ)》을 추인했는데, 이를 통해 사할린이 노역과 유형을 위한 장소로 공식적으로 확정되었다. 이러한 발걸음을 내디딤으로써 차르 정부는 정치적 목적과 경제적 목적을 추구해 나갔다. 사할린섬에 전 러시아적 유형노역장이 설치되어 있는 동안(1906년에 폐지)에 새로운 정주지들이 형성되었고, 유용 자원 매장지들이 개발되었고, 상당한 양의 토지가 개간되었으며, 항구들이 건설되었다. 유형수들 중 많은 이들이 정해진 복역기간을 마친 후 섬에 있는 영구 정착지에 남았다. N. N. 무라비요프 동시베리아군정지사는 자유를 얻게 된 수천 명의 유형수들을 자발적 이주민으로서 아무르 하구 지역으로 파송하는 자리에서 다음과 같이 환송의 말을 했다.

"자녀 여러분에게 신의 가호가 함께 하기를! 당신들은 이제 자

유의 몸입니다. 땅을 개간해서, 그것을 러시아의 변경지역으로 만

들면서, 새로운 삶을 시작하십시오.”

19세기 후반~20세기 초에 이주 발전 과정은 새로운 단계로 접어
들었는데, 이 시기에 극동지역으로 농민을 식민이주하기 위한 선제조
건들이 해결되었다. 이것은 세 단계에 걸쳐 진행되었다.

1. 1861~1881년: 육로 이주
2. 1882~1900년: 해로 이주
3. 1901~1917년: 시베리아횡단철도를 통한 이주

지적할 필요가 있는 것은, 개혁 시작 후 20년에 걸친 기간 동안 국
가 당국의 정책이 이주활동과 관련해서는 일관성이 없었다는 점이다.
《1861년 2월 19일 규정(Положение 19 февраля 1861 г.)》[2]은 농
민들의 이주 기회를 확대시키지 않았을 뿐만 아니라, 반대로 나아가
구 영지농노들의 이주 권리를 실질적으로 완전히 제거해 버렸다. 동부
변경지역에서 토지소유절차를 확정한 최초의 법률은 1861년 3월 26
일에 황제의 승인을 받은《동시베리아의 아무르도와 프리모리예도에
서 러시아인과 외국인의 이주에 대하여(О правилах для поселения
русских и иностранцев в Амурской и Приморской областях
Восточной Сибири)》라는 시베리아위원회의 규정이었다. 이 규정에
따라 모든 이주가구는 100데샤티나(десятина)의 토지를 받을 수 있
었는데, 이것은 5년 경작을 조건으로 20년간 무상으로 제공되었다.

---

2 알렉산드르 2세 시기 진행된 대개혁들의 시발점이 되는《농노해방령》이다.

1861년 3월 26일자 법률에는 토지를 사유재산으로 구입하는 것이 가능하다고 명기되어 있었지만, 농민가구와 농민공동체는 기본적으로 사용권이 부여된 분여지를 보유하는 것을 선호했다. 1891년 1월 1일에 아무르도에서 사유지 보유자는 292명이었으며, 프리모리예도에서는 14명이었다. 1900년에 프리아무리예 변경지역에서 농민공동체가 이용하고 있던 토지는 3,546,909데샤티나로, 변경지역에서 사용가능했던 총토지면적의 95.4퍼센트를 차지하고 있었다. 제시한 예에서 알 수 있듯이, 러시아 농민의 심리상태는 여전히 농민공동체적이고 집단적이었다.

1880년대 초 이전까지는 《형법(Уложения о наказаниях)》 946조에 따라 자발적 이주 자체뿐만 아니라 이것을 준비하는 것조차 형사처벌 절차에 의해 기소되었다. 지주는 값싼 일손을 잃게 되는 것을 두려워했다. 주인없는 땅으로의 농민 이주를 금지하는 행정 정책들은 객관적인 식민이주 과정과 모순되는 것이었으며, 이에 따라 효과를 발휘할 수 없었다. 얼마 지나지 않아 급격하게 증가하고 있던 자발적 이주가 인정되었다.

이 영역에서 통제권을 완전히 상실하지 않도록 경계하고 있던 당국은 1868년에 내무부 산하에 위원회를 설치한 후 이곳에 이주 흐름을 보다 더 잘 제어할 수 있는 이주 전반과 관련된 법규를 고안하도록 지시했다. 위원회의 조언에 따라 몇몇 개별적이고 부분적인 법령들이 공포되었는데, 이것들은 대부분 이미 변방지역으로 이주한 상당한 수의 집단들을 합법화해주는 것이었다. 예를 들면, 1869년 4월 9일에 알렉산드르 2세는 《오래 전에 다른 주들에서 오렌부르크주로 와서 거주하고 있는 이주민들의 안착 방안들에 대하여(О мерах по водворению в Оренбургской губернии издавна проживающих там

переселенцев из других губерний)》라는 농촌개발최고위원회
(Главный комитет по устройству сельского состояния)의 규정
을 승인했다. 이것은 원래 극동지역으로 파송되었으나 프리우랄리예
남부지역에 정주할 수밖에 없었던 1만 명의 사람들을 대상으로 하는
것이었다. 이후 이 법은 자발적 이주민들이 임시로 정착하고 있던 다
른 주들에까지 확대적용되었다.

극동지역으로의 자발적 이주의 초기 정착에서 주도적 역할을 한
것은 농민, 퇴역병사, 노동자였다. 19세기 후반에 가장 대규모로 이주
한 것은 농민이었다. 농노제 폐지, 국가 중심지역에서 나타나고 있던
농민들의 토지 부족, 극동지역에 있던 많은 양의 가용 토지, 영주 토지
소유의 부재 등이 이러한 과정을 촉진했다.

농민이주 과정 중 첫 번째 단계(1861~1881)에 정부는 농민가구에
대한 100데샤티나의 분여지 외에도 다양한 특전들을 제시함으로써 농
민들을 자극했다. 즉, [이주] 농민은 징병이 10회 면제되었고, 20년간
의 농지 사용에 대한 비용이 면제되었으며, 인두세를 평생 면제받았
다. 이와 함께 이주 법규들에는 일정한 조건들이 기술되어 있었다. 농
민 이주는 자기 부담으로("자비로") 그리고 국가 전체를 가로지르는
육로로 이행되었다. 이주에서 우선권은 강하고 유복한 농민들에게 주
어졌으며, 가난한 이들, 아이와 노인이 많이 포함된 가족들에게는 허
용되지 않았다. 유복한 농민층은 생산경제운용 경험이 있었기에 낯설
고 어색한 환경에 보다 빨리 적응함으로써 이 지역을 효과적으로 개척
하는 것을 보증해줄 것이었다.

이주가 상당히 성공적으로 진행된 곳은 아무르도였는데, 이곳에서
는 이주민들 중 압도적 다수가 몰려들어서 아무르-제야평야(Амур-
ско-Зейская равнина)의 비옥한 토지를 개척했다. 이미 1869년 무

렵에 아무르도는 극동변경지역 전체의 곡창으로서, 곡식과 채소를 완전히 자급자족했을 뿐만 아니라 많은 양의 잉여물을 남길 정도였다. 프리모리예 지역에서도 이주의 진동이 상당한 규모에 달했으나, 19세기 말에 농민의 비중과 수는 아무르도에 비해 떨어졌다.

1861~1881년에 극동변경지역으로는 11,800명의 농민이 왔는데, 이 중에서 프리모리예 남부지역으로는 3,700명이 왔다. 이 시기에 극동지역으로의 이주에는 주로 흑토중심지역, 포볼쥐예(Поволжье)[3] 중부지역, 시베리아지역의 주들에서 온 농민들이 참여했으며, 우크라이나 지역에서 온 이들은 극히 일부에 불과했다. 프리모리예로 온 이주민들 중 약 51.8퍼센트는 아스트라한주(Астраханская губерния), 보로네슈주(Воронежская губерния), 뱌트카주(Вятская губерния) 출신의 농민들이었다. 아무르도로 이주한 사람들 가운데는 아스트라한주, 탐보프주(Тамбовская губерния), 사마르주(Самарская губерния), 보로네슈주에서 온 농민들이 주도적이었다. 국가의 목적지향적 이주 정책으로 사람들의 국내 이주 동향이 강화되어서, 농민, 카자크, 노동자, 그리고 모든 사회 계층 내에서 사업가적 진취성을 가진 사람 등이 극동변경지역으로 몰려들었다.

이주 문제에 대한 국가의 대응에 있어 눈에 띄는 움직임이 이주 행위의 두 번째 단계인 1880년대 초에 나타났다. 일련의 상호관련된 요소들이 이에 대한 원인으로 작용했다. 특히, 1870년대 말에서 1880년대 초에 걸쳐 농촌에서 나타난 사회적 모순의 첨예화, 그리고 우랄 지역을 "원주(原住)" 주들과 "더 가깝게 만들어 준" 철도 건설이 큰 역할을 했다. 그 결과 1881년 7월 10일에 《비어있는 국유지로의 농민 이주

---

3 '포볼쥐예(Поволжье)'는 볼가강 주변지역을 가리키는 용어이다.

에 관한 임시 법규(Временные правила о переселении крестьян на свободные казенные земли)》가 추인되었다. 이 문서에 근거해서 토지가 적은 농민이 비어있는 땅으로 이주하는 것이 허용되었다.

1883년에 《임시 법규》가 추인되자마자 정부는 주지사들에게 후속 조치에 대한 자신의 견해를 밝혀줄 것을 요청했다. 그 결과 "경제적으로 좋지 않은 주들과 군들" 출신인 농민의 우선적인 이주를 위해 이주 과정에 대한 국가의 보다 적극적인 개입이 필요하다는 것이 확인되었다. 주지사들이 제시한 의견들은 《농촌 주민과 소시민의 국유지로의 자발적인 이주에 대하여, 그리고 앞선 시기에 이주한 이 두 신분들에 속하는 사람들의 계수 절차에 대하여(О добровольном переселении сельских обывателей и мещан на казенные земли и о порядке перечисления лци означенных сословий, переселившихся в прежнее время)》(1889)라는 새로운 법에 반영되었다. 이 문서에 따라 자의적 이주자들은 이전과 마찬가지로 행정 절차에 따라 구 거주지로 돌아가야만 했다. 반면 합법적으로 새로이 이주한 사람들에게는 무기한 사용권이 부여된 땅의 분배와 국가적 지원책이 예정되어 있었다.

법령이 공포되자 이주 움직임이 강하게 일어났다. 1889~1891년에 당국으로부터 이주 허가를 받은 것은 9,600가구인데, 실제로는 시베리아지역만 보아도 36,000가구가 이주했다. 많은 이주민이 강제로 귀환되었다. 군인과 경찰의 지원을 받아 농민들을 막아야만 했던 경우도 발생했다. 1891년의 흉작 이후로 상황은 악화되었다. 통제할 수 없을 정도로 많은 사람들이 기근을 피해 우랄 동부지역으로 밀려들어왔으며, 이것은 전염병을 촉발했다. 정부는 행정적인 대책을 시행해서, 1892년 3월에 이주 허가서의 발급 중단을 지시했다. 그러나 이것으로 문제가 해결되지는 않아서, 100,000명 이상의 사람이 자의적으로 시베리아지역으로 이동했다.

1861년 3월 26일자 법령은 1882년까지 효력을 발휘해서, 이때까지 정부는 국비를 들여 해로 이주를 활성화시켰다. 1878년에 정부의 지원을 받는 제국협회(Императорское общество)의 주도 하에 대중의 기부를 받아 의용선단(義勇船團, Добровольный флот)[4]이 창설되었다. 1878년에 370만 루블의 기부금이 모였고, 1879~1902년에는 415만 루블이 모였다. 이 기부금으로 1878년 6월에 독일에서 첫 세 척의 기선을 구입해서, 〈로시야(Россия)〉, 〈모스크바〉, 〈페테르부르크〉라고 명명했다. 오데사와 태평양에 있는 러시아 항구들 사이를 오가며 주기적으로 여객과 화물을 운송할 수 있는 권리가 의용선단사에 부여되었다. 1880년 3월 9일에 오데사에서 블라디보스토크로 가는 기선 〈모스크바〉의 전송식이 개최되었다. 해상을 통한 이주민 운송은 이동 기간을 (2~3년에서 두 달로) 크게 줄였다. 그 결과 매년 250가구 이상이 정부 예산으로 이주했다.

1897~1900년에 의용선단의 기선들은 179,000명을 이주시켰는데, 이 중에서 148,600명은 군인이었고, 20,260명은 이주민이었으며, 5,000명 이상은 자비로 승선한 승객이었다. 이주 흐름의 지형도가 바뀌었다. 기선 항로가 열리기 전에는 포볼쥐예와 중부지대(Средняя полоса)[5] 출신의 이주민이 다수를 이루고 있었다면, 항로가 열린 후

---

4 '의용선단(義勇船團, Добровольный флот)'은 '자발적 성금으로 만들어진 선단'이라는 뜻이다.

5 '중부지대(Средняя полоса)'는 유럽 러시아의 중간지대를 가리키는 명칭이다.

에는 좌안 우크라이나(Левобережная Украина)⁶의 주들(체르니고프주, 폴타바주, 하리코프주)의 거주자들이 다수를 이루게 되었다. 이들의 비중은 이주자의 77퍼센트에 달했다.

1892년에 《아무르도와 프리모리예도에서 러시아인과 외국인의 이주와 관련된 규정의 적용 연장에 대해서, 이 규칙의 변경 및 추가에 대해서(О продлении действия правил, касающихся переселения русских и иностранцев в Амурской и Приморской областях, об изменениях и дополнениях этих правил)》라는 국가평의회 권고안이 황제의 재가를 받아 채택되었다. 이 법에 따른 기본적인 혜택들은 새로운 정착지에서 5년 동안 국가 채무 변제와 젬스트보자치단체 징수금 면제, 정착 후 5년 동안 세금의 절반 삭감, 이주민들에 대한 국가징수금 중 미납금 면제 등이었다.

이렇게 함으로써 농민 이주의 두 번째 단계에서 정부는 전략적이고 정치적으로 중요한 과제, 즉 유쥬노-우수리 변경지역에서 아시아 국가들의 침략 위험을 방지하기 위한 이 지역 영토로의 빠른 이주정착을 해결했다.

유럽 러시아로부터의 농민 이주와 병행해서 주로 수공업자, 계절노동자, 죄수, 유형수 등을 중심으로 비토지적 식민이주 과정이 진행되었다. 이러한 경향은 특히 아무르도에서 뚜렷하게 나타나서, 이곳에서는 1890년대에 비농업 식민이주가 새로이 도착한 사람들 중 33.3퍼센트에 달했다. 이 세기 말에는 유럽 러시아로부터 철도 건설 현장, 블라디보스토크 항구로 오는 숙련 노동자들에 대한 대규모 계약이 체결

---

6 '좌안 우크라이나(Левобережная Украина)'는 드네프르강 중류의 좌안지역을 가리키는 명칭이다.

되기 시작했다.

군대가 집중되어 있던 극동지역에서는 매년 수천 명의 보병과 수병이 예비역으로 제대했다. 1893년에는 이들에게 여러 가지 면세 혜택을 제공하는 법이 제정되었다. 이후 4년 만에 프리아무리예군정주에는 예비역으로 제대한 후 이곳에 영구 정착한 이들이 15,000명 이상을 헤아리게 되었다.

차르 행정부는 노동징역과 유형을 식민이주의 방안으로 생각했다. 유쥬노-우수리 변경지역으로는 자바이칼리예와 사할린에서 유형수들이 왔는데, 이들 중에서 프리모리예로는 이 변경지역 인구의 1.4퍼센트에 달하는 4,000명이 왔다. 전체적으로 개혁시기 동안에 극동지역으로는 116,000명 이상이 왔는데, 이들 중에서 95,000명(81.8퍼센트)은 농민이고, 약 10,000명(9퍼센트)은 카자크이다. 2퍼센트 미만의 이주민은 출발한 곳으로 되돌아갔다. 35년 동안 극동지역의 인구는 68퍼센트 성장해서, 1897년까지 자바이칼리예에는 1,071,600명, 프리아무리예에는 326,000명, 프리모리예·캄차카·사할린에는 540,000명이 거주했다.

이주 세 번째 단계의 두드러진 특징으로 들 수 있는 것은 철도체계의 도입이었다. 이미 1880년대 초까지 러시아의 유럽 부분에서는 철도가 상당한 정도로 망 조직을 갖추어 운용되고 있었는데, 이것은 주요한 내륙수로 운송로들로 이어짐으로써 동쪽으로 향하는 철도-수로라는 유용한 노선을 형성했다. 이동은 기본적으로 볼가강과 카마강에서 항행이 가능한 봄철과 여름철에 진행되었다.

1880년대에는 오렌부르크철도(Оренбургская железная доро-га)가 건설되기 시작했으며, 서부와 중부 우랄 지역에서 철도 건설이 활발하게 이루어졌다. 시베리아철도위원회(Комитет Сибирской железной дороги)가 구성된 후로는 상황이 바뀌었다. 철도 건설은 1891년에 양쪽 – 첼랴빈스크와 블라디보스토크 – 에서 동시에 시작 되었다. 시베리아횡단철도의 동부구간인 우수리철도(Уссурийская железная дорога) 노선이 건설되는 기간(1891~1897)에 극동지역 남부로 자본과 노동력이 빠르게 유입되었다. 1897~1903년에는 중 국 정부와의 협약에 따라 본선의 일부가 만주를 통과해서 건설(동청 철도)됨으로써 우수리 변경지역과 러시아가 연쇄적인 철로를 통해 연 결되었다. 이러한 조건 속에서 이주는 시베리아횡단철도의 새로운 구 간들이 개통되는 것에 따라 변동했다. 1909년에 시베리아철도 본선이 복선화되었으며, 1913년에는 두 번째 궤도가 바이칼을 따라 부설되었 다. 첼랴빈스크에서 블라디보스토크를 직통으로 연결하는 철도 노선 이 아무르철도의 건설이 완료된 1916년에 개통되었다.

그런데 정부에게 있어 시베리아횡단철도는 동쪽으로의 이주 흐름 을 단축하는 계획이라는 점에서만 중요한 것이 아니었다. 철도 건설은 변경지역 발전에서 혁명적인 역할을 수행했다. 철도는 중심지역과 극 동지역 사이의 경제적, 행적적, 문화적 관계를 확대하고 강화시켜 주 었고, 러시아 국내시장과 이 지역 사이의 단절을 제거해 주었으며, 새 로운 땅으로의 이주민 유입을 촉진했다. 이 철도는 정치적, 경제적, 전 략적으로 커다란 의미를 가지고 있었다. 철도 부설로 인해 러시아 자 본과 외국 자본을 시베리아와 극동지역의 내부를 개발하는데 끌어들 일 수 있는 커다란 가능성을 가지게 되었다. 철도로 인해 시베리아산 밀이 대외 시장으로 나갈 수 있게 되었다. S .Yu. 비테가 기록한 것처 럼, 이것으로 인해 러시아는 "무역 거래에 있어 중개자로서뿐만 아니 라 아시아 동부지역의 민족들 옆에 그 누구보다도 가까이 서있는 대 규모의 생산자이자 소비자라는 점에서도" 첫 번째 위치를 점하게 되었다. 시베리아횡단철도의 정치적 의미는, 국가 동부지역으로의 농민 유입 확대가 국가의 유럽 부분에 내재되어 있던 불만을 약화시켰으며, 그 결과 전제주의-지주 구조가 강화되었다는 점이다. 철도는 러시아의 전략적 이익 또한 고려한 것이었기에, 극동 영유지를 발생할 수 있는 위협으로부터 보호할 수 있도록 해 주었다.

극동지역 이주 과정의 세 번째 단계는 러시아 중심지역에서의 농민경제 붕괴, 토지 부족, 농민봉기 증가, 혁명적 분위기 고조 등에 따른 것이었다. 1900년 6월 22일에《아무르도와 프리모리예도에서의 이주 구역 조성에 관한 임시법규(Временные правила для образования переселенческих участков в Амурской и Приморской областях)》가 새로이 승인되어서, 1901년 1월 1일부터 시행되었다. 이 법에 따라 1901년 1월 1일부터 이주민은 100데샤티나의 가구 분여지 대신에 남성 1인당 최고 15데샤티나의 경작지와 삼림을 무상으로 받게 되었는데, 이때 매우 싼 가격(1데샤티나당 3루블)에 토지를 제한 없이 취득할 수 있는 권리는 유지되었다. 이때부터 1901년 이전에 극동지역에 온 사람을 구 이주민(старожил), 그 이후에 이주해 온 사람을 신 이주민(новосёл)이라고 부르기 시작했다. 토지 구입에 대한 허용으로 인해 유복한 농민층이 형성될 수 있는 조건이 마련되었다.

1904년 6월에 정부는《농촌 주민과 토지경작 소시민의 국유지로의 자발적인 이주에 대한 임시법규(Временные правила о добровольном переселении сельских обывателей и мещан земледельцев на казенные земли)》를 반포했다. 이 법은 이주 과정을 간소화한 것으로, 새로운 지역에 정착할 때 정부의 어떠한 혜택과 도움도 받지 않는 가난한 농민의 자발적 이주를 염두에 둔 것이었다. 즉, 법은 이주를 국가 중심지역에서의 농업위기를 완화시키기 위한 수단으로 인식했던 것이다. 무토지 농민에게 있어 이것은 생존 수단을 찾아 나설 수 있는 통로였다.

P. A. 스톨릐핀(П. А. Столыпин)이 이끌던 정부가 농업개혁(1906)을 시작하면서 이주민 유입은 크게 증가했는데, 이들은 기본적으로 가장 불안정한 주들에서 온 무일푼의 빈곤 농민층이었다. 1906년 이래로 정부는 이주민에게 제한없이 사용할 수 있는 무료운임표인 이동증, 또는 통행증을 발급했다. 1909년에 스톨릐핀은 극동정주위원회를 설치하고 극동지역 개척을 위한 광범위한 프로그램을 마련했는데, 여기에는 이주지역에 따라 100~200루블 사이의 무상대부, 사전 토지 정리작업, 이주지역들에 놓인 대로를 따라 학교와 진료소를 건설해 주는 것 등과 같은 추가적인 혜택들이 포함되어 있었다.

스톨릐핀의 이주정책에는 취약점(지방의 관료주의, 이주민들의 애로사항에 대한 형식적인 대응, 불충분한 재정지원)이 존재하긴 했지만, 진전된 의의를 포함하고 있었다. 극동지역에서 인구는 증가했다. 1907~1913년에 이주는 연평균 40,000명씩 증가하는 추세를 보였으며, 1900~1916년에 프리모리예도에 온 이주민은 200,000명을 상회했다.

상당한 크기의 토지개간, 주택·부락·마을 건설, 가축·기구·도구 구비 등을 통해 변경지역 경제 발전의 초석이 마련되었다. 스톨릐핀 농업정책의 주요 목표는 강건한 개별적 생산경제를 구축하는 것이었다. 농민들은 땅을 찾아 동쪽으로 온 것이었기에, 이주해 온 농민가구의 생산경제적 정착을 지원하기 위한 정부 정책의 기본 방향은 토지소유의 조직에 있었다. 토지분배 절차를 규정한 정부 문서들에는 토지를 사유재산으로 구입하는 것이 가능하다고 명기되어 있었으나, 농민가구들과 농민공동체들은 서둘러 이 권리를 누리고자 하지 않았다. 1900년에 프리아무리예 변경지역에서는 이 지역에 있던 모든 가용토지들 중 95.4퍼센트가 농민공동체 단위의 토지이용이라는 형태로 사용되고 있었다. 최적 형태로서의 소규모 토지소유는 지역의 농업경영 조건에 적합해서 주민의 빠른 적응을 촉진했다. 소토지 소유농은 토지를 점진적으로 개간했던 반면에, 대토지 소유농은 타이가를 개간하기 위해 더 많은 비용을 들여야 했다. 농민공동체 단위의 토지사용 하에서는 가축용 방목지와 삼림이 분할되지 않고 농민공동체 소유로 되어있었는데, 농민은 이것에 만족스러워 했다. 이 외에도 이주민은 사냥, 어로, 그 밖에 다른 생산활동들에 적극적으로 종사했다.

제1차 세계대전 기간에 이주민 수는 급격하게 줄었는데, 이것은 농민의 군 징집과 군관련 운송의 증가와 관련이 있다. 이와 관련해서 차르 정부는 농민에게 발급하던 이동증과 할인운임을 중단했다.

인구의 급격한 증가와 농업 부문의 발전이라는 상황 속에서 조속한 산업 발전에 대한 요구가 나타났다. 지역의 경제적 영역과 사회적 영역을 발전시키기 위해서는 숙련된 노동력이 필요했다. 20세기 초 이전까지 노동자 유입은 크지 않았다. 산업식민이주 과정에서도 역시 민간주도적 양상이 우세했다. 산업식민이주의 특징을 이루고 있던 것은 차르 정부에 의해 이 변경지역의 지역적 특성으로 간주되었던 것, 즉 수산업과 채광업의 육성, 건설노동에 대한 수요 등이었다. 이를 위해 차르 정부는 아스트라한주, 타브리카주(Таврическая губерния), 노브고로트주(Новгородская губерния), 올로네츠주(Олонецкая губерния)에서 극동지역으로 어부들을 데려오기 위해 많은 노력을 기울였다. 어업 이주 가구에도 역시 가구당 800~1,000루블의 대부금이 제공되었다.

비토지 식민이주는 수공업자, 계절노동자, 다양한 범주의 죄수와 유형수, 육군과 해군의 하급 제대군인의 유입으로 이루어졌다. 새로운 영토를 공고화하기 위해 이들에게는 몇 가지 혜택들이 제공되었다. 그러나 이러한 방책들에도 불구하고 극동지역은 계속해서 고용노동력 부족이라는 어려움을 겪었다. 게다가 이곳으로 이주해 온 노동자들과 어부들 중 상당히 많은 수가 산업생산 영역이나 어업이 아니라 주로 농업과 상업에 종사했다. 또한 노동자들 중 다수는 얼마 전만 해도 농민이었다는 점도 극동지역 노동자 계급 형성 과정에 영향을 미치지 않았다고 할 수 없다.

러일전쟁 직후에 숙련된 전문가의 부족이 심각한 수준에 도달해 있다는 점에 대해 인식하게 되었는데, 이때 근대적인 공장 산업화와 이를 위해 필요한 잠재적 전문가의 부재가 변경지역 정착지들을 위협하는 요소가 된다는 것이 드러났다.

정부는 러시아인 노동자의 극동지역 유입을 강화하기 위해 [외국인] 노동이민자를 규제하는 방책들을 도입했다. 1908년에 『각료회의 특별공보(Особый журнал Совета Министров)』에는 60세 이상인 자, 병자, 그리고 부모를 동반하지 않은 15세 미만인 자에 해당하는 외국인의 이주를 금지하는 결정이 공포되었다. 이 결정에 더해서 1910년에는 프리아무리예군정주, 자바이칼리예도 그리고 이르쿠츠크군정주의 영역 내에서는 국가 사업에 외국인 노동력을 사용하는 것이 금지되었다. 다른 한편으로는 노동자-이주민을 위해 정착지까지의 이동에 할인 운임을 적용하고 여러 가지 혜택들도 도입했다. 변경지역에 영구적으로 정착하기로 결정한 사람에게는 토지를 배분해 주었다. 보병과 수병으로 징집된 이들을 위한 여러가지 혜택들을 도입했다. 1893년부터 예비역으로 전역한 하급 군인은 출신지로 돌아가는 비용을 3년간 국비로 지원받을 수 있는 권리를 보장받는 조건 하에 이 변경지역에서 임시로 거주할 수 있었다. 1897년에는 혜택 기간이 5년으로 연장되었다. 같은 해에 이 변경지역에는 여러 산업시설들에서 노동자로 일하는 전역한 하급 군인의 수가 15,000명 이상을 헤아렸다.

극동지역 정착으로 인해 이곳에 국가 기구를 설치하고 이를 위한 인사정책을 수립할 필요성이 대두되었다. 새로이 개척된 영토에는 드보랴닌 신분을 필두로 하는 엘리트 신분이 존재하지 않았기에 러시아의 이 변방지역은 심각한 관리 인력 부족 현상을 겪고 있었다. 러시아 제국에는 기후적이고 지리적인 조건들이 서로 다르고 다양한 역사적 전통들과 문화양식들을 가지고 있는 영역들이 존재하기 때문에 국가 봉직에 대한 통일된 토대와 원칙을 수립하는 것이 어려웠다. 극동지역은 이러한 점에 있어서 특히 더 어려운 곳이었다. 광할한 영역, 희박한 인구, 다양하고 유별나게 복잡한 자연조건, 교육기관 체계의 부재 등으로 이러한 특수성을 문관직 법안에 반영할 필요가 발생했다. 이 지역에서 인사정책을 조정할 수 있는 문서들이 필요했다.

이러한 상황 속에서 정부 인사정책으로 가능했던 유일한 방안은 국가의 동쪽 변방에서 근무하는 문관에게 제공되는 혜택과 우선권을 마련하는 것이었다. 1860년대 초에 국가의 동쪽 변방지역들에서 요구되는 인사정책의 특수성에 대해 규정하고 있는 법률들을 재검토하기 위해서 관계부처 특별협의회가 구성되었다. 그런데 극동지역에 있는 국가 관료 조직은 1880년대 말에 다시 한번 정부의 주목을 받게 되었다. 국가기구의 낮은 질을 개선하고 이것들을 유지하는데 드는 국비 지출(1880년에 국가 관료에게 제공된 혜택들을 위한 지출은 215,000루블 이상에 달했다.)을 감축해야할 필요성이 대두되었다. 그러나 지방행정 기관에서는 이 비용이 증대되어야 한다고 생각했다. 연금 보장 혜택이 삭제됨으로써 정부와 파견 관료들 사이에서 긴장의 골은 깊어졌다. 특별연금 혜택 문제는 문관직에 대한 새로운 규약안을 마련하기 위해 구성된 위원회로 넘겨졌다. 이 위원회는 아무르도, 프리모리예도, 그리고 이에 더해 사할린섬에서의 근무에 따른 연금 관련 사항을 다루는 일련의 새로운 법규들을 도입했다. 러시아의 중앙지역에서 이곳으로 파견된 관리에게는 공통적인 연금 외에도 특별연금이 제공되었다. 또한 위원회는 극동지역에서 3년 이상 근무한 관리에게는 6개월의 유급 휴가를 제공하는 것이 적절하다고 인정했다. 이후의 사건들이 보여주듯이, 이러한 조치들은 불충분한 것으로 드러났다.

결과적으로 20세기 초에 인사 문제 해결은 복잡한 상황인 채로 남아있었다. 객관적인 장애요소들(혹독한 기후 조건, 적은 인구, 교육 기관과 문화 기관의 부재)은 당국의 사회적 편애로 인해 심화되었다. 러시아 내에 확립되어 있던 전제정과 드보랴닌 엘리트 사이의 관계는 이 계층이 존재하지 않는 지역들에서의 인사정책 진행을 어렵게 했다. 러시아 역사 속에서 오랜 시간에 걸쳐 형성된 편견 때문에 지역 주민 출신자는 문관직 고위관료가 될 수 없었다. 또한 부처간 갈등과 통일된 행정체계의 부재도 인사 문제 해결을 방해했다.

러시아인을 익숙한 거주지에서 미지의 위험한 땅으로 옮기는 과정이 수십 년이라는 오랜 시간에 걸쳐 진행되었다. 단지 19세기 후반에 와서야 자발적 대중 이주 모델이 정부의 통제를 받기 시작한다. 이 과정에서 국가정책은 일관성 없이 진행되어서, 때로는 러시아의 아시아 지역으로의 이주 움직임을 억제했으며, 때로는 법률 제정과 관리를 통해 촉진했다.

시베리아철도가 건설되기 이전까지 "우랄 너머로의" 이주민 이동은 기본적으로 튜멘, 오렌부르크(Оренбург), 우파(Уфа)의 세 도시를 기점으로 하는 세 방향을 따라 이루어졌다. 이주자들은 마차로, 강

줄기, 철도를 이용해서, 그리고 이것들을 복합적으로 이용해서 이 지점들에 도달했다. 철도를 이용하는 사람은 그다지 많지 않았다. 높은 가격이 이를 억제했으며, 가축, 기구, 종자, 가재도구를 가지고 가려는 바람도 적지않게 중요한 이유였다. 비축한 현금의 대부분, 때에 따라서는 그 전체를 여비로 소진했다. 그 이후에는 빚을 지거나 지역민들 사이에서 일거리를 찾았다. 예정했던 지역에 도착하지 못한 이주민들의 귀환 흐름도 매우 컸다. 만일 가는 길이 대체로 튜멘을 거쳐서 진행되었다면, 그 반대로는 "자신의 마차를 타고 구걸을 하며" 오렌부르크를 통과하는 육로로 돌아왔다. 철도위원회(Комитет железной дороги)가 구성되기 전까지 이주민 여로에 대한 지원금의 거의 유일한 원천은 사적 자선이나 사회적 자선이었다. 혹독한 조건들, 빈번히 발생하는 질병들, 높은 사망률에 대해 당국은 오랫동안 관심을 가지지 않았다. 1881년에 가서야 겨우 볼가강 유역에 위치한 바트라키(Батраки)부락에서 페름행 기선이 다니기 시작했으며, 이주사무소가 개설되어서 농민에게 국유지 중 정착에 유리한 땅의 위치를 알려주고 전염병 환자를 격리하는 것과 같은 일들을 담당했다. 1883년에야 튜멘에서 이주자원조·의료비지원협회(Общество помощи и врачеб-ного пособия нуждающимся переселенцам)가 설립되었다. 19세기 말까지 자선위원회들이 톰스크, 이르쿠츠크, 크라스노야르스크, 미누신스크(Минусинск), 치타, 블라디보스토크에 설립되었다.

1891~1892년에 일어난 사건들은 이주 거점지들을 따라가는 이주자들의 여정을 안전하게 조직하는데 있어 정부가 얼마나 무능한지를 보여주었다. 러시아의 유럽 부분에 있는 여러 주에서 발생한 흉작으로 인해 많은 수의 농민이 시베리아로 떠났다. 가을의 첫 번째 달에 약 20,000명이 튜멘을 거쳐 지나갔다. 이들 중 다수는 말린 빵 말고는 음

식이 없었다. 이 해 말까지 또 다른 9,000명의 이주민이 왔는데, 이들은 발진티푸스를 창궐시켰다. 임시병동들은 환자로 가득찼다. 이주민의 계속된 이동은 튜멘에서 파블로다르(Павлодар)에 이르는 여정을 "티푸스 진행 단계"로 전환시켰다. 티푸스는 디프테리아, 성홍열, 콜레라를 수반했다. 이 처연한 사건들은 국가 이주 업무가 물적 토대 창출로 전환되도록 촉진했다. 1893년에 황제의 발의에 따라 의료·식량 거점지 몇 개소를 건설하기 위한 재원이 마련되었다. 하지만 목적지를 향해 가는 여로에 있는 이주민들을 위해 후생시설을 구비하는 근본적인 변화는 시베리아횡단철도 체제가 건설되어 운행되던 초기에 시작되었다.

새로운 영토에 정착하는 과정에서 소요되는 비용에도 불구하고, 다양한 종족 출신자들에 의한 극동 토지 개척, 새로운 조건 아래서 이전 고향에 대한 역사적 기억의 확립, 생산경제적 기능과 문화적 상호작용의 결합 등은 새로운 종족문화적 환경을 낳았으며, 이를 기반으로 국가는 결속하여 위대한 강국으로 변모했다.

이주지역들에서의 국가정책은 확고한 역사적 조건 속에서 결정된 것으로 보인다. 1880년대 초까지 정부는 러시아의 아시아 부분으로 향하는 이주 움직임을 억제했는데, 그것은 이 과정에 부응할 수 있을 정도로 충분한 물질적, 사회적, 정치적 수단을 가지고 있지 않았기 때문이었다. 이후 10년 동안에 나타난 이주흐름의 눈에 띄는 성장으로 인해 당국은 행정적 조치와 특별법 제정 등과 같은 방법을 통해 조정작용을 강화했다. 이주 정책에 있어 분기점이 된 것은 스톨리핀 개혁 시기이다.

농민 식민화 과정 속에서 지정학적으로 중요한 상위과제가 의도한 것이든 아니든 성립되었다. 러시아 국가가 원했던 식민이주자들만으로 변경지역을 채우는 것은 불가능했다. 많은 정부 관리들은 러시아인이 외국인과 이종족의 영향 아래 들어감으로써 가지고 있던 민족적 면모들을 잃고, 자신의 고국과 멀어지며, 충성심을 잃게 되지 않을까 두려워했다. P. V. 카자케비치 프리모리예군정지사는 지적하기를, 실제로 러시아인에 대한 그러한 감화작용이 야쿠트족과 캄차달족에 의해서 이루어지고 있어서, 이들 사이에서 거주하고 있던 러시아 이주민은 10년 내에 "이들[야쿠트족과 캄차달족]의 모든 습속과 생활양식을 습득했으며, 기쥐가(Гижига), 오호츠크, 우드스크(Удск)[7]에 사는 일세대 이주민들의 후손들은 러시아인의 특성을 거의 완전히 상실했다."A. N. 쿨롬진(А. Н. Куломзин) 시베리아철도 사무장은 두 차례에 걸친 시베리아 여정(1896~1897)에서 돌아온 후 주장하기를,

> "만일 우리가 시베리아에서 대중 교육을 도입하지 않는다면, [그리고] 이를 기반으로 학교에서 …… 국학(國學)을 확산시키는 방법을 통해 이 광대한 우리의 식민지를 본토와 밀접하게 만드는 이념을 확정하지 않는다면, 결국 이것은 가까운 미래에 커다란 재난이 되어 우리를 위협할 것이다."

이렇듯 극동 영토에서의 정착과 관련된 국가정책은 이 지역에 대한 생산경제적 개발을 제외하면 안정된 제국의 유지와 국가적 전망의 확보에 방향이 맞혀져 있었다. 대러시아, 소러시아, 백러시아의 주들에서는 제국을 동쪽으로 확대할 때 필요로 했던 전략적 예비인력이 존재했으며, 이 동쪽 지역에서 우크라이나인과 벨라루시인은 대러시아인

---

7 '우드스크(Удск)'는 현 하바롭스크변강주의 우드스코예(Удское)이다.

과 함께 "커다란 러시아 민족(большая русская нация)"을 성공적으로 형성할 수 있을 것이다. 이주자들은 서쪽에서 전이된 문화의 보존된 형태들 속에서 그리고 수천에 달하는 지리적 대상물들의 명칭들(체르니곱카(Черниговка), 폴탑카(Полтавка), 노보키옙카(Новокиевка) 등등) 속에서 이전 고향에 대한 역사적 기억을 공고화했다. 이주자들은 익숙한 사회문화적 환경에서 격리되고, 낯선 자연적·기후적 조건들 속에 있게 되었으며, 자신들의 생산경제 직종의 변경을 강제받게 되면서 자신들의 루스키적 특성을 강하게 자각하게 되었다. "대러시아 민족"은 종족적 토대가 아니라 루스키 시민성 이념의 최고단계에서 형성되었다. Yu. V. 아르구댜예바(Ю. В. Аргудяева)의 견해에 따르면, 프리모리예와 프리아무리예에서는 "(구의식교도는 제외하고) 루스키, 우크라이나인, 벨라루시인의 통합 과정과 러시아어 사용자가 우위에 있는 일종의 기층 문화 형성이 진행되었다."

이와 함께 러시아 제국의 지배 엘리트는 국가이주정책을 수행하는 과정에서 몇 가지 오류들을 회피하지 못했다. 첫째, 1900년 이후 가난한 농민 가족의 대량 이주는 생산경제의 비품 구비를 위해 필수불가결했던 금전과 노동력의 부족으로 인해 상당히 높은 [출발지로의] 회귀율을 가져왔다. 둘째, 지역 행정당국이 나누어 준 토지의 질이 경작에 그리 적합하지 않은 것으로 드러났다. 셋째, 이주민의 도착 시기 선정이 그리 적절하지 않았다. 이들은 늦가을에 이송되었으며, 겨울을 날 준비를 할 수 없었기에 이들 중 많은 사람들이 떠나온 곳으로 되돌아갔다. 넷째, 이주민에 대한 여비 지원은 기본적으로 자선단체나 개인의 후원이었다.

이러한 결함들에도 불구하고, 국가는 극동지역에서 [이주민] 가구의 유치, 고착, 적응을 위한 통합된 정책을 시행했으며, 그 결과 러시아는 동쪽 변경지역에 대한 영향력을 유지하고 극동지역을 경제적으로 의미 있는 지역으로 변모시킬 수 있었다. 각종 혜택들과 지원방책들을 확립한 국가의 유연한 정책은 이주 흐름을 조절하는 중요한 경제적 지렛대였다. 해결해야만 하는 과제의 규모와 복잡성을 감안할 때 결함과 실책을 완전히 피할 수는 없었을 것이다.

7장 러시아의 경제 근대화에서 극동지역의 역할: 19세기 후반~20세기 초

극동지역 근대화 과정의 특징

러시아에서는 극동지역과 러시아에서 일어나고 있는 과정들을 특징 지어 말할 때 근대화라는 개념을 핵심어로 사용하고 있다. 넓은 의미 에서 근대화라는 단어는 산업 사회의 형성과 발전으로 이해되고 있다. 이때 말하는 근대화는 두 가지 형태가 있다. 첫 번째 형태는 "우발적" 근대화로, 자본주의의 내적이고 "자연스러운" 발전과 관련이 있으며, 서유럽 선진국들에서 특징적으로 나타나고 있다. 그리고 두 번째 형태 는 "후발적" 근대화다. 이러한 근대화는 보통 외적 요소들을 계기로 시 작된다.

러시아에서 근대화는 두 번째 형태로 이루어졌다. 근대화의 러시 아식 대안이 가지고 있던 중심 목표는 국가 발전을 통해 산업 국가들 을 따라잡는 것, 군사경제 분야에서 지나치게 큰 차이를 허용하지 않 는 것, 세계 경제 체제에 합류하는 것, 국가의 변방지역들에서 국익을 보호하는 것 등에 대한 추구였다.

근대화의 가장 효과적인 도구는 중앙러시아지역(Центральная Россия)에서건 극동지역에서건 정부의 조정이었고, 이러한 조정의 결과는 최상위 당국의 강화와 중앙집권적 통치의 확대였다. 이러한 과 정들은 모두 극동지역의 산업발전에 반영되었는데, 이곳에서는 전략 적으로 중요한 거대기업이 모두 국가소유였다.

극동지역의 역할 증대에 대한 문제는 20~21세기 내내 첨예한 문제로 존재해 오고 있다. F. 루즈벨트(Franklin D. Roosevelt) 미국 대통령은 이미 20세기 중반에 21세기를 "태평양 시대"라고 지칭했다. 프랑스 경제지인 『엑스팡시옹(L'Expansion)』은 루즈벨트의 이러한 언급을 확증했다. 현재 태평양 연안에 위치해 있는 국가들은 서방세계 대신에 세계 경제의 원동력이자 번영과 발달의 중심지라는 역할을 차지하고 있다. 이러한 이유로 연구자들은 러시아 극동지역의 경제적·정치적 개척사에 대해 보다 커다란 관심을 가지고 있다.

러시아는 17세기부터 극동지역에 대해 관심을 가지기 시작했다. 이 지역에 대한 관심은 지하, 해양, 육상, 삼림지대의 풍부한 자원들, 그리고 또한 태평양으로의 출구 등과 같은 여러 가지 요인들에서 기인했다. 극동 영토의 개척, 이것은 실업가, 항해자, 학자, 군인, 농민, 상인, 기업가, 죄수의 적지 않은 노동의 결과물이다.

극동지역에서 러시아의 정책은 무엇보다도 러시아의 극동 국경을 강화해야 한다는 필요성에 맞춰져 있었다. 이에 비해 그 중요성이 떨어지지 않았던 것은 이 머나먼 변경지역의 경제적 개척이라는 국내정치적 과제였다. M. V. 로모노소프(M. В. Ломоносов)는 당대에 다음과 같은 통찰력 있는 말을 했다.

"러시아의 능력은 시베리아로 인해 증대될 것이다."

19세기 후반~20세기 초에 걸친 시기는 극동 영토에서 경제성장이 집약적으로 일어난 시기였다. 석탄과 금 생산이 증가했고, 목재산업과 가공산업이 발전했으며, 금속가공기업들이 등장했다. 이와 함께 대내외 무역이 적극적으로 전개되어서, 그 영향으로 자유무역항

(Порто-франко)이 도입되었다. 철도 길이가 늘어남으로써 주민 정착 과정이 가속화되었다. 그러나 극동지역 경제 발전의 이 모든 가시적인 성공들을 감안해도, 이곳은 경제적 계획에 있어서는 대체로 농업-원료 지역으로 그리고 국내정치적 계획에 있어서는 태평양에 위치한 러시아의 전초기지로 남아있었다.

극동지역의 개척과 발전에 대한 국제 정세의 영향

19세기 말에 서유럽 선발국들과 미국의 급속한 발전이 그리고 같은 시기에 봉건적인 동아시아 국가들의 낙후가 분명해졌다. 이것은 극동지역에서 자본주의 강국들의 식민적 팽창을 위한 조건을 만들어 주었다. 극동지역에서 국제 관계의 중심 사안은 동아시아 국가들에 대한 영향력을 놓고 벌어지는 유럽의 강력한 자본주의 국가들과 미국의 경쟁, 이 사이에서의 정치적이고 전략적인 위치 장악, 향후 팽창을 위한 영토적 교두보 확보 등이었다.

아시아측 태평양 연안에 대한 서구 열강의 팽창 강화는 태평양에서의 활동이 러시아의 발전에 있어 가장 중요한 지정학적 불가피성이 된 그러한 조건 속에서 일어났다. N. N. 무라비요프-아무르스키 동시베리아군정지사는 이미 19세기 중반에 차르 정권의 관심을 이러한 조건으로 돌리면서, 다음과 같이 강조했다.

> "아무르강 하구를 소유하는 자가 시베리아 또한 소유하게 될 것이다."

이러한 이유로 일본 및 중국과의 관계를 지속적으로 조율해야만 했다. 그러나 힘의 균형은 유지되지 못했으며, 러시아는 이 기간에 손실을 입게 되었다.

러시아가 태평양 연안을 개척하고 발전시키는데 있어 결정적인 영향력을 행사한 것은 무엇보다도 국가였다. 국가의 역할과 작용의 커다란 비중은 광대하게 이어지는 국경선으로 인한 것이었다. 이것은 관심, 군사적 지원, 비용을 수반했다. 이 지역의 이주민 부족과 경제적 낙후성은 자본과 인적 자원의 유입을 필요로 했다. 이것을 확보하는 것은 국가의 강화를 통해 가능한 것이었다. 그래서 이 기간에 극동지역의 경제적, 정치적 식민화에서는 국가의 역할이 급격하게 증대되는 특징이 나타나고 있다. 또한 극동지역의 무역과 행정에 있어 가장 중요한 중심지들인 니콜라옙스크, 블라고베셴스크, 하바롭스크, 블라디보스토크 등이 건설되었다. 자바이칼리예 카자크 부대, 아무르 카자크 부대, 우수리 카자크 부대가 구성되었으며, 이들에게는 특별 분여지가 배분되었다. 정부 예산으로 시베리아횡단철도 본선이 건설되었는데, 여기에는 시베리아 지선과 아무르 지선, 그리고 동청철도(КВЖД)가 포함되었다. 시베리아횡단철도 본선은 행정 관할에 따라 시베리아 노선, 자바이칼리예 노선, 아무르 노선, 우수리 노선 등 네 개로 나뉘었다.

극동지역을 러시아 영토로 확립하기 위한 국가의 조치들은 이 지역을 사회경제적으로 발전시키고 이곳의 경제 및 문화를 고양시키는 데 자극을 주었으며, 극동지역 변경 강화에 영향을 끼쳤다.

극동지역 경제 발전에서 교통의 역할

특히 주의 깊게 살펴봐야 하는 것은 시베리아횡단철도 본선의 건설이다. 바로 철도 교통의 구축이 극동변방지역을 전 러시아 근대화 과정으로 합류시키는데 있어 결정적인 역할을 했다.

19세기 말까지 극동지역은 경제적으로 농업-원료적 방향성을 띠고 있던 낙후된 변방지역에 불과했다. 그리고 1890년대에 와서 전반적인 경제적 발전이라는 측면에서뿐만 아니라 보다 발전된 자본주의 형태로의 방향 전환이라는 측면에서도 분명한 진전이 있었다. 극동변방지역의 발전은 경제메커니즘의 안정적 구동을 보장하는 교통수단의 발전에 많은 부분을 의존하고 있었다.

철도 건설 이전까지 주요 육상교통수단은 역마차로였다. 교통로의 상태는 열악해서, 많은 수의 마을들 사이에는 일반적인 수준의 마차로도 없었고, 봄과 가을에는 진창길로 인해 길이 자주 단절되었으며, 단지 몇몇 지역들에서만 짐마차가 다니는 소로를 통해 통행이 가능했다.

수상교통로가 점점 더 중요해지게 되었다. 아무르강에 기선이 처음 등장한 것은 N. N. 무라비요프 동시베리아군정지사가 마린스크초소까지 왔을 때인 1854년이었다. 1860년에 아무르강에는 8척의 기선이 있었으며, 1870년에는 25척, 1895년에는 56척이 있었다. 1890년대 후반부터 아무르 수역에서는 하천 선단이 견실하게 발전해 나갔다. 1899년에 교통부(Министерство путей сообщения) 산하에 아무르수상교통청(Амурское управление водными путями)이 만들어졌다. 바이칼호수와 셀렌가강에서도 선박 항행이 이루어지기 시작했다.

해양에서의 선박 항행도 발전한다. 러시아 국내선단의 수가 적어서 외국선박을 통한 화물수송을 폭넓게 사용할 필요가 있었다. 이에 대해 매우 비싼 비용이 지불되었으며, 러시아 선단 설립을 자극하는 동기가 되었다. 정부는 러시아 선단 설립에 그리 적극적이지 않았다. 그리하여 민간 모금을 통해 선단 설립에 필요한 자금을 마련하려는 생각이 나오게 되었다. 1878년에 자발적 모금을 통해 외국에서 4척의 선박을 구입하여 〈의용선단〉을 설립했다. 1880년부터 의용선단의 선박들이 러시아 극동지역과 흑해 항구들 사이를 연결해 주었다. 1886년에는 의용선단(Доброфлот)에 의해 오호츠크해 연안과 베링해 연안까지 이어지는 해운 노선이 개설되었다.

1880년에 민간해운회사인 〈셰벨레프사(Шевелев и K°)〉가 만들어졌다. 1880년대 중반까지 이 회사는 4척의 배를 소유하고 있었으며, 1883년부터는 외국선박들을 용선하기 시작했다. 극동변경지역의 경제발전에서 수상교통의 역할이 저평가되어서는 안된다. 하천선을 따라 화물운송의 대부분이 이루어졌으며, 해상운수에 의해 극동지역과 러시아 사이의 통교가 수립되고, 해안을 따라 있는 개별적인 지점들 사이에서 경제통상관계가 강화되었고, 이주민 유입도 증대되었다. 해양 선단의 등장은 채탄업, 어업 등등의 발전을 자극했다.

극동지역 개척에서 핵심적인 역할을 한 것은 교통이었다. 극동지역의 최초 이주민들은 러시아의 중심지역에서 이주지까지 육로를 통해 약 3년에 걸쳐 왔다면, 바다를 통해서는 2개월만에 왔다. 이렇게 대시베리아철도(Великий сибирский путь)가 건설될 때까지 지속되었다.

1880년대 중반에 러시아 정부는 시베리아횡단철도 건설(1891~1916)이라는 절실한 문제를 해결하는데 착수했다. 이 노선의 역사적 명칭은 대시베리아철도다. 극동지역 개척에 있어 시베리아횡단철도는 전략적인 의미를 가지고 있었다. 이 철도는 유라시아를 거치며 모스크바와 러시아의 동시베리아 및 극동지역 산업도시들을 연결해 주었다. 총길이는 9,288.2킬로미터로, 현재 세계에서 가장 긴 철도이다. 시베리아횡단철도는 행정 단위에 따라 시베리아 노선, 자바이칼리예 노선, 아무르 노선, 우수리 노선 등 네 부분으로 나뉜다.

우수리철도(Уссурийская железная дорога)는 시베리아횡단철도의 첫 번째 구간으로, 프리모리예 변경지역과 태평양 연안지역을 연결해 주었다.

우수리철도 지선은 1891년 5월 19일에 건설되기 시작해서 1900년에 완공되었다. 공사 초기에 블라디보스토크에는 시베리아횡단철도 동부구간의 "머릿돌"이 매설되었다. 프리모리예에서 철도 건설은 인접지역들의 경제 발전, 대외교역망의 확대, 블라디보스토크의 전략적 영향력 강화에 기여했다. 노선의 조사와 시공은, 1892년까지는 A. I. 우르사티(А. И. Урсатти)가 관장했고, 그 이후에는 O. P. 뱌젬스키(О. П. Вяземский)가 관장했다. 철도 노선은 산등성이들로 심하게 막혀 있는 지역들 사이를 통과했으며, 건설은 열악한 기후조건(비, 바람, 기온 연교차)속에서 진행되었다.

자바이칼리예철도(Забайкальская железная дорога)는 1895년에서 1905년 사이에 건설되었다. 철도 부설 공사는 교통 엔지니어인 알렉산드르 푸세츠니코프(Александр Пушечников)의 관장 하에 진행되었다. 철도 건설 현장에서는 2만~2만 3천 명의 현지 고용 노동자가 일을 했다. 이에 더해 러시아의 유럽 부분에서 온 수백 명의 노동자가 투입되었다. 산맥들, 강들, 소택지들로 막혀 있는 지역에서 나타나는 복잡한 기복, 영구동토, 겨울철 한파, 자연재해 등이 공사의 최대 난관이었다.

동청철도(1897~1903), 이것은 시베리아횡단철도의 남쪽 노선으로, 만주지역을 통과함으로써 치타와 블라디보스토크를 최단거리로 연결해 준다. 동청철도 부설 공사는 1897년에 여러 방향에서 동시에 시작되어서, 블라디보스토크에서부터는 서쪽의 만주 국경 쪽으로, 치타에서부터는 블라디보스토크에서 진행되어 오는 공사와 만나기 위해 동쪽으로 진행되었다.

중국 영토 내에서의 철도 건설은 일본의 불만을 초래해서, 러일전쟁(1904~1905)을 가져온 원인들 중 하나로 작용하게 되었다. 철도 건설의 만주 안을 지지한 사람은 S. Yu. 비테 재무대신이었는데, 그는 러시아가 아시아·태평양지역에 있는 새로운 판매시장으로 나갈 수 있게 되기를 바랬다. 일본과의 전쟁에서 러시아가 패배함으로써 정부는 이 결정의 오류를 인식하게 되었으며, 아무르철도의 건설이 빠르게 진행되었다.

아무르철도는 자바이칼리예 노선과 우수리 노선을 연결했다. 철도가 부설된 구간, 즉 건설 장소는 영구동토지대의 인구가 희박한 지역이었다. 이 건설을 위해 1910년에 러시아의 여러 지방들(스몰렌스크주, 비텝스크주, 민스크주, 툴라주, 사라토프주, 톰스크주, 예니세이주, 이르쿠츠크주)로부터 19,000명의 인부가 투입되었다. 아무르철도는 1908년에서 1916년 사이에 건설되었다. 아무르철도의 구성 부분에는 아무르강을 가로지르는 2.6킬로미터의 다리(엔지니어 A. D. 프로스쿠라코프(А. Д. Проскуряков))와 세계에서 최초로 영구동토층을 관통하는 터널로, 터널 테두리와 동토층 사이에 단열층을 보강한 터널(엔지니어 리베롭스키(Ливеровский))이 포함되어 있다. 아무르철도의 선로용량은 하루에 왕복 9회였다. 철도의 영향력은 대단했다. 아무르철도를 따라 학교와 병원이 문을 열었고 새로운 마을들과 도시들이 생겨났다.

아시아 스텝을 통해 우랄에 있는 첼랴빈스크 타이가지대와 극동지역의 태평양을 연결해 주는 시베리아횡단철도는 19세기~20세기 초에 진행된 장대한 건설계획들 중 하나였다.

공사의 신속한 진행을 위해 하도급업자들에게는 러시아 중심지역의 주들에서 러시아인 노동자들과 대량 계약을 체결하는 것이 허용되었으며, 이들을 극동지역으로 이송하기 위해 할인 운임이 도입되었다. 철도는 극동지역과 러시아의 근대화를 촉진시켰고, 금광업 발전, 삼림개발, 어업과 모피업의 성장을 자극했다. 중요한 것으로 지적할 것은, 철도 건설에 외국인 투자 자본이 유치되었다는 점이다. S. Yu. 비테의 노력 덕분에 철도 건설에 투입된 110억 루블 중에서 절반은 외국인들로부터 왔다.

러일전쟁에서의 패배로 인해 정부는 프리아무리예와 우수리 변경지역을 재평가하게 되었다. 1909년에 P. A. 스톨리핀을 의장으로 하는 극동정주위원회가 구성되었다. 위원회는 최우선방책 프로그램을 마련했으며, 이것은 1910년에 니콜라이 2세의 승인을 받았다. 이 프로그램은 이주 운동을 촉진했다.

이주 운동에 있어 적지 않은 역할을 했던 것이 아무르철도 건설이었다. S. M. 두홉스키 프리아무리예군정지사(1893~1898)의 말을 빌리면, 아무르철도가 가지는 "식민화와 토대구축의 측면에서의 의미"는 러시아 제국에게 있어 매우 중요하다. 1914년에 발발한 제1차 세계대전은 철도 건설 속도를 늦추었으며, 숙련 노동자들 중 많은 수가 징집되었다.

지적할 필요가 있은 것은, 막대한 지출에도 불구하고 극동지역에서 철도 길이는 (1900년에 1,910베르스타에서 1916년에 4,580베르스타로) 16년 동안 2.4배 늘어났다는 점이다. 전략 지역으로서 극동지역 발전에 대한 국가 지출 또한 지속적으로 증가한다(1909년에서 1914년 사이에 국가 지출은 5천 5백만 루블에서 1억 5백만 루블로 증가했다).

20세기 들어 처음 10년 동안 화물 물동량이 5배 증가했다. 이것은 이 지역 경제에서 철도운수의 역할이 강화되었다는 것과 극동지역에서 자본주의가 빠르게 발전하고 있었음을 증명해주는 것이었다.

19세기 말에서 20세기 초에 극동지역 경제에서는 질적인 변화가 나타나서, 자본주의 발전이 확고하게 주도하게 되었다. 특히 1893~1900년은 러시아 자본주의 역사에서 산업상의 도약이 가장 두드러지게 일어난 시기인데, 이러한 도약은 산업 전 분야에서, 특히 철도 건설과 연관된 분야에서 일어났다.

국가는 철도, 광산, 공장, 항만시설을 건설하고 재정적으로 지원했다. 극동지역의 많은 기업인들이 정부와의 납품계약과 물품공급을 통해 부를 축적했다. 대단위 국책공사로 인해 노동시장이 확대되고, 극동변방지역으로 자본과 노동력이 유입되었다. 철도 건설은 육상교통체계의 확대와 새로운 도로의 건설을 촉진했다. 1894년에 프리모리예도에는 수찬(Сучан)[1]에서 나홋카에 이르는, 그리고 이후 스뱌타야올가만까지 이어지는 마차로가 건설되었다. 하바롭스크와 규모가 큰 촌락들을 연결하는 도로도 건설되었다. 새로운 정주지들이 슈마콥카(Шмаковка)부락, 그로데코보(Гродеково) 카자크마을, 수찬마을, 니콜스크-우수리스크(Никольск-Уссурийск)시 등등과 연결되었다. 실질적으로 1890년대 말까지 이 변경지역에는 대규모 정주지들을 서로 연결하는 도로망이 구축되었다. 1898년에는 아무르강을 따라 하바롭스크에서 블라고베셴스크에 이르는 비포장도로 공사가 시작되었다.

---

1 '수찬(Сучан)'은 현 프리모리예변강주의 파르티잔스크(Партизанск)이다.

이 도로는 징역수들의 노동력을 사용하여 완성되었고, 〈아무르마차로(Амурская колесуха)〉라고 명명되었다.

철도 건설은 해상운수 발전에도 영향을 끼쳤다. 1898년에 블라디보스토크에서는 상업용 항구가 건설되기 시작했고, 다음으로 의용선단을 위한 건선거(乾船渠, dry dock)와 에게르셸트(Эгершельд)곶에서 기차역에 이르는 지선이 건설되었다. 동청철도 노선이 운행되면서 블라디보스토크는 시베리아횡단철도의 해양관문이 되었으며, 국제적인 중요성을 가지게 되었다. 1900년에 이 항구에는 의용선단의 선박 15척, 러시아동아시아해운(Русское восточно-Азиатское пароходство)의 선박 6척, 러시아 극동지역 수역에서 항해했던 러시아-발트해운(Русско-Балтийское пароходство)의 선박 5척 등 26척의 대형 선박이 등록되어 있었다. 26척의 선박을 보유하고 있었던 동청철도의 해양기선회사는 거대한 운송회사로 성장했다. 이러한 러시아 무역선단의 성장에도 불구하고 연해운송의 대부분은 여전히 외국인의 손 안에 있었다.

결론적으로, 교통체계의 발전은 극동지역 경제의 근대화를 촉진시켰고, 소비시장과 임금노동시장의 확대에 영향을 끼쳤다. 극동지역은 점차 세계 자본주의 시장에 편입되어 갔고, 외국인 자본가들이 이 지역의 천연자원 개발에 적극적으로 참여하게 되었으며, 극동지역 경제에 대한 외국자본의 공격적인 확장이 시작되었다.

극동지역의 산업발전구조

극동지역의 산업발전은 독특했다. 이 지역의 모든 대규모 산업체들은 국가소유였다. 이곳에는 대규모 민간기업이 없었다. 국가는 육군, 함대, 요새건설을 위해 필요한 몇몇 부문들을 유지하고 있었다. 여기에는 전략적 중요성을 가지고 있는 교통관련기업들이 포함되었다. 국가는 육군과 함대가 위험에 빠지지 않도록 보호하기 위해 손해를 무릅쓰고 수찬광산을 해군본부에 이양했다. 이 지역에서 가장 커다란 기업들 중에는 다음과 같은 것들이 있었다.

- 치타중앙철도작업장(노동자 및 사무원 5,000명)
- 블라디보스토크철도작업장(노동자 및 사무원 4,400명)
- 극동선박수리조선소, 블라디보스토크시(노동자 및 사무원 3,500명)
- 시베리아함대기계작업장, 블라디보스토크시(노동자 및 사무원 1,900명)
- 시베리아철도위원회 산하 체르노보탄광(노동자 및 사무원 1,800명)
- 해군성 산하 수찬유연탄광(노동자 및 사무원 1,500명)
- 하바롭스크조병창(노동자 및 사무원 1,000명)
- 블라디보스토크요새포작업장(노동자 및 사무원 600명)
- 케트리체보(Кетрицево)철도작업장, 니콜스크-우수리스크시 (노동자 및 사무원 600명)
- 시베리아철도위원회 산하 발랴가(Баляга)유연탄광(노동자 및 사무원 500명)

상업, 광산업, 금광업, 어업, 모피업, 목재산업 등은 민간자본의 영역에 속했다. 극동지역에서 이 분야들은 19세기 후반에 크게 성장했다.

19세기 후반에서 20세기 초에 극동지역의 산업발전은 자본주의 확립 및 근대화와 연계되어 있었다. 극동지역 경제의 활성화로 유럽 러시아에서 이곳으로 소기업인들과 수공업자들이 유입되었다. 이것은 지역 산업을 발전시켰는데, 이 중에서 가장 중요한 것으로는 수렵업, 수산업, 목재산업 등을 들 수 있다.

러시아 경제의 근대화에 따른 상품생산과 자본주의의 성장으로 공장이 수공업을 몰아내는 현상이 나타났다. 바로 이러한 이유로 인해서 극동지역 가공산업의 발전은 러시아 중심지역 및 외국의 공업 부문들과 치열한 경쟁을 하지 않았던 부문들을 중심으로 진행되었고, 확고한 원료공급 토대를 가지고 있었으며 큰 수익을 가져다 주는 산업분야를 중심으로 진행되었다. 자연자원과 농산품 가공 관련 분야들이 가장 활발하게 발전했는데, 대표적으로는 제분업, 양조업, 피혁업, 낙농업, 어업 등이 있었다.

극동 산업의 원료 지향성은 이 지역이 경제적으로 낙후하게된 원인이었는데, 이러한 낙후성은 원료 가공에 대한 치중뿐만 아니라 금속가공업, 벽돌제조업, 시멘트생산업 등등의 낮은 비중도 원인이었다.

1890년대에 이 지역에서는 최초의 공장형 기업이 나타났으며, 지역 산업의 기술적 재정비가 시작되었다. 이것은 무엇보다도 제분업과 관련이 있었다. 1879년에 O. V. 린드골름(О. В. Лидгольм)의 회사는 기술적으로 완전히 증기만을 이용하는 최초의 제분소들 중 하나를 블라디보스토크에 만들었다.

벽돌제조공장들은 빠르게 늘어나고 있었으나 특별한 기술적 발전이 일어나지는 않았다. 벽돌 생산은 거의 대부분 수작업에 의존했다. 증기보일러는 푸탸틴섬(остров Путятин)에 세워진 A. 스타르체프(А. Старцев) 회사의 것이 유일했다.

　　19세기 말에서 20세기 초에 극동지역의 대표적인 광산채굴업 분야
는 금광업과 석탄, 석유, 다중금속광 등이었다. 금광업과 채탄업이 주
류를 이루고 있었고, 나머지 분야들은 시작 단계에 있었다.

금속가공업

극동지역에서 금속가공산업이 형성되기 시작한 것은 블라디보스토크
에 있는 항구에 선박수리작업장들이 설립되기 시작했던 1860년대부
터였다. 이 작업장들은 1872년에 공장으로 재조직되었다. 이때부터
이 군항의 선박수리작업장들 ― 프리모리예 최초의 산업체들 중 하나
로 현 달자보드(Дальзавод)의 전신 ― 이 활동을 시작했다. 광산업의
형성은 중요하고 유망한 것이었다. 테튜힌(Тетюхин) 광상에서의 연
광(鉛鑛) 채굴량은 1909년에 197만 푸드에서 1913년에 378만 8천 푸
드로 증가했다.

금광업

19세기 후반에 극동지역 인민경제에서 선도적 위치에 있던 산업은 금
광업이었다. 자본은 언제나 수익을 빨리 가져다 주는 분야로 몰리기
마련이다. 노동력, 작업도구, 식료품, 생필품을 채광장으로 이송하는
데 드는 높은 비용에도 불구하고 금채굴은 수익성이 높은 사업이었
다. 초기에 금광업은 국가가 독점하고 있었으며, 채광장들에서는 광산
소속 농노, 유형수, 징역수의 노동력이 이용되고 있었다. 1860년대부
터 민간 금채굴이 허용되었다. 프리아무리예 변경지역에서 금광업은
베르흐네아무르사(Верхнеамурская компания), 제야사(Зейская
компания), 니만사(Ниманская компания), 그리고 암군금광회사
(Амгунская золотопромышленная компания), 〈옐초프·레바쇼

프)사(товоришество 〈Ельцов и Левашов〉), 오호츠크사(Охот-ская компания)가 독점운영했다. 극동지역의 금광업이 러시아 경제에서 차지하는 비중은 해가 갈수록 점점 더 커져서, 1890년 무렵에는 러시아 전체 금채굴량의 1/5을 차지했다. 극동지역에서 이 분야는 빠른 속도로 발전해서, 해가 갈수록 러시아 경제에서 상당한 위치를 차지하게 되었다.

19세기 말에서 20세기 초에 외국자본이 금광업에 침투하기 시작했다. 영국, 프랑스, 미국, 독일, 스위스, 벨기에의 자본가들이 베르흐네아무르사, 니만사, 암군사의 주식을 취득함으로써 채광장을 확보했다.

채탄업

채탄은 극동지역 경제에서 큰 비중을 차지했다. 유연탄 부문은 이 지역 광산업에서 금광업에 이어 두 번째 위치를 차지하고 있었다. 초기에 채탄은 해군 병력을 동원하여 소규모로 진행되었다. 이후 징역수 노동력을 작업에 투입하는 결정이 추인되었다. 사할린섬에 있는 두에 탄광에서는 채탄이 집약적으로 이루어졌다. 내륙지방에서는 프리모리예도에 있는 수찬 광상에서 채탄이 활발하게 진행되었다. 극동지역에서 채탄업은 점차 성장했지만, 이 분야의 발전 수준은 매우 낮았다. 유연탄산업의 낮은 기계화수준과 낮은 노동생산성에서 알 수 있듯이, 이 곳에서 노동자 1인당 채탄량은 전 러시아 평균에 비해 현저히 낮았다.

목재산업

자본주의적 목재산업은 극동지역으로의 활발한 이주정착이 시작된 1860년대부터 시작되었다. 이 산업은 도시, 항구, 군사시설을 건설하는 과정에서 발생한 수요를 충당했고, 해상운송과 하상운송(河上運

送)의 발전과 함께 해운회사들과 개별 선주들의 수요를 충족시켜 주었다. 삼림의 벌목과 유벌(流筏)은 주로 농촌 주민이 맡았다. 벌목이 가능한 삼림 중 절반은 농민에 의해, 나머지 절반은 카자크와 소시민층에 의해 벌채되었다. 시베리아횡단철도의 건설은 목재산업의 신장에 영향을 미쳐서, 이 시기에 현지 산업가들은 목재와 침목을 공급하는 대형 수주 계약을 정부와 맺을 수 있었다. 제재업체도 우후죽순 생겨났다. 극동지역의 목재를 해외로 수출하려는 시도도 나타났다. 1888년에 블라디보스토크의 상인인 Yu. I. 브리네르(Ю. И. Бринер)는 목재를 중국으로 수출했고, 1908년에는 사할린에서 벌목을 시작하면서 그 생산물을 런던, 상하이, 오스트레일리아로 판매했다. 상인인 M. K. 표도로프(М. К. Фёдоров)는 일본과 중국에 목재를 판매했다. 그러나 전반적으로는 목재수출이 체계적으로 조직되지 못했다.

수렵업과 수산업

극동지역 경제에서 이 산업들은 중요한 역할을 했으나 결정적인 것은 아니어서, 지역 총소득 중 1/10정도를 구성하고 있었다. 수렵업과 수산업은 자본주의적 토대 위에서 이루어지고 있었다. 어업은 가장 중요한 것이어서, 1,000명 이상의 노동자가 이에 종사하고 있었다. 1880~1890년대까지 어업은 예외적으로 미국, 일본, 중국 등의 외국자본에 독점되어 있었다. 미국인과 일본인이 사할린 연해와 캄차카 연해에서 조업활동을 활발하게 펼쳤다. 외국계 기업은 러시아 자본의 형성과 발전에 부정적인 영향을 미쳤으며, 원주민의 물질적 상황에 피해를 입혔다.

수산업 부문들에서 러시아 자본은 대체로 19세기 말에야 강화되면서, 자본화의 전형적인 특징들을 띠기 시작했다.

극동지역에서는 O. 린드골름, F. 게크(Ф. Гек) 선장, G. G. 케이제를린크(Г. Г. Кейзерлинг), Ya. L. 세묘노프(Я. Л. Семёнов) 등이 운영하는 몇 개의 러시아계와 외국계 대형 업체들이 고래잡이와 수렵에 종사하고 있었다. 고래와 물개 사냥이 러시아인, 일본인, 미국인에 의해 약탈적으로 진행되었으며, 이로 인해 해양동물의 개체수가 급격하게 감소했다. 바다, 강, 호수에서의 어류 포획은 자본주의적 대기업들에 의해 주도되었다. 19세기 말에 기업가인 Ya. L. 세묘노프는 단독으로 매년 120만 푸드의 물고기를 잡았다. 동해와 오호츠크해에서의 해삼, 게, 조개, 해조류 획득은 커다란 의미를 가졌다. 이 분야들은 극동지역 연간 산업 총생산액의 80퍼센트를 차지하고 있었다.

무역업

극동지역의 대외교역은 산업과 수공업이 느리게 성장하고 있던 조건 속에서 매우 큰 의미를 가지고 있었다. 중국, 조선, 몽골과는 주로 육로를 통한 교역이 발전했다. 중국으로는 주로 공산품과 수공예품, 금, 은 등을 수출했다. 자바이칼리예 국경을 통해서는 만주 및 몽골과 물물교환식 교역을 했다. 몽골로는 모직물, 면직물, 철, 금속제품 등을 수출했다. 중국과 몽골에서는 가축과 축산물을 수입했다.

육로 교역의 수지는 흑자여서, 수출이 수입을 상회했다. 수출 구조에서 나타나듯이, 극동지역은 인접국가인 몽골, 만주, 한반도에 비해서는 산업적으로 발전된 변경지역의 역할을 수행했으나, 극동 상인들이 외국으로 판매했던 상품들 중 상당 부분은 극동 현지에서 생산한 것이 아니라 유럽 러시아 지역에서 가져온 것들이었다.

극동 경제 근대화에서 외국자본의 역할

19세기 후반에 극동지역의 경제적 개척은 상당히 복잡한 상황에 처해 있었는데, 그것은 국고에 필요한 양의 금전이 없었고 러시아 대부르주아들이 정보가 적은 멀리 떨어진 변방에 자신의 자본을 투자하려 하지 않았기 때문이었다. 이로 인해 이 지역으로의 외국자본 유치가 러시아 국가정책에서 중요한 부분이 되었다. 러시아 정부와 극동 행정당국은 1850년대에서 1860년대에 자유무역항을 도입해서 외국 상품을 무관세로 교역하는 것을 허용할 필요가 있었다.

자유무역항

무관세로 상품을 수입하고 수출할 수 있는 권리를 가지고 있는 항구. 자유무역항은 국가의 관세영토에 포함되지 않는다. 이것은 화물 유치와 물동량 증대를 위해 신항을 개항할 때 자주 지정된다. 러시아 제국에서 자유무역항 체제는 페오도시야(Феодосия), 오데사, 바투미(Батуми)에서, 그리고 극동지역에서 서로 다른 시기에 지정되었었다.

자유무역항은 "국제적 무역 교환의 새로운 동맥을 형성하려고 하는" 격리된 지역에, 그리고 원거리 식민지들을 경제적 궤도 안에 통합시키려는 국가에 효율적인 방책이었다.

자유무역항은 식민화하기 어려웠고 나라의 발전된 중심지역들에서 격리되어 있었으며 "항구들이 오랫동안 영토 개척의 주요 중심지였으나 세관과 국경수비대는 실질적으로 존재하지 않았던 ……" 러시아 극동지역에 있어서는 처음부터 예정되어 있던 것이라고 생각할 수 있으며, 게다가 러시아는 이미 자유무역항 운용과 관련해서 긍정적인 경험을 가지고 있었다. 오데사에서는 1817년부터 시작해서 42년에 걸쳐 비관세 무역 체제가 운용되었다.

공식적으로 극동지역에서 자유무역항은 캄차카에서 1828년부터 시작되었으며, 1856년에 프리아무리예도가 만들어지면서 니콜라옙스크-나-아무레에서 자유무역이 허용되었다.

자유무역항의 본격적인 개화는 러시아가 인접한 중국과 일련의 주요한 조약들을 체결한 1850년대 말부터 시작되었다. 자유무역체제는 양 제국들의 육상국경을 따라, 즉 아무르강, 우수리강 그리고 나아가 두만강까지 이어지는 선을 따라 형성되었다. 1862년에 체결된《러중육로통상법규(Правила сухопутной торговли между Россией и Китаем)》에는 양국의 비관세 교역이 확정되어 있었다. 이 외에도 "러시아 상인에게는 당시 청 제국에 포함되어 있었던 몽골 전역에서 비관세 교역이 허용되었다." 블라디보스토크에는 1862년 12월 25일부터 자유무역항이 나타났다.

19세기 중반에 사할린은 러시아와 일본 사이에서 국경이 확정되지 않은 영토로 남아 있었다. 1856년에 사할린에 최초의 러시아인 장기 거주지인 두에초소가 건설되었다. 따라서 "…… 군부대의 배치와 그곳 정착민의 증가와" 관련해서 바로 이 두에에 1862년부터 외국상품의 비관세 교역이 허용된 것은 결코 우연이 아니었다.

실질적으로 1860년대부터 러시아 극동지역 전역에 자유무역체제가 수립되었다. 그러나 1880년대 중반부터 자유무역항의 범위는 점차 축소되었다.

지적해야만 할 것은, 러시아 정부는 극동지역에서의 비관세 교역을 처음부터 필요에 따른 임시적 방책으로 보고 있었다는 점이다. 외국산 주정과 주류에 대해 세금이 처음으로 확립되었던 때인 1867년부터 극동지역 남부에서 "유럽과의 무역에서 사용되고 있는 관세율"에 따라 외국 물품으로부터 세금을 걷기 시작했던 1909년까지 정부는 성공이 불확실했던 러시아의 신흥자본가들을 지원하기 위해 이 지역에서 자유무역을 제한적으로 운영하려고 했다.

이 정책은 러시아 경제의 발전, 이주정책에서의 긍정적인 결과, 아시아·태평양지역에서 러시아 제국의 입지 강화 등을 가져왔다.

자유무역항이라는 조건 하에서 외국산 상품이 극동지역을 완전히 지배했다. 그러나 19세기 말에 강력해진 극동지역 부르주아지는 외국 경쟁자들과 전면전을 시작하면서 자유무역항의 제한과 폐지를 요구했다.

시베리아횡단철도 건설로 인해 1900년에는 자유무역항이 폐지되었는데, 이것은 극동지역과 러시아의 유럽 부분 사이에서 해상 교통과 철도 교통이 확대된 결과였다.

1904년에 외국 상품의 비관세 수입이 다시 부활했다. 이 일의 주도자들 중 한명인 S. Yu. 비테는 극동경제에 대한 외국인 투자의 유입을 위해 폭넓은 가능성을 열어놓아야 한다고 요청하면서, 빠른 산업 발전이라는 과제는 외국 자본과의 직접적인 협력 속에서 해결될 수 있을 것이라고 강조했다.

1909년에 프리아무리예도와 자바이칼리예도로의 《외국상품 반입을 위한 자유무역항의 폐지에 대하여(О закрытии порто-франко по привозу иностранных товаров)》라는 법이 제정되면서 자유무역항은 순차적으로 폐지된다. 자유무역 폐지는 극동지역에서의 관세업무 발전을 위한 재정지원을 촉진해서, 관세업무가 같은 해 5월부터 시작되었다. 그러나 대부분이 식료품이었던 특별 목록에 들어있는 상품들은 예외로 인정되어서, 이전처럼 세금 납부를 하지 않고 수입되었다. 또한 중국과 접하고 있는 육상 국경을 통한 외국 상품의 수입도 자유무역이 유지되었다.

1914년에는 자유무역항을 재도입해야만 했다. 제1차 세계대전의 발발과 함께 제국의 경제적 상황은 복잡해졌으며, 유럽 러시아로부터의 물품 공급이 완전히 중단되었다. 차르 정부는 아무르강 하구부터 그 이북에 위치해 있는 항구들을 통한 외국 물품의 비관세 수입을 다시금 허용해야만 했다.

자유무역항의 도입과 폐지는 극동 무역에 심각한 폐해를 가져와서, 경제가 정상적으로 발전할 수 있는 가능성을 박탈했다. 자유무역항이 폐지되면 러시아 상품의 반입이 증가하고 다시 시행되면 감소하는 현상이 반복되었다. 그리하여 1901년에 자유무역항이 폐지되자, 외국 상품 반입량은 러시아 산업 생산품에 비해 정확히 절반으로 감소했다.

다른 한편, 세관의 도입과 함께 상인들은 상품 가격을 15~20퍼센트 인상했다. 자유무역항의 폐지는 극동지역 생활의 심각한 비용 상승을 가져와서, 매우 비싸지게 되었다 (러시아 설탕은 독일 설탕보다 거의 15퍼센트 더 비쌌다).

자유무역항에 대한 맹렬한 공격은 1891년부터 시작되었는데, 이때 러시아재래시장상인회(Российкое ярмарочное купечество)의 전권대표회의는 프리아무리예 변경지역에서 외국인 비관세 무역 체제의 폐지를 요청하는 탄원서를 I. A. 비슈네그랏스키(И. А. Вышнеградский) 재무대신에게 제출했다. 서한에서는 강조하기를, 자유무역항은 수많은 외국인들을 유인해서 이들이 아무르지역 교역의 거의 대부분을 장악하게 되었으나, 러시아인에게는 이득이 되지 않는다. 니졔고로드재래시장상인회(Нижегородское ярмарочное купечество)는 프리아무리예 행정당국이 "외국상인들"에게 너무 큰 호의를 베푼다고 비난하면서, 적지 않은 경우에 있어 러시아인이 접근할 수 없는 곳에 있는 외국인들은 "황인종 객들"이라고 강변하고 있다.

이 문제에 대한 재무대신의 질의에 대해 프리아무리예군정지사인
A. N. 코르프 남작은 이 변경지역을 외국상품이 제패하고 있다는 자료
들은 실제에 부합하지 않는다고 답했다. 그는 자유무역항이 변경지역
가공산업의 발전에 도움이 되지 않았다는 식의 논거를 설득력있게 반
박하면서, 자유무역항이 폐지될 경우 발생할 부정적인 영향들에 대해
반박할 수 없는 증거들을 제시했다. 이것들 중에는 주민 생활비용 상
승, 국가 봉직자들에 대한 금전적 지출 증가, 이주민 감소, 광활한 영
토에 국경초소를 설치해야 하는 문제 등이 있었다.

1892년에 각료위원회에서는 해당 안건을 검토했다. A. N. 코르프
황실부관이 작성한 청원서는 "실질적인 중요성을 가지고 있으며" 프리
아무리예 변경지역에서 자유무역항을 폐지하는 것은 시기상조임을 인
정하는 것으로 최종 결정이 내려졌다.

S. Yu. 비테 재무대신(1892~1903)의 개혁 움직임은 관세를 통
한 보호주의의 성격을 분명하게 띠고 있었다. 1893년에서 1894년에
걸쳐 블라디보스토크 무역상 F. 페이긴(Ф. Фейгин), 상인 M. 젠지
노프(М. Зензинов), 니콜라옙스크철도공장 공동소유주 M. D. 부틴
(М. Д. Бутин)을 비롯한 다른 여러 기업가들이 프리모리예 변경지역
에서 자유무역항을 폐지해달라고 재무대신 앞으로 보낸 탄원서들은 S.
Yu. 비테의 시각과 완전히 일치했다. 1894년에 황제의 명에 따라 관
세부과 도입 문제를 파악하기 위한 조사대가 극동지역으로 파견되었
다. 조사대는 프리아무리예에서 자유무역항을 폐지하는 것이 합당하
다는 결론에 도달했다. M. K. 표도로프 시장과 Yu. I. 브리네르, K. G.
알베르스(К. Г. Альберс), A. V. 닷탄(А. В. Даттан), V. A. 아담스(В.
А. Адамс) 등과 같이 이 변경지역에서 유명한 기업인들로서 대외교역
과 밀접한 관계를 가지고 있던 사람들도 이에 동의했다. 1900년 6월 6일

에 국가평의회는 아무르강 하구와 그 남쪽에 위치한 항구들에 있는 자유무역항들을 폐지하는 것에 대한 황제의 권고안을 비준했다. 1901년 1월 1일부로 일부 식료품들과 농업용 기구들을 제외한 외국산 상품과 원료에 관세가 부과되었다.

그런데 이러한 결정에 대한 정부의 추인은 프리아무리예 변경지역 경제에 많은 문제를 가져왔다. 비관세 외국 무역을 연안지역에서는 폐쇄하고 중국과의 국경지대에서는 유지하는 것은 극동 지방들에서 러시아 정부가 시행한 보호관세주의적 방책들을 무용지물로 만들었다. 외국 밀무역상들이 국경 주변의 50베르스타에 이르는 비관세지대를 통해 이 변경지역으로 자유롭게 드나들었다. 러시아 정부는 이에 대해 고민하지 않을 수 없었다.

1902년에 S. Yu. 비테 재무대신은 극동지역을 순방하고 돌아온 후 니콜라이 2세에게 다음과 같이 보고했다.

> "제가 깊이 생각해 본 바에 따르면, 산업 발전은 이 변경지역으로 외국자본을 유치하는 조건이라는 오직 이 한 가지 조건을 통해서만 달성될 수 있을 것입니다."

그 아래에서 그는 적기를,

> "…… 프리아무리예 변경지역의 모든 미래는 이 지역 내에서 지역 산업과 지역 농업이 발전하는 것에 달려있는데, 이를 위해서는 관세장벽과 강제세금을 통해 이 지역을 …… 외국상품과의 경쟁에서 보호해야만 합니다."

보고서 말미에서 비테는, 관세장벽을 통해 …… 프리아무리예 변경지역을 중국으로부터 보호하는 문제는 현재 복잡하게 얽혀있다고 결론지었다. 이 문제를 해결하기 위해 재무성 산하에 특별위원회를 설치하는 것이 제안되었다.

위원회에서의 논의도 단일한 결과를 가져오지는 못한채 의견들이 엇갈렸다. 즉, 위원회 구성원들 중에서 15명은 관세부과에 찬성했고, 나머지 8명은 국경 경비에 소요되는 막대한 비용과 중국과의 국경에 설치되어 있는 50베르스타의 비관세지대를 제시하며 프리아무리예 변경지역에서의 자유무역항 부활을 제안했다.

오랜 논쟁 끝에 1904년 5월 1일에 외국상품의 비관세 수입이 재개되었다. 지적할 필요가 있는 것은, S. Yu. 비테는 보호관세율 도입에 대한 일관된 지지자로서 발언해 왔으며, 그는 국내 자본을 제약하지 말 것과 극동 경제에 대한 외국 투자의 유입에 문호를 크게 개방할 것을 권고했다. 신중함을 유지하기만 한다면 외국자금시장의 이용은 위협이 되지 않을 것이며, 압축적인 산업 발전이라는 과제는 무엇보다도 외국자본과의 직접적인 공조하에서만 가능할 것이라고 그는 강조했다.

이를 위해 그는 외국인 관련 러시아 법률의 간소화, 러시아 내 외국인 기업 설립, 러시아 주식회사에 대한 외국인 참여, 외국 시민권자의 러시아 내 기업활동 허용, 동일한 러시아 산업분야의 강화 정도에 따른 외국상품에 대한 관세율 항목 축소 등과 같은 여러 가지 구체적인 방안들을 제시했다.

프리아무리예 무역의 직접 참여자이자 지표인 A. V. 닷탄 역시 이러한 입장을 가지고 있어서, 이 지역이 필요로 하는 것이 바로 눈앞에 놓여 있다면, 그것이 러시아에서 온 것이든 외국에서 온 것이든 가리지 말고, 그것이 무엇이든 모든 수단을 사용해서 그리고 어떠한 재정

정책에서도 독립된 모든 공급 방법을 사용해서 변경지역을 보호하려고 하는 "근원적인 갈망"에 대해 강조했다.

프리아무리예에서 추진된 관세정책의 근원적인 문제점은 불연속성이었는데, 이것은 변경지역 발전에 해가되었던 자유무역항과 세관 사이에서의 동요에서뿐만 아니라, 육상 국경을 통한 중국 상품들의 무관세 수입의 장기적 유지에서도 드러났다.

러시아 제국 정부의 경제정책은 극동지역, 특히 그곳의 주민과 경제적으로 활동적인 계층의 이익을 고려하는 쪽으로 분명하게 치우쳐 있었다. 우선적인 방책으로 유지되었던 것은 중앙러시아지역의 산업화와 산업가들의 이익이라는 "국가적 목표"에 대한 고려였다. 극동지역이 점차적으로 유럽 러시아 지역 산업의 원료 생산지이자 상품 시장으로, 대외정치적 관점으로는 러시아가 태평양으로 나가는 전초기지로 바뀌게 된 것은 이러한 정책의 결과였다.

강조할 필요가 있는 것은, 자본주의 발전 과정과 제국주의로의 전화는 이 시기에 러시아에 있었던, 그리고 그 일부인 극동지역에 있었던 신흥 부르주아지의 역할에 직접적으로 영향을 끼쳤다. 러시아의, 그리고 또한 아시아·태평양지역의 분리될 수 없는 일부인 러시아 극동지역의 현대적 발전 전략을 입안한다는 바로 이러한 시각에서 볼 때, 역사의 지역적 측면에 대한 연구는 현재의 관심을 대변하는 것이다.

이렇듯, 극동지역에서 산업자본주의의 발전은 미약한 이주와 일손 부족이라는 조건 속에서 진행되었기에, 국가 중심지역에 비해 더디게 이루어졌다. 대규모 산업기업의 설립, 전문인력의 수급, 기계 및 고가 장비의 매입에는 상당한 자본투여가 필요했으나, 현지 부르주아지는 그만한 여력이 없었다. 또한 시베리아와 극동지역을 주로 원료 공급지로 여기면서 이 지역들의 빠른 산업 발전에 관심이 없었던 러시아 부르주아지의 태도 또한 억제 요소였다.

정부의 모순적인 정책에 대해서도 이야기할 필요가 있는데, 이것은 러시아 중심지역에 있는 지주와 자본가의 자기이익 중심적인 의도에 주로 부응한 결과였다. 결과적으로 19세기 말까지 극동지역은 농업-원료 지향적 경제 중심인 낙후한 변방지역으로 남아있었다. 1890년대 초에 국가 중심지역에서 진행되고 있던 대규모 공장생산으로의 궤도 전환이 이곳에서는 이제 막 시작되고 있었다. 그런데 1890년대에는 경제발전의 총체적인 가속화 쪽으로, 그리고 보다 발전된 자본주의 형태로 전환하는 방향으로 분명하게 나아가고 있었다.

전체적으로 결론을 내린다면, 러시아에서 자본주의는 불균등하게 발전했으며, 극동지역은 유럽 러시아 남부와 우크라이나에 비해 독점 경제체제에 대한 참여가 미약했던 것으로 드러났다. 극동지역은 러시아의 유럽 부분에 있는 시장들에서 멀리 떨어져 있었기에 자본주의와 산업이 뒤늦게 발전하게 되었다.

러시아 극동지역은 발전된 가공산업을 가지고 있지 않았기에, 공산품을 유럽 러시아, 우크라이나, 다른 국가들로부터 들여와서 소비하는 지역이었다. 지금까지 살펴본 모든 시기에 극동지역은 공산품 반입이 주도하는 지역으로 남아있었으며, 이에 따라 대외관계에 있어 종속적인 위치에 있었다.

앞에서 제시한 난관들에도 불구하고 러시아 극동지역은 러시아 경제의 중요한 일부이자 아시아·태평양지역의 역동적인 경제 주체로 성장했다.

8장 러시아 극동지역에서의 종교생활: 17세기~21세기 초

극동지역의 종교생활: 17세기~20세기 초

극동지역의 종교생활: 17세기

17세기에 극동지역 원주민은 전통적인 신앙(애니미즘, 샤머니즘)을 보존하고 있었다. 러시아 탐험가들이 극동 땅에 들어오면서 모스크바 차르국의 국교인 정교가 유입되었다. 최초의 성직자[1]들이 1639년에 새롭게 형성된 야쿠츠크군에 파견되었다. 군정관인 P. P. 골로빈(П. П. Головин)과 M. B. 글레보프(М. Б. Глебов)와 함께 "시메온(Симеон)과 포르피리(Порфирий)라는 흑승(黑僧) 두 명, 스테판(Степан)과 바실리(Василий)라는 백승(白僧) 두 명, 스피리돈(Спиридон)이라는 백승 부제가" 모스크바에서 야쿠츠크로 향했다. 교회 두 곳을 위한 예식용 도서인 "제단용 4복음서 2권, 주석이 달린 4복음서 2권, 사도행전 2권, 해설이 달린 시편 2권, 성무일과서(Часовник) 2권, 일반전례서(Минея общая) 2권, 셰스토드네브니크(шестодневник) 2권, 한 해가 모두 인쇄되어 있는 축일전례서

---

1   러시아 정교의 성직자는 크게 수도성직자인 '흑승(黑僧, Чёрное духовенство)'과 재속성직자인 '백승(白僧, белое духовенство)'으로 나뉜다. 흑승은 결혼이 금지되어 있으나, 백승은 결혼을 해서 가정을 꾸릴 수 있다.

(Трефолой) 2권, 금식 트리오디(Треоди постные)[2] 2권, 부활 트리오디(Треоди цветные)[3] 2권, 미사전례서(Служебник) 2권, 포트레브니크(Потребник) 2권"이 마차로 운반되었다. 최초의 정교 사제가 1641년에 야쿠츠크에 도착했다.

정교는 모스크바 차르국의 국교였고, 러시아 정교회는 국교회였다. 시베리아 땅과 극동 땅의 개척은 이 영토로의 정교 확산을 동반했다.

국가는 러시아 정교회를 지원했다. 시베리아성이 의도적으로 구입한 예배의식서들이 극동 요새들에 건설된 교회로 이송되었다. 1654년에 아무르군정관으로 임명된 A. F. 파슈코프(А. Ф. Пашков)는 교회 세 개를 위한 예배의식서와 성찬보를 가져왔다. 카자크-초기개척자 분견대에는 이콘, 교회용 도서 그리고 심지어는 야전용 소예배당(часовня)까지 있었다. E. P. 하바로프 분견대는 야전용 소예배당을 특별선에 싣고 다녔다.

모든 러시아 요새들에는 정교회의 소예배당과 교회가 조성되었다. 예를 들어, 알바진요새에는 나무로 된 보스크레세니예교회(церковь Воскресения)와 니콜라이추도트보레츠소예배당(часовня Николая Чудотворца)이 건축되었다. 네르친스크 조약에 따라 알바진요새는 봉직자들에 의해 파괴되고 버려졌다. 교회 건물도 파괴되었지만, 알바진교회의 장서는 네르친스크로 옮겨졌다.

17세기에 이 지역에는 최초의 소예배당과 교회뿐만 아니라 최초의

---

2 '트리오디(Треоди)'는 정교에서 사용하는 전례음악서인데, 이 중에서 '금식 트리오디(Треоди постные)'는 사순절 기간에 사용하는 전례음악서이다.

3 '부활 트리오디(Треоди цветные)'는 정교회에서 사순절 부활주간부터 성령강림주간까지를 포함하는 기간에 사용하는 전례음악서이다.

정교 수도원도 등장했다. 이 세기에 극동지역의 수도원들은 특이하게
도 남자 수도원이었으며, 인원 수도 많지 않았다. 이 지역 최초의 수도
원은 1664년에 설립된 야쿠츠크스파스크수도원(Якутский Спасский
монастырь)이다. 야쿠츠크요새의 봉직자들은 1663년에 (다른 자료
에 따르면 1662년에) 수도원 설립을 결정했으며, 봉직자인 이반 아파
나시예프(Иван Афанасьев)를 수도원의 성직자이자 건설자로 선출
했다.

아무르강에서는 1671년에 알바진요새로부터 아무르강을 따라 상
류에 스파스 브셰밀로스티븨(Спас Всемилостивый)의 명칭을 딴 수
도원이 설립되었다. 이 수도원의 설립자이자 유일한 주임 성직자였던
수도사제 게르모겐(Гермоген)은 1665~1666년 사이의 겨울에 카자
크에 의해 키렌스크요새(Киренский острог)에서 이곳으로 강제로
옮겨졌다. 한 무리의 카자크가 자신들을 학대하던 일림스크의 군정관
인 L. A. 아부호프(Л. А. Обухов)를 레나강에서 살해한 후 처벌을 피
해 아무르로 도망쳤던 것이다. 우스티-키렌스크수도원(Усть-Кирен-
ский монастырь)의 설립자인 게르모겐은 프리아무리예에서 교회 생
활을 발전시켜 나갔다. 수도원은 부샤노이 카멘(Бусяной Камень)
이 경계를 형성하고 있는 곳에 위치해 있었으며, 알바진에 거주하
고 있던 카자크와 농민이 제공한 기금으로 설립되었다. 17세기에 시
베리아의 수도원에는 사람이 많지 않아서, 알바진수도원에는 거주자
가 6명이 넘지 않았다. 수도원 주변에는 농민 마을인 모나스틔르쉬나
(Монастыршина)가 형성되어 있었는데, 이곳 거주민은 교회 토지를
경작했다. 알바진이 포위되었을 때인 1685년에 수도원은 파괴되었으
며, 이후 복구되지 못했다.

게르모겐 수도사제는 성자(聖子)가 몸 안에 들어가 있는 모습으로

그려져 있는 〈말씀이 육신이 되어(слово плоть бысть)〉라는 이콘을 아무르로 가져왔다. 이 이콘은 영험하다고 여겨졌으며, 대중으로부터 알바진의 성모(Албазинская Богородица)라는 별칭을 얻게 되었다. 1685년의 공성전에서 수도원장과 수도원 승려들은 모두 요새에 남아있으면서 이 성물을 지켰다. 만주 군대가 알바진을 점령한 후 게르모겐은 우스티-키렌스크수도원으로 돌아갔으며, 이콘은 스레텐스크(Сретенск)교회에서 보관하도록 전달했다.

17세기 말에 정교는 청 제국으로 침습해 들어간다. 만주 군대에 의해 알바진이 점령된 이후 1685년에 요새 수비대원 중 일부가 중국으로 잡혀가 황제군의 한 부분으로 편성되었다. 알바진 포로와 함께 사제인 미하일 레온티예프(Михаил Леонтьев)가 베이징에 왔다. 러시아인들은 자신들의 종교를 보존했다. 불교 가람이 알바진 출신자들의 소유로 제공되었으며, 이들은 이것을 성 니콜라이 추도트보레츠의 이름을 붙인 소예배당으로 만들었다.

극동지역 요새들에는 성직자가 많지 않아서, 이곳에 있던 교회의 수와 겨우 비슷한 정도였다. 하지만 많지 않은 수에도 불구하고 러시아 정교회는 국가의 동쪽 변방지역에 거주하고 있던 러시아인의 개인생활 규범과 공동체 생활 규범에 실질적인 통제를 가할 수 있었다. 성직자들은 교회와 소예배당을 정화했고, 신생아와 이종족에게 세례를 주었고, 혼배성사를 주관했고, 장례미사를 집전했으며, 교회생활의 연중 행사를 준수하는지 감독했다.

세례를 받은 토착민을 위한 특별한 보상 정책이 수립되어 있어서, 공동체의 일반구성원은 봉직자 명단에 올려주고 부족 지배층은 소귀족(дети боярские) 명단에 올려주었다. 세례를 받은 이들은 야사크 의무에서 해방되었고, 분여지를 분배받았으며, 동족의 세례를 받지 않은 이에게는 없었던 몇 가지 특전을 받았다. 원주민 중에서 여성에 대한 세례는 많은 경우에 러시아 봉직자에게 시집가는 것에 따른 것이었다. 정교회는 민족 관계에 있어 혼합 결혼에 대해 용인하는 태도를 보였으며, 이것이 자연스러운 동화 과정을 강화시켰다.

교회 행정의 계서구조를 보면, 숫적으로 많지 않았던 극동지역 교구들은 1620년에 관할 주교좌와 함께 토볼스크에 수립된 러시아 정교회 시베리아주교구(Сибирская епархия)에 포함되었다. 1668년에 주교구는 시베리아관구장주교구(Сибирская митрополия)로 개편되었다. 관구장주교구의 영역은 1,050만 제곱킬로미터가 넘었다. 18세기 초에 이 땅에는 교회가 약 200여 개 있었으며, 약 30만 명이 거주하고 있었는데, 이 중 절반이 안되는 수가 정교를 믿고 있었다.

시베리아관구장주교구가 동부지역을 잘 운용할 수 있도록 하기 위해 일림스크, 야쿠츠크, 다우르스크 등의 십부장교구(десятина)⁴들이 만들어졌다. 각 십부장교구의 수장은 (감독) 십부장(десятник)이었는데, 그는 정액과 비정액의 징수금을 걷었으며, 또한 성직자와 평신도의 품행을 감독했다.

시베리아와 극동지역은 러시아로 편입되자마자 거의 즉시 국가유형지가 되었는데, 유형 대상에는 종교적 이설도 들어가 있었다. 17세기는 니콘 총대주교의 예배의식 개혁이 실패함으로써 나타나게 된 러시아 정교회의 분열 시대이다. 러시아 공동체의 적지 않은 부분이 새 제도를 받아들이지 않으면서 교회와 국가에 반발했다. 개혁을 받아들

---

4 여기에 나오는 'десятина'는 토지 면적 단위가 아니라 러시아 정교회 행정체계로서, 러시아 정교회에서 10교회 단위로 구성한 교회조직이다. 이에 여기에서는 'деся-тина'를 '십부장교구'로 번역했다.

이지 않은 종교 사조와 조직의 추종자를 구의식교도라고 불렀다. 모스크바 차르국과 러시아 제국에서 구의식교도는 1905년 4월 17일까지 공식적으로 분리파(раскольники)라고 불렸으며, 러시아 정교회의 이단자이자 불복자로 간주되어 기소되었다.

최초로 유형된 구의식교도이자 시베리아로 유형된 가장 유명한 사람들 중 한명은 신학자이자 사상가였던 아바쿰 페트로프(Аввакум Петров) 사제장이었다. 그는 비타협적 개혁 반대자로서 1653년에 가족(아내와 자녀들)과 함께 토볼스크로 유형되었다. 그러나 시베리아에서도 자신의 신념을 굽히지 않았기 때문에 보다 멀리 떨어진 다우리야(자바이칼리예)로 보내졌다. 아바쿰은 사제로서 시베리아 탐험가인 A. F. 파슈코프 군정관의 분견대에 소속되었다. 그리고 그와 그의 가족은 예니세이스크에서 네르치(Нерчь)강 하구에 이르는 수년에 걸친 힘겨운 여정을 카자크와 함께 가야만 했다. 아바쿰은 네르치, 쉴카, 아무르에 도착할 때까지 1656~1661년에 걸쳐 총 6년을 다우르족의 땅에서 보냈다. 행군 도중에 사제장의 아들 둘이 사망했다. 이 행군은 자전적인 글인『아바쿰 사제장의 자필 생애사(Житие протопопа Аввакума, им самим написанным)』에 기술되어 있다. 아바쿰은 자바이칼리예로 유형된 최초의 구의식교도였다. 이 당시 이곳에는 봉직자 외에는 러시아인이 거의 없었다. 1662년에 A. F. 파슈코프의 관할아래 있던 세 요새 – 네르친스크요새, 이르겐요새(Иргенский острог), 텔렘바요새(Телембинский острог)⁵ – 에는 총 75명의 봉직자가 있었다. 그럼에도 불구하고 자바이칼리예에 거주하는 구의식교도 사

---

5   원문에는 '텔렌빈요새(Теленбинский острог)'라고 되어 있으나, 이는 '텔렘바요새(Телембинский острог)'의 오기로 보인다.

이에서 구전되어오는 이야기들 속에는 분리파 스승들에 의해 행해진 기도를 통한 기적들이라는 쉽게 믿을 수는 없지만 흥미로운 이야기들이 남아있다.

1671년 이래로 야쿠츠크요새는 형사, 정치, 종교 등 모든 유형의 범죄자를 수용하는 유형지가 되었다. 야쿠츠크로 보내진 최초의 유형자들 중 한 부류가 구의식교도였다.

극동지역의 종교생활: 18세기

시베리아관구장주교구는 광활한 영토, 변경지역의 낮은 정착률, 도로 부재, 전문적 성직자의 부족으로 인해 운용에 어려움을 겪고 있었다. 동시베리아에 특별한 교회행정조직을 구성하는 것이 필요했다. 운용을 개선하기 위해 1707년에 이르쿠츠크주교대리주교구가 만들어졌다.

1727년 1월 15일에 에카테리나 1세는 이르쿠츠크주교구의 조직과 인노켄티(Иннокентий, 속명 쿨치츠키(Кульчицкий))의 이르쿠츠크 및 네르친스크 주교 임명에 대한 종무원 조령(條令)을 추인했다. 1731년에 주교구의 경계는 이르쿠츠크도의 경계와 일치하게 되었다. 시베리아주교구는 러시아 제국에서 영역이 가장 큰 주교구였다. 1731년에 주교구에는 교회 73개, 남자수도원 6개, 여자수도원 1개가 있었다.

1796년에 러시아령 아메리카도 이르쿠츠크주교구의 관할지로 포함되었다. 같은 해에 파벨 1세의 칙령에 따라 카디야크주교대리주교구(Кадьякское викариатство)가 구성되었지만, 실질적으로는 창설되지 못했다. 최초의 주교대리주교인 이오아사프(Иоасаф, 속명 볼로토프(Волотов))가 알래스카로 파견되었으나 1799년에 선박 난파로 사망했으며, 주교대리주교구는 폐지되었다. 러시아령 아메리카의 정교회는 이르쿠츠크주교구에 직접적으로 예속되었다.

18세기에도 러시아의 시베리아 개척은 계속되어서, 토착민의 대규모 그리스도교 귀의가 시작되었다. 이 시기에 동시베리아는 성직자와 교회가 불충분했다. 이르쿠츠크의 주교들은 야쿠츠크의 사제들을 파견해서 이 지역을 순회하도록 해야만 했다. 이러한 순회는 한번에 3~5년이 걸렸다. 많은 평신도가 예배의식을 행하기 위해 수 년을 기다려야만 했다.

독립된 주교구의 수립으로 교회 행정이 동부변방지역으로 얼마간 더 확대될 수 있었다. 야쿠티야에 도착한 최초의 주교는 인노켄티(Иннокентий, 속명 네루노비치(Нерунович))였는데, 그는 1732~1746년까지 이르쿠츠크주교구를 관할했다.

18세기 초에 러시아인은 캄차카반도를 획득했다. 최초의 정교 사원들이 1720년대에 건설되었는데, 니쥬네캄차카요새(Нижнекамчатский острог)와 볼셰레츠카요새(Большерецкий острог)에는 교회가, 베르흐네캄차카요새(Верхнекамчатский острог)에는 소예배당이 건설되었다. 1726년에 야쿠츠크에서 캄차카로 이콘, 교회집기, 예식서가 처음으로 전달되었다.

캄차카에서는 최초의 사원들과 최초의 정교회 수도원이 동시에 나타났다. 쿠릴열도의 최초 발견자이자 연구자로서, 복잡한 삶을 살았던 카자크인 I. P. 코즤렙스키(И. П. Козыревский)가 1717년에 (수사 이그나티(Игнатий)가 되는) 수도서원을 했다. 1718년에 그는 니쥬네캄차카요새에서 얼마 떨어지지 않은 곳에 야쿠츠크스파스크수도원 산하의 우스펜스키암자(Успенская пустынь)를 건설했다. 암자에는 노령의 캄차달족과 장애인을 위한 구빈원이 설립되었다. 이그나티(코즤렙스키) 수도사제가 이 반도를 떠난 후인 1730년대에 이 암자는 폐쇄되었다.

　18세기에 극동지역 토착민에 대한 그리스도교화가 계속되었다. 현지 주민에게 세례를 주는 일은 실질적으로 모든 성무종사자뿐만 아니라, 또한 이 변경지역을 개척하고 있던 러시아인 실업가도 수행하고 있었다. V. 베링의 캄차카탐사대가 활동하고 있던 시기에 그 일원으로 참여하고 있던 성직자들은 현지 주민을 그리스도교화하는 일도 진행했다. 하지만 이러한 선교 활동은 우연적이고 일화적인 성격을 띠고 있었다. 러시아령 아시아의 동북 지역과 러시아령 아메리카 지역으로 정교를 체계적으로 확산시키기 위해 특별선교단이 파견되었다. 1724년에는 야쿠츠크에 정교선교단이 설립되었다. 1740년에는 야쿠츠크에서 캄차카로 수도보제 가브리일(Гавриил, 속명 프리트친(Притчин))이 선교사로 파견되었다. 그는 캄차카의 교회들을 위해 볼셰레츠카요새로 성찬보, 이콘, 식기, 성기함(聲器函), 책, 종을 가져왔다. 1740~1741년 사이의 겨울에 그는 (V. 베링 탐사대 출신인) 페오필락트(Феофилакт) 수도사제와 함께 1,417명에게 세례를 주었다.

　1742년에 신성종무원은 이오아사프(Иоасаф, 속명 호툰쳅스키(Хотунцевский))가 이끄는 캄차카선교단을 조직해서 파견했다. 이 사절단에는 슬라브·그리스·라틴 아카데미(Славяно-греко-латин-ская академия)의 졸업생과 재학생도 11명이 포함되어 있었다. 선교단의 장서에는 예식서와 학술서가 들어있었다. 1744년 7월에 선교단은 오호츠크에 도착해서 2년간 활동했고, 1745년 8월에 선교사들은 캄차카에 도착했다. 이오아사프(호툰쳅스키)는 니쥬네캄차츠크를 선교단의 정착지로 선택했다. 이러한 선교단의 목적에는 성인 토착민에게 세례를 주는 것뿐만 아니라, "다양한 민족 출신의 아이들에게 러시아 문자를" 가르치는 것도 있었다. 1745~1746년에 선교단원들은 캄차카의 요새마다 그리고 "쿠릴 땅"에 학교를 열기 위해 지정을 받아 파견되었다. 1745년 가을에 캄차카 최초의 교회학교들이 활동을 시작했으며, 1748년에 이 반도에는 러시아인 아이는 물론이고, 토착민 아이를 포함해서 약 200명의 학생이 있었다. 선교사가 운영하는 학교에서의 학습은 종교적인 성격을 띠고 있었다. 이오아사프(호툰쳅스키)는 1750년에 캄차카를 떠났으며, 파호미(Пахомий) 수도사제가 선교단을 지도하게 되었다. 1758년에 종무원은 선교단을 해체했는데, 그것은 선교단의 기본 목표가 거의 달성되었기 때문이었다. 성무종사자들은 캄차카의 거의 모든 토착민(집계 수치들에 따라 9,000명에서 11,000명)에게 세례를 주었다. 1762년까지 이 반도에는 교회 8개와 5세에서 22세 사이의 학생 약 300여 명이 공부하는 선교단학교 14개가 있었다. 캄차카의 그리스도교화가 완수되었다고 여겨졌기에, 이후 여러 해 동안 성직자와 학교에 대한 지원이 진행되지 않았다. 그 결과 이 세기 말에 가면서 상황은 악화되어서, 거의 모든 학교가 폐쇄되었고, 사원은 노후화되었으며, 성직자는 부족하게 되었다.

러시아령 아메리카에서 러시아 정교회 개척은 실질적으로 이 지역에 대한 러시아 산업 개척과 동시에 진행되었다. 이오아사프(호툰쳅스키)선교단의 구성원은 캄차카반도 전역을 돌아다녔을 뿐만 아니라 쿠릴열도의 몇몇 섬과 알류산군도(Алеутский архипелаг)까지 방문했다. 이 세기 말에 아메리카 대륙 북부에 대한 개척이 체계적으로 진행되었다. 대기업 대표였던 G. I. 셸리호프(Г. И. Шелихов)는 페테르부르크관구장주교를 찾아가 자기 회사의 비용으로 교회를 건설하는 것에 대한 허락을 요청했다. 신성종무원은 이 요청을 검토한 후 1793년에 이오사프(Иосаф, 속명 볼로토프(Болотов)) 대수도사제가 이끄는 정교선교단을 알래스카에 파견하기로 결정했다. 6명의 출가자가 1794년에 카디야크(Кадьяк)섬에 도착했다. 이들은 알류산열도와 아메리카의 러시아인 정착지에 있었던 최초의 정교 사제였다. 출가자들은 설정된 과제를 수행하는데 열심을 다해서, 교회를 세우고 교리를 전파했다. 카디야크선교단이 활동한 초기 2년 동안에 약 1만 명의 토착민이 세례를 받았다. 선교단은 지속적인 발전이 기대되었었다. 1796년 7월 9일에는 카디야크주교대리주교구가 설치되었고, 1799년 4월 10일에는 이오사프(볼로토프)가 주교로 임명되었다. 그런데 러시아령 아메리카로 돌아오는 길에 카디야크 주교와 그와 동행한 선교단원들이 파선으로 사망하게 되었다. 19세기 초까지 선교단 구성원 중에서 살아있던 사람은 멀리 떨어진 엘로븨(Еловый)섬으로 들어가 금욕생활로 생의 마지막 시기를 보냈던 게르만(Герман, 속명 즤랴노프(Зырянов))뿐이었다.

극동지역의 종교생활: 19세기~20세기 초

19세기의 첫 사반세기에 알래스카(카디야크)선교단은 지속적으로 성무종사자 부족 상황에 처해 있었다. 이르쿠츠크에서 파견된 성직자들은 특별한 열정을 보이지 않았고, 청원성례나 예배도 불규칙적으로 집행되었다. 선교단 활동의 부흥은 이반 베니아미노프(Иван Вениаминов)라는 이름을 가진 사제(그는 후에 인노켄티 모스크바·콜로멘스크관구장주교(митрополит московский и Коломенский Иннокентий)가 된다.)와 관련이 있는데, 그는 1824년에 우날라슈카(Уналашка)섬[6]으로 가서 러시아령 아메리카에서 15년간 복무했다. 그는 정교회 선교사로서뿐만 아니라, 러시아령 아메리카의 민족들과

6　'우날라슈카(Уналашка)섬'은 알래스카의 알류샨열도에 부속된 '어닐래스카(Unalaska)섬'이다.

자연을 연구한 학자로서도 뛰어난 인물이었다.

　1840년 말에 이르쿠츠크주교구에서 캄차카주교구, 쿠릴주교구, 알류산주교구가 분리되었다. 이르쿠츠크주교구는 시베리아 동북부분, 아메리카의 러시아 점유지, 알래스카, 쿠릴열도에 걸쳐 있었다. 주교 거주지는 시트하(Ситха)섬[7]에 위치한 노보아르한겔스크(Новоархангельск)[8]였다. 1852년에 야쿠츠크도가 주교구 영역에 들어왔고, 1853년 9월에는 주교좌가 야쿠츠크로 옮겨갔으며, 노보아르한겔스크에는 주교대리주교구가 만들어졌다. 러시아에 병합된 이후 프리모리예 변경지역은 이 주교구 영역에 포함되었다. 1862년에 중심 주교좌는 블라고베셴스크로 이전되며, 야쿠츠크에는 주교대리주교좌가 만들어졌다. 야쿠츠크주교대리주교구는 1869년에 독자적인 주교구로 바뀌었다. 노보아르한겔스크주교대리주교구는 1870년에 독립적인 알류산-알래스카주교구로 개편되었다. 캄차카주교대리주교구에서 분리된 이후 극동지역의 교회행정단위는 캄차카-쿠릴-블라고베셴스크주교구라는 새로운 명칭을 얻게 되었다. 1899년에 운영 상의 개선을 위해 이 거대한 주교구는 블라디보스토크-캄차카주교구와 블라고베셴스크-아무르주교구라는 2개의 독자적인 주교구로 분리되었다.

　블라디보스토크-캄차카주교구에는 프리모리예도(유쥬노-우수리지구, 우트지구, 기쥐가(Гижига)지구, 페트로파블롭스크지구, 아나디리지구, 코만도르제도(Командорские острова)지구)의 교구들, 그

7　'시트하(Ситха)섬'은 현 알래스카 남동부에 위치한 알렉산더제도에 부속된 '바라노프(Baranof)섬'이다.

8　'노보아르한겔스크(Новоархангельск)'는 현 바라노프섬에 위치한 '싯카(Sitka)시'이다.

리고 또한 사할린섬과 동청철도 노선 주변에 위치한 교구들이 포함되었다. 주교좌는 블라디보스토크에 위치해 있었다. 1912년에 조선 교구 운용을 위해 주교구 내에 니콜스크-우수리스크주교대리주교구가 설치되었다. 1916년에는 캄차카도에 페트로파블롭스크주교대리주교구가 설치되었다.

블라고베셴스크-프리아무리예주교구는 아무르도와 프리모리예도의 일부, 즉 우수리강 하구지역, 우수리철도 노선 주변지역, 아무르 하류지역에 있는 교구들에 걸쳐있었다.

캄차카-쿠릴-알류산주교구의 첫 번째 주교는 1867년까지 이곳을 이끌었던 인노켄티(Иннокентий, 속명 베니아미노프(Вениаминов))였다. 이 발군의 실력을 보인 정교회 활동가는 러시아 동부지역에서 적극적인 선교활동과 교회체계발전에 전념했다.

이 지역에서 러시아 정교회의 심각한 문제들 중 하나는 성무종사자와 교무종사자 인력의 지속적인 부족이었다. 성직자 양성을 위한 교육기관이 개설되었다. 1807년에 페트로파블롭스크-캄차츠키에는 성직자학교가 설립되었지만, 1817년에 자금난으로 폐쇄되었다. 1820년에 페트로파블롭스크-캄차츠키에 있는 수공업학교 내에 2년제 성직자학교가 개설되었다. 1828/1829학년에는 25명 규모의 이종족과가 개설되었다.

인노켄티(베니아미노프)의 주도 하에 1845년에 노보아르한겔스크(시트하섬)에 신학교(духоная семинария)가 개설되었다. 이것은 두 개의 과(러시아인과 이종족)로 구성되어 있었고, 6개의 학급이 있었다. 그런데 최초 신학교의 건립은 페트로파블롭스크-캄차츠키와 야쿠츠크에 있던 성직자학교들을 폐쇄한 것에 따른 것이었다.

1858년에 노보아르한겔스크신학교가 시트하에서 야쿠츠크로 이전되었으며, 이때 명칭도 야쿠츠크신학교로 바뀌었다. 1870년 1월 21일에 건물에 발생한 화재로 인해 신학교는 폐쇄되었다. 이와 관련해서 6월 17일에 신성종무원의 결정에 따라 야쿠츠크신학교는 블라고베셴스크로 이전되었으며, 그곳에서 1917년까지 운영되었다.

성직자 신분의 여자 아이에 대한 교육과 훈육을 위해 1901년에 블라고베셴스크에 주교구여학교가 개설되었다.

19세기 후반~20세기 초 사이에 러시아 극동지역의 남쪽 부분인 프리아무리예와 프리모리예에서는 이주와 개척이 활발하게 진행되었다. 새로운 토지는 다양한 민족과 서로 다른 신앙적 소속감을 가지고 있는 이주민들을 유인하는 요인이었다.

이미 1850~1880년대에 극동지역에서는, 러시아 제국 주민의 다종교적 구성이 반영되어서, 종교적 상황이 복잡했다. 거주민 중 가장 많은 수는 러시아 정교회에 속했다. 국교회는 단기간에 많은 새로운 정착지에서 종교생활을 조직해서, 1881년에 프리아무리에 변경지역에서는 46개의 교구사원이 운영되고 있었으며, 이 외에도 기도소, 소예배당, 주택교회가 운영되고 있었다. 영지주의그리스도교도(몰로칸교도(Молокане)와 두호보르교도(Духоборы))와 구의식교도의 공회(公會)들이 1850년대 말~1860년대 초에 종교 유형(流刑)의 결과로 형성되었다. 하지만 이후 몇 해 동안은 자발적 이주자의 수가 늘어났다. 1880년대 초에 아무르도는 자캅카지예(Закавказье)[9]에 이어 영지주의그리스도교공동체(Духовное хрестьянство)의 두 번째 중심지가 되었다. 다양한 집계에 따르면 몰로칸교도와 두호보르교도는 아

무르도 인구의 삼분의 일에서 절반을 차지하고 있었고, 프리아무리예에서는 영지주의그리스도교공동체에서 건설한 마을이 60개에 이르렀다. 구 러시아계 이단자가 증가한 것은 이주로 인한 것뿐만 아니라 개종때문이기도 했다. 이들과는 달리 구의식교도는 선교활동을 하지 않았기에, 그 수는 이주와 자연증가로 성장했다. 구의식교도와 몰로칸교도, 두호보르교도는 새로운 지역들을 짧은 시간 내에 정비했으며, 이러한 이유로 정력적이고 생산경제적인 이주민이라는 평가를 받았다. 러시아 정교회 신도, 구의식교도, 영지주의그리스도교도는 도시민과 농촌 주민의 구성원으로 포함되었으나, 촌락들은 단일한 신앙을 가진 이주민으로 구성되었다.

로마 가톨릭교, 루터교, 이슬람교, 유대교의 신도는 비교적 수가 많지 않았고, 극소수의 예외를 제외하면 도시에 거주했다. 실질적으로 모든 신도 집단은 자신의 교회 생활을 지속할 수 있었다.

이 시기에 종교적으로 특징적인 또 다른 상황으로 들 수 있는 것은 러시아 영토 내에 대규모 중국인 공회, 즉 불교와 유교의 신도들이 살고 있었다는 점이다. 이 변경지역에 러시아인이 등장하면서 조선인 불교도의 이주가 시작되었다. 러시아 정교회는 토착민과 조선인을 대상으로 선교활동을 벌였다.

1883~1905년에 러시아 극동지역에서는 종교기관과 공회가 지속적으로 발전했다. 러시아 정교회는 지배적인 위치를 유지하고 있었다. 두 개의 주교구 구성, 최초의 수도원 개설, 최초의 출판물 등장 등과 같은 이 모든 요인은 극동지역에서 종교생활이 중앙러시아지역에서의 종교생활과 일치하고 있었다는 사실을 입증해주고 있다.

구 러시아계 이단공동체는 이 변경지역의 종교생활과 공회생활에서 중요한 현상이었다. 영지주의그리스도교 공회는 극소수의 예외를 제외하면 아무르도에 집중되어 있었다. 영지주의그리스도교도 이주민의 유입은 사실상 중단되었으며, 개종이 공회 확대를 위한 주요 원천이 되었다. 구의식교 공회는 이전과 마찬가지로 이주와 자연 증가를 통해 확대되었다.

로마 가톨릭교, 루터교, 유대교, 이슬람교의 공회는 계속해서 발전했다. 신도 증가에 따라 블라디보스토크와 블라고베셴스크에는 로마 가톨릭교 교구가 만들어지게 되었다.

이 변경지역의 종교생활에서 새로운 현상은 침례교 공회와 슈툰다교(Штундизм)[10] 공회가 나타났다는 것인데, 이 공회들의 구성원은 이주 직후 적극적으로 선교활동을 벌였다.

극동지역의 도시에서는 다양한 스펙트럼의 신앙이 모두 나타나서, 정교회와 함께 로마 가톨릭교 공회, 루터교 공회, 불교 공회, 유교 공회, 신토(神道) 공회, 이슬람교 공회가 활동하고 있었다. 이들 모두가 특별하게 건축된 건물과 공식적인 허가를 가지고 있지는 않았지만, 이 모든 신앙들의 신도들은 자신들의 영적 욕구를 충족시킬 수 있었다.

혁명 발생 이전 마지막 시기(1901~1917)에 극동지역으로의 이주는 개신교의 영향력 강화로 특징지을 수 있다. 1905년에 황제 칙령과 각료위원회 규정으로《신앙 인정의 기반 강화에 대하여(Об укрепле-нии начал веротерпимости)》라는 새로운 법이 채택되었다. 이 칙령 덕분에 많은 종교 조직이 합법적으로 활동할 수 있게 되었다. 침례교도는 구 러시아계 이단자, 정교도 청년, 극동지역 카자크 공동체를 대상으로 적극적인 선교활동을 펼쳤다. 1912년에 블라디보스토크에

---

10 '슈툰다교(Штундизм)'는 19세기에 우크라이나 지역을 중심으로 발생해서 러시아 제국 여러 지역으로 확산된 경건주의 계열의 그리스도교계 종파이다.

는 침례교 공회와 복음주의파(Евангельские христиане) 공회가 공식적으로 등록되었다. 1913년에 블라고베셴스크에서는 침례교 총회가 진행되었는데, 이곳에서 전러시아침례교연맹 극동지부가 조직되었다.

1910년대에 러시아 극동지역에서는 제칠일안식일예수재림파(адвентисты Адвентисты седьмого дня)의 선교활동이 시작되었다. 안식교의 중심지는 하얼빈이었는데, 이곳에서 최초로 제칠일안식일예수재림파 공회가 만들어지고 기도처가 개설되었다. 개신교의 이러한 움직임은 이주로 확충되었다.

도시 인텔리겐치야들 사이에서는 다양한 종교사회적 경향들이 발전하게 되어서, 톨스토이 운동(Толстовство)[11], 신지학(Theosophy, 神智學)[12]은 물론이고, 정신주의(Spiritism)[13]를 추종하는 집단들도 나타났다.

1907~1912년에는 루마니아, 오스트리아-헝가리 제국, 터키, 러시아의 유럽 주들에서 극동지역으로 구의식교도의 대대적인 이주가 진행되었다. 해외에 거주하고 있던 구의식교도는 1905년의 종파법 덕분

---

11 '톨스토이 운동(Толстовство)'은 레프 톨스토이의 사상으로부터 영향을 받아 출현한 사회운동으로, 종교적이고 윤리적인 색채를 강하게 띠고 있다. 이 운동의 참여자들은 종교적 정체성을 그리스도교에 두고 있으나, 예수의 신성적 측면보다는 인성적 측면을 보다 중요하게 여긴다.

12 '신지학(Theosophy, 神智學)'은 명상이나 사색 등을 통해 신적 존재와 접촉할 수 있으며, 이 존재가 가지고 있는 지혜를 터득함으로써 인간과 자연의 존재 비밀을 깨달을 수 있다는 신비주의 이론이다. 근대 신지학은 러시아계 미국인인 헬레나 블라바츠키(Helena Petrovna Blavatsky)의 주도하에 신지학 협회가 만들어지면서 형성되었다.

13 '정신주의(Spiritism)'는 19세기 중반에 프랑스에서 나타난 종교철학적 교조로서, 프랑스인 알란 카르데크(Allan Kardec, 본명은 이포리트 레옹 드니자르 리바유(Hippolyte Lйon Denizard Rivail))와 그가 지은 『영혼의 서(Le Livre des Esprits)』에서 발원했다. 러시아에서는 종교적 색채도 강하게 띠었다.

에 고국으로 돌아올 수 있게 되었다. 구의식교도의 이주는 조직적으로 이루어졌으며, 이들은 여러 가지 특전을 받을 수 있었다. 구의식교도는 주로 프리아무리예로 들어와 정착했는데, 이들은 이곳에서 새로운 촌락과 부락을 형성했다. 우수리 변경지역에서 이들은 앞서 마을을 형성하고 있던 같은 종파 사람들 주변에 자리를 잡았다. 1913년에는 구의식교회의 이르쿠츠크-아무르주교구가 만들어졌는데, 주교 거주지는 아무르도 보르다곤(Бордагон)부락에 있었다.

극동지역의 종교생활은 신앙 인정이라는 면에서 구별이 될 수 있었으나, 제1차 세계대전의 발발과 함께 상황은 바뀌었다. 개신교 계통의 모든 종파에 대한 탄압이 시작되었다. 침례교도와 제칠일안식일예수재림교도는 독일을 위해 스파이 행위를 하고 독일군을 위해 모금 활동을 했다는 죄목으로 기소되었다. 전쟁 개시 이후 "독일 스파이"와 "독일의 압제"에 맞서는 싸움이 전국적 규모로 나타났다. 개신교 장로들에게는 소속 공회를 포기하는 것이 금지되었다. 침례교도와 안식교도는 경찰의 감시를 받았다. 다음으로는 기도처와 등록된 공회가 폐쇄되기 시작했다. 많은 공회가 활동을 중단했고, 신도들 중 일부는 개종을 했으며, 또 다른 이들은 지하종교생활로 숨어들었다.

전쟁 기간에 극동지역으로는 전투지역에서 온 난민과 전투 태세를 확립하기 위해 파견된 사람들이 들어왔다. 이로 인해 로마 가톨릭교와 유대교의 신도 수가 늘어났다.

1917년에 극동지역에서 종교생활은 변화했다. 3월 20일자 임시 정부 결의안으로 종파적이고 민족적인 제한들이 폐지되었다. 이 법률은 러시아와 극동지역에서 종교생활에 생기를 불어넣어 주었다. 1917년 봄과 여름에 수많은 회합, 종교토론회, 뜨거운 종파간 논쟁이 나타났다. 사회에 대한 정교회의 영향력 상실이 뚜렷하게 나타나고 있었다.

침례교 공회, 복음주의그리스도교 공회, 제칠일안식일예수재림교 공회는 새로운 신도를 빠르게 확보했다.

극동지역의 종교생활: 소련 시기

극동지역의 종교생활: 내전 및 외국 간섭 시기

10월 혁명 이후 국가와 종교단체들 사이의 상호관계에는 상당한 변화가 일어났다. 《국가로부터의 교회 분리와 교회로부터의 학교 분리에 대하여(Об отделении церкви от государства и школы от церкви)》라는 포고령(1918년 1월 20일([신력] 2월 2일)[14]에 인민위원회(Совнарком)에서 승인)에 따라 양심의 자유가 선포되었으며, 러시아 정교회는 국가로부터, 그리고 학교는 교회로부터 분리되었다.

극동지역에서는 교회의 이해관계를 건드리는 조치들이 러시아 서부지역에 비해 얼마간 늦게 활성화되기 시작했다. 1918년 2월 12일(신력 25일)에 달니보스토크변강주 집행위원회(Дальневосточный краевой исполнительный комитет)는 변경지역 학교에서 종교의식 집전을 금지시켰고, 성경교사 직책을 없앴다. 1918년 3월 1일부터는 교회 조직들에 대한 금전지원이 중단되었다. 즉, 실질적으로 국가

---

14 앞의 월일은 구력에 따른 것이고 괄호 안의 월일은 신력에 따른 것이다. 표트르 1세의 역법개정 이래로 제정 러시아는 율리우스 력을 사용했다. 그런데 고대 로마 시기에 만들어진 율리우스 력은 오랜 시간이 흐르며 편차가 점차 커졌으며, 이로 인해 중세시대에 이러한 편차를 해소한 새로운 역법인 그레고리우스력과 13일의 차이를 가지게 되었다. 러시아는 10월 혁명으로 볼셰비키 정권이 들어선 이후인 1918년에 와서 그레고리우스력을 도입했다.

예산에서 삭제되었다. 종교 조직들, 그 중에서도 정교회 활동을 제한하는 포고령들의 시행은 성무종사자는 물론이고 일부 신도의 저항을 불러일으켰다. 정교회, 구의식교회, 이슬람교 그리고 그 밖에 다른 종파들의 성무종사자들은 1921~1922년에 있었던 〈극동지역 비사회주의단체 대회(Съезды несоциалистических организаций Дальнего Востока)〉의 활동에 적극적으로 참여했으며, 〈백색운동(Белое движение)〉의 투쟁정신을 지지했다. 이 시기에 많은 수의 평범한 신도가 백위대와 외부간섭세력에 대항하는 싸움에 참여했다.

내전 시기에 극동지역 전역에서는 개신교회의 영향력이 폭넓게 확장되었다. 외국인 선교단들, 특히 미국 선교단들, 그리고 또한 스웨덴, 영국, 일본의 선교단들이 활발하게 활동을 벌였다. 이들은 침례교도와 제칠일안식일예수재림교도를 지원했다. 미국인 선교사들은 특히 장로파 공회를 지원했는데, 최초의 장로파 공회는 이미 1909년에 블라디보스토크에 등장해 있었다. 미국인 선교사의 재정적인 지원 하에 감리교회가 조직되었는데, 그 이전에는 감리교 공회가 극동지역에 존재하지 않았었다. 선교사는 청년 활동에 특별한 관심을 기울였다. 〈기독교청년회(YMCA)〉는 청소년과 청년을 대상으로 하는 활동에 보다 더 적극적으로 집중했으며, 이 지역 내 많은 거주지에 지부를 두었다. 포시에트구역, 블라디보스토크시, 니콜스크-우수리스크시에 거주하고 있던 조선인들 사이에서 선교가 매우 성공적으로 이루어졌다. 다양한 교파의 개신교 공회들이 사실상 극동지역의 모든 거주지들에서 활동하고 있었으며, 러시아 정교회의 입지는 크게 좁아졌다.

내전 시기에 극동지역에는 구의식교, 몰로칸교 공회, 루터교, 로마가톨릭교, 이슬람교, 유대교의 공회들이 활동을 활성화하고 있었으며, 불교와 유교의 사원들도 계속해서 기능하고 있었다.

소비에트 당국이 극동지역에 최종적으로 확립되면서 "교회의 반혁명 (церковная контрреволюция)"에 대응하는 투쟁 운동이 시작되었다. 1923~1927년에 극동지역 정교회 성직자들 중 상당수가 체포되어 시베리아로 유형되었다. 당국이 외국 간섭 세력과 백군을 지지했다고 간주한 정교회 활동가들 또한 체포되어 유형되었다. 1926년 9월 4일자 러시아공화국(РСФСР)[15] 전러시아중앙집행위원회(ВЦИК)[16]의 특별 훈령에 따라 수도사, 성무종사자, 이들의 자녀, 종교활동가는 선거권을 박탈당했다. 선거권과 함께 시민으로서의 다른 권리들도 몰수되어서, 권리박탈자는 일자리를 구하기 힘들었고, 식료품 카드를 받지 못했으며, 국가적 보장을 비롯한 모든 종류의 보장을 상실했다.

1920년대에 조직적이고 재정적인 측면에서 강화된 극동 개신교 공회들은 1924년 헌법에 명시된 종교 선전의 자유에 대한 권리에 기반을 두어 종교 활동을 활성화시켰다. 침례교도, 복음주의그리스도교도, 제칠일안식일예수재림교도는 매년 지역 총회를 개최했고, 다양한 형태의 청년, 여성, 아동과 관련된 조직을 구성했고, 협동조합과 생산조합을 개설했고, 상호부조 공제회를 만들었고, 통나무집-도서관 (изба-читальня)과 도서관을 조직해서 신도뿐만 아니라 원하는 모든 사람이 이용할 수 있도록 했고, 성경 내용을 주제로 하는 공연을 상연했으며, 소외계층 주민들 사이에서 선교 활동을 벌였다. 심지어 일

---

15 '러시아공화국(РСФСР)'은 소련 구성 공화국들 중 하나이자 핵심 지역이었던 '러시아소비에트연방사회주의공화국(Российская Советская Федеративная Социалистическая Республика)'의 약칭이다.

16 '전러시아중앙집행위원회(ВЦИК)'의 정식 명칭은 'Всероссийский Центральный Исполнительный Комитет'이다.

부 구역에서는 침례교파와 복음주의교파의 청년 조직이 지역 콤소몰 조직과 경쟁을 할 정도였다. 많은 러시아 연구자들은 1917~1927년을 "러시아 개신교의 금세기"라고 부른다.

1920년대 말에 러시아 전역과 그 한 부분인 극동지역에서 반종교 정책이 심화된다. 1929년 4월 8일에《종교 통합에 대하여(О религиозных объединениях)》라는 결의안이 전러시아중앙집행위원회와 인민위원회에서 채택되는데, 이것은 종교 조직이 기도소 내에서 신도의 종교적 소용을 충족시켜 주는 행위를 제한하고, 상호부조공제회, 협동조합, 아동조직·여성조직·청년조직 등등의 설립과 같은 다른 모든 활동을 금지하고 있다. 헌법 4조도 변경되어서, 소련 내에서 "종교 선전의 자유와 반종교 선전의 자유" 대신에 "종교적 신앙고백의 자유와 반종교 선전의 자유"가 인정되었다. 이를 기점으로 소련 당국에 의한 강력한 이념적, 행정적, 정치적, 경제적 위해가 모든 종교 조직들에 가해졌다. "교인들"과 "이단교인들"은 소비에트 당국의 이념적 적으로 인식되었으며, 종교와의 전쟁은 계급정치적 투쟁의 일부로 간주되었다.

극동변경지역의 종교 조직에 대한 당국의 집중된 관심과 개별 신도와 신앙 공회에 대한 위해는 부분적으로는 이 지역의 국경 상황, 즉 국경 너머에 국민당 지배 하의 중국이, 그리고 또한 꼭두각시 만주국(Маньчжоу-Го)이, 그리고 대규모 이민자 지역이라는 영역이 존재한다는 상황으로 설명되었다. 소비에트 러시아로부터의 이주민들, 특히 이들 중에서 종교적 이유로 반감을 가지게 된 이들은 일본이 소비에트 극동지역에서 첩보와 파괴활동을 하는데 적극적으로 활용되었다. 일본 지휘부는 반 소비에트적 정서를 가지고 있는 이주 청년들을 공공연하게 끌어들여서, 이들이 국경을 넘을 수 있도록 도와주었다. 이러한 경험은 광범위하게 퍼져있어서, 종교 집단과 접촉하게 된 불법 월경자는 누구라도 일본의 정보원으로 일할 가능성 또한 있었다.

극동변경지역에서는 소비에트의 반종교정책 수행과 두 차례에 걸친 〈무신론 5개년 계획(безбожные пятилетки)〉의 이행으로 인해 사원이 점차적으로 폐쇄되었고, 성직자와 적극적인 신도는 위해를 받게 되었다.

1937년 8월~1938년 11월 사이에 소련 내무인민위원회 부서들은 일련의 대대적인 탄압을 진행했는데, 이것은 이후 "대공포(Болшой террор)"라는 통칭으로 유명해지게 되었다. 탄압의 주요 표적 집단들 중 하나는 신도였다. N. E. 예죠프(Н. Е. Ежов) 소련 내무인민위원의 1937년 7월 30일자 지시에 따라, 만일 전쟁이 발발하면 소련에서는 "교인들"과 "이단교인들"을 "모든 반 소비에트적이고 파괴적인 범죄행위들의 핵심 주모자들" 중 한 부류로서 박멸해야만 했다. 탄압은 또한 "가장 활동적인" "이단 활동가들"과 "교인들"에게로 확산되어서, 이들은 이러한 무력투입작전이 시작되자 마자 감옥, 수용소, 노동교화소에 감금되었다.

신도에 대한 대대적인 탄압은 "반 소비에트 분자 탄압"을 위한 특수작전이 시작되기 훨씬 이전부터 나타났지만, 종교 조직과의 투쟁이 중요한 문제로 대두된 것은 1936년 헌법을 채택하고 소련최고회의 선거를 준비하는 과정에서였다.

종교예식 집전자의 선출을 포함한 모든 선거에 대한 참여 제한이 폐지되었으며, "소비에트 민주주의의 확대"에 대한 선언들로 인해 일부 주민 사이에서는 국가가 실질적으로 종교에 대한 압박을 중단할 것이라는 희망이 나타나게 되었다. 소련의 모든 지역들에서 그리고 그 한 부분인 소비에트 극동지역에서 신도에게 교회와 기도소를 돌려주고 종교 예식 등등의 진행을 허용해 줄 것을 요구하는 목소리가 높아졌다.

1937년 3월 27일에 "교인들과 이단교인들"에 대한 밀정-무력투입 작전을 강화하라는 소련내무인민위원회 명령서가 하달되었다. 내무인민위원회 부서들은 "교인들과 이단교인들이 불법적인 활동을 조직하는 근거지를 밝혀내어 조속히 파괴하는" 방향으로 조치를 취하라는 지시를 받았는데, 그 최우선적인 것은 교회 공회의 분열 조장, 교회의 물질적 기반 약화, 선거 참여 방해 등등과 같은 것이었다. 소비에트 극동지역에서는 내무인민위원회 명령서를 이행하는 것이 어렵지 않았는데, 그것은, 첫째, "교인들"과 "이단 활동가들"의 압도적 다수가 무력투입작전 목록에 포함돼어 있어서, 이들에 대한 감시가 밀정을 통해 진행되고 있었고, 서신 검열이 진행되고 있었으며(이들 중 많은 이들이 하얼빈, 프랑스, 미국에 거주하는 친척 및 지인과 서신을 주고받았다.), 이에 따라 내무인민위원회 부서들은 이들을 위해할 수 있는 자료를 가지고 있었기 때문이었다. 둘째, 정교회 사제들, 개신교 목사들과 장로들 중 상당 수는 선거권을 박탈당한 상태였고, 많은 이들이 앞선 시기에 재판을 받아 유형되었거나 재산을 몰수당한 상태였다. 남은 것은 "교인들"와 "이단교인들"이 "반 소비에트 활동에 적극적으로 참여하고 있으며" 이들이 이러한 활동을 조직적으로 진행하고 있다는 것을 폭로하는 것뿐이었다. 이러한 "폭로"의 한 예가 내무인민위원회 부서들에 의해 "적발"된 반혁명적 군주주의 지하조직으로 17명으로 구성된 블라디보스토크의 "티하노프 추종교도들"인데, 이들 중 12명은 1937년 9월 10~11일 사이에 총살되었고, 5명은 수용소에서의 10년형에 처해졌다. 이 "사건" 이후에 신도에 대한 탄압이 대대적으로 진행되었다.

1937~1938년에 극동침례교연맹(Дальневосточный Союз

баптистов)과 극동복음주의그리스도교연맹(Дальневосточный союз евангельских христиан)의 지도부 전체가 탄압을 받았고, 블라디보스토크 루터파 교구의 목사는 체포되었으며, 탄압을 받아 중형이 선고되어 수용소로 이송된 신도는 수백 명을 헤아렸다.

1930년대 말까지 이 광대한 지역의 모든 곳에서 종교 조직의 모든 합법적인 활동이 금지되었고 모든 종교예식 관련 건물이 폐쇄되었다. 대조국전쟁(Великая Отечественная война)[17]이 발발할 때까지 계속된 극동지역에서 국가의 반종교적이고 반교회적인 정책으로 인해 그 어떤 교구도, 그 어떤 활동하는 교회도 남지 않게 되었다. 러시아 정교회, 로마 가톨릭교회, 구의식교회가 구축한 교회 조직은 완전히 붕괴되었다.

이러한 시기에 러시아 내에서 가장 규모가 큰 종교 조직인 러시아 정교회의 신도는 소비에트 극동지역의 수많은 정주지들에 존재하고 있었지만, 이 지역 내에 합법적인 성직자와 개방된 정교사원이 없었기 때문에 정상적인 종교생활을 할 수 없었다. 다른 종교를 신봉하는 극동인들도 같은 상황에 처해 있었다. 정교회 신도는 가장 어려운 상황에 처해 있었는데, 그것은 이들이 종교적인 축원기도와 성사를 받을 기회를 상실했기 때문에, 즉 사원과 성직자의 부재로 정상적인 종교생활을 실현할 수 없게 되었기 때문이었다. 이러한 상황은 시베리아 전역에 거주하는 정교회인 모두에게 적용되는 것이어서, 1937년에서 1943년까지 시베리아 영역에는 [교회생활을] 지도하는 단 한명의 주

---

17 '대조국전쟁(Великая Отечественная война)'은 러시아사에서 제2차 세계대전을 가리키는 명칭이다. 참고로 '조국전쟁(Отечественная война)'은 나폴레옹 전쟁에 대한 러시아식 명칭이다.

교도 없었고 단 하나의 주교구도 활동하지 않았으며, 노보시비르스크에 위치한 묘지 교회와 토볼스크에 위치한 교회 등 두 곳만이 공개된 정교 사원으로 남아있었다.

하지만 종교생활은 중단되지 않았다. 이것은 새로운 형태를 가지게 되어서, 당국을 피해 지하(이 단어의 직접적인 의미와 비유적인 의미에서)로 들어갔다. 이 시기에 정교 신앙은 극동인들 사이에서 주로 가족 내 전통 보존을 이유로 유지되었다. 어떤 경우에는, 공식적으로는 종교와 관계를 끊고 소비에트 기업체에서 일하고 있었던 성직자가 비밀리에 신도에게 교리를 전했다.

러시아 정교회와는 달리 많은 다른 교파들의 공회들은 여러 해가 넘는, 구의식교공동체의 경우에는 두 세기가 넘는 불법 종교 활동의 경험을 가지고 있었는데, 이것이 1930년대 후반부에 다시 필요해지게 되었다. 성직자가 없었음에도 불구하고 벨로크리니차(Белокриница) 구의식교 집단은 붕괴하지 않았다. 무사제파 구의식교 공회는 가장 배움이 깊은 평신도들 중에서 인도자를 선택했다.

1930년대의 탄압, 공회 해산, 모든 기도소 폐쇄, 지도자 체포 등에도 불구하고 개신교 교파들의 신도들은 종교생활을 중단하지 않았다. 소규모 비밀 공회가 유지되었고, 기도모임이 가정집에서 진행되었다. 1936년 헌법이 채택된 이후 일부 장소들에서는, 특히 아무르도에서는 침례교도가 드러내놓고 모임을 갖기 시작했다. 기도 모임이 개인 가정집이나 야외에서 진행되었으나, 지방 당국은 신도들을 간섭하지 않았다.

1930년대에 이 지역에서 개신교교파의 다양성은 이주민으로 인해 오히려 커졌다. 독일계 주민이 알타이와 소련의 여러 도들에서 아무르도로 이주해왔다. 이들에 의해 아무르도의 탐보프구역, 이바노프구역이 형성되었고, 콜호스(колхоз)들이 조직되었다. 이주민들 중 다수는 메노나이트였다. 이 시기에 프리모리예변강주에서는 복음주의신앙을 가진 그리스도교도(오순절파)가 이주민들 사이에서 처음으로 나타났다.

1920~1930년대의 유대인 이주로 인해 달니보스토크변강주(Даль-невосточный край)에는 규모가 크고 활동적인 유대인 공회가 형성되었다. 종교예식위원회(СДРК)[18]의 전권대표가 한 말에 따르면, 극동지역으로 이주해 온 유대인들 중 절대 다수는 "당연하게도, 신을 믿지 않는 청년 열성주의자들"이었다. 그럼에도 불구하고 1934년에 만들어진 유대인자치도에 있던 많은 정주지들에는 주로 "청년 열성주의자들"의 부모로 이루어진 신도 공회가 구성되었다. 유대인 이주자들 중 윗 세대는 경전을 비롯한 종교생활에 필요한 모든 것을 새로운 고향으로 가져왔다. 새로운 이주자들 중에는 종교 의식을 집행할 수 있는 자격을 갖추고 있는 사람도 있었다. 유대인 공회들 중에서 가장 크고 활동적이었던 것은 유대인자치도의 주도(主都)이자 새로운 도시인 비로비쟌(Биробиджан)에 있던 공회였다. 비로비쟌에서는 1930년대부터 비합법 시나고그가 운영되고 있었다는 것을 문헌들 속에서 찾을 수 있다.

소비에트 당국에 의해 극동지역 토착민에 대한 교육과 문화 계몽이 강화되었음에도 불구하고 전통적인 종교 관념과 의식 수행은 이들의 삶에서 떼어놓을 수 없는 부분으로 남아있었다. 게다가 샤먼은 원주소수민족들의 모든 삶의 공간에서 영향력을 유지하고 있었다.

1940년대 초까지 소비에트 당국은 종교와의 전쟁을 통해 표면적으로는 합법적인 종교 활동의 말살이라는 성과를 달성한 것처럼 보였으

18　'종교예식위원회(СДРК)'의 정식 명칭은 'Совет по делам религиозных куль-тов'이다.

나, 극동지역에서 종교생활은 불법적 형태로 지속되었다. 종교 계보도는 다양성을 유지하고 있었고, 20세기 초에 이 지역에 존재했던 거의 모든 종교들의 공회와 집단이 활동하고 있었다. 다만 신토, 불교, 유교는 외국인이 극동지역을 떠나면서 완전히 사라졌다.

종교생활: 1940~1950년대

대조국전쟁의 발발로 소련 시민들 사이에서는 종교적 감정과 분위기가 자연발생적으로 번성하게 되었고, 신앙생활을 합법화하려는 시도가 시작되었다. 권력 기구들은 반종교정책을 포기함으로써 신도에게 압력을 행사하지 않았다.

종교, 교회, 신도에 대한 국가정책의 새로운 시기가 1943년에 시작되었다. 1943년 10월 4일에서 5일 사이의 밤에 이루어진 I. V. 스탈린(И. В. Сталин)과 러시아 정교회 지도부의 역사적인 만남 이후 국가와 교회 사이의 관계는 전환되었다. 법적인 문제가 조율되었고, 그 결과 러시아 정교회의 상황은 개선되었다. 이 결정들 중 일부는 러시아 내에서 활동하고 있던 다른 종교연합회들에도 확대적용되었다.

시베리아와 극동지역에서 러시아 정교회 조직은 1943년 여름에 노보시비르스크주교구 구성과 주교 임명과 함께 재생되기 시작했다. 1943년부터 1948년까지 소비에트 극동지역에는 11개의 러시아 정교회 교구가 개설되었다. 이 모든 교구들은 프리모리예변강주, 하바롭스크시, 아무르도와 같이 이 지역의 남부에 위치해 있었다. 이 지역의 다른 행정구역들에서는 정교 종교생활을 합법화시키는데 실패했다.

러시아 정교회 신성종무원의 1945년 12월 25일자 결의안에 따라 하바롭스크-블라디보스토크주교구가 만들어졌는데, 여기에는 프리모리예변강주와 하바롭스크변강주의 영역 내에 있는 정교 교구들이 포함되었다. 이르쿠츠크주교구의 야쿠츠크주교대리주교구와 치타주교대리주교구의 교구들 또한 하바롭스크-블라디보스토크 주교의 감독 아래로 이전되었다. 새로운 극동지역 주교구는 10월 사회주의 혁명 이전과 그리고 1920년대에 이 지역에 존재했던 그런 교회 행정 단위들과 역사적 연속성을 가지고 있지는 않았다.

첫 번째 하바롭스크 주교인 베네딕트(Венедикт, 속명 플랴스킨(Пляскин))는 일 년이 약간 넘는 기간 동안 주교구의 수장으로 있었다. 그가 떠난 이후 노보시비르스크-바르나울(Барнаул) 대주교인 바르폴로메이(Варфоломей, 속명 고로드초프(Городцов))가 블라디보스토크-하바롭스크주교구를 임시로 관리했다.

모스크바총대주교청은 극동지역 내에 온전한 교회 조직을 구축하기 위한 노력을 지속해서, 가브리일(Гавриил, 속명 오고로드니코프(Огородников)) 대수도사제를 극동지역 주교좌의 후보로 선택했는데, 그는 주교좌에 오르기 전까지 베이징러시아선교단장으로 있었다. 그는 중국러시아선교단에 소속되어 있었는데, 이 선교단은 1945년에 러시아 정교회로 재귀속되었다. 1948년 8월 23일에 신성종무원은 공석으로 남아있던 주교좌에 가브리일을 임명하는 결정을 채택했다. 10월 초에 그는 주교직을 수행할 곳에 도착했다. 그리고 가브리일 주교는 1년 후인 1949년 6월에 쿠르스크주교좌로 옮겨가게 되었다.

총대주교의 조령(條令)에 따라 하바롭스크-블라디보스토크주교구는 이르쿠츠크-치타 대주교인 팔라디이(Палладий, 속명 셰르스텐니코프(Шерстенников))의 임시 관리를 받게 되었다. 러시아 정교회의 유일한 극동지역 주교구는 이후 40년간 독자적으로 기능하지 못했다.

1950년까지 소비에트 극동지역에는 이전과 마찬가지로 11개의 러시아 정교회 교구가 활동하고 있었는데, 2개는 하바롭스크에, 4개는 아무르도에, 5개는 프리모리예변강주에 있었다. 국가에 등록을 했음에도 불구하고 일부 교회 공회들은 매년 지방 당국으로부터 공식적인 종교생활을 위한 권리를 얻어야만 했다.

소비에트 극동지역에는 정교회 공회 외에도 수십 개의 거주지들에 복음주의그리스도-침례교(Евангельские христиане-баптисты), 제칠일안식일예수재림교, 복음주의신앙그리스도교(Христиане веры евангельской)[19] 계통의 그리스도교 교회들이 형성되어서 활발하게 활동하고 있었다.

복음주의그리스도-침례교 공회는 극동지역에서 규모가 크고 조직적인 교파로 성장해서, 신도와 공회의 수가 러시아 정교회와 견줄 정도였다. 전쟁 이후 시기에 극동지역에서는 모든 개신교회들 중에서 복음주의그리스도-침례교회만이 합법화된 교회 조직을 재건할 수 있었다. 등록된 공회는 4개로, 하바롭스크변강주에 2개, 아무르도에 1개, 사할린도에 1개가 있었다. 공식 자료에 따르면 극동지역의 변강주들과 도들에 있는 비등록 공회는 약 60개에 달했다.

권력 기관들이 물리력을 사용하며 금지하고 지속적으로 통제했음에도 불구하고 복음주의그리스도-침례교회는 매우 활발하게 선교 활동을 펼쳤으며, 새신자로 인해 규모가 커져갔다. 전후 초기 10년간 극동지역에서 복음주의그리스도-침례교의 신도와 공회의 수는 지속적으로 증가했다. 이것은 전쟁 시기에 주민 사이에서의 종교성 증대, 주기적인 선교 활동, 공회의 민주적 상황에 대한 신참자의 호감, 예식 진행의 간소화, 국가 내 다른 지역으로부터의 지속적인 신도 이주민 유

19　'복음주의신앙그리스도교(Христиане веры евангельской)'는 이른바 '오순절파'로 분류되는 그리스도교 개신교 계통의 종파이다.

입 등과 같은 여러 요인들에 따른 것이었다.

주어진 시기에 극동지역에서 영지주의그리스도교도, 구의식교도, 로마 가톨릭교도, 〈여호와의 증인(Свидетели Иеговы)〉 등은 전통적으로 일정한 비중을 차지하고 있던 그리스도교 소수파에 속한다고 할 수 있다. 이종파들의 공회와 집단은 이 지역의 종교적 팔레트에 들어가 있었으나, 신도 규모가 크지 않다는 점에서나 공회 수가 많지 않다는 점에서 차이가 없었다.

극동 구의식교도와 극동지역의 구 이주민은, 이들이 프리아무리예와 프리모리예의 거주지에서, 그리고 대개는 농촌지역에서 살고 있었음에도 불구하고, 이 시기에 단 하나의 등록된 공회도 가지고 있지 않았다. 이 지역의 구의식교공동체는 교파적으로 단일하지 않아서, 고정교구의식교회(古正敎舊儀式敎會, Древлеправославная Старооб-рядческая Церквь) 신도, 소예배당동의파(Часовенное согласие), 페도세예프파(Федосеевцы), 토카레프파(токаревцы), 사모크레스트파(Самокресты)[20] 등과 같은 몇 가지 흐름들이 있었다. 벨로크리니차 동의파 구의식교 공회는 합법화를 시도했으나 거부되었고, 이런 이유로 이전처럼 비합법적으로 신앙생활을 이어나갔다.

1945~1948년에는 로마 가톨릭교회의 활동조직이 남사할린과 쿠릴 열도에 있었다. 신도는 일본과 다른 국가들의 시민들이었다. 1948년 말까지 외국인은 섬에서 떠났으며, 로마 가톨릭교 교구들은 해체되었다.

프리아무리예에 전통적으로 존재해 온 영지주의그리스도교(몰로칸파, 두호보르파) 공회는 내전, 농민봉기, 이민, 탄압 등과 같은 충격

---

20 '사모크레스트파(Самокресты)'는 구의식교파의 일종으로, 자신이 자신에게 세례를 주는 것이 특징이다.

이 가해지게 되자 20세기 초까지 이 지역에서 유지하고 있던 신앙 조직으로서의 입지를 완전히 상실했다. 당국은 1920년대까지 영지주의 그리스도교의 전 러시아적 중심지들 중 하나였던 블라고베셴스크에 있던 몰로칸파 공회에 대해서만 등록과 합법적인 활동을 허용했다. 주로 농촌지역에서 활동하던 나머지 집단들은 점차적으로 사멸되는 운명에 처하게 되었다.

〈여호와의 증인〉은 이 지역에 등장한 새로운 교파로, 이들의 활동은 정착한 두세 장소들로 한정되어 있었다.

소비에트 극동지역에서는 그리스도교 계통의 교회 및 단체와 함께 유대교, 이슬람교, 불교와 같은 다른 종교들의 공회들도 활동하고 있었다. 토착민은 자신들의 전통 신앙에 대한 신봉자로 남아 있었다. 많지 않은 수의 유대교 신도들이 극동지역의 여러 거주지에 살고 있었는데, 가장 커다란 공회는 유대인자치도의 행정 중심지인 비로비잔에 위치해 있었다. 이 유대교 공회는 1946년 12월 15일에 등록되었다.

1948년 말까지 사할린과 쿠릴 지역에서 불교와 신토 공회들은 사라지게 되었으며, 외국 공민은 본국으로 송환되었다. 몇 년 동안 종교 공회들이 [불교와 신토 공회들이 사용하던] 종교예식용 건물들을 사용하며 지나갔으나, 사원들은 계속해서 노후화되고, 파손되었으며, 철거되었다.

제시된 수치가 보여주는 바에 따르면, 1941~1954년에 소비에트 극동지역에서는 종교적 다양성이 보존되어 있었으며, 신도가 외국인이었던 불교와 신토를 제외한다면, 단 하나의 종파도 사라지지 않았다. 여호와의 증인이라는 이 지역에서는 새로운 종교 조직이 등장했다. 이 지역을 개발하는 과정에서 유입된 노동이민자로 인해 신도는 지속적으로 증가했다.

극동지역의 전통적인 종교들이 처한 상황에 어떤 특정한 변화가 나타났다. 영지주의그리스도교는 선도적인 지위를 최종적으로 상실했다. 침례교는 그 규모가 더욱 커져서, 이 시기에 확산도와 신도 수에 있어 러시아 정교회와 경쟁할 정도였다. 등록되거나 미등록된 종교공회가 실질적으로 극동지역의 변강주들과 도들에 있는 모든 도시들과 마을들에서 활동하고 있었다. 네 개 단체만이 합법적인 활동 허가를 얻고 사원을 열 수 있었다. 이 중 두 개인 러시아 정교회와 복음주의 그리스도-침례교에게는 등록이 허용되었는데, 그것은 아마도 대중성, 즉 국가적 차원에서뿐만 아니라 이 지역 내에서도 신도 수가 많았기 때문일 것이다. 나머지 두 개의 신앙 공회는 신도들 중 상당 수가 거주하고 있는 현지에 등록을 한 것들로, 블라고베셴스크에 등록한 몰로칸 공회와 유대인자치도의 주도(主都)인 비로비쟌에 등록한 유대교 공회였다.

극동지역의 종교생활: 1960~1980년대

1960년대 초에 소비에트 극동지역에서 활동하고 있던 러시아 정교회의 공회와 집단은 17개에 불과했다. 아무르도에서는 3개 연합회가, 하바롭스크에서는 5개 종교 집단의 2개 연합회가, 프리모리예변강주에서는 4개 연합회가 활동하고 있었다. 캄차카도와 마가단도에는 정교회 교인들의 미등록 종교 집단들이 활동하고 있었지만, 종교생활이 별로 활발하지 않았기 때문에 지역 당국은 이를 수치에 넣지 않았다.

총체적이고 실제에 근접한 정보를 획득하기 위해 등록 여부에 상관없이 모든 종교연합회들에 대한 동시 조사가 진행되었다. 정보는 등록 연합회와 비등록 연합회를 대상으로 작성된 설문을 통해 수집되었는데, 이 설문은 당국의 지역 조직들이 개별 종교연합회 단위로 작성했다.

이를 통해 드러난 바에 따르면, 1962년 초에 소비에트 극동지역에서
는 154개의 종교연합회가 활동하고 있었는데, 이것들 중 17개(정교회
9개, 복음주의그리스도-침례교 8개)만이 기존의 법적 절차에 따라 등록
되었거나 지역 등재부에 올라가 있었다. 나머지 137개, 즉 88.9퍼센트는
미등록 상태로 활동하고 있었다. 1970년에는 당시 존재하고 있던 136개
의 종교연합회 중에서 111개(81.6퍼센트)가, 1980년에는 165개 중에
서 133개(80.6퍼센트)가, 1989년에는 160개 중에서 105개(65.6퍼센
트)가 등록을 하지 않고 활동하고 있었다.

종교연합회는 지역 당국의 의지에 전적으로 종속되어 있었다. 즉,
지역 당국이 선의를 베풀면 등록되어 있지 않아도 공동체는 활동할 수
있었고, 지역 당국이 선의를 거둬들이면 그시간 부로 공동체는 해산되
었고 그들의 지도자들에 대해서는 사법적·비사법적 탄압 조치가 취해
졌기 때문이었다.

강조할 필요가 있는 것은, 미등록 연합회들 중 상당 수가 반(半)
합법적으로 활동할 수밖에 없었는데, 그것은 신도들이 연합회를 등록
하려 하지 않았기 때문이 아니라, 여러 해에 걸쳐 제출한 등록 요청
서들이 특별한 이유 없이 거부되었기 때문이었다. 한 예로, 알렉산드
롭스크-사할린스키(Александровск-Сахалинский)시 집행위원회
(горисполком)는 사할린도 집행위원회(облисполком)에 복음주의
그리스도-침례교 공회들의 등록을 거부해 줄 것을 요청했는데, 그것
은 "이 공회에 …… 다양한 형태의 사기꾼, 절도범, 협잡꾼이 속해있다
는 것이 드러났기" 때문이었다. 캄차카도에 있는 같은 종파 신도들도
1976년부터 10년간 매년 지역당국의 부서에 등록을 요청했지만 계속
해서 근거없이 거부당했다. 1976년에는 거부 이유가 "공회는 도 내의
여러 다른 도시에 거주하고 있는 사람들로 구성되어 있"기 때문이었

고, 1979년과 1982년에는 기도소가 없기 때문이었다(실제로는 기도소를 가지고 있었다). 1964년에 프리모리예변강주 수찬시에 있던 154명의 복음주의그리스도-침례교 신도들도 종교공회 등록을 거부당했는데, 그 이유는 "10~16번 탄광작업반들과 나로드나야로(ул. Народная)의 거리위원회가 종교 교파의 등록을 원칙적으로 반대하는데, 그것은 이 신도들이 기도, 종교노래 소리로 그 거리에 거주하고 있는 시민의 평정을 방해하기 때문이다."

개신교도뿐만 아니라 러시아 정교회 신도도 마찬가지로 등록을 거부당했다. 한 예로, 1974년에서 1983년에 이르는 10년 동안 캄차카의 정교회 신도들은 종교공동체를 등록해 달라는 청원을 적은 요청서를 열다섯 차례 제출했는데, 이 청원서에는 26~70명의 신도가 서명했다. 그럼에도 불구하고 지역 권력 기관의 담당자들은 앞에서 말한 것과 같은 거부를 위한 다양한 구실들을 들어 신도들의 요청을 근거없이 거부했다.

극동지역에는 "지하종교조직"이 상당히 많았다. 이것은 억압 수준에 있어 지역 권력 기관들이 손을 쓴 결과, 즉 이들의 여러 해에 걸친 목적지향적 정책의 결과였는데, 이것은 한편으로는 무신론 활동, 종교연합회의 수 감소(이에 따른 신도 수 감소) 등의 달성 상황을 보여주는 것이면서, 다른 한편으로는 진정한 종교 상황을 감추는 것이었다.

신도들과 종교연합회들은 1977년 10월의 소련 헌법 채택을 국가-종교 관계에서의 상황 변화에 대한 일말의 희망으로 여겼다. 하지만 기대는 현실화되지 않았다.

이 시기에 극동지역에서 종교 및 신도에 대한 권력 기관들의 입장은 공회와 신도를 집계하는데 있어서는 물론이고 이들에 대한 총체적인 "예방 활동"에 있어서도 당-국가의 방침을 전적으로 따랐다.

　　1960~1980년대에 극동지역에서 등록 및 미등록 종교연합회의 집계 결과는 다음의 〈표 1〉과 같다.

표 1　러시아 극동지역에서 종교연합회, 종교집단, 신도(1960~1989)

	변강주, 도	연도							
		1961		1970		1980		1989	
		공회	신도	공회	신도	공회	신도	공회	신도
1	사할린도	1	130	5	115	9	128	11	205
2	캄차카도	4	110	5	150	4	160	4	490
3	아무르도	40	1,240	30	1,130	35	1,100	30	1,360
4	마가단도	7	310	10	82	19	109	19	157
5	하바롭스크변강주	40	3,079	37	2,071	47	2,488	53	3,031
6	프리모리예변강주	62	3,740	49	4,264	51	5,455	43	5,368
	계	154	8,609	136	7,812	165	9,440	160	10,611

　　종파적 소속에 따른 종교공회들은 〈표 2〉와 같다.

　　〈표 2〉를 통해 알 수 있듯이, 극동지역에서 개신교 종교연합회들의 양적 우월성은 1960년대 초부터 나타나고 있다. 1961년에 이 지역에는 123개의 그리스도교 종교연합회가 활동하고 있었는데, 같은 시기에 러시아 정교연합회는 총 17개에 불과했고, 1970년에는 각각 101개와 18개, 1980년에는 125개와 18개, 그리고 1989년에는 112개와 27개였다. 1960~1970년대에 극동지역변강주·도종교문제전권대표들(Уполномоченные по делам религий краев и областей Дальнего Востока)의 자료에 따르면 개신교 신도의 수가 정교회 신도의 수를 상회했다. 1961년에 이 지역에는 4,720명의 개신교 신도가 거주하고 있었는데, 이 시기에 정교회 신도는 모두 3,285명이었고, 1970년에는 3,744명의 개신교 신도와 3,700명의 정교회 신도가 있었다. 종교

	종파	1961년		1970년		1980년		1989년	
		공회	신도	공회	신도	공회	신도	공회	신도
1	러시아 정교회	17	3,285	18	3,700	18	5,200	27	5,700
2	복음주의그리스도-침례교	65	3,190	51	1,770	41	1,665	41	1,979
3	복음주의그리스도-침례교 회회의	-	-	7	434	13	361	12	352
4	복음주의신앙그리스도교 (오순절파)	33	1,043	23	1,089	41	1,193	30	1064
5	제칠일안식일예수재림교	17	319	16	346	22	373	21	697
6	여호와의 증인	5	60	2	17	6	245	7	415
7	구의식교	10	518	16	318	6	142	6	140
8	유대교	1	46	1	40	1	25	1	20
9	메노나이트	3	108	2	88	2	174	1	202
10	몰로칸파	2	30	-	-	1	20	-	-
11	이교도	-	-	-	-	14	42	14	42
12	진(眞)정교회(ИПЦ)	1	10	-	-	-	-	-	-
	계	154	8,609	136	7,812	165	9,440	160	10,611

연합회 및 종교집단의 총수에서 러시아 정교회는 1961년에 모두 11퍼센트(154개 중 17개), 1970년에는 13퍼센트(136개 중 18개), 1980년에는 11퍼센트(165개 중 18개), 1989년에는 16.5퍼센트(160개 중 27개)를 차지했다. 총신도수에서 정교회 신도가 차지하는 비중은 1961년에 38퍼센트, 1970년에 47퍼센트, 1980년에 55퍼센트였으며, 1989년에는 그 비중이 53.5퍼센트로 감소했다.

무신론 이념이 지배적인 조건 속에서도 개신교 계열의 종교연합회들은 신도들이 비우호적인 생존 조건에 적응했던 경험이 있었기에 일정한 수준에서 견고하게 유지될 수 있었다. 비록 개신교 기도소들 중 다수가 폐쇄되었지만, 신도들은 실질적인 어려움을 겪지 않았는데, 그것은 이러한 건물을 특별히 지정하지 않음으로써 이 문제를 쉽게 우회했기 때문이었다.

극동지역의 정교로는 모스크바총대주교청 외에도 이 시기에는 구의식교의 다양한 해석파들(толки)과 동의파들(согласие)이 있었다. 탄압과 대량 이민의 결과 구의식교도의 수는 급격하게 감소했지만, 소수의 미등록 공회가 1960~1980년대까지 아무르도, 마가단도, 프리모리예변강주에 계속해서 존속하고 있었다. 아무르, 마가단, 프리모리예의 구의식교도는 생활습속, 세상과의 단절, 신앙교리의 교리적·종파적 순수성을 유지하려는 경향 등과 같은 특징들로 인해 권력 기관의 특별한 우려를 불러일으키지 않았다. 종교생활은 가족 집단이나 개인적 차원에서 유지되었다.

하바롭스크변강주에서 구의식교적 종교 전통은 결코 단절된 적이 없었다. 하바롭스크와 그 주변지역에는 약 40명의 벨로크리니차동의파 구의식교도가 살고 있었는데, 이들은 주기적으로 기도 모임을 가졌다. 종교 예식을 치르기 위해 소련 각료회의 산하 종교위원회(Совет по делам религий) 정교회과의 허가를 받아 1년에 한번씩 로스토프-나-도누(Ростов-на-Дону)로부터 I. A. 리바코프(И. А. Рыбаков) 사제가 방문했다. 신도들 중 절대 다수는 노령에 접어들어 있었으며, 당국과의 관계에 있어 충성스러운 편이었다. 이에 상응해서 당국도 종교연합회를 지역 통계에 올리고 신도들의 주기적인 종교 회합 조직에 간섭하지 않았으나, 다만 이 종교연합회의 등록은 목적에 부합하지 않는다고 생각했다. 1988년에 이 종교공회는 공식적으로 등록되었으며, 이로써 크라스노야르스크변강주(Красноярский край)에서 오는 사제가 이곳을 방문하는 것이 정상화되고 용이해졌다.

하바롭스크변강주의 4개 구역들(오블루치예(Облучье), 솔네츠늬(Солнечный), 비킨, 라조(Лазо))에는 350~400명의 무사제파 구의식교도가 살고 있었다. 신도들 중 일부는 앞선 시기에 중국에서 살았었는데, 1945년에 소련으로 이송되어 서로 다른 기간의 징역형에 처해졌으며, 1953년에 사면되어 풀려났다. 이들은 1960년대에 시베리아에서 두키트(Дукит)마을, 베레좁스키(Березовский)마을, 암구니(Амгунь)부락(1984년 타블린카(Тавлинка)로 개칭)으로 이주했다. 구의식교도는 종교연합회와 고정된 기도소를 가지고 있지는 않았으며, 소규모 친족집단별로 주기적인 기도 모임을 가졌다.

활동 연령대의 구의식교도는 같은 마을에 살고 있는 무신론자들과의 교류를 최소화하기 위해서, 심지어 교육을 받았다 하더라도, 기본적으로 목재산업, 삼림관리, 건설조직의 생산시설에서 일하지 않으려 했고 낮은 직위(수위, 청소부 등)에 고용되려고 노력했다. 이들은 커다란 채소밭과 양봉장을 가지고 있었고, 많은 가축을 소유하고 있었다. 부업경영에서 얻는 잉여 생산물은 시장과 협동조합 체제를 통해 판매했다. 구의식교도는 약초채취, 사냥, 어로 등과 같이 돈벌이가 되는 부업에 종사했다. 결과적으로 이들은 같은 마을 주민들 사이에서 경제적 안정에 있어 차이를 보여서, 질 좋은 낙엽수 통나무로 지은 집에서 살았고, 자동차, 오토바이, 모터보트를 가지고 있었다.

하바롭스크변강주의 구의식교도들 중 많은 이들이 미국, 캐나다, 브라질, 오스트레일리아 및 여타 국가들에 친척이 있었다. "페레스트로이카" 시기에 이들은 친족과 다시 접촉할 수 있게 되어서, 주기적으로 서신을 주고 받았으며 심지어 가능한 경우에는 개별적인 만남을 시도하기도 했다.

이 시기에 극동지역에서 가장 활발하게 활동했던 것은 복음주의그리스도-침례교여서, 이들의 등록 공회와 비등록 공회가 이 지역 전반에 퍼져 있었다. 1961년에 극동지역 내에는 65개의 침례교 연합회가 활동하고 있었는데, 여기에는 3,052명의 신도가 소속되어 있었다. 공회의 민주적 구조와 만인사제주의의 원칙 덕분에 침례교도는 N. S. 흐루쇼프(Н. С. Хрущёв)가 권력을 잡게 되면서 시작된 종교와 교회에 대한 새로운 탄압의 굴레라는 조건에 적응하고 생존할 수 있었다. 이 당시 흐루쇼프는 소비에트 인민에게 "마지막 교황"을 보여주고, "종교라는 마취제"를 종식시키며, 향후 20년 내에 공산주의 사회를 건설하겠다고 약속했었다.

1959년에 국가기관의 압력을 받은 복음주의그리스도-침례교(ВСХЕБ) 지도부가 교회의 교회법적이고 영적인 삶을 상당히 제한하는《소련복음주의그리스도-침례교연맹에 관한 규정(Положение о Союзе евангельских христиан-баптистов в СССР)》과《복음주의그리스도-침례교 수석 성직자들에게 보내는 훈령(Инструктивное письмо старшим пресвитерам ВСХЕБ)》을 채택하자 침례교는 분열하게 되었다. 분열은 또 하나의 침례교 종교 중심인 복음주의그리스도-침례교회회의(СЦ ЕХБ)[21]의 창설을 가져왔는데, 이 새로운 교파는 앞서 통과된 두 문서에 복종하지 않았으며, 자기측 사람들에게 교회법에 따른 침례교 규범들(아이들에게 체계적으로 종교 교육을 시킬 것, 선교 활동을 할 것, 다양한 자선 조직을 구성할 것 등등)에 상응해서 신도로서의 종교생활을 지속하라고 권고했는데, 이것은 당시의 종교법에 반하는 것이었기에 당국은 이러한 행위를 법률에 대한 매우 난폭한 위반으로 받아들였다. 복음주의그리스도-침례교의 극동지역 공회들 중 일부가 복음주의그리스도-침례교회회의 측으로 입장을 바꿨

21　'복음주의그리스도-침례교회회의(СЦ ЕХБ)'의 정식 명칭은 'Совет Церквей евангельских христиан-баптистов'이다.

다. 1970년까지 극동지역에서는 총 421명의 복음주의그리스도-침례교회회의 신도로 구성된 7개의 공회가 활동하고 있었다.

지역 권력 기관들의 위법적인 활동이 [복음주의-그리스도침례교 신도들을] 복음주의그리스도-침례교회회의에 대한 지지로 돌아서게 만드는 이유로 작용하기도 했다. 예를 들면, N. A. 둘레이(Н. А. Дулей)와 M. A. 둘레이(М. А. Дулей)가 이끌고 있던 블라디보스토크공회의 구성원은 1970년에 약 200명으로 추산되었는데, 1953년부터 1965년까지 열 차례에 걸쳐 등록 요청을 했으나 특별한 이유를 제시받지 못한 채 모두 거부되었으며, 이러한 지역 당국의 위법적인 행위로 인해 복음주의그리스도-침례교회회의의 입장으로 옮겨갔다. 1959년 10월에 시 당국은 이들의 기도소를 불도저로 부쉈고, 이후 1961년에 같은 방법으로 신도들이 기도 모임을 갖던 부속건물을 없앴다. 1964년 여름까지 이 모임은 건물이 파괴된 장소에서 야외모임으로 진행되었는데, 예배들 중 한 경우에는 신도들이 동일한 불도저와 경찰에 의해 쫓겨나기도 했다.

하바롭스크변강주에서는 복음주의그리스도-침례교회회의의 하바롭스크공회와 뱌젬스키(Вяземский)공회의 신도들이 복음주의그리스도-침례교회회의의 입장을 가장 견실하게 지지했다.

복음주의그리스도-침례교(ВСХЕБ)의 극동 공회들은 수석 성직자가 관할하는 극동지역에 소속되어 있었다. 오랫 동안 이 직위에 있었던 것은 Yu. A. 막심추크(Ю. А. Максимчук)이었다. 수석 성직자는 그리스도-침례교의 등록 공회들과 지역 당국의 부서들에 등재되어 있는 종교 집단들을 주기적으로 방문해서 종교생활 조직을 위해 할 수 있는 모든 것을 지원했다.

소비에트 극동지역에서 복음주의신앙그리스도교(오순절파)의 신앙은 1960~1980년대에 확고한 위치를 차지하고 있었다. 대체로 이 것은 오순절파가 러시아의 다른 지방에서 극동지역으로 대거 이주했기 때문이었다.《종교예식의 법률 적용에 대한 훈령(Инструкция по применинию законодательства о религиозных культах)》에 따르면 오순절파는 "반국가적 종교 조직들"에 포함되어 있었기에, 이들의 활동은 형사법적 절차나 행정적 절차에 의해 중단되었어야만 했으나, 극동지역 내에 있는 오순절파 연합회들은 모두 "불법적"으로 활동하고 있었다. 복음주의신앙그리스도교 신도는 기도 모임을 가지면서 비밀을 엄수하기 위해 많은 노력을 했다. 즉, 회합은 개별 아파트에서 이루어졌고, 국가 기관들에게 적발되지 않기 위해 모임을 한 장소에서 두 번 가지지 않았다.

1960년대 초에 오순절파의 공회들과 집단들이 하바롭스크변강주의 아블루치예(Аблучье)시, 뱌젬스크(Вяземск)시, 바니노(Ванино) 촌락, 비소코고르늬(Высокогорный)촌락에 있었다. 1965년까지 비로비쟌시와 비킨시에 두 개의 집단이 더 나타났다.

1960년대 초에 아무르도에는 약 240명의 복음주의신앙 계열의 그리스도교 신도가 7개의 종교집단을 구성하고 있었고, 마가단도에는 신도 30명이 거주하고 있었다.

1950년대 말 이래로 극동지역에서 오순절파의 중심지가 된 곳은 나홋카시였다. 1957년까지 이곳에는 침례교 공회만 있었지만, 이삼년 사이에 알타이변강주(Алтайский край)와 크라스노야르스크변강주, 그리고 키르기지야(Киргизия)와 카자흐스탄으로부터 300가구가 넘는 복음주의신앙 계통의 그리스도교 신도들이 이주해왔다. 이들이 이주한 것은 바르나울을 비롯한 여러 공회들에서의 분열과 나홋카항으로 "하얀 방주들(белые корабли-ковчеги)"이 들어와 진실한 신도를 "약속된 나라"로 데려갈 것이라는 N. P. 고레토이(Н. П. Горетой)의 "예언" 때문이었다. 이 예언의 영향을 받아 신도들은 집과 재산을 팔아 프리모리예로 왔다. 1961년에 N. P. 고레토이와 V. O. 보바릐킨(В. О. Бобарыкин), 그리고 공회의 몇몇 활동적인 신도들이 러시아공화국 형법 227조(종교 의식 이행 형태들에서 시민의 권리와 인격 침해)에 따라 나홋카시 법원에서 유죄 선고를 받았다. 이 사건 이후 많은 오순절파 신도들이 나홋카를 떠났으며, 남은 이들은 예언이 실현되리라는 희망을 상실했다. 합법적인 종교 선전이 불가능하다는 것을 알게 된 나홋카의 복음주의신앙그리스도교 지도부는 신도들이 종교 예식에 대한 현행 법률을 위반하도록 충동했다. 이들 중 일부는 소련 정부가 인권, 양심의 자유, 신앙의 자유를 침해했다고 공개적으로 비난했다. 그 결과 1965년에 공회의 지도자들은 러시아공화국 형법 제70조(반 소비에트 선동과 선전)에 따라 또다시 형사적 책임을 지는 재판에 회부되었다.

여러 해가 지났지만 예언은 실현되지 않았다. 1976년에 공회의 지도자들은 당시 미국 대통령인 J. 카터(Jimmy Carter Jr.)의 발언을 근거로 "죄로 물든 땅을 종식"하기에 좋은 때가 도래했다는 결론에 도달했다. 공회 내부에서는 출발자 명단을 놓고 다툼이 확산되었으며, 이로 인해 공회는 네 개의 독립적인 공회들로 분열되었다.

1981년에 또 다른 복음주의신앙그리스도교 공회가 타슈켄트도(Ташкентская область) 아한가란(Ахангаран)시에서 추구옙카(Чугуевка)부락으로 왔다. 종교적 광신주의, 공공연한 극단주의, 종교적 예식에 대한 법률 위반은 이 공회의 형제회가 일상적으로 하던 활동이었다. 그러나 많은 경우에 있어 추구옙카에서의 분쟁 상황은 양심의 자유를 법적으로 보장하는 문제에 있어 지역권력기관들의 무능으로 인해 촉발된 것이었다. 분쟁은 몇 년간 계속되었으며, 이로 인해 공회의 지도자들이 예언에 대한 믿음을 지지하고 분쟁을 신앙에 따른 고난으로 설명할 수 있게끔 만들었다. 오순절파의 상황, 이들의 요구, 분쟁으로 인한 고통이 〈자유유럽방송(Radio Free Europe)〉, 〈비비시(BBC)〉, 〈미국의 소리(Voice of America)〉 등과 같은 해외 언론매체들에 의해 주기적으로 보도되었다. 〈국제앰네스티〉(프랑스), 〈국제인권협회(Internationale Gesellschaft fьr Menschenrechte)〉(독일) 등과 같은 기구들은 종교적 동기에 따른 이주 요구를 지지했다. 그 결과 1980년대 말에 신앙적 동기로 소련 극동지역에서 떠나기를 원했던 이들은 모두 원하는 결과를 얻게 되었다.

극동지역 전반에 걸친 복음주의신앙 계열의 그리스도교도에 대한 행정적·형법적 탄압에도 불구하고 공회와 신도의 수는 비교적 안정적으로 유지되었다. 1961년에 극동지역에는 33개의 복음주의신앙 그리스도교 연합회가 있었고, 1970년에는 23개, 1980년에는 그 숫자가 41개까지 늘어났으며, 1989년에는 30개로 줄어들었다. 복음주의신앙그리스도교 공회에 소속된 신도 수는 1961년에 1,043명, 1970년에 1,089명, 1980년에 1,193명, 1989년에 1,064명이었다.

행정적 압박과 형법적 탄압이라는 조치는 극동지역에 있는 제칠일안식일예수재림교(АСД) 공회에 소속된 신도들에 대해서도 적극적으로 사용되었다. 제칠일안식일예수재림교 하바롭스크공회의 사제인 N. M. 이그나토프(Н. М. Игнатов)는 1961년 8월에 러시아공화국 형법 142조 "종교 예식에 관한 법률 위반"으로 1년간의 노동교화형과 급여 중 20퍼센트의 벌금 납부를 선고받았다.

지적할 필요가 있는 것은, 제칠일안식일예수재림교에 대한 탄압은 침례교와 오순절파에 대한 것과 같이 대대적인 특성을 띠고 있지는 않았다는 점이다. 아마도 그것은 침례교 및 오순절파와 비교했을때 상대적으로 신도 수, 종교 집단과 공회의 수가 그다지 많지 않았기 때문일 것이다. 1961년에 극동지역에는 319명의 신도로 이루어진 17개의 제칠일안식일예수재림교 공회들이 활동하고 있었는데, 제칠일안식일예수재림교 신도가 가장 많이 있던 곳은 아무르도(110명, 5개 공회)와 프리모리예변강주(150명, 9개 공회)였다. 1971년에 이것들 중에서 가장 신도 수가 많았던 블라디보스토크공회가 법적으로 정해진 절차에 따라 등록되었다. 1980년까지 공회 수는 22개로 늘어났으며, 그리 많지는 않지만 신도 수도 (60명) 늘었다. 지역 당국은 이것을 제칠일안식일예수재림교 신도들이 러시아 중심지역들로부터 이주해 왔기 때문이라고 설명했다.

당국이 "가장 반동적이고 인간혐오적인 종파"로 여긴 것은 〈여호와의 증인〉이었다. 복음주의신앙그리스도교 신도의 경우와 동일하게 이들은 러시아의 다른 지역으로부터 극동지역으로 이주해왔으며, 이곳에서 얼마간 종교적 자유를 찾을 수 있기를 희망하고 있었다. 비록 〈여호와의 증인〉이 1960년대에 극동지역에는 모두 60여 명밖에 없었지만, 당국은 이들이 조직화된 종교 활동을 할 권리가 없다고 간주했으며, 따라서 신도들에게 형법적 탄압을 가했다.

1961년에 하바롭스크변강주 〈여호와의 증인〉 공회의 지도자 세 명이 형사적 책임에 따라 각기 다른 기간의 처벌을 선고받아서, 그리드네프(Гриднев)는 7년, 세르바코프(Щербаков)는 6년, 하발로프(Хабалов)는 5년의 금고형에 처해졌다. 지도자가 없는 공회는 사실상 조직 활동을 중단했고, 신도들 중 상당수는 이 변경지역을 떠났다.

하바롭스크변강주에서 〈여호와의 증인〉의 조직 활동이 부활한 것은 1976년에 하바롭스크로 이주한 A. G. 보로닌(А. Г. Воронин)의 가족과 관련이 있는데, 그는 과거에 공회 구성원이었던 사람들을 자기 주변으로 모으고, 다른 신앙을 가지고 있는 신자들과 불신자들 사이에서 선교 활동을 조직할 수 있었다. 그는 종교생활을 활성화하기 위해 나라 안의 다른 지역들에서 몇몇 여호와의 증인 선도자들을 하바롭스크로 불러와 정주하도록 했다.

"선도자"의 헌신은 성과를 가져다 주었다. 이미 1978년에 하바롭스크변강주에는 3개의 〈여호와의 증인〉 신도 집단이 하바롭스크시, 콤소몰스크-나-아무레(Комсомольск-на-Амуре)시, 그리고 뱌젬스키시에 있었다. 이들 중 절반 이상은 30세 미만이었다.

1978~1979년에 행정 기관들은 공회 지도자들의 위상을 낮추고, 이들의 "반법률적인" 활동을 근절시키며, 지도적 연계 고리 내부에 의심과 적대 상황을 조성하기 위한 조치를 취했으며, 이를 통해 〈여호와의 증인〉의 선교 활동을 얼마간 약화시켰다.

권력 기관의 노력, 즉 다양한 "예방적인" 성격의 조치들에도 불구하고 〈여호와의 증인〉 하바롭스크공회의 구성원 수는 계속해서 늘어나서, 1980년에는 70명을 넘어서는데, 이들 중 40퍼센트 이상은 30세 미만이었다.

1983년 12월 21일에 하바롭스크변강주 검찰청은 러시아공화국 형법 142조와 227조에 따라 〈여호와의 증인〉 하바롭스크공회의 지도자들 중 한명인 N. M. 비츠코프(Н. М. Бычков)에 대해 형사소송을 제기했다. "조사" 과정에서 1984년에 하바롭스크에는 200명이 넘는 〈여호와의 증인〉 신도가 살고 있다는 것이 확인되었다. 법원에서 "사건" 심리는 1년 이상 진행되었는데, 약 100명이 심문을 받았다. 8명의 종교연합회 지도자가 형사법적 책임에 따라 재판에 회부되어 유죄 판결을 받았다. 이들 중에는 N. M. 비츠코프의 가까운 두 동지인 라이코프(Райков)와 그라체프(Грачев)가 있었는데, 당국은 가택 수색 시에 이들로부터 많은 양의 여호와의 증인 관련 문헌들, 즉 소책자, 잡지『파수대』, "사회정치적 생활에 참여하지 말고, 시민으로서의 의무를 이행하지 말고, 피오네르(пионер)와 콤소몰(комсомол)에 입회하지 말고, 선거에 참여하지 말고(투표하지 말고), 당과 소비에트 기구들이 조직하는 시위행진과 시위에, 평화와 싸우는 운동에 참가하지 말며, 소련군에 입대하지 말 것을 소련 국민에게 호소"하는 다양한 문건과 공지문을 몰수했다.

사법기관의 견해에 따르면, 이 공회의 구성원은 "모든 방법을 동원해서 조사를 혼란스럽게 하려고 시도했고, 거짓증언을 했으며, 법정 심리를 자신들의 종교 교리를 확산시키기는데 이용하려고 했다." 이 모든 것들로 인해 5명의 신도가 러시아공화국 형법 181조(위증)에 따라 형사소송에 회부되었다.

공회 지도부의 상실로 인해 공회 활동은 와해되었다. 종교연합회 내에서는 불신과 의심의 분위기가 조성되었다. 신도들 중 일부는 1984년에 하바롭스크변강주 밖으로 떠났지만, 당국은 〈여호와의 증인〉 공회의 활동을 완전히 중단시키지는 못했다. 신도들은 "지하 깊숙한 곳"으로 숨어들어서, 5~7명으로 구성된 소집단 단위로 자신들의 원룸주택에서 모였기에, 당국은 이들을 감시할 수 없었다. 1년 뒤에 수감자들을 대신해서 젊고 활동적인 신도들이 이 종교 조직의 지도적 직위들에 임명되었으며, 이들은 종교생활을 재개해서 200명으로 구성된 공회를 재건할 수 있었다.

1988년 여름에 젊은 지도자들 중 일부가 개인초청 자격으로 폴란드로 가서 〈여호와의 증인〉 세계총회에 참석했다. 총회에서 돌아온 공회의 지도자들은 선교활동을 재개하기 위한 보다 적극적인 조치들을 실행하기 시작했다. 동종신앙자들의 집에서 가지는 원룸주택 집단모임의 조직 외에도, 30~40명의 신도집단별 교육, 예식진행, 기도교류를 가지기 위해 하루나 이틀 동안 휴양지에 가는 것 등을 적극적으로 이용했다.

1989년에 변강주 검찰청은 공회의 지도자인 N. M. 비츠코프를 조기 석방했고, 12월 15일에는 하바롭스크변강주 〈여호와의 증인〉 지도자 8명에 대한 형사소송이 재검토되어서, 이 중 7명은 무죄 판결을 받았다.

프리모리예 〈여호와의 증인〉도 하바롭스크 신도들의 운명을 거의 동일하게 반복했다. 프리모리예변강주에서 〈여호와의 증인〉은 1970년대 초에 나타났으며, 17년 이상 동안 행정적이고 형법적인 탄압을 겪었다.

종합적으로 살펴보면, 오늘날의 낙관적인 입장에서 보아도 1980년대 중반까지 이 지역주민 절대 다수는 종교에 대해 무관심했다고 확실하게 말할 수 있을 정도로 당시 극동지역에서 종교성의 등장은 그다지 중요하지 않았다.

극동지역의 종교생활: 소련 이후 시기

국가-교회 관계의 새로운 시대는 1985년 이후 진행된 민주주의적 변혁과 관련이 있다. 이러한 관계에 대한 확실한 재인식이 루시의 세례(Крещение Руси)[22] 1000주년 기념을 준비하는 시기에 나타났다. 오

22　'루시의 세례(Крещение Руси)'는 키예프 루시 시기에 진행된 그리스도교 수용을 가리키는 말이다. 러시아 정교에서는 루시의 대공인 블라디미르 스뱌토슬라비치

랫동안 존속하고 있던 종교 조직들의 활동에 대한 제약들이 폐지되었으며, 이것은 신도인 시민과 이들의 종교연합회들이 국가의 공동체적 삶으로 적극적으로 통합될 수 있도록 촉진시켰다. 소련최고회의(Верховный Совет СССР)는 1990년 10월 1일자로, 러시아공화국은 1990년 10월 25일자로 각각《양심과 종교 조직의 자유에 대하여(О свободе совести и религиозных организациях)》와《신앙의 자유에 대하여(О свободе вероисповеданий)》라는 법률을 채택했는데, 이것은 종교 관계 분야에서 권리와 자유를 현저히 확장시켰다. 시민의 권리와 자유의 체계에서 중요한 위치를 차지하고 있는 것은 러시아 연방 헌법(1993)이다. 러시아 연방은 세속 국가를 선언하고 있으며, 그 어떤 종교도 국가 종교나 절대 종교의 지위를 가질 수 없다. 헌법은 사회적, 인종적, 민족적, 언어적 혹은 종교적 소속에 따라 시민의 권리를 제한하는 것은 어떠한 형태라도 금지하고 있다.

헌법 상의 기준은 1997년 9월 19일에 국가두마(Государственная дума)[23]에서 채택된《양심의 자유와 종교연합회에 대하여(О свободе совести и религиозных объединениях)》라는 러시아 연방 법률(ФЗ РФ)에서 보다 발전되고 구체화되었다. 전문에 나와 있는 것처럼 입법 목적은 양심의 자유와 신앙의 자유라는, 그리고 또한 종교와 신념에 상관 없는 법 앞에서의 평등이라는 각 개인의 권리를 확증하고, 양심의 자유와 신앙의 자유라는 문제들에 대한 상호 이해, 인내, 존중

(Владимир Святославич)가 그리스 정교를 988년에 수용하면서 러시아 정교회가 시작되었다고 보고 있다. 이에 따라 소련 해체 이전인 1988년에 그리스도교 수용 1000주년을 기념하는 행사가 거행되었다.

23 '국가두마(Государственная дума)'는 제정 러시아 시기의 의회 명칭이며, 현 러시아 연방 하원도 동일한 명칭을 사용하고 있다.

을 촉진하는 것이다.

이 법은 러시아 국가의 세속적 특성이라는 헌법 상의 기준에 기초하고 있으면서, 동시에 러시아 민족들의 역사적 유산에서 뗄 수 없는 일부를 구성하고 있는 그리스도교, 이슬람교, 불교, 유대교 및 여타 종교들에 대한 존중 원칙을 선언하고 있는데, 이때 러시아 역사에서, 즉 러시아 정신과 러시아 문화의 형성과 발전에서 정교회가 담당한 특별한 역할을 인정하고 있다. 이 법률은 27개 조로 구성되어 있으며, 장들로 묶여있다. 제1장에는 러시아 연방이 양심의 자유와 신앙의 자유를 보장하는데 있어 근거로 삼고 있는 기본 원칙이 정리되어 있다. 제2장은 종교연합회, 종교 집단, 이들의 권리와 의무, 구성조건, 등록과 등록거부의 절차, 그리고 또한 이들이 법률을 위반했을 시의 폐쇄와 활동금지에 대한 근거 등과 같은 개념들의 내용을 밝히고 있다. 제3장은 종교 조직들의 권리를 일람표로 제시하고 있으며, 이들의 활동 조건을 규정하고 있다. 제4장에는 양심의 자유와 신앙의 자유에 대한 법률 이행에 대한 감독과 통제의 실행, 그리고 또한 법률 위반 시의 책무에 대해 정리해 놓은 조항들이 포함되어 있다.

소련 시기 이후 러시아 극동지역에서 종교생활은 공동체 생활에서 종교성의 고양과 종교와 교회의 역할 강화를 특징으로 하고 있는데, 이것은 극동지역의 여러 지역들에서 진행된 사회학적 조사수치들에서 분명하게 드러나고 있다. 극동지역 발전에 대해 연방 중앙이 "무관심"했던 시기인 1990년대에 종족적 귀속성과 정교-슬라브 문명과의 관계를 보존하려는 노력은 문화적·민족적·종교적 자기정체성의 본질에 대한 탐구로 표출되었다. 극동지역에서 비신자 중 "정교도"의 비율은 매우 높아서, 예를 들면 아무르도에서 이 비율은 58.5퍼센트에 달했고, 하바롭스크변강주에서는 자신을 "정교도"로 연결지은 사람이 응답자들 중에서 38.6퍼센트였는데, 같은 시기에 자신을 "종교 예식을 준수하는 신도"로 연결지은 사람은 모두 3.3퍼센트였고, 종교 예식을 준수하지 않는 신도로 연결지은 사람은 29.9퍼센트였다. 연구자들은 극동지역의 다른 지역들에서도 이와 유사한 수치들을 얻었다. 극동인들은 종교를 종교 체계 자체가 아니라 민족적 생활 양식과 정교-슬라브 문명에 대한 귀속성의 증표로서 인식하고 있다고 확언할 수 있다.

2011년 현재 (사하공화국(야쿠티야)을 제외한) 러시아 극동지역에는 총 859개의 종교연합회가 활동하고 있었는데, 이것들 중에서 324개는 러시아 정교회(모스크바총대주교청)의 연합회이다.

극동지역에서 러시아 정교회의 입지는 1980년대 말부터 강화되기 시작했다. 극동지역 주교구들의 설립과 부활은 이것을 가장 강렬하게 보여주고 있다. 현재 러시아 극동지역에는 2개의 관구장주교구들이 운영되고 있다: 이것은 아무르주교구(니콜라이(Николай, 속명 아쉬모프(Ашимов)) 주교)와 하바롭스크-프리아무리예주교구(예프렘(Ефрем, 속명 프로샤노크(Просянок)) 주교와 아리스타르흐(Аристарх, 속명 야추린(Яцурин)) 주교)의 두 주교구가 통합된 프리아무리예관구장주교구(이그나티(Игнатий, 속명 폴로그루도프(Пологрудов)) 관구장주교)와 아르세니예프(Арсеньев)-달네고르스크(Дальнегорск)주교구(구리(Гурий, 속명 표도로프(Фёдоров)) 주교), 블라디보스토크-프리모르스키주교구(우수리스크주교대리주교구) (베니아민(Вениамин, 속명 푸슈카리(Пушкарь)) 관구장주교, 인노켄티(Иннокентий, 속명 예로힌(Ерохин)) 주교), 나홋카-프레오브라쳰스카야주교구(니콜라이(Николай, 속명 둣카(Дутка)) 주교)의 3개 주교구가 통합된 프리모리예관구장주교구, 그리고 이 외에도 마가단(Магадан)-시네고리예(Синегорье)주교구(이오안(Иоанн,

속명 파블리힌(Павлихин)) 주교), 페트로파블롭스크-캄차츠키주교
구(아르테미(Артемий, 속명 스니구르(Снигур)) 주교), 유쥬노사할
린스크-쿠릴주교구(티혼(Тихон, 속명 도롭스키흐(Доровских)) 주
교), 블라고베셴스크-틴다(Тында)주교구(루키안(Лукиан, 속명 쿠첸
코(Куценко)) 주교), 아나듸리-추콧카주교구(세라핌(Серафим, 속
명 글루샤코프(Глушаков)) 주교), 비로비쟌-쿨두르(Кульдур)주교
구(이오시프(Иосив, 속명 발라바노프(Балабанов)) 주교) 등과 같은
직할주교구들이 있다.

극동지역 전체에서 정교회의 새로운 사원이 건설되고 오래된 사
원이 복구되고 있다. 수도원의 재건과 성장은 이 지역에서 정교 전통
의 부활을 증명하는 것이다. 이 지역 전체에 모두 12개의 수도원이 있
는데, 프리모리예에 2개, 하바롭스크변강주와 아무르도에 각각 2개씩,
그리고 유대인자치도, 마가단도, 사할린도에 각각 1개씩이 있다.

하바롭스크변강주, 마가단도, 사할린도, 그리고 유대인자치도에서
는 교구사원들의 건설이 완료되었다. 극동지역의 각 주교구에는 교회
학교 조직망, 정교 출간물 또는 광범위한 청중을 대상으로 하는 언론
매체의 방송 프로그램이 있다.

2005년 9월 1일에 최초의 고등신학교육기관인 하바롭스크신학교
(Хабаровская духовная семинария)가 수업을 시작했는데, 이곳은
모스크바와 전 루시의 총대주교인 알렉시 2세(Алексий II)의 제안에
따라 러시아 정교회(모스크바총대주교청) 신성종무원의 2005년 6월
10일자 결의를 거쳐 만들어진 곳으로, 극동지역 주교구들을 위한 사제
양성을 목적으로 하고 있다.

극동지역에서 정교는 모스크바총대주교청의 추종자들뿐만 아니라
해외 러시아 정교회(РПЦЗ)의 신도, 그리고 또한 구의식교도로 구성

되어 있다.

프리모리예변강주의 블라디보스토크시, 우수리스크시, 카발례로보(Кавалерово)마을에는 해외 러시아 정교회의 교구가 있다. 이곳들에 대한 지도는 아나스타시(Анастасий, 속명 А. N. 수르쥐크(Суржик А. Н.)) 수도사제가 담당하고 있다.

극동지역 정교회 신도의 상당 부분은 구의식교도이다. 이 지역에서 구의식교공동체의 부흥은 1980년대 말에 시작되었다. 1988년에 벨로크리니차 공의회의 하바롭스크구의식교 공회가 등록했고, 1989년에는 아무르도 스보보드늬(Свободный)시에서 벨로크리니차 공회가 등록했다.

구의식교공동체의 부흥이 가장 활발하게 진행된 곳은 프리모리예변강주이다. 이 변강주의 남쪽 지역과 무엇보다도 볼쇼이카멘(Большой Камень)시, 블라디보스토크시, 우수리스크시에서는 공회가 형성되었는데, 이 중에서 상당 부분을 차지하고 있는 것은 젊은 신도들이다. 이들은 종교생활을 재건할 수 있었으며, 이 지역들에 거주하는 무사제파 구의식교도가 벨로크리니차 교회들로 유입되는데 영향을 미쳤다. 이 변강주에서 이 유파의 활동을 지도한 것은 고정교(古正敎) 공회들의 평신도총회위원회(위원장은 알렉산드르 반체프(Алкесандр Ванчев) 집사)였다. 공회 위원회는 극동지역뿐만 아니라 아시아·태평양지역 내에 있는 모든 구의식교공동체 유파들과의 접촉을 재건하기 위해 노력했다. 『루시 프라보슬라브나야(Русь православная[정교 루시])』 신문의 출간이 이 과업을 해결하는데 있어 많은 도움을 주었다. 1997년 9월부터는 잡지 『달네보스토츠늬 스타로오브랴데츠(Дальневосточный старообрадец[극동 구의식교도])』의 발행이 재개되었다.

1998년 10월에 러시아 정교 구의식교회 성회(聖會, Освящённый Собор)가 극동주교구(Дальневосточная епархия)의 재건을 결정했다. 처음에 새로운 주교구는 노보시비르스크와 전 시베리아 주교인 실루얀(Силуян, 속명 킬린(Килин))의 임시 관리 하에 있었으며, 이후 우수리스크와 전 극동 주교 게르만(Герман)이 성회에 의해 주교좌에 임명되었다.

우수리스크와 전 극동 주교좌는 하바롭스크에 위치해 있었으며, 주교좌사원은 포크로프 프레스뱌토이 보고로디취사원(собор По-крова Пресвятой Богородицы)이었다. 게르만 주교가 사망한 후 극동교구들은 실루얀 주교가 다시 관장하고 있다. 오늘날 극동지역에는 6개의 구의식교 공회가 활동하고 있는데, 프리모리예변강주에 3개, 그리고 하바롭스크도, 아무르도, 마가단도에 각각 1개씩이 있다.

비록 극동지역에서 가장 많은 수(324개 연합회)의 러시아 정교회 연합회가 등록되어 있긴 하지만, 이것들이 절대 다수를 형성하고 있는 것은 아니어서, 심지어는 개신교 교파들에 속하는 공회 총수(456개 연합회)에 비해서도 적다.

정교회 연합회는 비율상 극동지역 전체 종교 조직들 중에서 약 37.7퍼센트를 차지하고 있다. 지역 별로 보면, 캄차카변강주에서 66퍼센트, 마가단도에서 45.9퍼센트, 사할린도에서 36.6퍼센트, 아무르도에서 48퍼센트, 하바롭스크도에서 34퍼센트, 프리모리예변강주에서 29퍼센트를 구성하고 있다.

러시아 극동지역에서 가장 견고한 지위를 차지하고 있는 종파는 개신교이다. 종교연합회의 수와 성장 추세에 있어 첫 번째 위치를 차지하고 있는 것은 오순절파 공회이다. 프리모리예변강주에서는 1990년에

(종교 집단을 포함해서) 16개의 다양한 유파의 오순절파 공회가 있었다면 2010년에는 이미 41개로 늘어났고, 하바롭스크변강주에서는 1개 공회와 7개 집단이 있었다면 지금은 42개가 되었고, 아무르도에서는 3개가 있었으나 30개가 되었고, 마가단도에서는 1개가 있었다가 13개가 되었으며, 캄차카도에서는 3개의 공회가 만들어졌다. 오순절파 공회가 가장 빠른 속도로 성장한 지역은 사할린도인데, 10년 만에 연합회의 수가 1개에서 41개로 늘어났다. 현재 사할린도의 영내에는 35개의 복음주의신앙그리스도교(오순절파) 공회가 활동하고 있는데, 이것들 중에서 다수는 S. V. 랴홉스키(С. В. Ряховский)가 이끄는 러시아복음주의신앙그리스도교(오순절파) 통합연맹(РОСХВЕ)[24]에 소속돼 있다.

이 지역에서 활발한 종교생활을 하고 있는 것으로는 복음주의그리스도-침례교(51개 공회)와 복음주의그리스도교(55개 공회)이다. 침례교 공회들은 1960년대 초에 침례교 내에서 발생한 분열의 여파를 끝까지 극복하지 못했다. 극동지역 침례교인들 중 일부는 복음주의그리스도-침례교 러시아연맹을 지향하고 있고, 다른 일부는 복음주의그리스도-침례교회회의를 지향하고 있다.

극동지역에는 제칠일안식일예수재림교 극동연맹(ДС ХАСД, 선교회는 2008년에 조직되었으며, 선교회장은 B. G. 프로타세비치(Б. Г. Протасевич)이고, 사무총장은 V. N. 옐리세예프(В. Н. Елисеев)이다.)에 소속된 제칠일안식일예수재림교의 47개 공회가 활동하고 있다. 구성원 수가 가장 많은 것은 블라디보스토크시, 하바롭스크시, 블

---

24 '러시아복음주의신앙그리스도교(오순절파) 통합연맹(РОСХВЕ)'의 러시아식 정식 명칭은 'Российский объединенный Союз христиан веры евангельской (пятидесятников)'이다.

라고베셴스크시, 페트로파블롭스크-캄차츠키시, 유쥬노사할린스크
(Южно-Сахалинск)시에 있는 공회들이다.

지적해야만 할 것은, 이 지역에서 1990년대 초 이래로 부흥하고 있
던 러시아 정교회(모스크바총대주교청) 구성단위들이 복음주의그리
스도교, 침례교, 안식교, 오순절파에 대해 극단적으로 부정적인 입장
을 취하고 있었다는 점이다. 아마도 러시아 정교회(모스크바총대주교
청)의 성직자들은 정상적인 종교생활을 조직하는데 있어 개신교도에
비해 커다란 문제에 부딪혔던 것으로 보이는데, 개신교도는 이 시기에
해외에 있는 같은 종파 신도들로부터 도움을 받을 수 있었고, 소련당
국의 탄압 정책에도 불구하고 이 지역에서 결코 활동을 중단하지 않았
다. 인적이고 물적인 자원의 부족은 자신들의 종교적 경쟁자인 개신교
도에 대한 격렬한 공격으로 상쇄되었다. 1990년대 초부터 정교공동체
는 개신교 종파들 중 대표적인 교파들이 공동체의 정신적·도덕적 상
태에 대한 부정적 영향력, 지역경제의 붕괴, 국가 안보의 훼손, 심지어
는 민족 이익의 유출 등을 야기하고 있다고 비난하고 있다.

침례교, 복음주의그리스도교, 제칠일안식일예수재림교는 러시아
극동지역의 전통적인 종교들이다. 이 지역에서 한 세기 이상 존속해
왔다는 사실은 "보다 전통적이고" 역사적으로 인정받는 러시아 정교회
에 더해서, 이와 비슷한 존재로 생각될 수 있도록 해주고 있다.

극동지역 개신교도 종교생활의 특징들 중 하나는 다양한 연맹들을
통한 연합 시도이다. 개신교회 지도부들의 견해에 따르면, 이들은 연
합을 통해 극동 사회 공동체 앞에 놓여 있는 심각한 사회 문제들(병자,
실업자, 연금생활자, 부랑자, 노숙자 등과 같이 주민 중 사회적으로 보
호받지 못하는 범주에 속하는 이들을 위한 활동, 에이즈 환자에 대한
지원, 수감자 등등을 위한 활동)을 해결하는데 있어서 국가에 더 많은

도움을 제공하고, 자신들의 헌법 상의 권리 등등을 지킬 수 있다. 바로 이러한 문제들이 개신교회의 정기 총회와 개신교 언론의 지면에서 논의되고 있다.

장로교, 감리교, 루터교의 상황은 복음주의교회, 침례교, 안식교, 오순절교회와는 차이가 있다. 극동지역에서 장로교공동체의 부흥은 1990년대부터 시작되었다. 현재 극동지역에는 64개의 장로교 연합회와 10개의 감리교 연합회가 있다. 프리모리예변강주에는 4곳의 감리교와 장로교 종교교육시설(장로교 3곳, 감리교 1곳)이 등록돼 있다.

감리교와 장로교가 상당한 수준으로 입지를 강화할 수 있었던 것은 외국종교선교단들의 활동덕분인데, 이것들은《신앙의 자유에 대하여(О свободе вероисповедания)》(1990)라는 연방법이 채택된 이후 러시아 극동지역에서 적극적으로 활동하기 시작했다. 1997년 당시 선교단 활동이 가장 활발하게 진행되고 있던 하바롭스크변강주에서는 40명 이상의 목사와 약 100명의 외국 종파 대표자가 활동하고 있었다. 프리모리예변강주에서 8개 종파(그 중 6개는 개신교) 외국인 선교사의 연간 수치는 다음과 같아서, 1991년에 41명, 2000년에 201명, 2001년에 176명이었는데, 이때 이 변강주에 온 선교사 총수에서 장로교회 대표자의 비중은 1999년에 26.8퍼센트(11명), 2000년에 39.8퍼센트(80명), 2001년에 38.7퍼센트(67명)였다.

1990년대 중반에 사할린도 내에 있는 개신교 선교사 수는 인구 1인당 비율로 볼 때 러시아 전체에서 가장 높았다. 마가단도와 캄차카도에서도 선교사들이 적극적으로 활동했다. 선교사 중 다수를 구성하고 있던 것은 미국 국적자와 대한민국 국적자였다. 1999~2000년에 종교적인 일로 하바롭스크변강주를 방문한 400명이 넘는 외국인 중에서 사실상 모두가 미국과 대한민국에서 온 개신교 종파 대표자였다. 프리모리예변강주에서는 1999~2000년까지 변강주를 방문한 418명의 선교사 중에서 319명이 미국인과 한국인(미국인 177명, 한국인 142명)이었다. 그리고 이들 중에는 독일, 일본, 스페인, 뉴질랜드, 오스트리아, 영국, 네델란드, 캐나다, 스위스, 기타 다른 나라들에서 온 선교사들도 있었다.

1990년대 초반에 극동지역 루터파의 조직적 종교생활이 부흥하기 시작했다. 1992년 5월에 함부르크의 목사인 만프레드 브로크만(Manfred Brockmann)이 휴가차 블라디보스토크를 방문했다. 그는 러시아 루터교회의 동료인 하랄드 칼닌슈(Харальд Калныньш)의 요청에 따라 그와 함께 블라디보스토크에 거주하고 있는 루터교인들을 찾아서 모으는 일에 착수했다. 이것은 성과를 보였다. 1992년 5월 31일 일요일에 M. 브로크만은 루터교 교회건물 앞에서 첫 번째 예배를 치렀는데, 여기에는 모두 42명이 참석했다.

공회는 숫적으로 성장했으며, 1993년에는 블라디보스토크 성 파울로스 복음주의-루터교 공회(Евангеическо-лютеранская община Св. Павла в г. Владивостоке)라는 과거 명칭으로 등록했다. 1993년 9월에 브로크만 목사는 블라디보스토크로 완전히 이주해 왔으며, 1993년 11월 7일에 게오르그 크레슈마(Georg Kretschmar) 주교와 니콜라이 슈나이데르(Николай Шнайдер) 감독에 의해 성 파울로스 루터교회의 목사이자 극동 루터교 교구들의 감독관(영적지도자)으로 임명되었다. 1997년 9월 16일에 푸슈킨 거리 14에 위치한 루터교의 역사적인 교회건물이 공회로 이전되었다. 건물 보수공사가 아직 끝나지 않았음에도 불구하고, 이때부터 모든 종교생활과 문화 생활이 이 건물에서 진행되었다.

현재 극동지역에는 극동 루터교 교구들의 감독관인 만프레드 브로크만 관할 아래 6개의 루터교 종교 조직이 활동하고 있다.

극동지역에서 〈여호와의 증인〉은 역동적으로 발전하고 있다. 이 지역에서는 37개의 〈여호와의 증인〉 등록 공회가 활동하고 있고, 종교 집단 또한 거의 대부분의 극동지역 거주지에 있다.

극동지역 남부에서 로마 가톨릭교의 부흥은 폴란드계 미국인 선교사이자 수도의전사제(修道儀典司祭) 승단의 구성원인 마이런 에핑(Myron Effing) 신부와 관련이 있는데, 그는 극동지역 최초의 사제였으며, 사역의 초기 몇 년 동안은 극동연방관구의 몇몇 도시들을 관리했다.

마이런 에핑은 1991년 가을에 블라디보스토크에 왔으며, 신도들을 모아 야외에서 첫 번째 미사를 집행했다. 다시 건설된 로마 가톨릭 공회는 처음에는 임대 건물에서 모였다. 1993년에 성당 건물이 신도들에게 반환되었는데, 이곳에는 프리모리예변강주 국가기록원(Государственный архив Приморского края)이 오랫동안 위치해 있었다. 성당 건물의 수리와 복원이 현재까지 계속되고 있다. 교구는 러시아인, 아르메니아인, 독일인, 폴란드인, 리투아니아인 등 다양한 민족들로 구성되어 있다. 블라디보스토크교구에서는 성 안나 수녀회(Sisters of Saint Anne)의 수녀 몇 명이 활동하고 있다. 현재 교구는 극동지역 로마 가톨릭교도의 종교생활 중심지이다. 러시아 극동지역 내에서는 로마 가톨릭교회의 13개 조직이 활동하고 있다. 각 공회에는 로마 가톨릭교회의 자선 조직인 〈카리타스(Caritas)〉의 지부가 있다.

소비에트 집권 시기에 이 지역에서 유대교 전통은 실질적으로 중단되었다. 유대교는 정치적인 고려에 의해 유대인자치도에서 인위적으로 유지되었는데, 왜냐하면 이 자치도를 방문한 외국인들은 항상 비로비쟌 시나고그를 방문하길 원했기 때문이었다.

시나고그 건물의 인위적 유지는 종교 전통의 부흥을 용이하게 해 주었다. 1989년에 비로비쟌에는 유대인 문화부흥클럽인 〈에이니카이트(Эйникайт)〉가 조직되었다. 클럽 구성원들은 유대주의와 비로비쟌 시나고그의 상황에 관심을 가졌다. 클럽 지도자는 프랑크프루트에 있는 유대교도들에게 편지를 써서 종교 서적을 보내달라고 요청했다. 이러한 요청에 호응해 준 이가 레오 라인하트(Leo Reinhardt)인데, 그는 몇 권의 탈무드와 타나크 샘플을 보내면서 클럽 구성원들에게 20톤의 종교 서적을 무상으로 제공해 줄 수 있다고 확인해 주었다. 유대인자치도에서 유대교 공회의 부흥은 러시아 국내외에 있는 유대인 공동체들의 지원 하에 1990년대 초부터 집중적으로 진행되었다.

1997년에 아메리카 유대인 공동배급위원회(American Jewish Joint Distribution Committee) 〈조인트(Joint)〉의 재정지원을 받아 종교공회 〈프레이드(Фрейд)〉가 조직되었다. L. G. 토이트만(Л. Г. Тойтман)이 대표로 선출되어서 2007년에 사망할 때까지 이끌었다.

프리모리예변강주와 하바롭스크변강주에서 유대교 공회의 부흥은 1990년 초에 형성된 유대인 종교문화공회센터(Еврейский ре-лигиозно-культурный общинный центр) 내에서 이루어졌다. 1907~1932년에 유대인 공회가 사용했던 기도소 건물이 2005년에 블라디보스토크 유대인 공회에 반환되었다. 블라디미르 얀켈레비치(Владимир Янкелевич)가 오랫동안 공회 대표로 있었다. 2004년 8월에 하바롭스크시에서는 시나고그가 부속되어 있는 문화종교센터가 완공되었다. 러시아 극동지역 전체에서는 16개의 유대교 공회가 활동하고 있는데, 보통 유대인종교문화센터와 함께 활동하고 있다.

극동지역에서 유대교의 부흥이 아무런 문제 없이 진행되고 있는 것은 아니다. 유대교 공회의 내부 분열이 하바롭스크 유대교도의 활동에 영향을 미치고 있다. 하바롭스크시로 이주해 온 젊은 랍비 야코프 스네트코프(Яков Снетков)는 유대교 중에서 하시디즘을 대변하고 있어서 러시아 유대인 공회 연맹와 연결되어 있다. 그런데 구세대 중 일부는 러시아유대인 종교공회·조직회의(KEPOOP)에 계속해서 호감을 가지고 있다. 하지만 후자는, 외국인 후원자들이 재정적 지원의 기본 조건으로 "순혈" 유대인으로부터 이른바 혼혈 유대인을 분리시킬 것을 요구하면서 자녀 양육과 교육에 적합한 환경을 제공하는 방식에 대해 얼마간 불만을 가지고 있다.

2009년 2월에 이민법 위반에 따른 법원의 결정에 따라 미국시민권자이자 블라디보스토크 유대인종교문화공회센터의 책임 랍비인 이스로엘 실버스테인(Yisroel Silberstein)이 블라디보스토크에서 추방되었다.

게다가 재앙적인 인구 상황이라는 조건으로 인해 지역공동체는 다양한 유대인 공동체들의 활동을 부정적으로 평가하고 있는데, 그것은 이들의 활동이 젊은 유대민족 극동인을 역사적 모국으로 떠나도록 자극하는 쪽으로 맞춰져 있기 때문이다.

이와는 달리 극동지역에서 무슬림 종교생활은 부흥하고 있다. 이것은 국가 기관과 다른 종교의 대표자들과의 분쟁은 물론이고, 바슈키르-타타르 디아스포라, 캅카스-다게스탄 디아스포라, 그리고 중부아시아 디아스포라의 무슬림 공회들 사이에서 나타난 자신들 사이의 대립을 동반하고 있다. 무슬림 종교생활의 부흥이 가장 복잡하게 진행되고 있는 곳은 프리모리예변강주이다.

1993년 11월에 블라디보스토크에서는 프리모리예변강주 최초의 무슬림 연합회인 프리모리예변강주이슬람공회 〈이슬람〉(Приморская краевая религиозная мусульманская община(ПКРМО) 〈Ислам〉)이 등록되었는데, 이곳을 이끌고 있던 사람은 우즈베크인인 알림한 마그루포프(Алимхан Магрупов)였다. 1990년대 중반에 프리모리예변강주의 이슬람공동체는 종교생활의 부흥 속도에 있어 가장 전망있어 보였고, 극동지역의 주도적 무슬림공동체가 될 수 있는 기회를 가지고 있었지만, 블라디보스토크 중앙성원을 건설할 장소를 둘러싼 논쟁이 가져온 오래된 분쟁으로 인해 공회의 발전이 크게 지체되었다. 처음에 무슬림들은 〈오케안스카야(Океанская)〉역 구역에 부지를 받았으나, 교체된 시 행정부가 이 결정을 폐기해 버렸다. 블라디보스토크의 새 시장인 V. I. 체레프코프(В. И. Черепков)는 〈나고르늬(Нагорный)〉공원에 있는 부지를 무슬림 공회에 제공하겠다고 직접 결정했다. 이 장소에서 무슬림 공회 대표자들은 앞으로 세울 성원의 주춧돌을 놓는 행사를 성대하게 치렀다. 〈이슬람〉 공회에 이 부지를 제공하겠다는 결정이 법에 저촉된다는 사실이 얼마 지나지 않아 밝혀졌는데, 그것은 〈나고르늬〉공원 전체가 블라디보스토크의 역사적 중심지로서 유적 보존 지구에 해당되어서 어떠한 건축행위도 허용될 수 없었기 때문이었다. 1999년 6월 24일에 블라디보스토크의 새로운 행정 수반이 된 Yu. M. 코필로프(Ю. М. Копылов) 시장은 전임자의 결정을 무효화하고, 공회에 몇몇 다른 부지들을 선택지로 제안했다. 무슬림 공회 지도자들은 이 결정을 변강주에 있는 모든 무슬림공동체에 대한 차별로 간주했다. A. 마그루포프는 성원 건축지를 변경하는 것을 원칙적으로 거부했으며, 이 문제에 대한 타협점을 찾지 못하자 "블라디보스토크시청의 전횡"에 대한 호소문을 UN에서부터 모스크바총대주교청에 이르기까지 가능한 모든 기관들로 보냈다.

프리모리예변강주 외부에서는 대표 무프티(верховный муфтий)

인 나피굴라 아쉬로프(Нафигулла Аширов)가 마그루포프의 입장을 대변하고 있는데, 그의 반복되는 지적에 따르면, 블라디보스토크는 무슬림의 권리를 침해하는 도시들 중 하나이다. 프리모리예변강주 이슬람 공회 〈이슬람〉과 블라디보스토크시청 사이의 대립은 심각한 갈등으로 확대되었으며, 그 여진이 현재까지도 이어지고 있다.

2006년에 프리모리예 무슬림은 카밀 이스하코프(Камиль Исхаков) 극동연방관구 러시아 연방 대통령 전권대표에게 블라디보스토크 중앙성원 건설과 관련된 문제를 해결할 수 있도록 도와달라고 요청했고, 그는 이것을 V. 니콜라예프(В. Николаев) 블라디보스토크시장과 논의했다. 하지만 프리모리예변강주 중앙성원의 건설 장소에 대한 문제는 해결되지 않았으며, 종교들 사이의 관계에서 적지않은 긴장을 조성하고 있다.

문화적·민족적·종교적 자기인식 과정에서 무슬림과 권력 기관 및 공공단체 사이의 갈등은 아무르도, 사할린도, 캄차카변강주, 하바롭스크변강주와 같은 극동의 다른 지역들에서도 관찰되었다.

현재 극동지역에는 20개의 이슬람 공회가 활동하고 있다. 이것들 중 다수는 아시아러시아무슬림종무청(ДУМАЧ,[25] 대표 나피굴라 아쉬로프)에, 그리고 소수는 러시아무슬림중앙종무청(ЦДУМ[26], 대표 탈가트 타드줏딘(Талгат Таджуддин))과 카잔무프티청에 소속되어 있다.

프리모리예변강주, 하바롭스크변강주, 아무르도에서는 9개의 불교 조직이 활동하고 있는데, 이것들 중에서 8개는 카르마 카규(Karma

---

25　'아시아러시아무슬림종무청(ДУМАЧ)'의 정식 명칭은 'Духовное управление мусульман Азиатской части России'이다.

26　'러시아무슬림중앙종무청(ЦДУМ)'의 정식 명칭은 'Центральное духовное управление мусульман России'이다.

Kagyu)파 신도들이고, 1개는 러시아불교전통상가(БТСР,[27] 대표는 함보-라마 담바 바드마예비치 아유셰프(Хамбо-лама Дамба Бадмаевич Аюшев))에 속한다.

앞에서 언급한 것들 외에도 러시아 극동지역에는 현행 법률에 저촉되지 않으면서 등록하지 않고 활동하고 있는 다양한 신앙의 종교 집단들이 대단히 많이 있다. 이것들의 정확한 수는 알 수 없다. 극동지역의 변강주와 도에 있는 사회단체와 종교단체를 담당하는 부서 담당자들이 추정하고 있는 수치에 근거해 볼 때, 이것들은 등록된 조직의 수와 비슷하거나 혹은 조금 더 많을 것이라고 추정할 수 있다.

종교 집단들 중에서 압도적 다수는 이른바 신종교들 혹은 신종교운동(НРД)[28]이다. 이것들 중 일부는 사회단체로 등록되어 있다. 이러한 것들로는 통일교, 사이언톨로지교, 초월명상(Transcendental Meditation), 아난다 마르가(Ananda Marga), 포르피리 이바노프(Порфирий Иванов) 등등이 있다. 이것들 중 다수는 법인조직 없이 활동하고 있다. 프리모리예변강주와 하바롭스크변강주에서는 이러한 유형의 신생조직들의 종교적 다양성이 정도 이상으로 많아서, 이에 속하는 명칭이 최소한 30~40개가 넘는다. 현재 이러한 유형의 종교에 대한 극동인의 관심은 현저히 줄어들었지만, 그럼에도 불구하고 이것들은 이 지역의 종교 지형에서 일정한 공간을 계속해서 차지하고 있다.

현 시점에서 러시아 극동지역의 종교생활에서 진행되고 있는 과정을 분석한 결과를 보면, 이 지역에는 러시아의 다른 지역들과는 상당

---

27 '러시아불교전통상가(БТСР)'의 정식 명칭은 'Буддийская Традиционная Сангха России'이다.

28 '신종교운동(НРД)'의 정식 명칭은 'новые религиозные движения'이다.

히 다른 특별한 종교적 상황이 조성되어 있다고 결론지을 수 있다.

첫째, 다민족적이고 다종교적인 극동지역에서는 "종교 부흥" 과정이 여러 종파들과 권력 기관 사이의 갈등 그리고 종파들 사이의 긴장 관계를 동반했기에, 이곳에서 종교는 종교적·종족적 집단들의 자기인식과 다른 종교(정교)를 설파하는 지배적인 사회 집단의 면전에서 이 집단들의 (폴란드인은 로마 가톨릭교, 독일인은 루터교, 타타르는 무슬림, 유대인은 유대교 등등으로의) 통합과 단결을 촉진했다. 극동지역에는 러시아 내에 있는 120개가 넘는 민족들의 출신자들이 살고 있기에, 이곳에서는 문화적·종교적 자기인식이 민족적 독자성을 보존하는 것은 물론이고 종교간·종족간 소통의 토대를 모색하도록 하고 있다. 러시아 공동체 내에서 국가의 세속성 원칙과 법 앞에서의 종교적 평등을 침해하는 것, 단일종교의 가치를 근간으로 삼으려는 국민적 합의를 도출하려고 시도하는 것은 종족적·종교적 토양에 따른 충돌을 발생시키고 분열을 심화시킬 것이다. 만약 국가의 종교정책이 분명한 변화를 보이지 않는다면, 이러한 과정은, 특히 극동지역과 비슷하게 다민족적이고 다종교적인 지역들에서는 심화될 것이고, 나아가 지구적 차원에서의 종교 분쟁으로 연결될 수도 있다.

둘째, 최근 몇 년간 극동지역에서 종교생활은 몇 가지 근본적인 경향들을 보여주고 있다. 1) 국가 기관들의 지원이 강화된 덕분에 러시아 정교회 활동이 활성화되고 있는데, 특히 중등교육, 군대, 국가와의 재정적·물질적 관계 등의 분야에서 그러하다. 2) 권력 기관이 개신교회를 "이 지역의 전통적인 종교"로 인정하고 싶어하지 않음에도 불구하고, 극동지역에서 이것들은 계속해서 확고한 위치를 차지하고 있는데, 그것은 해외에 있는 이 종교 중심들로부터의 재정지원때문만이 아니라, 앞서 소비에트 통치 시기에 습득한 비호혜적인 조건 속에서의 활동에 대한 상당한 경험때문이기도 하다. 3) 해외에 있는 종교 중심들의 활동으로 인해 신종교운동 활동이 얼마간 나타났으나, 이에 대한 극동인들의 관심은《양심의 자유와 종교연합회에 대하여》라는 연방법(1997)이 채택된 이후 급감했다. 이것은 러시아 극동지역에서 주민들의 영적 욕구를 충족시켜주는 독특한 형태의 집단과 가르침이 계속해서 새롭게 등장하고 확산되는 것을 통해 확인할 수 있다.

9장　러시아 극동지역에서의 사회정치적 생활: 20세기 초(1900~1917)

20세기 초에 러시아는 총면적 2,220만 제곱킬로미터에 달하는 영토를 갖추게 되었다. 1913년경에 나라의 인구는 150여 개 민족들로 이루어진 1억 6천여만 명이었다. 강국으로서 러시아는 광대한 영토, 다종족적이고 다종교적으로 구성되고 신분적 토대에 따라 구분되는 수많은 인구라는 제국적 특징을 가지고 있었다. 정교회는 국교의 역할(이슬람교, 로마 가톨릭교, 개신교, 불교, 유대교는 국지적 종교였다.)을 했다. 국가 수장에는 황제-전제군주가 앉아 있었고, 상위 신분인 드보랴닌 신분과 준특권 집단인 성직자 신분, 카자크 신분이 이를 지지하고 있었다. 이 모든 집단들은 최고 권력에 대한 제도적 통제수단을 가지고 있지 않았다. 경제는 압도적으로 농업적·원료적 지향성을 가지고 있었고, 조야한 방식으로 발전하고 있었다.

경제적이고 사회정치적인 생활에서의 낡은 모습들 옆에서 새로운 특징들도 나타나고 있었다. 최종적으로 자본주의 체제가 그 최고 단계인 제국주의에 다달았다. 후발적이고 동원체제적이라는 특징을 가지는 근대화가 진행되었다. 선진국들에 비해 뒤쳐진 이유를 살펴보면, 첫째 국가 정비를 위해서는 상당한 노력과 재원이 요구될 수밖에 없었던 혹독한 자연기후 조건과 광활한 영토, 둘째 서유럽과 미국에 비해 많이 늦었던 자본주의로의 전환, 셋째 19세기 후반에 진행된 부르주아 개혁들의 어중간한 특성 때문이었다. 마침내 발전은 문명적, 문화적, 종족적 토대들에 따른 러시아 사회의 깊숙한 분화, 그리고 또한 러시아 제국의 수많은 민족과 지역에서의 삶의 질과 발전 수준의 차이로 인해 중단되었다.

19세기~20세기 사이의 이행기에 러시아의 발전에서 모순을 가져온 특징으로는, 산업과 금융-은행 체계의 높은 발전 속도 및 수준과 함께 낙후한 농업 분야, 경제의 다층적인 특징, 높은 수준의 산업 집중화와 국가 내 다양한 지역들(무엇보다도 시베리아 및 극동지역)의 개척과 발전 수준의 불균형, 경제에 대한 국가의 적극적인 간섭과 산업계급의 관료 조직에 대한 높은 의존도 등을 또한 들 수 있다. 기업가와 국가는 (제국주의의 중요한 특징들 중 하나인) 해외로의 자본 수출 대신에 러시아 제국의 (아직 허약한) 변방지역, 즉 시베리아, 극동, 중부아시아를 개척했다. 이 시기에 러시아는 (국내 노동자 계급의 낮은 생활 수준으로 인한) 값싼 노동력과 막대한 양의 원료자원으로 인해 외국 자본에게 매력적인 곳이었다. (이와 함께 외국 자본은 러시아 경제에 긍정적인 영향을 끼쳤는데, S. Yu. 비테 총리의 말을 빌리면, "빈곤치료제" 역할을 했다).

근대화는 사회 분야의 관계들이 가지고 있는 특성이 변화하는데 영향을 끼쳤다. 사회의 신분 구조가 붕괴되었고, 농업에 뿌리내리고 있는 사회집단들(지주와 농민)의 중요성이 감소했다. 자본주의 사회의 특징인 계급 형성 과정이 가속화되었다. 부르주아지와 프롤레타리아트가 사회 생활에서 주도적인 위치를 차지하게 되었다. 자본가는 더욱 집요하게 정치권력을 요구했다. 노동자 계급은 경제적 요구와 정치적 요구를 하기 시작했다. 전제정의 기둥인 귀족 신분, 드보랴닌 신분이 사회정치적 생활에서 자신들의 입지를 상실했다. 이로 인해 사회와 권력 사이의 관계에서 긴장이 심화되었다.

근대화의 조건들 속에서 인텔리겐치야(과학 인텔리겐치야, 과학

기술 인텔리겐치야, 미술 인텔리겐치야, 그리고 또한 법률, 의료, 교육 등등과 같은 중요한 분야들에서 사회적 수요에 봉사하는 인텔리겐치야)의 역할이 늘어났다. 그런데 인텔리겐치야는 사회정치적 생활에서 독자적인 역할을 하지는 못했으며, 주로는 개별 사회집단들, 운동들, 1905년 이후에는 보통 정부에 반대하는 경향이 있는 정당들의 이해관계를 표방했다. (그나마 비교적 독자적이었다고 볼 수 있는 것은 청년 학생운동이었는데, 이들은 강하게 결속되어 있었고 전반적인 민주화 과정의 범주 내에서 자신들의 집단적 이해관계를 가지고 있었다).

제국의 다민족적 구성, 보다 정확하게는 민족들의 불평등한 상황 (러시아화 정책, 종교제한) 또한 사회적 모순을 격화시켰다.

국가 발전 속에서 나타난 본질적인 불평등, 경제적·영역적 분화는 사회경제적 조직의 균형을 파괴할 뿐만 아니라, 사회적 저항을 심화시키는 토대였다. 민족적, 영토적 변방지역에서는 자생적인 사회경제적 엘리트가 형성되어서, 정치적 전위로서의 역할을 자임했다. 같은 시기에 변방지역에 대한 약탈적 개발, 빈곤, 주민의 권리 상실은 심각한 불만을 불러일으켜서, 한편으로는 이민으로, 다른 한편으로는 민족 운동의 고양으로 진행됨으로써, 총체적으로는 혁명적 분위기가 상승하게 되었다.

20세기 초에 러시아는 비약적으로 발전한 국가들과 문명들, 즉 유럽, 미국, 일본에 둘러쌓여 있었다. 국제무대에서 경쟁조건은 더욱 엄혹해졌고, (앞에서 언급한 이유들로 인해) 러시아의 가능성은 제한되어 있었다. 러시아 전제정은 이러한 상황을 크게 생각하지 않았다. 그 결과는 러시아에게는 비극적이었던 러일전쟁에서의 패배였고, 이로 인해 첫 번째 혁명적 폭발이 앞당겨졌다. 광범위한 사회정치적 운동의 압력 하에 러시아 전제정은 절대권력을 포기해야만 했다. 정당 활동이 활발하게 진행되었고, 러시아 역사상 최초로 국가두마가 등장했으며, 시민사회가 형성되었다. P. A. 스톨르핀 개혁은 근대화의 강력한 동인을 제공했으며, 국가가 봉건제의 잔재들로부터 해방될 수 있도록 해주었다.

20세기 초에 러시아는 중견자본주의국가로 변모했다. 국가 권력은 공동체 생활을 통제하려고 했으나, 모순은 감지하지 못했거나 해결하려 하지 않았다. 그런데 공동체 안에서는 "시대의 중압(наложения эпох)"이라는 강제적인 자본주의 발전의 조건 속에서 서로간의 관계에 있어 그리고 국가와의 관계에 있어 화해할 수 없게 되었던 사회 세력들의 완강한 양극화가 진행되었다. 모순은 국가 발전에 우호적인 전망을 조성하면서 동시에 심각한 사회정치적 동요를 야기했으며, 이로인해 제1차 세계대전이 앞당겨졌다.

러시아 극동지역의 근대화 과정에서 사회적 · 계급적 구조 형성의 특징

20세기 초에 러시아 극동지역의 사회경제적, 사회정치적 상황의 특징은 다른 모든 나라들에서도 공통적인 특성들은 물론이고 차별적인 특성들도 가지고 있다는 것이었다. 제국주의 단계에서 자본주의 발전의 가속화는 주민의 사회정치적 구조를 현저히 변화시켰다.

이 지역에서의 인구 형성에서 주도적 역할을 했던 것은 기술적 증가로서, 이것은 자연적 증가에 비해 2.2배 더 높았다. 농민, 군인, 산업가, 수공업자, 유형자, 외국인, 제대군인(소시민층에 편입됨) 등등과 같은 이주민이 총성장률에서 차지하는 비중은 68.4퍼센트에 달했다.

사회적 과정들은 시베리아횡단철도 구간(우수리철도, 동청철도)에 대한 개발이 시작됨으로써 활성화되었으며, 이것은 러시아 자본과 외국 자본, 시베리아와 극동지역의 지하매장물 개발에 필요한 노동력 등을 유인했고, 시베리아산 밀의 대외 시장 진출이 가능하게 되었다. 도로 건설은 정치적 의미도 가지고 있었다. 불만이 있는 농민이 국가의 유럽 부분에서 동부지역으로 이주할 수 있는 가능성이 생겼으며, 전제정-지주체제의 강화를 촉진시켰는데, 이것이 P. A. 스톨리핀이 의도한 것이었다. 도로 건설은 또한 러시아 대외정치의 전략적 이해관계를 고려한 것으로, 있을 수 있는 침략으로부터 극동 영토를 방어할 수 있게 해 줄 것이다.

1897년부터 제1차 세계대전 전까지 극동지역에서 임금 노동력은 2.3배(러시아 전체는 1.5배) 증가했다. 즉, 이 지역에서 노동자 계급의 성장률은 러시아 전체에 비해 1.5배 높았다. 1913~1914년에 총노동자수는 (약 2백만 명의 인구 중에서) 24만 6천 명이었는데, 이 중에서 공업 부문에는 111,900명, 운송 부문에는 69,900명, 농업 부문에는 30,000명, 무역·우편·전신 부문에는 10,200명이 있었다. 지역경제의 농업-원자재 지향성으로 인해 숙련 노동력은 노동자들 중에서 3분의 1이 안됐다. 생산은 낮은 기계 장비, 계절노동성(금채굴, 임업, 어업 등등), 인재들의 유동성, 공동작업의 불안전성 등을 특징으로 가지고 있었다.

극동지역에서 임금 노동자 수의 빠른 성장에도 불구하고 공장 노동자로 대변되는 진정한 프롤레타리아트의 형성은 임금 노동력 군대 전체가 증가하는 것에 비해 느리게 진행되었다. 그러나 이때에도 노동자 총수는 총인구수가 증가하는 것에 비해 2.1배 빠르게 증가했다. 그리고 노동자 계급의 증가를 상당한 정도로 촉진한 것은 경제 발전이었다. 1900년에서 1913년에 걸친 기간에 산업 부문에서 노동자 수는

23,300명에서 50,400명으로 2.1배 증가했다.

영역적 배분 또한 특징적이었다. 자연기후적이고 지리적인 관계에 있어서 가장 좋은 지역들은 보다 높은 인구밀도를 보였다. 프리모리예도에 있던 노동자 중 약 절반(대략 50,000명)은 프리모리예 남부(블라디보스토크시 포함)에 집중돼 있었다. 아무르도에는 50,600명, 자바이칼리예도에는 약 4만 명이 주로 운송 분야에 집중되어 있었다.

이주 과정의 중요한 특징은 총인구 증가를 상회하는 도시 인구의 빠른 증가였다. 1900년에서 1916년 사이에 총인구는 2.1배(462,100명에서 988,300명으로) 증가했는데, 도시 인구는 2.6배(115,700명에서 304,800명으로) 증가했다. 달리 말해, 비농업 이주가 농업 이주보다 집약적으로 이루어졌다. 촘촘하게 이주한 중앙 구역들은 극동지역의 농업 개발은 물론이고 산업 개발에 있어서도 중요한 역할을 했다. 이주는 극동지역을 국가 전체 노동시장으로 편입시켰으며, 극동지역 프롤레타리아트 형성 과정을 가속화시켰다.

사할린섬은 인구적, 사회정치적 관계에서 특별한 위치를 차지하고 있다. 러일전쟁 이전까지 사할린은 유형과 강제노동을 위한 장소로 사용되었다. 포츠머스 강화조약의 조건에 따라 섬의 남쪽 부분은 일본으로 넘어갔다. (러시아 령인) 북쪽 부분은 1908년부터 자유이주지역으로 선포되었다. 그러나 중심지역으로부터의 극단적인 원거리성, 강제노역장의 참상에 대한 풍문이 사람들에게 겁을 주었기에, 초창기에 정부는 이주민들에 대한 혜택, 즉 큰 액수의 금전적 보조금(400루블), 3년간의 징병 면제, 해양 이주 요금의 절반 할인, 식료품 배급 등을 제시했다. 행정적 조치들로 인해 (북부 민족들을 합친) 섬의 인구는 (1905년의 7,500명에서) 1917년에는 15,000명으로 증가했다.

이와 함께 사할린섬은 극동지역 전체에 대한 것과 마찬가지로 지배집단, 산업가에게 원재료를 제공하는 부속지역의 역할을 하는 곳으로 인식되어 있었다. 주요 자산으로는 석탄, 석유, 아연, 금 등의 매장지들, 그리고 삼림 가공과 어업이 있었다. 이에 따라 주민의 계급적이고 전문직종적인 구성은 기본적으로 노동자와 기술전문가로 되어 있었다. 자원 매장지들과 회사들, 즉 〈브라티야 노벨(Братья Нобель[노벨형제])〉, 〈독일-중국사(Немецко-китайская компания)〉, 〈잉글랜드사(Английская компания)〉, 〈사할린사(Сахалинская компания)〉, 브리네르(Бринер) 가의 회사들 등을 소유하고 있었던 러시아인들과 외국인 기업가들은 대체로 이 섬에 영구 거주하지 않았다. 노동자들은 고통스러운 노동 조건과 생활 조건 속에 있었다. 기계의 안전사용 미준수, 숙련공의 전횡, 벌금, 과밀하고 비위생적이었던 막사는 불구, 사망, 높은 발병률을 가져왔다. 러시아 노동자의 항의는 중국인이나 일본인과 같이 요구조건이 적었던 외국인에 대한 채용 증가로 이어졌다. 사할린섬에서 농업을 발전시키려는 목적에서 1913년《황제의 명령》에 따라 구 유형자들은 모두 러시아 농민의 권리를 받았는데, 이들은 농업 이외에도 다양한 자영업 부문들에 종사했다. 결론적으로 사할린 주민은 노동력의 유동성, 민족적·계급적 구성의 다양성, 사회정치적 규합과 조직화의 부재라는 점에서 대륙과 커다란 차이를 보이고 있었다.

극동지역 사회구조 형성에 영향을 끼친 주요 요소는 계절노동, 즉 유럽 러시아 지역에서 극동지역으로의 노동자 유입이었다. 러일전쟁과 제1차 러시아 혁명 시기에 자발적인 성격의 노동력 유입은 약화되었던 반면, 국영기업을 중심으로 계약 노동자가 증가했다. 계절노동자가 가장 빠른 속도로 수용된 것은 간혁명기(1908~1917) 때이다. 이러한 과정의 활성화는 벌이를 위해 도시로 떠난 농민층의 붕괴와 국가 중심지역의 높은 실업률, 그리고 극동지역으로의 노동력 유입을 촉진하기 위해 일련의 조치들을 채택한 정부의 보호주의 정책을 가져왔다. 1910년에 국영기업에서 "황색 노동력"의 사용을 금지하는 법률이 통과되었고, 러시아인 노동자에게는 극동지역으로의 무료 통행을 비롯한 여러 가지 특전이 제공되었다.

그런데 계절노동자들 중 80퍼센트는 농민출신이었으며, 따라서 노동자의 숙련도 수준은 상당히 낮았다(1913년 자료에 따르면 숙련 노동자 비율은 1퍼센트였다). 또한 이들 중에서 30퍼센트의 가족만이 영구거주지에 남았다. 그럼에도 불구하고, 계절노동자의 대량 이주는 극동지역에 있어서는 현실적인 중요성을 가지며, 이 지역의 산업-운송 개척, 이 지역의 전 국가적 경제 체제로의 편입, 그리고 주민의 산업 문화와 총체적 문화의 상승 등을 촉진시켰다. 이 지역의 인구 상황에 대한 계절노동의 영향은 상당했는데, 왜냐하면 인구가 매년 수십만 명의 새로운 거주자로 인해 증가했기 때문이었다.

외국인 계절노동자도 일정한 역할을 해서, 유럽인, 미국인, 일본인, 조선인이 계절노동에 고용되었다. 그러나 이들이 프롤레타리아트의 대열을 증대시키지는 않았는데, 왜냐하면 이들 중 다수는 계약 조건을 완수한 후에 고국으로 떠났기 때문이었다.

블라디보스토크에서 철도시설, 요새시설, 교역시설의 건설로 인한 시장의 확대는 자본의 유입과 기업의 성장을 가져왔고, 이를 통해 공업 부르주아지의 형성 과정을 촉진했는데, 이들은 보통 기업과 상업을 겸업했다. 기업인들은 자신의 자본을 가공산업, 상업, 광업시설(주로 금광산)에 투자했다. 실례로, 1910년에 아무르도의 기업들 중에서 상업은 91.7퍼센트였고, 프리모리예도에서는 94.3퍼센트였다. 이에 따라 이들의 비중에 비례하는 커다란 이윤이 발생했다.

　제국주의 시대에 상업자본으로부터 기업자본의 분리 과정은 완료되지 않았다. 산업자본에 대한 상업자본의 우위가 관찰되었는데, 이것은 극동지역뿐만 아니라 전 러시아 자본주의의 특징으로서 러시아 전체의 경제 발전을 일정한 수준에서 정체시켰다 (V. I. 레닌의 유명한 말을 사용한다면, 러시아를 "중약(中弱)" 국가로 만들었다).

　19세기 말~20세기 초 사이의 이행기에 나타난 경제 개혁들은 산업, 육상과 해상 운송 등의 발전을 촉진했으며, 이에 따라 이 지역의 사회적, 문화적 특색이 바뀌었다. 블라디보스토크시는 특별한 중요성을 획득하게 되어서, 러시아의 5대 주요 해항(海港)에 들어가게 되었다. 1907~1913년에 블라디보스토크의 화물 물동량은 3.4배 증대되었다. 전쟁 직전의 몇 해 동안 생산 규모의 성장, 특히 채광 부문(1906~1913년에 235퍼센트 증대)과 노동자 수에서 성장이 관찰되었다. 기업들의 기계 장비와 동력장치도(動力裝置度)[1]가 강화되었고, 그 결과 기계를 다루는 노동자와 전문가의 숙련도가 실질적으로 제고되었다. 1913년에 극동인민경제 총생산에서 공업생산의 비중은 46퍼센트였는데, 이 시기에 러시아 전체에서는 38퍼센트에 머물렀다. 이 모든 것들은 러시아 극동지역이 근대화 과정에 밀도있게 편입되었음을 입증해 주는 것이었다. 주민은 보다 소양있고, 사회적·정치적으로 적극성을 띠게 되었다. 이 지역에서 사회정치적 생활은 당시 상황에서 필수적이었던 원동력을 갖추고 있었다.

　제1차 세계대전은, 한편으로는 극동지역의 발전 동인을 제공했지만, 다른 한편으로는 사회 발전의 자연스러운 진화 과정을 중단시

1　'동력장치도(動力裝置度, Энерговооружённость предприятий)'는 '노동력 대비 사용 동력량'을 가리키는 용어이다.

켰다. 이 시기에 극동지역 무역-운송이 가지는 중요성이 전반적으로 높아졌는데, 특히 대외경제관계의 발전에서 그러했다. 예를 들어, 1914~1916년에 블라디보스토크교역항의 물동량은 2배 증대되었다. 그러나 항구의 능력은 증가하는 화물수송 수요에 부합하지 못했다. 1917년 2월에 항구에는 수천만 푸드의 화물이 쌓여서, 항구가 기능하기 어려울 정도였다. 우수리철도의 물동량은 54퍼센트, 동청철도는 97퍼센트 증대되었다. 그러나 화물은 군 수요에 맞춘 것이었고, 주민에게 최우선적으로 필요한 물품의 공급은 줄었다.

가공산업도 전쟁의 부정적 영향을 받아서, 생산 하락, 기업 폐쇄 등이 나타났고, 노동자 수는 감소했다. 프리모리예도에서는 각각 26퍼센트와 20퍼센트, 아무르도에서는 18퍼센트와 20퍼센트가 감소했다. 식료품에 대한 수요 증가에도 불구하고, 어업 부문에서 조차 생산 감소가 일어났다. 1916년에 극동지역의 어획량은 1914년 대비 43퍼센트 하락했다. 활동이 활발해진 것은 군수 계약을 수행하는 기업들, 즉 달자보드, 하바롭스크조병창(Хабароский арсенал), 군수제분기업, 피혁-제화기업, 봉제기업뿐이었다.

전쟁 전과 초기에 산업은 발전에 속도를 내어서, 높은 수준은 아니지만 노동 인구의 삶의 질이 개선되었다. 그런데 전쟁 상황 속에서 이루어진 기형적인 경제발전은 삶의 수준이 낮아지는데 영향을 미쳤으며, 이것은 상황을 전반적으로 악화시켰고 이 지역에서 사회정치적 정황을 첨예화시켰다.

제국주의 시대에 나타난 자본 집중화는 대부르주아지의 능력을 강화시켜 주었다. 극동 기업인 이라는 단일한 일족이 형성되어서 생산과 교역에서 상당한 부분을 통제했다. 대기업들 중에는 블라고베셴스크의 상인인 A. V. 카시야노프(А. В. Касьянов)와 I. Ya. 추린(И. Я.

Чурин)이 소유한 회사인 〈추린사(И. Я. Чурин и К°)〉와 〈카시야노프사(А. В. Касьянов и К°)〉가 있었는데, 1916년에 〈추린사-카시야노프사〉로 통합되었으며, 그 활동은 전 러시아적 범주에 걸쳐 있었다 (그 중 일부이자 극동지역에서 가장 오래된 것들 중 하나인 블라디보스토크시에 있는 백화점 〈졸로토이로크〉도 이들 소유였다). 대기업가로는 다음과 같은 블라고베셴스크의 상인들을 들 수 있다: 금광회사 〈엘초프-레바쇼프(Ельцов-Левашов)〉의 지분 35퍼센트를 소유했던 V. A. 레바쇼프(В. А. Левашов), V. M. 루킨(В. М. Лукин)과 그의 아들들, L. Sh. 스키델스키(Л. Ш. Скидельский, 〈스키델스키쇼핑센터〉), 테튜코프(Тетюков). P. V. 모르딘(П. В. Мордин), 폴루틴(Полутин) 형제, 피얀코프(Пьянков) 형제(〈피얀코프쇼핑센터〉), 스타르체프(Старцев) 형제, Yu. I. 브리네르, G. 알베르스, G. 쿤스트(Г. Кунст), А. 닷탄(블라디보스토크에 있던 〈쿤스트와 알베르스쇼핑센터〉), А. 뎀비(а. Демби) 등의 손에 엄청난 부와 영향력이 집중되어 있었다. 이들은 수백만 루블에 상당하는 재산을 소유했는데, 이 중에는 공장, 광산, 채벌권, 기선, 무역회사 등이 포함되어 있었다. 대규모 사업을 하는 기업가들은 사회활동, 자선사업, 지역자치단체의 발전에 적극적으로 참여했다. 그런데 이들의 활동이 이 시기 전체에 걸쳐 극동지역 내 삶의 수준에 실질적인 영향을 끼친 것은 아니었다. 기업인층은 너무나 얇았으며, 사회 집단들 사이의 격차는 매우 컸다.

극동지역 내 농업 부문에서는 현저한 변화가 일어났다. 식민화가 몇 단계에 걸쳐 진행되었다. 1단계(1861~1881)는 육로 이주로, 농민들이 주를 이루었다. 2단계(1882~1900)는 의용선단의 기선들에 의한 179,000명의 이주인데, 이 중에서 148,600명은 군인이었고, 승객들 중 5,000명 이상은 민간인이었다. 이 시기에 이주 흐름의 사회적이고

문화적·종족적 지형이 바뀌었다. 선박을 통한 항로가 개척되기 이전
에는 포볼쥐예와 러시아 중부지대에서 온 이주민이 대부분이었으나,
항로 개척 이후에는 좌안 우크라이나의 주들(체르니고프주, 폴타바주,
하리코프주)의 거주민이 대부분이었는데, 이것은 프리모리예변강주와
아무르변강주의 지명들에 오늘날까지 남아있다. 이들의 비중은 이주
민들 중 77퍼센트를 차지했다.

스톨리핀 농업 개혁은 새롭고 보다 적극적인 이주가 시작되는 계
기가 되었다. 개혁 시기 전반(1907~1916)에 걸쳐 310만 명이 시베리
아와 극동지역으로 떠났다. 그런데 1900년대 말까지 여러 가지 이유
들로 정착하는데 실패한 사람들(약 50만 명)은 이전 거주지로 돌아가
야만 했다.

이후 몇 년간 이주민 수의 감소에도 불구하고 아무르도(자연기후
적인 면에서 볼 때 극동지역에서 가장 형편이 좋은 곳)의 식민화는 계
속해서 안정적으로 성장했다. 프리아무리예의 가구들은 가족의 생존
을 지지해주는 재원도 충분했을 뿐만 아니라, 자유롭게 현금화할 수
있는 잉여도 가지고 있었다. 10년간(1901~1911) 연평균 잉여 곡물은
158만 7천 푸드였는데, 이것은 국가 중심지역에서 보다 더 높은 생활
수준을 유지할 수 있도록 해 주었다.

시베리아에서와 마찬가지로 극동지역에서도 지주 토지소유구조가
없었으며 (토지는 국가 소유지 또는 카자크 보유지였다.), 농촌에서 자
본주의적 관계가 발전할 수 있는 토대는 러시아의 유럽 부분에 비해
상당히 컸다. 농촌 주민의 분화가 이주민 유입뿐만 아니라 농촌 구 이
주민과 카자크 공동체의 "탈농민화"로 인해 진행되었다.

극동지역은 중산 농민층과 유복한 농민층의 비중이 높다는 특징
을 가지고 있었다. 실례로, 1920년에 아무르도의 구 이주민들 사이에

서 빈농은 32퍼센트, 중농은 26퍼센트, 쿨라크[부농]는 42퍼센트였다. 프리모리예도에서는 각각 46.4퍼센트, 24.6퍼센트, 29퍼센트를 구성하고 있었다. 카자크 공동체의 진화는 구 이주민 농민의 진화와 차이가 없었다. 1917년까지 극동지역 전체에서 (시장에 생산물을 공급하고 임금 노동력을 활용하는) 농민인 쿨라크는 22퍼센트(러시아 전체는 10.7퍼센트)를 구성하고 있었고, 중농은 43퍼센트(러시아 전체는 22퍼센트), 나머지는 빈농, 날품팔이농 등이었다.

1917년 혁명 직전에 러시아 동부변방지역에서는 대농업 부르주아층이 형성되었는데, 이들은 500데샤티나 미만의 농경지, 수백·수천 마리의 가축, 많은 수의 임금 노동자를 보유하고 있으면서, 미국산 농기계를 사용하고 산업주식회사 및 군 기관과 거래 관계를 맺고 있었다. 이들은 곡물, 고기, 감자, 목재, 모피, 짐승가죽 등등을 시장에 공급했다. 가장 대표적인 농촌 사업가로는 프리모리예의 얀콥스키(Янковский) 가문, 프리아무리예의 브라긴(Брагин) 가문, 사야핀(Саяпин) 가문, 칸테미로프(Кантемиров) 가문 등이 있었다. 자바이칼리예의 목축업자인 셰스타코프(Шестаков)는 가축 26,000두를 소유하고 있었고, 카자크인 스트렐니코프(Стрельников)는 말목장에서 2,500마리 이상의 말을 비롯한 가축들을 사육하고 있었다. 신분체제는 법률상으로는 1917년 2월까지 유지되고 있었으나, 현실에서는 러시아 제국의 변방지대들에서 자본주의가 발전하는데 있어 결정적인 역할을 하지는 않았다.

농촌 부르주아지의 손에 생산 수단과 자본이 집중되는 것은, 한편으로는 소자산가들의 파산을 가져오고, 다른 한편으로는 극동 농촌의 파편화, 부유한 상층과 빈곤층 사이의 사회적 대립과 농민층 전체와 카자흐공동체 사이의 신분적 대립의 격화로 이끌었으며, 주민의 사회정치적 활동을 촉진시켰다. 이와 함께 극동지역에서는 중앙러시아지역과는 달리 이른바 사회적 인화 물질이 주민 중 다수를 구성하고 있지 않았다. 이러한 조건들은 이 지역 주민의 혁명적 활동이 덜 적극적이고 더 늦은 시기에 나타나게 된 것을 설명해준다.

이 지역의 정주 특징으로는 도시 인구의 적극적인 형성을 들 수 있어서, 19세기 말부터 농촌 인구에 비해 보다 빠른 속도로 진행되었다. 1897년에 도시민은 프리모리예 거주민 중 20.1퍼센트였고, 1913년에는 28퍼센트였다(당시 러시아 평균은 각각 13.4퍼센트와 17.9퍼센트였다).

극동지역의 또 다른 인구적 특징은 다른 식민변방지역들에서와 마찬가지로 성비가 불균형하다는 점이었다. 1897년 인구조사 자료에 따르면, 여성 비율은 프리모리예에서 28.4퍼센트에 불과했는데, 이것은 정주가 진행되면서 바뀌어서 1914년에는 38.9퍼센트로 증가했다.

여러 다양한 지역들로부터의 대규모 이주는 극동지역 주민의 다민족적 구성을 가져왔다. 비록 숫적인 면에서 루스키가 주민 중 다수를 차지하고 있었으나, 우크라이나인(특히 농촌지역에서), 벨라루시인, 폴란드인, 타타르인이 상당한 비율을 구성하고 있었고, 토착민족들은 5.1퍼센트를 차지하고 있었다. 20세기 초에 "황색" 이민의 역할을 감소시키기 위한 조치들이 도입되었다. 그 결과 외국인(이들 중 압도적 다수를 차지하고 있었던 것은 중국인과 조선인이었다.) 비중은 26.4퍼센트(1897년)에서 17퍼센트(1913년)로 하락했다.

기존의 결함들(지역의 관료주의, 불충분한 재정지원)에도 불구하고 스톨리핀의 이주 정책은 진전된 의미를 가지고 있었다. 연평균 인구 성장률은 6만 명을 넘어섰다. 신 이주민들은 수백만 데샤티나의 토지를 개척하고, 수천 개의 마을을 건설했으며, 극동지역의 생산력 발전을 촉진시켰다. 그런데 이러한 이주 서사들은 러시아의 중심지역 주들에 살고 있던 농민층의 생활을 그리 많이 반영하고 있지 않았다. 이주하는 사람의 수는 줄어들었고, 귀향하는 이는 늘어났으며, 이 시기에 자연 인구 증가 또한 높아졌다. 그리고 농촌에서 도시로의 이주가 활발하게 진행되었지만, 농민의 토지부족 문제는 실질적으로 해결되지 않아서 토지는 이전과 마찬가지로 부족했다.

제1차 세계대전 시기에 극동지역에서는 농민이주민과 계절노동자의 유입이 크게 하락했다. 1914년에는 농민과 카자크 14,200명과 노동자 34,300명이 유입되었다면, 1915년에는 그 수가 각각 2,500명과 5,700명이었다. 남성의 전시 징병, 계절노동자와 그 가족의 상시거주지[유럽 러시아의 원거주지]로의 회귀, 서부지역들로의 군부대 재배치(1914~1916년에 프리아무리예군관구(Приамурский военный округ)에서는 104,000명이 징병되었다.) 등으로 인해 인구 유출이 시작됐다. 이와 관련해서 노동력 상실은 이웃한 아시아 국가인 중국과 조선으로부터의 제한적 이민에 대한 1910년 6월 21일자 법률에 의해 중단되었다. 그 결과 1916년에 극동지역에는 외국인이 이미 약 15만 명에 이르게 되었다(인구 구성에서 이들의 비중은 14.8퍼센트까지 늘어났다).

이 시기에 이주민 유입이 강화되어서, 전쟁 기간에 중심 구역들에서 온 강제 이주민은 6천 명이었다. 1916년 12월에 전쟁포로는 21,000명이었다. 이 시기 극동지역 인구 흐름의 전반적인 특징은 인구 성장률의 급격한 하락이었다. 그러나 이때에도 농촌 인구는 감소했으나 도시 인구는 증가했다(이것은 유럽 부분과 비교해 보아도 마찬가지였다). 1917년까지 도시화 수준은 32퍼센트에 달했으며, 극동지역의 사회정치적 생활에서 도시와 도시 주민의 역할은 강화되었다.

도시 주민은 증대된 유동성, 보다 높은 숙련도와 교육수준, 생산력의 집중과 지식인 신분 등으로 인해 사회정치적이고 사회문화적인 생활에, 그리고 동시에 모든 신분들의 경제적이고 사회정치적인 조건의 향상을 위한 항의 운동에 점점 더 적극적으로 참여했다.

러시아 극동지역에서의 사회 생활

19~20세기 사이의 이행기에 문명화의 외관은 급격하게 변했다. 생산력 증대와 함께 새로운 기술, 재료, 소통수단이 등장했다. 생산활동과 일상생활에서 전기, 전신, 전화, 라디오, 자동차, 비행기, 타자기 등을 사용하게 되었고, 철도 건설이 가속화되면서 사회적 인식, 사회적 관계의 성격에 전면적으로 영향을 끼쳤다. 20세기의 국가 개혁들은 사회문화적·정치적 근대화에 상당한 충격을 가했다. 무엇보다도 도시 문명과 국가 중심지역이 가장 집약적으로 발전하긴 했지만, 변방지역들 역시도 모두 점점 더 공통의 경제적·사회정치적 과정에 끌려들어갔다.

철도 노선을 따라 철도와 관련된 일을 하는 역, 마을, 업체가 성장했다. 정기적인 우편 및 전신 통지가 확립되었고, 화물 및 여객수송이 늘어났다. 함대는 아시아·태평양지역 국가들과의 확실한 교류를 보장해 주었다. 이 세기 초에 철로 주변에는 약 80개가 넘는 우편국과 전신국, 우편전신망지부가 운영되고 있었다. 극동지역의 도시들인 블라디보스토크, 니콜스크-우수리스크, 하바롭스크, 치타, 블라고베셴스크 등은 통신과 사회문화적 생활의 중심지였다.

이 세기 전환기에 활발한 도시 건설이 시작되었다. 이 시기에는 절충주의적 건축요소들이 포함된 모더니즘 건축양식이 발전했는데, 이것의 주요 특징이 오늘날 극동지역 도시들에 위치한 역사적 중심지들

의 외형을 결정지었다. 극동변경지역과 역사적 중심지역[유럽 러시아
지역] 사이의 긴밀한 관련이라는 주제는 무엇보다도 도시의 "얼굴"이
라고 할 수 있는 기차역을 강조하게끔 만들었다. 블라디보스토크역 역
사(驛舍, 건축가인 N. V. 코노발로프(Н. В. Коновалов)는 "러시아 스
타일의 역사 건축"에 대한 공을 인정받아 황립미술아카데미의 특별상
을 수상했다.)는 시베리아횡단철도의 종착지로, 모스크바에 있는 야로
슬라프역의 형태를 토대로 만들어졌다. 비슷한 스타일의 역사들이 하
바롭스크, 니콜스크-우수리스크에 건설되었다.

극동지역에서 역사적 중심지들을 꾸며주고 동시에 사회문화적 생
활의 발원지가 된 (그리고 현재까지 그 역할을 하고 있는) 것으로는
블라디보스토크에 있는 프리아무리예군정주 청사, 프리모리예도 청
사, 시베리아함대 본부건물; 하바롭스크에 있는 군정지사관저, 군무
회의처, 프리아무리예지리학회 건물; (모든 커다란 도시들의) 드보랴
닌 회관, 장교·상인회의처, 인민회관(Народный дом)과 시민회관
(Городский дом) 등이 있다.

극동지역의 역사와 문화에서 특별한 위치를 차지하고 있는 것은
블라디보스토크에 있는 동방대학(Восточный институт)인데, 이곳
의 설립은 시 자체뿐만 아니라 이 지역에서 고등교육이 발전하는 토대
가 되었다. 대학 건물의 건축적 외형(건축가 G. V. 그보즈드지옵스키
(Г. В. Гвоздзиовский))은 당시 뛰어난 문화적 기념물들의 항목에 들
어갈 정도였다. 블라디보스토크, 하바롭스크, 치타에 있는 김나지움과
실업계 중등학교의 건물들, 블라디보스토크, 하바롭스크, 니콜스크-
우수리스크에 있는 호텔(블라디보스토크의 〈베르살(Версаль)〉, 하바
롭스크의 〈런던〉과 〈루시(Русь)〉), 블라디보스토크, 하바롭스크, 니콜
스크-우수리스크에 있는 쇼핑센터들(〈쿤스트와 알베르스〉, 〈추린사〉,

<포타슈니코프합명회사(Товарищество Поташникова)>), 그리고 다양한 종파들과 관련된 종교의식 시설들(대규모 중심지들로는 로마 가톨릭교 성당, 루터교 교회가 있다.)이 짧은 기간 내에 건설되었다. 극동지역의 도시들에 있는 원본이 되는 건축 형태의 발전에 큰 기여를 한 건축가로는 D. V. 샤발린(Д. В. Шабалин), D. V. 비노그라도프(Д. В. Виноградов), G. R. 윤그헨델(Г. Р. Юнгхендель), L. N. 케쿠셰프(Л. Н. Кекушев), V. N. 루사노프(В. Н. Русанов), G. G. 포스트니코프(Г. Г. Постников) 등이 있다.

인민회관, 신문 편집국, 변경연구학회, 문화계몽조직 등은 시민의 사회적 요구를 보다 완전하게 실현하고 사회정치적 생활을 번영시키는데 일조했다.

혁명 이후에 국민 교육 체계가 개선되었다. 중등학교와 기술학교의 총수는 47.7퍼센트 증가했다. 대도시에서는 거의 완전한 초등교육을 대체로 달성하고 있었다. 1913년에 하바롭스크에서는 교육인력 양성을 활성화하기 위해 교육대학이 개설되었다. 극동지역의 언론사도 빠른 속도로 발전했다. 전쟁 이전에 이 지역에는 가장 폭넓은 지향성을 가진 약 80여 개의 정기간행물이 발행되고 있었다. 경제적, 사회문화적 문제들을 논의하고 해결하는데 있어 중요한 역할을 한 간행물로는 『달료카야 오크라이나(Далекая окраина[원방(遠方)]』, 『프리아무리예』, 『아무르스키 크라이(Амурский край[아무르 변경지역]』, 『아무르스카야 가제타(Амурская газета[아무르 신문]』, 『우수리스키 크라이(Уссурийский край[우수리 변경지역])』 등이 있다.

학문적 지식의 축적도 풍요롭게 진행되었다. 제1차 세계대전 이전까지는 아무르탐사대가 활동했으며, 식물학자인 V. L. 코마로프(В. Л. Комаров), 극지탐험가인 I. P. 톨마체프(И. П. Толмачев)와 G. Ya.

셰도프(Г. Я. Седов), 지질학자인 Р. I. 폴레보이(П. И. Полевой)와 Е. Е. 안네르트(Э. Э. Аннерт), 수로학자인 В. А. 빌키츠키(Б. А. Вилькицкий)와 М. Е. 쥬단코(М. Е. Жданко) 등을 비롯한 많은 훌륭한 러시아 학자들이 연구를 진행했다. 러시아지질학회 프리아무리 예지부도 활발하게 활동을 했는데, 이 지부에서는 저명한 지역연구자이자 학자-여행가로서 1900년에 이 변경지역으로 온 V. K. 아르세니예프가 연구를 했었다. 동방대학은 규모가 큰 학술 활동의 중심지가 되었으며, N. V. 큐네르(Н. В. Кюнер), А. V. 루다코프(А. В. Рудаков), G. Ts. 츼비코프(Г. Ц. Цыбиков), Р. Р. 슈밋트(П. П. Шмидт), А. М. 포즈드네예프와 D. М. 포즈드네예프 형제(А. М. и Д. М. Позднеевы), Е. G. 스팔빈(Е. Г. Спальвин) 등등과 같은 저명한 학자들이 이곳에서 근무했다.

이 지역에서 사회생활은 한편으로는 행정기관이 주도하는 것에 따라, 다른 한편으로는 사회, 즉 "아래"로부터 행정기관에 대한 영향에 따라 발전했다.

19세기 말에 주지사들의 주관 아래 다양한 사회계층 대표자들의 대회들이 소집되어서, 가장 절박한 문제에 대해 논의했다. 하바롭스크 대회들(1895년 이후)에는 다양한 관등의 관료, 교사, 기술자, 의사, 기업가, 지주가 참여했다. [이 대회들에서는] 농업과 교통, 산업과 무역, 중등학교, 광업과 관련한 문제들을 검토했다. 대회에서의 결정 사항을 반드시 이행해야 하는 것은 아니었지만, 행정 기관과 기업에 대한 일종의 권고라는 자격으로 많은 관심을 제시했다.

어업가, 금광업자, 목재산업가 등의 기업인 대회도 중요한 역할을 했다. 지역 경제, 지역 산업가와 중앙 지역, 그리고 외국기업과의 관계에서 이 산업분야들의 역할이 커졌으며, 이 모임들에서의 결정이 가지는 의미는 상당한 무게를 가지게 되었다. 1898년에서 1917년까지 프리아무리예에서는 아무르와 프리모리예 산악지대의 금광업자 대회가 주기적으로 개최되었다. 그런데 1902년 법에 따르면 이러한 대회에는 보통 다양한 종류의 세금과 징수금이 부과되었다. 실제로 이러한 대회들은 자체 과금을 매기는 특수경제기구들로 전환되었으며, 이들의 대변 기능은 무력화되었다. 사회적 회합들의 활동은 이런 방식으로 행정기관에 의해 엄격히 통제되었는데, 이것은 당국과 기업인 계급 사이에서 긴장관계를 조성했다.

발전도상에 있는 지역으로서 러시아 극동지역에는 주민 중에서 경제적 취약 계층에 속하는 이들이 상당히 많았다는 특징을 가지고 있었다. 구호 제공 체계는 모든 경제적 취약자를 대상으로 하는 국가 지원으로, 그리고 자선협회조직과 국가의 후원을 받는 민간원조조직을 통해 민간인과 민간조직의 활동을 발전시키는 것으로 구상되었다.

이것들은 아동사망률, 사회적 일탈(빈곤, 알콜중독, 아동 범죄를 포함한 범죄들) 등과의 싸움을 포함하는 매우 폭넓은 차원에서 문제들을 다루며 활동했다. 보통 보육적이고 교육적인 성격의 재원이 사용되었으며, 또한 직접적인 물질적 지원도 제공되었다.

금세기 초에 이러한 목적에 따라 프리아무리예와 블라디보스토크의 초기 대중독서협회들, 하바롭스크와 니콜스크-우수리스크의 자선협회들, 블라디보스토크에 있는 올긴스크 근로아동보호시설에 대한 자선협회와 후원협회의 위원회, 하바롭스크에 있는 교회교구자선기관과 아동보호시설 〈야슬리(Ясли)〉 등등이 나타났다. 하바롭스크에서는 대중취미생활·대중초등교육확산협회(Общество распространения народных развлечений и начального народного образования) 들이 활발하게 활동했다. 하바롭스크교육취약자지원협회(Хабаровское Общество содействия нуждающимся учащимся)는 학비를 지불하고 장학금을 제공함으로써 도시 내 모든 아동이 예외없이 교육을 받을 수 있도록 하기 위해 노력했다.

특히 공공보장체계가 개혁이후 시기에 활발하게 발전하게 되었다. 시 행정부는 재정과 연간보조금을 통해 자체 조직들을 지원했고, 임대용 부동산을 무상으로 제공했으며, 시 징수금을 면제해 주었다. 1910년에 블라디보스토크시의회는 시빈민보호위원회(Городская комиссия по призрению бедных)를 구성했는데, 이곳의 활동에는 직접적인 물질적 지원 제공은 물론이고, 자선 성격의 콘서트와 공연, 간이숙박시설·저가주택·유치원·보호시설·무료도서관의 조성도 포함되어 있었다. 1917년까지 극동변경지역에는 40여 개가 넘는 자선단체가 만들어졌다.

개인 자선 활동도 발전했다. М. И. 수보로프(М. И. Суворов), 피얀코프(Пьянков) 형제, А. А. 마슬렌니코프(А. А. Масленников)는 박애주의 활동을 펼쳤다. М. I. 수보로프는 블라디보스토크에서 특별한 역할을 해서, 동방대학과 여자김나지움의 건물이 그의 지원금에 의해 건축되었다. 그는 상업학교와 제2시립여자초등학교에 원조를 제공했는데, 후자는 그의 성명을 학교 명칭에 넣었다. 〈쿤스트와 알베르스〉사의 소유주들 중 한 명인 닷탄은 대범한 자선가여서, 중앙난방과 전기시설과 같은 최신 기술 방식을 갖춘 동방대학 기숙사의 건축, 대학 부설 교회의 건축에 상당한 액수를 제공했다. 그는 대학생들이 어학공부를 위해 동방 국가들에 다녀오는데 필요한 재정을 매년 제공했다. (1990년대에 국립극동기술대학교에서는 우수한 인문학생들을 대상으로 하는 А. 닷탄기념장학금이 부활했다).

제1차 세계대전 발발과 함께 자선활동은 활발해졌다. 7월 23일

(신력 8월 5일)에 M. M. 곤다티(프리아무리예군정지사의 부인)를 대표로 하는 프리아무리예상이군인·가족지원위원회(Приамурский комитет по оказанию помощи раненым, увечным и больным воинам и их семьям)가 조직되어서, 군수용품을 위한 자금을 모금했다. 자금 모금을 위해 자선파티, 복권, 콘서트, 공연 등과 같은 가능한 모든 것이 진행되었는데, 이러한 모금에는 모든 주민 계층이 참여해서, 심지어는 조선인, 중국인, 일본인과 같은 외국인도 참여했다. 3년 동안 프리아무리예 위원회의 계산대에는 429,188루블이 들어왔는데, 이것은 당시 이 지역의 불충분한 발전 수준을 감안할 때 실로 상당한 금액이었다.

사회 조직들과 교회 조직들의 집행부들, 그리고 개인들이 힘겨운 상황에 빠진 극동인, 즉 군인가족, 고아, 난민, 빈민에게 커다란 지원을 제공했다. 사람들은 현금수급과 식품비축 외에도 땔감, 의복을 받았다. 아이들에게는 보호시설, 교육기관, 실업학교를 마련해 주었다. 전쟁 기간에 국고 지원을 받은 사람의 수는 2,350명에서 13,120명으로 늘어났다. 그런데 개별 부서들 사이에서의 의견불일치로 인해 누락과 실수가 발생했고, 멀리 떨어져 있는 구역들에서는 미미한 수준의 지원만이 제공되었다. 중앙러시아지역과는 달리 극동지역에서는 부모가 있는 아동에 대한 보호와 노동봉사와 같은 것들, 즉 "무상 요람", 직업교정보호시설이 제공되지 않았다. 많은 국가 프로그램들(어머니와 아이의 보호, 아동방임과의 싸움, 학문과 예술 종사자 지원)이 재정 부족으로 인해 진행되지 못했다.

대중 계몽 및 교육과 관련된 일을 발전시키는 것을 목적으로 하는 대중독서협회의 조직이 자선 활동의 주요 방향이었다. 예를 들면, 20세기 초까지 블라디보스토크에 있던 협회는 180명 이상으로 구성되어 있었다. 초급학교, 즉 러시아어, 수학, 지리, 기하학을 가르치는 초등학교가 성공적으로 운영되었다. 역사적이고 문학적인 주제들에 대한, L. 톨스토이, A. 세라피모비치(А. Серафиович), A. 체호프 등의 작품에 대한 무료 강연들이 진행되었다. 그런데 혁명적 운동이 붕괴된 이후에 행정부는 대중독서협회 활동을 강하게 통제해서, 사실상 정치적 계몽과 관련된 문제를 다루는 것을 금지했다. 강연은 주로, 수도에서 온 사람들을 포함해서, 자연과학 인사들이 담당했다. A. F. 탐마(А. Ф. Тамма), V. K. 네우포코예프(В. К. Неупокоев), V. F. 세라피몹스키(В. Ф. Серафимовский) 등등의 강연이 큰 인기를 끌었다.

인텔리겐치야의 기본적인 구성부분들 중 하나는 군인과 관리였다. 하바롭스크군사위원회 구성원은 훌륭한 도서관을 가지고 있었으며, 대중적일 뿐만 아니라 전문적인 성격을 가진 대담과 강연을 진행했다. 블라디보스토크와 하바롭스크에서 대중독서회와 관련된 일을 주도적으로 진행한 것은 대중독서위원회였다. 1904년에 하바롭스크에서는 블라디보스토크에서와 유사한 그러한 행사들을 체계화하기 위해 인민회관 용도의 특별한 건물을 건축했다. 이 지역의 대규모 문화 중심지들에서만 대중을 위한 공개독서회가 진행된 것은 아니었다. 1901년에 니콜스크-우수리스크에는 블라디보스토크 대중독서협회의 지부가 개설되었는데, 90명에 달하는 현지 인텔리겐치야가 이곳에서 일하겠다는 의사를 표명했다. 또한 1907년에 이 도시에는 기업가인 피얀코프 형제의 자금 지원을 받아 특별한 인민회관이 건설되었다. 이곳에서는 초등학교, 도서관, 성인을 위한 일요학교 등이 열렸다.

대중독서회는 계몽이라는 과제를 해결했을 뿐만 아니라 주민들의 전체적인 문자해득율을 높이는데도 일조했다. 금세기 초에 이 지역에서 "문자해득"이 가장 높았던 곳은 블라디보스토크(52.8퍼센트)였고,

두 번째 위치에 있었던 곳은 하바롭스크(46.1퍼센트)였다. 이러한 관계는 블라디보스토크에 문자해득과 전문성을 요구하는 대표적인 직업인 선원, 상인, 장교, 서비스업 종사자 등이 더 많았기 때문으로 설명되었다. 이러한 활동 영역이 발전한 것은 매우 중요했는데, 그것은 사회 내에서 교육받고 안정적인 구성원과 "하위" 신분 사이의 격차를 해소하고, 이 지역 주민들을 총체적 문명화 과정에 편입시킴으로써 이곳의 사회정치적 생활을 활성화하는데 일조했기 때문이었다.

공동체의 잠재력을 현실화하는 가능성을 넓혀 준 것으로는 또한 상당한 발전을 이룩한 미술문화, 음악-공연생활, 영화를 들 수 있다. 문학 작품은 작가인 N. P. 마트베예프(Н. П. Матвеев)와 V. N. 마트베예프(В. Н. Матвеев),[2] 학자이자 탐험가인 V. K. 아르세니예프의 활동이 대표적이다. 아르세니예프의 학술저작들, 우수리 변경지역 토착민들의 습속과 생활방식(예를 들면, 『우수리 변경지역에 대하여(По Уссурийскому краю, 데르수 우잘라(Дерсу Узала))』)에 대한, 극동 타이가 지역의 자연과 동물세계에 대한 뛰어난 묘사들은 오늘날까지도 학술적으로 가치가 있을 뿐만 아니라 지역에 관심이 있는 폭넓은 범위의 독자들, 우리를 둘러싸고 있는 세상에 대해 관심을 가지고 있는 모든 사람들로부터 흥미를 유발하고 있다.

V. 바탈로프(В. Баталов), V. 셰슈노프(В. Шешунов), N. 슈투켄베르크(Н. Штукенберг) 등과 같은 화가들의 작품들은 큰 주목을 받았다. 블라디보스토크에서는 1911년부터 매년 미술전시회가 개최되었다. M. 큐스(М. Кюсс, 《아무르만의 물결(Залива Амурского вол-

---

2   N. P. 마트베예프와(Н. П. Матвеев) V. N. 마트베예프(В. Н. Матвеев)는 부자 사이다.

ны)》이라는 기념비적인 왈츠의 작곡가)를 비롯해 K. 룬트(K. Лунд), O. 글레제르(O. Глезер), E. 드레젠(E. Дрезен) 등등과 같은 음악가들이 음악예술 발전에 상당한 기여를 했다. 모스크바, 페테르부르크, 그리고 다른 유럽 러시아의 도시들에서 온 유명 예술가들의 순회공연들이 이 지역의 음악-미술생활에 큰 영향을 끼쳤다. L. 소비노프(Л. Собинов)와 A. 뱔체바야(A. Вяльцевая)(1910), M. 인사로바야(M. Инсаровая), V. 카스토르스키(B. Касторский)(1912), 배우인 P. 오를레네프(П. Орленев)와 M. 페티프(M. Петип), 광대인 A. 두로프(A. Дуров), 그리고 또한 많은 연주단과 오페라단 등의 공연이 청중과 관객에게 깊은 인상을 남겼다. 영화도 극동지역에서 인기를 얻었다. 1914년에 도시에는 14개의 상설영화관이 있었고, 커다란 부락에도 영화관이 나타났다.

이 지역 발전의 성과들은 1913년에 로마노프 황가 300주년 기념으로 열린 프리아무리예 변경지역 박람회(Выставка Приамурского края)에서 공개되었다. 여기에는 지역 출품자들뿐만 아니라, 시베리아의 도시들과 부락들, 러시아의 다른 주들, 국경을 접하고 있는 아시아 국가들, 미국, 호주, 독일, 프랑스, 영국 등에서 온 기업가들 또한 참여했다. 박람회는 극동지역의 무한한 가능성과 20세기 초에 이 지역과 러시아의 생활 분야들에서 나타난 변화의 크기를 보여주었다. 그런데 엄혹한 전제적·경찰국가적 체제를 유지하면서 진행된 근대화의 심화는 사회발전 내에 깊은 모순을 낳았다.

제1차 러시아 혁명과 간혁명기(1905~1916)의 정치적 운동들과 정파들

20세기 초에 러시아는 사회경제적이고 정치적인 모순들의 중심지가 되었다. 1900~1903년의 세계경제위기, 러일전쟁 패배는 이러한 상황을 심화시켰다. 러시아 사회정치 상황의 특징은 (다른 반정부적 운동들에 비해) 사회주의적 지향성을 가진 정치당파가 일찍부터 등장했다는 점이다. 이와 같이 (이후 진행된 사건들이 증명해주는 것처럼) 가장 중요한 조건은, 첫째 전제 권력에 대한 러시아 부르주아지의 높은 의존도와 이에 따른 부르주아지의 자립적인 정치활동 경험 부재로 인해 조성되었다. 둘째, (자본주의의 집약적인 발전에 따른) 현존하던 가장 부유한 계층과 가장 가난한 계층 사이의 커다란 생활수준 격차로 인해 사회 재구조화의 급진적 진행이 첫 번째 계획으로 추진되었다.

문명으로부터 멀리 떨어져 있던 채광산업과 가공산업에서, 촌락과 주민 수가 많은 마을들에서 노동자들의 힘겨운 생활 조건은 극동지역에서 사회 인식이 혁명화되는데 영향을 끼쳤다.

전 러시아 노동법이 프리아무리예와 자바이칼리예에서는 오랫동안 작동하지 않았다. 노동자와 기업가 사이의 관계는 프리아무리예군 정지사 또는 다른 도들의 군무지사들이 반포한 《특별 조례들》, 그리고 또한 고용주와 노동자 사이의 계약에 따라 조정되었다. 심지어 고용주가 직접적으로 전횡을 가한 경우에도 노동자는 기간만료 전에 그만둘 수 없었다. 노동자의 불만과 퇴직은 다양한 방법들로 저지되어서, 여권을 돌려주지 않거나, 임금을 지불하지 않았고, 불만이 있는 사람을 제압하기 위해 경찰력을 사용했다. 1913년이 되어서야 극동지역에는 공장 감독이 도입되었다. 그러나 (주나 도에 한 명씩 있던) 감독관은 효과적인 감찰을 할 수 있는 상황이 아니었다. 광산업에서의 상황은 특히 힘들었는데, 이곳은 감독을 위해 접근하는 것이 어려웠다. 철도 노동자들도 공장법의 적용을 받지 못했다. 블라디보스토크항의 노동자들도 엄격한 통제를 받아서, 자신의 6개월 임금 중에서 10퍼센트가 저당금으로 공제되었다. 소란을 일으킨 경우에 이 돈은 몰수되었다.

물질적 보장 수준은 낮았다. 숙련 노동자(기계공, 선반공, 수리공 등등)의 임금은 월 50~64루블이었다. 막일꾼은 월 30~47루블을 받았다. 이 시기(1913~1914)에 도시에서의 최저생계비는 50~62루블이었다. 임금은 벌금, 급여지연, 현물지급 등등을 통해 축소되었다.

노동 시간은 규정되어 있지 않았으며 실질적으로 고용주에 의해 임의적으로 정해졌다. 노동시간은 기업에 따라 8시간에서 16시간까지 다양했다. 1일 8시간 노동을 한 것은 인쇄공뿐이었다. 예를 들어, 〈사도글루, 코베츠키사(Садоглу, Кобецкий и К °)〉(하바롭스크)의 궐련지 공장에서는 여성과 아동이 15시간씩 일을 했다. 게다가 하루 근무시간의 전반부에 대해서는 월 8루블을 지불하고, 후반부에 대해서는 이 시간대가 생산성이 낮다는 이유를 대며 월 4루블을 지불했다.

많은 기업에서 노동자에 대한 보호조치가 없었기에, 노동자의 불구, 장애, 심지어는 사망이 발생하곤 했다. 『니콜스크-우수리스키 리스토크(Никольск-Уссурийский листок[니콜스크-우수리스크 급보]』 신문의 기사에 따르면, 철도노동자의 가장 일반적인 주거형태는 "짐승우리를 연상시키며 흙 위에 세워져 있다." 블라디보스토크에 있던 골루빈나야포디(Голубиная подь), 카토르쥬나야 슬로보다(Каторжная слобода), 코레이스카야 슬로보다(Корейская слобода)와 같은 노동자 구역들은 극단적인 밀도와 비위생성이 두드러지게 나타나던 곳이었다.

극동지역 농촌지역에서의 빈곤 상황도 크게 다르지 않았다. 농촌의 임금 프롤레타리아는 연간 (식비로) 300~350루블, (생활비로) 200~250루블을 받았다. 월 소득은 산업 현장의 막일꾼에 비해 15~20퍼센트 낮았다. 계절노동적 특징, 안정적 임금의 부재로 인해 부농층과의 관계에 있어 날품팔이 농민들은 대안이 없는 상황에 처해있었다. 카자크 공동체의 하층 역시 불안정한 상황에 있었는데, 이들에게 있어서는 군역이 매우 부담스러운 것이었다. 무장과 군복에 드는 비용 (약 300루블)은 카자크 신분 중에서 안정적인 계층만이 감당할 수 있었다.

경제에서의 위기 현상들은 상황을 악화시켜서, 노동 신분 사이에서 저항적 분위기를 고조시켰다.

극동지역에서의 사회민주주의 운동

러시아 전체에서와 마찬가지로 이 지역에서도 사회민주주의적 노동자 운동은 다른 반정부 운동들보다 이른 시기에 나타났다. 아무르도 최초의 마르크스주의 조직들이 1898~1900년에 등장했다. 이것들 중 최초의 것은 러시아 마르크스주의 조류의 설립자인 〈노동해방(Осво-бождение труда)〉단의 G. V. 플레하노프(Г. В. Плеханов)의 동료로서, 유형생활 중이던 L. G. 데이치(Л. Г. Дейч)에 의해 조직되었다. 1900년대 초에 블라고베셴스크 최초의 사회민주주의자인 I. 코즐로프(И. Козлов), V. 데레브코프(В. Деревков), P. 브류하노프(П. Брюханов) 등등이 등장했는데, 이들은 이곳으로 유형을 온 사람들이었다. 1897~1900년에 프리모리예도에서는 페테르부르크군의아카데미(Петербургская военно-медицинская академия)에서 제명된 F. E. 마나예프(Ф. Е. Манаев)가 마르크스주의 조직들을 결성했다. 사회민주주의 조직들이 니콜스크-우수리스크, 하바롭스크, 하얼빈에서 생겨났는데, 여기에 참여한 사람들은 톰스크, 크라스노야르스크, 이르쿠츠크의 사회민주주의자들과 연계망을 구성했다. 1901년에 시베리아사회민주주의동맹(Сибирский социал-демократический союз)이 만들어졌는데, 이것은 노동자의 계급의식 발전, 자유와 사회주의를 위한 투쟁 등을 목표로 삼고 있었다.

러일전쟁의 좋지 않은 경과, 러시아 함대와 육군의 심각한 패배(특히 아르투르항(Порт-Артур[뤼순항]) 성채의 함락과 쓰시마에서의 함대 전멸)는 매우 광범위한 러시아 사회계층 사이에서 격렬한 분노를 불러일으켰다. А. М. 베조브라조프(А. М. Безобразов) 국무대신(Статс-секретарь)의 냉소적 표현에 따르면 "작은 승리를 한 전쟁"에 불과한 이 전쟁으로 경제적 문제들이 심화되었고, 급진주의자들뿐만 아니라 광범위한 민주주의적 공동체에서도 반정부적 분위기가 조성되었다.

러일전쟁이 끝나기도 전에 제1차 러시아 혁명(1905년 1월 9일~1907년 6월 3일)이 일어났다. 제1차 혁명에는 다양한 사회정치세력이 참여했다.

첫 번째로 정부 진영(우파)에는 이 지역에 있는 행정부, 육군과 해군의 지휘부, 친군주정적이고 쇼비니즘적 성향을 가지고 있던 집단들, 정교회가 있었는데, 이 진영은 현존체제의 유지와 저항운동의 진압을 추구했다. 그런데 이러한 성향의 사회정치적 조직들과 당파들은 혁명적 운동이 약화되어 가던 시기에 활발하게 움직이기 시작했다. 이 지역에서는 러시아인민동맹(Союз Русского народа), 러시아민족동맹(Русский национальный союз), 미하일수호천사동맹(Союз имени Михаила Архангела, 블라디보스토크지부가 1909년에 개설됨) 등으로 이루어진 검은백인대(Черносотенцы) 지부들이 조직되었다. 대표와 창립자는 성직자들이었는데, 이들은 문화-종교생활에 대한 감독이 주요한 과제라고 생각하고 있었다. 모든 우파적 정파들이 그러하듯이, 이 동맹도 공격적인 반유대주의 성향을 띠고 있었다. 기업가인 N. A. 스타르체프(Н. А. Старцев)가 대표로 있었던 블라디보스토크민족동맹(Владивостокский национальный союз, 1912)은 전러시아민족동맹(Всероссиский национальный союз)에 가입했다. 신문『달니 보스토크(Дальний Восток[극동])』는 친정부적 언론출판기관의 역할을 담당했다.

두 번째로 부르주아-자유주의 진영(중간)은 차르의 권력을 제한하고, 산업계와 정치계에 있는 부르주아지와 부르주아적 인텔리겐치야의 권리를 확대하려고 했다. 이 진영을 지지하는 사람들은 1905년 10월 17일 선언에 만족해하면서, 혁명의 계속적 진전에 반대하고 스톨리핀 개혁을 지지했다. 인텔리겐치야는 시회의들, 연회들, 노동조합 조직들에 적극적으로 들어갔다. 자유주의적 지향성을 보이던 정파 집단들의 노동조합들은 1905년 말~1906년에 〈조합들의 조합(Союз союзов)〉(블라디보스토크), 〈진보단체동맹(Союз прогрессивных групп)〉(블라고베셴스크)으로 통합되었다. 반정부적 정서는 〈대중독서협회(Общество народных чтений)〉, 〈아무르변경지역연구협회(Общество изучения Амурского края)〉, 〈의사협회(Общество врачей)〉 등과 같은 합법적인 사회조직들의 활동에서도 나타났다.

이 지역에서 입헌민주당원(카데트(кадеты))과 시월당원(октябристы)의 정파 조직은 매우 적었는데, 그것은 모든 반정부 활동이 정부의 감시 하에 있었고, 자유주의-부르주아적 인텔리겐치야는 합법적인 형태의 활동만 했기 때문이었다. 자유주의-부르주아적 경향의 대표자들은 제2대와 제3대 국가두마 선거운동 시기에 활발히 활동했고, 이들[이때 선출된 두마 의원들]을 지지했으며, 좌파 운동의 적극적인 활동에 반대하는 목소리를 냈다. 『달료카야 오크라이나』, 『테쿠쉬 덴(Текущий день[오늘])』과 같은 신문들이 공식적인 언론출판기구였다.

혁명적 대중연설에 가장 적극적으로 참여한 것은 사회민주주의 세력들이었는데, 이들은 권력에 대해 급진적인 태도를 보였다. 1905년 1월 9일에 페테르부르크에 있는 겨울궁전 근방에서 발생한 대표자들에 대한 발포에 대해 러시아 전역의 다른 지역들과 마찬가지로 극동지역에서도 대대적인 저항 운동이 일어났다.

제1차 러시아 혁명 당시 이 지역에서 가장 의미있었던 사건은 블라디보스토크와 치타에서의 시위들이었다. 치타의 철도노동자들은 이미 1905년 1월 28일에 파업을 선언했다. 경제적인 것으로서 시작된 파업은 빠르게 정치적 성격을 띠게 되었다. 러시아사회민주노동당(РСДРП)[3] 치타위원회의 주도 하에 파업 참가자들은 완전 비밀 선거와 전쟁 종식에 기반을 둔 제헌의회(Учредительное собрание)의 소집을 요구하는 결의문을 채택했다. 블라고베셴스크, 치타, 베르흐네우딘스크, 블라디보스토크에서는 5월 1일에 반정부구호들과 함께 마욥카(маёвка)[4]를 개최했다.

치타와 베르흐네우딘스크의 철도노동자들이 "전제정 타도!"와 "민주공화국 만세!"라는 구호 아래 1905년의 전 러시아 10월파업에 가장

3 　'러시아사회민주노동당(РСДРП)'의 정식 명칭은 'Российская социал-демократическая рабочая партия'이다.

4 　'마욥카(маёвка)'는 5월 1일 노동절에 행해지던 대중적 야외활동을 가리키는 말이다. 그러나 제정 러시아에서는 이러한 회합이 금지되었기에, 1917년까지 러시아에서 마욥카는 불법적인 노동절 집회라는 특성을 띠고 있었다.

먼저 참여했다. 국가 전반에 걸친 혁명적 시위들의 압력에 의해 차르 정부는 10월 17일에 민주주의적 자유를 천명하는 선언서를 반포했다.

블라디보스토크에서 대규모 시위가 있었다. 러일전쟁 시기에 이 도시는 군항에서의 노동을 위해 중앙 지역의 도시들에서 이곳으로 온 노동자들, 주둔지 보강을 위해 파견된 육군과 해군의 병사들, 그리고 또한 일본 포로에서 풀려나 돌아온 많은 수의 장교들, 특히 혁명적 분위기로 충만했던 하급관등 군인들의 세력 중심지가 되었다.

지휘부의 하급관등 군인에 대한 집회 참가 금지 조치는 극단적인 분노를 불러일으켜서, 봉기로 이어졌다. 10월 30일에 시베리아함대 수병인 해군(2천 명), 하바롭스크 예비부대 보병(1만 명), 그리고 또한 이들에게 동참하는 항구 노동자가 10월 17일 선언서의 조항들을 육군과 해군의 하급관등 군인에게까지 확대할 것을 요새 사령관에게 요구했다. 봉기는 디오미트(Диомид)만과 포시에트만의 기뢰중대들과 정박장에 있던 기뢰정지대들의 지지를 받았다. 그러나 10월 31일에 정부에 충성하는 군대가 요새로 진입해서 시위를 진압했다. 182명이 죽거나 부상을 입었으며, 수백 명의 봉기 참가자에게 노역형, 금고형, 형벌부대형이 선고되었다.

노동자 운동과 사회민주주의적 선전의 영향을 받아 농민들의 정치활동이 활발해졌다. 1905년 12월 28일에 니콜스크-우수리스크시에서는 전러시아농민동맹(Всероссийский крестьянский союз)의 원칙에 기반을 두어 우수리농민동맹(Уссурийский крестьянский союз) 대회가 소집되었는데, 15개 읍에서 온 151명의 대표가 참석했다. 대회에서는 인민에게 유용한 법률을 만들기 위해 필요했던 전러시아제헌의회의 소집이 천명되었다. 1906년 1월 18일에 블라고베셴스크에서는 농민 대회가 열렸다. 그러나 전체적으로 농민 운동은 노동자 운동보다 덜 적극적이었다.

혁명 운동에는 아무르 카자크 공동체도 참여했다. 이 러시아의 군역 신분(주민의 2.5퍼센트)의 상황과 분위기는 매우 모순적인 성격을 띠고 있었다. 역사적으로 카자크 공동체는 주민 중에서 가장 기동성이 뛰어나고 사회적으로 적극적인 집단으로서, 러시아 공간의 식민화에 참여하면서, 러시아 제국의 경계지역에서 국경을 수호하도록 호출되었다. 동시에 준특권 신분으로서, 전제정의 사회적 지지대(이 중에는 러시아 황제의 사적 근위대 역할이 포함되어 있다.)였다. 카자크 연맹들은 경찰력과 헌병력의 기능을 수행했다. 제1차 러시아 혁명이라는 상황 속에서 이 신분 내에서는 (물적 토대에 따라 또는 세계관적 지향에 따라) 분화가 나타났다. 카자크 공동체의 일부는 자신들의 직무를 수행해서, 반정부 시위 등등의 해산에 가담했다. 블라고베셴스크 카자크의 경우에서처럼, 다른 일부는 1905년 10월 20일의 집회에서 파업과 노동쟁의 참가자들에 대한 지지를 표명했고, 경찰 기능의 수행을 거부했으며, 다른 신분들과 동등한 권리를 요구했다. 그런데 카자크 시위들 또한 정부에 충성하는 군대에 의해 진압되었고, 참가자들은 군사재판에서 형을 선고받았다.

프리아무리예군정주에서 가장 규모가 크고 조직적이었던 시위는 치타에서 일어난 노동자, 군인, 일부 카자크가 참여한 봉기였다. 이 봉기를 주도한 것은 러시아사회민주노동당 치타위원회였는데, 당시 이 위원회에는 직업적 혁명가이자 V. I. 레닌의 동료인 A. A. 코스튜슈코-발류쟈니치(А. А. Костюшко-Валюжанич), V. K. 쿠르나톱스키(В. К. Курнатовский), I. V. 바부슈킨(И. В. Бубушкин) 등등이 활동하고 있었다. 1905년 11월 28일에 수천 명의 군인과 카자크로 이루어진 집회에서 카자크·병사위원회(Совет казачьих и солдатских депутатов)가 선출되었는데, 이것은 주둔군을 군지도부의 영향력으로부터 빼내왔다. 대중의 지지 위에서 병사위원회와 파업위원회는 모든 기업에서 1일 8시간 노동제를 규정했고, 신문『자바이칼스키 라보치(Забайкальский рабочий[자바이칼리예 노동자])』의 발행을 정비했는데, 그 기사들은 사회주의적 이상을 선전하는 것들이었다. 시, 자바이칼리예철도, 우편-전신망이 두달간 〈치타공화국(Читинская республика)〉의 통제 하에 있었다. 그러나 1906년 1월에 봉기는 정부군에 의해 완전히 진압되었다. 지도자들과 참가자들은 탄압을 받았고, 사회민주주의자들은 지하로 숨어들어갔으며, 많은 이들이 자바이칼리예를 떠났다.

혁명적 조건 속에서 블라디보스토크에서 일어난 마지막 공세적인 시위가 피의 일요일(Кровавое воскресенье) 일주년인 1906년 1월 10일의 평화 시위대에 발포한데 대한 대응으로 시작되었다. 인노켄티옙스카야 포병중대(Иннокентьевская батарея) 병사들은 영창을 습격해서 V. 슈페르(В. Шпер), V. 란콥스키(В. Ланковский), V. 페트롭스키(В. Петровский)와 같은 병사위원회 집행부 위원들을 비롯한 감금된 군인들을 풀어줬다. 성채 사령관인 셀리바노프(Селиванов)와 시 사령관인 수르메네프(Сурменев)는 심각한 부상을 입었다. 시의 행정-정치당국은 기능이 마비되었다. 하급관등 군인들이 참여하는 집회와 회합이 계속해서 개최되었다. 1월 16일에 엄청난 대중이 군집한 가운데 발포 희생자 장례식이 열렸다. 그런데 봉기자들에 의해 풀려난 병사위원회 집행부 위원들은 혁명적 시위를 계속할 의지가 없었다. 이들의 이념적·정치적 위치는 자유주의 부르주아 인텔리겐치야의 시각과 일치했는데, 앞에서 이미 기술한 것처럼 이들 중 상당수는 1905년 10월 17일 선언 이후 부여된 권리와 자유에 충분히 만족해했다. 1906년

1월 16일에 요새는 정부군에 의해 탈환되었으며, 봉기가담자들은 징벌에 처해졌다.

치타와 블라디보스토크에서 있었던 시위들은 극동지역에서의 혁명운동 진행과정에서 절정의 순간이었다. 그런데 탄압에도 불구하고 이 운동은, 그 적극성이 감소하기는 했지만, 국가두마 선거 참여,『자바이칼스키 라보치』,『프리모르스키 라보치(Приморский рабочий[프리모리예 노동자]』,『만쥬르스키 라보치(Маньчжурский рабочий[만주노동자]』,『아무르스카야 가제타(Амурская газета[아무르 신문]』와 같은 신문들을 통한 사회민주주의 이념 선전 등과 같이 다른 형태로 지속되었다.

1907년 4월에 블라디보스토크에서는 사회혁명당원(에세르(эсер)) 당대회가 개최되었는데, 여기에는 블라디보스토크, 니콜스크-우수리스크, 하바롭스크, 하얼빈에서 각 두 명씩 대표들이 참석했다. 대회에서는 사회혁명당 극동연맹을 조직하기로 결정했고, 규약을 작성했다. 대회 이후 혁명 투쟁의 지속, 테러전술의 활용, 국가와 개인 자산의 혁명 활동으로의 수용 등과 같은 방향성을 띤 에세르의 선전이, 특히 군부대를 중심으로 강화되었다.

블라디보스토크 사회민주주의자들과 군사조직의 지도자인 G. 샤미존(Г. Шамизон, 1908년 3월 3일에 교수되었다.)이 체포된 이후 에세르는 급식 개선과 낡은 군복 교체에 대한 디오미트기뢰중대 병사들의 요구를 지지하며, 조직과 준비가 되어 있지 않았음에도 불구하고 봉기를 일으키기로 결정했다. 5월 31일에 기뢰중대 병사들이 체포되어 재판에 회부되었다. 에세르는 저항의 표시로 재판 예정일인 10월 21일에 시위를 계획했다. 그런데 재판이 10월 17일로 변경되었다. 총봉기를 조직하려는 계획은 좌초되었다. 에세르는 여러 곳의 주둔군 지대(支隊)들과 함선들에서 시위를 일으키려고 산발적으로 시도했으나, 이것들은 10월 16~17일에 걸쳐 정부에 충성하는 군대에 의해 진압되었다. 에세르의 활동은 사회민주주의자들로부터 시기상조적이고 불필요한 피해자들을 낳았다고 비난받았다.

블라디보스토크에서 탄압이 시작되었다. 10월 18일부터 시의 모든 신문들이 폐쇄되었다. 오직 정부 및 지역 당국과 연대감을 가지고 있던 『달니 보스토크』만이 발행되었다. 봉기자들에 대한 심문 과정이 빠르게 진행되었으며, 감옥과 영창은 초만원이 되었다. 해병 수십 명에게는 사형과 징역노동이 선고되었다. 재판 과정은 1908년 내내 지속되었다.

1907년 6월 3일에 새로운 선거법이 공포되었는데, 이에 따르면 국가두마에서 노동 대중(농민, 노동자, 민족변경지역들의 주민들)의 대표성은 극단적으로 제한되었고, 지주와 대부르주아지의 대표성은 2배 더 증가했다. 국가 쿠데타의 결과, 이른바 6·3군주정(третьеиюньская монархия)[5]이 성립되었는데, 이것은 한편으로는 제1차 혁명의 종식과 정치적 대응으로의 전환을, 다른 한편으로는 새로운 사회적 동요의 방지와 국가 근대화의 심화를 지향하는 경제개혁의 착수를 나타내는 것이었다.

급진 정치 세력들의 입장에서는 혁명의 패배라고 말할 수 있었는데, 왜냐하면 군주정 전복, 공화정 수립, 1일 8시간 노동제와 같은 혁명가들의 요구 사항이 충족되지 않았기 때문이었다. 그러나 폭넓은 스펙트럼에 걸친 정치적 운동들과 정파들의 실존을 전제로 하는 국가두

---

5 '6·3군주정(третьеиюньская монархия)'은 1907년 6월 3일에 발생한 제정 정부가 주도한 쿠데타(스톨릐핀 쿠데타)의 결과로 성립된 군주정을 가리키는 말이다.

마의 등장, 이에 따른 의회 문화의 형성, 마지막으로 스톨릐핀 농업개혁은 혁명의 결과들을 오히려 긍정적 원천으로 평가할 수 있도록 해준다.

혁명 시기에 그리고 특히 혁명 직후 시기에 이 지역에서의 사회정치적 활동에는 적극적인 시위만 있었던 것은 아니었다. 국가두마는 향후 국가의 민주화에 대한 개혁적이고 합법적인 싸움을 전개할 수 있는 폭넓은 가능성을 열어주었다.

제1대 국가두마의 활동은 매우 짧았다(1906년 4~6월). 이 지역의 정치 세력들은 국가두마에 들어가지 못했다. 실질적인 정치 투쟁은 제2대와 제3대 국가두마 선거 기간에 시작되었다. 사회민주주의자들(대표는 이 지역에서 가장 권위있는 정치활동가였던 F. E. 마나예프(Ф. Е. Манаев)였다.) 외에도 카데트와 시월당원 등과 같은 자유주의 정파들의 지지자들, 그리고 또한 정치적 스펙트럼에서 우익에 가까운 "진보주의자들"이 선거에 참여했다. 그 당시에 이들에게는 독립적인 정파 조직이 없었다. 이들은 선거전에서 자신들의 정치적 계획을 확고하게 표명하지 못했으며, 이에 따라 충분한 수의 지지자를 모을 수 없었다.

이와는 반대로 사회민주주의자들은 에세르와 선거연합을 조직한 후, 제헌의회 소집과 민주공화국 수립을 위한 투쟁을 주요 목표로 제시했다. 의원들에 대한 요구 또한 이와 일치해서, 예를 들어 블라디보스토크항 노동자들은 사형중단, 제헌의회 소집, 1일 8시간 노동, 무상 일반교육 등등을 요구했다. 선거전의 결과 러시아사회민주노동당의 의원 후보인 F. E. 마나예프가 가장 많은 표를 획득했다. 그런데 당국은 상당한 기간 동안 그의 의원직 권리를 인정하지 않았고, 이로 인해 그는 제2대 두마 활동에 참여하지 못했으며, 두마의 활동 또한 선거법

개정으로 인해 곧 중단되었다.

1907년 가을에 극동지역에서는 제3대 두마의 의원직을 놓고 카데트와 시월당원, 검은백인대원, "무정파 진보주의자"와 사회민주주의자 등의 지지자들이 경쟁을 벌였다.

에세르는 적극적인 선거 거부 전술을 택했다. 이 정파의 지지자들 중 가장 수가 많은 이는 노동자, 그리고 육군과 해군의 하급관등 군인이었다. 혁명 이후 에세르 조직들은 군부대에서 우세했기에, 블라고베셴스크와 하얼빈에서 활동하면서 군 조직들을 이끌었고, 하급관등 군인들을 대상으로 정치적 계몽을 진행했다. 기본적인 전술들 중 하나는 테러였다.

에세르와 유사한 세계관과 정치적 지향성을 가지고 있었던 것은 아나키스트였는데, 이들 역시 자신들의 지지자를 노동자, 학생, 육군과 해군의 하급관등 군인 사이에서 모았다. 이들의 주요 이념은 혁명을 기다리는 것이 아니라 스스로의 행위를 통해 혁명을 앞당기고, 정부의 폭력에 대해서는 폭력으로 대응한다는 것이었다. 아나키스트들은 하얼빈과 블라고베셴스크에서 자신들의 시각이 반영된 선전을 실은 신문을 발행했다. 사회민주주의적이고 에세르적인 조직들의 구성원들이 체포된 이후 아나키스트의 명성은 급격하게 높아졌지만, 그것은 정부가 이들의 합법적인 활동을 중단시키기 전까지만 이었다.

자유주의 경향의 대표 세력들(카데트와 시월당원)은 블라디보스토크, 니콜스크-우수리스크, 하바롭스크에서 활발한 선동전을 벌였다. 그러나 블라디보스토크와 하바롭스크의 유권자들은 사회민주주의자들(F. E. 마나예프, P. A. 말리쉬코(П. А. Малышко) 등등)을 선택했고, 유쥬노-우수리군에서는 9명의 농민이 선출되었다. 행정 당국은 여전히 마나예프의 입후보에 불만을 가지고 있었으며, 그는 이어지는 선거에 참여할 수 없게 되었다. 프리모리예도의원으로는 농민인 A. I. 쉴로(А. И. Шило)가 선출되었는데, 그는 이주 조직을 주요 과제로 삼고 있었다. 아무르도의원이었던 F. N. 칠리킨(Ф. Н. Чиликин, 사회민주노동당)의 입장은 철도건설법의 제정에 반대한다는 자신이 속한 정파의 결정과 배치되는 것이었는데, 이 정파는 철도 건설이 세금 인상을 가져와서 인민에게 손해를 끼칠 것이라고 생각했다. 결과적으로 칠리킨 의원은 러시아사회민주노동당 정파를 떠났다. 제3대 두마는 정부에 충성스러운 입장을 취하고 있었기에, 스톨리핀 법률안을 최종적으로 승인했으며, 정해진 존속 기간을 다 채웠다.

1912년 1월에 우익 정파들은 교회의 지원을 받으며 제4대 국가두마 선거전에 매우 적극적으로 참여했다. 블라디보스토크에 있는 푸슈킨 극장에서는 "러시아 전제정 지지자들의 축연"이 개최되었다. 『달니보스토크』, 『블라디보스톡스키예 예파르히알늬예 베도모스티(Влади-востокские епархиальные ведомости[블라디보스토크주교구 소식])』(편집장은 미하일수호천사동맹의 이 지역 대표자였다.)와 같은 신문들이 우파 이념을 선전하는 조직을 지원했다. 하바롭스크, 블라디보스토크, 니콜스크-우수리스크에서는 선거에서 당선된 우익진보정파 대표자들(A. N. 루사노프(А. Н. Русанов), V. V. 그라젠스키(В. В. Граженский), Z. I. 막시모프(З. И. Максимов) 등등)이 지원를 받았다. A. N. 루사노프(프리모리예도)와 A. I. 릐슬레프(А. И. Рыслев, 아무르도)는 의원이 되었다. 의원직 수행기간 중에 두 사람은 좌익 정파의 당파인 노동자당원(трудовики)에 가입했다.

보수주의자와는 달리 자유주의 경향의 대표자들은 1913~1914년에 모든 반정부세력(노동운동을 포함해서)의 연합이 필요하다는 결론에 도달했으나, 전술은 합법 투쟁만 사용하기로 했다. 1913년 가을에 카데트인 F. I. 로디체프(Ф. И. Родичев) 의원과 (극동지역) 노동자 당원의 일원인 A. N. 루사노프 의원은 극동지역을 다니며 『달료카야 오크라이나』, 『테쿠쉬 덴』, 『우수리스카야 오크라이나(Уссурийская окраина[우수리 변방지역])』와 같은 신문들의 편집부 관계자들을 만났다. 이들은 노동자-철도종사자 회합에서 단상으로 나가 국가의 민주화를 위해 모든 형태의 투쟁들을 발전시킬 필요가 있다고 선언했는데, 여기에는 노동조합운동을 비롯한 경제적 저항의 형태도 포함되어 있었다.

이 지역에 있던 자유주의 부르주아지의 정치 생활 특성은 정파의 엄격한 구분이 없었다는 것이었다. 선거인 범주 중에는 "우파(правые)", "무정파 진보주의자(беспартийные прогрессисты)", "민족 사회주의자(национал-социалисты)" 등등과 같은 것들이 존재했다. 농촌 부르주아지는 단순히 "무정파(беспартийные)", "우파", "진성 루스키 애국자(истинно русские патриоты)", "민족주의자", "군주 정주의자(монархисты)"와 같이 더 커다란 단위로 나뉘어 있었다. 역사학자 Yu. B. 솔로비요프(Ю. Б. Соловьёв)의 구분에 따르면, 이 지역 부르주아지의 정치 엽합체들은 바로 이 지역 정치 운동의 형성 단계에 나타난 "원형정파(原型政派)들"이었다.

앞에서 언급한 모든 사건들은 이 지역에서 정치문화가 발전하고 의회적 전통이 형성되고 있었음을, 그리고 국가 전체적 차원에서는 물론이고 중앙지역에서 분리된 이 지역 차원에서도 시민 사회의 근간이 형성되고 있었음을 입증해 주는 것이었다. 그러나 이 체계는 아직 최종적으로 틀이 잡히지 않은 상태였고, 합법적인 정치 활동의 형태도 형성되어 있지 않았는데, 이것은 이후 혁명적 과정의 심화와 급진화를 가져오는 주요 요인이 되었다.

1905~1907년 혁명 이후에 정부는 사회정치생활에 대한 강력한 경찰 통제를 추구했다. 노동조합운동조차도 탄압받았다. (자바이칼리예철도노동조합(Союз рабочих забайкальской железной дороги), 블라고베셴스크금속조합(Союз металлистов Благовещенска) 등 등은 비합법적으로 활동했다). 이러한 상황 속에서 협동조합과 같은 합법적인 형태의 노동자 조직이 발전하기 시작했다. 모든 철도들에서는 소비자협회들이 활동했다. 1909년에 동청철도에 있던 이러한 종류의 협회는 회원이 563명을 헤아렸다. 우수리철도에는 1914년까지 2천 명이 넘는 사람이 회원으로 있었다. 자바이칼리예철도소비자협회(Общество потребителей Забайкальской железной дороги)는 이 지역에서뿐만 아니라 러시아 전체에서 규모가 가장 커서, 26,611명이 가입해 있었다. 노동자협동조합이 블라디보스토크, 치타, 하바롭스크, 니콜스크-우수리스크에서 나타났다. 사회민주주의자들은 이 조직들을 자신들의 이념을 선전하고 노동자 세력을 결집하는데 적극적으로 활용했다.

문화계몽협회, 독학동아리, 노동자도서관, 성인일요학교와 같은 다른 합법적인 조직들도 나타났는데, 이곳들에서는 일반교육관련 주제와 함께 정치적인 주제도 자주 토론되었다. 이 시기에 일본(나가사키)에 이주해 있던 사회혁명당 관련자들이 정치적 계몽에 큰 관심을 보였다. 이들이 운영하던 센터는 신문 『볼랴(Воля[자유])』를 발행했는데, 이것은 극동지역으로 성공적으로 발송되었으며, 이를 통해 자신들의 시각을 선전했다.

1910년 이래로 파업 운동이 늘어났다. 1910년부터 1914년까지 극동지역 노동자들은 사십여 차례 이상 파업을 벌였는데, 여기에는 특히 인쇄노동자, 광산노동자, 건설노동자가 적극적으로 참여했다. 파업들 중 다수는 경제적인 성격을 띠었지만, 참여자들은 정치적 시위에 대한 것에 준하는 탄압을 받았다.

1908~1914년에 농민시위가 활성화되었다. 저항은 세금 납부와 행정 당국의 요구 이행 거부, 국유지 점유 등과 같은 형태로 표현되었다. 극동지역의 점유권 전통에 따라 농민은 토지가 누구의 소유도 아니라고 간주해서 자기 마음대로 이용했다. 여기에서 국유지의 임의적 사용, 불법삼림벌채 등등이 나타나게 되었다. 적극적 이주라는 조건 속에서 좋은 토지는 눈에 띄게 줄어들었으며, 구 이주민과 신 이주민 사이에서, 그리고 촌락의 빈곤층과 부유층 사이에서 충돌이 격화되었다. 농민은 벌금과 재판을 받았지만, 이러한 조치도 저항을 막지는 못했다. 1910년에 프리모리예도 니콜스크-우수리스크군에 있는 경찰주둔지 5곳이 담당했던 감시대상자는 약 200명을 헤아렸는데, 이들 중에서 4분의 3은 농민이었다. 결론적으로, 전쟁 직전 극동지역의 사회정치적 생활은 러시아 전역과 마찬가지로 모순과 첨예함으로 특징지을 수 있는 상황이었다.

제1차 세계대전의 발발은 전에 없던 애국주의의 상승을 가져와서, 초기에는 사회 통합을 촉진시켰다. 정당들의 절대 다수는 국가와 정부에 대한 지지를 표명했다. 러시아 전역에서와 마찬가지로 극동지역에서도 러시아 군사력의 승리를 기원하는 대규모 집회, 시위, 기도회가 개최되었다. (이 과정에서 일부 행동들은 민족주의적인, 심지어는 노골적으로 쇼비니즘적인 성격을 띠어서, 독일계 러시아인에 대한 억압으로 나타났다. 예를 들면, 저명한 문예후원자였던 닷탄을 비롯한 독일계 디아스포라의 대표적 인물들이 블라디보스토크에서 이주되었다). 반면 징병 캠페인은 전반적으로 성공적으로 진행되어서, 징병 대상자는 물론이고 자원자들도 모였다. 전쟁 초기에는 자선활동이 광범위하게 진행되었는데, 이것은 당국의 의도와 폭넓은 사회 계층들의 분위기가 일치했음을 보여주는 것이었다.

군대의 주문을 맞추기 위해 군수산업위원회들(ВКП)[6]이 조직되었는데, 이것들은 1915년 여름부터 극동변경지역의 모든 도시들에서 구성되기 시작했다. 8월에는 군수산업위원회 극동조직대회가 개최되었다. 그런데 입안된 계획을 이행하는 것은 전투 참여자들과 극동지역 사이의 극단적으로 먼 거리, 원료와 납품의 높은 비용, 군수산업위원회의 중앙 조직과 지역 조직 사이의 행동 불일치 등으로 인해 달성되지 못했다.

제1차 세계대전은, 한편으로는 사회 세력들을 활성화시키고 특정한 방향들에서의 경제 성장을 촉진시켰다. 극동지역 노동자 수의 성장 속도는 이미 전쟁 직전 시기에 전 러시아 수준을 초과했다. 그런데 노동자들 중 다수는 도시에 집중되어 있었고, 주변지역에는 많지 않았다. 프롤레타리아트의 인적 형성을 자극하는 조건이 선박수리조선소가 있는 블라디보스토크 항구, 하바롭스크병기창, 수찬탄광들, 테튜힌 광산, 블라고베셴스크의 선박수리기지들 등과 같은 소수의 기업들을 기반으로 형성되었다. 또한 극동지역 프롤레타리아트는 지리적 구도에 있어서나 직업적 구도에 있어서나 사회적으로 과도기적인 범주에 속했다.

다른 한편으로는, 개혁 시기 동안에 사회경제적 발전에서 나타나는 모순을 줄이지 못했다. 높은 속도와 수준의 발전, 상대적으로 높은 삶의 질은 주로 도시문화, 산업, 가장 유복한 계층에서 나타나는 특징

6　'군수산업위원회들(ВКП)'의 정식 명칭은 'Военно-промышленные комитеты' 이다.

이었다. 전시에 러시아 경제 발전의 왜곡이 강화되어서, 경제는 오로지 군수용품에만 집중하게 되었다. 주민 생활 수준, 특히 가장 보호받지 못하는 계층들의 생활 수준이 낮아졌으며, 이 계층들은 자신들의 권리를 지키기 위해 노력했다. 전쟁 직전에는 불안했던 파업 운동이 전쟁 기간에는 강화되었다. 경제적·사회정치적 근대화의 총체적 과정, 그리고 정부 정책은 이러한 상황을 촉진했다. 전시라는 조건 속에서 권력 기관은, 그들로서는 당연하게도, 정부 정책에 대한 지지에 반대하는 성향의 사회정치적 활동을 엄격하게 제한했다. 반정부적 성향의 여러 신문들이 폐간되었고, 전시 검열이 시작되었으며, 전시군사법원이 활용되었다. 이 지역에서 부르주아 법률 − 《도시조례(городо-вое положение)》, 사법개혁 − 은 부분적으로만 도입되었으며, 젬스트보(земство)는 1917년까지 도입되지 않았다. 결론적으로, 이 시기에 극동지역 주민은 러시아 중심지역과는 달리 최소한의 정치적 권리와 자유도 누리지 못하고 있었다.

파업과 노동쟁의는 점차 강렬해지고 규모가 커졌다. 1914~1915년에 파업은 아직 드문 현상이었고, 대단히 경제적인 특성을 띠고 있었다. 1915년에 극동지역에서는 여섯 차례의 파업에 161명의 노동자가 참여했다. 1916년에는 러시아 동부지역에서 파업 운동이 강해지기 시작했다. 자바이칼리예도와 아무르도에서는 광산들에서 몇 차례의 파업이 일어났고, 블라고베셴스크에서는 조선소와 기계공장에서 파업이 일어났으며, 블라디보스토크항에서는 선박수리작업장들과 철공작업장들에서 파업이 일어났다. 1914년 7월부터 1917년 2월까지 서른아홉 차례의 파업에 5,649명의 노동자가 참여했다. 노동자들의 요구가 임금인상, 해고반대 등과 같이 경제적인 성격을 띠는 것이었음에도 불구하고 정부는 이에 대해 정치적 성격의 조치를 취했다. 시위 지도자들은 전선으로 징집되거나 유형에 처해졌다.

러시아사회민주당(Социал-демократическая партия России [러시아사회민주노동당])은 다른 모든 정치 세력들에 맞서 전쟁과 관련해서 반정부적인 입장을 밝혔으며, "제국주의 전쟁을 시민 전쟁으로"라는 구호를 내세웠다. 이에 대한 대응으로 정부가 가한 사회정치적 활동에 대한 제한들로 인해 러시아사회민주노동당 조직들이 활동하기에 매우 좋지않은 환경이 조성되자, 이들은 지하로 숨어들게 되었다. 이러한 장애에도 불구하고 사회민주당원들은 블라디보스토크, 수찬탄광, 블라고베셴스크, 철도역, 노동자 마을 등에서 비합법적 활동을 지속했다. 러시아사회민주노동당 페테르부르크 조직의 지시에 따라 블라디보스토크에 온 K. A. 수하노프(К. А. Суханов)는 주도적 마르크스주의 집단을 조직했으며, 노동자 조직인 〈유나야 로시야(Юная Россия[젊은 러시아])〉와의 합병을 시도했다. 그러나 1916년 8월 말에 총회 참석자들이 (K. A. 수하노프를 포함해서) 당국에 체포되었다. 이 시기에 사회민주당원들 – 일반 병사들 – 은 군부대 내에서 활동을 지속했다.

(블라디보스토크 경비부대장인 A. D. 긴즈부르크(А. Д. Гинзбург)가 1915년 10월에 내무성에 제출한 보고서에 따르면) 1915~1916년에 농촌 주민은 사회정치적 활동을 활발하게 펼치면서, 토지 분배를 요구하는 시위를 벌였다. 농민층이 병사의 구성 토대였기에, 토지 분배라는 생각은 전쟁 종식을 초조하게 기다리고 있었던 농민들 사이에서 반전 분위기를 가열시켰다.

전쟁 기간에 나타났던 공동체 통합의 분위기는 점차 공허해져 갔다. 이미 1914년 11월에 프리모리예도군무지사는 주민들의 반정부적 정서에 대해 지적했다

“최근에 지역 언론의 목소리가 강하게 높아졌으며, 유럽 러시아
지역에서 진행되고 있는 그러한 운동이 지역 신문들의 지면에 선명
하게 반영되고 있습니다. 로디체프와 루사노프(국가두마 의원들)
가 방문한 이후로 특히 그러합니다.”

전쟁은 그 규모에 있어, 즉 인적 손실과 물적 손해에 있어 전례가
없던 것으로 드러났다. 위기가 러시아 전역을 뒤덮었다. 생산 하락, 교
통망의 군용 전환은 식량시장의 상황을 악화시켰다. 소금, 밀가루, 생
선, 성냥, 등유 등과 같은 최우선적인 물품의 가격이 2~3배 올랐다. 임
금 상승은 물가 상승을 따라가지 못했다. 저소득층 주민에 대한 지원
은 손실을 메울 수 있는 정도가 되지 않았으며, 근로자의 생활 수준 하
락을 막지 못했다.

이렇듯 어려운 조건 속에서 경찰은 파업참가자들과의 싸움에서 무
제한적인 권한을 부여받았다. 반대로, 근로자들은 “전쟁 종식!(Долой
войну!)”, “차르정 타도!(Долой царизм!)”와 같은 구호들을 외치며
저항을 활성화시켰다. 국가에게 있어서는 장기적이고 매우 불운한 것
으로 인식되고 있었고 낯선 영토에서 진행되고 있었던 전쟁은 자유민
주주의 단체들을 포함한 공동체 내에 있는 가장 폭넓은 계층들 사이에
서 커다란 분노와 저항을 불러일으켰다 (이에 대해서는 지역 언론의 비
판적 어조들이 입증해주고 있다). 소집된 1천 5백만 명 중에서 1916년
말까지 1백 5십만 명이 사망했고, 2백만 명은 부상을 입었으며, 3백만
명은 포로가 되었다. 징병을 기피하거나 군대에서 탈영한 이들(약 1백
5십만 명)이 늘어나기 시작했다. 1916년 11월에 니콜스크-우수리스
크 기병대위 포스트니코프(Постников)는 정부에 대한 저항성이 강
해지고 있다고 기술했다. 그의 견해에 따르면, 언제든 적절한 순간에

"운동이 …… 대단한 결과들과 매우 조직적인 성격을 수용하게 될 수도 있다."

결론적으로, 20세기 초에 러시아 극동지역에서 사회정치생활은 매우 모순적으로 발전했다. 풍부한 자연자원들을 포함하고 있는 거대한 영토과 미미한 비중의 인구, 서로 다른 다양한 기반들 - 빠른 속도로 발전하고 있는 도시 및 산업 분야와 발전이 미약한 농촌 분야 - 에 따른 지역 내부의 깊은 분화, 가공산업, 교통과 무역에서 보이는 보다 높은 발전 속도 및 삶의 질과 채광 분야와 벽지 구역들에서 보이는 낮은 발전 속도 및 삶의 질. 개인 자본과 사회 생활 전반에 대한 높은 수준의 국가적 통제와 근대화의 조건 속에서 빠르게 성장하고 있었던 공동체 의식과 시민 사회의 요구들. 그 결과로서, 한편으로는 다양한 사회 집단들의 구성원들 사이에서 생활 조건과 지배 체제의 정책에 대한 불만이 발생했다. 다른 한편으로는, 이 지역에서 정치문화의 발전과 의회전통의 발생, 국가 전체에서와 마찬가지로 시민사회의 기본토대 형성이 나타났다. 그러나 앞에서 언급한 것처럼, 최종적으로 이 체제는 아직 형태를 갖추지 않았으며, 향후 혁명 과정의 급진화를 초래했다.

세계 전쟁과 관련된 대내외적인 사회정치적 문제들이 누적된 모순들을 첨예화시켰다. 이와 함께 중심지역으로부터 이 지역의 원거리성, 상당히 많은 수의 "전쟁을 위해" 일하는 공무원(직업군인 포함)과 기업, (중심지역에 비해) 부유한 농민층의 보다 높은 비율이 어느 정도로는 저항적 분위기의 형성을 지체시켰다. 그럼에도 불구하고 국가 중심지역에서 시작된 2월의 혁명적 폭발은 극동지역 또한 장악했다.

10장 1917년 혁명과 내전 시기의 러시아 극동지역

많은 학자들의 견해에 따르면, 1917년의 혁명들(2월 혁명, 10월 혁명)과 내전은 제국의 구조적 위기의 결과로, 이것은 17세기 초 러시아의 동란기와 비견될 수 있을 정도이다.

2월 혁명은 러시아 민주주의 발전에 있어 역사적 분기점으로, 신분사회에서 시민사회로 그리고 전제정적 통치구조에서 공화정적 통치구조로 실질적으로 전이하는 시작점이다. 러시아 개조에 대한 자유주의 모델은 1860~1870년대에 개혁들이 진행되는 과정에서 형성되기 시작해서 그 다음 시기에 발전한 것으로, 2월 혁명이 진행되는 과정에서 실질적으로 구현되었으며, 사회적 준비부족, 대중 정치 문화의 낮은 수준과 충돌하게 되었다.

도대체 10월 혁명이란 무엇인가, 20세기의 중요 사건인가 비극적인 실수인가에 대한 논쟁은 점점 더 그 범위를 넓혀 가고 있다. 오늘날 러시아와 외국의 역사학자들(F. 불다코프(Ф. Булдаков), P. 볼로부예프(П. Волобуев), G. 이오페(Г. Иоффе), A. 라비노비치(Alexander Rabinowitch))는 러시아에서 일어난 사회주의 혁명의 숙명적 불가피성이라는 논리도, 우연적 성격을 주장하는 논리도 반박하고 있다. 이들의 주장에 따르면, 1917년 10월 혁명은 구체적·역사적인 내부와 외부의 조건들에 의해 발생한 합법칙적 현상이다.

러시아 극동지역 역시도 혁명적 동요라는 상태에 자연스럽게 들어가 있었다. 다만 이 지역에서 동요는 러시아 내 다른 지역들에서보다 오래 지속되었다.

2월 혁명부터 10월 혁명 사이의 극동지역

제1차 세계대전은 1917년 혁명의 서막이었다. 이것은 전제정이 통제할 수 없었던 위기를 가져왔다.

자유주의자들은 대중이 극단적인 좌파 지지자들 쪽으로 기울어서 나라 안의 세력들을 더 소원하게 만들 수 있다는 우려를 근거로 민중 봉기를 반대했으며, 관망하는 자세를 취했다. 2월 혁명은 자연발생적으로 일어났다. 모든 정치 집단들에게 있어 2월 혁명의 범위와 빠른 승리는 예상하지 못했던 것이었다.

1917년 2월 27일에 일어난 혁명은 제1차 러시아 혁명과 마찬가지로 부르주아-민주주의적 성격을 띠고 있었으며, 전제정의 타도, 민주주의적 자유의 도입, 농업 문제, 민족 문제, 노동 문제의 해결이라는 과제들을 해결했다.

군대의 지지를 상실하게 되자(전선에 있던 모든 사령부들이 퇴위를 지지했다.), 1917년 3월 2일에 니콜라이 2세는 제위에서 물러나고 아들인 알렉세이도 물러났으며, 동생 미하일에게 양위했다. 다음으로 미하일은 권력에 대한 문제를 해결하는 전권을 제헌의회에 양도한다고 선언했다.

1917년 2월 27일에 페트로그라드 봉기에서 승리한 후 에세르인 A. F. 케렌스키(А. Ф. Керенский)와 멘셰비키인 M. I. 스코벨레프(М. И. Скобелев)와 N. S. 츠헤이제(Н. С. Чхеидзе)를 대표로 하는 페트로그라드노동자·병사대표소비에트(Петроградский совет рабочих и солдатских депутатов)가 구성되었다.

니콜라이 2세에 의해 2월 26일에 해산되었던 국가두마는 소비에트의 형성에 불안을 느끼고 혁명 이탈 측에 남지 않기 위해 차르정과 조심스럽게 단절하기 시작했으며, 1917년 2월 27일에 M. V. 롯쟌코(M. B. Родзянко)를 대표로 하는 임시위원회(Временный комитет)를 설치했는데, 이것은 카데트에 의해 지배되었다. 국가두마 임시위원회는 모든 권력을 손에 넣었다. 이제 소유하게 된 권력의 적통성 문제가 대두되었다. 임시위원회는 3월 2일에 G. E. 르보프(Г. Е. Львов) 공을 수반으로 하는 임시정부(Временное правительство)의 수립을 발표했다.

2월 혁명의 정치적 내용은 전제 체제에서 민주적 정치 체제로의 전환으로서, 법치국가, 의회주의, 다당제 그리고 전체인민에 의해 선출된 제헌의회에서의 새로운 헌법 채택 이념이 그 목적으로 선포되었다.

이 과정에서 가장 중요한 단계는 군주 퇴위, 임시정부 수립, (임시정부 법률협의회에 의한) 헌법 제정 착수였다. 이러한 의미에서 혁명은 전적으로 정통성을 가진 것이었다. 그런데 형식적으로 법률적 관점에서 보았을 때 새로운 정권이 가지고 있던 불안정성의 원인들 중 하나였던 합법적 계승권에서 날카로운 분절이 발생했으며, 이것은 결과적으로 10월 혁명으로 이어졌다.

페트로그라드소비에트는 임시정부 다음가는 두 번째 권력이었으며, 모든 권력을 손에 넣을 준비가 되어 있지 않았다. 온건 사회주의자들이 다수였던 소비에트 지도자들은 혁명이 "부르주아 단계"를 거치지 않았기에 때이른 사회주의 실험은 실패할 수 있다고 생각했다. 이들은 부르주아 자유주의자들과의 타협, 즉 협력에 찬성했으며, 시민의 자유, 정치 사면, 제헌의회 소집과 같은 민주주의 프로그램들을 집행하는데 있어 임시정부를 조건부로 지지했다. "모든 권력을 소비에트에게로!"라는 구호를 내걸었던 볼셰비키를 제외하고, 모든 사회주의 사조들은 합의 조건을 승인했다.

2월 혁명은 견고한 정치 체제의 확립으로 이어지지 못했고, 러시아 사회가 처해 있던 위기의 기저에 놓여 있던 근본적인 사회적, 경제적, 국제적 모순들을 해결하지 못했으며, 오히려 새로운 정치 투쟁 단계의 단초가 되었다.

국가 전체와 마찬가지로 극동지역도 동일한 정치 과정을 겪었다. 2월 27일 혁명의 발발에 대한 소식은 3월에야 프리아무리예 변경지역에 전해졌다. 새로운 정권을 지지하는 자발적인 집회들, 회합들, 시위들이 물결처럼 일어났다. 이 시기 극동지역에서 일어난 혁명적 사건들에서 주도적인 역할을 맡았던 곳은 거대한 산업 프롤레타리아트 중심지였던 블라디보스토크였다.

전제정 타도에 대한 소식을 접하게 되자 블라디보스토크에서는 1917년 3월 3일에 시의회 긴급회의가 소집되었으며, 여기에서 의원들은 공안위원회(Комитет общественной безопасность, КОБ)를 조직했다. 시의회는 공안위원회 구성원으로 10명의 대표자를 선출했다. 시의회의 제안으로 상공업 집단과 주식거래소의 대표들, 수비대 사령부에서 온 대표들이 공안위원회에 들어왔다. 퇴역 장군 출신인 N. A. 유셴코프(Н. А. Ющенков) 시장이 공안위원회 위원장직을 맡았다.

1917년 3월 초에 하바롭스크, 알렉산드롭스크-나-사할린(Александровск-на-Сахалин)에서도 공안위원회가 구성되었다. 이것들은 낡은 권력 구조를 청산하고 공공질서를 확립하는데 있어 임시정부를 지원하는 것을 자신들의 사명으로 여겼다. 블라디보스토크에서와 마찬가지로, 극동지역의 도시들에서 공안위원회는 시의회 의원들, 젬스트보와 시 연합구성원들, 협동조합원들, 카데트와 온건 사회주의자들의 정파들에 대한 지지자들의 주도 아래 구성되었다.

국가 전체에서와 마찬가지로 극동지역에서도 공안위원회들이 구성되는 같은 시기에 노동자·병사대표소비에트(Совет рабочих и солдатских депутатов)들이 형성되었다. 블라디보스토크에서는 3월 3일에 노동자와 사무원 회의에서 "근로계급대표" 선거조직집행부가 선출되었다. 3월 5일에는 750명의 노동자와 병사 대표가 참여하는 첫 번째 연합 회의가 개최되었다. 소비에트 집행위원회 의장에는 멘셰비키인 S. M. 골드브레이흐(С. М. Гольдбрейх)가 선출되었다. 블라고베셴스크에서는 노동자소비에트와 병사소비에트가 별도로 조직되었으나, 혁명 초기부터 긴밀하게 협력하며 활동했다. 3월 18일에 노동자 조직들의 대표자 회의에서 하바롭스크노동자대표소비에트의 상임위원회가 선출되었는데, 이것은 시에서 활동하고 있던 병사대표소비에트와 통합하기로 결정했다.

정파적 구조에 있어서 초기 극동 위원회들에서는 사회주의적 지향성을 가지고 있던 두 개의 정파인 멘셰비키와 에세르의 소속원들이 압도적 다수를 차지하고 있었다. 볼셰비키는, 이들이 소수였다는 것과 변경지역 주민 중 절대 다수를 차지하고 있었던 농민들 사이에서 이들의 경제 계획이 잘 알려져 있지 않았다는 점 등으로 인해 소비에트들에서 열세에 있었다.

그 결과 국가 전반에서와 마찬가지로 극동지역에서도 이중권력이 출현하게 되었는데, 이것은 유산자 계급과 근로 인민 사이에서 체결된 사회적 타협의 독특한 형태였다. 초기에 공안위원회들과 소비에트들 사이에서는 일반적이고 사무적인 상호관계가 이루어졌다. 실질적으로 이것은 현지의 혁명민주주의연합권력, 바로 그것이었다. 그런데 이후 상황이 격화되면서 이들의 입장은 나뉘게 되었다.

극동지역 혁명 발전의 초기 단계인 1917년 5월 중반까지 농촌과 노동조합조직들에서는 소비에트들과 공안위원회들 외에도 다양한 형태의 집행위원회들과 위원회들이 자생적 대중 활동의 결과물로서 형성되어 나타났다. 화물노동자, 무역선단 선원, 인쇄노동자, 철도노동자, 광산노동자 등의 대규모 노조들이 조직되었다. 목적과 과제에서의 차이(무역선단 선원은 노조를 정치적 색채가 배제된 순수한 경제적 조직으로 여겼고, 광산노동자와 철도노동자는 사회주의를 위한 자본과의 투쟁을 자신들의 과업으로 보았다.)에도 불구하고, 노조들은 공통적으로 1일 8시간 노동제, 노동 환경과 복지 개선, 임금 인상을 위해 투쟁했다.

극동지역 인민대중의 정치적 적극성은 당파 조직의 창설과 빠른 성장에서 드러났다. 1917년까지 변경지역에서는 여러 정치적 성향들의 구성원들만 활동했다. 사회민주주의자들이 제일 먼저 스스로를 드러내서, 3~4월의 1차 혁명 패배 이후 붕괴되었던 조직을 재건(3월 10일에는 블라디보스토크, 3월 12일에는 블라고베셴스크, 4월 3일에는 하바롭스크)했다. 러시아사회민주노동당 극동조직은 1917년 9월까지는 이들이 통합되어 있었다는, 즉 볼셰비키-멘셰비키 조직이었다는 특징을 가지고 있었다 (러시아사회민주노동당의 조직적 분열은 이미 1912년 1월의 프라하 회의에서 발생했었다).

이와 동시에 극동지역에서는 사회주의혁명당(Партия социали-стов-революционеров)의 조직들이 형성되었다. 3월 말에서 4월 초 사이에 에세르는 블라디보스토크, 블라고베셴스크, 하바롭스크에서 자신들을 독자적인 정당으로 선언했다. 이후 5월 14일에는 니콜라옙스크-나-아무레(Николаевск-на-Амуре) 지역에 에세르 조직이 형성되었다.

이 변경지역에서 사회주의자들의 주요 경쟁자는 카데트(인민자유당(Партия народной свободы))[1] 조직들, 그리고 카데트의 정책적 입장에 동조하는 다양한 연맹들이었다. 블라디보스토크군수산업위원회(Владивостокский военно-промышленный комитет) 위원들 - М. 보즈네센스키(М. Вознесенский), I. 침메르만(И. Циммерман), Е. 티셴코(Е. Тищенко) - 은 〈자유러시아연합(Союз свободной России)〉을 창설했다. 〈연합〉의 주요 과제는 전시정책에 있어 임시정부를, 특히 군납 후방 조직을 위해 일하는 기관들을 지원하는 것이었다.

극동지역에 있던 3개의 주요 정파 외에도 아나키스트들이 일정 정도 활발하게 움직이고 있었다. 혁명은 정당들이 국가가 직면한 문제들을 해결하기 위해 수립한 구상과 능력을 날마다 시험했다. 당시에 중요한 문제는 전쟁에 대한 입장이었다. 조속한 전쟁 종결이 민족의 지속적 존립을 위한 첫 번째 전제조건이었다.

1917년 7월까지 극동지역에서 정치 활동은 임시정부에 대한 인민의 신뢰 관계로 특징지을 수 있다. 이것은 전쟁 문제에 있어 임시정부의 입장을 지지했던 1917년 5월의 제1차 극동소비에트대회(съезд Советов Дальнего Востока)와 제헌의회가 소집될 때까지 토지 문제에 대한 결정을 연기했던 프리모리예도농민대회(съезд крестьян Приморской области)의 결정에 드러나 있다. А. G. 안토노프(А. Г. Антонов)가 지도하는 강력한 볼셰비키 집단이 형성되어 있었던 블라디보스토크에서만 임시정부에 대한 불신, 소비에트로의 권력이양, 프롤레타리아트와 빈농의 독재권 확립을 요구하는 격렬한 시위가 일어났다. 지적할 필요가 있는 것은, 블라디보스토크소비에트 내에서도 볼

---

1 '인민자유당(Партия народной свободы)'은 입헌민주당의 다른 명칭들 중 하나이다.

셰비키의 영향이 강했다는 점이다. 이로 인해 블라디보스토크소비에트는 초기부터 지방의 공안위원회들보다 더욱 독자적이고 영향력 있는 활동을 할 수 있었다.

이중권력은 1917년 7월 중순까지 유지되었다. 7월 3~4일의 사건은 극동지역에서 힘의 양극화를 예고했다. 이 변경지역의 원거리성과 정확한 정보의 부재로 소문과 추측이 난무했다. 예를 들면, 『블라디보스토크소비에트 이즈베스티야(Известия Владивостокского Совета[블라디보스토크소비에트 소식])』는 페트로그라드 7월 사건을 독일 스파이와 반혁명주의자들의 소행이라고 간주하면서, 볼셰비키는 여기에 참여하지 않았다고 부정했다. 이와 반대로, 블라고베셴스크에 있는 공안위원회, 사회민주주주의자·에세르위원회, 소비에트 집행위원회 등의 연합협의회는 페트로그라드의 반정부·반전시위를 "레닌주의자, 아나키스트, 최대강령주의자(максималисты)"라고 정죄했다. 블라고베셴스크, 하얼빈, 스파스크에 있던 사할린과 하바롭스크의 모든 사회정치조직들은 페트로그라드에서의 시위를 신랄하게 질책하는 입장을 취했다. 극동지역에 있는 여러 도시들에서는 볼셰비키와 동조자들을 압박하는 운동이 확산되고 있었다.

블라디보스토크에서는 상황이 얼마간 다르게 전개되었다. 사회민주주의자들은 원칙적으로는 "일부 노동자와 병사의 분산된 시위는 혁명적 민주주의 세력의 분쇄"라고 비판하면서, "페트로그라드 사건 이후 볼셰비키에게 주어지고 있는 그러한 가혹한 조치들"에 대해 반대를 표명했다. 당시 나타났던 권력의 위기에서 벗어나는 탈출구는 오로지 "모든 권력을 소비에트의 손으로" 이양하는 것뿐이라고 이들은 생각했다.

7월 사건은 혁명 발전에 있어 분기점이었다. 정부는 재편되었다. A. F. 케렌스키가 수상이 되었으며, 전권을 부여받았다. 1917년 여름에 임시정부는 전국민의 보통·평등·직접·비밀 투표에 따라 전국적으로 진행된 지방자치단체 재선거를 관장했으며, 이 단체들의 지원을 받아 지방에서 자신들의 입지를 강화할 수 있을 것으로 기대했다.

1917년 이전까지 극동지역에는 젬스트보가 존재하지 않았기에, 6월 17일에 임시정부는 젬스트보 조례(Положение о земствах)를 극동지역까지 확대적용하는 결의안을 채택했다. 젬스트보 선거를 위한 특별위원회들이 구성되었다. 임시정부는, 폭넓은 민주주의적 토대(비밀 투표를 통한 이 선거에 대한 보통의, 평등한 참정권) 위에서 구성되는 젬스트보들이 지방에서 믿을만한 발판이 될 것이라고 기대했기에, 이것들에 대해 특히 커다란 희망을 걸고 있었다. 임시정부는 농민층을 볼셰비키의 영향으로부터 지켜내고, 농촌에서의 소비에트 조직을 방지하기 위해서 젬스트보를 구성하려고 했다. 1917년 8~9월에 읍젬스트보 투표가, 9~10월에는 군젬스트보의회 선거가 시행되었다. 극동지역에서 젬스트보들은 곧바로 정치적 권력을 요구하기 시작했다. 이것들은 소비에트를 노동자와 농민의 계급 조직 또는 사회 조직으로만 보았다.

1917년 7~8월에 시의회 재선거가 치러졌다. 시의회 재선거 준비는 격렬한 정치 투쟁 속에서 진행되었다. 부르주아지는 자신들의 입지를 강화하고자 했다. 온건 사회주의 정파들은 지역자치단체의 기관장들을 손에 넣는 쪽으로 힘을 쏟았다. 볼셰비키 정파는 소비에트로의 권력 이양 수행을 핵심 과제로 추진했음에도 불구하고, 지방자치단체가 소비에트에 적대적인 기관으로 전환된 것에 대해서는 관심이 없었다. 시의회 선거 후보목록은 "사회주의 정파들"의 연합블록에서 준비되어서, 멘셰비키, 에세르, 볼셰비키의 대표들도 포함하고 있었다. 선거 결과, 그 대부분이 온건 사회주의자였던 "사회주의 블록" 의원들이 시의회의 절대 다수를 차지하게 되었으며, 볼셰비키도 시의회에 진출하게 되었다.

사회주의자들의 성공은 이들의 조직성과 적극적 선전 활동으로 설명할 수 있다. 이들은 인민자치, 폭넓은 지방자치, 노동빈민과 빈농 보호라는 구호 아래 선거 운동을 펼쳤다. 성공의 또 다른 이유로는 노동자 지구와 군부대에서 온 유권자들의 예외적으로 높은 선거 참여도를 들 수 있다. 블라디보스토크의『달료카야 오크라이나』는 지적하기를, "부르주아지 지구들에서는 순전히 러시아적 근성인 무심함으로 선거를 대했다."

선거 결과는 볼셰비키가 공동 작업을 할 준비가 되어 있다는 조건 하에 폭넓은 사회구성체들의 지지를 획득하는 "단일한 사회주의 정권"이 이 변경지역에서 수립될 실현가능성을 보여주었다.

이 시기의 여름 몇 달 동안 극동지역에서는 노동자·병사대표소비에트들의 재선거가 치러졌다. 그러나 이 선거로 소비에트들 내에서의 세력 관계가 본질적으로 변하지는 않았다. 볼셰비키 의석수가 얼마간 증가했음에도 불구하고, 소비에트들 내에서 온건사회주의자들의 우세는 유지되었다. 대중 사이에서는 임시정부에 대한, "조국 수호"라는 임시정부의 호소에 대한, 국가의 모든 절박한 문제들이 제헌의회를 통해 해결될 가능성에 대한 믿음이 여전히 유지되고 있었다. 그러나 경제 위기의 증대와 심화, 전쟁 상황 속에서의 개혁 지체, 인민 생활조건의 악화는 정치 위기를 심화시켰다.

중앙과 지방에서의 권력 투쟁은 점점 더 격화되었다. 극동지역에서 정치 세력들의 배열 특징은 1917년 8월 3일에 하바롭스크에서 개최된 제2차 소비에트 대회에서 잘 나타나고 있다. 권력에 대한 문제를 논의하는 과정에서 볼셰비키와 대회 다수파였던 멘셰비키 및 에세르 사이에서는 의견차가 분명하게 드러났다. 후자는 "단일하고 강력한 권력", 즉 사회주의자들과, 주로는 카데트인, 부르주아 정파들의 대표자들로 이루어진 연합정부의 구성을 "조국을 피하기 어려운 파멸에서 구제하고 무질서와 완전한 경제적 붕괴 상태에서 구출해 내는" 유일한 길이라고 보았다. 볼셰비키는 모스크바에서 국가협의회(Государственное совещание)를 소집하는 생각조차 부르주아적 고안이라고 여겨 거부했다.

또한 제2차 소비에트 대회에서는 멘셰비키 사이에서 그리고 에세르 정파 내에서 "좌파"와 "우파"(즉, 임시정부의 제국주의 전쟁과 경제 정책에 대한 지지자와 반대자)의 분명한 분열이 나타났다. 대회에서는 노동자들과 병사들 사이에서, 소부르주아 정파들 사이에서 정치적 경계 설정이 빠르게 진행되었다. 에세르 우파와 멘셰비키-주전파는 부르주아지 당국을 강화하는 쪽에 서서 보다 더 강하게 투쟁했다. 멘셰비키-국제파는 타협을 모색했다. 볼셰비키의 영향력은 아직 결정적일 정도로 강하지는 않았지만, 특별히 농민과 카자크 사이에서 증가하고 있었다.

국가 위기 사태를 바로잡지 못하는 임시정부의 명시적인 무능으로 인해 1917년 8월 말에 실패로 끝나는 L. G. 코르닐로프(Л. Г. Корнилов) 장군의 군사 전복 시도가 일어났는데, 그는 이를 통해 전통적 질서를 재건하려고 했다. 극동지역에서 일어났던 집회들과 회합들에서 코르닐로프를 붕괴 직전에 있던 러시아와 군대를 구제하려고 노력한 애국자라고 주장했던 코르닐로프 지지자들의 목소리는 음모자들을 국가 반역자로 선고하라는 공동 청원에 묻혀 버렸다. 카데트 정파를 반란 장군들의 공범이라고 부르는 분노한 목소리들이 들려왔다. 정치적 분위기의 바로미터는 급격하게 좌측으로 기울었다. 하바롭스크의 신문

인 『프리아무르스카야 쥐즌(Приамурская жизнь[프리아무리예 생활])』은 지적하길,

> "갈팡질팡하고 불안정한 인민 대중은 7월 3~5일에 일어난 볼셰비키 폭동 이후 이들을 외면했던 바로 그 사람들로, 이제는 우측에서의 이와 동일한 봉기(코르닐로프 폭동)의 결과 동일한 정도로 급격하고 그와 같은 강도의 탄력으로 바로 볼셰비키에게로 돌아서고 있다."

1917년 8월 29일에 블라디보스토크소비에트 집행위원회 회의에서는 요새에 대한 통제권을 장악하는 결의안이 채택되었다. 블라디보스토크는 러시아에서 가장 거대한 산업 중심지들과 같은 수준에 있었다. 수찬소비에트와 니콜스크-우수리스크소비에트는 블라디보스토크의 강한 영향력 아래 있었다. 하바롭스크의 사회주의 정파조직들과 노동자·병사대표소비에트는 카데트로 대표되는 부르주아 정파들의 태도를 질책하면서 "조직화된 민주주의"에 기반을 둔 케렌스키의 "견고한 권력"에 대해 신뢰와 지지를 표명했다.

코르닐로프파가 분쇄된 이후 임시정부는 "농민에게 토지를, 인민에게 평화를"이라는 표어를 실현하기 위해 다음 단계로 나아갔어야만 했다. 그러나 당국은 그렇게 하지 못했다. 사회경제적 상황은 계속해서 악화되었으며, 위기 현상은 심화되었다. 1916년의 흉년으로 인해 이미 봄부터 식료품 부족이 체감되기 시작했으며, 이 변경지역에서 "빵 문제"는 그 어느 때보다도 심각하게 대두되었다. 상점 판매대는 비어갔고, 산업 생산품은 소진되었다. 지역 당국은 식료품 재고를 파악하지 않았고, 가격은 가파르게 상승했다. 식료품과 공산품 가격은

3년간의 전쟁 기간 동안에는 1.5~3배 상승했다면, 2월 혁명 이후 6개월 사이에는 2~6배로 치솟았다. 1917년 9~10월에 도시들에서는 거리 소요와 자연발생적 폭동이 일어났다. 블라고베셴스크에서는 분개한 도시민 무리들이 곡물 가게를 두 차례 습격했다. 방화와 폭력을 동반한 조직적 약탈이 페트로파블롭스크-캄차츠키에서 일어났는데, 이때 시 식품국장이 살해되었다. 실업과 범죄율이 급격하게 증가했다.

1917년 여름부터 파업운동이 강화되었는데, 파업 참가자들은 경제적 요구들을 제시했다. 노동자·사무원 신디케이트인 〈아무르선단(Амурский флот)〉은 10월 초에 임금 인상을 요구하며 시위에 나섰다. 수운종사자들의 파업이 아무르강-우수리강-쑹화강 수역 전역과 스레텐스크, 블라고베셴스크, 하바롭스크, 니콜라엡스크-나-아무레, 하얼빈 등의 도시를 휩쓸었다. 아무르철도와 동청철도의 근로자들, 블라디보스토크와 니콜스크-우수리스크의 철도노동조합들은 철도노동자들의 전 러시아적 파업을 지지했다.

9월 이래로 블라디보스토크소비에트 산하에서는 생산을 통제하는 위원회가 상시적으로 작동하고 있었는데, 그 관리 대상은 국영기업들이었다. 얼마 안 지나 노동조합 중앙사무국 산하에서는 민간기업을 통제하는 위원회가 활동을 시작했다.

1917년 9~10월에 극동지역에서는 사회정치적 상황이 첨예화되면서 사회민주주의자들 사이에서 조직적인 분열이 일어났으며, 순수한 볼셰비키 조직들이 형성되기 시작했다.

1917년 10월 말경에 극동지역의 산업과 교통 분야의 프롤레타리아트는 군 수비대와 마찬가지로 소비에트의 권력을 위해 투쟁할 준비가 되어 있었다. 그러나 농민은 이때까지도 에세르의 강력한 영향 아래 놓여 있었다. 온건 사회주의자들이 장악하고 있었던 도농민소비에트들은 임시정부를 지지했다. 1917년 가을에 창설된 젬스트보들 역시 동일한 입장을 취하고 있었다. 최상의 토지소유 조건에 있었던 극동지역의 카자크 공동체는 이 싸움에 느리게 끌려들어왔다. 그러나 계급세력들 사이의 분열은 농민공동체에 비해 훨씬 더디기는 했지만 카자크 계층 내에서도 나타나고 있었다.

10월 10일에 극동지역 소비에트들은 《페트로그라드노동자·병사대표소비에트 선언》을 접하게 되었는데, 여기에는 제2차 전러시아소비에트대회(Всероссийский съезд Советов)로 자신들의 대표단을 파견하도록 요청되어 있었다. 대표를 선출했던 주요 기준은 "신념의 강도"였다. 블라디보스토크소비에트에서는 볼셰비키인 G. 라예프(Г. Раев)와 에세르 좌파인 부가예프(Бугаев)가, 시베리아소함대(Сибирская военная флотилия)소비에트에서는 무정파 수병인 디탸테프(Дитятев), 이수포프(Исупов), 포포프(Попов)가, 니콜스크-우수리스크소비에트에서는 볼셰비키인 두비닌(Дубинин)과 길레르손(Гиллерсон)이, 하바롭스크소비에트와 하얼빈소비에트에서는 에세르가 선출되었다. 아무르도 소비에트들의 에세르-멘셰비키 다수파는 페트로그라드 대회의 소집이 시기상조라는 결정을 채택했는데, 이들은 민주협의회(Демократическое совещание)를 조직한 공화국위원회(Совет республики)와 정부가 제헌의회가 소집되기 전까지 권력을 가지고 있어야만 한다고 생각했다.

극동지역에서 소비에트 권력의 수립

페트로그라드 무장 봉기에 대한 소식이 1917년 10월 26일 저녁에 극동지역에 도달했다. 10월 혁명 승리에 대한 완전한 정보는 두 주 늦게 도착했다. 임시정부 지방위원이자 에세르 우파인 A. N. 루사노프의 지시에 따라 전신국 관리들은 반 볼셰비키적 내용의 전보들만 전달했다. 변경지역 주민은 중앙에서의 투쟁 결과를 근심 속에서 기다리고 있었다. 지적할 것은, 많은 사람들이 봉기를 7월 사건의 반복으로 여겼으며, 수도에서 볼셰비키의 권력 장악이 단기적이라고 믿었다는 점이다. 볼셰비키는 혁명 페트로그라드를 지지하는 선동전을 펼쳤다. 블라디보스토크는 극동지역에서 지역 소비에트가 페트로그라드의 노동자와 병사를 변호했던 유일한 도시였다. 제2차 전러시아소비에트대회에 참석했던 대표단이 페트로그라드에서 돌아온 이후에야 페트로그라드의 실제 상황에 대해, 소비에트 당국의 첫 번째 포고령에 대해, 인민위원회(CHK)의 구성에 대해 상세하게 알 수 있었다.

11월 12~14일에 일어난 이 사건들을 바탕으로 제헌의회 선거가 시행되었다. 제헌의회 소집 요구는 수많은 민주주의 당파들의 프로그램 문서들에 포함되어 있었다. 볼셰비키의 최소-프로그램(прогрм-ма-минимум)에도 들어가 있었다. 에세르는 52퍼센트로 가장 많은 표를 받았으며, 농민과 수비부대의 지지를 받았던 볼셰비키는 19퍼센트, 카데트와 멘셰비키는 각각 7.5퍼센트와 6.8퍼센트를 얻었다. 블라디보스토크와 니콜스크-우수리스크에서 볼셰비키는 각각 49퍼센트와 40퍼센트의 표를 얻었다. 이 수치들로는 1917년 가을에 극동지역에서 여러 정치 세력들의 대중성을 상대적으로만 평가할 수 있는데, 그것은 전반적으로 주민들이 투표에 소극적으로 참여했기 때문이었다. 한 예로, 하바롭스크에서는 거주민 중에서 절반만이 투표소에 모습을 드러냈다. 병사들은 훨씬 더 적극적으로 행동했다.

볼셰비키에 의한 첫 번째 포고령과 소비에트 당국의 활동을 통한 선동은 이 변경지역 근로자들의 혁명적 활동성을 고양시켰다.『크라스노예 즈나먀(Красное знамя[붉은 깃발])』신문은 11월 14일에 제2차 전러시아소비에트대회의 문서들을 공개하면서 쓰기를,

> "혁명이 진행된 8개월 동안 카데트, 멘셰비키, 에세르는 자신들의 약속을 준수하지 않았으나, 볼셰비키는 권력을 장악하자 마자 바로 첫날 포고령을 발표하여 근로자들의 요구를 충족시켜 주었다."

에세르와 멘셰비키가 여전히 핵심적인 역할을 맡고 있던 지역 소비에트들 다수의 온건적 태도는 이미 도시하층민, 노동자, 병사의 이해관계를 대변하지 못했으며, 이들이 공허한 구호와 공약에 지쳐 보다 적극적으로 혁명적 활동을 지향하는 결정적인 순간이 도래했다.

나라 안 다른 지역들과 마찬가지로 극동지역에서도 반 소비에트 세력이 활동하기 시작했다. 멘셰비키와 에세르는 곧바로 이들을 지원했다. 1917년 11월 9일에 변경지방소비에트위원회(Краевой комитет Советов) 의장인 멘셰비키 N. A. 바쿨린(Н. А. Вакулин)과 전 임시정부 극동위원인 A. N. 루사노프는 성명서를 통해 소비에트의 권력 장악에 대해 이의를 제기했다. 멘셰비키와 에세르는 구호에 그치지 않고 적극적인 행동으로 옮겨갔다. 이들은 〈주택소유자동맹(Союз домовладельцев)〉과 함께 〈혁명구제위원회(Комитет спасения революции)〉를 설립함으로써, 군 장교들을 자신들 쪽으로 끌어들였다.

11월에 블라디보스토크항에 미 태평양함대를 이끄는 나이트(Knight) 제독이 타고있는 순양함 〈브루클린(Brooklyn)〉이 나타나자 변경지역의 반 볼셰비키 세력은 더욱 커다란 확신을 갖게 되었다. 블라디보스토크에 있던 영사관은 젬스트보에 보내는 외교각서에서, 동

맹국들이 소비에트 정부를 인정하지 않기 때문에 이 도시의 소비에트 정권을 인정하지 않는다고 밝혔다.

1917년 11월에 새로 선출된 블라디보스토크소비에트와 니콜스크-우수리스크소비에트, 수찬노동자·병사대표소비에트의 집행위원회들이 인민위원회를 인정한다고 천명했다. 블라디보스토크소비에트 집행위원회는 처음에는 A. Ya. 네이부트(А. Я. Нейбут), 그리고 12월부터는 K. A. 수하노프(К. А. Суханов)가 이끌었고, 니콜스크-우수리스크소비에트는 A. M. 크라스노쇼코프(А. М. Краснощёков)가, 수찬소비에트는 Z. N. 마르티노프(З. Н. Мартынов)가 이끌었다. 12월 초에 하바롭스크에서도 권력이 소비에트에게로 넘어갔으며, 볼세비키인 L. E. 게라시모프(Л. Е. Герасимов)가 소비에트 대표가 되었다. 블라고베셴스크에서는 소비에트로 권력이 이양되는 과정에서 아타만 I. M. 가모프(И. М. Гамов)가 지휘하는 지역 카자크 공동체의 무장 저항이 일어났다. 아무르도에서는 1918년 3월에 가서야 소비에트 권력이 확립되었다.

프리모리예 산업중심지들의 소비에트화로 변경지역 차원에서, 즉 극동지역 전체 규모에서 권력 문제를 해결하기 위한 필수적인 전제조건들이 형성되었다. 지역 소비에트들은 정치 권력과 행정 권력의 기구가 되었다. 돌아오는 제3차 변경지방소비에트대회의 개최일이 12월 12일로 정해졌다. 구 임시정부 위원인 A. N. 루사노프는 젬스트보·시자치단체대회로 이에 대응하기로 결정하고, 그 개최일을 12월 11일로 선택했다. 루사노프의 요청에 응해서 아무르도 젬스트보자치행정소, 아무르 카자크 부대 사령부, 이만군청과 니콜스크-우수리스크군청, 이만시 자치행정소와 니콜스크-우수리스크시 자치행정소, 하바롭스크시의회와 하바롭스크군 젬스트보자치행정소에서 온 9명의 대표가 극동젬스트보·시임시사무국(Временное бюро земств и городов Дальнего Востока)을 선출했는데, 이 기구는 스스로를 "변경지방 권력의 유일한 합법적 계승자"라고 선언했다. 외국 영사들은 이것을 임시정부 위원이 가지고 있는 권력의 "합법적" 계승자로 간주했다. 이 사무국의 "요청에 따라" 외국이 소비에트 극동지역의 문제에 간섭할 위험이 발생했다.

이와 같이 극히 복잡한 상황 속에서 12월 12일에 하바롭스크에서 제3차 극동노동자·병사대표소비에트 변경지방대회가 개최되었다. 여기에는 이 변경지역의 14개 소비에트의 대표들, 84명의 의원들(이들 가운데 46명은 볼셰비키, 27명은 에세르 좌파, 9명은 멘셰비키, 2명은 무소속이었다.)이 참석했다. 농민 대표는 이 대회에 없었다. 대부분의 지역들에서 농민소비에트는 구성되어 있지 않았다. 문헌에 나와있는 자료에 따르면, 예를 들어, 프리모리예에서 활동하고 있던 농민소비에트는 5개뿐이었다. 젬스트보는 농민층 대표단을 구성할 수 있었다. 자신들의 대표를 변경지방 당국 구성원에 포함시켜 달라는 프리모리예도 젬스트보자치행정소의 요구는 격렬한 논쟁을 가져왔다. 아무르 볼셰비키는 소비에트 권력을 젬스트보와 분점하는 것에 반대했는데, 이들의 견해에 따르면, 젬스트보는 부르주아지의 자유와 이익을 대변했기 때문이었다. 대회의 대표들 중 일부(프리모리예 볼셰비키와 에세르 좌파)는 변경지역 운영에서 젬스트보와 시자치단체를 배제하는 것이 인민주권(народовластие)의 토대를 심각하게 훼손하게 되는 것이라는 점을 이해하고 있었다.

권력에 대한, 젬스트보와의 동맹에 대한 오랜 토론 끝에 민주세력 연맹이라는 이념을 고수하던 이들이 승리했다. 1917년 12월 14일에 대회는 이 변경지역에서 권력을 소비에트에게로 이양한다는 선언문을 채택했다. 12월 20일에 동맹을 바탕으로 변경지역의 소비에트들과 자치행정기구들의 집행위원회가 선출되었다. 그리고 이 안에서 주요한 역할을 수행하게 된 것은 볼셰비키와 에세르 좌파였다. 소비에트 권력의 플랫폼으로의 통합 가능성을 용인하지 않았던 멘셰비키는 변경지방위원회에 들어가는 것을 거부했다. 볼셰비키인 알렉산드르 미하일로비치 크라스노쇼코프(Александр Михайлович Краснощёков)가 위원장이 되었고, 에세르 좌파인 G. 칼마노비치(Г. Калманович)가 부위원장이 되었다. 제3차 극동소비에트대회는 변경지역 전 영역에서 소비에트 권력이 수립되었음을 선포했는데, 다만 일부 지역들(블라고베셴스크, 페트로파블롭스크, 캄차카)에서는 이러한 과정이 1918년 2~3월까지 지체되었다.

결론적으로, 제3차 극동소비에트대회는 일정한 수준에서 소비에트 정권의 민주적 대안성, 사회주의적 경향을 띠고 있는 정치당파들의 협력을 천명했다.

극동 소비에트들 모두에게 행정권이 부여되어서 소비에트 권력의 정책, 소비에트 정부의 모든 지령, 법령, 포고령, 명령이 구현될 수 있도록 되어야만 했다. 그러나 소비에트 권력에 반대하는 적대자들과의 싸움이 앞에 놓여 있었다. 극동지역에서 소비에트 권력의 확립을 위한 투쟁은 새로운 단계에 접어들었다.

변경지역에서의 삶을 관리하기 위해 군, 노동·교통, 재무, 대중교육, 식품·농업 등의 위원부가 구성되었다. 1918년 1월에 구 군정지사직과 낡은 사법기구들이 폐지되었고, 임시정부 위원직이 철폐되었으며, 군사혁명재판소, 노동의용경찰(рабочая милиция)이 창설되었다. 지역권력기관들이 차례로 조직되었다. 젬스트보 자치단체가 소비에트와 함께 존재했다. 볼셰비키는 젬스트보와 시의회의 업무에도 참여했다. 새로운 삶을 건설하기 위한 작업이 시작되었다.

그런데 국내 사건들은 다른 방향으로 전개되었다. 제헌의회 해산과 제3차 전러시아소비에트대회의 결의안들로 인해 민주주의 세력은 최종적으로 볼셰비키와 그 반대세력으로 양분되었다. 극동지역에 파견된 볼셰비키 중앙위원회(ЦК большевиков) 대표는 "협조" 노선을 비판하면서 에세르 우파와 멘셰비키가 이끄는 기관 및 조직과의 접촉 단절을 요구했다.

1918년 4월 초에 진행된 제4차 극동소비에트대회는 에세르 및 여타 자치행정기관들과의 동맹에 반대했으며, 이들이 방종하다고 선언했다. 사회주의 정파들의 연합에 기반을 두며 대중 사이에서 광범위한 사회적 지지를 받는 민주주의 정권이라는 이념은 이렇게 첫 맹아단계에서 매장되었다. 일이 이렇게 된 것에 대해 볼셰비키만 비난할 수는 없다. 멘셰비키와 에세르는 소비에트를 지지하면서도 급진적인 볼셰비키 프로그램에는 단호하게 반대했다. 그들은 소비에트들을 "탈볼셰비키화시키고", 볼셰비키를 권력 기관들에서 배제하고자 했다. 이 모든 것들이 첨예한 대립을 야기했으며, 내전이 발발하게 되는 원인들 중 하나로 작용했다.

군사적 충돌의 시작. 극동지역에서 백색 운동과 외세의 군사적 개입

러시아 내전이라는 20세기의 거대한 극적 사건은 다양한 계급과 사회 집단에 속하는 사람들이 국가 권력 수호를 위해 벌였던 화해할 수 없는 대규모 무력 투쟁이다.

러시아 내전의 특징은 외세의 간섭과 밀접하게 관련되어 있다는 점이다. 1918년 3월 15일, 모스크바에서 독일과의 평화조약이 비준되던 그 날에 런던에서는 영국, 프랑스, 이탈리아의 총리들과 외무장관들이 참석하는 회의가 열렸는데, 여기에서 러시아에 대한 연합 간섭이 필요하는 결정이 내려졌다. 회의에서는 일본과 미국의 간섭 동참도 표명되었다. 독일은 물론이고 삼국협상(Антанта)의 동맹국들도 러시아 내에 있는 반혁명 세력들을 부추겼고, 이들에게 무기를 공급했으며, 재정적이고 정치적인 지원을 제공했다. 간섭국들의 정책은 러시아에서 볼셰비키 체제를 근절하고, 외국 시민들에게 그들의 재산을 돌려주고, 혁명의 "증식"을 예방하고, 가능하다면 전후 미래 세계에서 자신들의 정치적·경제적 경쟁자인 러시아를 약화시키며, 변경 영토들을 뜯어냄으로써 러시아를 분해시키려는 의도를 내포하고 있었다.

영국, 프랑스, 미국, 일본의 제국주의자들은 10월 초부터 소비에트 러시아에 대한 공격을 준비했다. 이르쿠츠크와, 특히, 블라디보스토크에 있던 영사관들은 스파이 활동과 반 소비에트 활동의 중심지였다. 1917년 11월 11일에 미국 순양함 〈브루클린〉이 예고도 없이 블라디보스토크항에 들어왔고, 11월 17일에는 나이트 제독이 순양함 위에서 타도된 임시정부의 위원인 에세르 우파 A. N. 우사노프와 회담을 가졌다. 1917년 11월 12일에는 홍콩에 주둔하고 있던 영국군 연대에 블라디보스토크 출병 준비 명령이 내려왔다.

1917년 12월 30일에는 일본 순양함 〈이와미(石見)〉가 〈졸로토이 로크〉항에 들어왔고, 다음 날에는 영국 순양함 〈서퍽(Suffolk)〉이 들어왔다. 1918년 1월 4일에는 두 번째 일본 순양함 〈아사히(朝日)〉가 도착했다. 같은 달에 홍콩에 있던 영국군은 해외 순방 중이던 순양함 〈오룔(Орёл)〉, 수뢰정 〈그로즈늬(Грозный)〉와 〈보이키(Бойкий)〉를 장교들과 해군사관후보생들 중에서 반혁명 측에 섰던 이들의 협력을 받아 강점했다.

하얼빈 영사관과 협력관계에 있었던 중국 당국은 프리모리예에 대한 경제 봉쇄를 선언해서, 구입 완료된 곡물 20만 푸드의 만주 반출을 금지했다. 1918년 봄에는 중국의 여러 항구들에서 6척의 러시아 상선이 탈취되었다.

극동지역에서 소비에트 정권 지지자 ─ 적군(赤軍) ─ 와 반대자 ─ 백군(白軍) ─ 사이에서 벌어지는 무력 대립은 1918년 1월에 자바이칼리예 카자크 부대의 예사울(есаул)[2]인 그리고리 세묘노프(Григорий Семёнов)의 지휘 아래 약 500명의 〈만주특수분견대(Особый маньчжурский отряд)〉가 만주에서 동자바이칼리예로 침입해 들어오면서 시작되었다. 세묘노프와의 전투는 시베리아소비에트 중앙집행위원회(ЦИК Советов Сибири: Центросибирь)에 의해 주도되었으며, 자바이칼리예에는 세르게이 게오르기예비치 라조(Сергей Георгиевич Лазо)의 지휘 아래 다우리야전선군(Даурский фронт)이 형성되었다.

1918년 3월 6~12일에는 블라고베셴스크에서 반 소비에트 봉기가 일어났다. 백군 장교들, 백계 카자크들, 중소부르주아들은 아무르 카자크 부대의 아타만인 I. 가모프(И. Гамов)가 지휘하는 〈공공질서수호위원회(Комитет охраны общественного порядка)〉로 결집해서, 무력으로 볼셰비키를 권력에서 몰아내려고 시도했다. (세묘노프의 지원을 믿고 진행한) 가모프의 아무르철도 탈취 시도는 실패로 끝났다. 3월 12일에 혁명군이 블라고베셴스크를 해방시켰고, 봉기를 진

---

2 '예사울(есаул)'은 카자크 지휘관으로 제정 러시아 정규 육군의 대위에 준하는 지위이다.

압했다. 가모프와 그의 측근들은 시 은행에서 4천만 루블을 탈취한 후 사할랸(Сахалян, 중국)[3]시로 탈주했다.

브레스트 평화조약 체결, 그리고 또한 가모프 봉기 진압과 1918년 3월 초에 있은 세묘노프 무리로부터의 자바이칼리예 해방으로 삼국협상 참여국들은 무력 개입을 시작하게 되었다.

개입의 형식적 원인은 1918년 4월 4일에서 5일 사이의 밤에 있은 "알 수 없는 무리들"에 의한 일본 무역회사 〈이시도〉의 블라디보스토크 지사에 대한 도발적 공격과 일본인 사무원 두 명의 피살이었다. 2개 일본 중대들과 영국 해병 중대 절반의 병력이 블라디보스토크에 상륙했다. 4월 6일에는 블라디보스토크에 거주하고 있는 "일본 국민의 생명과 재산" 보호를 명분으로 250명의 일본 수병이 더 도착했다. 영·일 상륙부대의 블라디보스토크 상륙과 함께 국제적 제국주의는 러시아의 동쪽에서 소비에트 정권에 대한 비공식 전쟁을 시작했다.

외국 군부대의 상륙으로 백군 운동 지지자들이 활발하게 활동하기 시작했다. 거대한 내전이 시작되었다. 자바이칼리예에서는 G. 세묘노프가 새로운 공격을 시작했다. 1918년 5월에는 만주에 은신해 있던 칼믜코프(Калмыков) 우수리 카자크 부대 아타만이 지휘하는 백위대 분견대가 국경을 넘어 프리모리예의 그로데코보역 지역으로 침입해 들어왔다. 여기에는 L. 톤코노기(Л. Тонконогий) 지휘 하에 그로데코보전선군이 형성되었다.

소비에트공화국에 대응하는 전투를 위해 삼국협상은 체코슬로바키아군단(чехословацкий корпус)을 이용했다. 이 군단은 임시 정부 시기에 구성되었는데, 오스트리아-독일 전선에서 러시아군에게 사

---

3 '사할랸(Сахалян)'은 현 중국 헤이룽장 성에 있는 '헤이허(黑河)'이다.

로잡힌 구 전쟁 포로들로 이루어져 있었다. 소비에트 정권의 확립과 러시아의 전쟁 이탈 이후 소비에트 정부는 체코슬로바키아인들이 시베리아와 극동지역을 지나 고국으로 돌아가는 것을 허락했다. 1918년 5월 말에서 6월 초 사이에 체코슬로바키아군단은 펜자(Пенза)와 사마라(Самара)에서 블라디보스토크에 이르는 철도 노선을 뒤덮은 수송열차들 안에 산개했다. 소비에트 정권에 대한 반대자들의 선동에 설복된 체코슬로바키아인들은 5월 25일에 봉기를 일으키고 여러 도시들에서 소비에트 정권을 전복시켰다. 잘 조직되고 무장된 체코 부대들에 맞설 수 있는 세력이 소비에트 정권에게는 실질적으로 없었다. 1918년 6월 29일에 체코슬로바키아군단의 분기로 인해 블라디보스토크에서는 소비에트 정권이 붕괴되었다.

체코슬로바이카군단의 봉기는 시베리아와 포볼쥐예의 볼셰비키 반대자들에 의해 이용되어서, 이들은 체코인들의 지지 하에 사마라, 우파, 옴스크(Омск)에 카데트, 에세르, 멘셰비키로 구성된 이른바 민주주의 반혁명 정부들을 구성했다. 이들의 활동은 제헌의회 부활이라는 이념에 기대고 있었으며, 볼셰비키는 물론이고 극우 군주주의자들에 대해서도 반대를 표명했다. 블라디보스토크에서는 카데트 우파로 시베리아 독립파(сибирские областники)의 지도자들 중 한명인 P. Ya. 데르베르(П. Я. Дербер)가 수장이 되는 자치 시베리아 임시정부(Временное правительство автономной Сибири: ВПАС)가 권력을 잡았는데, 이것은 프리모리예도 젬스트보자치행정소와 블라디보스토크시의회의 지지를 받았다.

블라디보스토크소비에트 집행위원회의 구성원 거의 모두와 볼셰비키 조직의 지도자들이 체포되었다. 적위군은 니콜스크-우수리스크로 후퇴했다. 치열한 전투 끝에 이들은 도시를 포기하고, 스파스크-달니

(Спасск-Дальний)로 물러났다. 우수리전선군이 돌파되었다. 1918년 7월 15일에 극동인민위원회(Дальсовнарком)는 총동원령을 발표했다. 7월 말에 V. V. 사코비치(В. В. Сакович)의 지휘 아래 전선군 부대들은 공세로 전환해서 체코인들과 백군을 완전한 붕괴 직전까지 몰고갔다. 간섭국 부대들은 체코슬로바키아인들과 백계 카자크들을 지원하기 위해 적군(赤軍)에 대한 공공연한 군사 행위를 시작했다. 일본군 3개 사단의 연대들, 미군 2개 연대, 영국군 포병, 캐나다군 6,000명, 프랑스군 1,000명, 이탈리아군 400명이 백군과 함께 공동으로 적군(赤軍)의 저항을 분쇄시켰다.

8월 말에 소비에트 극동은 남쪽과 서쪽으로부터 간섭국들과 내부 반혁명 세력의 연합 세력으로부터 공격을 받아서 소비에트 러시아와 단절되었다. 1918년 8월 25~28일에 하바롭스크에서는 제5차 극동소비에트비상대회가 개최되었는데, 여기에서는 주어진 정세를 고려하여 전면전을 중단하고, 대부대들을 해체하며, 파르티잔 형태의 투쟁으로 이전하는 것으로 결정이 내려졌다. 2개월에 걸쳐 간섭국들과 백군의 주요 세력들을 저지하고 있었던 우수리전선군과 자바이칼리예전선군의 전사들이 극동지역 파르티잔 부대들의 골격이 되었다.

1918년 8~9월에 이르는 기간 동안 극동지역 전역이 간섭자들에 의해 강점되었다. 9월 1일에 백계 체코 병사들과 세묘노프 무리가 치타를, 9월 5일에는 칼믜코프 일당과 일본 병사들이 하바롭스크를 차지했고, 9월 18일에는 블라고베셴스크에 있는 소비에트 정권이 붕괴되었다. 1919년 초에 외국군 총수는 거의 15만 명에 달했다. 간섭국들은 자기들끼리 변경지역의 철도와 전략적 요충지들를 분할했는데, 이것들 중에서 가장 중요한 곳들은 일본군과 미군이 차지했다. 블라디보스토크에는 일본군 총사령관 오타니(大谷喜久蔵)와 미군 총사령관 그레이브스(Graves)의 사령부가 설치되어 있었다. 나이트 제독의 미국 분함대와 가토 제독의 일본 분함대는 극동지역의 해안지대를 봉쇄했다.

광활한 공간인 러시아의 아시아 지역이라는 - 태평양 연안에서 우랄산맥에 이르는 - 광활한 공간을 반 볼셰비키 정부들이 지배했다. 이들은 군사 독재를 확립하기 위한 토대를 준비했다. 1917년 11월 18일 밤에 옴스크에서는 A. V. 콜차크(A. B. Колчак) 제독이 간섭국들의 지지를 받아 "러시아 최고 통치자(верховный правитель России)"로 선언되었는데, 그는 인민에게 "반동 노선도 당파성이라는 자멸 노선도" 따르지 않을 것이라고 선포했다. 최근에 많은 이들이 이 사람에 대해 관심을 가지고 있다. 저명한 북방 연구자이자, 해군 업무에 매우 정통한 재능있는 장교이면서, 다른 한편으로는, 뚜렷한 정치적 소신이 없고, 지나치게 감정적이며, 잔혹한 조치들로부터 장난에 이르는 한쪽 극단에서 다른 극단을 오락가락하는 사람. 이것은 콜차크가 그의 지지자들 사이에서조차 인기를 누리지 못했던 원인이었다.

콜차크는 "강한 군대 형성, 볼셰비즘에 대한 승리", "법치와 법질서의 확립"이라는 목표를 설정한 후, "인민이 요망하는 통치 형태를 선택할 것"이라고 러시아 인민에게 약속했다. 콜차크 체제는 성립 첫날부터 간섭국들의 경쟁 궤도 속으로 빨려들어 갔다. 최고 통치자의 허약한 대내 입지, 외부 지원에 대한 의존성으로 인해 콜차크는 반대파에 대한 끊임없는 테러 정책을 수행하게 되었으며, 또한 동맹국들에게 실질적으로 종속되었다.

미국, 영국, 프랑스, 일본의 정부들은 콜차크에게 막대한 지원을 제공했고, 그의 군대를 무장시켜주고 보급품을 제공했고, 시베리아철도 노선을 보호해 주었으며, 파르티잔과 비무장 주민을 토벌하는 일을 수행했다. 수십 개에 달하는 강제수용소가 만들어지고, 감옥은 정치수로 넘쳐났다. 미국과 일본 호위대의 보호 아래 있던 우수리철도의 하바롭스크-블라디보스토크 구간에서는 노란색(우수리 카자크의 상징 색) 칠이 된 "죽음의 객차"를 달고있는 칼믜코프 아타만의 토벌용 장갑열차가 주기적으로 운행되었다. "죽음의 객차" 안에서는 수백 명의 사람들이 혹독한 고문을 받으며 죽어갔다.

일본군은 극동 점령 부대들 중에서도 파괴적인 세력이었다. 이들은 침략한 식민지에서와 같이 행동했다. 토벌대는 부락을 불태웠고, 지역 주민을 약탈했으며, 재판과 심리없이 사람을 죽였다. 1918~1919년 사이의 겨울과 봄에 일본 토벌대는 주민들이 파르티잔에 인정을 베풀었다는 이유로 아무르도에서 약 30개의 부락과 촌락을 불태웠다.

극동지역의 풍부한 천연자원은 간섭국들의 관심 대상이었다. 미국, 영국, 일본을 비롯한 여러 국가들은 대규모 군사 원정을 시작하기도 전에 이미 경제 분야에서의 계획들을 발표했다. 실제로, R. 랜싱(Robert Lansing) 미국 국무장관은 1918년 7월 17일에 다분히 "러시아 주민에 대한 원조" 제공을 위한 것으로 포장된 특별사절단의 극동지역 파견을 발표했다. 1918년 10월에 W. 윌슨(Woodrow Wilson) 미국 대통령은 러시아의 경제, 재무 및 식품 관리를 규정하는《러시아 경제 원조 임시 계획(Временный план экономической помощи России)》을 승인했다. 일본에서는 극동지역을 원료공급용 부속지로 전환시키는 계획이 만들어졌다.

이미 1918년 말에 극동지역에는 미국계, 영국계, 프랑스계, 일본계의 은행 지점들, 수많은 무역회사와 산업회사의 지사들이 문을 열었고, 변경지역의 천연자원은 약탈적인 방식으로 수탈되고 있었다. 외국 회사들은 캄차카와 추콧카에서 공공연하게 주인행세를 했다. 일본은 1907년 어업협정을 12년간 연장하는 것을 콜차크로부터 받아냈으며,

이를 통해 일본 자본가들은 러시아의 거의 모든 어장들을 차지하고 수백만 금루블 상당의 어류와 해산물을 반출할 수 있었다.

약탈한 재물을 실은 배들이 극동지역 항구들에서 대양 너머로 오고갔다. 1919년에 간섭국들은 불과 3개월 만에 3백만 장 이상의 모피, 1천 4백만 푸드의 청어, 막대한 양의 값비싼 극동 목재를 운반해 갔다. 간섭국들과 백군 정부들은 블라디보스토크 항구, 아무르하천선박사, 바이칼하천선박사, 레나하천선박사(Ленское пароходство), 식품저장소, 군수품저장소 및 기타 창고들을 약탈했다. 시베리아소함대 소속의 무역함들과 군함들을 끌어갔다. 간섭국들은 러시아가 비축해 놓은 금을 착복했다. 즉, 백계 체코인들이 이것들을 탈취해서 콜차크에게 넘겨줬으며, 그는 미국에게 2,118푸드, 영국에게 2,883푸드, 프랑스에게 1,225푸드, 일본에게 2,672푸드의 금을 납품과 조달에 대한 보증금으로 전달했다.

콜차크는 군대를 보강하기 위해 극동지역 청년들을 징집하기 시작했고, 군에 필요한 식료품과 말을 마련하기 위해 농민가구에 대한 징발과 몰수를 상시적으로 시행했다.

콜차크 정권의 사회적 기반은 산업·무역·농업 부르주아지, 카자크 지도자, 부르주아 인텔리겐치야였다. 그런데 점령된 영토에서 간섭국들의 엄혹한 체제가 확립되는 것에 수반된 경제적 예속화가 시베리아와 극동지역 주민들 사이에서 불만을 일으켜서 대중항의시위, 파업, 태업, 파르티잔 투쟁과 지하 투쟁의 형태를 띤 저항이 심화되었으며, 이것은 콜차크의 후방지역을 붕괴시켰다.

파르티잔, 지하 활동가 그리고 이러한 활동의 공감자들에 대한 "백색" 테러에도 불구하고 점령군과 백위대에 대한 항쟁은 나날이 확대되었다. 폭넓은 계층들이 투쟁에 가담했고, [파르티잔] 분견대에는 실질적으로 극동지역에 거주했던 모든 민족들의 출신자들이 있었다. 울치족, 나나이족, 에벤크족과 같은 사냥꾼들은 프리아무리예 파르티잔의 대체할 수 없는 선도자가 되었다. 자바이칼리예에서는 부랴트족이, 프리모리예에서는 중국인과 조선인이 러시아인과 함께 싸웠다. 파르티잔 가운데에는 헝가리인, 체코인, 폴란드인도 적지 않게 있었는데, 이들은 제1차 세계대전의 전쟁포로 출신으로 소비에트 정권에 호감을 가지게 된 사람들이었다.

이 변경지역에서 파르티잔 운동의 규모와 강도는 다양하게 나타났다. 파르티잔 투쟁을 조직하는데 있어 커다란 역할을 한 것은《시베리아와 극동에서 파르티잔 운동의 전개에 대하여(О развёртывании партизанского движения в Сибири и на Дальнем Востоке)》라는 러시아 공산당(볼셰비키, РКП(б))[4] 중앙위원회 정치국과 조직국의 1919년 7월 19일자 결의안이었다. 당의 결정으로 공산주의자들이 간섭국들 및 백위대와의 투쟁에 적극적으로 가담하고, 규율을 강화하며, 활동중인 적군(赤軍) 부대를 본따 파르티잔 분견대를 조직하는 것이 촉진되었다. 파르티잔 운동 조직에 대한 결의안과 후속 조치들, 중앙집권적인 사령부의 결성은 파르티잔의 군사적 능력을 상당히 제고시켜 주었고, 변경지역을 간섭국들과 백군으로부터 해방시키는 것을 가속화시켰다. 1919년 말에 극동지역과 자바이칼리예에서는 200개의 파르티잔 분견대와 소부대가 활동하고 있었으며, 여기에서 5만 명 이상이 싸우고 있었다. 프리모리예에서는 대규모 반군 연합이 S. G. 라조, I. 셉추크(И. Шевчук), G. 셉첸코(Г. Шевченко)의 지휘아래 스

4　'러시아 공산당(볼셰비키, РКП(б))'의 정식 명칭은 'Российская Коммунисти-ческая партия большевиков'이다.

파스크-이만구역(Спасско-Иманский район), 아누치노-추구옙카구역(Анучино-Чугуевский район), 올가구역(Ольгинский рай-он)에서 활동했다. 아무르도의 파르티잔들은 전투 행위를 성공적으로 수행하고 있었는데, 이들을 이끌고 있었던 것은 블라고베셴스크 근방에 주재하고 있던 타이가집행위원회(Таёжный исполком)였다. 아무르도 내에는 전적으로 파르티잔의 통제 아래 있는 구역들도 있었다. 1919년 여름에 진행되었던 대규모 작전들 중 하나는 이른바 아무르카 대수선작전(капитальный ремонт Амурка)이라고 불리게 되었다. 철도 노반(路盤)이 파괴되었고, 비라(Бира)역에서 반경 1500 킬로미터 내에 있는 다리들이 폭파되었으며, 무기와 군수품을 싣고 콜차크군에게 가는 열차 운행이 중단되었다. 1919년 가을에 아무르도는 거의 완전히 파르티잔의 수중으로 넘어왔다. 반군 소비에트 지역의 형성과 파르티잔 운동의 성장은 콜차크 세력의 후방지역에 심각한 위협을 가했으며, 간섭국 군대의 토벌 활동을 지속적으로 방해했다.

동부전선에서 콜차크군과 전투를 벌이고 있었던 적군(赤軍)은 1919년 여름에 우랄 지역을 해방시켰다. 콜차크 부대들은 시베리아 내부 깊숙이 퇴각하기 시작했다. 적군(赤軍)의 승리로 인해 자바이칼리예와 프리아무리예에서 파르티잔 운동이 다시금 강력하게 고양되기 시작했다. 11월 14일에 콜차크의 수도인 옴스크가 함락되었다. "최고통치자[콜차크]"는 이르쿠츠크로 퇴각했다. 콜차크군에서는 탈영이 증가했고, 군 대열이 빠르게 붕괴했다. 에세르와 멘셰비키는 지역에서 콜차크 권력을 젬스트보 자치단체 권력으로 대체하려고 했다.

1919년 11월 17일~18일에 블라디보스토크에서 발생한 가이다 봉기(Гайдовское восстание)는 그러한 첫 번째 시도였다. 콜차크군의 패배와 후퇴로 인해 그 해 가을에 시베리아에서는 에세르 우파인 크라코베츠키(Краковецкий), 솔로도브니코프(Солодовников), 야쿠셰프(Якушев)가 이끄는 시베리아중앙군사조직국(Центральное бюро военных организаций Сибири: ЦБ ВОС)이 구성되었다. 블라디보스토크를 기반으로 하는 시베리아중앙군사조직국은 시베리아제헌의회(Сибирское Учредительное собрание)로의 권력 이양이라는 시베리아 독립파의 구호 아래 봉기를 준비했다. 체코 장군인 루돌프 가이다(Рудольф Гайда)[5]가 봉기군 지도자로 초청되었다. 러시아 공산당(볼셰비키) 극동위원회(Дальневосточный комитет)는 준비되고 있던 봉기를 콜차크 정권을 약화시키는데, 그리고 여건이 된다면 이 정권을 완전히 철폐하는데 이용하기로 결정했다. 이것은 간섭국들이 계획하는 바가 아니었기에, 이들은 중립을 약속했음에도 불구하고 봉기 과정에 개입해서 진압했다. "가이다" 봉기는 콜차크 체제의 붕괴와 인민의 이익을 위한 결정적 행동 수행에 있어 에세르 우파의 무능력을 증명해 주었다.

동부전선의 전반적인 상황은 극동지역에서 콜차크 지지자들의 붕괴를 촉진했다. 1920년 1월에 전투 행위들에서뿐만 아니라 적대하고 있던 양측의 사기에 있어서도 변화가 나타났다. 백위군 분견대들이 대거 파르티잔 측으로 전향하기 시작했다. 권력 붕괴를 피할 수 없음을 인식하게 된 A. V. 콜차크는 G. M. 세묘노프 준장을 동부 백위대 전군의 총사령관으로 임명하고, 그에게 당시 콜차크 체제가 지속되고 있던 영토 내의 모든 민사권과 군사권을 양도했다. 1920년 1월 4일에 콜차크는 데니킨 장군에게 최고 통치자의 전권을 양도했다. 1월 15일에 체

5　루돌프 가이다(Рудольф Гайда)는 루돌프 가이들(Rudolf Geidl[오]) 또는 라돌라 가이다(Radola Gajda[체])가 정확한 표기이다.

코인들은 블라디보스토크에서 시베리아철도를 통한 자유이동권과 이에 이은 유럽귀환권에 대한 교환으로 콜차크를 이르쿠츠크 정치중앙(Иркутский Политцентр)에 넘겨주었다. 콜차크는 1920년 2월 7일에 이르쿠츠크에서 총살형에 처해졌다.

콜차크의 파멸은 시베리아에서 간섭국 동맹의 완전한 붕괴를 의미했다. 삼국협상 국가들과 미국이 러시아에서 벌였던 전쟁의 부당성은 이 지역에서 간섭국 군대의 타락과 반 간섭국 운동의 성장을 가져왔다. 외국 부대들에서 나타났던 혁명적 분위기들로 인해 미국 정부는 1920년 1월 9일에 이후 몇 개월에 걸쳐 진행된 미군 철수를 공식적으로 발표하게 되었다. 이보다 앞선 1919년 12월 13일에 삼국협상은 런던회의에서 이와 유사한 결정을 채택했다. 1920년 1월 30일에 블라디보스토크에서 열린 간섭국들의 군 지휘부 대표들과 사절단 대표들은 비밀 협의회를 통해 극동지역에서 "동맹국들"의 이익을 대표하고 보호하는 것을 일본에 위임하기로 결정했다.

당시 정황을 고려하여 러시아 공산당(볼셰비키) 극동위원회는 블라디보스토크와 프리모리예의 다른 도시들에서 반 콜차크 무장 봉기를 준비하기로 결정했다. 이 시기까지도 이 변경지역에는 외국 부대들이 대규모로 주둔하고 있었기에, 볼셰비키의 영향력이 유지되고 있던 프리모리예도 젬스트보자치행정소로 권력을 임시로 이양한다는 명분 아래 콜차크 지지자들을 타도할 필요가 있었다.

프리모리예에서 콜차크 정권 타도는 1920년 1월 26일에 니콜스크-우수리스크에서 일어난 노동자·병사 봉기에서 시작된 것으로 보인다. 블라디보스토크에서 봉기는 1월 31일 밤에 일어났다. 1월 31일 오후에 프리모리예도 젬스트보자치행정소는 권력 이양을 선언했다. 행정 수반은 에세르인 A. S. 메드베데프(А. С. Медведев)가 맡았으나,

모든 주요 부서들은 P. 니키포로프(П. Никифоров), V. 안토노프(В. Антонов), I. Z. 쿠슈나료프(И. Кушнарёв) 등을 비롯한 볼셰비키가 담당하게 되었다. 간섭국 군사령부는 중립을 지켰다. 2월 1일에 파르티잔들이 이만에 들어갔으며, 2월 12일에는 혁명부대들이 뱌젬스카야 역을 점령했다. 2월 23일에 일본군이 아무르도에서 철수하기 시작했다. 1920년 3월 말에서 4월 초 사이에 간섭국 군대는 극동지역에서 철수했다. 일본군 부대들이 자바이칼리예와 프리모리예에 주둔하고 있었고, 콜차크군의 잔존 세력이 15만에 달하는 일본군의 보호 아래 있었으며, G. 세묘노프가 편성한 카자크 부대도 유지되고 있었다.

극동공화국의 건립. 백위대와 일본 간섭군으로부터 극동지역의 해방

콜차크와 데니킨을 분쇄한 후 소비에트 측은 1920년 초까지 짧고 평화로운 휴지기를 가질 수 있었다. 소비에트 정부는 미국, 영국, 프랑스, 일본, 폴란드 및 다른 국가들에게 평화 관계 수립을 제안했으나, 답변을 받지 못했다. 삼국협상은 서쪽에서 소비에트 러시아로의 새로운 군사행동을 준비했다. 일본은 극동지역에서 반 소비에트 무력 간섭을 지속했다. 미국의 정책은 경쟁국인 일본을 소비에트 러시아와 충돌시키고, 이들을 장기전으로 몰아넣은 후, 양측을 약화시킴으로써, 극동지역에서 자신들의 입지를 강화하는 것이었다.

1920년 4월까지 극동지역에는 세 개의 독립 정부가 조직되었다: 블라디보스토크의 프리모리예도 젬스트보자치행정소, 블라고베셴스크의 노동자·농민·병사·카자크대표소비에트 집행위원회(исполком Совета рабочих, крестьянских, солдатских и казачьих депу-

татов), 베르흐네우딘스크(프리바이칼리예)의 젬스트보 임시정부
(Временное земское правительство). 적군(赤軍)은 콜차크군을
분쇄하면서 바이칼로 진군해 갔다. 그런데 이 변경지역을 백군과 간섭
국들로부터 완전히 해방시키기 위한 동쪽으로의 공격은 몇 가지 이유
들로 인해 지속될 수 없었다. 첫째, 일본군과의 충돌 그리고 소비에트
러시아와 일본 사이의 전쟁 발발이 실질적인 위험으로 부상했다. 적군
(赤軍)은 80퍼센트가 볼가강 유역에서부터 시작된 전대미문의 장기
적인 군사 원정 이후로 동원에서 해제되어야만 했기에 전투력이 없는
상태에 있었다. 둘째, 1920년 3월 말에 러시아의 국제적 형편은 급격
하게 복잡해지고 있었다. 3월 31일에 폴란드가 소비에트 국가와의 휴
전 종결을 선언하고 군사행동을 시작했다. 서부전선이 형성되었다. 셋
째, 남쪽의 크림 지역에서는 콜차크와 데니킨이 이끌던 백군 잔당이
브란겔(Врангель) 남작의 휘하로 모여들었다. 일본과는 정면 충돌을
피하면서 백군과의 싸움을 지속하기 위해 러시아 공산당(볼셰비키)
중앙위원회는 극동지역을 러시아공화국에서 분리하자는 이르쿠츠크
에세르·멘셰비키 정치중앙(Иркутский эсеро-меньшевистский
Политцентр)의 제안을 지지해서, 극동공화국(Дальневосточная
республика: ДВР)이라는 완충 국가의 건설을 결정했다. 이르쿠츠크
정치중앙이 권력에서 배제된 이후 러시아 공산당(볼셰비키) 중앙위원
회의 극동 완충 국가 건설 문제는 볼셰비키 지도부의 보증과 온건 사
회주의 정파들과의 동맹 가능성을 고려하여 결정되었다.

　악화되고 있던 국내적·국제적 상황이라는 당시 소비에트공화국의
조건 속에서 공동체 내의 첨예한 무력 충돌 상황을 완화시키길 원했던
소비에트 정권에게 있어 극동공화국의 창설은 중요한 대외정책상의
타협안이 되었다. 이것은 그 속성상 부르주아-민주주의 국가여야만

했다. 젬스트보 자치 도입, 사적 소유권의 유지, 정부 형성에 있어 다당제 원칙 준수, 제헌의회 소집은 볼셰비키가 간섭국들과의 타협에 나설 준비가 되어있음을 보여줄 것이었다. "완충 지대"의 조성은 이 변경 지역의 정파들에게 부르주아 민주주의의 원칙들이 확립될 수 있을 것이라는 희망을 심어주었고, 서방 국가들과 미국은 극동공화국을 신뢰한다고 선언했다.

그러나 프리모리예의 볼셰비키에게는 이 변경지역을 극동공화국에 포함시키는데 있어 의견이 통합되어 있지 않았다. 게다가 1920년 3월에 니콜스크-우수리스크에서 열린 회의에서 참석 대표들 중 다수는 프리모리예의 즉각적인 소비에트화를 지지했다. 일본은 이러한 상황을 놓치지 않고 이용해서, 1920년 4월 4~5일에 블라디보스토크에서 하바롭스크 사이에 있는 대도시들에 주둔하고 있던 일본군 부대들이 불시에 혁명 지역들을 공격했다. 일본군 사령부는 혁명부대들의 지도부 괴멸을 최우선 과제로 삼았으며, 이에 따라 군 간부들의 격리와 말살에 특히 신경을 썼다. 프리모리예 젬스트보자치행정소 군사소비에트의 구성원인 S .G. 라조와 V. M. 시비르체프(В. М. Сибирцев), A. N. 루츠키(А. Н. Луцкий), A. N. 안드레예프(А. Н. Андреев) 등등이 체포되었으며, 이후 살해되었다. 일본군과의 전투 과정에서 7천에 달하는 혁명군과 비무장 시민이 사망했다.

완충 국가 조성 문제가 1920년 3월 28일부터 4월 8일에 걸쳐 베르흐네우딘스크(현 울란우데(Улан-Удэ))에서 열린 프리바이칼리예근로자창립대회(Учредительный съезд трудящихся Прибайкалья)에서 검토되었다. 처음에는 대표들 중 다수가 "완충물"에 반대한다는 분위기였다. 이들 중 다수는 주민들의 명령에 따라 소비에트 정권의 부활을 요구했다. 여러 날에 걸친 논쟁 끝에 공산주의자들은 완충 공화국 창설의 필요성과 이것의 임시적 성격을 입증할 수 있었다. 4월 6일에 자바이칼리예도, 아무르도, 프리아무리예도, 프리모리예도, 캄차카도, 북사할린, 동청철도 몰수지대를 통합한 《극동공화국 건립 선언문(Декларация об образовании Дальневосточной республики)》이 채택되었다. 극동공화국은 독립적인 민주공화국으로 선포되었다. 대회는 극동공화국 정부가 모든 국가들과 우호 관계를 수립할 준비가 되어 있다고 선포했다. 외국 시민은 신체와 재산에 대한 완전한 불가침을 보장받았다. 대회는 극동공화국에서 국가 건설에 착수했다. 대회 내부에는 인민민주주의 정권의 중앙기구가 만들어졌는데, 이것이 극동공화국 임시정부의 기능을 수행할 것이었다.

극동지역 내부정치상황의 특징은, 공산주의자인 A. M. 크라스노쇼코프(A. M. Краснощёков)가 이끄는 극동공화국 임시정부의 권력이 프리바이칼리예까지만 미친다는 점이었다. 베르흐네우딘스크시가 수도로 선포되었다. 치타는 G. 세묘노프 아타만의 수중에 있었고, 아무르도에서는 소비에트 권력이 실질적으로 부활하고 있었으며, 프리모리예와 사할린은 일본 간섭국의 통제 아래 있었다.

A. M. 크라스노쇼코프 정부 앞에 놓인 선결 과제는 모든 지방들을 단일 공화국에 통합하는 것이었다. 통합 과정에 있어 심각한 장애물은 이른바 치타 마개 또는 세묘노프-카펠레프 마개였다. 백군은 일본 간섭군의 지원을 받아 확고한 입지를 확립하고 있었다. 이 시기에 일본은 자바이칼리예와 극동지역에 백위대 완충 국가를 설립하려는 시도를 지속하고 있었다. 소비에트 러시아는 동부에서 한 순간도 상황에 대한 통제권을 놓치지 않고 있었기에, 그 지원 아래 정규군인 인민혁명군(Народно-революционная армия: НРА)의 창설이 시작되었다. 이미 1920년 4~5월에 인민혁명군은 세묘노프의 부대와 일본 간

섭군에 몇 차례의 강력한 공격을 가할 수 있었다. 7월 17일에 일본군 사령부와 극동공화국 사이의 교섭 결과 곤고타(Гонгота)역에서 평화조약이 체결되었다. 이 조약에 따라 일본군 부대와 인민혁명군의 전초선들 사이에 중립지대가 조성되었다. 이러한 상황과 관련하여, 동자바이칼리예 파르티잔 분견대들과 아무르도 혁명부대들이 "치타 마개(читинская пробка)"를 제거하는데 있어 중요한 역할을 했다. 곤고타 회의에서 일본인들은 자바이칼리예에서의 군대 철수 의향을 밝혔다. 일본은 프리모리예에서 동청철도를 따라 부대들을 재배치함으로써 "검은 완충 지대(чёрный буфер)" 조성 계획을 완수할 준비를 했다. 자바이칼리예에서 일본군의 철수는 1920년 10월 15일에 종료되었고, 치타는 10월 22일에 백군으로부터 해방되었다. "치타 마개" 제거가 완료되었는데, 이때 백군 장군 G. 세묘노프의 부대들 중 상당 부분이 인민혁명군 쪽으로 투항해 왔고, 나머지는 동청철도를 따라 넘어가서 일본군과 마찬가지로 프리모리예에서 곧바로 새로운 군사행동을 준비하기 시작했다. 자바이칼리예의 해방으로 극동공화국 정부 당국 하에 모든 지방들을 통합할 수 있게 되었다.

극동지역 지방들의 통합대표자회의가 1920년 10월 28일에 치타에서 열렸다. 채택된 선언문은 극동공화국 당국의 민주주의적 특성을 확인했으며, 가까운 시일 내에 제헌의회를 소집하여 최종적으로 공화국의 국가적·법률적 구성을 결정할 것이라고 밝혔다. 회의에서는 새로운 정부 구성을 비준했는데, 이 정부의 권한은 변경지역의 모든 영토에까지 미쳤고, 모든 지방 정부들은 가지고 있던 국가적 특권들을 상실하고 지방자치기관으로 전환되었다. 1920년 12월에 프리모리예도가 극동공화국 구성지역으로 마지막으로 포함되었으며, 단일 공화국의 영토적 형태가 완결되었다. 제헌의회 선거가 1921년 1월에 실시되

었다. 공산주의자들, 멘셰비키, 에세르, 카데트와 같이 다양한 정파와
조류의 대표들이 선거 운동에 참여했다. 볼셰비키는 도시에서는 노동
조합과의 통합 명부에 따라, 농촌에서는 파르티잔 및 총농민명부와 함
께 선거에 참여했다. 공산주의자 당파와 이들을 지지했던 당파인 〈농
민 다수파(крестьнякое большинство)〉(주로 파르티잔)가 의석의
3/4을 차지했다.

극동공화국 제헌의회가 공화국의 새로운 수도인 치타에서 1921년
2월 21일부터 4월 27일까지 열렸다. 헌법이 채택되어 입법권, 행정
권, 사법권의 분립 원칙을 확정했다. 극동공화국 최고입법기관은 공
화국 국민이 2년마다 선출하는 단원제 회의였다. 2년 마다 인민회의
(Народное собрание)에서 선출되는 7명으로 구성된 정부가 공동
대통령의 역할을 수행했다. 최고행정권은 정부에 의해 임명된 각료회
의가 가지고 있었다. 최고사법권은 정부가 임명하는 재판관들로 구성
된 정치파기법원(政治破棄法院, политический кассационный суд)
이 행사했다.

극동공화국 헌법은 신분차별과 특권을 철폐했고, 인민평등, 국가로
부터 교회의 분리, 교회로부터 학교의 분리를 확고히 했으며, 주권 불
가침, 양심·언론·출판·집회·파업의 자유가 선언되었다. 극동공화국
에서는 무노동 수익으로 살아가는 사람, 구 백군 장교 등등도 선거권
을 받았다. 선거는 보통·평등·직접·비밀 투표였다. 극동공화국 기본
법에 따라 새로운 경제 정책이 확립되었다. 극동공화국의 경제 모델
은 토지, 지하, 삼림, 수자원의 공동소유, 국유, 협동조합적 소유, 사유
등과 같은 다양한 소유 형태, 경제의 다층성, 기업활동과 무역의 자유,
지역행정단위들의 경제적 자립과 같은 요소들을 포함하고 있었다. 극
동공화국에서는 주식회사와 상업은행의 합자 조직, 그리고 또한 산업

의 부분적 민영화가 구상되어 있었다. 극동공화국에는 오래된 토지 이
용 체계, 그리고 또한 농업에서 고용 노동의 사용과 토지 임대가 지속
되었다. 임대와 조차를 통한 러시아와 외국의 민간자본 유입이 허용되
었다.

헌법은 노동 보장, 1일 8시간 노동, 최저 실질 임금, 노동자의 민간
기업 감독 참여권 등을 보장했다. 농촌에서는 극빈 농민층에 대한 국
가 지원 원칙과 모든 형태의 집단경영과 개인경영의 장려가 확립되어
있었다. 국가와 사회는 모든 형태의 자본과 자선을 사용해서 사회적
공공성을 확보했다.

국가의 무상의료혜택과 민간의 유상의료혜택 그리고 문화-교육
혜택이 주민에게 제공되었다. 장애, 질병, 노화 등으로 인해 노동력을
완전히 상실한 사람을 위한 연금이 최저생계비를 기준으로 결정되었
다. 사회 정책은 공동체적 존재와 개체적 존재라는 복잡한 문제를 해
결하는 과정에서 사람들을 통합하고 시민적 평화와 합의에 도달하는
방향으로 진행되었다.

공화국의 민족-국가적 구성에 있어서 지방자치권은 문화자치권을
겸병했다. 부랴트족과 몽골인들이 밀집해서 거주하고 있었던 자바이
칼리예에는 부랴트-몽골자치도(Бурят-Монгольская автономная
область)가 설치되었다. 기타 소수 민족들에게는 민족문화자치권이
부여되었는데, 이것은 인민주권과 민족자치를 기반으로 삼고 있었다.

제헌의회에서는 극동공화국 정부의 새로운 내각이 선출되었다.
이들은 A. M. 크라스노쇼코프(A. M. Краснощёков), I. V. 슬린킨
(И. В. Слинкин), N. M. 마트베예프(Н. М. Матвеев), M. I. 보로딘
(М. И. Бородин), D. S. 쉴로프(Д. С. Шилов), V. S. 본다렌코(В. С.
Бондаренко)였다. 러시아 공산당(볼셰비키) 중앙위원회의 권고에

따라 A. M. 크라스노쇼코프가 정부 수반으로 재선되었다. 연립에 기반을 두어 선출된 극동공화국 각료회의는 공산주의자 11명, 멘셰비키 3명, 에세르 1명, 인민사회주의자 1명으로 구성되었다. 의장은 P. M. 니키포로프였고, 부의장은 F. N. 페트로프(Ф. Н. Петров)였다. 극동공화국 모스크바 대표는 I. 쿠슈나료프(И. Кушунарёв)였는데, 그는 러시아공화국 인민위원회에 극동지역의 현황을 전달했다. 극동공화국의 독립적 외견에도 불구하고, 공화국은 한 번도 러시아공화국 정부와 러시아 공산당(볼셰비키) 중앙위원회의 시야에서 벗어나 있지 않았다. 극동공화국이 아직 창설되기 전까지는 지도와 통제를 위해 당의 특별 기관인 러시아 공산당(볼셰비키) 중앙위원회 극동지국이 설립되어 있었다. 볼셰비키가 공화국 내 모든 주요 직책을 차지했다.

헌법 채택과 함께 극동공화국의 국가적·법적 성립이 완료되었다.

제헌의회는 인민혁명군을 강화하는 동시에 인민경제 재건을 위한 가장 강력한 조치들을 마련하고 일본군을 극동 영토에서 평화적인 방법으로 철수시키는 막중한 임무들을 공화국 정부에 부과했다.

1921년 봄에 극동지역의 정세는 긴장이 고조된 상태였다. 강대국들은 볼셰비키와 그 지지자들의 승리로 끝난 제헌의회 투표 결과에 대해 공공연하게 실망감을 표명했다. 그들은 극동공화국에서 볼셰비키가 압도적인 영향력을 가지게 되는 것과 극동공화국이 모스크바의 도구가 되는 것을 피할 수 없다는 것에 대한 우려를 감추지 않았다. 간섭국들과 백위군은 이 완충 지대를 자신들의 목적에 따라 사용하지 못했다. 영국과 프랑스의 적극적인 지원과 미국의 암묵적인 동의를 바탕으로 일본은 프리모리예에서 부대를 늘렸으며, 프리모리예와 만주에 피신해 있던 백위대 세력의 잔존자들을 모아서 재정비하려고 했다. 이 지역의 상업-산업계, 백계 이민자들의 지도자들, 외국 대표들, 일본군

사령부는 프리모리예에서 백색 봉기를 준비했다. 1921년 3월 20일에 블라디보스토크에서는 비사회주의 정파들의 대회가 개최되었는데, 이것은 프리모리예 반혁명 집단과 극동이주민 집단이 50개 이상 연합한 것으로, 극동공화국으로부터 프리모리예도의 분리, 공산주의 체제 철폐, 전러시아제헌의회 소집, 스톨리핀 농업개혁 실현 등등과 같은 프로그램을 추진했다. 니콜라이 메르쿨로프(Николай Меркулов)와 스피리돈 메르쿨로프(Спиридон Меркулов) 형제가 이끄는 〈대회 위원회(Совет съезда)〉는 선출된 후 공산주의자 V. G. 안토노프(В. Г. Антонов)가 대표로 있던 프리모리예도 젬스트보자치행정소를 전복해야만 했다. 볼셰비키는 프리모리예의 상황을 주의깊게 주시하며 백계의 공세에 대비했으나, 이 변경지역에 있던 간섭군들의 강압으로 인해 봉기를 막는 것은 불가능했다.

1921년 5월 26일에 세묘노프 무리와 카펠레프 무리가 일본인들의 지원 아래 프리모리예에서 봉기를 일으켰다. 극동공화국 프리모리예도 행정당국은 해체되었고, S. 메르쿨로프를 수장으로 하는 프리아무리예 임시정부(Временное Приамурское правительство)가 수립되었다. 정부는 스스로를 "그 무엇에도 종속되지 않는 최고 권력 보유자", "비정파 기관"이라고 선언했으며, 러시아 공산당(볼셰비키)과 이에 동조하는 사람들을 범법자로 분류했다. 지역의 권력 기관과 사법체계를 구성할 때 근거로 채택된 것은 러시아 제국 법전(Свод законов Российской империи)과 콜차크 법전이었다. 그리고 이 시기에 콜차크 체제를 붕괴시켰던 콜차크의 실수를 피하기 위해 노동법 부문에는 1일 8시간 노동이 유지되었고, 노동조합 활동이 허용되었다. 백색 체제는 농민으로부터 징발을 단행하지 않았다. 그러나 프리모리예의 주민들은 백군과 간섭국들의 행위로 인해 그 누구보다도 피해를 입고 있었기에 중립적이거나 적대적인 상태에 있었다. 칼믜코프 무리, 콜차크 무리, 일본인들에 의한 유혈 폭력이 기억에서 아직 사라지지 않았었다.

R. 운게른 폰 슈테른베르크(Р. Унгерн фон Штернберг) 남작의 등장은 "검은 완충 지대"의 형성과 극동공화국의 철폐라는 일본의 계획 중 한 부분이 되었다. 1921년 5월에 운게른의 군대는 환바이칼철도(Кругобайкальская железная дорога)를 차단함으로써 극동공화국을 러시아공화국으로부터 고립시키기 위해 만주를 거쳐 극동공화국 국경지역으로 침입해 들어왔다. 극동지역의 상황은 다시금 악화되었다. 메르쿨로프 정부는 일본인들의 지원을 받아 V. M. 몰차노프(В. М. Молчанов) 장군의 지휘 하에 "백색반도" 군대를 재건했다.

정치적·군사적 상황이 복잡해지고 있던 이 변경지역의 조건 속에서 공화국 최고 지도부 교체가 일어났다. 모스크바로 소환된 A. M. 크라스노쇼코프를 대신해서 N. M. 마트베예프(Н. М. Матвеев)가 정부를 이끌었다. 인민혁명군의 새로운 총사령관으로는 V. K. 블류헤르(В. К. Блюхер)가 임명되었는데, 그는 극동공화국 전쟁부 장관이자 공화국 군사위원회(Военный Совет) 의장이기도 했다. 인민혁명군의 본질적인 재조직화가 시작되어서, 인민혁명군을 파르티잔적 모습을 넘어서는 정규적이고, 규율이 섰으며, 전투능력을 갖춘 군대로 개혁하는 거대한 작업이 실행되었다.

극동공화국 정부는 군사적 대결을 준비하면서도 이 변경지역 내에 일본군이 주둔하는 문제를 외교적 방식을 사용하여 평화적으로 해결하기 위한 작업을 지속했다. 다롄시(중국)에서는 1921년 8월 27일에 극동공화국과 일본의 대표자 회의가 시작되어서 휴지기를 포함해서 1922년 4월 16일까지 지속되었다. 극동공화국 대표단을 이끈 것은

F. N. 페트로프 내각 수반이었고, 군사자문관은 V. K. 블류헤르였다. 러시아공화국 사절인 Yu. 마르흘렙스키(Ю. Мархлевский)가 입회인으로서 참석했다. 극동지역에서의 일본군 철수에 대한 극동공화국의 요구에 대응해서 일본측은 불평등조약을 강압했다. 일본 대표단은 극동공화국이 "공산주의 체제"의 도입을 "영구적으로" 중단하고, 무역, 어업 분야에서 일본 국민에게 극동공화국 국민과 동일한 권리를 부여하고, 일본국적 선박의 아무르강과 쑹화강 항행을 보장하고, 극동공화국 연안의 모든 군사 시설들을 제거하며, 극동공화국에서 일본군 인사의 거주와 이동의 자유를 수용할 것 등등을 요구했다. 이 조건들이 수용된 후에야 일본은 프리모리예로부터의 군부대 철수에 착수할 것이며, 이때 일본이 1920년 봄에 불법적으로 침략한 북사할린 지역으로부터의 군대 철수 문제는 미해결 상태로 남겨질 것이라고 밝혔다. 극동공화국 대표단은 "극동공화국의 주권과 내정에 손상을 입히는" 이와 같은 요구들을 거부했다. 일본 대표단은 12월 12일에 협상을 중단하고 1921년 11월에 프리모리예에서 시작된 V. M. 말차노프가 이끄는 "백색반도" 군대의 군사적 공세의 결말과 워싱턴 회의(Washington Conference)의 결과를 기다렸다. 태평양과 극동지역의 문제들을 논의하기 위한 국제 회의가 1921년 11월 12일에 워싱턴에서 열렸다. 회의 소집을 주도한 것은 미국 정부였는데, 미국 정부는 극동지역에서 일본의 활동을 통제할 수 있기를 원했으며, 일본인들은 러시아 문제를 놓고 미국과 다투는 것이 쉽지 않을 것임을 인식하고 있었다.

백군의 공세 시점 선택은 대단히 성공적이었다. 인민혁명군의 재구조화는 완료되어 있지 않았다. 프리아무리예군관구 중 일부는 단지 40퍼센트 정도만 편재되어 있었다. 백군은 하바롭스크를 차지했지만 인(Ин)역 근방에서 진군을 멈췄다. 1921년 12월 25일에 S. M. 세리

셰프(С. М. Серышев)의 지휘 아래 동부전선이 형성되었다. 전선에서의 군사행동 과정에서 분기점을 이룬 것은 인역 구역에서의 전투였다. 보병부대와 기병부대가 장갑열차와 협동한 결과 백군은 올고흐타(Ольгохта)역으로 후퇴했으며, 볼로차옙카(Волочаевка)역 구역에 전력을 집중했다. 이곳에서 백군은 가시철조망이 이중으로, 장소에 따라서는 삼중으로 설치된 강력한 방어선을 구축했다. 볼로차옙카로 통하는 모든 근접로들은 면밀하게 감시되고 대포와 소총-기관총 같은 화기의 사정권 내에 있었기에, 인민혁명군 부대들의 행동은 매우 어려웠다. 볼로차옙카 공세는 1922년 2월 10일에 시작되었다. 전투는 삼일에 걸쳐 격렬하게 지속되었다. 2월 12일에 인민혁명군 병사들은 파르티잔의 지원을 받아 볼로차옙카를 점령했다. 백군은 전투 없이 하바롭스크를 내주었으며, 1922년 2월 14일에 인민혁명군은 시내로 진입했다. 백색반도 병사들은 프리모리예로 물러났다. 인민해방군은 백군지역을 계속해서 조여가서, 3월 18일에 이만을 점령했고, 1922년 4월 2일에는 이미 스파스크구역까지 도달했는데, 여기에는 병사 약 8천 명, 장갑열차 4대, 기타 여러 무기들로 이루어진 상당한 백군 세력이 집중되어 있었다. 백위대를 최종적인 붕괴로부터 구해준 것은 일본군이었는데, 이들은 아무런 통고도 없이 인민해방군의 전위부대에 사격을 가해왔다. 일본은 인민해방군이 남프리모리예로 근접해 오는 것을 원치 않는다는 것을 극동공화국 정부에게 일깨워 주었다. 일본 간섭군 측에 새로운 도발의 구실을 주지 않기 위해 인민혁명군 일부는 이만으로 물러났다. 인민혁명군의 전투행위는 잠정적으로 중단되었다.

전선에 있는 말차노프 군대의 패배, 후방의 부패, S. 메르쿨로프 정부 내 다양한 단체들 사이의 분쟁은 프리모리예에서 권력의 위기를 방증하는 것이었다. 메르쿨로프 자신은 프리모리예에서의 "민주주의 성립”에 대한 자신의 공로를 부단히 강조했지만, 인민의 총체적인 빈곤, 조세 정책의 실패, 인민 교육의 퇴보, 상시적인 예산 부족을 공개적으로 인정했다. 언론은 민주주의의 폐해와 군주제의 이점을 선포하는 캠페인을 시작했는데, 이들은 이러한 캠페인이 나라를 무정부주의로부터 구해줄 것이라고 생각했다.

이러한 복잡한 정세 속에서 당시 정부 각료 교체가 있었던 일본은, 한편으로는 프리모리예로부터 자국 군대를 철수할 의향이 있다고 발표하면서, 다른 한편으로는 간섭을 지속하기 위한 구실을 찾고 있었다. 일본 통치 집단은 국내 경제 위기, 사회적 저항들의 압력을 받아, 또한 워싱턴 회의와 제노바 회의(Genoa Conference)에서 러시아공화국, 극동공화국, 미국의 압박을 받아 1922년 10월 말까지 극동지역에서 자국 군대를 철수시키겠다고 결정하게 되었다. 프리모리예의 상황을 통제하고 있던 일본인들은 S. 메르쿨로프가 물러나고 M. K. 디테리흐스(М. К. Дитерихс) 장군이 권력을 잡도록 조종했다. 그는 러시아에서 군주정을 부활하는 계획을 공식적으로 표명하고 “신앙, 차르 미하일, 성스러운 루시를 위해(За веру, царя Михаила и святую русь)”라는 구호를 선포한 유일한 반혁명 지도자였다. 선언적 자유주의의 입장을 포기하게 되면서 백색 운동은 군사전제독재에서 구제책을 모색했으나, 이것은 이들의 퇴행을 초래했다.

1922년 7월 23일에 블라디보스토크에서는 젬스키 소보르(земский собор[전국회의])가 개최되었는데, 여기에는 육군과 해군의 장군과 장교, 성직자, 고위관료가 구성원으로 포함되어 있었다. 개회식에는 일본군 장군들도 참석했다. 회의는 먼저 프리모리예에서의, 다음으로 전 러시아에서의 군주정 부활에 대한 결정을 채택했다. “프리모리예의 최고 통치자"이자 "젬스카야 라티(земская рать)[6]의 군정관"
으로 선출된 M. K. 디테리흐스는 "공간적 조건과 시간적 조건에 따라
러시아 제국의 기본법을 사용하여 다스리고 하느님의 계명을 준수할
것"이라고 젬스키 소보르에서 선언했다.

엄혹한 군사 독재, "러시아 영토에 남은 최후의 자유로운 땅조각"
에서 벌어진 공산주의자들과의 전투, 노동조합 노동자들에 대한 테
러, 합법적 반정부단체들의 해산, 혁명적 정서가 확산되어 있던 학생
층에 대한 탄압으로 인해 변경지역 주민들 중 상당 부분 사이에서 새
로운 정권에 대한 불만이 심화되었다. 디테리흐스가 통치하는 시기에
백색 테러는 절정을 이루었다. 시간이 흐를수록 경제 상황은 악화되었
다. 기선, 난방용 등유가 무분별하게 염가로 판매되었고, 철도차량이
도난당했으며, 수천 톤의 궤도들이 팔려나갔다. 만성적인 경제 위기가
주민 절대 다수의 생활에 고통스럽게 반영되었다. 디테리흐스 군대 또
한 약취, 음주, 강탈, 탈영 등으로 좋지 않은 상황에 있었다. 좌파 정파
들은 이러한 상황을 활용했다. 볼셰비키는 노동조합 내에서 자신들의
영향력을 강화했고, 백군 붕괴를 위한 작업을 진행했으며, 프리모리예
의 도시와 마을에 배포하는 신문과 전단지의 발행을 늘렸다. 극동공화
국 정부는 자발적으로 인민 편으로 넘어오는 병사와 장교에 대한 사면
령을 반포했다. 1922년 7월에 파르티잔 투쟁이 강화되었다. 극동전보
통신사(Дальневосточное телеграфное агентство)는 다음과 같
이 보도했다.

6　'젬스카야 라티(земская рать)'에서 '라티'는 러시아 초기국가 시기에 군부대를
일컫던 명칭이다.

"충돌, 습격, 교량폭파, 철도노반 훼손이 발생하지 않는 날이 하루도 없다. 일본인과 백군이 안전하다고 느낄 수 있는 곳은 단 한 곳도 없다."

일본 정부는 간섭 실패를 피할 수 없다고 전망하고 있었고 국제적 여론을 잠재우길 원했기에, 늦어도 1922년 11월 1일 이전까지 러시아 영토로부터 군대를 완전히 철수하기로 결정했다고 발표했다. 이와 동시에 극동공화국 정부 및 러시아공화국 정부와 교섭하는 것에 동의한다고 공식적으로 밝혔다. 일본 통치권은 자신들의 병합 계획을 포기할 생각이 없었으며, 외교적인 방법을 통해 중요한 승리를 획득할 수 있을 것이라고 생각하고 있었다. 다롄 협상 시기에 그랬던 것처럼 일본은 이번 협상들에 맞춰 백위군의 공세를 시작했다.

1922년 9월 1일에 젬스카야 라티의 전위부대가 돌연 우수리철도를 따라 이 지방의 북쪽 지역을 공격하기 시작했다. 동시에 전투행위가 니콜스크-우수리스크군구(軍區), 수찬군구, 아누치노(Анучино)군구, 프리한카이스키군구(Приханкайский военный район)에 주둔하고 있던 파르티잔 분견대들에 대한 것으로 전환되었다. 일본군 사령부의 명령을 받아 우수리철도는 전선에 있는 젬스카야 라티로 부대들을 운송하기 위해 철도차량을 제공했다.

9월 4일에 장춘(중국)에서는 극동공화국 대표단 및 러시아공화국 대표단과 일본측 사이의 교섭이 시작되었다. 일본은 다롄안에 기초를 두고 있는 예속적 협약으로 극동공화국을 얽어매려는 의도를 포기하지 않았고, 북사할린을 계속해서 강점하려고 했으며, 이렇게 함으로써 교섭을 교착화 시키려고 한다는 것이 논의 과정에서 분명해졌다. 9월 26일에 장춘 회의는 결렬되었다.

인민혁명군의 신임 총사령관인 I. P. 우보례비치(И. П. Уборевич)
는 스파스크주둔지에 대한 결정적인 공세에 앞서 군사력 증강을 위한
일련의 조치들을 취했다. 군대는 적군(赤軍) 부대들로 보강되었고, 조
직적이고 군사공학적인 측면에서 강화되었다. 파르티잔과의 연대를
적극적으로 활용했다. 1922년 10월 5일에 인민혁명군 일부 부대가 백
군 진지를 공격하기 시작했다. 10월 8일에서 9일에 걸친 24시간 동안
스파스크를 두고 전투가 벌어졌다. 스파스크 방어지를 점령하게 됨으
로써 남프리모리예로 향하는 길을 확보하게 되었다. 그런데 10월 14일
에 백군은 모나스틔리셰(Монастырище)부락 지역에서 반격으로 전
환하기 위한 또 한 차례의 시도를 했다. 젬스카야 라티의 핵심 잔여 병
력인 2,400명의 병사들이 제2프리아무리예사단 예하 하사관학교 생도
240명이 방어하고 있던 진지를 공격했다. 24시간 동안 부락은 양측에
의해 수 차례에 걸쳐 번갈아 점령되었다. 생도들과 지휘관들 중에서
67명만이 살아남았으나, 이들은 자신들의 진지에서 물러서지 않았다.
백군은 그로데코보철도 지선을 따라 만주와 블라디보스토크 방면으로
후퇴해야만 했다.

인민혁명군은 공세를 유지해서 10월 15일에는 니콜스크-우수리스
크를, 10월 16일에는 라즈돌노예(Раздольное)를 점령했다. 인민혁명
군의 신속한 행동으로 일본군 사령부는 자국군의 철수 시기를 변경해
야만 했다. I. P. 우보례비치 총사령관은 이 소식을 10월 19일에 인민
혁명군의 일부 부대들이 블라디보스토크 근교에 있는 아케안스카야
(Океанская)역에 도달했을 때 접하게 되었다. 10월 24일에 세단카
(Седанка)역에서 열린 인민혁명군 총사령부 전권대표와 일본군 사령
부 전권대표 사이의 교섭에서 인민혁명군의 일부 부대들이 10월 25일
16시까지 블라디보스토크를 점유하는 절차에 대한 협정이 체결되었다.

1922년 10월 26일에 I. P. 우보레비치는 모스크바에 다음과 같이
전보를 보냈다.

"우리 군의 블라디보스토크 진입을 전합니다. 우리 군대를 마
중하기 위해 전 주민이 거리로 나왔습니다. 우리는 꽃 속에 파묻혔
으며, 많은 사람들이 기쁨의 눈물을 흘렸습니다. 도시에는 질서가
유지되고 있습니다. 일본인들은 운송수단을 타고 바다로 떠났습니
다."

이렇게 해서 길고 피로 물든 대결이 종결되었다.

간섭 중단으로 이 변경지역을 소비에트 러시아와 통합할 수 있는
여건이 마련되었다. 완충 공화국이 존재할 필요성이 사라졌다. 이와
관련해서 극동공화국 당국을 소비에트적 원칙들 위에서 재건하는 문
제가 결정되었다. 10월 28일에 러시아 공산당(볼셰비키) 중앙위원회
대표가 치타에 와서 정권 재건과 완충 국가 청산에 대한 모스크바의
지침을 극동지국 위원들에게 전달했다. 1922년 11월 14일에 극동공화
국 인민회의는 자체 해산과 러시아 극동지역 전역에서의 소비에트 정
권 수립을 선언했다. 1922년 11월 15일에 러시아공화국 전러시아중앙
집행위원회는 포고령을 통해, 극동지역의 모든 영토가 러시아공화국
의 분리할 수 없는 구성 부분이라고 선언했다.

거의 5년에 걸친 극동지역 역사의 드라마같은 시기가 막을 내렸다.
프리모리예를 벗어난 일본인들은 2년 반 동안 북사할린에 버티고 있
었다. (러일협정을 체결한 이후인) 1925년 5월에 가서야 이들은 섬의
북쪽 지역에서 군대를 철수했다. 1923년에 캄차카에서는 폴랴코프와
보츠카료프의 백군 분견대들이 소탕되었다. 1923년 6월에 아얀(Аян)

에서는 A. N. 페펠랴예프(А. Н. Пепеляев) 장군이 항복했다.

러시아 내전은 엄청난 규모의 인명 피해를 가져온 거대한 전 인민적 비극이었다. 극동지역에서 약 8만 명이 사망했다. 적대적 세력들 사이에서는 정치적 타협이 반드시 필요하며, 그렇지 않으면 내전과 같은 이러한 비극이 일어날 수 있다는 것을 역사는 가르쳐주고 있다.

전쟁에서 평화로, 신경제정책과 인민경제의 회생

간섭국들로부터의 극동지역 해방과 소비에트 국가의 한 부분으로의 극동지역 통합으로 인해 경제적, 정치적, 사회적, 행정적 성격의 새로운 문제들이 의제에 추가되었다.

러시아 내전은 다른 어느 지역보다도 극동지역에서 더 오래 진행되었으며, 이 지역 경제에 심각한 손실을 끼쳐서 심대한 사회경제적 위기를 가져왔다. 정치적 불안정, 정부 교체, 간섭군 주둔은 이 지역을 혼돈 상태에 빠트려서 천연자원에 대한 횡령과 약탈을 가져왔다. 공업, 농업, 교통은 쇠퇴했다. 예를 들어, 금채굴은 1923년에 전쟁 이전 수준의 10퍼센트에 불과했고, 밀가루 생산시설의 4분의 3이 파괴되었으며, 철도운수와 해상운수는 힘겨운 상황에 처해 있었다. 간섭국들은 프리아무리예에서만 약 1만개의 농가를 약탈했다. 전통적인 주도 산업인 어업도 상황은 좋지 않았다. 일본 어업종사자들이 총어획량 중 거의 90퍼센트를 통제하면서, 러시아 극동지역의 강과 근해에서 진짜 주인 행세를 했다.

나라 안 다른 지역들과의 사이에서 형성된 경제관계들과 지역 내 경제관계가 쇠퇴했다. 전투 과정에서 살해되고 부상으로 사망한 사람이 약 8만 명에 달했고, (1917년 기준 인구 2백만 명 중에서) 10만 명 이상이 해외로 이주했다. 파괴, 물질적 손실, 간섭국들의 야만성은 사람들 사이에서 공포감, 삶의 목표 상실, 당국에 대한 냉담과 불신을 불

러 일으켰다. 1923년 1월에 도입된 해외무역의 국가 독점은 극동지역
주민들에게는 힘겨운 경제적 체험이었다. 이 시점 이전까지 국내 소비
시장을 채우고 있던 것은 외국 상품들이었는데, 이것들의 가격은 부담
될 정도로 여겨지지는 않았다. 독점 도입 이후 소비재 상품 가격은 급
격하게 치솟았다. 밀수가 만개했다. (그 대부분이 직물이었던) 소비에
트 물품의 첫 번째 물량은 1923년 6월에야 이 지역에 도달했다. 이전
까지 극동인들이 경험하지 못했던 격심한 상품 기근과 가격 급등이 자
바이칼리예, 프리모리예 그리고 특히 아무르도에서 사회적 분위기를
극단적으로 첨예화시켰다.

이 지역의 해방으로 행정적 문제들을 해결할 필요가 발생했다. "완
충" 국가로서 만들어졌었던 극동공화국은 러시아공화국[1]의 구성지역
으로 포함되었다.

이에 상응해서 행정구역 관계에서도 변화가 일어났다. 권력 기관
들의 형성과 동시에 하바롭스크시를 주도(主都)로 하는 달니보스토크
도(Дальневосточная область[극동도])가 만들어졌다. 현 하바롭스
크변강주 영역은 프리아무리예주로 부속되었고, 현 프리모리예변강
주는 블라보스토크를 주도(主都)로 하는 프리모리예주로 부속되었다.
이것들 외에도 달니보스토크도에는 프리바이칼리예주, 자바이칼리예
주, 아무르주, 캄차카주가 포함되었다. 이것들은 다시 군과 읍으로 나
뉘었다. 얼마 후인 1926년 1월에 러시아공화국 전러시아중앙집행위
원회의 결의안에 따라 달니보스토크도는 달니보스토크변강주로 재조
직되었으며, 치타지구, 스레텐스크지구, 아무르지구, 하바롭스크지구,

---

1   본문에는 "러시아 연방(Российская Федерация)"으로 기술되어 있으나, 전후 맥
랑상 이것은 러시아공화국(РСФСР)의 오기로 보인다.

니쥬네아무르스크지구, 블라디보스토크지구, 세베로사할린지구, 캄차카지구로 구성되었다. 그리고 1938년에 와서야 소련최고회의 상임위원회의 정령(政令)에 따라 달니보스토크변강주는 하바롭스크변강주와 프리모리예변강주로 나뉘었다. 당연하게도 이러한 조건 속에서 권력선출기구를 설치하고, 붕괴된 경제를 회생하고 재건하는 것이 필요하게 되었다.

이 지역의 소비에트화는 단계별로 진행되었다. 먼저 대규모 산업중심지들에서 소비에트 선거가 진행되었는데, 산업중심지들의 노동자계급은 새로운 정권을 지지했다. 그 다음 단계인 1923년 봄과 여름에는 농촌지역에서 선거가 있었는데, 농촌지역에서는 상당한 준비작업이 요구되었다. 마지막으로 달니보스토크도의 주(州)소비에트들이 선출되었다. 완결 단계는 1926년 8월 15~23일에 하바롭스크에서 열린 326명의 의원으로 구성된 제1차 극동소비에트대회(1-й съезд Советов Дальнего Востока)였는데, 여기에서 달니보스토크변강주 집행위원회가 선출되었다. 집행위원회의 첫 번째 위원장은 Ya. B. 가마르니크(Я. Б. Гамарник)였다. 극동인 다수는 소비에트 권력의 복원에 열광적으로 호응했다는 점을 지적할 필요가 있다. 공동체는 전쟁 종식, 러시아와의 통합, 소련의 형성을 진심으로 기뻐했다. 축제 분위기가 이 지역을 휩쓸었다. 이러한 배경 위에서 더 좋은 쪽으로의 즉각적인 변화를 기대하고 소비에트 국가가 모든 사회적 문제들을 해결해 줄 것이라고 소망하는 심리가 나타났다.

회생 시기의 특징

러시아 내전시기에 파괴된 경제의 회생은 특별한 조건 하에서 진행되었다. 나라의 서쪽지역과는 달리 극동지역에서는 산업의 총체적인 국유화가 진행되었고, 농산물 공출과 총체적 노동 의무가 부과되지 않았다. 즉, 이 변경지역은 "전시공산주의" 정책을 무사히 피해갔다. 다른 한편으로, 극동지역에서 내전은 거의 6년 동안 격렬하게 치러졌으며, 중심지역에서 신경제정책의 원칙들이 이미 도입된 시기에 종료되었다. 이 모든 것들은 회생 시기뿐만 아니라, 이 지역의 이후 발전에도 흔적을 남겼다. 백위대 근원지를 괴멸시키는 과정이 지체된 것 또한 지역경제 회생을 어렵게 했다. 동북지역에서 이 작전은 1923년 봄까지 지체되었으며, 북사할린은 1925년 5월까지 일본 간섭자들에 의해 강점되어 있었다.

극동지역에서 진행된 사회경제적 과정들의 독특성은 다음과 같은 몇 가지 사실들로 구성되어 있다: 러시아 정치 중심지로부터의 지리적 원거리성, 이웃 국가들과의 국경 근접성, 전통적으로 농업−원료 지향적인 경제구조, 극단적으로 불충분하게 발전한 산업기반시설과 사회간접자본, 커다란 비중을 차지하고 있는 민간 자본, 그 중에서 외국 자본.

경제 회생을 위한 첫 번째 행보는 경제행정기관을 설립하는 것이었다. 1922년 12월 4일에 극동경제협의회(Дальэкосо)가 창설되었는데, 이곳에는 기업에 의한 경제 주도의 진전, 경제문제 관련 결의안의 시의적절하고 정확한 이행 통제, 주 경제기구들의 활동에 대한 감독과 같은 과제가 상정되었다. 주 계획위원회는 인민경제 발전을 계획했고, 극동이권양허위원회(Дальневосточный концессионный комитет)는 이권양허 업무를 담당했다.

변경지역의 산업발전 업무를 주관하는 기관으로 극동산업국(Дальневосточное промышленное бюро)이 설치(1922년 11월)되었다. 주요 산업 부문들은 달레스(Дальлес), 달졸로토(Дальзолото), 프리모르스크우골(Приморскуголь) 등등과 같은 트러스트로 통합되었다. 어업 관리를 위해 1922년에 블라디보스토크에도 수산·수렵관리국(областное управление рыболовства и охоты)이 설립되었는데, 이것은 1923년에 극동수산·수렵·국영수산모피관리국(Дальневосточное управление рыболовства, охоты и государственной рыбной и пушной промцшленности)으로 재편되었다.

극동 영토 내에 러시아공화국의 범주와 일치하는 형태로 관리되는 인민경제기관들이 설립됨으로써 행정조직 단계가 완료되었다. 공기업에는 계획, 등록, 관리와 같은 요소가 도입되었으나, 그럼에도 불구하고 이것들 중 일부는 독립채산제 형태로 운영되었다.

이 시기에 극동지역 경제발전에서 특별한 위치를 차지하고 있었던 것은 이권양허 정책이었다. 혁명 후 러시아에서 발생한 경제 위기라는 조건 속에서 시급한 경제적, 정치적 문제들을 해결하기 위해서는 국가자본주의를 도입할 필요가 있다고 인정되었다. 이권양허는 국가자본주의의 실질적인 형태들 중 하나로서 등장했다. 극동지역은 당시 지도부가 이권양허 정책의 대상지로 관심을 가지고 있었던 최초의 지역들 중 하나였다. 그것은 이 지역이 러시아의 유럽 부분으로부터 원거리에 위치해 있었기에, 이곳의 풍부한 천연자원을 개발하기 위해 외국 자본을 유치하는데 관심을 가졌다고 설명할 수 있다. 또 다른 이유들도 존재했다. 극동지역에서 이권양허 정책을 추진하는 것과 관련해서 소비에트 당국은 미국 및 일본과의 관계 정상화를 희망했다. 인민위원회의 위원회에서 작성한 1918년 7월 29일자《상품형태로서의 외국자본

유치 조건에 관한 테제들(Тезисы об условиях привлечения ино-
странного капитала в товарной форме)》에는 "특히 북부지역과
극동지역에서 국영기업의 조직과 설립을 위한 외국자본" 유치의 가능
성과 필요성이 기술되어 있다.《경제적·사법적 이권양허의 일반조건
(Общие экономические и юридические условия концессии)》
이라는 러시아공화국 포고령이 1920년 11월에 반포되었다. 이 포고령
에는 국가의 변방영토들에 있는 원료산업 부문은 우선적으로 이권양
허를 받을 수 있다는 조항이 명시되어 있었다.

이 지역의 자연자원 개발에 대한 외국투자자들의 명시적인 관심
에도 불구하고, 극동공화국과 러시아공화국이 통합될 때까지 극동공
화국 정부에 의해 체결되어 유효했던 이권양허 계약은 미국인 J. 빈트
(John Vint)와 맺은 아무르도에 있는 채광장들에서 준설방식으로 금
을 채굴하는 계약뿐이었다. 극동혁명위원회(Дальревком)는 빈트의
활동을 높이 평가했다. 이와 함께 이 변경지역의 사회경제적이고 군사
정치적으로 복잡한 상황, 그리고 또한 향후 소비에트 정권의 예측불가
능성은 외국기업인들을 불안하게 하는 요건들이었다.

극동지역에서 외국인에게 이권을 양허하는 행위는 1923년에 극동
이권양허위원회가 설립되면서 활성화되었는데, 이 기구는 외국 회사
및 기업과 무역거래를 실행하는데 있어 상당히 독자적인 지위를 부여
받았다. 정부의 목표는 이전과 마찬가지로 변경지역 경제의 회생과 이
웃국가들과의 긴장관계 완화였다. 1923년부터 1929년까지 영국, 노르
웨이, 미국, 일본 등등과 같은 국가 출신의 양허이권 보유자들과 24개
의 계약이 체결되었다. 양허이권들 중 대부분은 채광산업(금광, 폴리
메탈광, 석유의 채굴), 그리고 또한 임업과 어업에서 이루어졌다.

이권양허 정책은 몇 가지 긍정적인 결과들을 가져다 주었다. 양허

이권 보유자들의 극동지역 채광 부문에 대한 자본투여는 1920년대 말에 국가투자 규모의 49퍼센트를 차지했다. 이권양허 기업은 산업 부문에서 약 7퍼센트의 일자리를 만들어내었는데, 이 시기에 국가 전체에서 이권양허 기업의 일자리 수는 1퍼센트를 넘지 않았다. 프리모리예의 북부에서 은-납-아연 광물을 발굴, 탐사, 개발, 가공하는 작업을 했던 영국계 광업 이권양허 기업인 〈테튜헤광업사(Tetyukhe Mining Corporation)〉(1925~1931)는 매우 능률적으로 일했다. 이권양허로 인해 소비에트 정부는 인민경제 회생과 산업화를 위해 사용할 수 있는 추가 자금을 마련할 수 있었다.

국내 정치 및 경제 상황의 변화와 사회주의 건설의 강행에 따라 이권양허 관계는 많은 요소들을 고려해서 신중하고 복합적으로 접근할 필요가 있게 되었다. 이를 대신해서 소비에트 당국은 스탈린의 해석에 따른 사회주의 이념을 현실화함으로써 대외의존성으로부터 "독립하려는" 입장을 취했다. 수산업에서 일본의 양허이권은 극동지역에서 다른 어느 것보다 더 오래 유지되었다.

민간무역이 지배적인 역할을 하고 있었는데, 이것은 극동의 민간상인은 "전시공산주의" 정책 시기에 러시아 중심지역에 확립된 무역에서의 금지조치들을 피할 수 있었기 때문이었다. 이때 민간무역의 2/3는 외국인의 손에 들어가서, 러시아인이 33퍼센트, 중국인이 59퍼센트, 기타 외국인이 8퍼센트의 민간무역 자본을 장악하고 있었다. 거대 외국기업 중에는 〈쿤스트와 알베르스〉, 〈브리네르사(Бринер и К°)〉와 같은 기업들이 있었다. 결론적으로 1923년에 달니보스토크도의 다양한 산업분야에서 기업의 57.9퍼센트가 외국 자본에 속했는데, 이것들은 달니보스토크도 총산업생산의 50퍼센트를 담당했다. 주어진 과제를 해결하는데 있어 인적 요소가 차지하는 중요성을 고려할 때, 이 지역은 거주민이 적고 거주환경이 열악한 곳이었기에, 소비에트 당국은 이주 운동 경험을 부활시키려고 시도했다. 1925년에 극동이주관리국(Дальневосточное Переселенческое Управление)이 창설되어 이 변경지역으로의 계획적 이주가 준비되기 시작했다. 1920년대 말에 육군과 해군에서 제대한 군인을 농촌지역과 도시지역으로 이주시키는 작업이 시작되었다. 이주 운동을 촉진하기 위해 정부는 몇몇 혜택들을 제공했다. 이주민에게는 체납금, 세금, 의무납품을 모두 면제해주었다. 1932년부터 1939년까지 극동에 자리를 잡게 된 예비 병력의 수는 거의 35,000명에 달했다.

1930년대 초부터 산업 이주가 농업 이주를 대체했다. 가장 많은 수의 주민이 이주해 온 곳은 러시아의 랴잔도, 오를로프도, 쿠르스크도, 타타르자치공화국(Татарская АССР), 우크라이나의 폴타바도를 비롯한 여러 지방들 등과 같이 러시아공화국의 유럽지역이었다.

새로운 이주 유입은 전문인력 부족을 얼마간 충족시켜 주었다. 1926년에서 1937년에 이르는 기간에 12만 명이 극동지역으로 이주해 왔다. 이 모든 인원이 시급한 경제적 문제들을 해결하는데 적극적으로 참여했다고 말할 수는 없다. 이들 중 일부는 난관들에 겁을 먹고 다시 돌아갔지만, 많은 이들은 그대로 남았다.

1920년대에 조선인, 중국인, 일본인의 극동 이주 물결이 밀려들어 왔다. 1923년에 극동지역에서 이들의 비중은 도시 인구의 13퍼센트를 차지하고 있었다. 이후 이주과정에서는 조선인이 우세했다. 20세기 초에는 대체로 이들이 고국의 토지부족 때문에 이주했다면, 일본의 조선 강점 이후로는 정치적 동기에 따른 이주가 증가했다. 일본인 이주의 경우, 이 변경지역에 항구적으로 거주하고 있던 일본인은 혁명이전과 마찬가지로 많지 않았다. 그러나 어로기에는 많은 수의 계절노동자가 유입되었다. 1925년에 극동지역 수산업에는 22,600명의 일본인이 있었고, 1929년에는 30,500명, 1930년 초에는 38,600명이 있었다. 이들 중 상당 수는 러시아 기업에서 일했다.

1923~1925년에 이전에 폐업되었거나 소실되었던 기업들 중 많은 수가 재수립되고 재건되었다. 이러한 것으로는 판지공장과 시바키 제재공장(Сивакский лесопильный завод) (아무르도), 니콜스크-우수리스크의 버터공장, 스파스크-달니의 통공장, 블라고베셴스크의 〈크라스늬 보스토크(Красный Восток)〉 성냥공장 등이 있었다.

회생과정의 주요 참여자는 광산업, 제련업, 임업, 교통분야의 기업들이었다. 극동지역의 주요 산업 분야들 중에서 성공적으로 회생되고 발전한 것들 중 하나로 석탄산업을 들 수 있다. 1925년에 민간 석탄산업체가 최종적으로 축출되었고, 석탄 생산은 전쟁 이전 수준을 넘어서게 되었으며, 가장 중요한 것으로는 생산된 석탄의 상당량이 수출되었다는 점을 들 수 있다. 1923년 초에 프리모리예지구(Приморский округ)에서는 23개의 석탄기업이 활동하고 있었는데, 이것들 중에서 국영은 수찬광산뿐이었다. 수찬광산은 최고인민경제위원회(ВСНХ)[2] 극동산업국(Дальневосточное промышленное бюро)에 속했다. 1925년 7월에 개최된 제3차 프리모리예광부대회(Приморский съезд горняков)에서는 석탄산업의 회생과 발전에 관한 광부들의 첫 번째 활동보고가 있었다. 주요 성과는 노동생산성 증대였는데, 이것은 신기술 적용, 보다 효율적인 노동 조직, 노동에 대한 광부들의 열정으로 가능했다. 1925년 10월에 수찬탄광, 아르툠탄광(Артемовские

---

2   '최고인민경제위원회(ВСНХ)'의 정식 명칭은 'Высший Совет Народного Хозяйства'이다.

копи), 리폽츼탄광(Липовецкие копи), 타브리찬카탄광(Тавричан-ские копи)으로 이루어진 〈프림우골(Примуголь)〉 트러스트가 조성되었는데, 이것은 기업들이 더욱 안정적이고 체계적으로 활동할 수 있도록 해 주었다.

금속기업들의 회생과 재조직도 중요한 의미를 가지는 것이었다. 이것들 중 몇몇 기업은 전면적으로 재조직되었다. 예를 들어, 하바롭스크 〈조병창(Арсенал)〉 공장은 농업용 정밀 기계와 장비를 생산하게 되면서, 〈달셀마슈(Дальсельмаш)〉라는 새로운 명칭이 붙게 되었다. 블라디보스토크에 있던 〈달자보드〉는 전문분야인 선박수리 외에도 농기계를 수리했고, 선박을 건조했으며, 증기기관을 수리했다. 1924~1925년에 〈달자보드〉는 약 540만 루블의 이익을 냈으며, 1926년부터는 국가적 수준의 기업이 되었다. 1926년에는 스파스크시멘트공장(Спасский цемзавод)이 난관들에도 불구하고 회생되었다.

극동지역 인민경제에서 특별한 위치를 차지하고 있던 것은 해상운수였다. 1922년 7월에 모스크바에는 의용선단 관리위원회가 설립되어서 간섭국들이 끌고 간 러시아 선박을 세계의 여러 항구에서 반환받는 일이 진행되었다. 1923~1924년에 블라디보스토크 무역항은 소련의 모든 항구들 중에서 가장 수익률이 좋은 항구였다. 1920년대 전반부에 극동해상운수 발전에서 특징적인 것은 소유형태가 다양했다는 점이었다. 일례로, 무역항과 의용선단의 선박수리작업장인 달자보드 외에도 민간 선박수리조선소들과 〈브리네르, 쉴로프, 야로폴로프(Ярополов)〉 무역관의 선박수리작업장이 자유롭게 운영되고 있었으며, 〈케이제를링크(Г. Г. Кейзерлинг)〉[3], 〈제브롭스키사(Жебровский и

---

3 원문에는 카이제를링크(Кайзерлинг)로 되어 있다. 이것은 아마도 폴란드식 표기

K°)〉 등등과 같은 해운회사들이 의용선단과 성공적으로 경쟁하고 있었다. 예를 들어, 겐리흐 구스토비치 케이제를링크(Генрих Густович Кайзерлинг)는 1895년에 두 척의 포경선을 이끌고 노르웨이에서 블라디보스토크로 와서 가이다마크(Гайдамак)만에 포경업소를 설립했는데, 이것은 이후 〈케이제를링크 남작의 태평양포경·어업주식회사(Тихоокеанское китобойное рыбопромышленное акционерное общество графа Г. Кейзерлинга и K°)〉로 성장했다. 1907년부터 그는 의용선단의 해외노선 대행자이자, 러시아동아시아해운(Русское Восточно-Азиатское пароходство) 블라디보스토크 지점장을 맡았다.

극동지역에서 산업과 교통 부문의 회생은 대체로 1920년대 말에 완료되었다.

극동지역에서 회생 시기가 진행되고 있을 때 최우선적으로 관심을 받은 것은 농업 부문이었는데, 이것은 증대되고 있던 산업 주민 수요와 농경지 확대 필요성 때문이었다. 신경제정책의 조건에 따라 농업 부문에서는 토지관계 정리, 재정투자 확대, 기술장비 제공, 농민 세제 개편 등과 같은 변혁이 진행되었다. 세금 액수는 본질적으로 가구경제에 따라 다양했다. 쿨라크층 범주에 속하는 사람은 빈농 보다 7~10배 많은 세금을 납부해야만 했다. 이러한 조치들과 1923년 가을에 도입된 (현물 납부 대신 화폐로 세금을 내야만 했던) 단일농업세는 농민들 사이에서 심각한 불만을 야기해서, 농민봉기(아무르도, 1924년)까지 일어났다. 당국은 대규모 농민 시위를 피하기 위해 긴급 조치들을 채

를 키릴문자로 음차한 것으로 보이는데, 여기에서는 러시아에서 일반적으로 사용하는 독일어 표기의 키릴문자 음차를 사용해서 케이제를링크(Кейзерлинг)로 표기했다.

택해야만 했다. 1923년도 체납분은 모두 탕감되었고, 1924년도 세금
은 절반으로 삭감되었다.

신경제정책 기간에 극동지역에서는 국가 중심지역에서와 마찬가
지로 협동조합 운동이 증가했다. 신용협동조합, 공급판매협동조합, 생
산협동조합 등을 비롯한 다양한 형태의 협동조합이 발전했다. 회생 시
기에 농업 발전 성과는 상당히 컸다. 1926년에 농업은 총생산고와 상
품생산고에 있어서 1917년 수준에 다달은 정도가 아니라, 그 규모를
초과했다. 그런데 이 기간에 경작지 면적은 줄었다. 국가는 가능한 모
든 수단을 사용해서 농민, 특히 빈농에게 종자, 기술장비, 가축을 보장
해 주었다.

변경지역에서 인민경제회생의 첫 번째 결과들이 1926년 3월에 개
최된 제1차 극동소비에트대회(Дальневосточный съезд Советов)
에 제출되었는데, 여기에서는 변경지역 경제발전에서의 긍정적인 진
전들이 이야기되었다. 그런데 산업에서 급격하고 질적인 변화는 진행
되지 않았다. 이전과 마찬가지로 주요 (수출) 부문인 광업, 탄광업, 임
업, 어업에서의 총생산은 제조업 분야의 생산을 여러 배 초과하고 있
었다. 전국적인 중요성을 가지고 있는 분야들(어업, 임업, 광업)에서는
외국자본이 상당한 비중을 차지하고 있었다. 극동지역은 이전과 마찬
가지로 투자가 필요한 곳으로 남아있었다. 노동자들의 낮은 기초교육
수준과 문화 수준, 숙련된 전문인력의 심각한 부족이 극동지역 경제의
발전적 재건을 방해하는 심각한 장애들이었다. 상황 변화는 농업 부
문, 경공업, 식품공업에 대한 그리고 전문인력 문제 해결에 대한 대규
모 자본투여가 있을 때에야 가능할 것이었지만, 국가는 이러한 지원을
하지 않았다. 국가 경제 정책을 수정할 필요가 있었다.

"극동식" 공업화

1925년 말에 집권당은 농업적 러시아를 근대적이고 산업적으로 발전된 국가로 변화시키는 국가 공업화 노선을 선포했다. 이 과정에서 전략적으로 중요한 극동지역에 우선 순위가 주어졌다.

제14차 당대회(1925)의 결의안들에서는 변경지역의 경제적·문화적 후진성의 제거 필요성에 주목했다. 그러나 국가 동부의 신속한 공업화에 대한 전망들은 통일된 해결책을 제시하지 못했다. 중앙기관들(국가계획위원회(Госплан)[4], 최고인민경제위원회 등등)의 대표자들 중에는 "오래된", 즉 앞서 개발되고 정주가 완료된 지역들에서만 공업을 발전시켜야 한다는 견해가 존재했었다. 직접적으로 극동지역과 관련해서는, 당 조직과 계획기관 조직의 관료들이 가지고 있는 입장이 동일하지 않았다. 이들 중 일부는 이 변경지역의 원거리성과 인구부족을 이유로 들면서 이 변경지역으로부터 천연자원과 반제품의 국내외 시장 반출을 제한할 것을 제안했다. 다른 일부는 극동지역에 따로 물적 자원을 분배하거나 대자본이 필요한 건설을 계획하지 말고, 대신에 중심지역들에 대한 투자에서 "남는 것들"로 진행할 것을 조언했다.

1927년 2월에 전연방공산당(볼셰비키, ВКП(б))[5] 중앙위원회 전원회의에서 "1926~1927년의 대자본이 필요한 건설에 관한" 문제를 논의할 때 L. D. 트로츠키(Л. Д. Троцкий)는 L. M. 카가노비치(Л. М.

Каганович)의 지지 하에 국가 동부지역의 산업에 대규모 자금을 투입하는 것을 반대하는 연설을 했다. V. 쿠이븨셰프(В. Куйбышев), S. M. 키로프(С. М. Киров), G. K. 오르드죠니킷제(Г. К. Орджоникидзе), Ya. B. 가마르니크는 동부지역 공업화에 대한 지지자로서 연설했다. 건전한 생각이 승리했다. 달니보스토크변강주에서 산업은 수입에서 벗어나면서도 전통적인 수출 부문들 – 연료생산업, 임업, 어업 – 에 대한 관심은 약화시키지 않기 위해 복합적으로 발전시킬 필요가 있었다. 이 변경지역의 연안지역에서는 공업화에 해양지향성을 크게 반영하고 있었다.

공업 발전 전망에 대해 논의하는 과정에서 산업의 지역 내 지리적 분포 문제를 놓고 이견이 발생했다. 극동지역 남부에 위치해 있는 기존 산업 중심지들을 발전시킬 것인가, 아니면 동부와 동북부로 확산할 것인가? 기존 기업들만을 재구조화할 것인가, 아니면 이것들은 제외하고 완전히 새로운 산업 중심지들과 지역들을 조성할 것인가?

최종적으로 1927년 11월에 전연방공산당 달니보스토크변강주위원회(Далькрайком) 사무국에서는 변경지역 발전을 위한 새로운 조망안이 승인되었는데, 이것은 초대형 규모의 대자본이 필요한 건설과 모든 산업분야의 발전 속도 가속화를 구상한 것이었다. 이것은 오래된 산업지역들에서 생산력을 빠르게 성장시키면서, 사할린, 캄차카, 추콧카, 콜릐마, 부레야, 콤소몰스크, 소베츠카야가반(Советская Гавань)의 자원개발을 강화한다는 것이었다. 러시아 전체 투자금 중에서 약 5퍼센트를 변경지역 경제에 투자하는 것으로 계획되었다. 이러한 기반 위에서 대자본이 필요한 공사는 3.5배 더 크게 구성될 것이었다.

첫 번째 계획안은 수정되었으며, 이로 인해 투자금 중 가장 큰 혜택은 탄광업, 임업, 어업, 금광업 부문들에게 돌아갔다. 소련은 외환자금이 극히 부족했으며, 이에 따라 당국은 외화-수출 부문들에 투자를 했다. 예를 들어, 프리모리예의 석탄은 질적인 면에서 외국 석탄과 성공적으로 경쟁했다. 이러한 상황은 달우골(Дальуголь)의 지위를 변화시켜서, 1929년 이래로 달우골은 연방급 중요성을 가지는 트러스트가 되었다. 남프리모리예는 이 시기에 극동지역에서 채굴되는 총석탄량 중 80퍼센트를 생산했다.

제1차 5개년 계획 기간에 콤소몰스크-나-아무레와 대규모 금속 콤비나트인 아무르스탈(Амурсталь), 하바롭스크의 석유정제공장과 기계제작공장이 건설되기 시작했다. 콤소몰스크-나-아무레의 건설(1932)은 극한 상황들 속에서 수행되었다. 정상적인 주거지, 따듯한 신발과 의류와 같은 생활조건이 건설노동자들에게 보장되지 않는 엄혹한 생활 조건도 이 도시의 빠른 건설을 막지 못했다. 이미 1932년 말에 이 도시에는 6천 명의 주민이 있었으며, 1934년에는 2만 명이 거주했다. 콤소몰 여행허가증에 따라 전국 각지에서 젊은이들이 극동지역의 건설현장으로 왔다. 레닌그라드 토박이인 발렌티나 헤타구로바(Валентина Хетагурова)도 1932년에 이렇게 극동지역으로 왔다. 1936년 말에 그녀는 신문 지상을 빌려 소련의 처녀들에게 극동지역으로 와서 이 땅을 구축하고 정비할 것을 호소했다. 1937년 초에 〈트료흐고르카(Трёхгорка)〉와 〈디나모(Динамо)〉를 비롯한 여러 공장들에서 일하는 400명의 여공을 태운 수송열차가 모스크바를 출발했다. 발렌티나의 호소에 호응한 처녀들은 "헤타구롭카(хетагуровка)"라고 불리게 되었다.

1920년대 말에서 1930년대 초에 이르는 시기에 신경제정책은 위축되었다. 사회주의적 분야가 극동 경제에서 전적으로 우세해지게 되었고, 민간과 외국의 자본은 축출되었으며, 이권양허 사업은 위축되었다. 하지만 이러한 과정이 일본의 주요 양허이권에는 거의 영향을 주지 않았는데, 이를 통해 이권양허 사업은 정치적 측면이 중요했음을 알 수 있다. 일본의 이권양허 활동에 대한 제한적 통제는 강화되었으며, 이것은 1944년이 지나서야 극동지역에서 존재하지 않게 되었다. 이와 동시에 국경 강화를 위한 주요 조치들이 채택되었다. "철의 장막(Железный занавес)"이 소비에트 국경선 전체를 따라 둘러쳐졌다.

제17차 당대회에서 승인된 제2차 5개년 계획은 변경지역에 고유한 금속산업의 토대를 창출하고, 연료 채굴을 증대하며, 경공업과 식품공업의 발전을 가속화하는 것이었다. 이것은 극동지역을 소련의 중요한 태평양 전진기지로 변화시키는 것이었다. 이와 관련하여 극동지역의 새로운 건설사업장들로 노동력을 유치하기 위한 목적에서 집권당은 "전 국가가 극동지역에 사회주의 전초기지를 건설하자!"라는 흥미로운 구호를 내걸었다. 노동력과 창의력을 이끌어내기 위해 "재건 시기에는 기술이 모든 것을 결정한다!", "볼셰비키가 점령할 수 없는 요새는 결코 없다!", "공업화를 지나 사회주의로!" 등등과 같은 다른 구호들이 고안되었다. 구호에서 보이는 낙관주의는 첫 번째 5개년 계획의 영웅들에게 노동에 대한 열정을 고무시킨 요소들 중 하나였다.

공업화의 속도는 국가 전체와 오래된 산업화 지역들의 평균치보다 훨씬 높게 설정되었다. 산업분야에서 제2차 5개년 계획의 특징은 인민경제의 전통적인 분야들에서의 발전을 새로운 인민경제들 – 조선 부문, 자동차정비 부문, 석유정제 부문, 화학 부문 – 의 조성과 결합시키는 것이었다. 발전소의 능력만도 3배 증가되는 것으로 설정되었다. 달니보스토크변강주의 산업발전을 위한 총지출액 중에서 79퍼센트가 중공업에 배정되었다. 극동지역은 동시에 100개가 넘는 거대 산업 기업들이 구축되는 신건설의 변경지역으로 변모했는데, 이 기업들 중 약

20개는 연방급 중요성을 가지고 있었다.

제2차 5개년 계획 기간에 극동지역 최초로 주석 콤비나트들이 건설되기 시작했고, 극동광산금속콤비나트(Дальневосточный гор-но-металлургический комбинат)의 재건이 진행되었다. 유대인 자치도에서는 달셀호즈마슈(Дальсельхозмаш)라는 대형공장과 봉제공장이 건설되었다. 스파스크시멘트공장은 소련에서 가장 큰 대규모 공장이 되었다. 이 특별한 공장을 위해 소련 회사는 물론이고, 스웨덴, 독일, 덴마크의 회사들도 장비를 공급했다. L. 라브렌티예프(Л. Лаврентьев), I. 코시오르(И. Косиор), V. 블류헤르와 같은 이 변경지역의 지도적 인물들이 건설현장을 방문했다. Ya. 가마르니크 또한 건설현장을 방문했다. 1935년에 극동지역에는 25개의 새로운 공장이 세워졌다. 그 명단에는 스파스크시멘트공장, 하바롭스크정유공장(Хабаровский нефтеперегонный завод), 우수리스크설탕콤비나트(сахарный комбинат в Уссурийске) 등과 같은 연방급 중요성을 가지는 공장들도 들어있었다. 콤소몰스크-나-아무레의 인구는 1932년 초에는 150명이었던 반면, 1940년에는 7만 명 이상이 되었다.

제1차와 제2차의 5개년 계획들은 프리모리예변강주의 외관을 바꾸어 놓았다. 1938년에 이곳의 산업 생산은 1913년에 비해 8배 증가했다. 총산업생산 성장률은 제1차 5개년 계획 기간에 191퍼센트, 제2차 5개년 계획 기간에는 281퍼센트, 그리고 1938~1940년에는 160퍼센트였다.

제2차 5개년 계획 기간에 달니보스토크변강주 산업에는 24억 루블 이상이 투자되었는데, 이것은 2차 5개년 계획에 예정되어 있던 것보다 거의 1.6배가 많은 것이었다. 5개년 계획이 종료될 때까지 극동지역은 나라 안의 산업적으로 발전된 다른 지방들과 같은 수준으로 요구된 것들 중 많은 것을 완수했다. 이전과 마찬가지로 이 기간에도 극동 공업의 전통적인 기존 부문인 목재 부문, 연료공급 부문, 다중금속광 부문, 금광 부문, 수산 부문에 대한 기술적 재구조화에 상당한 관심이 할애되었다. 어업용 트롤어선, 생선냉동선을 보강함으로써 어업선단 의 물적·기술적 토대가 강화되어서, 수동적 조업 방식에서 능동적인 해양어로활동으로 전환할 수 있게 되었다. 1932년에는 소련 최초로 포경기지인 〈알레우트(Алеут)〉가 설비를 갖추게 되었고, 6월에는 〈아 반가르트(Авангард)〉, 〈트루드프론트(Трудфронт)〉, 〈엔투지아스트 (Энтузиаст)〉와 같은 포경선이 레닌그라드에서 블라디보스토크로 이 동해 오기 시작했으며, 이동기간 중이던 1932년 10월 25일에 처음으 로 두 마리의 고래를 잡았다. 이후 매년 500마리 이상의 고래를 잡았 다. 1967년에 〈알레우트〉는 완전히 낡아서 말소되었다.

어업 콜호스 또한 강화되었다. 1930년대 말에 이전에는 아무 것도 없던 해안가에 〈자루비노(Зарубино)〉, 〈타푸인(Тафуин)〉, 〈포포프 (Попов)〉, 〈플라스툰(Пластун)〉 등등의 어업 콤비나트들이 건설되 었다. 노동자 마을 각각에는 1,500명에서 3,000명의 주민이 거주했다. 극동지역의 수산업 생산은 국가적인 관심사였다. 어업 생산품, 게, 해 산물의 4/5이상이 이 변경지역에서 소련 내 다른 지역들로 반출되고 해외로 수출되었다. 전반적으로 변경지역 경제는 눈부시게 두각을 나 타내는 산업이라는 특성을 획득했다. 극동지역 인민경제 총생산에서 산업이 차지하는 비중은 1937년에 80.4퍼센트에 달했다.

극동지역 산업화의 의문의 여지 없는 성공 속에서 산업 시설들, 철 도, 탄광과 광산을 건설한 노동자들의 비극적 운명에 대해 침묵해서 는 안된다. 공업 비약의 대가는 매우 비쌌다. 그리고 더 값비쌌던 것 은 달니보스토크변강주의 개조에 대한 젊은이들의 기여였다. 젊은이들은 산업시설, 도시와 마을을 건설하는데 있어 주요 행위자였다. 전설이 된 콤소몰스크 외에도 남녀 청년들은 나홋카항을 건설했고, 재조성되었던 사할린의 유전업과 어업에 종사했다. 이들은 노동과 생활 상의 고난에 개의치 않고 천막과 움막집에 기거하면서 일찍이 본 적 없는 열정, 끈기, 의지, 강철 같은 인내를 보였다. 전해져 오는 한가지 실례만 들어도 알 수 있다: 1933년 12월에 천여 개에 달하는 젊은이들의 행렬이 길이 없어(당시에는 부설 계획만 세워져 있었다.) 얼음과 눈을 밟으며 걸어서 건설노동자 충원의 일환으로 하바롭스크에서 콤소몰스크로 가는 일을, 강추위 속에서 400킬로미터의 "얼음길 행군"을 감행했다.

이와 함께 공업화의 강행 속도는 변경지역의 예비노동력 성장률을 현저히 초과했다. 노동력을 극동지역 건설현장으로 유입시키고 이곳에서 노동자원을 공고화하기 위해 1933년 12월에 달니보스토크변강주 주민을 위한 특전에 관한 전연방공산당(볼셰비키) 중앙위원회와 소련 인민위원회의 결의안이 채택되어서, 1934년 1월에 발효되었다.

노동력 보충을 위해 의무 노동이 폭넓게 사용되기 시작했다. 1931년에 소련 노동국방위원회(CTO)[6]의 결정에 따라 콜리마 상류 지구에 산업 및 도로 건설을 위한 국영트러스트(달스트로이(Дальстрой))가 설립되었는데, 이것은 소련 국가와 이 변경지역의 역사에서 비극적인 한 면을 장식하게 된다. E. 베르진(Э. Берзин)이 이곳의 책임자로 임명되었다. 달스트로이는 생산, 소비에트-행정, 문화-교육 등등과 같은 모든 활동 형태들을 통합적으로 관리하는 체계로서 설립되었다. 이러한 기능들 뒤에는 수감자 노동을 끌어들여 극동의 새로운 지구들을 강

---

6 '노동국방위원회(CTO)'의 정식 명칭은 'Совет Труда и Обороны'이다.

제적으로 개발한다는 중심내용이 감춰져 있었다. 처음 2년 동안 달스트로이가 가장 관심을 기울인 것은 콜리마강 상류지역에 있는 금광산까지 도로를 개설하는 것이었다. 1934년 이래로 달스트로이는 내무인민위원회 관할로 이전되었다. 극동지역에는 약 100개의 강제노동수용소가 산재해 있었다.

블라디보스토크에 있던 〈브토라야 레츠카(Вторая речка)〉 수용소는 죄수들을 콜리마로 이송하기 위한 특별환승지였다. 강제노동은 하역작업, 아스콜트(Аскольд)섬에서의 금채굴, 수찬과 아르툠에서의 석탄채굴, 벌목 등을 위해 프리모리예변강주 내에서도 사용되었다. 수용자 대부분은 마가단도, 아무르도, 그리고 하바롭스크변강주에 있었다. 이들 중 다수는 정치범으로, 형법 58조에 따라 형을 선고받은 이들이었다. 많은 사람들이 고난을 견디지 못해서, 힘든 노동, 영양실조, 질병, 블라디보스토크에서 (이후 마가단시로 성장하는) 나가예보(Нага-ево)항에 이르는 해상 이동에 따른 고통 등으로 인해 죽어갔다. 당시 극히 필요로 했던 금을 국고에 충당하기 위해 뒤틀린 운명과 망가진 삶이라는 값를 치렀다. 이미 1973년에 달스트로이 트러스트는 1932년보다 70배 많은 양의 금을 생산했다. 이 당시 트러스트는 기선 17척, 항공기 12대, 화물차 717대, 기타 기계장비들을 보유하고 있었다.

수천 명의 수감자들이 힘겨운 노동으로 이 변경지역의 산업적 형태를 만들어 내었다. 그들의 노동 덕분에 국가는 극동지역에 강력한 공업 기반을 갖추게 되었으며, 이를 통해 비우호적인 이웃국가들의 지속적인 위협에 대항할 수 있게 되었다. 무엇이 되었든 간에, 한때 버려져 있던 이 변경지역을 바꾸어 놓은 자발적인, 그리고 강제적인 인간 노동 뒤에는 존경과 찬사를 받고 추모받을 자격이 있는 사람들이 있다.

달니보스토크변강주 공업화의 가장 중요한 결과물은 이 변경지역 내에 산업시설들이 적절히 배치되었다는 것이다. 새로운 산업 중심지들이 조성됨으로써 변경지역의 경제지도가 바뀌었고, 공업이 분산배치됨으로써 산업 생산이 극동지역의 몇몇 남부지구들에 비대칭적으로 집중되었던 것이 해소되었다. 북사할린, 캄차카, 콜릐마, 추콧카, 하바롭스크변강주가 특히 빠른 속도로 발전했다. 기계제작 중심지와 금속 가공 중심지의 배치에서 변화가 나타났다.

극동지역의 농촌

내전과 외국 간섭 시기에 극동지역의 농업은 파괴와 약탈로 철저하게 황폐해졌다. 대지는 적절한 돌려짓기와 시비 없이 약탈적으로 사용됨으로써 손상되었고, 모든 작물의 수확량이 감소했으며, 파종지 면적은 줄어들었다. 농민이 가지고 있던 장비는 교체가 필요했다.

신경제정책은 1921년에 도입된 이래로 국가 중심지역에 있던 농민으로부터는 부담을 덜어주었으나, 극동지역 농촌에는 몇 가지 불만사항을 가져다 주었다. 문제는, 중심지역에서는 농산물 공출을 현물세로 전환하는 것이 진보적인 조치로 보여졌다는 점이었다. 농산물 공출에 의존하고 있지 않았던 극동지역에서는 신경제정책에 따른 세금부과체계가 상당히 과도한 것으로 드러나서, 농민들로부터 당연히 나올만한 비난을 초래했다. 농업이 위기에서 벗어나는 데에는 매우 오랜 시간이 필요했다.

농업 분야가 1917년 수준으로 회생되고 신경제정책이 폐기된 이후 극동지역 농촌의 사회주의적 재건이라는 과제가 주어졌다. 1920년대 말에 국가적 차원에서 집단화 노선이 채택되었고, 이러한 노선의 실현을 위해 일련의 과제들이 수립되었다. 가장 기본적으로는,《집단화의 속도와 콜호스 건설에 대한 국가의 지원 방책에 대하여(О темпе коллективизации и мерах помощи государства колхозному строительству)》라는 1930년 1월 5일자 전연방공산당(볼셰비키) 중앙위원회의 결의안에 따라 집단화의 기한, 협동조합의 기본 형태 ‒ 농업협동조합 ‒ 와 쿨라크 층에 대한 정책 ‒ 집단화의 기반 위에서 계급으로서의 쿨라크 층 청산 ‒ 등이 정해졌다. 이와 함께, 1920년대에서 1930년대로 넘어가는 기간의 주요 특징이었던 곡물위기라는 구체적인 상황이 농촌에서의 실질적인 정책을 결정했다. 판매를 위한 곡물의 급격한 감소는, 한편으로는 산업도시를 위한 식량 부족이라는 점에서, 다른 한편으로는 곡물수출이 외환 조달을 위한 수단이라는 점에서 산업화 계획에 대한 위험 요인이었다. 농업을 거대한 집단적 제조업으로 전환하는 것이 가능한 짧은 기간 내에 곡물문제를 해결하기 위한 유일한 방법으로서 검토되게 되었다. 이러한 생각에 따라 전연방공산당 달니보스토크변강주위원회 사무국은 1930년 1월 11일에 변강주 콜호스연맹(крайколхозсоюз)의 업무와 콜호스 건설의 우선적 과제들에 관한 결의안을 채택했다.

극동지역의 농촌은 국가의 유럽 부분과는 다른 분명한 특징을 가지고 집단화에 착수했다. 첫째, 극동 농촌에는 유복한 농민가구의 비율이 상대적으로 높았다는 점에서 차이를 보이고 있었다. 이러한 현상은 극동 이주 농민들에 대한 특전 조건을 상기한다면 이해할 수 있는 것이다. 둘째, 개척 시기에 이 지역에서는 농업에 임금노동을 사용하는 농민층이 형성되었는데, 이것은 농업분야가 자본주의적 발전 노선으로 전환되었음을 증명해 주는 것이다. 셋째, 농민들 중 일부는 접경 국가들에 있던 백위대와 보이지 않는 끈으로 연결되어 있었다. 그리고, 마지막으로, 탈주농노의 전통에 충실한 카자크들이 농업을 협동조합화하는 일에 기여했을 리는 없었을 것이다. 임박해 있던 집단화의 사회적 토대는 이렇듯 근본적으로 차이를 보이고 있었다. 소련의 유럽 부분에서는 승부수가 다수를 차지하고 있었던 빈농에게 달려있었다면, 극동지역에서는 중농과 유복한 농민의 심리를 변화시키는 것이 근본적인 조건으로 고려되었다. 이에 더해, 앞에서 언급한 결의안들에 따라 극동지역은 비곡창지역의 세 번째 집단에 속했기에 집단화 완료 기간이 1933년 봄까지로 연장되었음에도 불구하고, 지역당국은 이 과정을 앞당겨 완수하려고 했다.

극동지역 농촌이 집단노동으로 나가는 것은 쉽지 않은 과정이었다. 이미 1920년대 말부터 극동지역에서는 최초의 콜호스들이 형성되기 시작했다. 상기해야 할 것은, 이 용어가 집단화 과정에서 협동조합 형태들 중 하나인 농업협동조합과 동의어로서 나타나게 되었다는 점이다. 농업협동조합에서는 노동 도구와 농민들의 직접 노동은 집단화 되었지만, 농가 내에 있는 소규모 부지와 부업은 사적으로 소유할 수 있는 가능성이 남아있었다. 농촌에서 농업용 도구와 기계에 대한 주요 소유자는 유복한 농민이었다. 이 변경지역의 여러 구역에서 부유한 농민의 비중은 9퍼센트에서 12퍼센트를 차지한 반면, 중농 수치는 40퍼센트나 심지어는 50퍼센트에 달했다. 이러한 상황 속에서 농민들의 불만과 나아가 저항은 피할 수 없는 것이었다.

중앙 당국과 지방 당국은 "모든 전선에서의 사회주의의 공세"라는 이념을 따르면서 곡물문제를 급진적인 방법으로 해결하려 했기에, 농촌의 사회주의화를 위한 전방위적인 투쟁으로 전환했다. 1930년 1월까지 극동지역에서는 20,800개의 농민가구가 콜호스에 가입했고, 2월에는 그 수가 90,800가구로 증가했다. 이에 따라 콜호스의 수도 증가했다. 1930년 1월에 콜호스 수가 936개 였다면, 3월에는 1,500개를 넘어섰다. 예를 들어, 블라디보스토크지구에서는 45퍼센트의 농민가구가 집단화되었다. 1930년 1월에 프리모리예에 있는 미하일롭카구역(Михайловский район), 그로데코보구역(Гродековский район), 체르니곱카구역(Черниговский район)은 전면적 집단화지대로 선포되었고, 하아무르 지역에는 17개의 최초의 콜호스가 조직되었다. 1930~1931년에는 프리모리예와 프리아무리예의 하바롭스크 지역(Хабаровское Приамурье)에 있는 구역들에 기계·트랙터지원사업소(MTC)가 구축되기 시작해서, 프리모리예의 아스트라한스크기계·트랙터지원사업소, 프리아무리예 하바롭스크 지역의 아르군스코예(Аргунское)기계·트랙터지원사업소, 노보트로이츠크(Новотроицк)기계·트랙터지원사업소, 마트베옙카(Матвеевка)기계·트랙터지원사업소가 만들어졌다. 이곳들에 농업기구들이 집중됨으로써, 새로이 형성된 집단농장의 물적·기술적 토대가 국가에 의해 제공되었다.

중앙 당국은 1929년부터 집단화를 가속화시키기 위해 적군(赤軍) 제대병을 그 가족과 함께 극동지역으로 이주시키기 시작했다. 이들에 의해 적군(赤軍) 콜호스들이 만들어지게 되었는데, 이것들은 집단화 진행과정에서 지역 당-소비에트 기관들의 기둥 역할을 했다. 1932년에 극동지역에는 42개의 이러한 콜호스가 활동하고 있었다.

당연한 것이지만, 이러한 조건들 속에서 집단화의 기본 원칙들 – 자율성, 지속성, 가시성, 농민의 개인적 관심 – 은 자주 훼손되었다. 강압, 강요, 위협이 집단화의 주요 방식이 되었다. 다른 원인들은 차치하고, 상위에 있는 각급 기관들로부터 신망을 얻고 중요한 국가적 과업을 해결하는데 있어 "얼굴에 먹칠을 하지 않으려는" 다양한 단계에 있는 지역 당국들의 욕구가 이 모든 것 뒤에 감춰져 있었다. 일은 집단

화에 따른 총돌격 〈메샤츠니크(месячник)〉[7]의 선포와 집단화한 가구
의 수에 대한 농촌 구역들 사이의 경쟁으로까지 나아가게 되었다. 이
에 대해 농민은 저항으로 답했다. 일이 이렇게 돌아갈 것을 예견하고
있었던 집권당은 1930년 1월 5일자 결의안에서 쿨라크 층과의 투쟁을
위한 일련의 방책들, 그리고 이와 함께 부농 축출의 과제, 절차, 성격
을 규정했다. 이것들은 또한 1930년대에 국가 기제와 농민층 사이에
서 나타난 격렬한 대립의 기반이었다.

쿨라크 층 철폐를 위한 캠페인이 1930년 2월에 시작되었으며, 그
리고 재산 몰수, 선거권 박탈 또는 추방에 대한 농촌 소비에트와 법정
의 신속한 결정이 뒤따랐다. 소비에트 당국에 대항하는 음모와 테러
행위의 주동자에게는 징역형이 규정되었다. 콜호스에 가는 것을 요망
한 농민에 대해서도 심히 조악한 위반행위들이 자행되어서, 가축, 가
금류를 공유한 것은 물론이고 코뮌 형성과 같은 때에는 가사도구를 공
유하기도 하는 일이 빈번하게 일어났다. 가장 지독한 위반행위는 경제
적 독립성을 고수했던 중농과 빈농을 쿨라크 가구에 포함시킨 것이었
다. 1930년 2월에만 극동지역에서는 12건의 반 콜호스 시위가 일어났
으며, 그 과정에서 농민들은 심지어 무기를 들기도 했다. 이러한 예는
슈코토보구역, 체르니곱카구역 등등에서 볼 수 있는데, 이곳들에서 농
민은 삼림으로 들어가 무장 조직을 구성했다. 가장 적극적으로 저항한
농민은 아무르지구의 농민들이었다. 이에 대응하여 탄압 조치가 강화
되었다. 1930년에만 아무르지구에서 1,175가구, 블라디보스토크지구
에서 2,114가구가 재산을 몰수당하고 추방되었다.

7　'메샤츠니크(месячник)'는 소련에서 시행된 한 달 동안의 공동 노동을 가리키는
용어이다.

독단과 탄압의 자행, 농민들의 점증하는 불만과 농민전쟁으로의 확대 가능성 등으로 인해 스탈린과 그의 동조자들은 완화된 조치를 채택하게 되었다. 스탈린이 《성공으로 인한 현기증(Головокружение от успехов)》(1930년 3월)이라는 유명한 기사에서 탈선의 죄를 지역에 있는 당과 소비에트의 기관들에 돌린 후, 투쟁 강도는 얼마간 약화되었고, 콜호스로부터의 농민 유출이 시작되었으며, 콜호스의 수는 파국적일 정도로 감소했다. 1930년 4월에 협동조합화된 가구가 45퍼센트를 헤아렸다면, 4월에는 26퍼센트로 줄었다. 그로데코보구역에서는 이전에 집단화된 농가들 중 46퍼센트가 와해되었다. 미하일롭카구역에서는 탄원들에 대한 검토를 통해 불법적으로 재산이 몰수된 농민 437명 중 365명의 요청이 수용되었다. 농촌 주민의 수는 눈에 띄게 감소했다. 일정 기간 동안 농촌은 얼어붙어서 새로운 정책을 주시하기만 했으나, 이것도 오래가지는 않았다.

국제 정세의 악화와 공업화의 가속화가 빠르게 진행되었다. 극동지역의 농촌 앞에는 국가 납품 계획의 완수, 증대하고 있던 이 변경지역의 산업 인구에 대한 식량 공급을 충족함으로써 국가의 다른 지역들에서 들여오는 값비싼 식량의 비중을 줄이는 문제의 해결 등과 같은 막중한 문제들이 놓여 있었다. 이를 해결하기 위해 1930년 가을에 농민에 대한 새로운 공세가 시작되었는데, 내용을 살펴보면, 여기에는 몇 가지 촉진제도 고려되어 있었다. 기계, 특전, 전문인력이 극동지역 농촌에 제공되었다. 이미 1925년부터 중심지역으로부터 농민의 조직적 이주가 시작되었다. 이 시기의 이주는 농업적 특성을 띠고 있어서, 이 지역 농업자원의 개발과 함께 보다 중요한 과업인 국가 중심부분이 처해 있던 복잡한 상황을 완화시키는 것, 즉 소토지농민과 무토지농민을 이주시키는 문제를 해결했다. 1926~1927년에 이들의 비율은 74.3퍼센트에 달했다. 1926/1927년부터 매년 35,000~40,000명이 극동지역으로 이주해 왔다. 다른 양상도 있었다. 홍수, 경작지 개간의 어려움, 적응하기 힘든 기후조건 등의 영향으로 이주민들 중 많은 수가 정착하지 못하고 이 지역을 떠났다. "역행자" 수는 1929/1930년에 25퍼센트를 차지했다.

1933년에 당과 정부의 결정에 따라 극동지역의 콜호스는 10년간, 개별 농가는 5년간 강제 곡물 납품 의무를 면제받았다. 제1차 5개년 계획 기간에 달니보스토크변강주의 농업 발전 지출액은 3억 4천 3백 50만 루블이었다. 이러한 조치는 극동지역 농업분야에서 경제적 역량이 증대될 수 있는 보다 우호적인 환경을 조성해 주었다.

경제적 동기 외에 상당한 비중을 차지하고 있었던 것은 행정지도를 통해 농업을 운영하는 방법의 도입이었다. 기계·트랙터지원사업소 정치부가 이 과제를 처리하는데 동원되었다(1934년). 전연방공산당(볼셰비키) 중앙위원회의 지시에 따라 이 부서들을 이끌기 위해 V. 모르굴리스(В. Моргулис), I. 샤슈코프(И. Шашков), А. 줍코프(А. Зубков) 등을 비롯한 300명의 공산당원들이 이 변경지역으로 왔다. 기계·트랙터지원사업소 정치부에 국가정치총국(ОГПУ,[8] 1923~1924년에 국가 보안을 담당한 기구) 소속인 부부장 직책이 도입되었다는 점에 주목할 필요가 있다. 그 결과, 이후 집단화 과정은 이전과 같이 강제적이고 억압적인 특성을 유지했다.

제1차 5개년 계획 막바지에 극동지역에서는 60퍼센트의 농가가 집단화되어서 1,681개의 콜호스로 통합되었다. 변경지역 농업 변혁의

---

8 '국가정치총국(ОГПУ)'의 정식 명칭은 'Объединённое государственное политическое управление'이다.

완수는 제2차 5개년 계획 시기에 이루어지며, 그 결과 극동지역에서 약 91퍼센트의 농민과 95.5퍼센트의 경작지가 집단화되었고, 기계·트랙터지원사업소 104개가 운영되고 있었다. 개별농가를 집단농경 궤도에 올려 놓는 과업은 완수된 것으로 여겨졌다. 가시적인 성공의 뒤에는 과정상의 난맥상과 행위상의 비극적 요소가 감춰져 있었다.

1929년에서 1935년에 걸친 시기에 당국과 농민층 사이의 잔혹한 대립이 시작되었다. 이 기간에 집단화에 저항한 극동지역의 농민과 카자크 6천 명이 국가정치총국의 부서들에 의해 총살되었다. 소비에트 정권에 대한 잠재적 반대자라는 형상으로서의 농민은 1937~1939년의 탄압시기에도 관심의 중심에 있었다. 1938년에 프리모리예에서만도 기계·트랙터지원사업소 소장과 콜호스 대표 중 거의 절반이 직책에서 해임되었으며, 이들 중 다수가 감옥과 수용소에 수감되었다. 1937년 8월부터 1938년 11월까지 프리모리예에서는 약 9천 명의 사람이 유죄판결을 받아 총살형에 처해졌는데, 이들 중 대부분은 농민이었다.

결론적으로 말하자면, 1930년대 말에 극동지역 농업에서는 집단적 소유에 기반을 둔 콜호스-솝호스라는 새로운 농업생산관계 체계가 확립되었다는 점을 지적할 필요가 있다. 그 모습은 집단화의 귀추(농업분야에서의 생산 감소, 수확률 하락, 가축 수 감소 등등)에 따라 지속적으로 바뀌었다. 1940년대 초에 극동지역에서는 농업 상황이 안정화되어서, 파종지 증가, 기술적 토대의 향상, 수확량 증대가 나타났다. 심지어 콜호스 주민의 소득은 극동지역이 다른 지역들보다 높았다. 적지 않게 중요했던 것은 국가 내의 다른 지방들에서 이 변경지역으로의 식료품 반입이 감소하는 추세가 나타났다는 것이다.

당국과 농민의 불균등한 대립에서 힘은 국가 쪽에 있었고, 러시아 농민층에서 보이는 의존적 심리도 제거되지 않았다. 이들 중 일부는 집단경제에서 가난으로부터의 출구를 발견했고, 다른 일부는 굴복했으며, 세 번째 부류에 대해서는 탄압이 적용되었다. 대조국전쟁은 새로운 농경 형태의 내구성과 지속성을 검증하는 시간이었다.

교육

내전 종료 후 극동지역 주민들은 사회적, 물적, 정신적인 면에서 커다란 어려움을 겪게 되었다. 농민의 파산, 산업노동자들의 실업, 권력의 편에 설 것인지 그에 맞설 것인지를 놓고 고통스러운 선택을 해야만 했던 인텔리겐치야의 비극적 상황 등, 이 모든 것들은 낙관론을 불식시켰다. 신경제정책의 원칙들 위에서 경제 부흥, 도시와 마을의 회생, 농민의 상대적 자유 보장을 지향했던 소비에트 당국의 초기 행보는 안정화와 향후의 생활 수준 향상에 대한 기대를 지속적으로 고취시켰다.

극동지역의 과업들을 해결하는데 있어 심각한 문제였던 것은 모든 수준에서의 전문인력 부족이었다. 이와 관련해서 1926년에 극동지역 주민의 문해율은 40퍼센트를 조금 상회했다. 극동인구 1천 명 당 625명이 문맹이었다. 원주민 문해율은 2퍼센트였다.

문화적 구조화를 주도하기 위해 1922년에 인민교육 극동지부가 설치되었는데, 이곳은 문맹 퇴치를 최우선 과제로 선언했다. 이 과업의 조속한 해결을 위해 1923년 4월에 문맹·준문맹퇴치긴급위원회(Чрезвычайная комиссия по ликвидации неграмотности и малограмотности)가 설치되었다. 이와 함께 〈문맹 타도(Долой неграмотность)〉 협회가 창설되었다. 이 협회는 주민들 사이에서 선전-선동 작업을 벌였고, 주로 농촌마을들에서 진행되고 있던 문맹퇴치사업을 보유 자산을 사용해서 지원했다. 1925년 가을부터 극동지역에서는 일반초등교육이 도입되었다. 문맹과의 투쟁은 1930년대까지도 계속되었다. 1937년 1월에 진행된 인구조사 자료에 따르면, 극동지역에서 8세 이상 주민의 총문해율은 81퍼센트였고, 소수민족들 사이에서는 64퍼센트였다.

1923~1924년에 극동지역의 여러 도시에서는 교사양성을 위한 교원전문학교가 문을 열었다. 원주민학교를 위한 교사양성에 특별한 관심이 주어졌다. 이를 위해 1929년에 하바롭스크에는 극동북방민족전문학교(Дальневосточный техникум народов Севера)가 개교했다. 1927년 3월의 제2차 달니보스토크변강주소비에트대회(Дальне-восточный краевой съезд Советов)에서는 변경지역에서 일반교육을 시행하는 계획이 승인되었으며, 이에 따라 1931/1932학년도에 의무초등교육을 시행하는 것으로 정해졌다. 극동지역에서 일반의무초등교육은 1931년까지 확립되었다. 일반교육 시행과 관련해서 사범대학들이 개교되었다. 1930년에는 블라디보스토크와 블라고베셴스크에, 1938년에는 하바롭스크에 사범대학이 설립되었다. 통나무집-도서관과 도서관은 주민 계몽에 있어 적지 않은 역할을 했다. 1937년에 극동지역에서는 974개의 통나무집-도서관이 운영되고 있었다. 당국은 학문, 대중매체, 출판 발전에 적지 않은 의미를 부여하고 있었다.

사회정치적 상황

스탈린식 해석에 따른 사회주의 이념은, 국가의 후진성을 박멸하는 데 있어 필요하다면 가장 짧은 기간 내에 모든 희생을 감수하며 진행해야 한다는 것으로 나아갔다. 이것은 폭압적 정치 체제와 주민에 대한 강화된 이념 교육을 가져왔다.

문화-계몽 활동이 정치-이념 교육에, 특히 젊은 세대에 대한 교육에 경도되어 있긴 했지만, 이것이 시민의식 양성에 끼친 긍정적인 영향을 부정할 수는 없다. 이를 위해 정치정보회, 세미나, 정치적·이념적으로 편향된 대회가 개최되었다. 국가적 영웅들의 삶과 공적에 대한 담화들은 분명히 효용성이 있었다. 정치-이념 활동의 영역에서 특별한 관심을 기울인 것은 국경지역 주민이었다.

주민들 사이에서의 정치-이념 활동 중 한 부분을 이루고 있었던 것은 대중방위훈련이었다. 적대 세력에 의한 포위로 이 과업은 시급히 해결될 필요가 있었다. 1926년에 노동자와 농민으로 이루어진 광범위한 집단들을 포괄하는 〈소련국방지원협회(Общество содействия обороны СССР)〉가 형성되었다. 1927년에 노동자-농민군을 위한 예비병과 전문인력의 훈련을 위해 몇몇 기관들이 통합된 〈국방-항공·화학구축지원협회(Осоавиахим)〉[9]가 만들어졌다. 이러한 기관들은 전쟁전 시기에 가장 규모가 큰 방위 협회들이었다. 1920년대 말부터 중등학교와 전문학교의 고학년에서는 입대자 훈련의 질적 향상을 위해 젊은이들에 대한 군사훈련에 특별한 관심을 기울였다. 1939년부터 젊은이들의 국방군사훈련을 위해 《노동·방위준비(Готов к труду и обороне: ГТО)》라는 새로운 종합 스포츠 프로그램이 채택되었다. 이것은 동원에 대한 준비성과 경각심, 언제든지 적군(赤軍)에 전적인 지원을 제공하겠다는 의욕을 이 지역 주민들에게 훈육하는데 기여했다.

정치이념적이고 훈육적인 활동과 함께 "비상사태"와 "해충" 탐색 개념이 정착되었다. 1933년에 극동지역에서는 전설적인 〈노동농민당(Трудовая крестьянская партия)〉 지부들이 적발되었다. 이 일에 약 250명이 휘말려 들어갔다.

---

9 '국방-항공·화학구축지원협회(Осоавиахим)'의 정식 명칭은 'Общество содействия обороне, авиационному и химическому строительству'이다.

1934년 12월 1일에 S. M. 키로프(С. М. Киров)가 살해된 후 탄압 조치들이 강화되었다. 1937년부터 가장 강력한 보복공격이 당 지도부 구성원, 인민경제 전문가들, 그리고 인텔리겐치야층 전반을 엄습했다. 탄압 기제는 극동지역에서 매우 잔혹하게 진행되었다. 수천 명의 이전 당원이 박멸되었다. 국경과의 근접성을 비롯한 여러 요소들로 인해 중앙은 달니보스토크변강주를 특히 면밀하게 "청소했다." V. 푸트나(В. Путна, 달니보스토크변강주위원회 산하 특별적기장극동군(ОКДВА)[10] 사령관), L. 라브렌티예프(Л. Лаврентьев, 달니보스토크변강주위원회 서기), G. 키레예프(Г. Киреев, 태평양함대 사령관), P. 페딘(П. Федин, 전연방공산당(볼셰비키) 우수리도위원회 제1서기) 그리고 수백 명의 다른 지도자들이 탄압받았다.

달니보스토크변강주 접경구역들에 거주하고 있던 고려인과 중국인이 일본 측을 위해 반 소비에트적인 유격-첩보 활동에 연계될 수 있다고 의심한 당국은, 고려인은 중부아시아와 알타이변강주로, 중국인은 만주국으로 강제이주시켰다. 1937년 8월에서 12월까지 13만 5천 명 이상의 고려인과 약 2만 명의 중국인이 강제로 이주되었다. 1938년 중반에 (포시에트에서 한카호에 이르는) 13마일의 지대에 거주하고 있던 외국계 주민이 청소되었다.

1938년 6월에 하바롭스크에서 열린 소련 최고재판소 군사법정(Военная коллегия Верховного суда СССР)의 순회재판에서는 트로츠키주의자들과 우파의 반 소비에트 첩보-유격 조직 참여에 대한 사안이 심리되었다. G. M. 크루토프(Г. М. Крутов) 달니보스토크

---

10 '특별적기장극동군(ОКДВА)'의 정식 명칭은 'Особая Краснознамённая Дальневосточная армия'이다.

변강주 집행위원회 위원장, S. I. 자파드늬(С. И. Западный) 내무인 민위원회 달니보스토크변강주 지국 부지국장, E. V. 레베데프(Е. В. Лебедев) 달니보스토크변강주 집행위원회 부위원장, I. V. 슬린킨(И. В. Слинкин) 하바롭스크도위원회 및 전연방공산당(볼셰비키) 하바롭스크시위원회 제1서기, A. V. 슈베르(А. В. Швер)『티호오케안스카야 즈베즈다(Тихоокеанская звезда[태평양의 별])』신문 편집장, M. Ya. 체르닌(М. Я. Черник) 달니보스토크변강주 검사 등등이 탄압을 받았다. 법원의 선고는 이틀 후에 내려졌다.

강력한 탄압으로 인해 수감시설을 증대해야만 했다. 1930~1939년 까지 운영된 극동노동교화수용소(Дальлаг)는 21개의 지소를 두고 있었는데, 각각의 지소에 수감되어 있던 4만 명에서 5만 명의 수감자들 중 대부분은 정치범이었다. 학문분야와 문화분야의 활동가들, 저명한 군 지도자들 등 수십만 명의 탄압희생자들이 블라디보스토크시의 임시수용소를 거쳐갔다. 이들 중에는 향후 실용우주공학의 창시자이자 최초의 우주로켓체계 개발자가 되는 S. P. 코롤료프(С. П. Королёв), 작가인 유리 돔브롭스키(Юрий Домбровский), 작가인 브루노 야센스키(Вруно Ясенский), 작가인 바를람 샬라모프(Варлам Шала-мов), 시인인 블라디미르 나르부트(Владимир Нарбут), 배우인 게오르기 쥬제노프(Георгий Жженов) 등이 있었다. 1938년 12월에는 시인인 오시프 만델슈탐(Осип Мандельштам)이 블라디보스토크의 임시수용소에서 사망했다. 1950년대~1990년대에 탄압희생자들 중 다수가 복권되었다.

결론적으로, "전간기"(내전 말기부터 대조국전쟁이전까지)에 소비에트 극동지역은 심각하게 어려운 환경에 놓여있었다. 달니보스토크 변강주가 진정한 러시아 땅임을 증명하는 경제적, 사회적, 정치적 결과들이 임박해 있었다. 변경지역의 산업발전과 사할린, 캄차카, 추콧카, 콜리마의 선구적 개척에 투자된 엄청난 자본은 이 지역의 모습을 본질적으로 바꾸어 놓아서, 이곳에 공업지향적 특성을 부여했다. 이 지역의 복합적인 발전에 대한 초기 계획에도 불구하고, 결과적으로 "녹색 거리"는 결국 국방 용도와 수출 용도의 분야들에 자리를 내주었다. 이러한 지향성으로 인해 점차 동부 구역들은 사회적 구조가 만성적으로 후진적인 원료 지향적 종속물로 변화되어 갔다.

극동지역에서 과업을 해결하는데 있어 심각한 장애로 작용한 것은 모든 수준에서의 전문인력 부족이었다. 집권당은 가능한 모든 자원(교육기관망 구성, 국가 중심지 지방들에서 공산주의자와 콤소몰 조직원의 모집과 동원)을 사용하여 이 문제를 해결하면서, 강제노동을 폭넓게 활용했다. 사회주의 건설 시절에 극동사회의 몫으로 떨어진 것은 극심한 삶의 시련이었다. 더 나은 삶에 대한 열망은 척박한 변경지역의 개발, 전문적 수준과 문화적 수준의 개선, 어려운 조건 속에서의 생존 등을 위한 최대한의 노력을 수반했다. 멀리 떨어져 있고 낙후해 있던 러시아의 변방이 극동인들의 노동을 통해 공업화된 모습을 갖추게 되었다. 5개년 계획의 정념과 장엄함이 박탈, 갈등, 인간적 비극과 이웃하고 있었다. 극동지역에 조성된 물적·기술적 토대 덕분에 전쟁 기간의 고난을 이겨낼 수 있었다.

12장 대조국전쟁 시기의 러시아 극동지역. 소일(蘇日)전쟁

극동지역의 경제적·사회정치적 특성

대조국전쟁의 시작과 함께 극동지역의 산업과 생산경제는 전쟁-국방 용도의 상품 생산으로 전환된다. 핵심 목표는 현지[극동지역]에 있는 자신들에게 필요한 것을 모두 보장하는 것뿐만 아니라, 나치 독일에 대한 조속한 승리를 위해 국가 중심지역으로 상품을 공급할 수 있을 정도의 생산 수준에 도달하는 것이었다.

이때부터 민간용 물품을 희생해서 군수용 물품을 생산하는 쪽으로 상당한 왜곡이 나타나게 되었으며, 이로인해 심각한 소비재 부족이 야기되었다. 대조국전쟁 기간의 산업 활동에 대한 기초 자료집에 따르면,

> "전쟁 이전까지 달니보스토크변강주에서는 단 한 종류의 탄약과 병기도 생산되지 않았다. 전쟁 기간에 (중앙으로부터 관련된 어떠한 서류도 받지 않고 스스로의 힘으로) 16개 유형의 탄약, 82mm와 120mm의 박격포, 76mm 야포 등등을 생산했다."

공작기계, 계측기계, 그리고 또한 현지 원료를 사용하는 600개 이상의 제품(사포(沙布), 흑연, 램프용 유리 등등) 등과 같이 이전에는 국가의 중심지역들에서 들여왔던 물품들을 짧은 기간 만에 생산할 수 있게 되었다. 글라브보스토크립프롬(Главвостокрыбпром)에

서는 수류탄 대량생산이 조직되었고, 우수리스크증기기관차정비공
장(Уссурийский паровозоремонтный завод)은 탄체(彈體), 그
리고 또한 자동차와 경전차를 위한 부속품, 결속품, 집합장치를 생산
했다. 소규모의 기계정비업체들과 작업장들도 이와 같은 군수품을
주문받아 생산했다. (블라디보스토크 근교에 있는) 오케안합판공장
(Океанский фанерный завод)에서는 항공기용 합판, 대전차지뢰,
통신용 전선릴 등을 생산했다. 우수리스크목재콤비나트와 변경지역의
다른 목재 콤비나트들은 스키, 조립식 막사, 이동식 정비 작업장 등등
을 생산하기 시작한다. 이와 함께 모든 산업협동조합들은 다양한 비품
과 신발을 수선하고, 속옷, 낙하산, 텐트를 재봉하며, 장비를 제조하는
것으로 전환했다. 지역의 경공업과 식품공업, 교통통신기업도 군수품
조달을 위해 일했다. 달에네르고마슈(Дальэнергомаш)의 하바롭스크
공장은 전쟁 이전에는 트렉터와 자동차를 수리하는 곳이었으나, 1941년
8월부터 지뢰제조용 철심 생산이 조직되었고, 1942년부터는 탱크 정
비도 성공적으로 진행되었다. 우수리스크수지콤비나트는 식용 농후사
료(濃厚飼料), 탄산가스, 비타민이 함유된 어유를 생산하기 시작했다.
키파리소보유리공장에서는 화염병을 제작했다. 글라브보스토크립프
롬에서는 수류탄 생산이 조직되었다.

전쟁 시기에 극동지역에서는 새로운 공장(이것들 중에서 가장 큰
것은 〈아무르스탈〉이었다.)과 함께 탄광, 철로와 도로, 다리, 터널 등
등의 건설에도 착수한다. 하바롭스크변강주의 선도 기업인 〈달디젤
(Дальдизель)〉, 〈에네르고마슈〉 등등은 전쟁 이전에 비해 제품 생산
규모를 2.5~4배 증대했다. 테튜헤(Тетюхе, 현 달네고르스크시)에 있
던 제강 기업들은 국방 산업에 있어 가장 중요한 금속들 중 하나인 납
을 국내에 공급했다. 전쟁 시기에 소련에서 만들어진 탄환 아홉개 중

한 개는 극동산 납으로 만들어진 것이었다.

오래된 채광업 중심지들 – 수찬(현 파르티잔스크), 리폽치 등등 – 과 함께 아르툠, 라이치하(Райчиха)와 같은 새로운 지역들이 활기차게 발전했고, 북사할린의 탄광들은 현대화되었다. 석탄은 함대, 철도, 공장, 기업의 수요에 따라 공급되었다. 산업 성장은 석탄 생산량 증대를 필요로 했다.

1942년 중반부터 달니보스토크변강주의 기업들 다수는 빈번하게 제품 생산 계획을 조기에 완수했을 뿐만 아니라, 초과 완수했다. 1942년에만도 〈달자보드〉(블라디보스토크)에서는 130만 루블에 달하는 계획 이상의 제품이 생산되었으며, 이 규모는 매년 증가했다.

전시라는 조건 속에서 탁월한 운송 작업은 중요한 의미를 가졌다. 전쟁으로 철도 운용에 변경이 가해져서, 운송 방향(전쟁 이전의 서쪽에서 동쪽이 아니라 그 반대로)과 화물 구성(탄약, 전투 장비, 식량)이 바뀌었다. 전시 운용 체제로 전환된 아무르철도와 프리모리예철도에는 처리과정에 새로운 조직 방법들이 폭넓게 도입되었고, 처리능력이 증대되었고, 작업중단이 감소했으며, 대용량 화물차량의 운행이 증가했다. 극동지역 철도노동자들은 1941년 11~12월의 힘든 시기에 모스크바 근교로 군부대를 신속하게 운송하고, 또한 국방 산업을 위한 원료를 이와 비슷한 속도로 공급함으로써 나라 전체를 놀라게 했다.

전쟁 시기에 극동지역의 선박은 소련 해상운수의 70퍼센트 이상을 수행했다. 1941년 말부터 미국 정부가 무기대여법(Lend-Lease)을 통해 소비에트 연방에 제공하는 전쟁 물자(항공기, 탱크, 대공무기, 총기, 전투장비, 자동차, 기관차, 철로 레일, 휘발유, 등유, 폭발물, 기타 물품)가 공급되기 시작했다. 이러한 공급의 약 50퍼센트는 소련 태평양함대에 의해 어려운 조건 속에서 수행되었다. 1942년 봄까지 모든 항구에서는 정박지가 보수되었고, 지하 하수관과 새로운 철로가 건설되었다. 선박들과 항구들에서는 젊은이들이 영웅적 사례를 따라 승리를 확신하며 노동에 참여했다.

시작된 전쟁은 농업 생산에 본질적인 변화를 가져왔다. 촌락 노동자들에게는 매우 어렵고도 막중한 과제가 주어져 있었다. 이것은 가용 노동인구의 급격한 감소, 기계 부족, 농업기술 전반의 악화 등과 같은 조건 속에서 농산품 생산을 증대시키는 것이었다. 촌락에서 특히 힘겨웠던 것은 기계기술 전문인력 문제였다. 젊은이들 중에서 새로 교육된 인력은 대부분 징집되어 전선으로 떠났다. 이에 따라 농기계 휴지기는 증가했고, 곡물 수확량은 감소했다. 1941년에 곡물 수확은 헥타르당 7.7첸트네르(центнер)[1], 1944년에는 헥타르당 4.5첸트네르에 불과했다. 전시 징집으로 인해 콜호스 주민의 수는 감소해서, 1940년에 134,000명이 농업에 종사하고 있었다면, 1945년에는 89,000명으로 줄었다.

전방과 후방으로의 식료품 공급에 대한 커다란 기대가 극동지역 어부들에게 부과되었다. 이 지역은 국가 내에서 가장 중요한 어류 생산지가 되었는데, 그것은 북해 지역, 발트해 지역, 흑해와 아조프해에 있는 어장들이 완전히 봉쇄되었기 때문이었다. 1941년에 수많은 어업 콜호스들이 노동력 부족에도 불구하고 주어진 생산과업을 성공적으로 완수했다. 생선과 기타 수산물의 공급이 증대되었고, 어유는 실질적으로 국가의 모든 주거지역에 존재했는데, 이것은 어유가 필수섭취식품 목록에 포함되었기 때문이었다. 이것이 가능했던 것은 부분적으로는 여성 어업인들의 솔선 덕분이었는데, 이들은 선장, 기관장, 어부와 같

---

1 첸트네르(центнер)는 무게 단위로, 1첸트네르는 100킬로그램이다.

은 어업 관련 직종을 짧은 기간 내에 몸에 익혔다.

전쟁 초기에 생산 현장에서는 〈200퍼센트 달성자〉 운동(движе-ние 〈двухсотников〉)이 나타났는데, 이것은 자신과 전선으로 떠난 동료의 2인 할당량을 완수하는 것이었다. 이후 이것은 〈300퍼센트 달성자(трехсотники)〉, 〈500퍼센트 달성자(пятисотники)〉, 〈1,000퍼센트 달성자(тысячники)〉 운동으로 확대되었다. 전시에 경쟁의 최고 단계는 전위 작업조(фронтовая бригада)였다. 1942년에 하바롭스크변강주에서는 전위 작업조 칭호를 놓고 450개의 콤소몰-청년작업조들이 경쟁했다.

같은 시기에 주민들 사이에서는 자발적인 모금 운동이 일어났다. 제3차 5개년 계획을 위해 발행된 공채에 대한 추가 약정이 시작되었고, 이일치, 삼일치, 오일치 임금이 공제되었으며, 농산품과 귀금속이 기부되었다. 전쟁기간 전반에 걸쳐 극동지역 근로자들은 육군과 해군에 제공할 전투장비 제조에 들어가는 자금을 제공했다. 이 돈으로 탱크 지대(支隊)(〈피오네르 아무라(Пионер Амура)〉, 〈콤소몰츠 콜릐믜(Комсомольцы Колымы)〉, 〈프리모르스키 콤소몰레츠(Приморский комсомолец)〉, 〈고르냐크 프리모리야(Горняк Приморья)〉), 전함(〈아르툐모베츠(Артёмовец)〉와 〈트루댜쉬예샤 아르툐마(Трудящиеся Артёма)〉), 비행대(〈하바롭스키 콤소몰레츠(Хабаровский комсомолец)〉와 〈소베츠코예 프리모리예(Советское Приморье)〉)가 만들어졌다. 적군(赤軍) 병사들을 위해 모은 방한용 물품과 의복은 전선에 커다란 도움이 되었다. 신년 선물을 실은 첫 번째 수송열차들이 이미 1941년 12월에 전선으로 떠났다. 프리모리예인들은 레닌그라드전선군의 전사들에게 선물을 보냈고, 하바롭스크변강주 노동자들은 모스크바 방어부대로 선물을 보냈다.

인민경제를 위한 전문인력 편성이 대조국전쟁 기간에 극동지역이 안고 있던 주요 문제였다. 전쟁은 엄청난 수의 사람을 평화로운 노동으로부터 분리시켜 놓았다. 이제 숙련노동자, 사무원, 엔지니어, 기술자가 군대로 동원되었다. 1941~1942년에 진행된 징집으로 인해 기업들에서는 노동자와 사무원의 수가 급격하게 줄어들었다.

전쟁 시기에 극동지역에서는 국가 내 다른 지역들에서와 마찬가지로 전문인력 문제를 해결하기 위해 강경한 조치들이 채택되었다. 철도운수, 해상운수, 하상운수에는 전시 상황이 도입되었다. 노동일은 11~12시간까지 늘어났고, 시간외 노동은 필수화되었으며, 휴가는 폐지되었다. 공공 이익에 부합하는 일에 종사하지 않는 주민은 다양한 형태의 노동에 동원되었다. 수십만 명의 여성이 공작기계 앞에 서고, 탄광으로 내려갔으며, 트랙터에 앉았다. 연금생활자의 복귀가 대중적 현상이었다. 경험 많은 노동자는 생산에 투입된 신입 노동자를 가르쳤다. 이 지역의 많은 기업에서 기본 노동력은 청소년이었다. 노동자들 사이에서 전선으로 떠난 동료의 직무나 공작기계를 습득하는 운동이 확산되었음에도 불구하고, 전문노동인력의 감소는 생산 감소를 가져왔다. 실제로, 북사할린에서는 1941~1943년에 걸친 3년간의 전쟁 시기 동안 인민경제 종사자 수가 31,000명에서 26,000명으로 감소했고, 프리모리예에서는 전쟁 말에 노동자와 사무원의 수가 35,000명 감소했다.

이와 함께 전쟁 시기에 기계·트랙터지원사업소와 솝호스에서는 노동자 수의 현저한 감소가 나타났으며, 또한 극동지역 콜호스들에서는 가용노동인구가 줄어들었다. 군대로 유출된 이들을 대신해서 농업과 산업을 위한 노동력을 충당하기 위해 이전에는 생산분야에 종사하지 않았던 청소년과 여성이 유입되었다. 콜호스와 솝호스에서는 농산

물의 수확과 가공을 신속하게 수행하기 위해 야간 작업조가 만들어졌
다. 1943년에는 하바롭스크변강주의 도시들에서 약 35,500명이 촌락
을 지원하는 노동 동원의 일환으로 농촌으로 파견되었다.

극동인들에 대한 배급은 사회적 원칙(노동자, 사무원, 피부양자,
12세 미만 어린이)과 생산적 원칙(인민경제의 부문, 수행 노동의 중요
도)에 따라 제공되었다. 배급표에 따라 제공되는 상품의 국가 고시 가
격은 변동이 없었고 상대적으로 낮았다. 식료품에 대한 배급표 체제는
고정성과와는 거리가 있었다. 산업 제품을 위한 배급표는 약정 단위
– 쿠폰 – 보다 긴 사용기한을 가지고 있었다. 쿠폰은 1942년 말부터
지급되었다.

전 국가적으로 진행되었고, 수백만에 달하는 수많은 인간을 군, 전
선, 전투와 방어를 위한 조직과 부대를 거치게 만들었던 전쟁은 공동
체의 군사화 과정이라는 논리적 결론에 다다르게 되어서, 전시 상황
속에서 형성된 개인의 심리적 유형이 시민 대중에게로 옮아가서 오랜
기간 동안 지배하게 되었다. 이 어려운 시기에 국가 방어력에 있어서,
무엇보다도 후방의 안전에 있어서 중요한 역할을 한 것은 시민들 사이
에 있으면서 이들을 전시 태세로 준비시켰던 당 조직들과 대중-방위
조직들이 추진했던 군사-방위 행사들이었다.

활동중인 군대를 위해 전쟁 비축품을 확보하는 방법 체계에서는
앞서 1920년대에 만들어진 대중-방위 체계가 계속해서 중요한 위치
를 차지하고 있었다. 이 체계에서 중요한 역할을 한 것은 자원단체들,
특히 〈국방-항공·화학구축지원협회〉였다. 이러한 단체들은 군사적
장정(長征), 군사전략적인 놀이와 수업, 수영 횡단, 자전거, 수류탄 던
지기, 사격, 격투기, 기타 군사적 용도의 스포츠 종목들을 위한 대회를
조직했는데, 이것들을 통과하면《노동·방위준비》의 기준 또한 충족한

것으로 간주되었다.

잠재적 적국과 인접한 곳에 위치해 있던 극동지역은 비전투 전선이라는 조건 속에 있었다. 이러한 특징은 지역주민의 생활에 영향을 미쳤다. 노동자들과 사무원들 사이에서는 공장, 조직, 콜호스에서 진행되는 군사-방위 행사에 대한 책임감이 높아졌다. 그런데 대중을 방위 활동에 참여시키는 것뿐만 아니라, 전쟁 시기에 맞게 강화시키는 것도 필요했다. 전쟁 이전 시기에 인민들 사이에서 조성된 군사 지식 습득에 대한 열의는 전시에 인적 자산을 노농적군(勞農赤軍, PKKA)[2]의 예비 전투원으로 전환하는데 일조했다. 이와 관련하여 지역의 당 조직들과 〈국방-항공·화학구축지원협회〉 조직들은 군사 교육을 확대하는 과업을 구상했으며, 인력과 자금을 아끼지 않고 대범하게 이를 수행했다.

국가국방위원회(Государственный комитет обороны(이하 국방위원회(ГКО))의 1941년 10월 1일자 결의안에 따라 일반군사교육(всеобщее военное обучение(всевобуч))이 필수적로 실시되었다. 교육 프로그램은 16세 이상 50세 미만의 남성이 생산 현장에서 벗어나지 않은 채 110시간의 훈련을 받는 것으로 계획되었으며, 1942년부터는 여성에게도 적용되었다. 짧은 기간 안에 극동지역에는 일반군사교육 부서들이 만들어졌고, 지휘-교관 인력이 선발되었고, 교육 장소, 교육 장비, 소화기(小火器), 관련 서적이 제공되었으며, 기강이 강화되었다. 사람들은 한 가지가 아니라 몇 가지의 전투기술을 배우려고 노력했다. 실질적 기술로 습득하기 위해 낮이라면 언제든지 날씨에 연연

----

2 '노농적군(勞農赤軍, PKKA)'의 정식 명칭은 'Рабоче-крестьянская Красная армия'이다.

하기 않은 채 특별교육장에서 훈련 학습이 진행되었다. 겨울에는 주민에 대한 스키 교육에 관심을 두었다. 스키 크로스에서는 극동군 부대의 지휘관과 전사가 교관과 보조교관을 담당했다. 스키를 탈 줄 아는 것은 사격훈련만큼이나 중요했다.

대조국전쟁 전 기간에 극동지역에서는 일곱 차례의 정기군사훈련이 시행되었다. 1941년 7월 1일에서 1945년 7월 1일에 걸친 4년 동안에 프리모리예변강주와 하바롭스크변강주에서는 약 33만 2천 명이 교육을 받았다. 이들은 소총병, 운전병, 통신병, 해병, 오토바이병, 간호병, 위생병 등의 병과를 수료했다.

스포츠 협회들은 일반군사교육 프로그램과 매우 긴밀한 관계를 유지하며 발전했다. 전쟁 기간에 군사체육훈련 체계를 통해 27,000명의 극동인이 교육을 수료해서 노동·방위준비와 노동·방위준비태세(БГТО)의 휘장을 받았는데, 이 중 11,500명은 격투전문가, 30,000명은 스키전문가 휘장을 받았다.

모든 대중-방위 활동들 중 하나는 대공방어와 화학공격방어와 관련된 후방 체계를 조직하고 활동하는 것이었다. 주민, 생산 시설, 전력 분전소 등의 보호를 위해 특수시설 – 방공호, 대피소, 일반적인 구덩이, 기타 엄폐소들 – 이 신속하게 만들어졌다. 지형을 고려해서 지하와 암석지대 깊숙한 곳에 견고한 방어시설들이 건설되기 시작했다. 극동지역 전역에서는 도시들에서 주민의 지원을 받아 전략적으로 중요한 대상물, 공장, 공공기관을 주변환경과 같은 색으로 기술적으로 위장하는 작업이 진행되었다. 건물 색은 어두워졌고, 모든 옥외 조명, 자동차 운송 차량과 철도 운송 차량은 위장 색채로 바뀌었다.

1941년 여름과 가을에 소련 극동지역에 대한 일본의 공격 가능성이 높아지게 되면서 내무인민위원회 부서들의 완전한 통제 하에 파르티잔 운동의 준비와 전개를 위한 활동이 상당 정도 진행되었다. 이러한 목적에서 외국 간섭기(1918~1922)에 파르티잔 운동에 참여했었던 대원들이 등재되었고, 예비 파르티잔 분견대의 활동 거점지들(시난차(Синанча(西南川))[3], 테튜헤, 테튜헤-프리스탄(Тетюхе-При-стань)[4], 리푸진(Лифудзин)[5] 등등)이 정해졌으며, 전투에 필수적인 물적·기술적 지원을 위한 준비가 진행되었다. 예비 파르티잔 분견대들의 훈련 소집이 진행되었다. 전쟁 초기에 변경지역 전역에는 군사-교육 분견대들이 조직되어서, 산악-삼림 지역과 타이가 지역에서 특별훈련을 받았다. 정찰병, 저격수, 지뢰매설병, 파괴공작원 훈련을 받은 구 파르티잔 대원들이 교관과 선전원으로 활동했다.

1941년 가을~겨울에 극동지역에서는 정치적 이유 이외의 다른 이유들로 징집되지 않는 사람들로 구성된 전투부대가 조직되기 시작했다. 훈련은 일반군사교육 프로그램에 따른 기본적인 110시간과 추가로 45시간의 특별 프로그램으로 완료되었다. 교육기간에는 군기 준수, 독도법, 사격, 격투술, 대전차 전투에 대한 학습이 주로 이루어졌다.

이와 같이, 소련에서 국가의 거의 모든 주민을 대상으로 진행되었던 방위활동은 전쟁 설비와 전쟁 시기의 생활양식을 주민이 인식하도록 주입했으며, 이것은 국가를 하나의 거대한 전쟁 진영으로 바꾸어놓았다. 심지어 전쟁 이후에도 이러한 특성은 약간의 변화를 제외하면

---

3 '시난차(Синанча(西南川))'는 현 러시아 프리모리예변강주 내에 있는 '체료무호바야(Черёмуховая)강'이다.

4 '테튜헤-프리스탄(Тетюхе-Пристань)'은 현 러시아 프리모리예변강주에 있는 '루드나야프리스탄(Рудная Пристань)부락'이다.

5 '리푸진(Лифудзин)'은 현 러시아 프리모리예변강주에 있는 '루드늬(Рудный)마을'이다.

그대로 유지되어서, 일정 수준에서 당과 정부 당국의 기관들이 국가를 운영하는데 있어 도움이 되었다.

전연방공산당(볼셰비키) 프리모리예변강주위원회(Приморский крайком) 사무국은 1941년 6월 27일자 결의안을 통해 시위원회, 지역위원회, 당 기초조직이 주민 전체를 대상으로 하는 대중정치활동을 강화하도록 의무화 했다. 특히 여기에는 대중 행사로만 제한하는 것이 아니라, 개인에 대한 선전도 진행할 필요가 있었고, 다양한 주민 집단에게 다각적으로 접근하며, 일터에서뿐만 아니라 사람들의 준비상태와 관심사를 고려해서 거주지 별로도 활동을 진행하도록 지시되어 있었다. 이념 활동은 극동변경지역 거주민 사이에서 경각심, 애국심 고취, 생산현장에서의 영웅주의에 대한 욕구를 높이는데 기여했다.

소련 국민 사이에서 독일 침략자와 일본 침략자에 대한 강렬한 증오심을 일으키는 대대적인 활동이 당 기관들에 의해 수행되었다. 이를 위해 당 사무실, 문화 공원, 휴양소에서는 점령지에서 자행된 침략자들의 만행과 소련에 대한 이들의 범죄적 정책에 대한 전시회가 조직되었다. 다큐멘터리 영화와 예술영화의 상영, 그리고 또한 신문·잡지, 문학서적, 라디오, 애국적 내용을 담은 이동 홍보 전시회 등이 소련 국민의 사기를 진작시켰다. 이와 같은 여러 행사들이 기업체, 관공서, 철도 정거장과 역사에서 조직되었다.

당 기관들은 주민에게 영향을 미칠 수 있는 다양한 형태와 방법을 사용하면서 선전-선동 활동에 당, 내전, 대조국전쟁의 참전용사들을 끌어들였다. 이러한 방식으로 당국은 모든 이념적 압박수단을 지렛대로 삼아서 자신들의 이해관계를 위해 사회에 영향을 끼쳤다. 이러한 이해관계들은 기본적으로 서로 합치되었다. 도덕적·이념적 요소는 소련 사회에서, 특히 전쟁 시기에 매우 중요한 역할을 했다. 사람들은 학창시절부터 생의 마지막 순간까지 전 국가적 이념과 함께했다. 때때로 이념 활동은 노동자, 사무원, 콜호스 주민이 직접적으로 담당하고 있는 직무보다 더 중요했다. 소비에트인들은 자신의 목숨을 아끼지 않고 조국에 헌신하고 이를 수호할 준비가 되어 있음을 실천을 통해 입증했다.

그런데 정치적·이념적 활동에도 불구하고 사회 내에서는 공황적 성격의 소문들이 주기적으로 확산되어서 심한 정서적 동요를 일으켰고, 이에 굴복한 사람들에 의한 부적절한 행동들을 초래했다. 이것은 또한 혼란과 공포를 가져왔다. 목숨에 대한 공포는 적에 대한 공격은 물론이고 자기 편에 대한 공격도 야기했다. 극동지역의 주민들은 식료품, 일반적인 노동과 생활조건 등의 부재, 그리고 또한 근친의 생사에 대한 두려움으로 크게 불안해하고 있었다. 이것은 복잡한 정치적·군사적 상황과 함께 주민들의 사고 속에 부정적인 마음이 형성되게 만들었다. 사람들은 기근과 굶주림에 대해, 생필품 부족에 대해 이야기했지만, 이것은 소수의 표현에 불과했는데, 왜냐하면 다수는 침묵하면서 승전과 함께 모든 것이 바뀔 것이라고 기대하는 쪽이었기 때문이었다. 애국적 정서가 사회를 압도하고 있었다.

극동지역 거주민의 용기와 도덕적·이념적 충직성으로 인해 혼란과 패배에 대한 소문들에도 불구하고, 당국과 내무인민위원회 기관들의 탄압과 불법, 사람들 상호간의 공포와 불신, 그리고 일상의 힘겨운 노동과 생활에도 불구하고, 정신적·도덕적으로 버틸 수 있었을 뿐만 아니라, 위험한 적에게 이길 수 있었다.

군국주의 일본과의 전쟁(1945년 8월 9일~1945년 9월 2일). 전쟁의 원인과 시작

일본과의 전쟁에 참여한다는 소임에 임하는데 있어 소비에트 연방은 다음과 같은 충분한 이유들을 가지고 있었다. 러일전쟁(1904~1905)에서 러시아는 국가의 본원적 영토 중 일부를 상실했고, 일본군 부대들이 극동지역 간섭에 참여했고(1918~1922), 하산(Хасан)호 지역에서 군사작전을 펼쳤고(1938), 일본군 최고사령부는 1939년부터 1943년까지 몽골의 접경지 하천인 할힌-골(Халхин-Гол)강 지역에서 소비에트 연방으로의 침략을 준비하면서 소련 전 영토의 삼분의 이가 넘는 면적인 옴스크에 이르는 영역을 점령할 계획을 세웠다.

1941년 4월 13일의 중립조약(Пакт о нейтралитете)[6]은 일본이 태평양 해역에서 진행한 전쟁준비를 숨기기 위해 필요로 했던 것이며, 이 시기에 일본은 소련 극동지역을 위협하고 접경지역에 관동군을 주둔시켰다. 1941년부터 1945년까지 일본 군대는 소비에트 연방의 국경지역에서 빈번하게 도발을 감행했고, 소련 선박을 약 이백여 차례 정선시켜서 그 중 일부는 자국 항구로 끌고 갔고 8척은 침몰시켰다. 일본 정보기관은 첩보활동을 활발히 전개했으며, 극동지역에 첩보망을 구축하고서 독일과 정보를 공유했다. 일본은 소련과 전쟁 중이었던 제3제국[나치 독일]을 적극적으로 지원해서, 전략적 자원을 공급하고 잠수함과 무장상선을 위한 기지를 제공했다.

일본의 이러한 태도로 인해 소비에트 연방은 압박을 받아서 독일

6　'중립조약(Пакт о нейтралитете)'의 정식 명칭은 '소련-일본 중립조약(Пакт о нейтралитете между СССР и Японией)'이다.

과의 전쟁 전 기간에 걸쳐 32개에서 59개의 육군 사단, 10개에서 29개의 공군부대, 최대 6개 사단과 4개 여단의 대공부대, 총 1백만 명 이상의 병사와 장교, 8천~1만 6천 점의 대포과 박격포, 2천 대 이상의 탱크와 자주포, 3천 대에서 4천 대의 전투기, 100척 이상의 주요 등급 군함 등 소련 전력의 15퍼센트에서 30퍼센트에 이르는 군사력과 무기를 [일본과의] 접경지역에서 유지했다.

소련은 유럽에서 전쟁을 치르면서 동시에 중국, 미국, 영국과 이들의 연합국을 대상으로 사용될 수도 있었던 거대한 일본군 부대들을 붙잡아 놓았으며, 이를 통해 연합국이 초반의 패배를 만회하고 태평양과 아시아의 전장에서 대규모 전투를 준비할 수 있게 되었다는 것은 부인할 수 없는 사실이다. 이런 이유로 소비에트 연방정부는 대일본 전쟁이 발발하게 된다면 일본에게 특정한 요구를 제기할 수 있을 뿐만 아니라, 이것들에 대해 연합국의 동의를 기대할 수 있는 도덕적으로 완전한 권리를 갖고 있었다.

1941년 10월에 스탈린은 해리먼(W. A. Harriman) 미국 대사와 대담을 하는 와중에, 대사가 말을 꺼낸 것을 기화로 이 지역에서의 전후 청구권에 대해 구체적인 제안을 했다. 이 문제는 테헤란 회담(1943), 크림 회담[얄타 회담]과 포츠담 회담(1945)에서 반 히틀러 연합국 지도자들 사이에서 논의되었다.

크림 회담에서 채택된 협약에 따르면 소련은 독일이 항복한 후 2~3개월 내에 대일본 전쟁에 나서게 되어 있다. 연합국과의 합의에 따라 소비에트 연방은 남사할린, 쿠릴열도, 다이렌항(현 다롄)에서의 보다 호혜적인 환경 조성, 소련 군항지로서 아르투르항의 회복, 소련의 이해관계를 보장받기 위한 소련-중국 합작회사 조직의 토대로서 서동청철도와 남만주철도의 공동 이용 등에 대한 권리를 주장했다.

포츠담 회담(1945년 7월 17일~8월 2일)에서는 크림 회담에서 합의된 사항들이 승인되었다. 포츠담 선언문 8항은 "일본의 주권은 혼슈, 홋카이도, 규슈, 시코쿠, 그리고 우리가 정하는 이보다 작은 섬들로 제한될 것이다."라고 명시하고 있다.

소비에트 연방은 일본 정부가 포츠담 선언문의 항복 요구에 대한 이행을 거부하자 일본에 대해 전쟁을 선포했으며, 이에 대응해서 스즈키 간타로(鈴木 貫太郎) 일본 총리(1904~1905년의 러일전쟁 참전군인)는 "우리는 포츠담 선언문을 무시하는 바이다. 우리는 물러섬 없이 전쟁을 지속해서 이를 끝까지 수행할 것이다."라고 선언했다.

미국 사령부와 영국 사령부에서 추산한 바에 따르면, 일본열도를 공격하기 위해서는 7백만의 병력(1945년 1월에 미국과 영국은 245만 8천 명의 병력, 19,300대의 비행기, 711대의 주요 등급 군함을 대일본전에 집중적으로 투입했다.)이 필요했다. 양국 지도자들은 발생할 희생을 두려워했으며, 이에 따라 트루먼 미국 대통령은 소련이 일본과의 전쟁에 참여할 것을 끈질기게 요구했다. 일본 도시들(히로시마, 나가사키)에 대한 원자폭탄 투하를 결정하면서, 미국은 일본을 위협하는 것뿐만 아니라, 다른 모든 국가들, 특히 소련에 대해 전후 세계의 문제들을 해결하는데 있어 미국이 주도권을 가지고 있음을 보여주고자 했다. 핵무기 효과의 군사적 측면이 미국에게 있어 최우선 순위에 있지 않았으며, 게다가 원자폭탄 투하는 최후까지 싸우겠다는 일본의 의지를 더욱 강화시키기만 했다. 스즈키가 군사참의원(軍事参議院)에서 "소련과의 전쟁 …… 개시는 우리를 최종적으로 막다른 상황으로 몰고 가서, 전쟁이 계속될 수 없게 만들 것이다."라고 말한 것은 그럴만한 이유가 있는 것이었다.

만주 진공 작전(1945년 8월 9~20일)

소련군의 전투계획은 만주 전략 작전, 남사할린 진공 작전, 쿠릴열도 상륙 작전, 홋카이도섬 북부지역 점령 작전으로 계획되어 있었다. 앞서 1944년 9월에 스탈린은 일본과의 전쟁을 위해 극동지역에 부대들을 집결시켜서 물적·기술적 지원을 하는 것에 대해 검토하라는 지시를 참모본부(Генеральный штаб)에 내렸다. 1945년 봄에 약 700대의 T-34 탱크와 기타 전투장비들이 극동지역으로 이송되었다. 1945년 5~7월 사이에 서부지역으로부터 4개 야전군(이 중 하나는 탱크 야전군)을 파견했는데, 이것들은 극동지역과 유사한 자연 조건에서 전투를 치른 경험을 갖고 있었다. 소련군의 개별 구성원들은 출중한 전투 경험을 가지고 있었다. 제5군 중 일부로 구성된 연합부대는 동프로이센 방어요새들에 대한 공세에 참여했었는데, 제1극동전선군 소속으로 파견되었으며, 이후 일본군이 장기적인 자율 생존을 목적으로 구축한 길게 늘어선 철근 콘크리트 방벽을 돌파하는 것으로 예정되었다. 제6친위전차군과 제53야전군은 산악-스텝 지형에서 활동한 경험을 가지고 있었는데, 이후 만주를 공격하는 것으로 예정되어 있던 자바이칼리예 전선군에 배속되었다. A. 바실렙스키(А. Василевский), R. 말리놉스키(Р. Малиновский), K. 메레츠코프(К. Мерецков), M. 자하로프(М. Захаров), S. 이바노프(С. Иванов), A. 크루티코프(А. Крути-ков), A. 벨로보로도프(А. Белобородов), I. 류드니코프(И. Людни-ков), I. 치스탸코프(И. Чистяков), I. 만가로프(И. Мангаров) 등등과 같은 경험이 풍부한 장군들이 극동지역에서 전략적 진공 작전을 지휘하도록 투입되었다.

전역(戰役)에서의 군사 활동에 대한 총지휘는 A. 바실렙스키 소련군 원수가 지휘하는 소련군 극동총사령부(Главное командование советских войск на Дальнем Востоке)에서 수행했다. 바실렙스키는 부대 운용을 계획하고 조정하는데 있어 풍부한 경험을 가지고 있었고, 병사들과 장교들 사이에서 커다란 권위를 가지고 있었다.

대 일본 군사행동에는 제1극동전선군(K. 메레츠코프 원수), 제2극동전선군(M. 푸르카예프(M. Пуркаев) 대장), 자바이칼리예전선군(R. 말리놉스키 원수)등 3개 전선군의 부대들을 투입하는 것으로 계획이 세워졌다. 육군의 활동은 태평양함대(I. 유마셰프(И. Юмашев) 제독)와 아무르소함대(N. 안토노프(Н. Антонов) 제독)의 지원을 받았다. 이 외에도 이 작전에는 3개의 방공군, 기병부대, 포병부대, 전차부대, 총사령부의 예비 항공부대, 그리고 또한 몽골 인민혁명군(허를러깅 처이발상(Хорлоогийн Чойбалсан) 원수)의 부대들이 참여했다.

전투 초반에는 11개 야전군, 1개 전차군, 3개 항공군이 집중되었다. 소련 측에는 170만 명 이상의 병력, 약 3만점의 대포와 박격포, 5천 대 이상의 탱크와 자주포, 5천 대 이상의 전투기가 있었다. 93대의 주요 등급 함정, 73대의 잠수함, 273대의 단정(短艇), 1,618대의 항공기를 갖춘 태평양함대가 완전전투태세를 갖추고 있었다.

전통적으로 관동군이라고 불리는 만주 주둔 일본군 측은 독립적으로 작전을 수행하는 총군(総軍)으로 변모해서, 1945년부터는 중국 동북지역을 유지하는데 군사력을 집중시켰고, 무기, 탄약, 연료, 식량 등의 비축을 지속적으로 보강했다. 1945년 7월에 일본군 사령부는 한반도 남쪽에서 북쪽으로 34군을 재배치함으로써 관동군의 측면을 강화했다.

관동군 부대들은 방면군들과 야전군들을 통합해서 편재한 것으로, 제1, 제3, 제17 등의 3개 방면군, 독자적으로 존재한 제4야전군인데,

이것은 모두 42개 보병사단, 7개 기병사단, 23개 보병여단, 2개 기병여단, 2개 전차여단, 자살특공여단, 6개의 독립연대, 제2항공군과 제5항공군, 그리고 쑹화강을 방어하는 강방함대(江防艦隊)로 이루어져 있었다. 게다가 괴뢰국인 만주국의 25만 명에 달하는 군부대들과 내몽고 지역의 일본 앞잡이인 더왕(德王, 데치그돈로브(Дэмчигдонров))의 기병대가 일본군 사령부의 지시를 따르고 있었다.

1945년 8월에 일본군과 그 동맹군 측의 총수는 1백만 명을 넘었다. 이들은 6,640점의 대포와 박격포, 1,215대의 탱크, 1,907대의 전투기, 26대의 함정으로 무장하고 있었다. 남사할린, 쿠릴열도, 홋카이도섬에는 제5전선군 일부가 배치되었다.

극동 전장은 만주, 내몽고, 한반도 북부지역에 걸쳐있었다. 해상전은 오호츠크해, 동해, 황해, 태평양 북서지역을 포괄하고 있었다. 규모에 있어서 극동 전장은 유럽 전장과 크게 차이가 났다. 육상 면적만도 150만 제곱킬로미터였는데, 이것은 독일, 이탈리아, 일본이 장악하고 있던 영역과 맞먹는 면적이었다. 소련군이 배치된 국경선 총길이는 5천 킬로미터가 넘었다. 전투 구역은 산악-타이가지대, 늪지대, 사막지대가 혼합된 곳이었고, 다싱안링산맥에서 동쪽으로는 수많은 강, 호수, 늪지가 있었다. 군부대들은 특정한, 많은 경우에 격리된 방향으로만 공격을 진행할 수 있었다.

관동군은 잘 정비된 철도, 도로, 400개 이상의 비행장 등의 연결망을 갖추고 있었다. 일본인들은 소련과 몽골의 국경을 따라 17개의 방벽구역들을 구축했는데, 이 중에서 8개 구역은 소련령 프리모리예를 따라 총 800킬로미터(4,500개의 특화점(特火點))[7]에 걸쳐 있었다. 극

---

7   '특화점(特火點)'은 총구를 구비하고 있는 방어 진지를 가리키는 명칭이다.

동지역의 특화점들은 사할린과 쿠릴열도에 위치해 있었다.

소련군의 전투 준비와 관련된 모든 행위는 일본인들이 전쟁 추진에 대한 사령부의 계획을 알지 못하도록 하면서 진행되어서, 전투 개시 한 주일 전에 부대들이 관동군을 공격할 준비가 실질적으로 완료되었다.

1945년 8월 7일에 자바이칼리예전선군, 제1극동전선군, 제2극동전선군의 사령부는 최고총사령부(Ставка Верховного Главноко-мандования)로부터 지령을 받았다. 최고총사령부는 앞서 6월 28일에 부과했던 과업을 완수하기 위해 1945년 8월 9일부터 전투를 개시하라고 지시했다. 그리고 8월 8일에 모스크바에서는 23시에 일본 대사에게 소련 정부의 성명서가 전달되었는데, 여기에는 일본이 미국, 영국, 중국, 소비에트 연방에 대한 군사행동의 중단 거부와 관련해서 이것을 전쟁 돌입으로 간주한다고 언급되어 있었다.

1945년 8월 9일 새벽 한시경(하바롭스크 현지 시간 기준)에 세 개 전선군의 선봉부대들이 국경을 넘어 만주로 침입해 들어갔다. 국경수비대와 아무르함대 해병들이 이 부대들과 함께 행동했다. 제1극동전선군(K. 메레츠코프 원수) 부대들의 공격은 폭우 속에서 진행되었다. 같은 날 제1적기장군(赤旗章軍, Краснознамённая армия) (N. 크릴로프(Н. Крылов) 장군)의 연합부대는 만주로 20킬로미터를 진격해 들어갔다.

자바이칼리예 방면에서는 R. 말리놉스키 원수가 지휘하는 전선군의 부대들이 이들을 소모전으로 끌어들이려고 했던 적의 계획을 무산시켰다. 제36군(A. 루친스키(А. Лучинский) 장군)과 제39군(스탈린그라드 전투 영웅인 I. 류드니코프(И. Людников) 장군)의 연합군은 만저우리(滿洲里)-잘란누어(札蘭諾爾)요새화지역을 점령했고, 할런

(哈崙)-아얼산(阿爾山)요새화지역을 우회해서 앞으로 돌진했다. 이와 동시에 제6친위탱크군(A. 크라브첸코(A. Кравченко) 장군)과 기마-기계화군집단(I. 플리예프(И. Плиев) 장군)은 적의 저항을 꺾고 다싱안링 지역으로 진군했다. 36군의 부대들은 공격 첫날 끝무렵에 하이라얼(海拉爾)시에 대한 공격에 착수할 수 있었다. 8월 10일 아침에 일본 수비대는 역습을 시도했지만, 그 저항은 분쇄되었다.

제2극동전선군(M. 푸르카예프(M. Пуркаев) 장군)의 부대들은 아무르소함대의 지원과 제15군(S. 마모노프(C. Мамонов) 장군)의 적극적인 협력을 받아 아무르의 주요 섬들을 장악하고, 강을 도하해서 만주쪽 연안에 교두보를 확보했다.

이후의 공격 또한 성공적으로 전개되었다. 특히 자바이칼리예전선군의 부대들이 신속하게 진군했다. 이미 8월 12일에 제6친위탱크군의 연합부대는 일본인들이 오르기 힘들 것이라고 생각했던 다싱안링산맥을 넘어 만주평야로 진출함으로써 일본군의 후방 깊숙한 곳까지 다다랐다. 탱크부대원들은 5일만에 450킬로미터 이상을 돌파해서 8월 12일이 저물 때에는 만주의 핵심 요충지인 창춘(長春)과 묵던[8]으로 진격해 갔다. 몇몇 부대들은 도로가 불량하고 물과 안내자도 없는 힘겨운 조건 속에서도 하루에 90킬로미터를 진군했다.

제1극동전선군의 부대들은 이동하기 힘든 산악-타이가 지역을 지나가야만 했다. 이들은 요새화지역의 철근 콘크리트 방어선을 돌파한 후, 12~15킬로미터를 전진해서 강력하게 요새화된 무단장(牡丹江)시를 놓고 전투를 벌였다.

쑹화강 방면에서는 (제2극동전선군) 제15군이 퉁장(同江)시와 푸

8　'묵던'은 현 중국 랴오닝성의 '선양(瀋陽)시'이다.

진(富錦)시를 점령했으며, 도로불량, 폭우, 쑹화강 범람과 같은 조건 속에서도 진군해 나갔다.

소련군의 파멸적인 공세로 인해 아무르강, 우수리강, 그리고 다싱 안링산맥을 따라 구축되어 있던 일본의 강력한 요새들이 파괴되었다. 일본의 저항 거점들은 봉쇄되거나 회피되었다. 초기 6일간의 전투로 소련군 부대들은 일본의 방어시설 16개를 분쇄했다. 자바이칼리예전 선군은 250~400킬로미터를, 제1극동전선군은 120~150킬로미터를, 제2극동전선군은 50~200킬로미터를 진군했다.

만주평야로 나가는 출구에 위치해 있는 무단장시를 두고 힘겨운 전투가 진행되었다. 여러 날에 걸쳐 제1적기장군과 제5군의 부대들은 적군과 벌인 치열한 전투를 통해 4만 명 이상의 일본군 병사와 장교를 사살한 후, 8월 16일에 도시를 점령했다.

만주 진공 작전의 두 번째 단계에서는 관동군 측의 핵심 군사력이 괴멸되었으며, 중국 동북지역과 한반도 북부지역의 주요한 정치적·경 제적 중심지들이 해방되었다. 일본군 부대들의 대량 항복이 시작되었 다. 그런데 일본군의 본질적 저항은 완강해서 소련군은 상당한 손실을 입었다. 한 예로, 세이신시(청진) 수비대는 태평양함대 상륙부대에 강 력하게 저항했는데, 이곳은 일본의 주요 해군기지였다. 이 도시를 놓 고 벌어진 전투들에서 (자폴랴리예(Заполярье)[9]에서의 전투들에서 높은 명성을 얻은) 소비에트연방영웅(Герой Советского Союза) V. 레오노프(В. Леонов)의 분견대는 특출했다. 일본군은 8월 15일에만 소련군 보병과 해병에 대해 열네 차례나 역습을 감행했다. A. 니칸드 로프(А. Никандров) 소위보의 소대는 포위되었으나 24시간이 넘도

---

9 '자폴랴리예(Заполярье)'는 러시아 북쪽의 북극해 연안 지역을 가리키는 용어이다.

록 진지를 사수했다. A. 니칸드로프에게는 영웅적 행위와 용맹성에 대한 상으로 소비에트연방영웅 칭호가 수여되었고, 그의 상급자인 V. 레오노프는 두 번째 〈금성(Золотая Звезда)〉훈장을 수여받았다.

남 사할린 진공 작전(1945년 8월 11~25일)과 쿠릴 상륙 작전

소련의 육상 부대와 해군 병력은 8월 11일부터는 남사할린 해방을 위한, 그리고 18일부터는 쿠릴열도의 해방을 위한 전투를 진행했다. 남사할린 작전에는 56보병군단, L. 체레미소프(Л. Черемисов) 장군의 제16군(제2극동전선군), 북태평양소함대(A. 안드레예프(А. Андреев) 제독)의 군사력이 동원되었다. 힘겨운 전투 끝에 소련군은 8월 16~17일에 고통(古屯)[10] 요새화지역을 점령했고, 19일에 작전 지역을 벗어나서 사할린 남부지역으로 빠르게 진격하기 시작했다. 토로(塔路)시[11]와 마오카(真岡)시[12]에 있던 해상상륙부대가 공격군에게 중요한 지원을 해 주었다. 전투는 8월 25일에 상륙부대가 오토마리(大泊)시(현 코르사코프(Корсаков)시)에 있던 기지를 점령하고 육군부대가 토요하라(豊原)시(사할린의 행정 중심지, 현 유쥬노사할린스크)를 점령함으로써 종료되었다.

쿠릴 상륙 작전의 성공은 대쿠릴열도(Большая Курильская гряда)의 최북단에 있으며 가장 견고하게 요새화된 슘슈섬을 두고 벌어

---

10 '고통(古屯)'은 현 러시아 사할린섬에 있는 '포베디노(Победино)역'이다.

11 '토로(塔路)'는 현 러시아 사할린섬에 있는 '샤흐툐르스크(Шахтёрск)시'이다.

12 '마오카(真岡)'는 현 러시아 사할린섬에 있는 '홀름스크(Холмск)시'이다.

진 전투(1945년 8월 18~23일)에서 결정되었다. 이곳을 놓고 벌어진 전투에는 캄차카방위지구(Камчатский оборонительный район, А. 그네츠코(А. Гнечко) 장군)의 병사들과 태평양함대의 무력이 적극적으로 참여했다. 부대 상륙은 8월 18일에 시작되었다. S. 사부슈킨(С. Савушкин) 상위(上尉)의 선봉분견대가 결정적인 활동을 했다. 적의 특화점에서 쏟아지는 총탄이 진격로를 차단하자 N. 빌코프(Н. Вилков) 중사는 그 총구를 자신의 몸으로 막았고, 그의 본을 따라 P. 일이체프(П. Ильичев) 수병이 뒤를 이었다. 이 용맹한 수병들의 위업으로 이들의 이름은 영원히 남게 되었으며, 이 두 사람에게는 소비에트연방영웅의 칭호가 추존되었다.

숨슈섬에서 벌어진 일본군의 단호한 저항으로 인해 상륙부대를 2개 연대로 강화하게 되었으며, 그 결과 수비대는 항복하게 되었다. 쿠릴열도의 다른 섬들은, 우루프섬까지는 캄차카방위지구의 부대들이 연이어 점령했고, 그 남쪽의 섬들은 제1극동전선군 소속 제87보병군단이 점령했다. 9월 1일에는 해상상륙부대들이 쿠나쉬르(Кунашир, 国後)섬과 쉬코탄(Шикотан, 色丹)섬에 상륙했고, 9월 4일에는 하보마이(Хабомаи, 歯舞)군도에 상륙했다. 이 군도에서 항복을 받아냄으로써 쿠릴 상륙 작전은 완료되었다.

소비에트 사령부의 계획에 따르면 홋카이도 상륙 작전이 준비되고 있었는데, 여기에는 제87보병군단 소속의 2~3개 사단, 제9항공군 소속의 2개 공군사단, 태평양함대의 전함과 지원함, 그리고 병력수송을 위한 해양상선이 동원될 것이었다. 작전은 1945년 8월 19일부터 9월 1일까지 진행하기로 계획되어 있었다. 그런데 일본의 항복을 확실하게 하기 위해 홋카이도섬을 침공한다는 것은 그 의미를 상실했으며, 이에 더해 홋카이도 북부에서 일본의 항복을 받아내려는 스탈린의 의

도는 G. 트루먼 미국 대통령의 부정적인 반응에 부딪히게 되었다.

그 결과, 이 지역의 접경지역에서 관동군에게 집중된 소련군과 몽골 부대의 강력한 공격들, 그리고 사할린과 쿠릴열도에서의 작전들로 인해 일본군은 빠르게 파멸되었으며, 1904~1905년에 러시아가 상실한 영토 그리고 중국 동북과 한반도 지역에 대한 통제권을 상실하게 되었다. 아시아에서 형세는 본질적으로 바뀌었다. 소비에트 연방과의 전쟁 기간 동안 일본군은 모두 70만 명(이 중 포로는 64만 명) 이상의 병사와 장교를 상실했다. 일본은 자국 역사에서 이러한 패배를 겪은 적이 없었으며, 바로 이 패배가 일본이 1945년 9월 2일 도쿄만에 정박한 미국 전함 〈미주리(Missouri)〉호 선상에서 전면적·무조건적 항복 문서에 서명하게 된 주요 원인들 중 하나였다.

승리는 쉽게 주어진 것이 아니었다. 소련은 사망, 부상, 실종으로 36,456명(이 중 24,425명은 질병에 걸린 이들과 부상 후 살아남은 사람들이다.)을 잃었다. 태평양함대에서 전투로 상실한 1,298명 중에서 903명이 즉사했거나 중상을 입었다.

일본과의 전투에서 보여준 영웅적 행위, 굳건함, 용맹성에 대해 30만 명 이상의 병사, 장교, 수병이 군의 훈포장을 받았으며, 87명은 소비에트 연방영웅이 되었다. 태평양함대에서만 43명이 최고칭호인 영웅 칭호를 받았고, 18개의 함정과 부대가 친위대가 되었고, 16개는 적기장이 되었으며, 15개는 명예 칭호를 받았다. M. 얀코(М. Янко), М. 추카노바야 (М. Цуканова́я), N. 빌코프(Н. Вилков), Р. 일이체프(П. Ильичев), V. 모이세옌코(В. Моисеенко), М. 바라볼코(М. Барабо́лько)를 비롯한 애국자 수백 명의 업적은 지금까지도 군인으로서의 사명과 조국에 대한 사심 없는 헌신에 대한 모범이 되고 있다.

대조국전쟁 전선에서의 극동인들(1941~1945)

대조국전쟁은 러시아 역사에서 가장 힘들었던 시련이자, 파시즘에 맞선 인류 투쟁에서 가장 영웅적인 장들 중 하나에 속했다. 나치 독일과 그 동맹국들에 맞선 전쟁, 이것은 자신의 조국을 수호하고자 하는 인민이 물적·정신적 능력을 동원하고, 국가성을 고수하며, 파시스트 독일과의 싸움에서 자신의 실존을 유지할 수 있었던 역사적 실례이다.

극동지역 거주민들, 극동전선의 병사들과 수병들은 거대한 소련-독일 전선에서 벌어진 전투행위에 참여함으로써 적을 분쇄하고 총체적 승리를 얻는데 있어 커다란 기여를 했다.

파시스트 독일의 침공 소식은 1941년 6월 22일에 국가의 동쪽 지구들에 전해졌다. 다음날 극동지역 전 영역에서 수많은 집회와 모임이 열렸다. 수천 명의 지원자가 군역의 의무를 지원하는 신청서를 들고 군사위원부(военкомат)로 향했다. 1941년 6월 24일에 프리모리예변강주에서만도 활동중인 부대로의 파견을 요청하는 신청서가 783장 제출되었다. 전쟁 기간에 517,000명의 극동인이 전선으로 동원되었다.

전사들을 싣고 극동지역을 출발한 첫 번째 객차들이 1941년 7월에 소련-독일 전선에 도착했다. 최고총사령부의 전투 수행을 위해 전쟁 기간에 극동전선에서 23개 사단(16개 보병사단, 4개 탱크사단, 2개 기병사단, 1개 기계화보병사단), 19개 여단(3개 보병여단, 3개 공수여단, 13개 포병여단), 항공부대, 특수부대 등 총 백만 명 이상이 이전되었다. 이에 더해 극동지역에서 전선으로 3,300문의 대포와 박격포, 약 2천 대의 탱크, 기타 장비들이 지원되었다. 군 지휘관으로는 1943년에 쿠르스크호(弧) 전투에서 사망한 I. 아파나셴코(И. Апанасенко) 장군이 독일과의 전투를 위해 극동전선의 군사력과 장비를 동원하는데 큰 기여를 했다.

이미 1941년에 N. 베르자린(Н. Берзарин), А. 벨로보로도프(А. Белобородов), V. 폴로수힌(В. Полосухин) 등등의 지휘 아래 장교들과 장군들은 적에게 치명적인 타격을 가해 파시스트의 도발 계획을 무산시켰다.

나라 안에서 가장 뛰어난 비행기 조종사들 중 한명으로 흑해함대 항공부대 지휘관이며 극동인인 N. 오스트랴코프(Н. Остряков)는 세바스토폴방어전이 진행되고 있던 1942년에 한 전투에서 영웅적으로 전사함으로써 위명을 떨쳤다.

전쟁 시기 동안에 프리모리예변강주에서만 20만 명 이상이 동원되었다. 153,000명의 태평양함대 수병이 독일 침략자에 맞서 싸웠다. 이들은 해군여단의 구성원으로서 모스크바와 스탈린그라드에서의 전투들, 레닌그라드와 세바스토폴에서의 방어전들, 쿠르스크호(弧), 북캅카스, 자폴랴리예에서의 전투들에 참여했고, 오스트리아, 유고슬라비아, 루마니아, 폴란드, 체코슬로바키아를 해방시켰으며, 베를린을 점령했다.

프리모리예변강주 키롭스키(Кировский)마을 출신의 미헤예프(Михеев) 9형제는 탱크부대원으로서 여러 전선들에서 전투를 치렀다. 이들은 전투에서의 용맹성과 대담성으로 인해 85개의 훈장과 메달을 받았다. 모스크바방어전에서는 네 개의 해군여단이 참여했다. Ya. 베즈베르호프(Я. Безверхов)가 지휘하는 제71해군여단은 해병대로서는 처음으로 친위대 칭호를 받았으며, V. 로고프(В. Рогов) 대령이 지휘하는 제62해군여단은 모스크바 근교 전투에서 3개의 독일 연대를 분쇄하고, 적군으로부터 40개의 주거지역을 해방시켰다. I. 치스탸코프(И. Чистяков) 대령이 지휘하는 제64해병여단은 제20군 산하에서 활동하며 모스크바 근교에서 78개의 도시와 마을을 해방시켰다.

모스크바공방전에서는 제32적기장사단이 1941년 10월에 보로디노평야에서 강인함과 용맹성을 보여줌으로써 위명을 떨쳤다. 이스트라(Истра) 방면에서는 K. 로코스솝스키(K. Рокоссовский)의 제16군에 소속된 제78보병사단이 섬멸될 위기에 직면해 있었다. 수도를 지키기 위해 아무르도에서 온 이 부대는 자신들이 보여준 영웅적 행위를 통해 적군(赤軍) 최초로 친위대 칭호를 받게 된 부대들 중 하나가 되었다.

1942년에는 캄차카도 출신으로 유명한 극동지역 비행기 조종사인 V. 보리소프(В. Борисов)가 독일과 루마니아에 위치한 목표물들을 장거리 비행으로 기습하는 고도의 군사적 기량을 선보임으로써 소비에트연방영웅이 되었다. 아무르도 거주자인 N. 라스포포바(Н. Распопова)는 유명한 야간 폭격기인 U-2기를 타고 800회 이상 출격해서 파시스트들 사이에서 공포감을 불러일으킴으로써 전쟁 시기에 비행기 조종사로서 유명해졌다. 그녀와 동향인으로 영예훈장(Орден славы) 수여자로서 흠잡을데 없는 G. 무라이(Г. Мурай)는 저격수로서 파시스트 159명을 사살했다.

제2적기장군(아무르도) 소속으로 전선에 파견된 제204보병사단은 스탈린그라드 근교에서 벌어진 6개월간의 참혹한 전투에서 25,000명이 넘는 독일 침략자를 사살했으며, 이 전투에서의 업적으로 친위대 칭호를 받았다.

스탈린그라드공방전에서 저격수인 V. 자이체프(В. Зайцев)는 300명이 넘는 히틀러 추종자를 사살함으로써 커다란 명성을 얻게 되었다. "볼가강 뒤편으로 물러날 수 없다!"는 그의 말은 스탈린그라드 수호자들을 위한 구호가 되었다. 볼가강 전투에서는 태평양함대의 수병인 M.

파니카하(М. Паникаха)와 I. 카플루노프(И. Каплунов)가 열세인 전투에서 적의 탱크를 파괴한 후 영웅적으로 사망하는 영웅적인 업적을 세웠다. 스탈린그라드에서 포위된 부대들을 구원하러 온 E. 만슈타인(Erich von Manstein)의 부대를 분쇄한 R. 말리놉스키 장군의 제2친위군 내에는 2만 명 이상의 태평양함대 수병들이 전투에 참여하고 있었다. 캅카스공방전(1942)에서는 독일 제4탱크군과의 교전 중에 하바롭스크 출신인 D. 칼라라슈(Д. Каларащ)가 N. 가스텔로(Н. Гастелло)의 업적을 따라서, 열세 속에서 독일 전투기들과의 전투를 수행했다.

우수리, 아무르, 자바이칼리예 출신의 카자크들로 구성된 제8기병사단은 적과의 투쟁에서 가늠하기 어려운 기여를 했다. 1943년부터 기병은 소련-독일 전선에서 벌어진 중요한 전투들에 참여했으며, 15명이 소비에트연방영웅 칭호를 수여 받았다.

5대의 잠수함이 블라디보스토크에서 태평양과 대서양을 지나 극지역에 이르는 영웅적인 이동을 완수했다. 1943년 봄부터 이 잠수함들은 전투활동에 투입되었으며, 적과의 싸움에서 고도의 능력과 강인성을 보여주었다. S-56 잠수함은 자폴랴리예에서 독일 선박 10척을 침몰시켰고, 4척을 파손시켰다. S-56은 우수한 전투 수행으로 친위대 칭호를 수여받았으며, 그 지휘관인 G. 셰드린(Г. Щедрин)과 I. 쿠체렌코(И. Кучеренко)는 소비에트연방영웅이 되었다.

극동해양전문학교(Дальневосточный морской техникум) 졸업생으로 흑해함대 어뢰정사단의 지휘관인 N. 시파긴(Н. Сипягин)은 1943년 9월에 노보로시이스크만(Новороссийская бухта)[13]에서 영웅적인 돌파 작전을 수행했다. 이 업적으로 그는 소비에트연방영웅 칭

---

13 '노보로시이스크만(Новороссийская бухта)은 현 러시아 크라스노다르변강주

호를 받게 되었다. 1943년에는 드네프르(Днепр)[14]를 탈환한 공으로 35명의 프리모리예 출신자가 영웅 칭호를 받았다.

1943년에는 드네프르강 전투에서 제68극동보병사단이 명성을 떨쳤는데, 이 사단의 병사와 장교 23명이 전투에서의 용맹성과 강인함으로 인해 소비에트연방영웅이라는 최고 칭호를 얻었다. 하바롭스크 사람인 G. 본다리(Г. Бондарь)도 이 전투에서 상대편 측 연안에서 교두보를 수호한 공으로 영웅 칭호를 받았다. 그는 1945년에 브로츠와프(Wrocław, 브레슬라우(Breslau))[15]방어전에서 사망했다. 1943년의 드네프르강 전투에서 모두 32명의 하바롭스크변강주 출신의 병사와 장교가 용맹성과 영웅적 행위를 보임으로써 소비에트연방영웅이라는 최고칭호를 받았다. 또한 1943년 9월에는 이들의 동향인으로 비행기 조종사인 V. 비호레프(В. Вихорев)가 독일과 그 위성국들에 대한 203회의 비행을 완수함으로써 소비에트연방영웅이 되었다.

콤소몰스크-나-아무레시 출신으로 전투기 조종사인 A. 마레시예프(А. Маресьев)는 전쟁 기간에 커다란 명성을 얻었는데, 그는 큰 부상을 입고도 전열로 돌아와 의족을 한 채 전쟁이 끝날 때까지 전투에 임했다. 이 사람의 운명은 작가 B. 폴레보이(Б. Полевой)의 작품 주제가 되었는데, 이 작가는 소련인들을 대상으로 찬양 서적인 『진짜 사람에 관한 이야기(Повесть о настоящем человеке)』를 써서 수많은 세대를 위한 용맹성과 애국심의 본보기로 삼았다.

(Краснодарский край)에 있는 '체메스만(Цемесская бухта)'이다.

14 '드네프르(Днепр)'는 현 우크라이나의 '드니프로(Дніпро)시'이다.

15 '브로츠와프(Wrocław)'는 폴란드 남부에 있는 도시로, 2차대전 종전 이전까지는 독일영토인 '브레슬라우(Breslau)'였다.

적 후방에서 파르티잔 투쟁을 조직하기 위해 극동지역의 내전기 영웅들이 투입되었다. 이들 중 한 사람인 A. 플레곤토프(А. Флегонтов)는 1941~1943년에 모스크바도, 스몰렌스크도, 브랸스크도에서 파르티잔 분견대들을 조직함으로써 커다란 명성을 얻었으며, 벨로루시야에서 토벌대와 벌인 불리한 전투에서 사망했다.

전쟁 막바지인 1945년에 비로비잔 출신의 I. 부마긴(И. Бумагин)은 A. 마트로소프(А. Матросов)의 업적을 되풀이해서, 브로츠와프 전투에서 적 특화점의 총안(銃眼)을 자신의 몸으로 가로막았다.

블라디보스토크 출신의 I. 보로닌(И. Воронин)이 이끄는 대대는 베를린에 처음으로 진입한 부대들 중 하나였고, K. 삼소노프(К. Самсонов)의 태평양함대 전사들은 독일 국가의회의사당(Reichstagsgebдude) 위에 승전기(Знамя Победы)를 게양했다. 유대인자치도 레닌스코예마을 출신인 P. 카긔킨(П. Кагыкин)은 독일 국가의회의사당 위에 세워진 승전기들 중 하나를 게양했으며, 베를린 전투에서 보여준 영웅적 행위와 용맹성으로 인해 영웅 칭호를 받았다. 첫 번째 베를린 위수사령관으로 임명된 것은 제5돌격군 사령관이자 소비에트연방영웅인 N. 베르자린(Н. Берзарин) 상급대장이었는데, 그는 전쟁 전에는 극동지역에서 복무했었다.

대조국전쟁 기간에는 또한 극동지역 원주민들도 파시스트 독일에 맞서 싸웠다. 보병부대에만도 1,372명의 소수민족이 들어가 있었다. 극동지역 원주민들은 59개 병종(兵種)을 습득했으며, 이들 15명 당 한 명은 장교가 되었고, 2천 명 이상이 훈장과 메달을 받았으며, A. 파스사르(А. Пассар), M. 파스사르(М. Пассар), P. 아다코(П. Адако), F. 보얀(Ф. Боян), V. 댜탈(В. Дятал), I. 우바찬(И. Увачан), S. 노모코노프(С. Номоконов)와 같은 이름은 국가의 역사에 적지 않게 선명한 장들을 장식한 전쟁영웅으로서 온 나라에 알려졌다.

전쟁 기간 전반에 걸쳐 50만 명 이상의 극동인이 조국의 자유와 독립을 위해 목숨을 바쳤고, 영웅적 행위와 용맹성을 발현한 11,635명의 병사와 장교가 소비에트연방영웅이라는 최고 칭호에 이름을 올렸으며, 2,582명은 영예훈장의 수훈자가 되었다.

대조국전쟁 기간에 프리모리예 사람만도 23만 명이 훈포상을 받았는데, 이들 중에서 104명은 소비에트연방영웅이 되었고, 16명은 영예훈장의 자격을 완전히 갖춘 수훈자였다. 전쟁 기간에 프리모리예변강주 주민 중 거의 3분의 1이 조국의 영광과 독립을 위한 전투들에서 사망했는데, 이들 중에서 29명은 소비에트연방영웅이었다. 영웅들의 이름은 조국수호자기념서(Книга Памяти защитников Отечества) 지역본에 기록되었다.

13장 극동지역의 경제적·사회적 발전: 1940년대 후반부~1980년대

전쟁 종료 후 행정구역 구분

전쟁 종료 이후 극동지역은 소련과 러시아 연방에 있는 경제지구들 중에서 면적에 있어서 동시베리아 다음으로 넓었다. 1940년대 후반 ~1950년대에 극동지역의 행정구역은 바뀌었다. 제2차 세계대전 종전 이후 남사할린과 쿠릴의 통합 영토에는 1946년 2월 2일자 소련최고회의 상임위원회 정령에 따라 하바롭스크변강주 소속으로 유쥬노사할린스크도(Южно-Сахалинская область)가 설치되었다. 북위 50도를 따라 그어진 국경선이 사라지게 되었기에, 사할린섬에 설치된 섬 북쪽 부분의 사할린도와 섬 남쪽 부분과 쿠릴열도의 유쥬노사할린스크도라는 두 개의 행정구역은 과도기의 일시적 현상이었다.

1947년 2월 2일자 소련최고회의 상임위원회 정령에 따라 유쥬노사할린스크도는 폐지되고, 그 영역은 하바롭스크변강주에서 러시아공화국의 독자적인 지방으로 독립한 사할린도에 통합되었다. 유쥬노사할린스크시가 사할린도의 주도(主都)가 되었다.

1947년 8월 2일에는 아무르도가 독립 행정 단위로 분리되었다. 1953년 12월 3일에 러시아공화국 동북지역에는 마가단도(도 주도는 마가단시)가 구성되었는데, 여기에는 콜리마의 구역들과 축치민족구(Чукотский национальный округ)가 들어갔다. 1956년 1월 23일에는 캄차카도가 하바롭스크변강주에서 분리되어서 러시아공화국의 독자적인 지방이 되었다. 캄차카도에는 캄차카반도 지역 외에도 코랴크민족구(Корякский национальный округ)가 편입되었다.

이렇게 해서, 1950년대 말까지 형성된 소련 극동지역의 행정 구성과 영역 구획 체계에는 하바롭스크변강주, 프리모리예변강주, 아무르도, 사할린도, 캄차카도, 마가단도, 두 개의 민족구들 – 축치민족구(마가단도 소속)와 코랴크민족구(캄차카도 소속) – 그리고 유대인자치도(하바롭스크변강주 소속)가 포함되어 있었다. 극동지역은 3,112,700제곱킬로미터의 면적을 차지하고 있었다. 1940년대 말에 이 변경지역의 인구는 3,014,000명이었다.

인구와 이주 정책

극동지역은 국가의 단일 경제 체계에서 한 부분을 형성하고 있고, 국가 운영의 일반 체제에 종속되어 있으면서도 동시에 고립성이 지속되고 있었기에, 지리적 의미(자연조건, 개척 필요성, 충분히 발전하지 못한 교통망, 가공 기지들로부터의 원거리성)에서 뿐만 아니라 사회경제적 의미에서도 주변지역으로 남아있었다. 국가는 소련의 유럽지역에 이미 조성되어 있던 생산 기지(비록 전쟁 기간 동안 심각하게 손상되었지만)와 이것과의 연관복합체를 지향하면서, 동방 구역들의 개발에 있어서는 천연자원 추출과 (이 지역을 둘러싼 대외정치상황 및 국가안보와 관련된 문제들로 인해) 동부 국경지역의 방위력 강화에 계속해서 우선순위를 두었다.

지역 경제와 지역 주민의 수요는 차순위로 밀려났으며, 그 결과 채광 부문과 가공 부문, 공업, 농업과 그 기반구조 등의 사이에서, 그리고 경제분야와 사회분야 사이에서 불균형이 나타났다. 동부 구역들의 생존활동은 중앙집중적 분배에 따라 국가로부터 받는 재정 자금의 비율에, 그리고 국가의 다른 지방들에서 공급되는 식료품과 공산품에 의존하고 있었다. 이주 문제는 경제문제와 밀접하게 연관되어 있었다. 극동인들의 불만족스러운 생존 조건은 이 지역 인구의 대규모 이동을 예기하는 것이었다.

종전 이후 극동지역에서 정부의 중심 관심사는 주민과 인적자원의 형성과 관련된 문제들이었다. 국가정책은 극동지역 천연자원 개발의 지속, 현지 생산을 통해 지역의 식량공급을 보장하기 위한 농업발전, 사할린 남부지역과 쿠릴열도에서의 빠른 정주와 경제개발을 지향하고 있었는데, 이것은 희귀금속과 비철금속, 어류, 삼림, 석탄, 석유 등의 생산에 대한 자본투여 증대와 극동지역으로의 노동력 유인을 위한 여러 정책들의 추진을 가져왔다.《우랄, 시베리아, 극동지역에 위치해 있는 기업과 건설현장에서 일하는 노동자와 기술자를 위한 임금 인상과 거주지 건설에 대하여(О повышении зарплаты и строительстве жилищ для рабочих и ИТР предприятий и строек, располо-женных на Урале, в Сибири и на Дальнем Востоке)》라는 소련 각료회의의 1946년 8월 25일자 결의안이 자극제로 작용했다.

종전 후 극동지역에서 인구 증가는 상당부분에 있어 다양한 형태의 자발적 이주에 따른 것이었다. L. L. 리바콥스키(Л. Л. Рыбаковский)의 자료에 따르면, 1950년대에만도 예비역으로 전역한 전직 군인으로서 극동 주민으로 충원된 이들이 가용노동 남성인구의 17퍼센트~18퍼센트를 차지했다. 국가채용(органабор)이라고 불리는 체계가 완전히 복원되어서, 이로 인해 어업, 임업, 탄광업에서 노동자 수가 현저하게 증가할 수 있었다. 산업건설과 기간건설이 맹렬하게 시작됨으로써 조직적 이주가 증가했다. 남사할린 지역에서의 정주는 특별히 중요했다. 신 이주민들 중 대부분은 하바롭스크, 소베츠카야가반, 비로비쟌으로 배치되었고, 가장 크게 이주민 증가가 나타난 곳은 완전히 새로 건설된 [도시였던] 콤소몰스크-나-아무레시였다.

현지 생산을 통해 극동인들의 식량을 보장하기 위해 전쟁으로 중단되었던 계획적 농업 이주가 다시금 강력하게 추진되었다. 이 기간에 러시아공화국에서 이주한 모든 농촌 가구들 중에서 30퍼센트가 극동지역으로 왔다. 1950년대 후반에 이주 활동은 새로운 단계에 접어들어서, 처녀지와 장기휴경지에 대한 개척이 상당한 규모로 진행되었다. 극동지역에서는 프리모리예변강주에서 정주가 가장 활발하게 진행되어서, 매년 2,500명의 신 이주민을 받아들였다. 아무르도에서도 커다란 규모의 토지가 신 이주민들에 의해 새로이 개척되었다. 전체적으로 1946년에서 1960년까지 100,800가구가 극동지역 농촌으로 조직적으로 이주되었는데, 이것은 당시 러시아에서 정착률이 취약하고 노동력 수급이 보장되지 않은 구역들 중 한 곳이었던 이 지역에 있어서는 커다란 규모였다.

그런데 극동지역에서의 이주과정은 상당 수의 유출 인구라는 반대 흐름이 있었다는 특징을 가지고 있다. 인력 정착이 취약했던 주요 원인은 열악한 노동조건과 생활조건이었다. 많은 이주민들이 혹독한 자연 조건, 파멸적인 수준의 태풍이나 홍수와 같은 주기적으로 닥치는 자연재해에 적응하지 못했다.

종전 이후 극동지역에서 노동력 수요는 지속적으로 증가했다. 대규모 생산 과업들은 이전과 마찬가지로 굴라크(ГУЛАГ)[1]에 배정되

---

1 '굴라크(ГУЛАГ)'의 정식 명칭은 'Главное управление исправительно-трудовых лагерей и колоний'로, '노동교화수용소총국'으로 번역할 수 있다.

었다. 여러 분야들에서 필요로 하는 노동력 동원을 통해 제공하는 문제는 수감자와 특수이주민을 통해 해결했다. 1940년대 후반부에 170,000명의 일본인 전쟁포로가 극동지역의 노동교화수용소들로 이송되어 있었는데, 이들의 본국송환과 출소로 인해 수감자들이 다시금 굴라크 시설의 기본 노동력이 되었다. E. N. 체르놀루츠카야(E. H. Чернолуцкая)의 계산에 따르면, 1951년에 달스트로이 수용소들에 있던 수감자 수는 300,000명에 달했다. 소련최고회의 상임위원회의 1953년 3월 2일자 정령을 통해 선포된 특별사면 이후에 극동지역의 노동교화수용소 각각에 있던 인원은 30~50퍼센트 감소했다. 달스트로이는 1957년 5월 29일에 해체되었다. 1959년에 극동지역의 인구는 480만 명에 달했다.

1960년대에 극동지역 인구는 외부로부터의 이주와 자연 증가에 의해 계속해서 늘어났다. 이전과 마찬가지로 극동지역 정주는 다양한 형태의 조직적 이주들(전문가 파견, 노동자의 국가채용, 사회적 요청 등등)에 의해 이루어졌다. 노동 자원 유인을 위해서는 이들이 정착하는 데 필요한 비용이 요구되었다. 이러한 의미에서 사회적 영역이 중요해질 필요가 있었다. 그러나 이 변경지역에서 사회적 영역의 발전에 대한 관심은 그리 충분하지 않았다. 1960년대에 이 지역의 평균 산업성장률(9.1퍼센트)은 전 러시아 성장률(8.5퍼센트)보다 높았다. 극동인들의 임금 상승률(4.8퍼센트)은 국가 평균(7.8퍼센트)보다 상당히 낮았다. 따라서 임금은 극동지역으로의 인구 유인과 정착에 있어 효과적인 경제적 유인이 아니었다. 소련의 다른 구역들에서 이곳으로의 인구 유인을 위해 국가는 1950년대 말에 폐지된 임금장려금 제도를 부활시켜야만 했다.

1965년 10월에 중앙과 지방의 당 기관들과 소비에트 기관들에서는 극북지역, 시베리아, 극동지역의 구역들에서 생산력 발전과 인력 정착을 위한 안건들이 논의되었다. 1967년 9월 26일에《소련 인민의 지속적인 복지향상을 위한 조치들에 대하여(О мерах по дальнейшему повышению благосостояния советского народа)》라는 소련 공산당(КПСС)[2] 중앙위원회와 소련 각료회의의 결의안이 발의되었다. 극북지역과 이와 비슷한 조건에 있던 지역들의 구역들에서 일하는 사람들에 대한 혜택이 확대되었다. 무엇보다도 성과급 증대와 계수 도입과 같은 방식을 통해 원료 생산에 종사하고 있는 노동자와 사무원의 임금을 인상하는 것이 논의되었다. 1968년 1월 1일에는 극동지역의 경공업과 식품업, 교육, 보건, 공공주거환경관리, 과학과 문화, 그리고 인민경제의 다른 분야들에 속하는 기업과 기관에 있는 노동자와 사무원의 임금에 수당제가 도입되었다. 그런데 1980년대 중반까지 사회적 영역에서 일하는 노동자의 임금은 원료 영역에서 일하는 노동자의 임금과 커다란 차이를 보이고 있었고, 교육, 보건에 있어 극동지역에서 일하는 사람과 [국가] 중심지역에서 일하는 사람은 소득에서 격차가 있었다. 비효율적인 이주 기제와 극동지역으로부터의 인구 유출이 나타났다.

이 지역으로의 인구 유인을 위해 중앙의 계획 기관들과 관련 부처들에서는 인민경제 전반에서 각 부문의 중요도를 정하는 생산계수를 도입했다. 한 예로, 콤소몰스크-나-아무레에 있던 〈아무르스탈〉공장은 지역계수가 1.5였고, 〈아무르리트마슈(Амурлитмаш)〉는 1.3이었다.

1986년에 노동 · 사회개발부(Министерство труда и социально-

---

2 '소련 공산당(КПСС)'의 정식 명칭은 'Коммунистическая партия Советского Союза'이다.

го развития)는 동일 기업체에서의 근속 노동에 대한 가산 수당, 추가적 특전과 보상을 국가의 북방 구역들에 도입했다. 러시아의 중심지역 주민과 극동지역 주민에게 동등한 환경을 보장하기 위해 극동지역 주민의 소득을 최소한 10~15퍼센트 높게 책정했다.

많은 부분에 있어 이주의 비효율성은 식량과 생활필수품의 공급에 대한 주민들의 불만족에서 기인했다. 기본적인 수요품들 중 다수는 국가의 중심지역과 남부지역에서 극동지역으로 운송(식료품의 34.9퍼센트, 비식료품의 75.4퍼센트)해 왔다. 1980년에 극동인은 중심지역 거주민에 비해 비식료품 획득에는 16.3퍼센트, 모피제품에는 3~4배 더 많은 비용을 지출했다. 추가 임금은 극동인이 이 지역에서 거주하는데 드는 추가 지출을 부분적으로만 보충해 주는 정도였다. 극동인과 타지역 거주민 사이에서 보이는 생활수준 상의 격차는 좁혀지지 않았으며, 오히려 넓어지는 경향을 보였다. 주민에 대한 불만족스러운 수요충족이 역이주의 원인이 되었다.

국가는 가용노동인구를 극동지역으로 유인하기 위해 앞서 시험운용해 보았던 추가 특전체계, 즉 새로운 장소로의 이주와 정착을 위한 장려금, 가족 이주비 지급, 추가 휴일, 대출, 수당할당 등을 활용했다. 특전 정책은 경제적으로 활동적인 인구를 이 변경지역의 농촌으로 유인하는데 있어 특히 중요했는데, 당시 이곳에서는 전 인구 중에서 7~8퍼센트만이 농업노동에 종사하고 있었다. 농업 이주는 계획된 절차에 따라서, 즉 국가의 통제 아래 이주민 정착을 위한 추가 특전들을 도입하면서 진행되었다.

이러한 정책의 결과로 1960년대에 이 지역으로 150,000명이 이주해 왔다. 1980년대에는 매년 300가구에서 400가구가 프리모리예변강주와 아무르도로 왔다. 극동지역 농촌인구는 18퍼센트 증가했는데, 같은 시기에 러시아공화국 평균은 5.7퍼센트 증가했다. 그럼에도 불구하고 이 지역 농촌에서 인구 상황은 개선되지 않았다.

1970년대 중반에 바이칼-아무르철도(Байкало-Амурская маги-страль)가 건설되기 시작하면서 이 지역의 경제적 개발과 정주는 새로운 자극을 받게 되었다. 새로이 조성된 일자리들은 사회적 요청에 따라 소련 내 여러 공화국들의 노동력을 콤소몰-청년분견대의 형태로 유인하는 것을 촉진했는데, 이것이 인구증가에 영향을 미쳤다. 극동지역으로의 조직적 이주는 자발적으로 이주를 결정한 이들로 보강되어서, 이들은 이 지역 유출민 중 50퍼센트를 보충해 주었다.

1959년 전 연방 인구조사와 1989년 전 연방 인구조사 사이에 이 지역의 거주민 수는 3백만 명 이상, 또는 64.3퍼센트 증가했다(당시 러시아공화국은 25.4퍼센트, 소련 전체는 37.3퍼센트 증가했다). 1989년 인구조사 자료에 따르면, 이 지역 인구는 7,941,100명으로, 러시아공화국 인구에서 차지하는 비중은 1959년의 4.1퍼센트에서 1989년에는 5.5퍼센트로 증가했다. 인구 증가에서 이주민 비중은 29.7퍼센트였다. 그런데 이 지역에서 인구상황은 여전히 충분한 정도로 안정적이지는 않았다. 재정적이고 물질적인 자본에 크게 의존하고 있던 국가 이주정책은 기대한 결과를 가져다 주지 않았다. 인구 유인과 정착을 위한 경제적 조치들은 인구 성장을 위한 안정적 요소로서의 역할을 하지 못했다. 강력한 사회간접자본을 구축할 필요가 있었다. 《극동경제지구, 부랴트자치공화국, 치타도에서 생산력의 복합적 발전을 위한 국가 장기 프로그램 2000(Долговременная государственная программа комплексного развития производительных сил Дальневосточного экономического района, Бурятской АССР и Читинской области до 2000 года)》이 1987년에 채택되었는데, 이것은 사회적 분야들의 우선적 발전을 지향하고 있었다. 국가는 이 지역에서 다른 우선 과제들도 가지고 있었다.

산업 발전

알고 있듯이, 종전 이후 극동지역 경제의 토대를 구성하고 있었던 것은 채광 부문과 군수산업이었다. 1950~1970년대에 채광 부문은 이 지역 산업총생산의 23퍼센트를 차지하고 있었다(전 소련 평균은 7.9퍼센트였다). 1980년대 말에 이 지역의 생산 복합체 구조 내에서 채광 부문의 비중은 총산업생산량의 30.9퍼센트에 달했다. 이러한 구조는 변경지역이 천연자원을 실질적으로 확보하고 있었음을 반영하는 것이었을 뿐만 아니라, 이 지역에 매장되어 있는 자원잠재력을 최대한 끌어내려는 국가정책의 결과이기도 했다.

부문별 지역천연자원 활용체계는 1970년대 동안에 형태를 갖추어서, 이 10년의 기간 동안 행정지도를 통한 관리라는 조건 속에서 형성되고 작동했다. 이 지역 천연자원은 연방 중앙에 의해 독점적으로 관리되었다. 채굴수입은 국가재정으로 전환되었고, 채광 부문은 국가 중앙의 자본투여 방식으로 재정지원을 받아 발전했다. 혹 각 부문들 사이에 어떠한 상호연계가 있었다 하더라도, 그것은 매우 미약했다. 이것들 중 어느 한 부문의 역량 강화는 많은 경우에 다른 부분의 발전 기반을 약화시켰다. 기업의 경제적 성공은 광범위한 국가 보조금에 의해 유지되었다.

전후 시기에 전투 지역에 속했던 구역들에서 인민경제를 부흥시킬 필요성과 극동지역에서 심각했던 상황이 완화됨에 따라, 이 지역 발전을 위한 것으로 할당된 자본의 크기는 상대적으로 줄어들었고, 생산 성장률은 더뎌졌다. 국가전체 자본투여에서 이 지역이 차지하는 비중은 전쟁 전에 7.8퍼센트에서 전쟁 후에 5.1퍼센트로 감소했다. 극동지역 정책에서 이러한 경향은 1950년대 후반에도 계속되었다.

1940~1950년대에 소련 경제는 새로운 발전 단계에 들어 섰다. 국가의 동방 구역들이 복합적으로 발전하는 것에 대해 특별한 관심이 주어졌다. 극동지역의 천연자원 개발, 극동지역의 경제적 잠재력 강화는 국가 생산력의 지속적 향상을 위해 특별히 중요한 의미를 가지는 것이었다. 따라서 극동지역 경제의 조속한 발전은 프로그램화된 과제로서, 즉 이 지역의 사회경제적 발전에 대한 5개년 계획들과 결의안들을 통해 현실화되는 정부 경제전략의 구성부분으로서 검토되었다.

극동지역 생산력의 신속한 발전은 국가적 프로그램들 중 하나로 다루어졌는데, 이 프로그램들에서는 경제적 문제들이 이에 못지않게 중요했던 군사정치적 고려들과 얽혀 있었다. 따라서 지역경제 발전 전망을 수립하는데 있어 이곳의 특수한 조건으로 인해 야기되는 결과들이 고려되었다. 극동지역은 소련 인민경제체제의 한 부분으로서뿐만 아니라, 국가 안보의 중요한 전초기지라는 점이, 그리고 또한 태평양 연안에 위치한 인구밀집 국가들에 정치적·경제적 영향을 끼치기 위한 지지기반이라는 점이 감안되었다. 이것은 지역 생산 잠재력을 보다 집약적으로 강화할 것을 요구하는 것이었다.

제강산업, 에너지산업, 연료산업, 조선업, 모든 종류의 교통산업들에 대한 발전계획이 수립되었다. 천명된 노선과는 달리 전문 부문들이 우선순위를 차지했다.

전통적으로 극동지역 경제구조에서 선도적 위치들 중 하나를 차지하고 있었던 것은 수산업이었다.

연구자들은 1950~1980년대에 극동지역의 수산업 발전을 편의상
세 단계로 구분한다. 1950년대 중반까지 생선과 해산물 생산은 연근
해에서 활동하는 소형어선단에 의해 이루어졌다. 이것은 매우 많은 종
류의 채취 원료들을 공급했고, 연안의 기반시설이 발전할 수 있도록
촉진했다. 그런데 생산능력 부족으로 인해 상품 총량은 그리 크지 않
았다. 소규모 어선단은 대부분 낡고, 빈약하며, 불완전한 선박들로 구
성되어 있었다.

1950년대 중반부터 어업은 대형어선단의 발전과 제한된 수의 상
업적 어종들의 대량 획득 개발로 방향을 전환했다. 강철동체와 강력
한 엔진을 갖춘 원양어업용 인망선(引網船)과 생선의 가공·냉동 시설
을 갖춘 트롤선이 등장했다. 이러한 상업적 어선단은 대규모 조업단
을 조직함으로써 연안어업이 원양어업으로 전환될 수 있도록 해 주었
다. 상업적 조업단들은 베링해 동쪽 지역, 프리모리예 연안지역, 캄차
카 서쪽 연안지역, 오호츠크해 북쪽 지역에서 활동했다. 유쥬늬예쿠릴
리(Южные Курилы) 지역[3]도 새로운 상업적 조업 지역이 되었다. 이
것은 어획량과 어류제품 생산의 커다란 증가를 가져왔다. 1960년대에
극동지역에서는 2천만 첸트네르 이상의 어류와 기타 해산물이 생산되
었다. 변경지역 총산업생산에서 어업이 차지하는 비중은 거의 35퍼센
트에 달했다. 조업 현장에서의 어류-반제품 가공으로 인해 기업의 생
산능력이 증대되었다. 어선단 내에서 어업모선, 공선(工船)[4], 냉동트

---

3 '유쥬늬예쿠릴리(Южные Курилы)' 지역은 우루프섬에서 쿠나쉬르섬에 이르는
쿠릴열도 남부섬들을 편의적으로 가리키는 명칭이다.
4 '공선(工船)'은 선내에 수산물을 처리, 가공, 저장할 수 있는 설비를 갖추고 있는
배이다.

롤선의 수가 증가했다. 이와 동시에 연근해에서 공선의 조업률은 상대적으로 감소했는데, 이것은 연근해 어업의 축소와 어촌의 감소를 가져왔다. 생산 어종의 범위는 축소되었다.

1970년대에 바다를 접하고 있는 국가들이 하나둘씩 연안 200마일 범위를 배타적 경제수역으로 선언했다. 그 결과 소련 어부들은 전 세계 대양의 가장 생산성이 높은 지역들에서 조업을 중단해야만 했다. 1976년에 소련 또한 연안 200마일 경제수역을 지정했기에, 그 결과 동해와 베링해 수역의 상당부분, 오호츠크해의 거의 대부분, 태평양의 쿠릴열도 주변 해역이 소련 어부들의 실질적인 활동영역으로 들어오게 되었다. 극동 수역이 차지하는 비중은 1970년대 중반에 전 연방 어류·해수(海獸) 생산량의 40퍼센트에 달했는데, 이 중에서 연어류는 99.5퍼센트, 청어류는 60~70퍼센트, 게는 100퍼센트를 차지하고 있었다.

200마일 경제수역의 도입과 함께 극동지역 수산업 발전의 세 번째 단계가 시작되었다. 포획량 제약으로 자국 경제수역을 보다 집약적으로 개발하게 되었다. 한 예로, 사할린-쿠릴 해역에서 사할린 어부들은 1971년에는 약 50퍼센트의 어획고를 올렸으나, 1976년에는 80퍼센트를 기록했다. 상업적 어선단들이 원양으로부터 회귀하게 되면서 소비에트 행정당국은 연근해 생물자원의 보존과 번식에 대한 문제에 대해 고민하지 않을 수 없게 되었다. 예를 들어, 1980년대 초에 사할린도에서는 연간 연어 치어 8억 5천 5백만 마리 규모의 양식장 18개가 운용되었다.

생선과 수산물은 수출에서 중요한 역할을 차지했다. 이것은 주로 국내 시장에서는 가치가 없거나 수요가 없는 어류(명태, 농어, 산란기 청어 등등)의 활어와 급속냉동어, 어란 제품, 급속냉동한 게와 해산물

(문어, 해삼, 홍합, 광삼(光蔘))이었다. 1970년대에 이 상품들이 총수출에서 차지한 비중은 44.5퍼센트였다.

1980년대 말에 극동지역 수산업에서는 어선단의 노후화로 인한 생산능력 저하에 대한 이야기가 나오기 시작했다. 1960년대에 극동 수역에서 집약적으로 작업하던 조업선, 가공선, 운송선의 교체가 시급하게 요구되었다. 원료기지의 교체, 청어·가자미·농어와 같은 전통적인 어종들의 현저한 조업량 감소에 따른 탐색장비, 조업장비, 생선운송수단의 개선이 요구되었다.

이 지역의 연료에너지 수요는 석탄산업으로 충족되었다. 전쟁 시기에 자본투여와 노동력의 감소가 야기한 채탄량 감소는 최대한 짧은 시간 내에 해결되어야만 했다. 석탄 생산을 담당한 것은 〈달보스토크우골(Дальвостокуголь)〉, 〈프리모르스크우골〉, 〈사할린우골(Сахалинуголь)〉, 〈세베로보스토크우골(Северовостокуголь)〉의 연합체였다. 석탄산업의 물적·기술적 토대는 약화된 상태였다. 전후 몇 해 동안 탄갱과 노천광에 투입된 14대의 콤바인, 158대의 탄갱용 전기기관차, 806대의 컨베이어로는 문제를 해결할 수 없었다. 1950년대 중반에 극동지역으로 들어오는 석탄 비중은 1945년에는 3퍼센트였던 것이 1955년에는 19퍼센트까지 증가했다. 이것은 취약한 기술장비가 가져온 채탄공들의 낮은 노동생산성때문이었다.

절탄기(截炭機), 착암기, 전기식 및 압축식 천공기, 고출력 환기장치, 금속제 및 철근 콘크리트제 보강구조물, 적재기 및 기타 다른 기계들과 장치들 등과 같은 보다 개선된 광산용 채굴장비들이 1950년대에 석탄갱에 도입되기 시작했다. 리폽츠탄광사업단(Липовецкое шахтоуправление)은 프리모리예변강주에서 가장 기계화된 채탄기업들 중 하나가 되었다. 그런데 탄갱에서의 터널 굴착 등과 같은 일을 할 때에 기계를 도입하는 것은 변경지역에 있는 자원 매장지의 산악지리적 조건으로 인해 장비를 투입할 수 없었기에 쉽지 않았으며, 이에 따라 엔지니어-기술자들은 현지 조건 속에서 장비를 암석에 적용하기 위해 많은 시간과 노력을 소비해야만 했다.

탄광에서 공동작업조를 꾸리는 것이 노동생산성을 증대시켰다. 공동작업조에서는 전문직종들의 결합이 진전되어서, 보다 적은 수의 노동자가 더 많은 양의 석탄을 생산할 수 있었다. 공동작업조를 도입하면서 일일평균생산량이 현저히 증가했다. 아르툠우골(Артёмуголь)을 보면, 1955년에 일일평균 373톤의 석탄을 생산했으나, 1958년에는 1,312톤을 생산했다.

1950년대는 아르툠과 수찬에서 새로운 탄광을 건설하고 오래된 탄광을 보수하는 시기였다. 수푸틴카(Супутинка) 광상에서 채탄이 시작되었다. 탄광에서의 석탄 생산 원가는 상당히 높았는데, 〈사할린우골〉 콤비나트의 레르몬톱스키(Лермонтовский) 노천광에서는 석탄을 약 3배 정도 싸게 생산할 수 있었다. 양질의 사할린 산 코크스 중 일부는 하바롭스크변강주, 아무르도, 캄차카도, 마가단도로 공급되었고, 일본으로도 수출되었다.

극동 경제 발전을 저해했던 가장 큰 병목지점은 취약한 에너지 기반이었다. 1960년대 초에 석유가스산업의 빠른 발전과 함께 갱내채굴과 노천채굴을 통한 석탄 생산 증대를 위한 방침이 세워졌다. 사실상 동북극지역(Крайний Северо-Восток) 구역들의 실질적으로 무한한 석탄 매장 상황과 이 구역들의 특수한 영역적 자연조건으로 인해 현지 석탄을 주요 연료로 사용할 필요가 있는 것으로 결정되었다. 노천채굴 생산으로 인해 비교적 짧은 기간 내에 커다란 생산능력을 가지게 되었고, 석탄의 생산과 운송을 기계화할 수 있었다. 이러한 이점들은 생산 비용을 현저히 줄여줌으로써 석탄 원가를 낮춰주었다. 바로 이러한 이유로 마가단도에서 석탄 생산을 현저하게 증대하는 결정이 채택되었던 것이다. 석탄 생산의 급격한 증가는 기업용 전력의 원가를 인하할 수 있도록 해주었으며, 이것은 다시 금, 은, 주석, 희귀금속들의 생산 증대를 가져왔다.

1960년대에 극동지역에서는 39개의 탄갱과 수 개의 노천광이 운영되고 있었는데, 그 중에서 프리모리예의 렛티홉카(Реттиховка) 노천광은 연간 1백만 톤의 생산능력을 가지고 있었다. 극동지역에서 가장 큰 비킨 노천탄광이 건설되기 시작했다. 1967년 10월에는 파블롭카 노천광(Павловский разрез)이 건설되기 시작함으로써 석탄 생산이 두 배 증가했으며, 1973년에는 루체고르스크(Лучегорск) 노천광이 생산을 시작했다. 석탄의 44.9퍼센트가 노천채굴 방식으로 생산되었는데, 당시 러시아공화국 평균은 28.6퍼센트였다. 1986년에 노천채굴 방식의 비중은 75.8퍼센트에 달했다.

사할린도에서 석탄산업은 견고하게 발전했다. 알렉산드롭스크구역, 우글례고르스크구역(Углегорский район), 고르노자봇스크구역(Горнозаводской район), 돌린스크구역(Долинский район)에서 채탄이 이루어졌다. 사할린의 석탄 총매장량은 193억 톤으로 추정된다. 사할린섬의 탄광들에서는 자동화 설비를 도입하는 작업이 진행되어서, 광산 기계와 콤바인의 수가 늘어났다. 1979년에 석탄 생산은 580만 톤으로, 1965년에 비해 23.2퍼센트 증가했다. 사할린에서 사회주의 석탄산업은 그 이전이나 이후에 이처럼 높은 수치를 달성하지 못했다.

아무르도에서 가장 큰 라이치힌스크(Райчихинск) 갈탄전에 있는 네 개의 거대 노천광에서 생산되는 석탄양은 13,817,000톤에 달했다.

1980년대에 석탄산업은 침체하기 시작했다. 석탄 생산 하락의 가장 큰 이유는 탄갱과 노천광의 급격한 생산능력 하락, 즉 생산성의 지지와 발전에 대한, 가장 좋은 조건으로 묻혀있는 매장자원들의 개발에 대한 자본투여가 감소했기 때문이었다. 중앙 기관들, 특히 소련 국가계획위원회는 남야쿠티야와 동시베리아의 광상들에 있는 에너지용 석탄을 사용해서 아무르도를 비롯한 극동경제지구(Дальневосточный экономический район)의 석탄 수요를 충족하려는 계획을 이유로 석탄 매장량이 1천만 톤인 스보보드늬(Свободный) 광상에 아무르도의 새로운 석탄 지구를 건설하는 것을 철회했다. 극동지역 석탄산업 발전에 대한 이러한 근시안적 정책이 어떤 결과를 가져오는지는 이미 1990년대 초에 확인할 수 있어서, 이때가 되면 석탄부족으로 인해 산업체들이 가동을 중단했고 생활에 필요한 전력을 여러 날 동안 공급하지 못했다.

그 결과, 국가 내의 심각한 사회경제적 위기로 인해 극동지역의 모든 지방들에서 석탄 생산이 감소했다. 이 지역에서 석탄 생산은 1985년에는 37,432,000톤이었으나 1991년에는 29,995,000톤이었는데, 이러한 하락세는 지속되었다. 앞에서 언급한 것처럼 이것은 석탄 부문과 무상소비체계에 대한 국가적 지원의 부재에 따른 것이었다.

거의 20억 세제곱미터에 달하는 거대한 수목 자원, 수목의 높은 질, 태평양 연안 국가들과 연결되는 해양무역로의 근접성으로 인해 극동지역은 국내수요뿐만 아니라 수출을 위한 수목의 벌채와 가공이 가능한 중심지역으로 변모하게 되었다. 전후 시기에 목재산업은 이 지역의 모든 경제와 마찬가지로 심각한 노동력 부족, 낮은 기계설비율, 자본 부족 등의 어려움을 겪었다. 목재산업에서는 실질적으로 모든 곳에서 인력으로 작업이 이루어졌다. 삼림벌채 노동의 주요 도구는 손톱, 도끼, 낫이었다. 목재 운반에는 말과 저마력 목탄트랙터가 사용되었다. 삼림 부문에서 노동생산성은 심각할 정도로 낮았다. 노동의 계절성, 인력의 끊임없는 변동, 이로 인한 낮은 전문성 또는 전문성 부재 등이 목재산업 발전을 가로막은 부정적 요소로 이야기되었다. 의무명령서에 따른 삼림벌채에 있어 계절성은 콜호스 주민들에게 커다란 유인이었다.

1947년 8월 8일에《삼림벌채 기계화, 새로운 삼림지역 개발, 삼림산업부의 노동자와 엔지니어-기술자 확보를 위해 필수불가결한 환경 조성에 대하여(О механизации лесозаготовок, освоении новых лесных районов и создании необходимых условий для закрепления рабочих и инженерно-технических кадров Министерства лесной промышленности)》라는 결의안이 발표되었다. 이 결의안에 따르면 극동지역 목재산업 관련기업들로 가까운 시일 내에 6만 명 이상을 파견해야만 했다. 삼림산업부(Министерство лесной промышленности)는 극동지역의 구역들에 있는 삼림벌채업체와 유벌(流筏)업체 내에 향후 노동자들에게 판매할 12,600채의 개인 주택을 건축할 의무가 있었다. 이렇듯 이 지역 인민경제의 전통적 부문들에서 일하고 있는 노동자들의 생활보장을 위한 과감한 조치들은 정주구역들에서의 심각한 주택 부족과 주택의 기술적이고 위생적인 상태가 어떠했는지를 시사해 주고 있었다.

1950년대~1960년대에 소비에트 정부는 목재산업의 기계화에 대규모 자본투여를 했다. 이 부문은 가솔린엔진톱과 전기톱, 고마력 디젤 집재기(集材機), 목재운반차량, 기중기를 지원받았다. 게다가 노동조직이 변경되었다. 1957년에 계절성이 실질적으로 소멸되었으며, 이 부문은 연중 무휴 노동으로 전환되었다. 기업들은 소규모의 공동작업조를 단위로 일을 시작했다. 작업조 단위의 급여 운용으로 노동자들은 최상의 노동성과에 대해 관심을 가지게 되었다.

전후 초기 수년 동안 사할린 목재산업은 사실상 새롭게 구축되었다. 1947년에 노동자들이 이 섬으로 운송되고, 이들을 위한 거주지가 건설되기 시작한다. 1960년에 이 부문에서 작업의 기계화 수준은 삼림벌채에서 95.8퍼센트, 운송에서는 84.2퍼센트에 달했다. 사할린 목재의 주요 수요처는 제지산업이었다. 9개의 제지공장이 일본 점령기의 유산으로서 소비에트 행정부에 남겨졌는데, 이것들의 복구에, 즉 교통수단 확보, 노동자와 전문인력 이송, 이들을 위한 생활조건 구비 등에 상당한 자본이 투여되었다. 1960년대 초에 이 지방의 모든 제지공장들에서는 제지기 개선작업이 진행되었고, 새로운 장비가 설치되었다.

삼림벌채의 증가(프리모리예에서 연간 벌채량은 4백만 세제곱미터였고, 사할린에서는 1975년에 목재 반출량이 390만 세제곱미터였다.)는 이후 목재가공산업의 발전을 가져왔다. 극동지역에서는 1980년대 초에 강력한 목재산업이 형성되었는데, 여기에는 섬유판(Fiberboard), 파티클보드(Particle board), 재목(材木), 합판, 송진, 원료용 목질칩을 생산하는 130개 이상의 기업이 포함되어 있었다. 이 지역에서 가공되는 목재 전체 중에서 60퍼센트는 하바롭스크변강주와 프리모리예변강주에서 생산되었다.

프리모리예에서 목재 가공의 주요 중심지는 레소자봇스크(Лесо-заводск)시와 이만(달네레첸스크(Дальнереченск))시였으며, 1967년에 아무르펄프제지콤비나트(Амурский целлюлозно-картонный комбинат)가 설립되었다. 섬유판은 건축, 가구제작 등에서 폭넓게 사용되었다.

1960년대에 실질적으로 다시금 형성된 가구산업은 목재의 주요 소비처가 되었다. 가구산업은 1970년대에 극동지역에서 가장 컸던 아르툠시의 가구공장, 그리고 블라디보스토크와 비로비쟌의 가구공장들이 가동되면서 더욱 크게 확장되었다.

극동지역의 목재산업은 전통적으로 수출 부문이었는데, 그것은 이 지역이 다른 삼림구역들에 비해 해외 소비자, 특히 일본에 상당히 가까운 곳에 위치해 있기 때문이었다. 극동지역의 모든 지방이 연안 무역에 참여해서, 천연자원 중에서 실질적으로 사용하지 않았던 부분이 교환에 사용되었다. 목재산업의 기업들은 재목을 수출했다. 극동지역의 구역들에서 벌채가 진행된 벌목장들에는 매년 4~5백만 세제곱미터가 장작용 입목(立木)으로 남아있었고, 벌채 후 남은 폐목재(50~60만 세제곱미터) 중에서 많은 양이 원칙적으로 버려졌다. 일본 시장에서의 삼림 호경기는 목재 수출의 증대로 이어졌다. 〈달인토르크(Дальинторг)〉의 수출 총량에서 목재는 45.3퍼센트를 차지했다.

1980년대에 극동지역 목재산업은 침체하기 시작했다. 목재산업 전 부문의 총생산에서 40퍼센트 이상을 차지하고 있었던 것은 벌채였다. 수십 년에 걸친 공격적인 삼림개발로 인해 접근성이라는 면에서 산업적 벌목에 가장 유리했던 대량의 값비싼 수종들이 실질적으로 완전히 소진되었다. 이어지는 시기에 벌목량을 증대하거나 심지어 이전 수준으로 유지하기 위해서는 상당한 자본투여가 요구되었다. 극동삼림을 무한한 수목 저장고로 보는 시각은 바뀌어야만 했다. 지역의 자연 활용 체계에는 합리성이 결여되어 있었다. 초보적 기반 위에서 삼림자원의 복합적 사용을 고양하지도, 운송과 보관 과정에서의 목재 손실을 축소시키지도 못했다. 가공생산의 기술적 현대화라는 과제는 해결되지 못한 채 남겨졌다.

국가 동부 구역들에 있는 방대한 원료자원이 신속하게 경제적으로 활용되기 위해서는 에너지산업이 빠르게 성장할 필요가 있었다. 극동 지역에서의 대규모 에너지 거점 조성은 이후 이 지역 경제 발전을 위한 조건을 조성해 주었다. 1950~1970년대에 새로운 대용량 화력발전소들이 건설되었고, 기존발전소들은 재구조화되고 확장되었다. 1953년에 화력발전소가 건설된 라이치힌스크는 아무르도의 전력산업 중심지가 되었다. 처음에 이 발전소는 라이치힌스크의 노천탄광과 기업에 전기를 제공했으며, 이후 블라고베셴스크까지 송전선이 구축되면서 도의 수많은 거주지로도 전기를 공급했다. 알려져 있는 것처럼, 가장 값싼 전력을 제공하는 것은 수력발전소이다. 프리아무리예에 존재하는 수력자원의 잠재량은 대단히 크다. 이에 따라 정부의 결정에 따라 1965년에 극동지역 최초의 수력발전소인 제야수력발전소의 건설이 시작되었다.

프리모리예변강주에서는 아르툠국영지역화력발전소(Артёмов-ская ГРЭС)와 수찬국영지역화력발전소(Сучанская ГРЭС), 블라디보스토크열병합발전소(Владивостокская ТЭЦ)가 재구조화되고 확장되었다. 블라디보스토크-수찬-테튜헤-카발레로보-달네레첸스크-비킨을 잇는 고용량 송전선이 건설되어서, 이 변경지역의 수많은 산업구역들에 값싼 에너지를 공급했다. 수찬국영지역화력발전소에서 접근성이 떨어지는 시호테-알린(Сихотэ-Алинь)산악구역들로 이어지는 고압전선이 설치됨으로써 산악광산회사들의 전력수요가 완전히 충족되었다. 저렴한 갈탄이 나는 비킨 노천광에서는 1966년에 프리모리예국영지역화력발전소(Приморская ГРЭС)가 건설되기 시작했는데, 이 발전소가 건설되어 가동됨으로써 프리모리예의 남쪽 경계에서 콤소몰스크-나-아무레에 이르고 하바롭스크로부터 서쪽지역에 이르는 영역에 전력체계를 구축할 수 있게 되었다.

전후 초기 수 년 동안 사할린도의 전력은 제지공장, 탄광, 석유기업 등과 같은 개별 국가기관과 기업에 있는 중소규모 발전소에서 공급되었다. 일본점령기 이래로 남겨진 발전소들은 산업과 농업 수요는 물론이고, 주민 수요도 충족시킬 수 없는 상태였다. 1950년대 말에 오하열병합발전소(Охинская ТЭЦ)의 건설이 시작되었는데, 이것은 북사할린에서 가장 커다란 발전소로, 가스로 가동되었다.

사할린도 에너지산업의 실질적인 발전은 1960년대에 시작되었다. 1964년에 레르몬톱스키 노천탄광 구역에서는 사할린국영지역화력발전소 건설이 시작되었다는데, 이것은 이미 1972년에 최대 용량으로 가동되었다. 먼저 1978년에는 유쥬노사할린스크열병합발전소 1호기(Южно-Сахалинская ТЭЦ-1)가 완공되었다. 수백 킬로미터에 걸쳐 이어지는 송전선을 통해 사할린의 남부와 중부에 위치한 모든 중대형 발전소들이 단일 에너지 체계로 통합되었다.

1980년대 후반부에 이 지역 인민경제의 다른 부문들 중 다수가 맞닥뜨린 것과 같은 운명이 극동지역의 전력산업을 덮쳤다. 거의 모든 지역에서 전력 생산과 석탄 채굴과 관련된 생산시설을 건설하고 이를 운용하기 시작하는 과업이 이행되지 않았다. 시베리아와 몽골 인민공화국(Монгольская Народная Республика)에서 극동지역으로 들어온 전력생산용 석탄은 1985년에는 250만 톤이었고, 1989년에는 4백만 톤 이상이었다. 극동지역 발전소들에서 석탄 비축량 부족은 60만 톤에 달했다. 하바롭스크열병합발전소 3호기(Хабаровская ТЭЦ-3)와 콤소몰스크열병합발전소 3호기(Комсомольская ТЭЦ-3), 아무르열병합발전소(Амурская ТЭЦ), 프리모리예국영지역화력발전소, 부레야수력발전소(Бурейская ГЭС), 블라고베셴스크열병합발전소

(Благовещенская ТЭЦ)의 건설 속도가 하락했다. 전력공급 부족은 지속적으로 격화되었고, 이 지역의 특정구역들에서는 거의 임계점에 다다랐다.

비철금속산업은 언제나 극동 경제를 선도하는 부문들 중 하나로, 수산업 및 목재산업과 함께 지역 총산업생산의 50퍼센트 이상을 담당하고 있었다. 전 연방 차원에서 특성화되어 있었던 이 분야는 특히 빠르게 성장했고, 원료를 쉽게 획득할 수 있었으며, 작업이 효율적으로 진행되었다. 그런데 이 부문의 발전은 복합적 원료사용의 증대, 극동지역에서 나오는 광물구성이 복잡한 비철금속들과 희귀금속들의 채굴 및 가공 기술의 향상에 크게 좌우되었다. 비철금속 광상들은 보통 복합적 성분의 원료를 포함하고 있어서, 한번에 여러 가지의 유용한 성분들을 채취할 수 있다.

지질학적인 면에서 가장 많은 조사가 이루어졌던 프리모리예변강주는 1950~1980년대에 중요한 광업발전지역이었다. 이곳에서는 다양한 유용광물들의 매장지들이 발견되었는데, 이것들 중에는 달네고르스크의 붕소광상, 보즈네센스코예(Вознесенское)와 포그라니츠늬(Пограничный)의 형석(螢石)광상, 보스토크-2(Восток-2)와 레르몬톱스키의 텅스텐광상이 있다. 극동지역에서 가장 규모가 큰 연방급 광물기업들인 〈보르(Бор)〉와 〈달폴리메탈(Дальполиметалл)〉과 같은 생산연합, 흐루스탈늬채굴가공콤비나트(Хрустальненский горно-обогатительный комбинат), 프리모리예채굴가공콤비나트(Приморский горнообогатительный комбинат), 야로슬라프채굴가공콤비나트(Ярославский горнообогатительный комбинат)가 비교적 그리 크지 않은 영역 내에서 가동되고 있었다. 주석의 생산과 가공에 있어 극동지역의 두 번째 중심지는 유대인자치도의 〈힌가

놀로보(Хинганолово)〉 콤비나트였다.

광산과 공장에 있는 생산설비를 현대화함으로써 광석 채굴이 증대되었을 뿐만 아니라, 생산물의 질 또한 향상되어서 세계적 수준에 다다르게 되었다. 예를 들면, 프리모리예광산화학콤비나트(Примор-ский горно-химический комбинат)의 생산물은 200개 이상의 소련 기업과 30여 개 국가에 공급되었다.

소련에서는 처음으로 극동지역의 이 부문 종사자들이 비철금속 광석의 부유선광(浮游選鑛)이라는 크게 개선된 기술을 개발해서 도입했다. 예를 들어, 프리모리예변강주에 있는 납·아연광상들은 다양한 가공(부유와 금속정련) 단계들에서 광석으로부터 2개의 기본 요소 외에도 15개의 유용한 성분을 얻을 수 있었다. 베르흐네예 광상에서 나는 납·아연광석을 가공하면 부유 과정에서 납, 아연, 황철석의 농축광을 얻을 수 있었다.

극동지역에서는 이 지역의 지질 구조를 연구하는 학술연구소들과 지질 관련 부서들의 연계망이 구축되었다. 이러한 연구와 탐색작업은 바이칼-아무르철도의 건설이 시작되면서 더욱 집약적으로 진행되었다. 이 지역의 비철금속산업은 기계화되고 자동화된 선광 및 제강 생산 공정과 같이 최신 기자재와 새로운 기술을 갖추게 되었고, 고속 부선기(浮選機)를 사용하기 시작했으며, 제련공장에는 반자동 납 주조기가 도입되었다.

1980년대 말에 극동지역의 광산업에는 지체없이 해결해야 할 문제들이 나타났다. 인민경제에서 사용되는 원료자원 중 75퍼센트가 광물자원이고 이 원료는 재생되지 않는다는 것을 감안해서, 이 부문과 관련된 학문분야에서는 광물자원의 완전한 복합적 재활용과 친환경 기술 개발에 관심을 집중해야만 했다. 광물자원에 대한 수요를 충족하기 위해서는, 특히 운영되고 있는 기업이 있는 구역에서는 지질탐사작업의 범위를 확대할 필요가 있었다. 그런데 연방 당국은 지질탐사작업에 있어 방향을 반대로 잡아서, 이러한 작업을 위한 예산을 급격히 축소시켰다.

극동지역 인민경제의 기술적 재무장을 위해서는 기계제작과 선박수리의 발전이 매우 중요했다.

1950~1960년대에 극동지역의 대기업들이 재조직되었는데, 이러한 곳으로는 공군은 물론이고 항공운수서비스에서 사용하는 항공장비의 대규모 복원 수리를 담당했던 하바롭스크항공정비공장(Хаба-ровский авиационный ремонтный завод), 극동지역과 국가 전체의 다양한 경제분야들에 납품할 동력기계들(터빈, 컴프레서, 송풍기, 팬 등등)을 생산했던 극동 기계제작의 선도기업인 〈달에네르고마슈〉, 비로비쟌의 전력용 변압기공장, 아르세니예프의 〈프로그레스(Прогресс)〉기계제작공장 등이 있었다. 1960년대 중반에 하바롭스크변강주는 중요한 중공업 중심지가 되어서, 동부지역 기계제작 총생산품의 75퍼센트 이상을 담당하고 있었다.

아무르도의 산업 구조에서 빠른 속도로 발전했던 것은 기계제작이었다. 운영되고 있던 기업으로는 블라고베셴스트의 전력기구공장과 〈아무르엘렉트로프리보르(Амурэлектроприбор)〉공장, 라이치힌스크의 변압기공장, 스보보드늬의 고압전력기구공장 등이 있었다. 이 기업들은 프리모리예 전력기술의 선도기업들로, 인민경제에서 가장 중요한 산업분야들 중 하나로 발전시키기로 계획되어 있었다. 아무르도는 처음으로 공작기계와 기계를 베트남, 몽골, 폴란드, 루마니아, 불가리아, 인도, 이라크로 공급하기 시작했다.

극동지역의 여러 기업들 - 부레이기계공장(Бурейский меха-

 нический завод), 벨로고르스크엔진수리공장(Белогорский мо-
тороремонтный завод), 콤소몰스크-나-아무레승강운송장비공장
(Комсомольский-на-Амуре завод подъёмно-транспортного
оборудования) ─ 은 대체로 기계·장비 수리에 종사했다. 수리업이
산업구조에서 36퍼센트를 차지하고 있었다.

프리모리예에서는 우수리스크의 목재가공공작기계공장과 자동차
수리공장, 스파스키트렉터수리공장(Спасский трактороремонт-
ный завод), 블라디보스토크의 장비공장이 운영되고 있었고, 우수리
스크기계제작공장에서는 〈오케안(Океан)〉 냉장고를 생산하는 동업
조합이 운영되고 있었다.

이와 함께 극동지역의 기계제작산업은 효율성 향상과 함께, 지역
수요와 수출, 높은 운송비로 인해 실익이 없었던 다른 경제 구역들로
부터의 반입 감소 등을 감안해서 발전해야만 했다. 기계제작기업들의
작업을 위한 원자재들과 구성부품들 중에서 85퍼센트 이상이 소련의
다른 지역들에서 공급되었다. 극동지역에 완전한 순환주기를 갖춘 금
속산업 기반이 부재했다는 사실과 자금지원 부족으로 인해 기계생산
분야의 발전은 억제되었다. 압연금속, 특히 조선과 인민경제의 다른
분야들에 필요한 특수강 부족은 체감할 수 있을 정도로 심각했다. 국
가의 중부 구역들과 남부 구역들에서 부족한 금속제품(약 3백만 톤)을
운송하는데만 5천만 루블을 지출했다. 극동지역 금속산업의 선도기업
인 콤소몰스크-나-아무레의 〈아무르스탈〉공장은 완결된 금속가공 순
환주기를 갖춘 기업으로서, 흑색금속 폐기물의 재처리 작업을 하는 제
강소로 전환되었다.

기계제작 분야에서 커다란 비중을 차지한 것은 선박수리였다.

종전 이후 1945년 11월에 소련 정부는 군함건조계획(1946~1954)

을 추인했는데, 이것은 극동을 포함한 모든 지역에 있는 조선기업들의 규모 확대를 의미하는 것이었다. 국가계획에 따르면 구축함, 경비정, 잠수함이 건조될 것이었다. 블라디보스토크에 위치한 전 연방 연합체인 〈엘렉트로모르트레스트(Электроморгрест)〉의 극동지사를 기반으로 블라디보스토크와 콤소몰스크-나-아무레를 중심으로 두 개의 독립기업들(후자는 1966년에 아무르기업 〈에라(Эра)〉로 명칭을 변경했다.)이 설립되었다. 콤소몰스크-나-아무레의 조선업자들은 태평양함대 해군에 약 200척의 전투함을 전달했는데, 이 중에서 56척은 핵잠수함이었다(첫 번째 군함이 진수된 것은 1937년 여름이었고, 극동지역 최초의 미사일잠수함이 진수된 것은 1960년 5월이었다).

니콜라옙스크-나-아무레에서는 조선과 선박수리가 발전했다. 1960년대에는 "하천-해양" 형태의 건화물선인 대형선박들이 건조되었고, 1970년대 초에는 사업이 어민용 인망선과 트롤선 생산으로 전환되었다. 이후 조선업체들은 국경경비선, 탱커, 시추 플랫폼을 생산했다. 아무르도 블라고베셴스크에 있는 조선소에서는 예인용 경비선이 건조되었고, 1980년대부터는 어업용 중형어선이 생산되었다.

기계제작과 선박수리는 프리모리예의 선도적 산업 부문들 중 하나였다. 선박수리는 수송선단과 어업선단의 지속적인 작업을 보장해 주었다. 이 변경지역에서는 1960년대에 극동지역 선박수리 총량의 60퍼센트가 집중되어 있었고, 이 부문 생산 총량의 46퍼센트가 산출되었다. 극동지역은 물론이고 국가 전체에서도 가장 큰 극동선박수리조선소 – 〈달자보드〉 – , 프리모리예조선소, 나트카조선소, 디오미트조선소(Диомидовский завод)는 재구조화되었고, 선진 기술을 도입했으며, 선박수리작업의 노동량을 줄였다.

1980년대 말과 1990년대 초까지 "충격요법"으로 귀결된 페레스트로이카라는 조건 속에서 조선업은 매우 힘든 시기를 보냈다. 러시아에서 민간용 선박의 건조는 8배 감소했고, 군용은 60배 감소했다. 극동지역의 조선과 선박수리는 개혁에 대한 압박을 지속적으로 가하지 못했다.

극동산업의 신생 부문들 중 하나는 화학 부문이었다. 이 부문은 1965년에 프리모리예광물화학콤비나트가 조성되면서 1960년대 중반부터 발전하기 시작했다. 1970년대 초에 콤비나트는 소련 전역에서 붕소 함유 제품을 가장 많이 생산하는 곳이 되었다. 1980년대에 실질적으로 화학생산은 산업제품 총량 중에서 1.5퍼센트를 차지했다. 화학생산의 미흡한 성장으로 인해 지역의 도료제품 수요는 20퍼센트만 충족되었고, 중합체(重合體) 원료와 합성수지 제품은 5퍼센트, 생활화학제품은 50퍼센트가 충족되었다.

극동지역에서 급격하게 진행된 산업건설과 매년 지속된 인구 증가로 소비재 생산의 확대 문제가 매우 집요하게 제시되었다. 이 지역의 경공업은 다음과 같은 부문들, 즉 봉제업, 피혁-제화업(우수리스크), 리넨 메리야스(비로비쟌, 아르툠)가 발전했다. 산업 콤비나트(가구, 가정용 화학제품 생산), 작업장, 대중 물품 동업조합 등등과 같은 많은 수의 기업이 현지 산업화 노선에 따라 형성되었다. 카펫 생산 공장과 피아노 공장(아르툠), 도자기공장(아르툠, 블라디보스토크)은 극동지역에서 새롭게 생겨난 분야들이었다. 그러나 1960년대에 지역 산업의 총생산규모에서 경공업이 차지하는 비중은 5퍼센트 미만이었다. 많은 제품이 국가의 서부지방에서 운송되어 왔으며, 이를 위해 국가는 많은 비용을 지출했다. 이러한 상품들의 거래 중단은 주민의 요구를 충족시키는데 있어 부정적인 결과를 가져왔다.

1980년대 초에 극동지역 경공업 기업들의 소비재 생산은 40퍼센

트 이상 증가했다. 이 지역에서는 1,557개 회사에서 소비재 생산이 조
직되었다. 이와 함께 주민에 대한 소비재 보장률은 러시아공화국보다
3.2배 낮았고, 생산되는 상품의 질은 많은 기업들에서 낮은 수준에 있
었다. 비식료품 소비재 생산의 증가는 기업들이 업종을 전환하고 방위
부문을 부분적으로만 수용한 덕분이었다.

극동지역 식료품산업에서 가장 중요한 부문이었던 것들은 육류
업, 유가공업, 제당업, 제분업, 제빵업, 제과업 등이었다. 1950~1960년
대에 오래된 기업들의 재구조화가 진행되었고, 새로운 기업들이 만
들어졌다. 이 부문에서 가장 규모가 큰 우수리스크버터수지콤비나트
(Уссурийский масложиркомбинат)는 종합공장단지로 확장되어
서, 지역 내 주요 유지 농작물인 콩으로부터 다양한 제품을 생산했다.
콩 가공으로 인해 러시아 내 주요 콩 생산지역이었던 프리모리예와 아
무르도의 기업들은 정제대두유, 마가린, 마요네즈, 가정용 및 미용용
비누, 산업용 글리세린, 기타 제품들을 생산했다.

우수리스크의 칼리닌설탕콤비나트(Сахарный комбинат им. М.
И. Калинина)는 연방급 기업으로, 가루설탕 생산 외에도 각설탕 제
품을 생산하기 시작했고, 새로운 공장에서는 이스트 생산 능력을 습득
했다. 재구조화된 콤비나트의 생산능력은 변경지역에서 생산되는 사
탕무의 양을 뛰어넘어서, 다른 지역에서 들여온 원료와 원당을 재처리
하는 작업을 자주 하곤 했다.

지역 전반에 걸쳐 대형 유가공공장, 육류 콤비나트, 통조림공장이
건설되었다. 그럼에도 불구하고 주요 식료품의 산업생산 수준은 전 연
방 수준에 비해 낮았다. 1982년에 고안된 특별 식료품 계획은 완수되
지 못했다. 주민에 대한 식료품 보장에 있어 지역생산의 비중은, 예를
들어 프리모리예를 보면 육류는 55퍼센트, 우유는 49퍼센트, 채소는

60퍼센트~65퍼센트, 달걀은 90퍼센트였다. 이것은 변경지역 식료품 총량 중에서 거의 절반을 외부에서 들여왔다는 것을 의미했다.

1980년대 중반에 늘어만 가는 극동인들의 현금소득도 식료품을 보장해 주지 못했다. 이 지역 거주민은 고기, 육가공품, 우유, 채소, 과일을 합리적인 수준보다 상당히 낮은 수준에서만 소비할 수 있었다. 육가공품의 주민 1인당 권고량이 85킬로그램인 때에 소비는 62킬로그램이었고, 유가공품의 합리적 소비 기준이 415킬로그램인 때에 실제로는 293킬로그램이 소비되었다. 심지어 극동인들은 어류의 합리적 기준이 1인당 52킬로그램인 때에 43.4킬로그램을 소비했다. 고려해야만 할 것은, 이러한 섭취 지수는 대부분 중앙집중화된 물품 재분배에 의해, 즉 오직 증가하는 보조금에 의해 보장되었다는 점이다.

극동지역 식료품 복합체의 기반이 되어야만 했던 것은 농업의 성장이었다.

전후 십 년 동안 극동지역에서 진행된 경제적 과정들, 이것들의 특징들과 모순들을 살펴볼 때, 창조적 노동으로의 사회적 동원이 가지는 거대한 의미를 무시해서는 안 된다. 이것은 소비에트인들의 애국심에 따른 것이자, 또한 조직적인 방책들의 영향으로 인한 것이었다. 당 기관들은 감독의 역할을 부여받았을 뿐만 아니라, 노동의 발의를 주도하고 선도자들을 지원해야만 했다. 국가 전반에 걸쳐 사회주의 경쟁의 전통이 계속되었으며, 다양한 부문들의 집단들, 수천 개의 작업조들이 여기에 참여했다. 당 기구와 대중매체는 성실한 노동이라는 기본 가치를 만들어 냈다. 이와 함께 개별 선도자를 위한 좋은 조건들이 갖추어 졌으며, 이것이 노동 열정의 본보기와 예가 함양될 수 있도록 해 주었다.

새로운 솔선수범들 중에는 "개별적 5개년 계획의 초과 달성"이 있었다. 하바롭스크선박수리조선소(Хабаровский судоремонтный завод)의 A. 세묘노프(А. Семёнов)가 이러한 슬로건에 호응했다. 아무르도에서는 탈단임업조합(Талданский леспромхоз)의 벌목공인 이오시프 메르쿨로프(Иосиф Меркулов)가 유명해졌는데, 그는 두 시즌 동안에 연간 과업량의 11배를 완수했다. 수백 명의 산업체 노동자들이 그의 주도적 행위를 뒤따라서 연간 기준량의 5~8배를 완수했다. 1948년에 굴착기 운전수인 이반 칸쉰(Иван Каньшин)과 키브딘스키광산(Кивдинский рудник)의 광부인 안드레이 차리코프(Андрей Царьков)가 아무르도 최초의 사회주의노동영웅(Герой Социалистического Труда)이 되었다.

1950년대 초에 당 조직들은 "부진 인력 교육" 체계를 고안했고, 기준량을 완수하지 못한 인력을 대상으로 후원자 운동이 확산되었다. 석탄과 전력의 절약, 휴무 감축을 놓고 경쟁하자는 슬로건이 커다란 반향을 일으켰다. 극동지역의 운수업 종사자, 프리모리예변강주의 어부, 사할린의 벌목 노동자, 그리고 콤소몰-청년으로 조직된 것을 포함해서 약 3천개의 작업조가 "품질 우수 작업조(бригады отличного качества)" 칭호를 얻기 위해 경쟁했다.

사회주의 경쟁은 소비에트인에 대한 이념적 훈육이자 동시에 소비에트적 생활 방식으로의 동참에 대한 정신적 지지라는 형태로서 착근했다. 노동 주도권은 산업의 가장 중요한 노동지표, 즉 노동생산성과 직접적으로 연관되어 있었다. 1959년에 극동지역 당 기관들은 공산주의 노동 작업조를 조직하는 작업을 폭넓게 전개하라는 지시를 받았다. 노동 집단들이 모스크바-소르티로보츠나야차량기지(депо Москва-Сортировочная)에 있는 콤소몰 조직원들의 슬로건에 호응했다. 공산주의 노동돌격대원이라는 고귀한 칭호를 얻기 위한 경쟁이 문자 그대로 전인민적으로 확산되었다. 생산에서 탁월하게 일하고, 높은 노동생산성을 달성하자는 슬로건을 절실한 일로 받아들였다. 공산주의 노동운동에 190,000명의 프리모리예인과 150,000명의 아무르도 일꾼이 참여했다.

이후 사회주의 경쟁은 노동생산성 향상과 노동에 대한 창의적 훈육을 촉진하기 위한 도구에서 점차 당 기구들의 보고를 위한 형식적 도구로 변화해 갔다. 노동생산성 향상이라는 과제가 완수되지 못한 것은 새로운 기술의 느린 도입과 기존 기술의 잘못된 사용, 불만족스러운 생산조직, 노동과 급여의 규격화 미비에 따른 것이었다. 소비에트적 운영 체계는 사회적 영역에 대한 추가적인 투자 없이도 높은 성과를 달성하는데 있어 유리했다.

1965~1968년에는 이미 시작된 경제개혁의 범위에 포함된 집단들 내에서 많은 혁신들이 일어난다. 극동지역의 대기업들 내에서는 단일 지시 체계와 최종 결과에 따른 보수를 조건으로 부분적 또는 전체적 독립채산 작업조들이 등장했다: 콤소몰스크-나-아무레의 레닌스키콤소몰공장(завод им. Ленинского комсомола), 달마슈자보드(Дальмашзавод), 아르세니예프의 〈프로그레스〉와 〈아스콜트〉 등등. 노동의 질 향상과 관련된 새로운 일들 – "개인 품질 검인", "최고 품질의 직접 작업조" – 이 하바롭스크의 〈달디젤〉 공장, 군수공장들, 블라디보스토크의 달자보드 등등에 자리잡았다. 콤소몰-청년 복합체의 작업조장-교육관, 많은 형태의 개인적 후원들 등과 같은 다양한 형태의 지도 직책들이 상당히 광범위한 범위 내에서 나타났다. 이 모든 움직임들이 새로운 경제적 접근이라는 토대 위에서 발생했으며, 경제적 시작점들에 의거한 것이었다. "노동에 대한 공산주의적 태도 지지 운동(движение за коммунистическое отношение к труду)"과 이 토대 위에서 1950년대와 1960년대 사이의 전환기에 인위적으로 진행된

다른 것들은 점차적으로 소멸되어 갔다.

1970년대 말에 작업조가 최종 결과에 따라 노동 보수를 받는 새로운 노동 조건으로 전환하는 과정에서 경쟁에 대한 원칙적으로 새로운 접근방식이 나타났다. 이러한 작업조들은 높은 노동생산성을 달성했다.

연구자들은 1940년대 말~1980년대의 극동지역 산업발전을 두 개의 단계로 구분하고 있는데, 첫 번째는 1960년 말까지이고, 두 번째는 1970년대 초~1980년대까지이다. 1950~1980년대에 소비에트 사회의 사회정치적 본질은 전쟁 직전 시기에 역사적으로 형성된 지휘-관료주의적 체계가 지속적으로 작동되었다는 것이었다. (정부부처, 인민경제위원회들, 국가계획위원회, 여러 다양한 협의회들과 위원회들, 산업 및 농업과 관련된 당 기구의 악명 높은 분과에 이르는) 국가 기구들의 끝도 없고 체계도 없는 재구조화는 사실상 이와 같은 모든 행정-지휘 체계를 개조하고, 외적 경제 발전의 마지막 예비비를 사용하려는 시도였다.

극동지역의 발전 개념에는 다음과 같은 접근방식들이 내포되어 있었다.

- 지역 발전의 목표 설정은 중앙에서 제시했고 전 연방적 노동 분업에 대한 지역의 효과적인 참여로 귀착되었다. 연방 경제에는 생산품을 국가의 다른 지역들로 공급하거나 수출할 수 있는 그러한 생산이 효과적이었다. 극동지역에게 있어 그것은 어류, 삼림, 비철금속 선광, 귀금속 등이다. 다른 부문들은 "보조적" 이었으며, 나머지 법칙[주력 산업이 아니기에 투자를 부실하게 했다는 의미]에 따라 발전했다.
- 모든 정부 프로그램들(1967년, 1972년, 1986년)은 극동지역

생산력을 복합적으로 발전시키는 것을 노선으로 선언했지만,
우선권을 유지했던 것은 원료특성화 부문이었다. 이것은 이 지
역에 대한 국가정책의 이중성이 표출된 것이었다. 전체 총생산
에서 서비스 부문(경공업, 식품업, 농업 등등)이 차지하는 비
중은 1960년대 중반에 모두 43.7퍼센트였다.

· 소련 공산당 대회(Съезд КПСС)들의 결의안들과 일련의 정부
결의안들은 커다란 규모의 중앙집중적 자본투여를 통해 극동
지역의 생산력을 조속히 발전시키는 것으로 입안되어 있었다.
이 프로그램은 자금, 물적자원, 지역의 복합적 발전을 위한 효율
적인 운영 체계 등의 부재로 인해 완수되지 못했다. 1967년의
재정지원 규모는 계획된 것의 80퍼센트였고, 1972년에는 65
퍼센트, 1986년에는 30퍼센트였다.

1950~1960년대 전반에 걸쳐 극동지역은 높은 수준의 산업발전
을 이루었고, 여러 위치들에서 국가 경제에 실질적인 기여를 했다. 이
러한 기여는 천연자원을 사용하는 산업 부문들의 운영에 따른 것이었
다. 1961~1970년에 이 지역에서 산업 생산은 이 부문들의 빠른 특성
화로 인해 연평균 109.1퍼센트 발전했는데, 이 시기에 인민경제 전체
의 성장율은 108.5퍼센트였다. 그런데 이미 1970년대에 일시적인 가
속은 경제성장률의 지체로 바뀌었다. 프리모리예에서 산업생산 성장
률은 1960년대 말의 45퍼센트에서 1980년 초에는 22퍼센트로 감소했
다. 이러한 추세는 노동생산성 하락에서도 관찰되었다.

극동지역 산업발전 속도의 하락은 1970~1980년대에 지역 발전에
서의 여러 부정적인 경향들의 축적, 경제적 잠재력의 강화를 어렵게
했던 불평등의 공고화를 야기했다. 지역의 강력한 경제적 잠재력과 원

료특성화 사이에서, 원료생산 부문들의 발전과 생산·사회기반구조 부문의 발전 사이에서 특정한 모순들이 축적되었다. 이것은 노동력 유출 증가의 원인들 중 하나였다. 이 지역에서 경제상황은 소련 경제상황의 악화로 인해 악화되었다.

극동지역의 농촌경제

해당 시기에 극동지역의 농업 발전은 세 개의 주요 단계들로 나눌 수 있다.

첫 번째 단계는 회생기(1946~1950년대 초)로, 이 시기에 농업 부문은 대체적으로 전쟁 이전 생산 수준에 도달해 있었다.

두 번째 단계(1950년대 초부터 1960년대 말까지)는 농업생산의 지속적인 발전이 외적 토대, 즉 주로 양적 지표의 증가 위에서 이루어지는 특징을 보이고 있다.

세 번째 단계의 시기적 범주는 1970년대부터 1980년대 말까지로 설정된다. 이 단계에서 특징적인 것은 국가가 이 시기에 특성화를 심화하고, 과학기술상의 결과물들을 도입하며, 농산품 가공산업적 생산 방식을 통해 농업 상품의 생산을 집약화하는 것과 같은 정책을 펼치기 시작했다는 점이다.

이와 함께 이러한 시기 구분이 이론의 여지가 없는 것도 아니었고, 해당 시간 단위들이 고유하게 내포하고 있는 기본 과정들은 일차적인 특징에서뿐만 아니라, 시기적으로도 상호침습적이라는 특징을 가지고 있었다.

농업은 소련 경제의 생산분야들 중에서 전쟁으로 인한 피해를 가장 크게 입은 분야였다. 평시와 마찬가지로 전시에도 농촌은 도시와 산업을 위한 원료와 식량의 기본적인 공급처였으며, 이에 더해 전선에 필요한 자원들의 주요 원천들 중 하나였다.

트랙터들 중 상당량과 자동차들 중 많은 양이 전쟁 용도로 촌락에서 몰수되었다. 농기계, 장비, 그 밖의 물적 재원들의 촌락 공급이 중단되었다. 농촌 소집권은 사용되지 못했으며, 징집 연령에 해당되는 남성은 거의 모두 전선으로 동원되었다. 전투행위가 진행되고 있었거나 일시적으로 점령되었던 구역들을 제외한다면, 이러한 전체적인 그림에서 극동지역은 국가의 다른 지역들과 전혀 차이가 없었다.

전쟁 시기에 이 지역에서 집단경영되던 경작지는 감소했고, 트랙터 보유 규모는 23퍼센트 줄었으며, 트랙터의 생산력은 1.3배 낮아졌다. 노동 가능한 콜호스 주민 수는 135,600명에서 88,700명으로 (34.6퍼센트) 감소했고, 콜호스 가구수, 가축수, 농산품과 축산품 생산도 감소했다. 업무용 구조물과 생산용 건축물, 주택, 문화생활 시설물이 노후화되었다. 전쟁 시기와 마찬가지로 농촌 주민은 물질적으로 힘겨운 상황에 있었다. 이것이 전후 초기에 농촌 촌락의 출발 조건이었다.

1946~1950년에 걸친 소련 인민경제의 회생과 발전을 위한 제4차 5개년 계획은 농업을 전쟁 이전 수준으로 회복시키는 정도가 아니라, 25퍼센트 초과하는 것으로 기획되었다. 이러한 촌락의 흥기는 국가적 가능성과는 부합하지 않는 것이었는데, 이미 5개년 계획을 채택한 후에 소련은 1946년의 치명적인 가뭄, 그리고 또한 국제정세의 악화와 같은 해에 시작된 "냉전"으로 인해 보다 큰 제약을 받게 되었음이 드러났다.

콜호스 경제의 기부자적 상황과 농산품을 국가에 제공하는 정책도 난점으로 작용했다. 콜호스를 위해 책정된 조달 가격이 이들이 납품하는 상품원가에 부합하지 않았으며, 상품 생산에 들어간 비용 중 일부만이 상환되었다. 소련에서 국가 평균곡물원가는 1950년에 국가납품용 산정가격보다 6배 높았다.

콜호스에게 있어 기계·트랙터지원사업소의 작업에 대한 대가를 현물로 지급하는 것은 부담스러운 일이었다. 이러한 조건 속에서 농업협동조합들에서의 노동일에 따른 가산금은 콜호스 주민의 소득 중 약 20퍼센트에 불과했다. 나머지는 이들이 개인적으로 했던 부수적 경제활동으로 충당되었다. 그런데 이들이 생산한 물품에 대해서는, 특히 국가 전체의 노동자와 사무원이 부수적 경제활동을 통해 생산한 물품에 대한 것과 마찬가지로, 국가에 대한 의무 납품의 형태로 세금이 부과되었다. 국가에 대한 필수 납품은 축산업 물품으로 확산되었으며, 마찬가지로 시장가격보다 여러 배 낮은 가격으로 관철되었다. 그럼에도 불구하고, 바로 이 부수적 경제활동은 이 시기의 조건들 속에서 자신의 노동을 거의 무상으로 국가에 제공했던 콜호스 농민이 살아남는 데 도움이 되었다.

그러나 객관성을 위해 지적할 필요가 있는 것은, 전후 초기 수년 동안 시행된 국가의 혹독한 정책은 필요한 조치였다는 점이다. 국가는 할 수 있는 한도 내에서 농촌을 지원하려고 노력했고, 이를 통해 공동체 전체의 이익에 부합하려고 했다. 극동지역 콜호스들은 적군(赤軍)을 위한 곡물 기금 출자를 면제받았고, 농산품 의무납품과 기계·트랙터지원사업소에 대한 현물지급을 1947년 수확 때까지로 유예받는 등 몇몇 특전들을 받았다. 전시에 여러 가지 방법으로 콜호스에서 징발했던 토지가 반환되었다. 한 예로, 아무르도의 콜호스들에는 76,000헥타르의 토지가 양여되었고, 프리모리예변강주에는 80,000헥타르가 양여되었으며, 하바롭스크변강주의 농업협동조합들로는 약 1,500헥타르의 토지가 반환되었다. 비록 의미 있는 규모는 아니었지만, 농기계의 납품과 농업기업 소유의 기계장비에 대한 보수가 시작되었다. 군대의 축소 및 재정비 과정에서 군에서 방출된 자동운송기계들 중 일부가 촌락 수요를 위해 이전되었다. 아무르도와 프리모리예변강주의 경영단위들이 이러한 지원을 받았다. 소비에트화 과정과 경제 개조가 진행되고 있었던 사할린도는 기계장비, 종자, 씨가축 등과 같은 커다란 지원을 받았다.

결론적으로 극동지역 농업의 물적·기술적 토대는 얼마간 강화되었다. 전쟁 이전 시기와 비교해 볼 때 1950년에 기계·트랙터지원사업소의 수는 22개 증가했고, 트랙터 보유규모는 555대(23퍼센트) 증가했으며, 이것의 (마력으로 계산한) 총량적 능력은 16.2퍼센트 증가했다. 변강주들과 도들은 231대의 곡물 수확 콤바인을 지급받음으로써 보유량이 8퍼센트 증가하게 되었다. 농업기업들이 전력, 광물성 비료, 우량 종자를 사용할 수 있는 가능성이 얼마간 더 확대되었다.

물적 토대의 강화 그리고, 무엇보다도, 콜호스 주민의 영웅적 노력이 생산성과에 긍정적으로 반영되었다. 전쟁 전(1940) 수준과 비교해 볼 때 1950년에 파종 면적은 1.2배 증가했는데, 이 중에서 콜호스들에서는 791,400헥타르에서 902,600헥타르로 (14퍼센트) 증가했다. 이러한 증가는 사료작물, 특용작물, 콩, 감자를 재배하는 면적에서 나타났으며, 채소와 곡물의 재배 면적은 (아무르도를 제외한다면) 얼마간 감소했다. 1940~1950년에 지역 전체의 곡물 총수확량은 658,000톤에서 675,000톤으로 증가했고, 감자는 630,000톤에서 906,000톤으로 증가했다. 콩, 사료작물, 특용작물의 수확량은 증가했지만, 채소 수확량은 소련 전체와 마찬가지로 전반적으로 감소했다. 감자재배와 채소재배는 캄차카와 마가단도에서 활발히 발전했다.

축산업에서의 성과는 보다 컸다. 대유각가축, 돼지, 양, 염소, 가금류의 두수는 그 숫자에 있어 이미 1949년에 전쟁 이전 수준을 넘어섰다. 사적 축산업의 생산성이 증가했다. 1950년에 젖소 한 마리당 착유량은 1940년에 비해 1.3배 증가해서, 전 연방 수준과 [러시아]공화국 수준을 상회했다. 1950년에 극동지역에서는 1940년에 비해 육류는 23퍼센트, 우유는 93퍼센트, 달걀은 거의 2배를 더 생산했다. 우유와 달걀의 생산 증대는 소련 평균 보다 높았다. 농업과 축산업에서 이룬 성과들로 인해 농업협동조합들은 연간 현금 소득이 얼마간 증가했다. 이것은 1940년에 비해 1950년에 가구 당 평균 26퍼센트 증가했다.

그 결과 제4차 5개년 계획 말에 극동지역 농업은 상품생산에 있어 전반적으로 전쟁 이전 수준까지 올라왔다. 그런데 이러한 결과는 오로지 농업 노동자들의 근면과 헌신, 콜호스 농민의 집약적 노동이 있었기에 가능했던 것이다. 예를 들어, 1940~1950년에 프리모리예의 콜호스에서 가용노동력 1인당 연평균 생산은 286노동일에서 404노동일로 증가했다. 극동지역의 콜호스는 곡물 생산, 노동자 수, 노동에 대한 에너지 공급량 등의 지표에서는 전쟁 이전 수준에 도달하지 못했다. 숩호스의 노동 효율성과 농업 부문들에서의 수확률은 여전히 낮았다. 집단경제(콜호스와 숩호스)의 비중은 곡물을 제외하면 농산품 생산 총량에서 40퍼센트를 넘지 못했다. 그 결과 식량문제, 특히 곡물문제는, 1947년에 카드 체계가 폐지되었음에도 불구하고, 심각한 상태로 남아있었다. 이에 더해 인구는 증가했다. 1940~1950년에 극동지역 인구는 223,000명이 증가했다. 국가 전반에서와 마찬가지로 극동에서도 농촌은 근본적으로 조직적·기술적이고, 경제적이며 사회적인 개혁을 필요로 했다.

1930~1940년대에 걸쳐 소련에서 사회주의적 농업을 실행한 경험

이 보여주는 바에 따르면, 실제로 운용된 최종 결과들 속에서 정책이 생산경제의 생산운용양식 개선, 노동의 조직 형태와 대가 지급 형태의 변화, 생산자의 독립성 확대, 이들의 물질적 관심 향상 등으로 나아가게 된 것은 필연적인 일이었다. 논의가 필요한 주제로 제기되고 있던 것은 이 부문의 근원적인 기술 재정비, 즉 공업 생산 방식, 과학과 실험의 최신 결과물들의 지속적 도입이라는 과업이었다. 소비에트 역사에서 이러한 과업은 1950년대 이래로 이후 40년에 걸쳐 해결되었다.

집단 농업 부문에서 주요 상품 생산자는 솝호스와 콜호스였다. 1950년까지 극동지역에는 콜호스 1,258개와 솝호스 93개가 있었다. 같은 해에 당 기구와 소비에트 기구의 결정에 따라 소규모이고 생산력이 낮은 콜호스들을 합병하여 확대하는 과정이 시작되었다. 많은 농촌경제 단위들이 처해있던 자원과 재무자산의 부족, 농민가구수 부족이라는 상황 하에서 이러한 조치는 통합의 자발성이라는 조건 아래 경제적으로 정당화되었다. 그러나 사회적인 측면에서 볼 때 주민 거주지점들이 광범위한 공간에 흩어져 있고 적절한 교통수단이 부재했던 조건 속에서 이러한 조치는 주민에게 여러 가지 사건들과 특정한 어려움들을 가져다 주었다. 이 시기에 극동지역에서 이 캠페인은 국가의 중심 구역들에서 얻은 것과 같은 규모의 성과를 얻지 못했고, 특별한 비용이 발생하지도 않았다. 극동 콜호스들의 규모 확대에 따라 평균가구는 19가구에서 85가구로 증가했다. 그리고 콜호스 총수는 1950~1958년에 1,258개에서 808개로 1.6배 감소했는데, 이를 소련 전체로 넓혀 살펴보면 감소폭이 1950~1952년에만 2.6배에 달했다.

1950년대에 극동지역에서 콜호스 생산은 공동생산, 특히 축산업에서 지속적으로 중요한 역할을 수행했다. 그런데 생산물 총량의 증가에도 불구하고 농촌경제 모든 부문(콜호스, 솝호스, 개인농, 부업농)의 총생산에서 콜호스가 차지하는 비중은 여전히 낮았다. 1959년에 대유각가축 총두수(790,000마리)에서 콜호스 부문의 비중은 31.3퍼센트, 개인농은 66.6퍼센트, 솝호스는 0.1퍼센트였고, 돼지 마리수는 각각 30퍼센트, 66.9퍼센트, 0.09퍼센트였다. 말 두수 중에서 콜호스의 비중은 45.9퍼센트였고, 양과 염소에서는 51.4퍼센트였다. 콜호스 부문은 달걀, 감자, 채소 수확량의 절반 이하를 생산했다. 이러한 상황 속에서 콜호스와 개인농의 생산 성장률은 거의 같았다.

콜호스 부문의 약세 원인들 중 하나는 물질적 동기가 부재했다는 것이었다. 콜호스 주민의 물질적 관심을 높이려는 목적에서 1953년에 콜호스와 부업으로 개인농에 종사하고 있는 콜호스 주민의 국가에 대한 생산물 의무 납품 기준을 상당히 낮췄다. 콜호스 소유 중에서 가축과 가금류의 수매가는 5.5배, 우유와 육류의 수매가는 2배, 감자의 수매가는 2.5배 인상되었다. 콜호스 구성 개별 가구에 대한 현금 세금이 두 배 인하되었다. 1954년에는 새로이 인상된 교부 가격이 솝호스를 대상으로 시행되었다.

1995년 3월에 채택된 소련 공산당 중앙위원회와 소련 각료회의의 결의안들에 따라 콜호스를 위한 새로운 계획 수립 절차가 확립되었는데, 이에 따라 개별 경제주체에 대한 엄격한 방향지시 설정이 폐지되었고, 콜호스 주민들 사이에서 경작가능한 토지의 효율적인 사용에 대한 관심이 높아졌다. 콜호스 민주주의의 범위가 확장되었다. 콜호스에게는 콜호스가 위치한 지역이 가지고 있는 구체적인 조건들을 감안해서 농업협동조합에 의해 채택된 규약의 개별 조항들을 스스로 수정하고 보충하도록 권고되었다. 이제 이들은 텃밭 부지의 크기, 콜호스 주민의 개인소유 가축 수, 최소 의무 노동일 등등을 결정할 수 있는 권한을 가지게 되었다. 이 모든 것들로 인해 무엇보다도 이들의 정신적·심리적 상태가 변화되었고, 콜호스 촌락의 환경이 개선되었다. 전쟁 시기와 전후 시기에 특징적으로 나타났던 긴장감이 제거되었다.

이와 함께 촌락의 기술장비들이 상당히 향상되었다. 1950년대에 전쟁 이전의 트랙터들이 거의 모두 개선되어서, 이 시기 말에는 고마력의 디젤 무한궤도 트랙터가 80퍼센트를 차지하게 되었다. 트랙터의 견인력은 1959년까지 1.8배 증가했다. 1950~1958년에 걸친 기간에 콤바인 수가 70퍼센트 늘어났다. 촌락들은 많은 수의 자동차, 파종기, 경운기, 기타 농기계를 지급받았다.

이 기간에 곡물의 경작, 파종, 수확이라는 주요 작업이 100퍼센트 기계화되었다. 거의 95퍼센트에 달하는 콜호스와 솝호스 그리고 모든 기계·트랙터지원사업소가 전력화(電力化)되었다. 그러나 복합적 기계화까지는 아직 많은 일들이 남아 있었다. 농업에서도, 그리고, 특히, 축산업에서도 수작업이 커다란 비중을 차지하고 있었으며, 때로는 고된 육체노동이 계속되었다. 이것은 파종지 관리와 경작지 기경(起耕), 사료용 풀 베기와 저장, 채소와 감자 수확, 가축 관리 등등이었다.

앞에서 열거한 촌락 지원 조치들은 몇몇 긍정적인 결과들을 가져다 주었다. 1950~1958년에 극동지역에서 감자 수확량은 1.3배, 채소는 3배, 사탕무는 6배, 곡물은 14퍼센트 증가했다. 1958년 말에 아무르도(지역의 주요 곡물 생산지)는 곡물을, 프리모리예는 감자와 채소를 완전히 자급자족할 수 있게 되었다. 캄차카와 사할린으로의 감자공급은 중단되었고 이 지방들은 상당한 수준에서 채소에 대한 수요를 스스로 감당할 수 있게 되었다. 이 기간에 가축 두수는 증가했고, 가축 및 가금류의 조달과 국가 수매는 3.5배, 우유와 유제품의 생산은 2.5배 증가했다.

이 기간에는 또한 노동생산성도 얼마간 향상되었다. 콜호스 주민

1인당 연평균 작업은 404노동일에서 476노동일로 증가했다. 이것은
모두 노동에 대한 에너지 공급량의 증대, 농업과 축산 지원의 향상,
사회주의적 경쟁 증가, 자신의 노동에 대한 일정한 보상을 인식하게
된 콜호스 주민의 노동에 대한 태도 변화 등에 따른 결과였다. 그 결
과, 1950~1955년에 콜호스 당 평균 현금소득은 3배 증가했다. 콜호
스 당 연평균 현금소득은 이 기간에 3,500루블에서 7,700루블로 2배
이상 증가했다. 비교를 해 보면, 1950~1955년에 파르티잔스크(Парти-
занск)의 탄광들에서 일하는 숙련 광부의 평균 월급은 4,000~6,000루
블이었고, 캄차카의 어로작업조 노동자는 10,000루블이었는데, 이 당
시는 〈모스크비치(Москвич)〉 자동차가 8,000루블이었다.

　1950년대의 성공들은 전쟁 후유증의 극복과 평시 조건 속에서의
새로운 성장을 증명해 준 것으로서 커다란 의미를 가지고 있었다. 그
러나 이것들은 전쟁 이전의 낮은 초기 생산 수준과 주민의 아직은 매
우 소박했지만 점차적으로 커져가고 있던 요구라는 배경 속에서 대
단한 것으로 보여졌다.

　1956년에 소련 각료회의는《극동지역의 도들과 변강주들에서 농
산품 생산 증대에 대하여(Об увеличении производства продук-
ции сельского хозяйства в областях и краях Дальнего Восто-
ка)》라는 결의안을 채택했다. 여기에는 솝호스와 콜호스의 지속적인
강화와 모든 농촌 경제 부문의 발전을 통해 주민의 농산품 수요를 자
체 생산으로 충족시키는 것이 과업으로 정해져 있었다. 그런데 이것은
어느 정도로는 국가의 모든 구역들에 적용되는 표준적 조치였다. 이
결의안은 극동지역 산업 부문들에 대한 지원으로 나가는 실질적인 방
책이 되지 못했으며, 불안정한 경작 지역에 속하고 자연기후조건, 경
제구조, 인구구성에 있어 독자적 특성을 가지고 있는 이 지역의 특징

을 고려하지 않은 것이었다.

극동지역에서는 무엇보다도 산업 방면에서 발전이 진행되었고, 이와 동시에 보조적 부문(교통, 건설, 에너지)도 성장했다. 인구는 소련 전체에 비해 보다 빠른 속도로 증가했다. 1939~1959년에 소련 인구는 17퍼센트 증가했는데, 극동지역 인구는 70퍼센트 증가했다. 같은 기간에 이곳의 농촌 거주민 비중은 더 낮았고 더 빠르게 감소했다. 1939~1959년에 소련 농촌인구 비중은 68퍼센트에서 56퍼센트로 감소했는데, 극동지역에서는 50퍼센트에서 30퍼센트로 감소했다. 이 기간에 농촌인구의 절대수치는 모두 32,800명 증가했다. 극동지역에서 전쟁 이전 콜호스 생산 종사자 수는 1959년에도 회복되지 못해서, 1939년 수준의 90퍼센트였다.

이 지역의 모든 경제 부문들은 노동 자원 부족이라는 어려움을 겪고 있었는데, 이것은 농촌으로부터의 인구 유출에 의해 상당부분 해결되었다. 군에 입대하고, 학업을 위해 공장부설학교(школа ФЗО)와 직업전문학교로 떠난 농촌 젊은이들은 대개 농촌으로 되돌아오지 않았다. 농촌의 콜호스 노동은 점점 더 매력을 상실해 갔다. 사회적, 문화생활적 미비라는 농촌 상황도 부정적으로 작용했다.

1958년에 콜호스 부문의 효율성 증대를 위해 취해진 다음 행보는 기계·트랙터지원사업소의 재구조화였는데, 집단화 시기부터 이러한 조치의 대상이 되었던 것은 농업 생산의 주요 수단들(트랙터, 콤바인 등등)이었다. 기계·트랙터지원사업소 재구조화법(закон о реорганизации МТС)에 따라 기계·트랙터지원사업소는 국가 명의로 일시불이나 분할지급 방식으로 콜호스에 농기계를 판매할 수 있게 되었다. 재구조화는 개별 콜호스에서의 진행상황, 국가의 지역들과 구역들의 특성을 고려해서 점진적으로 진행되도록 고안되었다.

기계·트랙터지원사업소를 폐쇄하고 대신에 몇 개 구역들을 통합 관리하는 정비·기술지원사업소(PTC)가 설립되었다. 그런데 농기계 이전 과정은 지역 기관과 당 조직의 결정에 따라 속도전 캠페인의 특성을 띠며 전개되었다. 법은 1958년 3월에 공표되었는데, 이미 이 해 말에 프리모리예에서는 281개 콜호스 중에서 232개(82퍼센트)가 기계·트랙터지원사업소로부터 농기계를 구매했고, 23개의 정비·기술지원사업소가 설립되었다. 같은 해에 아무르도의 콜호스들도 대부분이 농기계를 구입했다. 하바롭스크변강주와 사할린도에서도 기계·트랙터지원사업소의 재구조화 과정이 빠른 속도로 진행되었다.

기계를 확보함으로써 콜호스들은 이것을 보다 합리적이고 생산적으로 사용할 수 있게 되었지만, 이러한 이점에도 불구하고 콜호스에는 농기계의 보존, 유지, 정비를 위한 조건이 실질적으로 완전히 갖추어져 있지 않았기에 원가를 상쇄하지는 못했다. 새로 설립된 정비·기술지원사업소의 수와 규모는 당시 콜호스 농기계의 정비를 보장할 수 있을 정도로 고안되지 않았기에, 주어진 작업량을 해소하지 못했다. 콜호스들 중 다수는 [농기계 확보에] 상응하는 정비기술 기반을 형성하고 농기계 확보를 위한 지출을 수행하는 것을 동시에 할 수 있을 정도의 자금을 가지고 있지 않았다. 이와 동시에 농업생산에 대한 기술적 지원에 배정된 국가 재정도 급격히 감소했다. 그 결과 대부분의 콜호스들에서 농기계의 지원 및 가동의 질은 악화되었고, 노후화는 가속화되었다. 그런데 콜호스 분야의 다른 적지 않은 범위에서 일어났던 것과 마찬가지로, 콜호스들의 이러한 운명도 전반적으로 예견된 것이었다.

1950년대에서 1960년대로 넘어가는 시기에 국가는 농촌경제를 운영하는 조직 형태들의 구조를 급격하게 변화시키기 위한 조치들을 취하기 시작한다. 오랜 기간 동안 지체되고 있었던 콜호스를 솝호스로 재편하는 과정이 진행된다. 농업 생산품의 낮은 성장 속도라는 조건 속에서 농업협동조합이 공동 부문에서 농산품의 주요 생산자로서 90퍼센트 이상을 차지하고 있었기에, 국가의 이러한 행보는 나라 안에 있는 콜호스 구조의 위기를 일정 정도 인정하는 것이었다.

초기 단계에는 무엇보다도 경제적으로 약하고 규모가 작은 콜호스들을 기반으로, 그리고 또한 다시금 농업용으로 전환되어 수용된 처녀지, 개간지, 관개지를 기반으로 새로운 솝호스들이 조성되었다. 그러나 다른 콜호스들도 점차 이 과정에 흡입되었다. 솝호스의 수는 콜호스 수의 감소와 동시에 상당히 빠른 속도로 증가했다.

솝호스 조성이 가장 집중적으로 진행된 것은 1970년대 중반까지였다. 1958~1975년에 극동지역에서 솝호스 총수는 138개에서 608개로 4.4배 증가했고, 이 기간에 콜호스 수는 808개에서 85개로 9.5배 감소했다. 이때 이후로 감소세는 급격히 약화되었다. 가장 생존력이 강하고 생산성이 높았던 농장만 남게 되었다. 전체적으로 농산품의 공동생산에 있어 콜호스는 이미 부차적인 역할로 밀려나 있었다.

하바롭스크변강주는 콜호스 경제의 감소에서 선도적 위치에 있었는데, 이곳은 이미 1970년까지 콜호스 수가 25배 감소했다. 프리모리예에서도 감소는 빠른 속도로 진행되었지만, 1976~1985년에 이 변경지역에서 콜호스 수는 안정화되어서, 농장은 22개에서 21개로 감소했다. 극동지역의 주요 곡창지대인 아무르도에서는 재편 속도가 얼마간 느렸다.

솝호스는 대량의 농업용지와 생산집단을 보유하고 있는 고도로 기계화된 대규모 농장으로서 여러 가지 이점들을 가지고 있었다. 솝호스의 부문별 전문화 또한 매우 중요한 지표였다. 농업협동조합이 항상 복합적이고 다부문적인 농장이었다면, 솝호스는 초기인 1920년대부터 대체로 전문 농장으로서 만들어졌다. 1960년대에 솝호스의 수가 증가하면서 극동지역에서 농업 생산 전반은 부문별로 전문화하기 시작했다.

1970년에 이곳에는 이미 26개의 곡물 솝호스, 28개의 채소 솝호스, 141개의 고기·우유전문 솝호스, 26개의 양봉 솝호스, 12개의 과수 솝호스, 46개의 사슴·동물 솝호스가 있었다. 솝호스 활동의 효율성 제고와 그 지도부의 개선을 위해 오보셰프롬(Овощепром[채소업연합]), 스코토프롬(Скотопром[목축업연합]), 스비노프롬(Свинопром[양돈업연합]), 프티체프롬(Птицепром[가금업연합]), 프첼로프롬(Пчелопром[양봉업연합]), 달즈베로프롬(Дальзверопром[극동축산업연합])과 같은 전문화된 연합들이 설립된다. 1980년에 프리모리예변강주에서만도 이러한 연합이 곡물전문농장을 제외한 전체 솝호스들 중에서 60퍼센트 이상을 차지하고 있었다.

1960~1989년에 새로운 토지의 농업활동 투입으로 인해 파종지 면적이 계속해서 증가했다. 글라브달봇스트로이(Главдальводстрой)의 건설 부문에서 토지개량사업과 관개사업을 진행함으로써 1970~1980년에만 80,000헥타르의 관개지와 227,000헥타르의 간척지를 개척해서 사용하게 되었다. 새로운 솝호스들이 형성되었는데, 이 중에는 관개지에 형성된 벼농사 솝호스들도 있었다.

파종지 구조는 점점 더 크게 변화한다. 제8차와 제9차 5개년 계획들(1966~1975)의 기간 동안 극동지역에서 곡물 파종지 비중은 절반 이상 감소했다. 여기에는 그럴만한 이유가 있었다. 1970년까지 이 지역에서 곡물 총수확량의 60퍼센트, 그리고 이 중에서 밀의 80퍼센트가 아무르도 한 곳에서 산출되었다. 경험을 통해 알게 된 것처럼, 자연기후 조건상 곡물생산에 그리 적합하지 않았던 극동지역의 나머지 지방들에서는 사료작물, 채소, 감자, 콩, 쌀을 재배하고, 곡물은 나라의 다른 구역들에서 들여오는 것이 더 이익이었다.

전문화는 심화되었다. 1970년대 중반에 극동지역은, 특히 아무르도는 콩 생산에 있어 국가 내에서 선도적인 위치를 차지하고 있었다. 아무르도의 콩 재배 면적은 850,000헥타르에 달했으며, 매년 36~37만 톤의 콩을 수확했다. 1980년대 중반에 공화국(러시아공화국) 비축고에서 프리모리예가 차지하는 비중은 꿀이 30퍼센트, 콩이 25퍼센트, 모피생산품이 19퍼센트였다. 이 변경지역은 세계 쌀 경작지 중 최북단 경계에 위치해 있으면서, 소련 쌀 생산량의 거의 10퍼센트를 담당했다. 1990년에 이 변경지역의 쌀 총수확량은 연간 10만 톤에 달했다. 사할린은 모피산업에서 중요한 위치를 차지하고 있었고, 이미 1970년에 사슴 두수가 130만 마리를 넘어섰던 마가단도는 세계에서 가장 큰 사슴산업 발전 구역이 되었다.

1960년대 초부터 농업의 기계 확보율이 눈에 띄게 상승하고, 광물비료 사용, 농화학적·축산학적 지원의 수준, 노동문화 등이 발전한다. 1961~1970년에 이 지역 농업에서 트랙터 수는 1.5배, 전력 소비는 4배, 광물비료 사용은 2.3배 증가했다. 1940~1950년의 10년 동안에 극동지역의 콜호스와 솝호스가 555대의 저출력 트랙터를 받았다면, 1990년에는 이 한 해에만 이미 가득 차 있는 양에 추가로 979대의 트랙터를 공급받았는데, 이것들의 견인력은 1940년대의 기계들에 비해 3~10배 강했다. 게다가, 농장들은 콤바인 509대, 화물차 1,500대, 기타 기계장비 다수를 공급받았다. 그 결과 이미 1980년대에 경작 과정의 많은 부분과 축산업의 많은 과정이 기계화되었다 (다만 가축사육 시설, 채소, 근채류, 감자를 관리할 때에는 그리고 이것들을 운송하고 적재보관하는 등등을 할 때에는 많은 부분이 수작업으로 진행되었다). 1987년에 프리모리예에서 농업 노동자 1인당 에너지공급량은 50.9마력이었는데, 이것은 1970년에 비해 5배 증가한 것이었다. 극동지역 농업에서 노동에 대한 에너지공급량은 소련과 러시아공화국의 평균 치보다 높았으며, 아무르도는 이미 1970년에 국가 내에서 선두 지방들 중 하나가 되어 있었다.

전 기간에 걸쳐 농업 분야에서 가장 큰 문제가 되었던 것은 고급, 중급, 초급의 전문교육을 받은 전문인력을 공급하는 것이었다. 1948년에 극동지역 콜호스들의 대표들 1,154명 중에서 4.6퍼센트만이 고등·중등전문교육을 수료했다. 이들 중 다수는 단지 초등보통교육만을 받았다. 1946~1950년에 극동지역 농업으로는 약 3천 명의 전문가가 유입되었다. 1,500개의 농장들(콜호스, 솝호스, 기계·트랙터지원사업소)에게 있어 이것은 많은 수가 아니었으며, 게다가 이들은 비효율적으로 활용되었다. 1948년에 프리모리예에서는 고등교육을 받은 전체 전문가 중에서 10퍼센트만이 농장에서 직접 일했다. 하바롭스크변강주의 경우 이들은 8.6퍼센트였다. 나머지 사람들은 당 기관, 소비에트 기관, 기타 행정기관에서 일을 맡고 있었다.

상황은 1950년 이후로, 특히 전문가들의 추가적 농업 유인과 기존 전문가의 합리적 활용에 더 많은 관심을 갖기 시작했던 1953년 이후로 변하기 시작했다. 프리모리예에서는 1956년에 이미 콜호스 대표들 중에서 45퍼센트가 전문교육을 받았다. 그런데 1956~1966년에 이 변경지역에서 고등·중등전문교육을 받은 전문가 수는 불과 2,200명에서 4,300명으로 증가하는데 그쳤다. 그 주요 원인은 낮은 전문인력 정착률 때문이었다. 촌락의 사회생활적 조건들이 개선됨으로써 비록 미미하긴 했지만 유동성이 감소되었다. 극동지역 교육기관들에서는 전문가 배출이 증가했다. 이와 함께 지적할 것은, 1970년대 초부터 농업기업들에서는 촌락에 있어 전통적인 축산전문가, 농업전문가, 정비사

뿐만 아니라, 경제전문가 그리고 건설, 수력, 전력, 난방, 급수 등등과 관련된 엔지니어와 기술자들에 대한 수요도 점점 더 증가하고 있었다.

1970년에 농업과 관련된 모든 분야의 전문가 수는 1966년보다 두 배 더 증가했으며, 1970~1975년에는 1.5배 더 증가해서 16,100명에서 24,200명이 되었다. 농업은 전문노동인력, 특히 기계기술인력 부족이라는 어려움에서 계속해서 헤어나오지 못하고 있었는데, 이것은 촌락에서의 생활과 노동이 가지는 특성들은 물론이고, 극동지역 인민경제의 모든 분야들이 공통적으로 가지고 있던 노동자원 부족의 원인들과도 관련이 있었다.

전문가 수의 증가와 함께 이들과 지역 과학기관의 학자들 사이에서 협력이 심화되었다. 극동농업연구소(Дальневосточный НИИ сельского хозяйства), 프리모리예농업연구소(Приморский НИИ сельскогохозяйства), 극동수력·토지개량연구소(Дальневосточ-ный НИИ гидротехники и мелиорации), 극동식물보존연구소(Дальневосточная станция защиты растений), 연방쌀연구소 프리모리예 분소(Приморский филиал ВНИИ) 등등과 같은 기관들이 실험과 개량 작업의 수행, 과학적 성과의 현장 적용에 있어 촌락에 커다란 도움을 제공했다.

1970~1980년에 촌락, 솝호스 마을의 구조라는 문제에 대한 관심이 처음으로 상승하게 되었다. 재정지원, 거주용 및 문화생활용 건물의 규모가 증대되었다. 한 예로, 1970년에 프리모리예에서는 촌락에 주택 119,000제곱미터가, 1975년에는 147,300제곱미터가 들어섰고, 유치원은 각각 345자리와 1,260자리가, 클럽 및 문화전당은 각각 900자리와 1,400자리가 건설되었다. 1971~1980년에 이 변경지역에는 주택 총 160만 제곱미터, 유치원 10,485자리, 학교 13,722자리, 클럽 및

문화전당 10,035자리가 건설되었다. 이것은 직전 20년에 비해 상당히 큰 수치이다.

하바롭스크변강주에서는 1984~1985년의 2년에 걸쳐 솝호스와 콜호스와 같은 주거지역들의 사회적 구조화를 가속하는 계획(《사회화 2개년 계획(социальная двухлетка)》)을 수행하는 동안에만 주택 332,000제곱미터가 건설되었는데, 이것은 제10차 5개년 계획(1976~1980) 전 기간에 건설된 것에 맞먹는 것이었다. 이것은 각 농장당 평균 25채의 주택이 건설된 것이었다. 또한 학교와 어린이집이 신설되기도 했다. 그 결과 이 변경지역의 촌락에서는 전문인력의 유동성이 감소했고, 노동자 수의 연간 성장율은 두 배에 달하게 되었다. 신축건물은 안락함, 현대적 설계, 소통성, 내부장식 등등의 수준에 있어 이전의 사회적 시설물과는 근본적으로 달랐다. 사회적 건설에서의 성공은 극동지역의 다른 구역들에서도 나타났지만, 모든 곳에서 문제를 완전히 해결하기 위해서는 아직 많은 것들이 남아 있었다.

소비에트 시기의 마지막 20년 동안 극동지역에서는 국가의 다른 모든 지역들에서와 마찬가지로 농업생산의 산업적 조직 형태가 점점 더 크게 발전했으며, 특히 축산업에서는 우유와 육류를 생산하는 공장들이 형성되었다. 작물재배에서 이러한 현상은 온실채소 콤비나트의 확산으로 나타났다. 프리모리예변강주에서는 제10차 5개년 계획(1976~1980) 기간에만 6개의 새로운 낙농단지가 운영되기 시작해서 연간 5,200마리의 돼지가 증식되었으며, 〈우수리스크〉 가금사육장, 미하일롭스카야 브로일러(broiler)[5] 사육장, 2개의 온실 콤비나트가 생겨났다.

5　브로일러(broiler)는 구이용 영계이다.

1970~1980년에 이와 유사한 단지들이 극동지역의 모든 구역들에 조성되었다. 하바롭스크변강주에서는 이러한 단지들이 완전히 가동되면서 6,300만 루블의 소득을 가져다 주었다. 1975년에 프리모리예, 프리아무리예, 사할린, 캄차카의 거주민은 처음으로 겨울에 상점에서 온실 재배된 신선한 오이, 양배추, 양파, 기타 야채들과 채소들을 구할 수 있게 되었다. 마가단도에서 이러한 성과는 더욱 컸는데, 이곳에서는 기업들 산하에 수백 개의 온실이 건설되었다.

1980년대 중반에 산업형 축산단지들은 도시민의 달걀 수요를 완전히 충족했고, 유제품 수요를 상당 수준에서 충족했다. 이와 동시에 육류생산에서의 상당한 낙후 상태는 예전과 마찬가지로 지속되었다.

1985년에 극동지역 지방들에서는 러시아 내 다른 구역들에서의 예에 따라 농공단지의 단일운영조직인 농공위원회(агропромышлен-ные комитеты: АПК)가 구성되어서, 단지라는 형식 내에서 농업 및 농업관련 산업 부문들의 통합을 확립하는 임무를 수행하게 되었다. 농공단지 구성에는 육류·유제품산업, 식료품산업의 농산품가공기업들, 그리고 또한 교통조직, 물류기술지원조직, 기계화·전력화조직, 농촌건설조직 등등이 포함되었으며, 콜호스와 솝호스는 제외되었다. 구역 내에서 농공단지는 구역농공연합(районные агропромышенные объединение: РАПО)이라는 명칭을 가지게 되었다.

하바롭스크변강주농공단지(АПК Хабаровского края)는 이미 1985년에 솝호스 93개, 콜호스 3개, 기타 농업 관련 기업 189개가 통합한 것이었다. 프리모리예농공단지(Приморский АПК)의 조직에는 솝호스와 콜호스 228개, 가공기업 60개, 서비스기업 145개, 건설조직 7개가 포함되어 있었다. 구역들에는 26개 지역농공연합들이 조직되었다. 프리모리예농공단지는 1986년에 처음으로 흑자를 기록해서, 국가에 1억 3백만 루블의 부채를 상환했다. 아무르도는 1986년에 18년 만에 처음으로 콩생산계획을 초과달성했다. 하지만 같은 기간에 도 내에 있던 220개 농장 중에서 116개는 1986년을 적자로 마감했다.

이러한 재건의 효율성은 농업 부문 발전의 불안정성, 풍년과 흉년의 주기성, 건기와 우기를 지내면서 5~7년에 걸쳐 농업발전을 분석한 후에야 평가할 수 있을 것이었다. 하지만 이정도 시간은 이미 남아있지 않았다. 제12차 5개년 계획(1986~1990)은 농업과 관련된 소비에트의 모든 정책들과 계획들에 대한 재검토, 새로운 농업 조직 형태의 모색과 같은 휘장 아래서 진행되었다. 농업 부문은 출판언론으로부터 매우 신랄한 비판을 받았다. 갑작스럽게 발생한 이전에는 경험하지 못했던 기초 생필품(곡물, 식물성 식용유, 설탕 등등)의 부족은 불에 기름을 부어서, 농업에 대한 공격을 강화했다.

농업 분야 자체에서도 상황은 심각해지기만 했다. 지도부의 수준과 노동의 규율이 하락했고, 생산 지표들 그리고 일에 대한 사람들의 관심이 낮아졌는데, 이것은 이 시기에 소련 사회 전반에 걸쳐 나타나던 특징이었다. 1989~1990년에만 이 지역에서는 곡물생산이 28퍼센트, 감자가 24퍼센트, 채소가 20퍼센트, 쌀이 13.8퍼센트 감소했다. 우유, 달걀, 육류의 생산도 하락했다.

농업의 향후 운명에 대한 비판과 결정에 있어 근거가 된 것은 무엇보다도 이 부문에서의 일이 실제로 처해있던 상황이었다. 국가의 다른 지역들에서 그랬던 것처럼 극동지역의 농업기업들에 대해서도 전형적인 접근법이 사용되었다. 지역의 자연조건, 농장의 실질적인 가능성, 노동 자원의 존재 여부, 농업 부문 내에 있는 이러저러한 방면에서의 발전 효율성 등은 고려하지 않은 채, 단지 국가의 수요를 토대로 과업이 수립되었다.

1970년대 초까지 지배적이었던 외적 특징은 파종지 면적, 기계장비, 노동 자원의 추가적 유인 등등의 증대를 통한 생산 성장으로 나타난 것이었다. 그런데 많은 경우에 있어 이러한 특징이 질적 지표, 수확성 증대, 노동생산성에 끼치는 영향은 작았고, 생산품 원가의 지속적인 상승을 가져왔다. 30년의 기간(1950년대 중반~1980년대 중반) 동안에 극동지역에서 파종지 면적은 3배 증가했는데, 이러한 성장의 절반 이상은 토지개량에 따른 것이었다. 이러한 토지의 매 헥타르는 사용하는 과정에서 많은 자금이 들 뿐만 아니라, 이후 토지를 유지하는 동안에 관개 체계를 수리하고 공학-기술적 지원을 하기 위해 상당한 비용을 사용해야만 한다.

1980년대 중반에 솝호스들에는 남는 트랙터들이 있었다. 이 중에는 무겁고, 필요 이상으로 크며, 전혀 비경제적인 K-700, T-150 등등과 같은 것들이 있었는데, 이것들은 60~70퍼센트만 사용되었고, 농장경제에 커다란 부담으로 작용했다. 이와 함께 크지 않고 기동성이 좋은 기계와 소형 화물차는 부족했다. 농촌에는 미니트랙터가 알려져 있지 않았고, 수작업 양을 줄일 수 있는 기계화된 소형도구가 매우 필요했다.

소련 농기계 제작 부문의, 그리고 중앙과 현지에서 농업을 주도하는 사람들의 전반적인 판단착오들, 생산의 비용소모적 특성이 심화되는 것을 피할 수 없을 것이라는 판단착오들이 있었다. 한 예로, 산업체에서는 극동의 들판에서 감자와 뿌리채소를 수확하기 위한 기계를 고안하지 않았다. 감자 수확을 위한 대규모 수작업은 오로지 농업 외 노동력(도시의 요리노동자, 사무원, 대학생, 군인, 중고등학생 등등)의 유인을 통해서 이루어졌으며, 이러한 노동에 대한 대가로 솝호스와 콜호스는 적지 않은 비용을 추가로 지출했다.

극동지역 농업은 다른 분야들와 마찬가지로 기계, 농경지, 비료의 비효율적인 사용과 노동집단들에서의 독립채산 부재를 특징으로 하고 있었다. 특별조, 작업조, 농장에 의한 생산 성과는, 기록적인 성과를 포함해서, 과학적이고 기술적인 혁신을 도입한 결과가 아니라, 단지 사람들의 헌신의 결과였다. 선진적 경험은 농업기사나 축산전문가와 같은 전문가가 아니라 주로 지도부와 당 기구에 의해 보급되었으며, 어떠한 물질적 동기도 없는 상황 속에서 주로 애호가들에 의해 채택되었다.

농업발전에 대한 분석이 보여주는 바에 따르면, 농업은 다른 분야들과 크게 다르지 않았다. 농업은 소비에트 경제 전반의 특징이었던 결핍과 문제, 모순과 특전, 성과와 판단착오 등을 가지고 있었다.

그러나 농업에는 다른 나머지 거의 모든 분야들과 구별되는 특징이 있는데, 이것은 직접적 의미에서도 비유적 의미에서도 개방성이다. 농업은 (건설업과 함께) 개방된 공간에서 운용되기에, 수확을 제외한다면, 노동시간의 지속적인 손실(강우, 맑은 날이라도 침수된 경작지와 초지에서의 작업 불가, 농기계들의 제한적 사용이나 완전한 사용 배제 등등)을 전제로 하고 있다. 그 결과 모든 농업기술적 작업기한들이 지켜지지 않고, 계획들, 일정들이 "날아가 버리고", 파종들, 수확들이 보잘것 없어지며, 사료를 준비할 수 있는 가능성이 제약을 받음으로 인해 축산 농장들의 지붕 아래 있는 가축들이 곤란을 겪게 된다. 오랜 기간의 가뭄은 필연적으로 수확량 감소로 이어진다. 이 모든 경우들에서 농장들은 적지 않은 손실을 입게 된다. 마지막으로, 종종 2~3일간 지속되는 한 차례의 거대한 태풍으로 수백가구로 이루어진 집단인 농장이 수년간의 노력을 통해 이루어 놓은 것이 허사가 되어 버리고, 이에 더해 자연재해로 인한 피해를 복구하기 위해 추가적인 지출을 해야만 한다. 이러한 분야는 어디에서도 찾을 수 없다.

경제 부문으로서 농업은 항상 사회에 개방적이었다. 나라 안의 그 누구도 제강업, 석유화학공업, 탄광업 또는 시멘트산업이 어떻게 발전되는지에 대해 잘 모르거나 알고자 하지 않는다. 그에게 이것이 관심의 대상이 아니라는 것은 놀라운 일이 아니다. 그러나 상점 계산대과 자신의 위장을 통해 지속적으로 식료품을 소비하는 사람으로서 그는 소비에트 시기에 농업의 현황을 평가할 가능성을 가지고 있었고, 실제로 평가했는데, 이것은 항상 공정하지는 않았다.

1960~1980년에 농산품 생산의 (모든 부문에서의) 전반적 상승이라는 조건 속에서 국가-협동조합 부문의 비중은 지속적으로 커졌다. 이 기간에 소련 시민에 의한 개인적 부업경제에서의 농산품 생산은 1.5배 증가했으나, 이것이 총생산에서 차지하는 비중은 55퍼센트에서 20퍼센트로 감소했다. 이에 비례해서 국가-협동조합 부문의 비중은 45퍼센트에서 80퍼센트로 증가했다.

1960~1986년에 달걀 총생산에서 솝호스와 콜호스가 차지하는 비중은 27퍼센트에서 91퍼센트로, 우유는 47퍼센트에서 70퍼센트로, 육류는 56.7퍼센트에서 73퍼센트로, 감자는 27퍼센트에서 73퍼센트로 증가했다. 1965~1985년에 농산품 규모는 1.5배 증가했지만, 인구 1인당 농산품 생산량은 증가하지 않았다. 객관적인 이유들이 있었는데, 한편으로는, 노동자원 부족과 자연조건들(제11차 5개년 계획 기간만 보아도, 파국적인 홍수가 1981년, 1984년, 1985년에 프리모리예, 프리아무리예, 사할린을 덮쳤다.)을 들 수 있다.

다른 한편에서는, 이 기간(1965~1985)에 극동지역 인구는 1.4배 증가했고 도시 인구 비중은 72퍼센트에서 77퍼센트로 증가했으나 농촌 인구는 28퍼센트에서 22퍼센트로 감소해서 노동 자원 부족은 더욱 격화되었으나, 식료품에 대한 수요는 급격하게 증가했다.

그 결과 농산품 성장률은 발전하고 있던 극동지역 경제에, 이 지역의 인구 성장에, 점증하고 있던 지역산 식료품에 대한 수요에 부응하지 못했다.

솝호스와 콜호스에서 생산된 모든 생산품이 소비자에게 공급되지는 않았다는 점에 대해 이야기하지 않을 수 없다. 극동지역에서는 수확기에 그리고 특히 운송과 보관을 할 때 농산품 손실율이 30~33퍼센트에 달했는데, 이것은 놀라운 일이 아니었다. 지역 전체에 있는 수매기관과 매매 기관의 채소저장소 설치율은 74.2퍼센트였는데, 이 중에서 수치가 가장 높았던 곳은 북부 지방들(마가단도, 사할린도, 캄차카도)이었고, 가장 낮았던 곳은 주요 농업생산구역들로서, 프리모리예변강주에서는 50퍼센트, 아무르도에서는 34퍼센트였다. 즉, 여기에서 가장 커다란 손실이 발생했다.

농촌 경제의 콜호스 부문을 보자면, 콜호스가 자신의 역사적 역할을 완수했다는 점을 강조할 필요가 있다. 콜호스 농민은 헌신적 노동과 영웅적 노력을 통해 믿을 수 없을 정도의 난관을 자신의 어깨 위에 지고 가면서, 매우 힘겹고 지독히 어려웠던 전쟁 시기와 전후 복구 시기에 사회와 국가를 지지했다. 이것은 콜호스의 벌판과 농장에서 수행된 거의 무상에 가까운 노동이었고, 개별적 부업경제들에서 부분적으로는 역시 국가를 위해 제공된 노동이었다.

당시 국가의 역량으로 볼 때 농민과 농촌에 대한 이러한 접근방식은 필요도 있었고, 보이기로는, 회피할 수도 없었다. 다만 생각할 필요가 있는 것은, 이러한 정책의 본질과 내용을 유지하면서 이것을 인간에게 그렇게 완고하고 정신적으로 압제적인 형태로 부여해서는 안되는 것이었다. 농촌 상황은 재건 기간이 완료되어 가는 1950년부터 완화되기 시작했다. 콜호스의 민주정치와 경제적 독립성의 급격한 확대, 효과적인 물적 동기의 도입 등을 통한 콜호스의 신속한 재구조화가 요구되었다.

1960년대부터 시작된 콜호스 부문의 축소에도 불구하고, 이 지역에서는 1980년대 말까지도 숍호스와 훌륭하게 경쟁하고 있던 고수익 콜호스가 70개 이상 유지되고 있었다. 예를 들면, 1971~1980년에 프리모리예의 콜호스에서 곡물, 감자, 채소, 우유의 생산원가는 숍호스에 비해 평균 10~25퍼센트 낮았다. 이것은 콜호스 체계가 상당한 변혁을 필요로 하긴 했지만, 그 잠재력이 완전히 소진되지는 않았음을 증명하는 것이었다. 촌락은 집단경제화의 역사적 경험을 향후 시장경제로 넘어가는 시기에도 일정 부분 사용할 수 있었다.

극동지역에서의 교통 발전

전쟁 이후 인민경제의 회생과 전후 시기 모든 부분들에서의 성장, 새로운 극동지역 구역들의 개척, 인구의 수와 유동성의 증가 등은 교통의 점진적이고 전방위적인 발전이 없었다면 불가능했다. 교통은 이 지역에서 특별한 의미를 가지고 있다. 그것은 극동지역의 방대한 영역, 국가 중심지로부터의 원거리성, 교통로의 미약한 발전 상황과 거주지들 사이의 원거리성, 지역 내 구역들 중 다수의 원거리성과 나머지 구역들의 벽지적 특성 때문이었다.

교통의 가장 중요한 과업은 지역내 운송, 극동지역과 국가 내 다른 구역들 사이의 연계, 극동지역 및 국가 전체와 외부 세계 사이의 연계였다. 이러한 과업들은 경제적이고 사회적인 문제들뿐만 아니라, 국제적 협력과도 밀접하게 관련되어 있다.

극동지역에서 회생시기 초기까지도 전쟁 이전 시기부터 보유하고 있던 모든 형태의 교통 수단들, 즉, 철도, 해양, 하천, 도로, 항공, 수송관이 운용되고 있었다. 전쟁으로 이것들은 중요도에 따라 다양하게 나뉘었고, 그 상태가 반영되었다. 전략적이고 중요한 국방 과업들을 완수하는 과정에서 철도운수와 해상운수는 국가의 전면적인 지원을 받아 화물 운송량을 증대시켰으며, 물적 기반, 인적 구성, 기타 다른 생산 능력들에서의 손실을 피할 수 있었다. 반면 하상운수, 자동차운수, 항공운수는 이러한 요소들에서 손실을 입어서, 그 잠재적 자원이 전쟁 용품으로 반출된 후 보충되지 않았다.

전쟁 종료와 함께 전시에 상실했던 입지를 회복하고 나아가 광범위한 토대 위에서의 교통 발전을 위한 조건들이 조성되었다. 이후 20년에 걸친 맹렬한 성장의 시대가 시작되어서, 이 지역에서 교통 복합체를 구성하는 실질적으로 모든 부문들에서 진정한 혁명적 변혁이 이루어졌다.

이 기간에 국가 전반에 걸쳐 근원적인 변화들이 일어났지만, 항공운수와 해상운수를 제외한다면, 극동지역에서는 이러한 변화들이 얼마간 지체되었다. 변혁의 규모와 심도는 집약적인 발전 노선으로의, 모든 교통 형태들의 새로운 노동 수준으로의 점진적인 변화를 의미했다.

철도 교통

전쟁 이전과 마찬가지로 전후 시기에도 지역내 화물운송량의 주요 부분은 철도운수로 이루어졌다. 그 중심에는 시베리아횡단철도가 있었다. 길이가 2,185킬로미터에 달하는 이 철도의 극동 부분은 프리모리예변강주, 하바롭스크변강주, 아무르도를 국가의 다른 구역들과 연결해 주었다. 철도를 통해 운반된 화물은 여기서부터는 해항들을 거쳐 수로를 따라 사할린, 캄차카, 마가단도로 향했다. 하바롭스크~콤소몰스크-나-아무레~소베츠카야가반이 시베리아횡단철도의 지선이었다. 사할린섬에는 내부철도가 있었다.

이후 몇 년 동안 철도망은 계속해서 확대되었다. 1940년대 말에 신노선인 이즈베스트코바야(Известковая)~우르갈(Ургал)[6]를 통해 시베리아횡단철도가 하바롭스크변강주에 있는 극동지역 석탄산업의 중심지들 중 하나인 체그도믠(Чегдомын)과 연결되었다. 1960년에 극동지역의 총철로 길이는 5,771킬로미터에 달했다. 이 지역에서 그 밀도는 1,000제곱킬로미터 당 1.8킬로미터로, 소련 평균보다 6.7배 낮았다.

1960~1970년대에 프리모리예변강주, 하바롭스크변강주, 사할린도에 새로운 철로 부지가 구축되었다. 이와 동시에 많은 부지들에서 두 번째 노선들이 나타났으며, 수백 킬로미터의 중형(重型) 광궤 레일이 부설되었다. 1973년 6월에 운행을 시작한 대륙철도를 사할린철도와 연결하는 바니노-홀름스크해양철도연락선(морская железнодорожная паромная переправа Ванино-Холмск)은 이 지역 철도 운수 발전의 커다란 한 걸음 이었다. 그 어디에서도 찾아보기 어려운 수력 구조물과 철도 기구들의 복합체 덕분에 타타르해협(Татарский пролив)의 날씨나 결빙에 관계없이 쇄빙선급 연락선이 연간 최대 화차 1만개를 운송할 수 있었다.

1975년 9월에 시작해서 일 년 반 만에 콤소몰스크-나-아무레시에

6　원문에는 '우랄(Урал)'로 되어 있으나, 전후 맥락상 이것은 '우르갈(Ургал)'의 오기로 보인다.

건설된 아무르철교(Железнодорожный мост через Амур)는 사할린도의 바니노항이 발전하게 되는 새로운 전환점으로서, 그 이전까지 30년간 이용되고 있던 쇄빙연락선을 대체했다. 연락선은 불과 1년에 9개월만 운용되었기에 기차 운행이 적지 않은 시간 동안 중단되어서 바니노항의 작업 효율성이 하락했으며, 얼음을 뚫고 열차 차량들을 이동시켜야 했기에 많은 추가비용이 소요되었다. 이와 관련된 총손실액은 연간 4억 루블에 달했다.

이 기간에 이룩된 가장 커다란 성과는 1979년 말에 완공된 400킬로미터에 달하는 바이칼-아무르철도(БАМ)~튄다(Тында)~베르카키트(Беркакит)(소(小)바이칼-아무르철도)의 건설이었다. 시베리아횡단철도의 크지 않은 역에서 시작되는 새로운 철로는 북쪽방면에서 아무르도 전역을, 즉 건설중에 있던 "세기의 철도(магистраль века)" 노선을 양단하며 남야쿠티야(네륜그리(Нерюнгри))에 위치한 풍부한 점결탄 매장지대로 빠져나간다. 이 철도는 "세기의 철도"인 바이칼-아무르철도의 건설 기간을 상당히 단축시켜서, 총연장 3,145킬로미터가 1984년 10월에 완료되었다.

바이칼-아무르철도로 인해 선로 인접지역에 있는 막대한 천연자원의 개발과 경제적 유통 그리고 경제적·사회적 발전에 있어 우호적인 환경이 조성되었다. 이 철도는 시베리아횡단철도의 부담을 상당히 경감시켜 주었고, 바이칼에서 태평양에 이르는 화물운송로를 1천 킬로미터 단축시켜 주었다. 1985년에 바이칼-아무르철도에서는 이미 25,000명의 철도노동자가 일하고 있었다.

1960~1980년에 극동지역의 철도운수 발전에는 이 부문에서 일어난 모든 혁명적인 변혁들이 포함되어 있었기에, 철도 복합체 전체의 근본적인 기술적 재구조화가 실현되었다. 극동철도(Дальневосточная железная дорога: ДВЖД)의 기술적 재정비는 1960년대 초부터 중단없이 진행되었다.

무엇보다도 이것은 철도운수의 통과량과 수송량 증대를 위해 진전된 견인 방식을 도입하는 것과 관련이 있었다. 증기기관차는 차츰 디젤기관차로 교체되어서, 1970년대 초에는 거의 모든 극동철도가 디젤기관차로 전환되었다. 이와 동시에 철도운수의 전력화가 시작되었다. 이미 1967년에 프리모리예에서는 첫 번째 구간들인 블라디보스토크~우수리스크와 우글로바야(Угловая)역~나홋카의 전력화가 완료되었다. 디젤기관차 TE-3(ТЭ-3)과 전기기관차 VL-60(ВЛ-60)은 보다 강력한 TE-10(ТЭ-10)과 VL-80(ВЛ-80)으로 교체되었다. 새로운 견인 형태로의 교체로 인해 이전의 증기기관차용 차고지, 역사, 터널, 대피선(代避線)에 대한 개편이 요구되었다. 이와 동시에 대용량 화물차량, 냉동열차, 컨테이너, 강철로 된 우등여객차량이 이전의 운송용 부속기관들을 완전히 대체했다. 전기신호중앙집중장치, 자동신호장치, 자동차단장치, 기차역에 있는 통신기사와 근무자의 일을 경감해주었던 쌍방향무선통신기 등이 모든 곳에 자리잡았다.

선로정비업무와 화물업무에 기계화가 폭넓게 도입되었다. 선로 수선에서 기계화는 75~80퍼센트까지 증대되어서, 쇠 지렛대와 망치를 대체했다. 상하차 작업에서 수작업 비중이 상당히 감소해서, 작업 대부분이 적재기, 자동운반차, 전기적재기, 크레인, 기중기, 컨베이어 등의 도움을 받아 수행되었다.

기술적 재구조화로 화물열차의 용량이 거의 두 배 증대되었고, 철도를 통한 여객과 화물의 운송능력이 향상되고 물적 낭비가 감소되었다. 한 예로, 1965년에 기관차들 중 30퍼센트는 디젤기관차였으며, 극동지역에서는 석탄 총생산량 중 12퍼센트가 안되는 양이 철도운수에 의해 소비되었다. 노동조건이 개선되었고, 노동문화가 향상되었다. 증기기관차의 퇴출로 환경이 개선되고, 철로 주변에서의 화재위험이 급격하게 감소될 수 있었다.

철도 교통에서의 기술적 진보는 생산 지표 상승에 직접적으로 영향을 미쳤다. 그런데 철도는 점증하고 있던 화물운송 규모를 힘겹게 해소하고 있었다. 제8차 5개년 계획 기간에 소련의 철도 화물 총물동량은 27퍼센트 증가했는데, 동방으로의 물동량은 시베리아와 극동지역의 집약적인 발전으로 인해 32퍼센트 이상 증가했다.

1971~1980년에 시베리아와 극동지역의 철도들은 전 연방 물동량의 약 20퍼센트를 담당했는데, 이때 이 철도들이 지나가고 있는 구역들에는 소련 인구의 14.3퍼센트만이 거주하고 있었다. 1975~1980년에 블라디보스토크 구간과 우수리스크 구간에서는 화물 발송량이 13퍼센트 증가했다. 1958~1966년에 이 구간들에서 물동량이 2.1배 증가했다면, 1975~1980년에는 증가율이 7퍼센트에 불과했다.

길고 무거운 철도차량들을 수용하지 못하는 낙후된 구내선(構內線)과 환적장, 수하인 측의 잘못으로 인한 차량과 승강장에서의 때늦은 하역, 항구의 생산력 부족이 성장률 하락의 원인이었다. 한 예로, 1964년 초에 블라디보스토크항, 나홋카항, 바니노항과 극동철도의 다른 기차역들로 통하는 입구들에는 300여 개의 철도차량이 하역을 위해 집결해 있었다. 이렇듯, 다른 부분들과 조직들의 문제들 또한 철도 노동자의 작업 지수에 부정적인 영향을 미쳤다.

1971~1985년에 극동지역에서 철도 길이는 20퍼센트 연장되었고, 화물수송은 2.5배 증가했으며, 그런 가운데 철도차량의 운행중지기간은 약 2배 늘었다.

앞에서 열거한 것들로 인해 철도 종사자들이 극동지역의 발전, 즉 극동지역의 경제와 사회적 영역의 발전에 가져다 준 막대한 기여가 부정되어서는 안된다. 소비에트 시대의 마지막 45년 동안에 철도운수는 더욱 명확하고, 누적적이고, 일정하고 규칙적이며, 고효율적으로 작업을 수행했다는 점에서 인민경제의 다른 분야들과 차이를 보였다. 여기에서는 오차, 왜곡, 손실이 적었으며, 조직 전체는 물론이고, 노동자 각자도 더 큰 책임감을 가지고 있었다.

해상운수

극동지역을 개척하고 발전시키는 전 시기를 통해 교통 체계에서 선도적 위치에 있었던 것은 해상운수였다. 전쟁 시기에 해상운수의 역할은 급격하게 커졌다. 서부지역에서 전투가 진행되고 있을 때 국가 대외관계망을 통해 들어온 것들에 대한 주요 운송 중 일부가 시베리아와 극동지역의 철도, 극동운송선단, 블라디보스토크, 소베츠카야가반, 나홋카와 같은 항구들에 의해 수행되었다.

국가의 서쪽 수역에서 진행되고 있던 전쟁으로 인해 고립된 선박들 중 일부가 이 지역의 주요 해상 운송기업인 극동해운(Дальневосточное морское пароходство: ДВМП)의 일부로 합류했다. 극동해운은 또한 많은 선박들을 무기대여법을 통해 제공받았다. 1943년에 시작해서 전쟁 마지막에 이르기까지 극동해운은 국가 총해상수송의 70퍼센트 이상을 담당했는데, 이 중에서 80퍼센트는 수출입물품이었다. 극동해역에 있던 수송선단의 화물적재량은 전쟁 기간 동안에 2.4배 증가했다. 1945년 초에 극동해운은 화물 총적재량이 약 112만 톤에 달하는 185척의 선박을 보유하고 있었다. 그런데 선박들 중 대부분은 구식 구조로 연식이 25년 이상 된 것이었다. 이것들 중 상당수는 동맹국들이 전쟁이 끝날 때까지 짧은 기간 동안만 사용한다는 계산아래 미국의 조선소들에서 약간의 수리를 거친 후 소련에 제공한 것들이었다.

종전 후 첫 몇 년 동안에는 해상운수운영체계에 대한 일련의 재구조화가 진행되었다. 1945년 가을에 1939년에 설립된 니콜라옙스크-나-아무레해운의 본사가 홀름스크시로 이전되었으며, 이를 기반으로 사할린해운(Сахалинское морское пароходство)이 설립되었다. 그 선단으로는 극동해운의 선박도 다수 이관되었다. 새로운 해운회사를 설립한 것은 남사할린 및 쿠릴열도의 해방과 새로운 영토에서의 집약적인 경제개발로 인한 운송 규모의 급격한 증가때문이었다.

1946년에 해양선박부(Министерство морского флота) 내에 지역-부문 원칙에 따라 선단과 항구의 운영활동을 조직하기 위해 극동해양선단·항구운영본부(Главдальфлот)가 설립되었다. 다음 해에 운영본부는 모스크바에서 블라디보스토크로 이전되었다.

동북영토에 대한 공급을 개선하기 위해 1949년에 캄차카-추콧카해운이 설립되었다. 마침내 블라디보스토크를 기반으로 하고 있었고 소속된 선박과 쇄빙선이 있었던 북해항로운영본부(Главсевморпуть) 극동운영총국이 1953년에 북극해운(Арктическое морское пароходство)으로 개편되었으며, 4년 후에는 극동해운에 통합되었다. 1960년대 초까지 사할린해운과 캄차카-추콧카해운은 주로 연안운송에 집중했다.

전쟁이 종식되고 회생 시기가 시작되면서 극동지역의 해상운수는 새로운 복잡한 과업들에 직면하게 되었다. 극동해운은 소련 내 총연안운송의 절반 이상을 담당하고, 전쟁 이전 시기의 수준을 현저히 초과하는 여객수송을 완수해야만 했다. 이 해운회사는 전시에는 수출입 운송의 80퍼센트를 담당했고, 이제는 동일한 규모의 연안운송을 담당하게 되었다.

1955년에 극동해운에는 연간 총 652,500톤의 연안운송을 수행하는 10개의 정기화물 노선이 조직되었다. 1954년에 추콧카~아나듸리 화물여객 노선이 개설되었는데, 이 노선을 운항하는 선박은 추콧카의 거의 모든 연안 거주지들을 거쳐갔다. 이와 함께 1950년대 전반에 걸쳐 해외운송 비중도 증가했다. 1955년에 그 비중은 39퍼센트였고, 1958년에는 이미 43퍼센트에 달했다. 중국, 북조선, 베트남, 인도네시아, 캐나다, 일본과의 대외 교역이 발전했다. 1958년에 나홋카와 일본 사이에 최초의 소련-일본 정기화물 노선인 〈재팬~나홋카라인〉이 개설되었다.

전후 처음 세 차례의 5개년 계획들이 진행되는 동안에 해상운수는 기술적 특성에 있어서는 변화가 없었으며, 주로 선박의 양적 증가를 통한 외연확대를 통해 발전을 이루었다. 이미 1960년대 이후로 이 해역의 수송선단에는 더 많은 화물 처리를 가능하게 해주고 경제성을 높여주는 최신 장비들을 갖춘 차세대 선박이 도입되기 시작했는데, 이것은 운송 원가를 낮춰 주었으며, 집약적인 토대 위에서 발전으로 이행하는 것을 가능하게 해 주었다.

신형 목재운반선, 대양화물선, 향상된 내빙등급의 선박과 쇄빙선, 정기쾌속여객선이 1960년대 말까지 수송선단의 절반 이상을 구성하게 되었다. 이 시기에 소련 해상운수의 총고정자산 중에서 극동지역의 비중은 21퍼센트 이상이었다. 해운업의 생산잠재력은 확대되었다. 추콧카, 캄차카, 사할린, 쿠릴열도, 마가단에, 그리고 프리모리예변강주 연안을 따라 새로운 노선들과 보조적인 여객 노선들이 개설되었다.

이 기간에 해항들의 재구조화와 시설현대화를 위한, 그리고 그 안에 목재, 벌크 화물, 컨테이너 화물, 석유제품 등을 환적하기 위해 필요한 공간과 기반시설을 갖춘 전문화된 화물용과 승객용 구역들을 조성하기 위한 커다란 작업이 진행되었다. 바니노, 나가예보, 페트로파블롭스크-캄차츠키, 프로비데니야(Провидения), 아나드리, 에그베키노트(Эгвекинот) 등의 항구들에는 새로운 정박시설과 기타 산업시설들이 들어섰다.

극동해운사들의 국제 관계는 새로운 단계로 올라섰다. 일본의 항구들을 홍콩, 방콕, 싱가포르와, 그리고 말레이지아와 인도의 항구들과 연결하는 〈FESCO[7]~인도라인〉이 1967년 10월에 개설되면서 극동해운은 국제화물 노선에 진출하게 되었다. 같은 시기에 나홋카~나가사키~상하이~홍콩과 나홋카~요코하마의 정기여객 노선이 극동해운의 선박들에 의해 운항되었다. 극동해운사들이 해외 화주의 화물을 운송하는 중계 조건의 수출이 증가했다. 1967~1970년에 극동지역 항구들을 통한 소련의 대외무역 수준이 2배 이상 증대했음에도 불구하고, 수입은 12퍼센트이고 수출은 2퍼센트로 여전히 그리 크지 않았다. 극동해운의 선박들은 전 세계 60개국을 운행하게 되었다. 1970년대 초에 소련은 힘든 상황 속에서 분투하고 있던 베트남민주공화국 인민에게 큰 도움을 제공했다. 다양한 종류의 화물들을 송달하기 위해 프리모리예의 항구들과 베트남을 연결하는 "우정의 다리(Мост дружбы)"가 구축되었다. 외국 협력자들과의 협업은 극동해운이 원가 절감, 채산성 향상, 독립채산제 강화와 같은 경영 방식을 도입하는데 있어 적지 않은 영향을 끼쳤다. 극동지역의 해상운수는 신뢰할 수 있는 운송업체라는 명성을 쌓았고, 이 지역의 인민경제에서 가장 효율적인 부문들 중 하나가 되었다.

1970~1980년에 해상운수 분야에서는 과학과 기술의 최신 성과들

---

7 극동해운(ДВМП)의 영문 표기이다.

을 토대로 노동을 조직하는 것이 매우 분명하게 나타나고 있다. 국가 전반에서와 마찬가지로 극동지역에서도 환적작업 시간을 현저히 단축시키고, 노동생산성 향상 및 비용 절감 등을 가능하게 해 주었던 패킹화물, 컨테이너, 래시선(Lighter Aboard Ship), 로로선(roll-on roll-off vessel) 등등과 같은 화물운송의 새로운 수송기술체계가 도입되기 시작했다.

1970년대 후반에 시작된 전문화된 선박의 건조가 이러한 체계의 토대가 되었는데, 이때 로로선, 컨테이너 운반선, 목재-패킹화물 운반선, 목질칩 운반선 등등과 같은 화물운반선단이 집중적으로 보충되기 시작했다. 최신의 물적·기술적 토대가 마련되었다. 1976~1980년에 극동해운의 고정생산자산은 47퍼센트 증가했으며, 프리모리예해운(Приморское морское пароходство: ПМП)의 경우에는 92퍼센트 증가했다. 이 기간에 화물 총적재량이 대략 335,000톤에 달하는 45척의 최신 화물선이 도입되었다. 1980년 초에 이 해역의 총선단은 429척으로 화물 총적재량은 약 250만 톤에 달했다. 같은 해에 연안항해와 해외수송에서 극동지역의 모든 해운회사들에 의해 운반된 총화물은 약 38톤이었다.

제12차 5개년 계획 기간에 선박은 계속해서 추가되었다. 극동해운은 벌크선을 조달받았는데, 이것들은 필수 기계장비, 접안시설이 없는 연안 하역을 위한 헬리콥터, 〈미하일 숄로호프(Михаил Шолохов)〉급과 〈콘스탄틴 체르넨코(Константин Черненко)〉급의 차세대 여객수송선 등을 갖춘 〈비투스 베링(Витус Беринг)〉급의 북극항해용 특수선박이었다. 1985년에 래시선인 〈알렉세이 코싀긴(Алексей Косыгин)〉이 도입되면서 극동지역 최초로 화물 환적의 래시체계가 도입되기 시작했다. 슬라뱐카선박수리조선소(Славянский судоремонтный завод)에서는 [래시선용] 거룻배를 생산했다.

운송의 방향 및 구조와 관련해서 1970년대 중반에 이 해역에서 조성된 상황은 성공적인 선단 작업을 위해 커다란 중요성을 갖고 있었다. 주요 운송업자는 극동해운이었다. 이 해역의 선박운송 총규모에서 극동해운이 차지하는 비중은 40퍼센트에 달했다. 극동해운의 운송 구조에서 60퍼센트는 해외운송이었고, 25퍼센트는 연안운송과 이 해역에서 커다란 부분을 담당하고 있었던 여객수송이었다. 프리모리예해운은 석유제품 운송에 특화되어 있었으며, 고유의 화물송달 지리정보체계를 갖추고 있었다. 사할린해운과 캄차카-추콧카해운을 위한 구체적인 방향들이 특정되어 있었다.

전문화로 인해 시간과 비용을 절약하고 현지 자원들을 더 많이 운송할 수 있게 되었으며, 작업 결과에 대한 운송회사와 화물 수화인의 책임이 높아졌다. 해양 선박과 운송회사의 전문화는 연안 항구 경제의 발전 수준을 높여 주어서, 컨테이너 터미널, 석탄, 목질칩, 기타 벌크 화물의 선적을 위한 환적용 복합시설이 조성되었다.

1970년대 초에 조성된 수심이 깊은 보스토츠늬(Восточный)항은 이와 같은 혁신 기술들을 도입함으로써 소련 내에서 선도적인 위치를 차지하게 되었다. 1973년에 소련 영토 내에서 시작된 일본에서 서유럽 국가들로의 컨테이너 운송과 관련해서 나홋카항에는 극동지역 최초로 국제 규격의 대형 컨테이너 작업을 위한 전문 터미널이 만들어졌다. 선원들과 항만노동자들이 바니노항과 홀름스크항 사이의 연락선 운항이 발전하는데 커다란 기여를 했다.

극동지역의 해운회사들, 특히 극동해운의 노동자들은 항구에 있는 철로와 해로가 만나는 접점에 교통 분기점을 조성하는데 착수했던 최초의 집단들 중 하나였으며, 이 작업으로 인해 선원, 항만노동자, 철도

노동자 사이의 긴밀한 상호협력, 조정, 일관되고 규칙적인 작업이 가능하게 되었다. 작업 효율성과 노동생산성을 향상시키는 주요 정책은 항구와 선박수리작업에서 작업조 단위의 노동 조직이라는 진보된 형태를 도입하고 전문 분야들의 결합을 통해 보다 적은 수의 승무원으로 선박을 운항할 수 있도록 전환하는 것이었다.

마지막 20년의 소비에트 시기에 극동지역 해상운수 발전에서 도달한 결과물은 다음 수치들을 통해 알 수 있다. 1971~1990년에 해상운수 분야의 고정자산은 3배 이상 증가했고, 해상수송 규모는 1.6배 증대되었으며, 선박수리조선소의 작업능력은 5배 증가했다. 해상운수는 극동지역에서, 특히 이 지역의 동북 영역들에서 경제와 사회적 영역이 발전하는데 크게 기여했으며, 성장하고 있던 소련과 아시아·태평양지역 국가들 사이에서 대외무역관계와 외부 세계와의 다양한 접촉들을 보장해주었다.

노동의 질적 지표에 있어 해상운수는 극동지역 경제 체제 내에서 선도적인 위치를 차지하고 있었다. 그런데 여기에는 문제도 적지 않게 있었다. 한 예로, 제9차와 제10차 5개년 계획 기간에 부두선(埠頭線)의 통관 능력은 선박 배수량 보다 2배 느리게 증가했다. 선박수리 능력이 지속적으로 향상되었음에도 불구하고 선박수리 수요는 조선소들의 처리능력을 넘어섰다. 이 모든 것들은 선박의 운항 중단과 경제적 손실로 이어졌다. 프로비데니야, 에그베키노트, 나가예보와 같은 북부지역 항구들에서 항만 경제는 느리게 성장했다. 북방 운송의 어려운 시기에, 특히 동북극지역에서는 이로 인해 하역을 기다리는 많은 수의 선박들이 겹겹이 서있는 모습을 볼 수 있었다. 객관적인 상황들도 있었다. 한 예로, 1983년에 동북극지역에 있는 론가해협(пролив Лонга)에서는 결빙 상태의 급격한 악화로 인해 선단 전체가 그곳에서 겨울을 나게 되었으며, 쇄빙선단을 모두 동원한 것도 도움이 되지 않았다.

자동차운수

자동차운수는 극동 교통 체계에서 커다란 위치를 차지하고 있었다. 그 비중은 1980년대 말에 지역내 운송에서 60퍼센트 이상에 달했다. 동북 구역들에서는 철도의 부재로 인해 그 비중이 더 높았고, 마가단도에서는 핵심 교통수단이었다. 같은 시기에 극동지역의 남부 구역들인 프리모리예변강주, 하바롭스크변강주, 아무르도가 차량의 수, 물품과 여객수송의 총량과 규모 면에서 선도적인 위치를 차지하고 있었는데, 이것은 높은 수준의 정주율, 경제적 개발, 시베리아횡단철도와 인접한 지역에서의 자동차도로망 발전 등과 관련이 있었다.

전쟁 이전 시기에 극동지역에서 자동차운수의 발달은 미약했다. 1940년에 하바롭스크변강주에 대중교통용 차량은 160대가 있었다. 이 변경지역에는 8개의 시내버스 노선이 있었는데, 5개는 하바롭스크에, 2개는 콤소몰스크-나-아무레에, 1개는 비로비잔에 있었다. 블라디보스토크에는 1941년에 모두 2개의 버스 노선(기차역~에게르셸트와 기차역~루고바야(Луговая))이 있었는데, 여기에서는 14인승 버스인 ZIS-16(ЗИС-16) 7대가 운행되고 있었다.

전쟁으로 인해 화물자동차, 구급차량으로 사용하기 위한 버스 등이 국방 물품으로 징발됨으로써, 부품과 타이어의 공급이 중단되고 연료 공급이 크게 제한됨으로써 차량운송사업소들은 막대한 손실을 입었다. 그 결과 전후 시기에 상업적 자동차운수의 물적 토대는 실질적으로 새로이 형성되었다.

먼저 차량이 바뀌었다. 전후 초기 수년 동안에 극동지역에서 차량

중 상당 부분은 전쟁 중에 받은 〈스투드베이커(Studebaker)〉, 〈쉐보레〉, 〈닷지〉 같은 미국 자동차와 일본으로부터 노획한 화물자동차 등으로 이루어진 외국산 자동차들이었다. 이것들은 매우 낡은 상태에서 인민경제에 투입되었으며, 1940년대에서 1950년대로의 전환기에 고철로 처분되었다.

1950년대 이래로 차량은 기술적으로 보다 현대적이고, 경제적이며, 용도와 적재량에 따라 다양한 소련산 최신 자동차들로 거의 매 10년마다 완전히 교체되었다. 전쟁 이전의 GAZ-AA(ГАЗ-АА)와 ZIS-5(ЗИС-5)는 먼저 GAZ-51(ГАЗ-51)과 ZIS-150(ЗИС-150)으로 교체되었고, 그 이후에는 다른 모델들로 교체되었다.

이와 동시에 자동차의 수도 급격하게 증가했다. 하바롭스크변강주에서는 전후 두 차례의 5개년 계획들 기간에 대중교통 차량이 4배 증가했고, 1960년에는 1950년의 수준을 20배, 1966년에는 29배 초과했다. 마가단도에서 화물자동차는 1966~1970년에 37퍼센트 증가했고, 버스는 2배 이상 증가했다. 같은 기간에 아무르도에서 차량은 화물자동차가 5,725대, 버스가 564대 더 늘어났다. 극동교통국(Дальневосточное транспортное управление(프리모리예변강주)) 관할 하에 있는 화물운송차량의 총중량은 1976~1980년에 30퍼센트 성장했다.

1980년대 말에 극동지역의 차량운송사업소들은 소형화물차인 UAZ(УАЗ)에서부터 25톤 덤프트럭인 BelAZ(БелАЗ)에 이르기까지, 소형버스인 RAF(РАФ)와 ErAZ(ЕрАЗ)에서부터 대형버스인 LiAZ(ЛиАЗ)와 LAZ(ЛАЗ)에 이르기까지 매우 다양한 자동차들을 보유하고 있었다. 극동지역의 건설현장에서는, 그리고 임업, 광산업, 석탄업에서는 1970~1980년에 〈마지루스(Magirus)〉(서독 생산), 〈고마쓰(Komatsu)〉, 〈이스즈(Isuzu)〉 등의 일본산 화물차가 사용되었다. 버스운송사업소들에서는 강력하고 승차 인원이 많은 헝가리산 버스인 〈이카루스(Ikarus)〉가 시내 노선은 물론이고, 시외 노선에도 많이 사용되었다.

같은 시기에 운송 규모는 빠른 속도로 증가했다. 이것은 1950~1960년대에 가장 특징적으로 나타났는데, 그것은 이전의 성과 수준이 낮았기 때문이었다. 한 예로, 1956년에 하바롭스크변강주에서 화물 물동량은 1940년 수준을 30배 이상 능가했다. 마가단도에서는 자동차 운수를 통해 1955년에 104,000톤의 화물을 운반했고, 1958년에는 172,000톤, 1960년에는 이미 580,000톤을 운반했다. 사할린도에서 차량운수 물동량은 1950~1960년에 21배 성장했다. 프리모리예변강주에서 화물운송은 1958~1966년에 340만 톤에서 1,390만 톤으로 4배 증가했다. 아무르도에서는 1965~1970년에 80퍼센트가 증가했다.

해가 지날수록 여객수송이 증가했다. 프리모리예변강주에서는 1980년에 대중교통용 버스차량이 약 2천 대였는데, 이것들이 152개의 시외버스 노선을 포함한 581개의 노선에서 운행되었다. 여객수송은 1965년에 2,770만 명, 1974년에 3,570만 명, 1980년에 4,330만 명에 달했다. 사할린도 버스운송사업소들의 여객수송량은 1955~1960년에 4배 증가했다. 하바롭스크변강주에서는 1956~1967년에 버스 노선 총수가 55개에서 20개의 시외버스 노선을 포함해서 196개로 늘어났으며, 그 길이는 898킬로미터에서 6,000킬로미터로 증가했다. 아무르도에서는 제8차 5개년 계획 기간에만 66개의 새로운 노선이 개설되었는데, 이 중에서 12개는 시내버스 노선, 21개는 광역버스 노선, 31개는 시외버스 노선이었다.

버스교통의 발전은 많은 구역들이 철도 교통에서 멀리 떨어져 있고, 거주지들 사이의 거리가 멀다는 조건 속에서 주민의 이동 기회를 넓혀주었다는 점에서 커다란 의미를 가지고 있었다.

버스운수의 성장은 자동차의 보관과 정비를 위한 생산 기반의 발전을 가져왔다. 이것은 차고지, 주차장, 정비·검사소, 기계화된 세차장의 건설과 수리 기반의 확대로 나타났다. 거의 모든 행정구역들에 (북부지역을 제외한 도시 외곽지역들에) 버스 터미널이 건설되었다. 주민에게 더 좋은 서비스를 제공하기 위해 교통운송대행업체들이 생겨났다. 차량용 기계의 생산과 사용 효율성을 높이려는 목적에서 국가기관의 차량운송사업소들이 지속적으로 확대되고 통합되었으며, 로드트레인 수송과 중앙집중식 수송규모가 확대되었다. 1980년대 말에 대중교통 자동차운수에 의한 중앙집중식 수송의 규모는 약 85퍼센트에 달했다.

지역을 위해 보다 더 중요한 것인 도로망이 발전했다. 1958년에 극동지역에서 포장도로의 총길이는 4,800킬로미터였는데, 이 중에서 2,500킬로미터는 프리모리예변강주에 있었다. 이 지역에서 자동차 전용도로 구축률은 소련 평균보다는 8배 낮았고, 러시아공화국 평균보다는 5배 낮았다. 도로 중에서 가장 중요한 것으로는 하바롭스크~블라디보스토크(762킬로미터), 오시놉카~카발례로보~달네고르스크(360킬로미터), 콜릐마도로 중 마가단~우스티-네라(Усть-Нера, 900킬로미터), 에그베키노트~이울틴(Иультин, 208킬로미터), 아무르-야쿠츠크도로 중 볼쇼이네베르(Большой Невер)~야쿠츠크, 블라고베셴스크~하바롭스크 등등이 있었다.

그런데 기존 도로망과 그 길이는 인민경제의 요구조건은 물론이고 지역의 자동차 보유 수준에도 부합하지 못했다. 도로망의 부족은 산업과 건설의 발전, 새로운 구역들의 개발을 지체시켰고, 상품 생산 비용을 증가시키고 물적 자본 지출을 상승시켰으며, 커다란 사회적 손실과 주민 이동의 제약을 가져왔다. 도로의 낮은 질, 비포장 도로의 광범위한 사용으로 자동차 부품의 이른 손상과 경제성 하락, 수리 비용 증가가 초래되었다.

소련 전반에서와 마찬가지로 극동지역에서도 새로운 도로 건설은 요구조건에 미치지 못했으며, 심지어 그 정도는 더 심했다. 1959~1965년에 프리모리예변강주에서는 1,400킬로미터의 새로운 도로가 건설되었으며, 그 결과 포장도로의 길이는 4,200킬로미터가 되었는데, 이것은 1958년에 극동지역 도로 총길이의 88퍼센트에 해당했다. 아무르도에서는 제8차와 제9차 5개년 계획 기간에 1,020킬로미터의 차도가 새로이 건설되었다. 1972년에 이 지방의 총도로망은 8,700킬로미터였다. 이 중에서 포장도로의 길이는 2,700킬로미터였는데, 이것은 1958년에 극동지역 전체 도로 총길이에서 56퍼센트나 차지하는 것이었다. 새로운 도로가 사할린, 캄차카, 마가단도에서 집약적으로 건설되었지만, 그럼에도 불구하고 모든 지방들에서 도로망과 도로의 질이 인민경제체제에서 차지하는 양은 크지 않았다.

40년 이상 동안에 자동차운수의 변혁, 그 생산 성과, 지역 사회 발전에 대한 기여는 대단히 컸다. 그런데 이 부문들은 국가의 인민경제 전반에서 나타났던 문제들과 결점들을 내재하고 있었다. 기업의 진정한 독립성, 독립채산제, 물질적 동기부여의 부재로 생산의 경제적 효율성 수준은 저하되었고, 차량의 정지와 공회전, 물적 자본의 지출 증가, 생산 지표의 왜곡을 가져왔다.

한 예로, 프리모리예변강주에서 화물차량 사용율은 1960년에는 64.8퍼센트, 1966년에는 67.4퍼센트, 1975년에는 59.3퍼센트였다. 이 변경지역에서 화물차의 총주행 대비 화물적재주행 비율은 1950년에 58.4퍼센트, 1965년에 48.4퍼센트, 1975년에 49.9퍼센트였다. 이러한 모습은 프리모리예만의 특징이 아니었다.

극단적으로 싼 운임에 대해 긍정적으로 평가한다고 하더라도, 사람들의 정서에 부정적인 영향을 끼친 사실들, 주민들 사이에서의 심리적 기류 또한 지적하지 않을 수 없다. 실질적으로 모든 지방들에서는 출퇴근 시간대에 버스정류장에서의 승객 증가와 오랜 기다림, 노선 배정 차량의 부족으로 인한 만원 버스들, 운행시간 불이행이 특징적으로 나타나고 있었다. 아쉽게도 이러한 문제들은 잘 해결되지 않았다.

하상운수(河上運輸)

하상운수는 극동지역에서 가장 오래된 교통수단이라고 불릴 자격이 있는 것으로, 그 초석은 이미 17세기에 초기개척자들에 의해 놓여졌다. 이 지역에서 항행로는 지류들을 포함해서 총길이가 8,000킬로미터에 이르는 아무르강, 콜리마강, 아나듸리강, 야나(Яна)강, 캄차카강, 우수리강, 그리고 사할린에 있는 여러 강들과 같은 하천들이었다. 강 유역은 정주, 경제적 개발, 극동지역 구역들의 경제적 관계 발전이 나타날 때 항상 우선적으로 사용된 영역이었다. 주요 수맥인 아무르 수역에는 20세기 중반에 하바롭스크, 블라고베셴스크, 니콜라옙스크, 콤소몰스크-나-아무레, 스보보드늬, 포야르코보(Поярково)와 같은 대형 하천항(河川港)이 형성되었다. 이곳에는 조선소와 선박수리조선소, 다른 산업기업 등이 조성되었고, 이곳으로부터 아무르도와 하바롭스크변강주의 다른 구역들로 가는 교통로가 부설되었다.

산업과 건설의 맹렬한 성장, 새로운 구역들의 개발로 인해 하상운수도 활발하게 발전했다. 1940~1958년에 하상운수를 통한 운송은 66퍼센트 증가했으며, 1950~1958년에 평균운송거리는 381킬로미터에서 514킬로미터로 증가했다. 하바롭스크변강주에서 하상운수를 통한 여객수송은 1955~1956년에만도 280,000명에서 297,000명으로 늘었다. 전후 초기 몇 년 동안에 주요 화물이 석탄, 목재, 곡물, 소비재 등이었다면, 1960~1970년에 수송물들 중에서 점점 더 큰 비중을 차지해 갔던 것은 자동차, 장비, 건축자재 등이었는데, 이것은 이 지역의 경제발전 구조를 반영하는 것이었다.

20세기 후반에 하상운수의 물적·기술적 토대는 완전히 바뀌었다. 기선과 증기예인선을 대신해서 적재량이 수천 톤에 이르는 강력한 디젤화물선이 등장했고, 저출력 예인선은 디젤예인선으로 교체되었는데, 이 중에는 자동항법장치가 달린 것도 있었다. 동력 거룻배와 무동력 거룻배의 구성은 질적으로 바뀌었다. 1980년대 말에 아무르하천선박사(Амурское речное пароходство)에서는 거룻배의 고효율 예인법으로 전체 화물 중 70퍼센트까지를 운반했다. 오래된 저소음 여객선은 〈라케타(Ракета)〉, 〈자랴(Заря)〉, 〈모스크비치(Москвич)〉급의 에어쿠션과 수중익을 갖춘 고급 선박, 최신 디젤선으로 교체되었다. 아무르도의 하천 선단은 1971~1973년에만도 모두 합해 16,200마력에 달하는 동력선들을 보충했는데, 여기에는 8척의 자동항법장치를 갖춘 디젤선과 고속여객선이 포함되어 있었다.

1960년대 중반에 아무르의 하천운수노동자들은 "강-바다" 겸용의 새로운 디젤선들을 다루고, 바니노로, 사할린과 일본의 항구들로 해상수송을 완수함으로써, 아무르 하구에서 수행되어야만 했던 하천선박에서 해운선박으로의 값비싸고 많은 시간이 소모되는 화물 환적을 피할 수 있었다.

1960~1980년에 기존의 모든 하천항들이 재구조화되고 확장되었으며, 새로운 항구와 부두, 정박시설이 건설되었다. 항만은 고효율의 해상기중기, 적재기, 그리고 다른 환적 설비를 갖추고 있었다. 1980년

대 초에 아무르하천선박사의 항구들에서는 종합적 기계화의 수준이 거의 100퍼센트에 도달했다. 화물들 중 다수는 팔레트, 컨테이너, 포장과 같은 진전된 방식으로 환적되었다. 다양한 전문분야의 항만 기술자들이 전통적인 인부들을 대신해서 부두의 주요 노동자가 되었다.

아무르도와 하바롭스크변강주에 있던 조선소들에서 알 수 있는 것처럼 하천 선단을 위한 선박건조와 선박수리의 토대가 폭넓게 발전해 있었다는 것은 극동지역 하상운수의 커다란 장점이었다. 이것은 현지의 조건들과 요구들을 고려해서 선박을 건조하고, 운항 개시 시간을 단축시키며, 선박 수리의 생산성을 높일 수 있게 해 주었다. 이와 함께 이미 1970년대부터 나타나고 있던 강 수위의 지속적인 저하는 심각한 문제였으며, 이로 인해 적지않은 어려움이 야기되었다.

전체적으로 1950~1980년대는 하상운수의 근원적인 변혁 시기였으며, 그 결과 해가 갈수록 화물과 여객의 수송 규모를 증대시킬 수 있었다. 극동지역이 가지고 있던 조건들 중 많은 경우에서 하천 선단은 다른 교통수단이 없었거나 이용할 수 없었기 때문에 간단하게 대체할 수 있는 것이 아니었다. 하천운수노동자들은 이 시기에 사할린, 캄차카, 마가단도에서 인민경제가 발전하는데 있어 큰 기여를 했다.

연방급의 대규모 구조물인 아무르펄프제지콤비나트, 바이칼-아무르철도, 콜릐마수력발전소(Колымская ГЭС), 콤소몰스크-나-아무레시의 아무르강 도하철교의 건설에서 하천운수노동자의 역할은 값을 매길 수 없을 정도로 중요했다. 이 지역에서 행한 이들의 노력 덕분에 국가 동부에서는 아무르스크(Амурск), 노보부레이스크(Новобу-рейск)와 같은 신도시, 수백 개의 새로운 마을, 공장, 광산과 콤비나트가 성장했다.

항공운수

극동지역의 거대한 크기와 국가 중심 구역들로부터의 원거리성으로 인해 이곳에서 항공운수는 특별한 위치를 차지하고 있는데, 그것은 항공운수가 모든 지리적 지점으로의 운송에 있어 접근성과 신속성이라는 두 가지의 근본적인 장점을 가지고 있기 때문이다. 전후 시기부터 시작된 항공운수의 발전과 인민경제에서의 역할 증대는 물적 토대의 근본적 변혁, 과학기술 발전의 가장 최신 업적들이 적용된 가장 현대적인 항공기들의 지속적인 수급 등과 직접적으로 관련되어 있다.

1940년대 후반부터 1980년대 말에 이르는 기간은 극동지역 민간 항공사에서 가장 빛나는 시기이다. 전후 초기 여러 해 동안에 그리고 그 이후에도 리수노프Li(Ли)-2, 폴리카르포프Po(По)-2 등등과 같은 전쟁 이전 시기와 전쟁 시기의 항공기들이 정상적으로 운항하고 있었지만, 이것들은 이미 항공사의 대표적인 항공기가 아니었다. 차세대 기체들이 첫 번째 계획으로 진행되었다.

1948년 6월 1일부터 블라디보스토크~하바롭스크~모스크바~블라디보스토크 정기 여객항공 노선이 개설되었다. 전쟁 이후 이 노선을 개척한 첫 기종인 피스톤 기관 여객비행기 일류신Il(Ил)-12는 당시에는 겨우(!) 53시간 만에 10번의 경유지를 거쳐 수도에 도착하는 안락하고 빠른 정기선이라고 간주되었다. 오래지 않아, 1950년대 초에 비행속도와 수송인원이 향상된 동종 여객기인 일류신Il-14가 노선에 투입되었다.

1950년대 후반에 이 지역에서는 100명에서 170명이 탑승할 수 있는 터빈추진식 장거리 여객비행기인 일류신Il-18, 안토노프An(Ан)-10, 투폴레프Tu(Ту)-144가 운항을 시작했다. 이 비행기들은 이전 항공기들에 비해 2~2.5배 더 빨랐고, 아주 먼 거리를 중간기착

없이 운항했다. 이것들 중에서 최신 항공기는 운항 거리가 12,000킬로미터에 달했다. 극동지역에서는 비행기가 이러한 특성을 가지는 것이 특히 중요했다.

그리고 마침내 새로운 시대가 제트 민항기의 등장과 함께 시작되었다. 1956년에는 하바롭스크로부터, 1958년에는 첫 번째 제트 항공기인 투폴레프Tu-104의 블라디보스토크와 모스크바 왕복 정기 노선이 가동되면서, 수도까지의 운항시간이 9시간까지로 단축되었다. 이후 제트 여객항공기 구성에는 투폴레프Tu-134, 야코블레프Yak(Як)-42, 일류신Il-62, 투폴레프Tu-154, 일류신Il-86, 일류신Il-96 등이 추가되었다.

국가의 중심 구역들과는 달리 내부 교통통신망의 발전이 미약했던 이 지역에서 수송을 담당하는 소형 항공사의 독자적인 항공기 운영은 커다란 의미를 가지고 있었다. 서로 다른 시기에 등장해서 극동 하늘에 배치되었던 안토노프An-8, 안토노프An-26, 안토노프An-74와 같은 수송기들과 안토노프An-12와 일류신Il-76 같은 대형 수송기들이 이 지역의 북쪽 구역들과 접근이 어려운 구역들로 화물을 배송하는 특히 중요한 작업을 수행했다.

다른 지역들과는 달리 극동지역 항공운송사의 비행기들은 상황이 허락하기만 하면 화물과 여객을 동시에 수송했으며, 때때로 몇 주간이나 비행에 적합한 날씨를 기다리곤 했다.

현지 항공 노선의 항공사에서는 유명한 안토노프An-2(“안누슈키(Аннушки)”), 그리고 야코블레프Yak-12, 안토노프An-24, 야코블레프Yak-40이 대표적인 항공기였다. 1950년대 중반에 이 지역에서는 첫 번째 헬리콥터인 밀Mi(Ми)-2가 등장했으며, 이후 자매 기종인 밀Mi-4, 밀Mi-1, 밀Mi-8, 그리고 카모프Ka(Ка)-15, 카모프Ka-22, 카모프Ka-32 등등이 추가되었다. 전방위적인 접근성, 다양한 기술적·생산적 활동 수행에 있어서의 대체불가능성과 같은 특성으로 인해 이것들은 극동지역에서 특별히 광범위하게 사용되었다.

이 지역에서 운항하고 있던 모든 항공기들은, 제한된 수가 있었던 소형기 렛(Let)L-410 몇 대를 제외하면 소련산이었다. 이것들은 러시아 항공산업의 맹렬한 번영기에 나타났으며, 때로 경제성에서 서방 항공기들에 뒤쳐지기도 했지만, 신뢰성, 견고성, 안전성이 뛰어나게 좋았다. 일류신Il-14와 일류신Il-18과 같은 장수 항공기들이 그 증거인데, 이것들은 1980년대에 가서야 운항이 중단되었다. 1947년에 탄생한 안토노프An-2, 대형수송기인 안토노프An-12(1957년산), 또한 첫 비행을 시작한 것이 40년이 넘는 일류신Il-76, 안토노프An-24, 안토노프An-26, 투폴레프Tu-154가 현재도 극동지역 현장에서 사용되고 있다. 이것들을 대체할 것이 없다.

항공기의 양적·질적 성장과 증가하고 있던 운송 규모로 인해 기존 공항의 근본적인 재구조화와 확장 그리고 새로운 공항의 건설이 필요하게 되었다.

1950~1970년에 새로운 기술에 대한 요구에 부응해서 활주로의 건설과 연장, 주기장(駐機場)의 재구조화, 공항청사의 건설 등과 관련된 실질적인 작업이 끊임없이 진행되었다. 지상 근무지에는 항공기 운항의 항공학적 보장, 공항 서비스와 기술·질병예방 지원을 위한 새로운 장비들이 갖추어졌고, 적재와 하역, 제설, 청소, 기타 다른 작업들을 위한 기계장비들이 제공되었다.

오래된 작은 공항이 있던 자리에는 연방급의 새로운 공항이 세워져서, 하바롭스크, 블라디보스토크, 유쥬노사할린스크, 페트로파블롭스크-캄차츠키, 마가단, 블라고베셴스크의 공항들에서는 한 시간에

400명에서 1,000명의 승객이 통과할 수 있었고, 최저기상조건 하에서 국제선을 포함에서 당시에 있던 모든 형태의 여객기와 화물기가 24시간 이착륙할 수 있게 되었다. 이 공항들은 지역 내 운송 그리고 극동지역 지방들과 모스크바, 레닌그라드, 국가의 중앙지역, 남부지역, 우랄, 시베리아 등등의 도시들 사이의 연계를 보장해 주었다.

여기에서 살펴보고 있는 기간 전반에 걸쳐 현지 항공교통이 집약적으로 발전했다는 특징은 이 지역에 있어 특별한 의미를 갖는 것이었다. 이미 1960년대부터 이 지역에 있는 지방 중심지들은 멀리 떨어져 있고 접근이 어려운 행정구역들과 그리고 그곳의 많은 거주지들과도 항공교통을 통해 연계되어 있었다. 이 기간에 현지 항공 노선들에 따라 많은 공항이 건설되었다.

1950~1980년에 항공기는 어류, 고래, 빙하의 탐사, 삼림화재 예방, 지질학자, 탐사자, 농촌에 대한 긴급의료지원 등에 광범위하게 이용되었다. 극동민간항공관리국(Дальневосточное управление гражданской авиации)의 헬리콥터들은 프리모리예변강주의 시호테알린산맥과 하바롭스크변강주의 샹오싱안링(小興安嶺, Малый Хинган) 산맥을 통과하는 송전선 부설 공사를 훌륭하게 수행했다. 그 결과 설치 공사의 기간과 비용이 상당히 줄어들었다. 해상운수에서는 헬리콥터가 선박의 정박지 하역에 사용되기 시작했는데, 이것은 극동지역의 벽지에 위치한 기항지들 중 많은 곳에는 계류장이 갖춰져 있지 않았기에 매우 중요한 일이었다.

항공운수는 이 지역의 동북 구역들이 발전하는데 커다란 기여를 했는데, 이곳들에는 철로가 놓여 있지 않았을 뿐만 아니라, 때로는 안정적으로 사용할 수 있는 자동차 전용도로도 없었으며, 하천 선단은 있긴했으나 1년에 단 3개월만 이용할 수 있었다. 이 구역들에서 항공운수는 여객 총수송의 90퍼센트 이상과 화물 운송의 높은 비율을 담당하고 있었다. 1960년대에 극동인들은 일본 회사의 항공기를 사용해서 도쿄에서 극동지역과 시베리아를 거쳐 모스크바까지 가는 시베리아 횡단 국제여객수송을 확보하게 되었다. 이 노선을 통한 연간 여객수송은 약 4만 명에 달했다.

항공운수의 물적·기술적 토대 강화와 공항의 발달은 항공운수 생산지수가 지속적으로 향상되는데 기여했다. 1955년에 극동지역에서 항공운송 규모는 전쟁 이전 시기에 비해 50배 성장했다. 1956년에 극동민간항공관리국 산하의 모든 항공사들에 의해 승객 36만 명과 화물·우편물 2만 3천 톤이 수송되었다면, 10년이 지난 1966년에는 이미 승객 180만 명과 화물·우편물 8만 3천 톤이 수송되었다. 1976~1980년에 블라디보스토크 항공사 한 곳에서만도 연평균 80만 명 이상의 승객을 수송했다.

항공운수에서의 성과는 고숙련의 항공 및 지상업무 전문인력, 이 지역 민간항공사 지사들에서 근무하는 노동자와 사무원이라는 대규모 인력집단의 형성과 이들에 의한 체계적인 작업 덕분에 가능하게 된 것이었다. 조종사들의 창의적이고 책임감있는 노동, 새로운 기술의 도입과 습득으로 극동지역에서는 1년 내내, 24시간 중 언제라도, 좋지 않은 기상조건 속에서도 비행이 가능하게 되었다.

항공운수로 이 지역은 국가 중심지역에 가까워질 수 있었다. 극동인들은 소련의 남부 구역들과 중앙 구역들에 위치한 휴가지와 휴양지로 가는 이동시간을 몇 배나 단축시킬 수 있었고, 그곳에 거주하는 친척과 더 자주 만날 수 있게 되었으며, 수도에 사는 주민과 동일하게 중앙지를 발행 당일에 읽을 수 있게 되었다.

여름에 극동인들은 대규모 승객 유입으로 인해 항공권 구매에 어려움을 겪었는데, 이것은 국가의 서부지역으로 가는 노선이 부족했기 때문이었다는, 때로는 연료가 부족했기 때문이었다는 사실에 대해서도 지적할 필요가 있다. 게다가 이러한 문제들은 철도운수나 해상운수보다 항공운수를 선호하는 사람(캄차카와 사할린의 주민)이 해를 거듭할수록 증가했다는 문제가 더해지면서 제대로 해결되지 못했다.

이와 함께, 여객수송의 조직에서 분명하게 관측할 수 있었던 것은 국가정책의 사회적 지향이었으며, 경제적 이해관계가 지배적이지 않았다는 점 또한 인정할 필요가 있다. 비행기 항공권 가격은 열차의 쿠페 차표 값을 넘지 않았다. 지역 항공사의 항공기 운임은 원가보다 몇 배나 낮았다. 국가는 그 차액을 지원해 줌으로써 노선의 편수, 비행의 정기성, 각 개인의 이용 가능성을 보장했다. 접근성이 떨어지는 벽지 거주지에 살고 있은 주민에게 있어 이것은 특히 중요한 의미를 가졌는데, 극동지역에는 이러한 사람들이 언제나 정도 이상으로 많았다.

소비에트 시기의 마지막 네 차례에 걸친 5개년 계획들(1971~ 1990) 동안에 극동지역의 교통은 엄청난 성과들에도 불구하고 다른 분야들에 비해 더 느리게 발전했으며, 1980년대 말에는 극동지역 경제 체제에서 가장 막혀 있었다. 그 원인은 무엇보다도 계획경제의 잘못된 경험이었는데, 이것은 전 국가적 현상이었다. 보통 인민경제계획들에는 교통 발전의 추월 속도에 대한 과업이 포함되어 있지 않았다. 먼저 기업을 세우는 것으로 시작했으며, 다음에는 이에 연결되는 도로를 놓았고, 그 후에 주택, 그 다음에 학교 등등을 세우는 식이었다. 이것은 교통망의 발전을 지연시켰다. 1980년대 초에 철도의 84퍼센트와 차도의 58퍼센트가 아무르도, 하바롭스크변강주, 프리모리예변강주에 집중되어 있었는데, 이곳들이 이 지역 전체에서 차지하는 면적은 22퍼센트에 불과했다. 전 연방 지표와 비교해 볼 때, 바이칼-아무르철도 지역의 포장도로 밀도는 1985년에 2.5퍼센트에 불과했다.

이 시기에 극동지역은 지역 내 해상운수와 철도운수를 사용해서 국가 전체의 이익을 위한 운송 소임을 대부분 수행했다. 오늘날과 마찬가지로 이곳에는 자연 보고의 "일번 창고(Кладовая номер один)"가 위치해 있었다. 매 24시간마다 이곳으로부터 어류 한가지만도 200차량이 서쪽으로 운송되었다.

극동지역 인민경제의 총생상품에서 운수가 창출하는 생산 비중은 국가 전체 평균보다 높았다. 1959년에 교통 부문에 종사하고 있는 노동자와 사무원의 비중에 있어 극동지역(15퍼센트)이 소련 내에서 1위였던 것은 우연이 아니었다. 1965년에 소련 내 노동자와 사무원 총원 중에서 9퍼센트가 모든 운송 업종들에서 일하고 있었는데, 극동지역에서는 이것이 13.3퍼센트였다. 1965~1975년에 프리모리예에서 교통 부문에 종사하고 있는 노동자와 사무원 총수는 37.1퍼센트 증가했으며, 산업 부문에서는 32퍼센트 증가했다.

1980년대에 오호츠크해 연안, 하바롭스크변강주, 캄차카도, 마가단도, 추콧카 내의 구역들에서 화물은 100퍼센트 수로를 통해 배송되었다. 이때 국가 중심지역에서 블라디보스토크까지 철도를 이용해서 화물 1톤을 배송하는데 드는 비용은 64루블이었는데, 선박으로 환적해서 추콧카로 배송하는 비용은 80~100루블에 달했다. 이 모든 것에서 알 수 있듯이 극동지역은 특별한 접근방식들, 즉 지역 교통체계의 선도적 발전을 위한 목적지향적인 국가 계획이 필요한 곳이었다.

대규모 건설사업

오늘날 러시아 극동지역에 분포하고 있는 "부동산 자산" 전체(공장과 콤비나트, 공장과 광산, 해항과 발전소, 차도와 저수지, 공항과 송전선, 주택, 학교와 병원, 문화전당과 요양소, 공연극장과 어린이수련장 등 등) 중에서 약 90퍼센트는 소비에트 국가가 존속했던 마지막 45년 동안에 조성되었고, 구축되었으며, 건설되었다. 진행된 작업의 규모, 건설노동자들과 전 인민의 기여는 그 이전 백년간과는, 그리고 그 이후의 지역사인 최근 22년간과는 더더욱이나 절대 비교할 수 없을 정도로 크다.

이 지역 건설노동자들에게 있어 전후 시기의 출발 조건은 극히 열악했다. 전쟁 말에는 건축을 위한 어떠한 물질적 토대도, 전문인력도, 건설 노동자 집단도 실질적으로 부재했다. 기술 장비는 삽, 손수레와 "코자(коза)", 도끼 그리고 톱이 전부였다. 전체 작업의 80퍼센트는 수작업으로 이루어졌다. 차량은 극히 적었으며, 굴착기와 운반장비는 수대에 불과했다.

군에서의 동원 해제는 초기 건설 조직이 신속히 형성되는데 도움이 되었다. 목표가 높고 계속 증가하던 회생 시기의 과업들이 동원을 가져온 요인이었다. 극동지역에서 1946~1950년에 계획되어 있던 자본투여 규모는 이 시기에 벨라루시를 위해 예정한 것과 같은 규모였고, 리투아니아, 몰도바, 카렐리야-핀소비에트사회주의공화국(Каре-ло-Финская ССР)을 위한 것들을 모두 합한 것 보다 많았다.

이 지역에서는 하바롭스크변강주에서의 이즈베스트코바야~우르갈철도의 부설 완료, 이 변경지역에서 아르툠국영지역화력발전소 다음으로 발전량이 큰 파르티잔스크국영지역화력발전소(Партизанская ГРЭС, 1954년에 건설 시작)의 건립, 나홋카만(1950년에 이곳은 마을에서 시가 되었다.)에 극동지역에서는 블라디보스토크 다음으로 큰 항구와 다른 건축물들을 건설하는 것 등으로 인해 광범위한 작업들이 전개되고 있었다.

1950년에 프리모리예변강주에서 토목건설 작업 규모는 전쟁 이전인 1940년과 비교해 볼 때 5배 증가했고, 제4차 5개년 계획 말에 하바롭스크변강주에서는 자본투여 규모가 전쟁 이전 수준과 비교해 볼 때 2.3배 늘어났다. 5개년 계획 기간에 이 변경지역에서는 200개 이상의 새로운 기업과 작업장이 건설되었다.

1950년대에 극동지역에서 자본투여 증가율은 동·서시베리아, 카자흐스탄 그리고 국가 내의 여러 다른 구역들 보다는 느렸지만, 그러나 제4차 5개년 계획 기간에 이 지역에 대한 자본투여보다는 높았다. 한 예로, 프리모리예변강주에서 1950년대의 자본투여 규모는 제4차 5개년 계획 때에 비해 2.3배 증가했다.

이를 통해 극동지역의 여러 구역들에서 수백 개의 대형 기업과 작업장이 가동될 수 있었다. 이 중에는 하바롭스크변강주의 조선소, 유쥬노사할린스크의 열차수리공장, 아무르도의 전기기계공장, 자동차부품 공장인 〈아브토잡차스티(Автозапчасть)〉, 유리공장, 프리모리예변강주의 달네레첸스크건축자재콤비나트(Дальнереченский домо-строительный комбинат), 그 다음으로는 프리모리예변강주의 흐루스탈늬채굴가공콤비나트 제2공장, 기타 다른 건축물들이 있었다.

1958년에 185킬로미터에 이르는 라이치힌스크~블라고베셴스크 송전선 부설 공사가 완료되었다. 사할린에서는 1950년대에 송전선 길이가 100킬로미터 증가되었다. 이 시기에 프리모리예변강주, 하바롭스크변강주, 아무르도, 사할린도, 캄차카도, 마가단도에서는 발전소들을 연계하고 단일지역전력체계를 구축하기 위한 거대한 첫 걸음이 시작되었다.

1960년대에 극동지역에서는 국가 전반에 걸쳐 나타난 현상이었던 건설 붐이 본격적으로 시작되어서, 건설 부문은 설계, 공정기술, 새로운 건설기술장비에서 진정한 기술 혁명을 겪었으며, 이것은 건축노동자들의 문화·기술적 수준에도 반영되었다.

이 시기에 프리모리예변강주에서의 건설사업을 담당하는 글라브블라디보스토크스트로이(Главвладивостокстрой, 1960)와 하바롭스크변강주, 아무르도, 사할린도, 캄차카도, 마가단도, 추콧카에서의 건설사업을 담당하는 글라브달스트로이(Главдальстрой, 1963)라는 두 개의 주요 건설 총국이 구축되었다. 이 총국들은 32개의 트러스트, 250개 이상의 독립채산으로 운영되는 하도급 건설 조직으로 구성되어 있었는데, 여기에서는 92,000명의 노동자와 사무원이 일하고 있었고, 이 중에서 61,000명은 토목공사 작업을 담당하고 있었다.

게다가 이 지역 내에는 다양한 정부부처들에 소속되어 있는 달에네르고스트로이(Дальэнергострой), 달에네르고몬타슈(Дальэнер-гомонтаж), 달스탈콘스트룩치야(Дальстальконструкция), 프리모르트란스트로이(Поимортранстрой), 프리모르릅스트로이(При-моррыбстрой), 달모르기드로스트로이(Дальморгидрострой) 등을 비롯한 10개 이상의 전문 토목공사 트러스트들이 운용되고 있었다. 이후로도 건설조직의 수는 현저히 증가했다. 1966년에 블라디보스토크에는 극동지역의 여러 지역들에서 토지개량작업과 관개수로작업을 위해 글라브달봇스트로이의 새로운 거대 총국이 수립되었다.

자본투여 규모는 해를 거듭할수록 증가했다. 1966년에 프리모리예변강수에서 자본투여 규모는 1950닌에 비해 7.5배 증가했다. 진체적으로 극동지역에서는 자본투여 규모가 1961~1965년에 95억 루블에 달했으며, 그 다음 5개년 계획 기간(1966~1970)에는 이미 147억 5천만 루블에 달했다. 프리모리예변강주에서는 1959~1970년에 주택, 기업, 기타 다른 건축물들이 소련 정권의 이전 40년 전체 기간에 나타난 만큼 건설되었다. 제8차 5개년 계획 기간에 이것들의 규모는 다시금 거의 두 배가 되었다.

1959~1970년에 극동지역에서는 수백 개의 새로운 기업과 생산시설이 가동되기 시작했다. 여기에는 블라디보스토크공구공장(Владивостокский инструментальный завод), 우수리스크기계장치제작공장(Уссурийский машиностроительный завод), 하바롭스크공작기계-자동기계공장(Хабаровский завод станков-автоматов), 비로비쟌 〈달셸마슈〉(Биробиджанский 〈Дальсельмаш〉)와 같은 것들이 있다. 이 외에도 하바롭스크변강주에 위치한 소련에서 가장 거대한 〈솔네츠늬〉 주석제련콤비나트(оловодобывающий комбинат 〈Солнечный〉), 프리모리예광물화학콤비나트, 추콧카에 위치한 〈플라즈멘늬〉 수은광산(ртутный рудник 〈Плазменный〉), 마가단도에 위치한 데푸탓스키주석광산콤비나트(Депутатский оловорудный комбинат) 등이 있다. 호르중화로(中和爐[8], Хорский гидролизный завод)과 하바롭스크제약공장(Хабаровский фармацевтический завод)은 프리모리예광물화학공장과 함께 이 지역에서는 새로운 분야인 화학부문을 시작했다. 많은 새로운 탄광들과 노천광들이 구축되었다.

에너지산업이 발전했다. 아무르화력발전소와 우르갈중앙에너지체계(Ургальская ЦЭС)가 착공되었고, 파르티잔스크국영지역화력발전소, 아르툠국영지역화력발전소, 콤소몰스크열병합발전소, 하바롭스크열병합발전소의 발전량이 새로이 증대되었다. 마가단, 오하, 유쥬노사

---

8   중화로(中和爐, Hydrolysis Plant)는 신경작용제의 독성을 중화시키는 화학 작용제 폐기 시설이다.

할린스크에 새로운 열병합발전소들이 건설되었다. 블라디보스토크열병합발전소 2호기와 프리모리예국영지역화력발전소를 건설하는 작업이 시작되었다.

전력망업종이 발전했다. 하바롭스크변강주에서만도 총길이 1,000킬로미터 이상의 송전선이 부설되었다. 1959~1965년에 전력 생산은 프리모리예변강주에서 3.5배, 하바롭스크변강주에서 2.7배 증가했다. 소련에서 가장 규모가 큰 것들 중 하나인 아무르펄프제지콤비나트의 제1공장이 1967년에 가동을 시작한 것은 커다란 성과였다.

새로운 생산 부문들 중에서 경공업 기업들의 등장이 눈에 띄는 현상이었다. 1960년대에 여러 도시들에 7개의 봉제공장이 건설되었고, 비로비쟌에는 양말방직공장이, 아르툠에는 카페트공장이, 우수리스크과 여러 다른 도시들에는 가죽제화콤비나트가 건설되었다.

대규모 건설 작업이 건설산업의 거대한 토대 창출로 가능해져서, 철근 콘크리트 구조물 제작공장, 건물건축용 대형패널공장, 벽돌공장, 외장재공장 등이 이 지역 내 모든 지방들에 건설되었다. 스파스크시멘트공장, 테플로오죠르스크시멘트공장(Теплоозёрский цементный завод), 포로나이스크시멘트공장(Поронайский цементный завод)은 생산규모를 확장했으며, 스파스크시에는 슬레이트공장과 위생설비부품공장이, 하바롭스크시에는 난방설비공장과 절연재공장이, 아무르도와 마가단도에는 유리공장들이 세워졌다. 세라믹볼(ceramsite), 암면, 고분자물질을 생산하는 기업들이 나타났다.

1960~1970년대에는 건설 노동의 기계화가 지속적으로 진행되었다. 1959~1965년에 하바롭스크변강주의 건설현장들에서는 굴착기의 수가 2.5배, 불도저는 2배, 타워크레인은 1.3배, 적재기는 2배 증가했다. 이 시기에 건설노동자들은 이동식 아스팔트-콘크리트 생산시설,

유성페인트 분사기, 회반죽기계, 연마기, 목판평삭기, 기타 다른 기계들을 처음으로 지급받았다.

1970년대 초에 이 지역의 건설 조직들에서 토목 작업은 97퍼센트, 적재와 하역 작업은 90.3퍼센트, 콘크리트 구조물과 철근 콘크리트 구조물 설치 작업은 97.7퍼센트, 금속작업은 95.6퍼센트, 칠 작업은 65.6퍼센트, 회반죽 작업은 62.8퍼센트가 기계화되었다.

건설 노동의 기계화, 완전조립식 대형 패널 건축이라는 신기술의 도입은 건물 완공 기간을 10~15배 단축시켰다. 1970년대 초에 건설 콤비나트들은 (현장 조립을 위한) 모듈의 공장생산 수준을 95~100퍼센트까지 달성했다. 이것은 무엇보다도 주택과 사회·문화·일상생활 용도의 규격화된 건물들에 적용되었다. 이 모든 것들은 건설 기간을 상당히 단축시켰고, 노동 부담을 덜어주었으며, 규모를 최대한으로 늘릴 수 있게 해주었다.

1970~1980년대에 극동지역에서는 보스토츠늬항, 제야수력발전소, 콜릐마수력발전소, 빌리비노원자력발전소(Билибинская АЭС), 프리모리예국영지역화력발전소, 블라디보스토크열병합발전소 2호기, 노보-스파스크시멘트공장, 아르툠수자원시설, 블라디보스토크도자기공장, 라디오프리보르(Радиоприбор) 공장, 달프리보르(Дальприбор) 공장, 바랴크(Варяг) 공장, 슬라뱐카선박수리조선소와 같은 대규모 생산시설들이 건설되었다. 극동지역의 모든 지방들에는 수천 킬로미터에 이르는 철도와 차도, 송전선이 새로 놓였는데, 이 중에는 수백 킬로미터의 500킬로볼트 송전선(ЛЭП-500)과 수백 채의 건물이 포함되어 있었다.

주택과 문화·일상생활용 건물이 거대한 규모로 건축되었다. 1965~1985년에 극동지역에서는 총면적 6천 2백만 제곱미터의 주택이 건설되었는데, 이것은 블라디보스토크시와 같은 도시 7개를 건설한 것과 같은 규모이다. 이 20년 동안에 극동지역의 인구는 1.4배 증가했다.

건설 노동에서의 이러한 성공들은 항상 많은 문제들을 동반했다. 이러한 문제들 중에는 수많은 건축물들에 대한 자본투어의 분산이 있는데, 이로 인해 자금 확보 계획들은 초과되었으나 건축물 건설은 완수되지 못했다. 계획들이 추인된 후에 하도급 조직들에 의해 변경되는 경우도 자주 발생했다. 한 예로, 하바롭스크변강주의 UNR-273(УНР-273)[9]에서는 작업 계획이 1980년 한 해 동안 다섯 차례나 수정되었다. 승인된 사업계획 문서 없이 공사에 착수하는 경우도 자주 있었다. 바이칼-아무르철도의 건설은 1974년에 시작되었지만, 그 사업계획의 수립은 1977년에야 완성되었다. 사업계획들은 공사 진행 과정에서도 수정되었는데, 이것은 작업 비용을 상승시켰다. 물적 자본의 보존성 및 경제성과 관련해서도 불만족스러운 일이 발생했다. 1970~1980년대에 극동지역 전체에서 평균 건설 비용은 소련 전체에 비해 15~20퍼센트 상승했다.

사회적 문제들의 해결

전후 시기에 물질적 생활 조건들의 개선이 가장 중요한 과제가 되었다. 근로계층의 물질적 상태에 대한 주요 지표들 중 하나는 임금 수준, 그리고 이 현금수입으로 획득할 수 있는 물적 복리의 양이었다.

9　UNR-273(УНР-273)은 작업사무국 273호(Управление начальника работ No. 273)의 약칭이다.

극동지역 노동자들의 실질 소득은 국가 재정 체계 내에서 전쟁 후유증을 해소해 나간다는 조건 속에서 형성되었다. 1947년 12월에는 화폐개혁이 진행되었고, 이와 동시에 주민들에게 배급표를 통해 식료품과 생필품을 공급하는 것이 중단되었고, 곡물, 밀가루, 곡물가루의 국가 수매 가격이 평균 20퍼센트 인하되었으며, 국가 조세 정책이 수정되었다. 이후 국가 수매 가격은 1954년까지 일곱 차례 인하되었다.

극동지역에서 물가는 국가 전체와 같은 속도로 하락했다. 지역에서 진행된 이러한 과정의 특징은, 이곳에서는 식료품, 소비재, 서비스에 대한 높은 지역 이윤이 형성되었다는 점이다. 공식 자료에 따르면, 극동지역의 지역 이윤 수준은 러시아공화국의 중심 구역들보다 8~30퍼센트 더 높았으며, 역사학자들에 의한 기록문서 연구가 보여주듯이, 이윤은 (특히 사할린도와 캄차카도에서) 300~400퍼센트를 기록했다.

그 결과, 상품과 서비스에 대한 지역 이윤은 극동인들의 실질소득 수준을 상당히 낮추었다. 이 지역에서 최저생계비는 러시아공화국 평균보다 20~30퍼센트 더 높았다. 실질소득 상승 속도 또한 러시아공화국 평균보다 낮았다. 공공소비기금을 통한 상여금과 특전은 임금에 대한 보상으로는 불충분했다. 임금 상의 우월성은 감소했다. 한 예로, 1960년에 프리모리예에서 임금은 크라스노다르변강주에서보다 10.5퍼센트 더 높았는데, 같은 시기에 1인당 식료품 일습의 가격은 51~60퍼센트가 더 높았다.

노동에 대한 보수가 가장 낮았던 곳은 농촌이었다. 전쟁 이전 시기에 국가는 수매가를 낮춤으로써 화폐를 촌락에서 산업으로 의도적으로 이동시켰으며, 대량소비물품에 대한 소매가가 하락하게 되는 1953년 이후에야 구매 단가를 높이기 시작했는데, 이것으로 농촌 거주민의 소득이 얼마간 상승했다.

극동지역에서의 생활 조건은 경제 발전 수준의 증대와 함께 향상되었다. 기업과 조직에서 일하는 노동자와 사무원의 임금에 대한 구역별 계수가 도입되었다. 주민 1인당 현금소득 증가율은 1960~1965년에 4.2퍼센트, 1966~1970년에 7.6퍼센트, 1970~1980년에 7.4퍼센트였다. 1970~1980년에 극동인들의 총소득은 공공소비기금에서 지원되는 비용으로 인해 증대되었다. 프리모리예변강주에서만도 공공소비기금에서 나가는 교육, 보건, 체육, 사회보장용 지출이 거의 23퍼센트 더 증가했다.

사회보장에서의 변화가 진행되었다. 연금 보장 수준이 향상되었으며, 1971년 7월부터는 노동자와 사무원을 대상으로 하는 연금산정 체계가 콜호스 주민에게까지 확대되었다. 중급 전문교육기관들에서 공부하는 대학생에게 지급하는 장학금이 증액되었다. 이와 함께 극동민들의 실질 소득 증가율은 소련의 남부 구역들과 서부 구역들의 주민 소득에 비해 이전과 마찬가지로 평균 20퍼센트 더 낮았다.

이미 1970년대에 극동인들의 소득 수준과 상품 및 서비스의 공급 사이에서는 불균형이 감지되고 있었다. 1975~1983년에 나타난 국가 거래와 협동조합 거래에서의 가격 상승이 많은 사회 집단들의 소득 수준에 커다란 영향을 끼쳤다.

이러한 상황 속에서 극동지역에서는 생활 조건들을 총체적으로 구축함으로써 주민을 유입시키고 정착시킬 필요가 있었다. 소비에트 정부는 1986년 1월 1일자로 이 지역에 근속 수당을 도입하는 조치들을 채택했다.

1950~1980년에 이 지역에서 주택 문제의 해결은 사회적으로 커다란 의미를 가지는 일이었다.

이주정책의 결과 극동지역의 도시 인구는 1947년에 1,441,600명에서 1955년에 2,903,000명으로 증가했다. 산업건설현장들에서의 주택 부재는 극동인들의 주택문제를 더욱 심화시켰다. 국가 지도부는 이 지역에 주민을 정착시키는데 있어 주택건설이 가지는 중요성을 인식하게 되었으며, 극동인의 주택 수요를 충족시키는 것을 목표로 체계적인 조치들을 마련했다.

극동지역에서 대규모 주택건설사업이 시작되는 것은《소련에서 주택 건설 발전에 대하여(О развитии жилищного строительства в СССР)》라는 1957년 7월 31일자 소련 공산당 중앙위원회와 소련 각료회의의 결의안이 발효된 것과 관련되어 있는데, 여기에는 주택 부족을 해결하기 위해 건설 부문을 산업화하고 주택건설을 표준 내부 설계를 갖춘 규격안에 따라 계열 생산으로 전환하는 과정이 입안되어 있었다. 극동지역 전반(하바롭스크, 콤소몰스크-나-아무례, 블라디보스토크, 블라고베셴스크, 마가단, 아나듸리)에 철근 콘크리트 제품 공장들이 조성되었으며, 이것이 건설 속도를 크게 가속화시켰다. 1961~1965년에 극동지역에는 편의성이 향상된 주택 9백만 제곱미터가 건설되었다. 약 72퍼센트의 주민이 국가공공주택에 거주했지만, 극동인 1인당 평균 주택 면적은 5.6제곱미터로 낮은 수준에 머물러 있었다.

1960~1970년대에 극동지역에서는 인구수가 증가했는데, 이것은 매우 집약적으로 이루어진 생산력 발전과 관련이 있었다. 1980년대 중반까지 극동지역에서 인구 증가율은 러시아 전체 보다 2.2배 높았다. 이것은 이 지역에서의 생산력 발전과 함께 사회적·일상생활적 주민 지원이 개선되고 주민 생활 수준의 향상과 관련된 과업들이 해결되었기에 가능했던 것이다.

극동인들의 사회적·일상생활적 생활 영역에 대한 대규모 변혁이 1970년대 말에 진행되었다. 주민에 대한 주택·주거환경관리 지원이 개선되었다. 이것은 산업화된 건설 방식이 도입되고 건설 조직들이 고마력의 굴착기, 불도저, 크레인, 기타 다른 건설 장비들과 같은 현대적 기술장비를 구비하게 된 덕분이었다. 그런데 주택과 사회적·일상생활적 지원의 보장성은 극히 불만족스러운 수준에 머물러 있었다. 1982~1988년에 전문인력 유동성의 40퍼센트 이상은 주택·일상생활 조건, 국가 중심에 있는 구역들에 비해 높은 생활용품 가격으로 인한 것이었다. 인구 성장은 주택 증가율을 추월했는데, 이것은 전문인력의 정착을 방해했고, 주민 이주를 야기했으며, 공민들이 "임시 거주자" 같은 행동을 하게 된 원인이었다. 이것은 이 지역의 발전과, 그 결과로서, 극동인의 삶의 질에 부정적으로 반영되었다.

《국가 내 주택문제의 조속한 해결을 위한 기본 방향들에 대하여(Об основных направлениях ускорения решения жилищной проблемы в стране)》라는 1986년 4월 17일자 소련 공산당 중앙위원회와 소련 각료회의의 결의안에 따라 극동지역에는 2,270만 제곱미터의 택지 조성 계획이 수립되었다. 그런데 이 계획은 완수되지 못했다. 이미 1980년대 말부터 주택 개발에 대한 투자가 감소하기 시작했다. 이 부문에 대한 자금 지원의 급격한 하락이 주택 건설 계획이 이행되지 못한 근본 원인이었다.

사회정책의 가장 중요한 방향은 소련 국민의 건강 보호에 대한 관심이었다. 광범위한 의료기관망이 구축되었고, 의료장비와 의약품의 생산이 개선되었으며, 의료전문가의 수가 증가했다. 이 지역은 가료원(加療院), 휴양지, 요양병원, 휴양소 등이 광범위한 연계망을 형성하고 있어서, 극동인들뿐만 아니라 소련 내 다른 구역들의 주민들 또한 휴식을 취할 수 있었다. 어린이 휴양을 위한 피오네르 캠프장들의 넓은 망이 조직되어 있었다. 1980년대에 공산주의청년동맹(ВЛКСМ[콤소몰]) 중앙위원회 전연방피오네르캠프장(Всесоюзнаый пионерский лагерь) 〈오케안(Океан)〉이 운영되기 시작했는데, 이곳은 프리모리예에서 가장 아름다운 만들 중 한 곳의 해변가에 위치해 있다.

그러나 주택, 학교, 병원, 어린이집 건설에 있어서의 긍정적인 흐름, 교역 증대 등과 병렬해서, 1980년대 말에 극동지역 근로자들은 심각한 식료품 부족에 시달리고 있었으며, (대조국전쟁 시기의 배급표와 같은) 전표(傳票) 체계가 도입되었다. 소련의 서부 구역들 대부분에서는 이와 같이 힘겨운 상황이 나타나지 않았다. 극동지역에서 인구 유출이 시작되었다.

정부는 1987년에 《극동경제지구, 부랴트자치공화국, 치타도에서 생산력의 복합적 발전을 위한 국가 장기 프로그램 2000》을 채택함으로써 극동지역의 사회경제상황을 극복하려고 했다. 극동지역에서 사회적 문제들의 해결은 이 프로그램에 준해서 진행되어야만 했으며, 사회적 문제들의 해결을 위한 지출은 이 지역에서 2.3~3배 증액하는 것으로 예정되어 있었다. 그러나 이 프로그램은 시작하기도 전에 중단되었다. 1991년의 사회적 혼란이라는 조건 속에서 극동지역 주민은 서부 구역들의 주민들보다 상당히 더 열악한 상항에 처해 있었다.

극동지역에 있는 희귀 천연자원의 개발과 경제적 유통으로의 유입 필요성, 심각한 전문인력 부족으로 인해 이 지역에서 교육기관망의 지속적인 확산이 필요해지게 되었다. 1950~1960년대에 프리모리예변강주에서만도 10개의 고등교육기관이 개교했는데, 이곳들에서는 엔지니어와 의사, 기계기술자, 원양항해사, 화학전문가와 생물학전문가, 언론인, 법조인, 경제전문가, 농업전문가와 축산전문가, 지질전문가, 배우와 음악가 등을 비롯한 77개 전공분야의 전문가를 양성했다. 페트로파블롭스크-캄차츠키에는 새로운 대학들이, 마가단에는 새로운

(사범)대학들이, 하바롭스크에는 도로교통대학이, 아무르도에는 전문
기술대학, 의과대학, 농업대학으로 개편된 대학들이 개설되었고, 유쥬
노사할린스크교원대학(Южно-Сахалинский учительский инсти-
тут)은 사범대학으로 재조직되었다. 벽지 구역들에는 학업상담소들과
중심지역 대학들 및 현지 대학들의 분교들이 설립되었다.

극동지역의 인민경제 및 문화와 관련된 다양한 분야들에서는 고등
교육을 받은 수만 명의 전문가들이 일했다. 그러나 숙련된 전문인력에
대한 수요는 계속해서 증가했다. 복잡한 기계장치, 자동화 설비, 전산
장비, 화학, 전기 등등의 적용에 기반을 둔 공학적 공정을 운용할 수
있었던 것은 고도로 숙련된 전문가뿐이었다. 고등교육기관들에서 전
문화의 확대는 새로운 학부들과 학과들의 개설을 가져왔다.

극동지역에서 과학이 발전하는 발단이 된 시기는 1943년이었다.
전쟁 시기라는 난관에도 불구하고 프리모리예에 소련과학아카데미 극
동지소(Дальневосточная база Академии наук СССР)를 설치한다
는 결정이 채택되었다. 이 시기에 극동지소에 주어진 기본 과업은 극
동지역의 생산력에 대한 연구, 전시 상황 속에서 발생한 인민경제 상
의 문제 해결을 위한 협력이었다. 극동지소는 1946년 가을까지 우수
리스크에 위치해 있다가 이후 블라디보스토크로 이전되었으며, 이를
기반으로 소련과학아카데미 극동지부(Дальневосточный филиал
АН СССР)로 재편되었다. 이로 인해 고도로 숙련된 전문가들과 연구
원들이 이 변경지역으로 유입되었다. 새롭고 좋은 장비를 갖춘 연구실
들, 식물원과 태양관측소와 같은 새로운 분과들이 생겨났다. 소련과학
아카데미 극동지부는 과학아카데미의 독자적인 과학연구 중심지로 훌
륭하게 성장했다. 극동지역의 천연자원과 관련된 학문에 상당한 기여
를 하고, 변경지역의 생산력 발전에 있어 실질적인 역할을 담당했던

수많은 연구들이 수행되었다.

1959년 이래로 소련과학아카데미 극동지부에는 극동지질연구소 (Дальневосточный геологический институт), 토양생물연구소 (Биолого-почвенный Институт), 약물연구소(Институт биоло-гически активных веществ), 마가단에 있는 동북종합학술연구소 (Северо-Восточный комплексный научно-исследовательский институт), 페트로파블롭스크-캄차츠키에 있는 화산연구소(Инсти-тут вулканологии) 등등과 같은 새롭고 규모가 큰 과학연구소들이 조직되어 있다. 자원지역으로서의 극동지역에 대한 중앙의 관심이라는 특수성으로 인해 이른바 산업 부문별 학술 기관들의 관계망이 형성되었다.

1950~1960년대에 극동과학아카데미에서는 연구들이 진행되었으며, G. F. 브로믈레이(Г. Ф. Бромлей), I. I. 브레흐만(И. И. Брехман), V. T. 비코프(В. Т. Быков), N. N. 디코프(Н. Н. Диков), A. V. 쥐르문스키(А. В. Жирмунский), A. I. 크루샤노프(А. И. Крушанов), G. E. 쿠렌초프(Г. Э. Куренцов), B. A. 네우닐로프(Б. А. Неунылов), Е. А. 라드케비치(Е. А. Радкевич), A. V. 스토첸코(А. В. Стоценко) 등등과 같은 세계적 명성을 얻은 과학인재들인 학자들을 배출했다. 이들 덕분에 극동 과학이 전도유망한 방향으로 계속해서 발전할 수 있었다.

1970년 10월의 소련과학아카데미 극동과학센터(Дальневосточ-ный научный центр Академии наук СССР) 개소로 극동지역 과학연구 발전은 새로운 초석을 마련하게 되었다. 학자들은 천연자원에 대해 기록하고 목록을 작성하는 단계에서 자연에서 일어나는 과정들을 보다 심화해서 실험적으로 연구하는 단계로 넘어왔다. 극동과학센터의 19개 연구소에 소속된 학자들이 연구하고 있던 굵직하고 복합적인 기초 문제들은 극동지역과 시베리아의 생산력 발전을 앞당겨 주는 과학기술적 진보와 관련된 과제들로 제한되어 있었는데, 이것은 국가의 총체적 발전에서 이 지역에 주어진 역할이었다. 150개의 새로운 연구실, 구역, 부서가 개설되었고, 화학 분야 기초연구의 광범위한 주기가 완수되었으며, 극동지역 광물자원의 복합적 가공을 위한 여러 기술들이 개발되었다. 생물학 분야에서도 연구가 진행되었으며, 그 결과물들은 토양학이나 임학(林學) 등과 같은 과학적 근거에 따라 이 지역 농업 부문에 조언을 하기 위한, 극동지역의 기본적인 농업 작물들을 전염병과 잡초로부터 보호하기 위한 토대가 되었다. 해양학 분야에서도 커다란 성과들이 나타났다.

극동과학센터는 극동지역의 사회경제적 발전에서 과학의 역할을 강화하려는 목적에서 1987년 9월 26일자 정부 결의안에 따라 소련과학아카데미 극동지부로 편재되었다.

1980~1990년대 사이의 전환기에 러시아에서 위기가 시작되면서 극동 과학 또한 적지 않은 고난을 겪었다.

1940년대 후반~1980년대에 일어난 극동지역의 경제적·사회적 발전에 대해 결론을 내린다면, 매우 빠른 발전 속도를 지적할 필요가 있으며, 이 덕분에 여러 위치들에서 국가의 인민경제에 실질적인 기여를 할 수 있었다. 그런데 이 지역의 신속하고 복합적인 발전에 대한 소련 공산당 중앙위원회와 소비에트 정부의 결의안은 완수되지 못했다. 경제구조의 변화 또한 나타나지 않았다. 소비재 경제 부문은 예전과 마찬가지로 생산을 위한 원료와 자재를 생산하는 부문들에 비해 현저히 뒤떨어져 있었다. 극동경제의 이러한 원료 전문화가 개척한 지역 외부로 채굴한 생산물을 반출하는 오랜 시간 동안의 지배적 원칙을 현실화시킨 원인이었다.

14장 21세기 전환기의 러시아 극동지역

1991년 8월 사건은 공산주의 체제의 몰락, 소련 붕괴의 서막이었다. B. N. 옐친(Б. Н. Ельцин)을 수장으로 하는 새로운 러시아 지도부는 모든 권력을 장악한 후 러시아를 정치적으로 확립시키고, 국가 내에 또 다른 국가조직의 토대를 구축하며, 시장개혁을 실현하는 일에 적극적으로 착수했다. 사회주의 건설 실험은 종료되었다. 러시아는 역사의 새로운 국면에 들어섰고, 세계 문명에서 선진국들이 밟은 전통적인 발전 경로로 옮겨갔다.

국가 내에서 1991년 말부터 시작된 급진적인 사회경제적이고 정치적인 변혁들이 영토 전반을 뒤덮었으며, 러시아의 모든 국민에게 영향을 끼쳤는데, 극동지역 주민들 또한 예외는 아니었다.

행정구획 및 국가조직 개혁

소련의 붕괴에도 불구하고 러시아 극동지역은 외적으로 변화를 겪지 않았다. 1990년대 초까지 극동지역은 역사적인 면에서는 가장 "신입"인 지역들 중 하나였고, 지리적으로는 국가의 중심지역에서 가장 멀리 떨어져 있으면서 러시아 지역들 중 가장 면적이 넓은 곳이었다. 극동지역의 면적은 현재 6,215,900제곱킬로미터로 러시아 국토 총면적의 36.4퍼센트를 차지하고 있다. 점유면적을 보면 극동지역은 러시아 외유럽 전체와 대등한 크기이고, 러시아의 유럽 부분에 비해서는 1.5배 더 크다. 러시아의 지역 기준에서 보면 비교적 큰 편이 아닌 프리모리예변강주(극동 영토의 1/37)도 그 크기에 있어 한국보다는 1.5배 크고 일본보다는 불과 1.5배 작다. 동시에 극동지역은 과거부터 현재까지 러시아에서 식민화가 덜 진행되었고 인구가 가장 적은 지역들 중 하나이다.

21세기 현재 우리는 극동이라는 명칭을 어떻게 이해하고 있는가? 어떤 지역으로 인식하고 있는가? 역사적·정치적 그림을 보면 1990년대 초까지 1922년에 형성된 야쿠트자치공화국(Якутская АССР)이 극동지역에 포함된 적은 한 번도 없었다. 모든 역사책들이 이를 증명하고 있으며, 이 책의 앞 장들에서도 명확이 알 수 있다.

같은 시기에 경제학자들 사이에서는 이 개념에 대해 항상 다른 접근방식이 있었다. 경제학에서, 그리고 소비에트의 계획 기구들, 수 많은 생산경제 기구들의 실제 업무에서 극동지역은 언제나 국가의 경제지역 구분 원칙에 따라 검토되었다. 1차 5개년 계획 바로 직전인 1963년에 러시아 내의 다른 지구들과 함께 구성된 극동경제지구에는 야쿠티야 또한 포함되었다.

따라서 두 개의 개념이 존재했다. 극동 그리고 영역상 보다 더 확장된 개념인 극동경제지구. 이때 이 두 개념 중 어느 하나도 국가의 행정구역단위가 아닌 것으로 생각되지 않았다. 소련 붕괴 이후 행정개편의 결과 이 두 개념은 영역적으로 동일화되었다.

소련 시기에 극동지역 행정구획은 몇 차례 재편되었다. 1991년 초에 극동지역 구성지역은 프리모리예변강주, 하바롭스크변강주, 아무르도, 캄차카도, 마가단도, 사할린도였다.

소련 시기 말에 소련 전체를 뒤덮은 사회정치 분야에서 맹렬하게 진행된 민주주의적이고 민족주의적인 개혁은 극동지역 또한 비켜가지 않았다. 이러한 개혁들은 무엇보다도 민족 영역의 "권리에 있어 평등하고", 더 많은 자율성을 부여받으며, 지역 원주종족들을 위한 종족생활환경의 보존 및 환경 상의 안전을 보장받는 것과 같은 요구의 형태로 발현되었다.

몇몇 원심력들이 활성화되고 정치화가 극심하게 진행된 조건 속에서 1920년대 초의 예를 따라 독립된 극동공화국을 건설하자는, 러시아로부터 이 지역을 분리하자는 구호들도 등장했다. 후자와 같은 급진적인 염원들이 실현 불가능하다는 것은 분명했으며, 실제로 성공하지 못했다. 그런데 민족적이고 사회적인 자의식의 현저한 고양과 국내 다른 지역들에서의 예들이 극동지역에 흔적도 남기지 않고 사라진 것은 아니었다.

1991년 3월에 러시아공화국 최고회의 상임위원회는 사회세력들의 압력을 받아 하바롭스크변강주에서 유대인자치도를 분리하기로 결의했다. 도인민위원회에서 통과된 유대인자치도의 국가적·법적 지위에 관한 성명서에 따라, 이 도는 러시아 연방에 속하는 자치체가 되었다. 축치자치구는 1992년 6월 16일에 마가단도에서 분리되어 러시아 연방의 구성체가 됨으로써 자치권을 가지게 되었다. 현재 축치자치구는 러시아 내에 있는 4개의 자치구들 중에서 러시아의 다른 구성체 내에 포함되지 않은 유일한 자치구이다. 시간이 지나면서, 앞에서 언급한 극동지역이 처한 조건들, 특히 운영조직 계획과 생산경제적·경제적 관계 속에서 행해진 행정구획은 부적절했던 것으로 드러났다.

야쿠티야의 지위가 근본적으로 바뀌었다. 1990년 9월 27일에 야쿠트자치공화국의 국가주권에 관한 성명서가 선포되었으며, 1991년 12월에는 사하(야쿠티야)공화국이라는 새로운 공식 명칭을 가지게 되었다. 이것으로 극동지역의 "주권 행렬"은 멈추게 되었으나, 국내 다른 지역들에서와 마찬가지로 종족분리주의의 분위기와 변강주와 도를 포함한 지역 주체들의 지위 승격 시도들은 계속 존속되었다.

이러한 상황 속에서 중앙권력기구들과 지방권력기구들 사이의 연방구성관계를 규정하는 문서가 요구되었다. 이것이 1992년 3월 31일 채택되고 이후 러시아의 모든 지방주체들이 서명한 연방조약이다. 이 조약에 따라 민족공화국 및 민족자치구와 함께 변강주와 도가 러시아 최초로 연방 주체의 지위를 부여 받게 되었다. 이 조약은 완벽하지 못해서, 모순이 존재했다. 사하공화국을 포함한 몇몇 지방주체들은 추가적인 권한을 부여받는 조건으로 조약에 서명했다. 이 모든 결함들에도 불구하고 조약은 러시아의 통합을 유지하는데 있어 중요한 역할을 했다.

1990년대에 구성된 수많은 지방주체들(89개), 이들이 가지고 있는 법률들의 불일치, 러시아 연방 헌법과 모순되는 일련의 헌법조항과 법률은 중앙정부의 약화를 초래했고, 국가 운영, 즉 국가가 진행하고 있던 사회정책과 경제정책의 효율성을 떨어뜨렸다. "권력의 종축"을 강화할 목적으로 2000년 5월 13일에 발효된 러시아 연방 대통령령에 따라 러시아 내에는 7개의 연방관구가 구성되었다. 그 중에는 극동연방관구도 있다.

연방관구들은 새로운 행정단위가 되지 못했으며, 연방의 지방주체는 더더욱 되지 못했다. 국가운영 개혁의 주도자인 V. V. 푸틴(В. В. Путин) 대통령은 지적하길, 이러한 결정의 본질은 지역 통합에 있는 것이 아니라 영토 내에서 대통령을 정점으로 하는 수직구조를 강화하는데 있으며, 행정구역 경계를 재편하고 지역당국을 약화시키려는 것이 아니라 연방주의를 강화하기 위한 환경을 조성하는 것이다.

극동연방관구는 러시아 연방의 9개(2007년에 코랴크자치구(Корякский автономный округ)와 캄차카도가 통합되기 전에는

10개) 지방주체로 구성된다: 프리모리예변강주, 캄차카변강주, 하바롭스크변강주, 사하(야쿠티야)공화국, 네 개의 도(아무르도, 마가단도, 사할린도, 유대인자치도), 그리고 축치자치구. 유대인자치도는 러시아에서 유일한 자치도로 남아있다.

극동연방관구를 구성하는 지방주체들은 많은 경우 소련 시기에 형성된 구조를 유지해서, 도시와 구역으로 나뉜다.

2010년 인구조사에 따르면 관구 내에는 66개 도시가 있다. 이 중 인구가 50만 명에서 100만 명 사이로 가장 커다란 도시 두 개(블라디보스토크와 하바롭스크), 인구 25만 명에서 50만 명인 거대도시 두 개(야쿠츠크와 콤소몰스크-나-아무레), 인구 10만에서 25만 명인 6개 대도시(블라고베셴스크, 페트로파블롭스크-캄차츠키, 유쥬노사할린스크, 나홋카, 우수리스크, 아르툠), 그리고 6개 중도시와 50개 소도시가 있다. 도시가 가장 많은 지역은 사할린도로 15개가 있고, 가장 적은 지역은 유대인자치도로 두 개가 있다.

도시들 사이에서 인구수가 예외적으로 크게 차이가 나는 곳은 615,884명(블라디보스토크)과 2,070명(쿠릴스크)으로 298배 차이가 난다. 2010년에 사할린도에서 도시 하나의 평균 인구는 23,600명, 유대인자치도에서는 42,300명, 사하공화국에서는 96,800명이었고, 한편 프리모리예변강주에서는 118,800명, 하바롭스크변강주에서는 138,100명을 기록했다. 소도시들 중 가장 적은 인구수를 기록한 곳은 베르호얀스크(야쿠티야)로 1,311명이고, 가장 인구수가 많은 도시는 프리모리예변강주의 스파스크-달니(44,166명)이다. 이러한 분포는 무엇보다도 경제적·지리적 특성, 인구밀도, 해당지역의 생활 환경으로 설명할 수 있다.

극동연방관구의 모든 지방주체들은 구역(район)들로 이루어져 있다. 총 141개의 구역(도시 내에 있는 구역 제외)이 있는데, 이것들 역시 불균등하게 분포하고 있어서, 야쿠티야에 33개, 프리모리예변강주에 24개, 아무르도에 20개, 사할린도와 하바롭스크변강주에 각각 17개씩, 캄차카변강주에 11개, 축치자치구에 8개, 마가단도에 6개, 유대인자치도에 5개가 있다. 구역의 수는 원칙적으로 지방주체의 영역크기와 인구수에 의해 좌우된다. 많은 경우에 이러한 기준에 따라 구역의 면적이 정해진다. 결론적으로 영역이 큰 지방주체 내에 있는 구역의 평균 면적은 마가단도가 76,900제곱킬로미터, 축치자치구가 92,200제곱킬로미터이며, 사하공화국은 94,000제곱킬로미터로 유대인자치도 전체 영역보다 2.5배 크다.

하위 행정구역에는 마을과 부락의 행정기관들이 들어가 있는데, 여기에는 여러 부락들이 포함되어 있다. 극동연방관구의 총거주지(도시, 도시형 마을, 부락) 수는 2010년 초에 2,728개였다.

극동지역의 독특한 특징은 극동지역에 있는 다양한 수준의 행정단위들이 다른 지역들에 비해 모든 면에서 영역적으로 매우 크다는 것이다. 극동연방관구 지방주체의 평균 면적은 러시아의 유럽 부분에 비해 9.6배 크고 하위 행정구역은 14.2배 큰데, 이것은 극동지역 전반에서 그리고 특히 이 지역 북쪽지역에서 정착율과 생산경제개발이 빈약하기 때문이다.

20세기 말에서 21세기 초에 걸쳐 형성된 극동지역의 다층적 행정구역체계는 러시아적 모델과 전혀 차이가 없다. 이러한 체계는 본질적으로 소련 시절의 구조적 특징들을 유지하면서, 동시에 일련의 변화들을 겪었다. 연방지방주체의 수가 6개에서 9개로 증가했고, 도들 중 하나는 변강주가 되었다. 몇몇 도시형 마을들은 주민수 감소에도 불구하고 소도시 지위를 얻었다. 소련 붕괴 이후 생산량의 급격한 감소, 교통 및 사회문제의 첨예화, 역내 인구감소로 인해 전체 거주지의 수가 감소했다. 모든 행정구역단위들의 지위가 바뀌었다.

학자들과 실무자들의 견해에 따르면, 현재의 지역행정구역 구성은 불완전해서 변화가 필요하다. 예를 들면, 프리모리예변강주에만도 자치행정단위로서 이웃하고 있는 지역과 도시가 동일한 명칭을 가지고 있는 것이 여럿 존재하고 있다. 이것은 달네고르스크, 달네레첸스크, 레소자봇스크, 파르티잔스크, 스파스크-달니이다. 또한 언급한 지역들의 행정기관과 운영기관은 앞에서 거명한 도시들에 위치해 있다. 하바롭스크변강주에 있는 아얀-마야구역(Аяно-Майский район)과 오호츠크구역의 행정경계의 배치와 형상도 불완전해서, 이것들은 마가단보다도 하바롭스크에서 훨씬 멀리 떨어져 있다. 게다가 이 지역들은 경제적이고 생산경제적인 관계에 있어서 마가단도에 보다 더 연결되어 있다. 이와같은 예들은 많이 있다.

전문가들은 중형도시나 소형도시와 인접 농촌지역들의 통합, 거대도시의 실질적인 근교지역 역할을 하는 지역의 해당 거대도시로의 행정적 배속, 지역 경계선의 정정, 지역 통합 또는 다른 지방주체로의 이전 등을 역내 지역행정구역 구조를 개선하기 위한 방법으로 제시하고 있다. 이 모든 개선의 최종 목적은 영역행정기구, 경제, 사회분야의 효율성 증진이다.

극동지역에서는 러시아의 다른 지역들과 마찬가지로 1993년에 소비에트 권력을 청산하고 러시아 연방 헌법을 채택하면서 새로운 국가운영기구를 수립하기 시작했다. 헌법의 틀 내에서 지역주체들은 현지의 조건과 전통을 고려해서 국가권력기관들의 체계를 자율적으로 결정할 권한을 부여받았다.

지방주체들 각각은 상위 표준규범, 즉 헌장(야쿠티야에서는 사하공화국 헌법)을 채택해서, 자신들의 국가적·법적 지위, 행정구역 구성의 토대, 국가권력기구의 구성, 지방주체의 형성과 위임의 절차, 현지 자치행정기관들의 법률적 지위, 그리고 그 밖에 다른 문제들을 규정했다.

모든 지방주체들의 헌장에는 권력분립, 합법성, 투명성과 같은 원칙들이 강조되어 있다. 각각의 지방주체는 상위 표준규범에 따라 문장, 깃발과 같은 고유한 상징을 가지고 있으며, 사하공화국의 경우에는 심지어 국가(國歌)도 있다.

이미 1990년대 전반부에 지방주체들은 대체로 행정권과 입법권, 그리고 지역자치권을 가지는 조직체계를 갖추었다. 이전의 인민위원회 집행위원회를 대신해서 변강주, 도, 관구의 새로운 집행권력기관들이 다양한 명칭을 달고 만들어졌다. 캄차카변강주, 하바롭스크변강주, 아무르도, 유대인자치도, 축치자치구에서는 지방정부가 구성되었다. 프리모리예변강주, 마가단도, 사할린도에서는 지방행정부가 만들어졌다. 사하(야쿠티야)공화국은 이전의 야쿠트자치공화국에서와 마찬가지로 지방정부(각료회의)가 구성되었다. 지위와 내용에 있어 지방정부와 지방행정부 사이에 본질적인 차이는 없다. 이들은 러시아 연방 헌법, 연방 법률들, 러시아 연방 대통령령은 물론이고 연방정부 규정, 지방주체 스스로의 정관 및 헌장에 기초를 두고 기능을 수행하고 있다.

같은 기간에 극동지역에서는 지방주체들의 입법과 관련된 국가(대의(代議))권력기구들이 구성되었다. 사하공화국에서는 의회를 국가회의인 〈일 투맨(Ил Тумэн)〉이라고 정했다. 캄차카변강주, 프리모리예변강주, 아무르도, 유대인자치도에서는 입법회의가 만들어졌으며, 하바롭스크변강주에서는 입법두마로 정해졌다. 마가단도와 사할린도에서는 도두마, 축치자치구에서는 축치자치구두마로 결정되었다. 지방주체의 입법권력기관은 러시아 연방 헌법, 연방 규정, 자체적인 표준 규범을 토대로 하여 주어진 전권 내에서 입법활동을 수행한다.

사하공화국에서 행정부를 이끄는 수장은 대통령이며, 다른 지방 주체들에서 최고책임자는 도지사이다. 2005년에 도지사 주민선거가 폐지되면서 도지사들은, 사하공화국 대통령 선출과 마찬가지로 러시아 연방 대통령의 추천을 받아 입법기관에서 선출한다. 도지사들은 행정부를 조직하고 이끌며, 입법활동에 참여하고, 입법주도권을 가지며, 서명을 통해 법률을 승인한다. 그들의 의무에는 현지예산안의 작성과 시행을 위한 직무조직, 국유재산 운용 보장 등이 있다.

극동지역 지방주체들의 수장들 중에서 가장 유명하고 권위있는 사람으로는 1995~2009년까지 하바롭스크도지사를 지낸 V. I. 이샤예프(В. И. Ишяев)가 있다. 전반적으로 보아 다른 지방주체들과 동등한 조건 하에서 이 재능있는 지도자는 변강주 내에서 합의의 분위기를 구축하고, 사회세력과 정치세력, 그리고 노동자단체의 통합과 협력을 보장하며, 이들이 중요한 생존과제들을 성공적으로 해결하는 방향으로 나아가도록 하는데 성공했다. 연방관구에 있는 지방주체들 중에서 하바롭스크변강주가 사회경제적 발전의 기본적인 방향들에 있어 좋은 쪽으로 두드러지게 된 것은 우연이 아니다.

자신이 준비된 조직가임을 증명했고 관할지역의 발전을 위해 많은 것을 한 지도자로는 사하공화국의 초대 대통령인 M. Ye. 니콜라예프(М. Е. Николаев), 2000~2008년까지 축치자치구의 지사를 역임한 R. A. 아브라모비치(Р. А. Абрамович), 2008년에 아무르도지사로 취임한 O. N. 코졔먀코(О. Н. Кожемяко) 등을 들 수 있다.

극동지역에서 대내외 정책을 담당하는 국가권력기구를 조직하는 것은 극동연방관구 러시아 연방 대통령 전권대표와의 협력 속에서 진행되고 있어서, 그 밑에 통합기구들과 부처간 위원회들을 구성함으로써 권력 기관들이 정치 분야, 경제 분야, 사회 분야의 모든 수준들에서 업무를 조율하는 것을 연방관구의 틀 내에서 보장하고 있다. 전권대표는 지방주체들에 주재하면서 그를 보좌하는 연방감독관들을 통해 연방권력기구들의 결정사항, 연방법률, 러시아 연방 대통령의 명령과 지시, 기타 러시아 연방의 규정사항이 관구 내에서 이행되도록 관리하고 있다. 극동연방관구의 대통령 전권대표는 시간 순서에 따라 K. B. 풀리콥스키(К. Б. Пуликовский), K. Sh. 이스하코프(К. Ш. Исхаков), O. A. 사프로노프(О. А. Сафронов), V. I. 이샤예프가 역임했다. 2013년 8월 31일부터 이 직위는 Yu. P. 트루트네프(Ю. П. Трутнев)가 맡고 있다. 극동연방관구 러시아 연방 대통령 전권대표의 지위는 러시아 연방정부 부총리 직위로 강화되었다.

극동지역에서는 러시아의 다른 모든 지역들과 마찬가지로 1993년에 헌법이 채택된 이후 약 10년 동안 현지 권력 기관을 수립하는 힘든 과정을 보냈다. 현지 소비에트의 기초 위에 현지 자치행정을 구축하려는 시도는 성공하지 못했다. 2003년에 《러시아 연방 자치행정조직의 일반원칙에 대하여(Об общих принципах организации местного самоуправления в Российской Федерации)》라는 연방법을 채택하면서 이 체계는 전 세계 다른 나라들의 경험을 활용함으로써 구성될 수 있었다.

법률에 따라 조성된 극동지역 자치조직들에는 현재 도시의 구들과, 도시 및 농촌의 거주지들을 포함하는 자치지역들이 포함되어 있다. 이것들의 구조, 대표기구의 선출절차, 법적지위, 권한은 자치조직들의 정관에 의해 정해진다.

구 소비에트들과는 달리 현지 자치행정조직들은 국가권력기구 체제에 포함되지 않는다. 이것들은 법적 보호를 받을 권리가 보장되어 있고, 이것들의 합법적인 권리를 제한하는 것은 금지되어 있다. 이 기관들은 지방재정, 지방세의 부과 및 수납을 독자적으로 구성하고, 확정하고, 이행한다. 지방주체의 규약에 따라 자치행정기구는 지방주체의 의회에서 법안을 제출할 권리를 부여받았다. 자치조직들은 또한 자신들의 문장과 상징을 가질 수 있는 권리를 부여받았다.

극동지역에 형성된 현지 자치행정체계를 통해 오늘날 이 지역 내에 산재해 있는 중요한 문제들을 해결할 수 있다. 그런데 국가 전반에 걸쳐 나타나고 있는 많은 "질병들"이 이 체계에도 내재되어 있다. 현지 당국의 기관들은 폭넓은 권리와 커다란 자율권을 가지고 있으나, 실제 사용에 있어서는 재원에 대한 접근, 자산 문제를 비롯한 여러 다른 핵심적 문제들의 해결 등에 있어 제약을 받고 있기에, 자신의 권리, 가능성, 권한을 완전히 실현하지 못하고 있다.

예를 들면, 블라디보스토크는 도시가 점유하고 있는 시 지역을 사용해서 독자적으로 도시경계 내에 해수욕장을 조성할 수 없는데, 이것은 토지가 변강주 기관들의 관리 하에 있기 때문이다. 이 모든 비용은 부패의 온상이 되어서, 시 운영의 효율성과 시 당국의 권위에, 사회적 분위기와 시 내에 거주하고 있는 사람들의 정서에, 그리고 최종적으로는 상주 주민의 형성과 공고화에도 부정적인 영향을 미치게 된다.

주민 수와 구성 상의 변화. 인구문제의 격화

영역 내 인구정착 수준은 언제나 국가의 사회경제적 발전과 국가의 지정학적 상황을 유지하는데 있어 근본적인 요소이며, 많은 경우 전략적으로 중요하다. 동일한 조건에서 이것은 국가의 지역들에도 적용될 수 있다.

러시아 극동 영역에서 인구는 자연 및 기후조건, 늦은 통합, 극단적 원거리성으로 인해 항상 시급한 문제로 남아 있었다. 사실상 러시아 제국 시대에 생산경제적 개발이 시작된 이후로 1991년에 소련이 붕괴될 때까지 이 지역으로의 이주는 장기적인 국가 이익을 위한 정치적, 경제적, 군사전략적 목적들에 따른 것이었다.

국가와 국가의 사회정치구조는 변했다. 즉, 차르와 황제, 공산당 제1서기와 서기장은 서로 자리를 바꿨지만, 국가정책은 변하지 않았다. 다양한 형태와 방법을 사용하면서, 순간적인 경제적 상황에 휘둘리지 않으면서 국가는 러시아 극동지역으로 인구를 유입시키는 과제를 굳건하게 지속해 왔다.

식민하는 것이 실질적으로 영토를 자신의 것으로 확보하는 것이라는 생각이 존재했었다. 이 때문에 이 지역에서 인구는 안정적으로 증가했으며, 러시아 전체 상황과 비교하면 증가세는 빠른편이었다. 심지어 유출 이주가 점증하던 소련의 마지막 5개년 계획(1986~1990) 시기에도 이 지역 인구는 약 5백만 명(450,800명) 증가했다.

극동지역은 러시아에 병합된 이후 전 기간에 걸쳐 러시아에서 인구 유인과 정착이 가장 어려운 지역이었다. (극동지역을 제외한) 러시아의 다른 지역들에서는 인간이 거주하기 어려운 자연조건을 가지고 있는 영역이 36.4퍼센트를 차지하고 있는데, 극동지역에서는 81.2퍼센트를 차지하고 있다. (생존과 인간생활의 물적조건들의 재생산 규모라는 견지에서 볼 때) 이 지역에서 가장 생산성이 높은 영역의 면적은 단지 2.7퍼센트에 불과하다. 이것은 프리모리예변강주의 영역보다도 작은 면적이다. 극동지역에서 가장 남쪽에 있으며 소치와 마르세유와 같은 위도 상에 위치해 있는 블라디보스토크의 겨울 평균 온도는 아르한겔스크 및 노바야제믈랴(Новая Земля)섬과 동일하다.

인구를 공고화하는 문제를 해결하는데 있어 장애가 되는 요소는 사회분야의 발전에서 이 지역의 낙후성을 들 수 있다. 러시아공화국의 평균지표와 비교해 보면 (안타깝게도 이 또한 그리 높지는 않은데), 1980년대 말에 극동지역에서 주택보급률은 84퍼센트, 아동보육시설이 있는 곳의 비율은 80퍼센트, 집전화를 가지고 있는 비율은 57퍼센트였다. 이곳에서는 2부제 수업을 하는 학생 비율이 높았으며, 교실 면적은 12퍼센트 더 적었다. 의료시설, 생활서비스 및 식료품 관련 업체의 비중 또한 평균보다 낮았다.

피복, 제화, 식료품, 러시아의 중부 및 남부에 위치한 지방들로의 요양 및 휴양 여행을 위해서는 더 비싼 비용을 지불해야 했는데, 이것은 급여에 붙는 수당, 지역지원분, 국가에서 제공하는 그 밖의 감면혜택들을 합해야 겨우 충당할 수 있었다. 보다 낮은 수준의 삶의 질이라는 조건 속에서 극동지역 주민의 실질소득은 한번도 러시아 평균치를 초과한 적이 없었다. 하지만 심지어 이러한 조건 속에서도 소련이 사라질 때까지 역내 거주민수의 증가 추세는 멈추지 않았다.

1990년에 극동지역에는 8,045,000명이 거주했는데, 이 중에서 프리모리예변강주에는 2,297,000명, 하바롭스크변강주에는 1,640,000명, 사하(야쿠티야)공화국에는 1,111,000명, 아무르도에는 1,056,000명, 사할린도에는 714,000명, 캄차카도에는 477,000명, 마가단도에는 390,000명, 유대인자치도에는 218,000명, 축치자치구에는 162,000명이 살고 있었다.

시장경제로의 전환 시기에 국가 전체를 뒤덮은 사회경제적 위기는 극동지역에서 더욱 심각한 양상을 보였다. 국가의 새로운 정책은 국토 개발이 경제적 합리성의 지표에 따라 이루어져야 한다는 것이었으며, 이로 인해 극동지역은 국가가 보장해 주던 지원을 곧바로 상실하게 되었다. 이러한 상황 아래서 국가 주권의 강화, 러시아의 국가성 및 안전보장에 대한 문제는 무시되었고, 인적 요인은 고려에서 제외되었다.

경제구조 재편, 국유재산 사유화는 급격한 생산성 하락, 기업의 휴업 및 폐업, 사회분야의 붕괴를 초래했다. 거주지 및 일자리와 관련된 문제들로 인해 심화되고 있던 생활조건의 악화, 이전에는 무상으로 제공되던 서비스 비용의 유료화, 지불능력 수준의 급격한 하락 속에서의 빈번한 가격 상승은 무엇보다도 다른 지역들로의 인구 유출, 출생률 하락과 소폭의 사망률 증가로 인한 인구감소 추세를 더욱 강화시켰다.

이미 1991~2001년에 극동지역 인구는 810만 명에서 710만 명으로 감소했다. 이 기간에 마가단도는 156,000명의 인구를 상실했으며, 프리모리예변강주는 124,000명, 사할린도는 122,000명, 하바롭스크변강주는 115,000명, 사하공화국은 110,000명, 축치자치구는 87,000명, 캄차카도는 81,000명, 아무르도는 69,000명, 유대인자치도는 20,000명을 상실했다.

21세기 초에 들어와 푸틴 대통령이 국가지도자가 되고 사회경제 분야에서 상황이 얼마간 호전되면서, 이 지역에서 인구 유출은 속도가 늦추어지긴 했지만 멈춘 것은 아니었다. 2002년과 2010년에 행해진 전 러시아 인구조사들 사이에 극동지역은 약 400,000명의 인구를 상실했다. 극동지역의 인구는 1991~2010년에만 810만 명에서 630만 명으로 (19퍼센트) 감소했다. 이와 같은 인구상실은 러시아의 그 어느 지역에서도 찾아볼 수 없으며, 심지어 극동지역 자체만 보아도 대조국전쟁 시기에도 이 만큼의 인구손실은 없었다.

시장경제개혁으로 가장 커다란 충격을 받은 것은 북부 영토였다.

1993년에 정부는 북부 영토를 항공통근방식(вахтовый метод)[1]으로 개발하고 발전시키기로 결정했다. 다른 나라들에서의 경험에 비추어 볼 때 많은 부분에 있어 적절해 보이는 이 방법은, 그러나 현실적인 문제들이 고려되지 않은 것이어서, 실행과정에서의 보상조치가 마련되어 있지 않았다. 국가에 의해 수백 개의 기업들, 거대 광산 복합체들, 거주지들과 주민들이 운명의 횡포 속으로 던져졌고, 오랜 관행으로 지속되어온 식료품과 자재의 "북부운송(северный завоз)"[2]이 급격히 축소되었다.

이전에 북부 영토에서는 거의 모든 사회간접자본, 즉 주택, 아동·문화-교육·보건 관련 시설들, 주거환경관리, 심지어는 도로망, 상거래업체, 때로는 통신 등등이 보통 마을들과 도시들에 위치해 있으면서 도시 발전을 이끌었던 굴지의 산업체들에 의해 유지되고 있었기에, 상황은 더욱 심각해졌다.

1990년대 상반기(1991~1995)에 마가단도 한 곳에서만도 대략 수백 개의 광산업체들이 문을 닫았다. 금채광지는 개인사업자에게 임대되었는데, 이들은 사회간접자본, 즉 최종적으로는 주민을 보존하기 위해 필요한 비용을 책임지지 않았다. 이 지역에서 인구가 1991~2001년에 40퍼센트 감소한 것은 우연이 아니며, 이와 유사한 상황에 있었던 축치자치구에서는 45퍼센트가 감소했다.

---

1 '항공통근방식(вахтовый метод)'은 노동자의 이주지원비, 거주지원비, 이주지역에서의 교통비 등의 총비용이 교통비를 지원해 주는 것보다 더 많이 드는 장거리에 위치한 험지인 경우, 항공료 등 왕복 교통비 지원을 통해 노동자를 파견하는 제도로, 영어로는 'fly-in fly-out(FIFO)'이라고 한다.

2 러시아에서는 겨울 초입에 국가가 북극해 연안지역과 같은 영토 내 극한 지역들로 생활필수품을 지원하는 제도가 있는데 이를 '북부운송(северный завоз)'이라고 부른다.

1991~2010년에 사하공화국, 마가단도, 캄차카도, 축치자치구를 포함하는 북부 영토는 기본적으로 인구 유출로 인해 인구의 약 1/3을 상실했다. 단지 북부인들의 빈궁한 상황으로 인해 이 수치는 증가하지 않을 수 있었는데, 그것은 원하는 모든 이들이 이 지역을 떠날 수는 없었기 때문이었다. 화폐개혁으로 인해 모아 놓은 모든 것을 잃게 된 주민들은 뒤이어 일자리를 잃었고, 대지 위에 세워진 집뿐만 아니라, 때로는 이사할 수 있는 컨테이너조차 구할 수 없었다. 한편으로 1995년에 아나듸리시에서는 아파트 가격이 컨테이너 가격과 똑같았다면, 다른 한편으로 광산마을에서는 구매자가 없었기에 아파트를 팔 수조차 없었다. 수만, 수십만 명의 사람들이 국가정책의 볼모가 되어버렸다.

가장 큰 인구손실이 있던 시기(1991~2001)에 이 지역에서 인구손실의 90퍼센트는 이주로 인한 유출이었고, 10퍼센트만이 자연적인 출산감소에 따른 것이었다.

극동 주민은 대체 어디로 이주해간 것일까? 전문가들의 추정에 따르면, 평균적으로 극동지역 주민 중 1/3은 원 출신지역이 러시아 중부지역과 서부지역이다. 이것은 많은 부분에서 이주흐름의 방향을 결정했다. 극동 이주민들은 러시아 지역들 중에서 중앙경제지구(Центральный экономический район), 중앙흑토경제지구(Центрально-Чернозёмный экономический район), 포볼쥐예 경제지구(Поволжский экономический район), 세베르노-캅카스경제지구(Северо-Кавказский экономический район)에 위치한 공화국, 변강주, 도를 다른 어느 곳보다 선호했다. 전체 이주민 중에서 이 지역들로 간 이들의 비중이 1993년에는 60.5퍼센트였고, 1999년에는 59.6퍼센트였다.

극동지역에서 인구 유출이 일어난 것은 앞에서 언급한 사회경제적 원인 때문만은 아니었다. 90년대 초에 이러한 원인들에 인종정치적 요인이 추가되었다. 소련의 붕괴, 이전의 구성 자치공화국들의 독립국가 지위 획득, 이들 국가들의 이중국적 불허용 법률 채택으로 인해 우크라이나, 벨로루시, 몰도바를 비롯한 이제는 인접한 외국이 된 국가들의 출신자들이 역사적 모국으로 돌아가게 되었다. 이것은 이민자들이 자신의 법률적 시민의 지위에 대해 판단하고, 주택, 연금, 재산 및 기타 문제들을 해결할 필요가 있었기 때문이었다. 1993년에 극동지역에서 우크라이나와 벨로루시로 떠난 인구수만도 31,700명에 달했다.

극동 주민이 유출되는 또 다른 통로로는 러시아 국경을 넘어 먼 외국으로 이민을 떠나는 것을 들 수 있다. 이러한 유출 또한 포스트소비에트 시기 첫 10년 동안에 주로 나타났다. 불완전하긴 하지만 자료에 따르면, 1997년, 1999년, 2000년, 2002년에만 13,764명이 이들 국가들로 떠났다. 이들 중 가장 많은 수를 차지하는 것은 이스라엘(67.5퍼센트), 독일(14.2퍼센트), 미국(5.3퍼센트)이었다.

1993년부터 극동지역 인구는 이주유출 증가뿐만 아니라 자연감소 상승으로도 줄어들고 있었다. 출생률 하락은 전 러시아적인 특징이었지만, 극동지역에서는 적은 인구수로 인해 더욱 치명적인 영향을 끼쳤다.

높은 출생률 감소 추세는 1990년대에 나타났다. 1993년에 이미 모든 극동지역의 지방주체들에서 출생률이 정상적인 세대교체 수준 이하로 떨어졌다. 1991년에 이 지역에서 인구 1천 명당 13.7명의 아이가 태어났다면, 2000년에는 이제 9.3명이 태어났다. 이후 약간의 상승세를 보여, 2007년에 이 수치는 12.3명까지 증가했다. 이 지표는 러시아 평균(11.3명)보다 높은 것이었다. 출생률 증가세가 현저히 높게 나타난 곳은 사하공화국이었다. 이러한 사실로 인해 사하공화국의 인구는 2002년과 2010년의 인구조사들 사이에 심지어 1퍼센트 증가했다.

결론적으로 극동지역에 대한 마지막 인구조사들 사이에 총인구수에서 어린이가 차지하는 비중은 19.8퍼센트에서 17.4퍼센트로 감소했다.

이 기간에 극동지역의 모든 지방주체들에서는 사망률이 출생률을 초과하고 있다. 절대수치로 보면 출생자 대비 사망자의 초과수는 1994년에 15,100명, 1999년에 22,400명, 2001년에는 23,300명이었다.

2001년에 인구 1천 명당 출생자수는 9.3명, 사망자수는 13.2명이었다. 심지어 극동지역의 남부에 위치한 블라디보스토크에서조차 출생자 대비 사망자의 초과수는 1995년에 2,800명, 2000년에 2,700명, 2008년에는 1,300명이었다. 부분적으로 이것은 인구구성에서 고령인구 비중이 높다는 것으로 설명할 수 있다. 그런데 소비에트 시대의 마지막 해(1991)에는 출생자수가 사망자수를 1,300명 초과했었다.

극동지역에서 영아사망률은 높게 유지되고 있다. 1990년에 출생자 1천 명당 사망률은 18.8퍼센트였고, 1994년에 20.8퍼센트였으며, 2001년에는 18.1퍼센트였다. 1985~1994년에 러시아에서 가용노동연령인구 중 사망률은 평균 1.4배 증가했는데, 극동지역에서는 1.6배 증가했다. 2001년에 영아사망률은 러시아 전체 평균치보다 24퍼센트가 더 높았다. 이것은 상당부분 삶의 조건, 즉 국민의료서비스 상황과 관련이 크다.

1990년대에 극동 주민의 평균수명은 감소했다. 극동지역은 이 수치에 있어 러시아 평균보다 항상 낮았다. 실제로, 프리모리예변강주에서 평균수명은 1991년에 67세, 1993년에 63세였으며, 1997년에는 63.7세였는데 이 해에 러시아 전체 평균은 65.9세였다. 러시아 전체에서 보이는 것과 마찬가지로 극동지역에서도 여성이 남성보다 오래 산다. 1997년에 극동연방관구에서 남녀수명차는 평균 11.5세였다. 2000년대에는 평균 수명이 얼마간 늘어나고 있으나, 그럼에도 불구하고 소비에트 시대의 마지막 해(1991)와의 격차는 극동연방관구 내 모든 지방 주체들에서 현재까지 유지되고 있다.

극동지역 인구는 언제나 보다 "젊"었는데, 최근 수십 년간 노령화가 나타나고 있다. 1991년에는 극동지역에서 청년가용노동연령인구의 비중이 러시아 전체보다 3.3퍼센트 더 많았다면, 2006년에는 이 수치가 겨우 1.5퍼센트에 그치고 있다.

같은 시기에 극동지역에서 장년가용노동인구 비중은 6.6퍼센트 증가한 반면, 러시아 전체에서는 증가율이 1.6퍼센트에 불과했다. 지난 18년 동안 – 1983년에서 2001년까지 – 극동 주민의 평균연령은 (30.4세에서 33.9세로) 3.5세 올라갔고, 2002년과 2010년의 인구조사들 사이 기간인 8년 동안에만도 (33.9세에서 35.9세로) 2세 올라갔다. 이 두 인구조사들 사이에 연금수령연령인구의 비중은 극동연방관구에서 15.4퍼센트에서 19.1퍼센트로 증가했는데, 이것은 노동인구의 감소를 초래했다.

포스트소비에트 시기에 (축치자치구를 제외한) 역내 모든 지방주체들에서는 계속해서 여성 수가 남성 수보다 월등하게 많다. 이러한 차이는 30세 이상 연령 인구에서의 차이로 인한 것이다.

도시인구 비중 또한 커다란 차이를 보이는데, 이것은 소비에트 시기 이래로 연방관구 내에 있는 모든 지방주체들에서 나타나는 특징이다. 1991~2001년에 연방관구 전체에서 도시인구 비중은 (76.3퍼센트에서 75.9퍼센트로) 소폭 감소했으며, 이에 따라 농촌인구 비중은 0.4퍼센트 증가했다. 2001년에 관구 내 농촌인구의 평균 비중이 24.1퍼센트일 때 몇몇 지방주체들에서 그 비중은 현저히 높게 나타나서, 사하 공화국에서는 35.7퍼센트, 아무르도에서는 35.0퍼센트, 유대인자치도는 32.8퍼센트, 축치자치구에서는 31.8퍼센트였다. 반면, 마가단도와 사할린도에서는 이 지표가 9퍼센트를 넘지 않았다.

도시인구 비중의 감소는 무엇보다도 도시형 마을의 주민 수가 줄어든 것과 관련이 크며, 또한 기업들의 폐업으로 인한 도시형 마을 자체가 감소한 것과도 관련이 있다. 극동지역에서 주민 이주가 집중적으로 일어났던 시기인 1990년대에 도시와 농촌에서 인구는 실질적으로 동일하게 감소해서, 연방관구에서 평균적으로 각각 13.2퍼센트와 13퍼센트가 줄었다.

한편, 거의 비슷한 시기(1990~2001)에 프리모리예변강주와 유대인자치도에서는 농촌인구 감소율이 도시인구 감소율을 거의 2배 초과했는데, 이것은 무엇보다도 적지 않은 수를 차지하고 있던 비농업적 성격을 띠는 지역들에서의 산업생산이 감소했기 때문이었다.

러시아 극동지역은 러시아의 다른 지역들과 마찬가지로 다민족지역이다. 2002년 인구조사에 따르면, 극동지역주민은 200개 이상의 민족들로 구성되어 있다. 숫자가 많은 집단 순으로 나열하면, 루스키가 5,470,100명(81.7퍼센트), 야쿠트족이 436,000명(6.5퍼센트), 우크라이나인이 283,000명(4.23퍼센트)이며, 이 외에도 고려인, 타타르인, 벨라루시인 등이 있다. 북부지역, 시베리아지역, 극동지역의 원주 소수민족들(축치족, 코랴크족, 니브히족, 에벤크족, 우데게이족, 이텔멘족 등등)의 비중은 1.5퍼센트(101,500명)이다.

이 시기에 과거 소련의 구성공화국들이 독립된 국가들로 전환되면서 이 지역에서 우크라이나인과 벨라루시인의 비중이 현저히 줄어든 반면, 루스키 비중은 거의 모든 지방주체들에서 증가했다. 이에 속하지 않는 곳은 사하공화국, 캄차카도, 유대인자치도와 축치자치구뿐이었다. 1989년과 2010년의 인구조사들 사이에 사하공화국에서 루스키 비중은 50.3퍼센트에서 37.8퍼센트로, 우크라이나인은 7.0퍼센트에서

2.2퍼센트로 줄어들었으나, 야쿠트족의 비중은 33.4퍼센트에서 49.9퍼센트로, 에벤족과 에벤크족의 비중도 2.1퍼센트에서 3.8퍼센트로 늘어났다. 같은 기간에 축치자치구에서는 루스키 비중이 61.6퍼센트에서 51.9퍼센트로, 우크라이나인이 16.8퍼센트에서 9.2퍼센트로, 벨라루시인이 1.9퍼센트에서 1.0퍼센트로 감소했다. 반면, 축치족 비중은 7.3퍼센트에서 23.4퍼센트로, 에스키모와 에벤크족의 비중은 1.7퍼센트에서 5.45퍼센트로 증가했다. 캄차카도에서 루스키 비중은 81.3퍼센트에서 78.4퍼센트로 감소했고, 코랴크족, 이텔멘족, 에벤크족의 비중은 증가했다.

유대인자치도에서는 이와 정반대 양상이 나타나고 있다. 1989년에서 2010년에 이르는 기간 동안 이곳에서는 유대인 비중이 4.1퍼센트에서 1.0퍼센트로 감소한 반면, 루스키는 (83.3퍼센트에서 92.7퍼센트로) 현저히 증가했는데, 이것은 이 지역을 대표하는 명목민족이 먼 외국, 주로는 이스라엘로 이주해 간 결과이다.

야쿠티야, 캄차카, 축치에서 보이는 인구구성상의 변화는 야쿠트족을 비롯한 역내의 대표적인 원주소수민족들이 사실상 극동으로부터의 이주흐름에 참여하지 않으면서, 거주지에 남아 생활터전과 생업을 유지하기로 결정했기 때문이다. 이 기간에 사하공화국에서 출생률이 상당히 증가한 것도 매우 중요한 요소이다.

인구의 질적 구성이라는 면에 있어서는 교육이 중요한 위치를 차지하고 있다. 소비에트 시기에 극동지역은 교육수준에 있어 러시아 내에서 뒤쳐진 곳이 아니었으며, 북부 영토에서는 전체 러시아 수준을 상회하는 지표를 보였다. 그 당시에, 그리고 포스트소비에트 시기에 인구 중 보다 교육받은 계층은 극동을 떠났다. 실제로, 살펴보고 있는 시기 중반(2002)에 극동지역에서 대학 졸업 학력자 비중은 유입인구 중에서는 18.4퍼센트, 유출인구 중에서는 18.9퍼센트였고, 고등학교 졸업 학력자 비중은 유입인구 중에서는 31.7퍼센트, 유출인구 중에서는 34퍼센트였다. 같은 해에 이 지역으로 122명의 박사 학위자(кандидат наук)가 들어오고 166명이 나갔으며, 독토르 학위자(доктор наук)는 12명이 유입되고 80명이 유출되었다.

극동인구의 약 절반(45퍼센트) 가량이 시베리아횡단철도 주변지역에 거주하고 있다. 상대적으로 좋은 자연기후조건과 철도시설 이외에도, 이 지역은 자동차도로 구축 수준이 높아서, 치타-하바롭스크-블라디보스토크를 잇는 자동차도로 본선이 높은 수준의 영역 내 자동차운송율을 보장하고 있다. 도로망의 길이는 1천 제곱킬로미터당 70~90킬로미터에 달하는데, 지역에 따라서는 100킬로미터를 상회하는가 하면, 다른 한편으로 시베리아횡단철도에서 멀리 떨어진 곳에서는 이 지표가 1천 제곱킬로미터당 3~4킬로미터 정도이다.

극동지역에서 사람들이 선호하는 또 다른 장소는 해안구역들이다. 2001년에 극동연방관구에서는 평균적으로 전체 관구 인구의 41.7퍼센트가 해안구역들에 거주하고 있었다. 이 항목이 높은 비중을 차지하고 있던 지역을 보면, 축치자치구가 거의 100퍼센트, 캄차카도가 95.9퍼센트, 사할린도가 93.9퍼센트, 프리모리예변강주가 62.0퍼센트였다. 이것은 인구밀집 가능성, 경제구조, 해당 영역에서 농축수산업의 발전 수준과 직접적으로 관련된 것으로 보인다.

이 지역에서의 이민 유출은 이와 동시에 일어난 경제 불황으로 인해 노동 자원의 부족을 야기하지는 않았다. 오히려 실업과 같이 오랫동안 제기되지 않았던 현상이 다시 나타났다. 극동연방관구에서 경제활동인구 중 총실업자수는 2006년에 3.6퍼센트였는데, 이것은 러시아 전체에서의 비중보다 1.3퍼센트 높은 것이었다. 전문성과 숙련 수준에 합당한 일자리 부족, 제안되는 급여에 대한 불만, 일자리 부족 등과 같이 실업의 원인은 다양하다.

다른 곳보다 높은 실업률을 보인 곳은 아무르도, 마가단도, 프리모리예변강주, 축치자치구다. 그런데 프리모리예변강주에서는 높은 숙련성과 좋은 급여가 지급되는 일자리가 없다는 것이 높은 실업률의 보다 빈번한 원인이었다면, 마가단도에서는 전반적으로 일자리 부족이 보다 더 큰 원인이었다.

1990년대 초에 나타난 또 다른 새로운 현상은 외국인 노동력의 활용이다. 외국인 노동자 수는 증가 추세를 보이고 있다. 극동연방관구에서 외국인 노동자는 대략적으로 보아 2003년에 48,300명, 2005년에는 65,000명, 2008년에는 이미 96,350명이었다. 일반적으로 이들 값싼 노동력은 주로 중국, 우즈베키스탄, 북조선에서 왔다. 이러한 노동력은 주로 관구의 남부지역에서 중노동이면서 저숙련이거나 비숙련인 노동이 대량으로 요구되는 건설, 무역, 공공주거환경관리(ЖКХ) 시설, 목재생산, 농업 및 그 밖의 다른 분야들에서 활용되고 있다. 실제로, 2008~2012년 사이에 프리모리예변강주의 루스키(Русский)섬에 아태경제협력체(APEC) 회담을 위한 건물들을 건축할 때 주로 외국인 노동자들(약 15,000명)이 활용되었는데, 그것은 건설회사 소유주들이 러시아 노동자들에게 적절한 임금을 지불하는 것을 원하지 않았기 때문이다.

지적할 것은, 현재 이 지역에서는 적지 않은 수의 해외에서 온 불법이주자들이 법을 위반하며 일하고 있다. 이들의 정확한 숫자는 사법기관에도, 이민국에도, 당국의 다른 기관들에도 알려져 있지 않으며, 게다가 90년대에 비해서는 상황이 더 좋아지긴 했지만 이민 흐름에 대해 적용되어야만 할 감독이 아직 없다. 2012년에 러시아에서는 외국인 노동력의 유입 과정을 체계화하기 위한 여러 조치들, 즉 필수 요건으로서 타국민에 대한 러시아어 능력평가 도입, 러시아의 공식 기관들과 러시아 영토 내에 있는 민족 디아스포라들 사이의 협력, 타국민 스스로는 물론이고 고용주와 그 밖의 다른 사람들의 법 준수에 대한 책임감 강화 등이 채택되었다.

결론적으로, 극동지역에서 1990년대는 인구의 배출과 자연적 손실의 급격한 증가와 자연적 보충의 감소가 나타난 시기였다. 2000년대 초부터 부분적으로나마 긍정적인 변화(역외 유출과 사망률의 부분적 감소, 출생률의 상승)가 관측되었다. 그러나 극동연방관구의 악화된 인구 상황은 장기적인 국가정책을 수립하고 실행하며, 극동지역의 인구 고착과 지속가능한 사회경제적 발전을 위한 환경을 조성하고 러시아에게 있어 전략적으로 중요한 이 지역에서 러시아의 입지를 강화하기 위해 절박한, 그리고 그 중에서도 긴급한 방책들을 수용할 것을 요구하고 있다.

극동지역의 사회경제적 발전. 산업생산

극동연방관구 경제의 현황과 전망은 천연자원의 개발과 직접적으로 연관되어 있다. 이 관구의 천연자원 채굴시설은 산업 총생산량에서 첫째가는 위치(50퍼센트 이상)를 차지하고 있으며, 이에 따라 이 지역의 경제는 매우 현저하게 원료 편향적 특징을 가지고 있다. 유용광물 채굴과 직접적으로 관련되어 있는 부문들이 극동지역에서는 산업생산의 약 40퍼센트를 차지하고 있고, 사하공화국, 축치자치구, 마가단도, 사할린도에서 이 지표는 약 60퍼센트 이상에 달한다.

이 지역은 러시아 다이아몬드 매장량의 81퍼센트와 생산량의 약 100퍼센트, 주석 매장량의 92퍼센트와 생산량의 100퍼센트, 금과 은 매장량의 90퍼센트 이상과 생산량의 절반 이상, 텅스텐 정광(精鑛) 매장량의 약 23퍼센트와 생산량의 87퍼센트를 차지하고 있다. 이곳에서는 붕소 생산량의 100퍼센트, 형석의 87퍼센트, 납 매장량의 9퍼센트와 생산량의 63퍼센트가 생산되고 있다. 우도칸 동광상(Удоканское меднорудное месторождение), 엘기 석탄광상(Эльгинское угольное месторождение), 엘콘 우라늄광상(Эльконское урано-вое месторождение)을 비롯한 일련의 광상들은 러시아 내에서 가장 거대한 매장지들이다. 극동연방관구에는 러시아 전체 탄화수소 예상매장량의 약 20퍼센트 이상이 집중되어 있다.

삼림자원도 이 지역의 경제에서 중요한 의미를 갖고 있다. 삼림의 비중은 러시아 삼림면적의 36퍼센트에 달한다. 극동지역의 목재용 수목 총잠재량은 러시아 총잠재량의 25퍼센트를 차지한다.

해양생물자원도 경제분야에서 중요한 역할을 하고 있다. 극동지역 수역에 있는 수생생물자원의 원료적 토대는 2,600만 톤에 달해서, 연간 350만 톤의 어류와 해산물을 획득할 수 있다. 2011년에 실질어획량은 290만 톤이었다.

이 지역의 풍부한 자원잠재력에 대한 당연한 평가와 함께 지적하지 않으면 안 될 것은, 천연가스를 비롯한 가장 가치있고 유용한 광물들의 대규모 산지들 중 많은 곳이 미개발지역, 즉 접근하기 어려운 곳에 위치해 있다는 점이다. 따라서 이것들을 개발하는 데에는 많은 비용이 들며, 초기부터 필수 간접 자본 구축에 막대한 자본을 투여할 필요가 있다. 몇몇 산지들은 이 지역에 통합된 지질탐사기관이 붕괴된 관계로 상세한 지질학적 조사자료를 갖추고 있지 않다. 삼림자원 또한 동일한 상황에 있다. 자연조건으로 인해 극동지역에서 일반적인 작업을 할 수 있는 삼림자원은 전체 삼림 중 40퍼센트를 넘지 않는다.

자원 잠재력이 이미 소비에트 시기 이래로 주로 수출을 목표로 하는 지역 산업의 원료생산적 특징과 인민경제 구조 전체를 결정하고 있다. 이 중에서 제일 윗자리는 이 지역에서 경제적으로 특성화된 분야들인 어업, 광산업, 비철금속, 목재산업이 차지하고 있다.

두 번째 위치에는 제조업(기계제작, 경공업과 식품공업, 건축자재 생산업 등등)이 있다. 세 번째 자리에는 보조적 성격의 분야들(연료에너지복합체, 지역교통, 건설 등등)이 있다.

1990년대 초에 정치적 개조와 시장개혁의 결과로 극동지역과 러시아의 다른 영토 사이에서 축적된 경제적, 사회적 교류가 붕괴된 해들이 나타났다. 러시아 내에서 극동지역 생산품의 판매 시장이 사라졌다. 예를 들어, 1990년에 생산품의 국내시장 공급 규모가 75퍼센트에 달했다면, 2010년에는 21퍼센트에도 미치지 못했다.

지역 내 소비 규모가 작다는 조건 속에서 지역경제는 대외시장으로, 무엇보다도 아시아·태평양지역 국가들과의 교역으로 방향을 전환할 필요가 있었다. 이 시장으로 진출하는 것은 오직 원료만이 가능했다. 지역경제구조가 원료수출 지향으로 방향을 바꾸는 왜곡이 발생했다. 극동지역에서 생산된 전체 상품 중에서 수출이 차지하는 비중이 1990년에는 9퍼센트였다면, 2010년에는 이미 26퍼센트였다.

사유화로 인해 러시아 전체에서와 마찬가지로 이 지역에서도 소유에 있어 구조적 변화가 나타났다. 소유의 75퍼센트가 사적인 개인과 집단으로 이전되었다. 이미 2000년까지 극동연방관구에서 국가 소유의 비중은 13.7퍼센트에 불과하게 되었으며, 국영기업의 수는 관구 내

전체기업수에서 10퍼센트를 약간 상회하는 정도가 되었다.

자산의 탈국유화가 가장 빠른 속도로 진행된 곳은 어업과 목재산업이었는데, 이것들은 비교적 적은 자본투여와 기본적인 생산시설로도 빠르게 이익을 볼 수 있는 분야들이다. 사유화 과정에서 거대 생산복합체들, 수산물가공업체들이 해체되었다. 세분화의 결과로 러시아 국내외에 널리 알려져 있던 회사인 달모레프로둑트(Дальморепродукт), 프리모르립프롬(Приморрыбпром), 세계에서 가장 큰 냉동선단을 보유한 보스토크립홀로드플로트(Востокрыбхолодфлот) 등을 비롯한 많은 기업이 사라졌다.

이 부문에서는 수천 개의 중소기업이 생겨났다. 근해조업조직들과 가공조직들이 폐업하게 되었다. 조업선단과 가공기술이 회생하지 못했다. 게다가 가공량도 현저히 줄어들었다. 수출은 주로 날생선(총량의 79퍼센트)으로 공급되었다. 2000년대 초까지 이 부문에서 강력한 입지를 구축하고 있었던 것은 불법영업이었다. 1990~2007년 사이의 결과에 따르면 극동지역에서 수산물의 획득은 2.2배 감소했다. 이 기간에 러시아 내 어류 생산에서 이 지역이 차지하는 비중은 40퍼센트에서 54퍼센트로 증가했다. 그런데 이 수치는 지표가 될 수 없는데, 왜냐하면 이러한 "증가"는 국가 영토의 축소(소련 – 러시아), 즉 발트해, 흑해, 카스피해, 아조프해, 우크라이나의 강들에 있는 어업 수역, 해양 수역, 하천 수역의 상실에 따른 것이기 때문이다.

이와 유사한 과정이 목재산업에서도 일어났다. 새로운 소유자들의 이해관계에 따라 수출용으로 공급되는 원목이 이 부문의 주요 상품이 되었다. 시장경제로의 전환과 함께 1990~1999년에 나타난 생산의 총체적 저하는 벌목업에서 3.4배, 제재업에서 12배에 달했다. 톱밥과 합판의 생산은 완전히 중단되었다. 판지생산은 6배, 셀룰로오스, 종이,

널판의 생산은 20~40배 감소했다.

이것은 일정 정도에 있어서는 목재가공품에 대한 수요감소와 관련이 있다. 철도에서 침목은 콘크리트로 전환되었고, 어업에서 목재통은 화학재료로 만든 제품으로 대체되었으며, 광산업과 탄광업에서는 지주목 수요가 감소했다. 건설분야에서는 석고보드, 사이딩, 온두린 등등이 나무를 대체했다. 프리모리예변강주의 예외적으로 비싼 전기요금은 목재가공품의 경쟁력을 하락시켰다. 현지 생잔자에게도 외국생산자에게도 목재가공품을 동시베리아에서 공급받는 것이 유리하게 되었다.

광산업과 비철금속업은 이들이 생산한 정광이 (생산 개선을 위해서는 대규모 자본수혈이 필요했던) 기업의 기술적 후진성과 비싼 에너지 가격 및 운송비와 같은 이유로 (몽골, 말레이시아, 필리핀에서 생산된 것들에 비해 2배 더 비쌌기에) 경쟁력이 떨어지는 문제에 부딪히게 되었다.

극동 경제의 원시화는 국민경제의 핵심분야들(기계, 조선, 선박수리 등등)의 경제적 쇠퇴를 초래했다. 2011년에 극동지역 기계산업의 주요 소득원인 방위산업에서의 주문량은 생산능력의 20퍼센트를 넘지 않았다.

해외시장의 요구에 부응할 수 있었던 기업은 상황이 좀 더 나았다. 그 중 하나가 콤소몰스크-나-아무레항공기회사(Комсомоль-ский-на-Амуре авиационное производственное объединение им. Ю. А. Гагарина)이다. 국내시장과 역내시장에서 요구되는 소형 어선들이 하바롭스크, 블라디보스토크, 볼쇼이카멘, 페트로파블롭스크-캄차츠키에 있는 조선소들에서 건조되기 시작했다. 프리모리예변강주에 있는 〈아스콜트〉공장과 〈프로그레스〉공장은 민수물품 생산으로 얼마간 방향을 전환했다. 그런데 이러한 과정들은 지속적이고 결정적인 것이 아니었다.

이 지역에서 가장 병약한 상황에 처했던 것은 선박수리분야였다. 여러 가지 요인들(기술적 낙후, 비싼 에너지 가격, 숙련노동력 부족 등 등)의 이유로 인해 현재 선박소유주들은 소유 선박을 해외에서 수리하는 것을 더 선호하고 있다.

2006년에 극동연방관구의 경제적·사회적 발전에서 중대한 변화가 일어났다. 2006년 12월에 있은 러시아 연방 안보회의(Совет без-опасности РФ)의 결정들이 이 지역 발전의 방향과 규모를 바꾸어 놓았다. 연방 특별 프로그램인《극동지역과 자바이칼리예의 경제적·사회적 발전(Экономическое и социальное развитие Дальнего Востока и Забайкалья)》의 매개변수들이 변경되었고, 그 재정 규모가 현저히 증가되었다. 주민 1인당 투자규모에서 극동연방관구는 러시아의 연방관구들 중에서 선도적인 위치를 차지하게 되었다. 대체로 이것은 2012년 블라디보스토크 아태경제협력체 정상회의 시설물들의 지역 내 건설과 파이프 운송 라인, 에너지 및 교통시설 등의 발전과 관련이 있다.

지역내 산업생산 규모는 2008년 이래로 러시아 전체 평균보다 더 빠른 속도로 증가했다. 2008~2011년에 극동지역에서 그 성장률은 23.3퍼센트였는데, 러시아 전체로는 2.8퍼센트에 불과했다.

교통과 통신의 발전

어느 지역을 막론하고 발전에 있어서 중요한 역할을 하는 것은 교통분야이다. 광활한 영역들 중 대부분이 개발 중이거나 개발을 기다리고 있는 상태인 극동지역에서 교통은 특별한 의미를 갖는다. 소비에트 시대와 마찬가지로 개혁 이후 시기에도 이 지역에서 이 부문은 다음과 같은 본질적인 과제들을 계속해서 해결해 왔다.

- 극동지역 내 연결망 구축
- 극동지역과 다른 지역들, 특히 국가 중심지역들과의 연결망 유지
- 러시아와 나라 밖 세계와의 관계망, 특히 아시아·태평양지역 국가들과의 대외경제적 관계망 형성
- 아시아~유럽~아시아 노선에서의 국제적 통과 운송 보장

이 지역 내에는 철로, 해로, 항공로, 차로, 하천로, 파이프라인 등 모든 종류의 교통수단이 다 있다. 선도적인 위치는 항상 해상운수가 차지해 왔다. 개혁이후 시기에 그 중요성은 이 지역에서뿐만 아니라, 러시아 전체에서도 상승했다. 이것은 소련 붕괴 이후 발트해, 흑해, 카스피해를 잃은 것, 그리고 러시아와 아시아·태평양지역 국가들 사이의 대외경제관계가 발전한 것과 관련이 있다.

이 부문의 사유화와 경제침체는 대형 해운회사들의 세분, 선박과 물동량의 감소를 초래했다. 1980년대에 이 지역 내에 6개의 대형 해운회사가 있었다면, 현재는 약 200개의 해운회사가 등록되어 있다. 이것들 대부분은 소규모로, 한 척이나 두 척의 선박을 소유하고 있거나 대형 선주로부터 배를 임대하고 있다. 보유 선박 총톤수와 물동량이 줄었음에도 불구하고 〈극동해운〉은 지금까지도 러시아의 주요 해운회사들 중 하나로 남아있다. 러시아 내에서 가장 큰 유조선단을 보유하고 있고, 석유, 석유제품, 기타 액체운송에 특화되어 있는 〈프리모리예해운〉은 세계적으로 상위 순위를 유지하고 있다. 이 해운회사들의 운송

비중에는 해상운송의 기본 물동량이 포함되어 있다.

이 지역 내에서의 화물운송과 극북지역으로의 화물운송에는 극동해운과 프리모리예해운 이외에도 다른 주식회사들, 즉 캄차카해운(Камчатское морское пароходство), 사할린해운, 동북해운(Северо-Восточное морское пароходство), 북극해운과 같은 이 지역 해운해사들의 배들도 참여하고 있다. 북방해양에서의 선박 배송을 위해 극동해운에 소속된 쇄빙선이 운항되고 있다.

극동연방관구에는 22개의 무역항과 10개의 어항이 있다. 이것들 중 대형 항구로는 블라디보스토크, 나홋카, 보스토츠늬, 바니노, 홀름스크, 페트로파블롭스크-캄차츠키, 마가단이 있다. 극동지역에 있는 항구들은 국제적인 중요성을 가지고 있는데, 그것은 국제운송로는 물론이고 국내운송로를 통해 외국으로 오고가는 화물을 환적하는 곳이기 때문이다. 아나듸리, 에그베키노트, 프로비데니야, 페베크(Певек), 틱시(Тикси)와 같은 축치와 북극해의 항구들은 북부인들을 위한 물자공급에 있어 대체 할 수 없는 역할을 하고 있다. 최근 20년 동안에 이 항구들에서 작업한 화물이 산업생산, 인구, "북부운송"의 축소로 인해 줄어들었다. 극동 수역의 항구들은 러시아 해항의 화물 물동량 중 17.7퍼센트를 담당하고 있다. 여기에서 선도적 역할을 하고 있는 것은 해항들을 기반으로 교통의 중요한 연결고리 역할을 하고 있는 곳들인 블라디보스토크, 나홋카, 바니노이다.

최근 수년 동안 해상운수에서는 새로운 기술공정들이 도입되고 있고, 특수선박과 컨테이너 화물의 비중과 운송 수익성이 높아지고 있다. 이와 함께 선단은 노후화되고 있다. 극동해운에 있는 선박들 중에서 다수가 25년 이상 운항되고 있다. 부두는 부족하여 비좁고, 항구 경제는 느리게 발전하고 있으며, 현지의 선박수리 기반은 낙후해서 수리

비용 또한 비슷한 유형의 외국회사들에 비해 현저히 높다.

1990년대 초까지 육상에서 이 지역의 기본적인 교통 동맥은 시베리아횡단철도와 바이칼-아무르철도, 하바롭스크~소베츠카야가반 철도노선, 지역적 중요성을 가지고 있는 섬 지역의 사할린철도였다.

현재 기본적인 하중은 이 지역의 남부지대인 프리모리예변강주, 하바롭스크변강주, 유대인자치도, 아무르도를 지나는 시베리아횡단철도가 부담하고 있다. 이 철도의 통관 능력은 연간 1억 톤에 달한다. 바이칼-아무르철도의 통관능력은 연간 1,260만 톤이다.

현재 극동연방관구 전체 화물의 21.4퍼센트가 철로를 통해 운송되고 있다. 프리모리예변강주, 하바롭스크변강주, 사할린도의 거의 모든 대형 해항들이 철도와 연결되어 있다. 시베리아횡단철도의 노선은 아시아~유럽~아시아를 잇는 직통로를 따라 화물을 운송할 수 있게 해준다. 이 교통로를 통한 나홋카에서 핀란드 국경까지의 컨테이너 운송은 불과 11~12일로, 수에즈 운하를 통과하는 남부 노선 운송보다 3배 더 빠르다.

살펴보고 있는 시기에 톰모트(Томмот)~야쿠츠크 철도노선, 일인스크~우글레고르스크(Углегорск)의 사할린 노선, 콤소몰스크-나-아무레~소브가반(Совгавань) 노선 상에 있는 쿠즈네초프 터널(Кузнецовский тоннель) 등의 건설이 진행되었고, 새로운 국제공항인 블라디보스토크까지 고속철도 노선이 건설되었다. 시베리아횡단철도와 한반도종단철도를 연결하는 국제적 계획을 실현하기 위한 일환으로 북조선과 공동으로 하산(러시아 연방)~두만강(북조선)~라진(북조선)을 잇는 철도 구간 재건 작업이 진행되고 있다. 그런데 이 지역의 철도운수는 한 단계 높은 발전이 요구되고 있다. 시베리아횡단철도에서 화물 물동량을 증대할 수 있는 여유는 많지 않으며, 바이칼-아무르철도의 경우에는 여유가 이미 없다. 두 철도 노선들에 대한 개선이 반드시 필요하다. 이것은 극동지역의 항구들을 거쳐가는 통과 운송 규모와 대외무역 운송 규모를 여러 배 늘릴 수 있는 환경을 조성해 줄 것이고, 인접지역에 잠재되어 있는 방대한 자연자원을 상품으로 전환하는 것을 가능하게 할 것이며, 이 지역 주민들의 교통이동성 수준을 향상시켜 줄 것이다.

극동지역 인구분포의 지리적 조건과 특징으로 인해 이 지역에서 항공운수는 장거리 여객수송과 지역 내 왕래를 보장하는 수단으로서 특별한 의미를 가져왔다. 극북지역의 벽지 구역들과 쿠릴열도에서 항공운수는 유일한 교통수단이다.

이 분야에서는 시장경제로의 전환과 사유화와 함께 항공운송조직이 분리되어서, 독립적인 항공회사들이 다수 생겨났다. 현재 이것들은 유대인자치도를 제외한 관구 내 자치주체들 중 거의 모든 지역에 있다. 최근 몇 년 동안 물적토대가 상당히 개선되어서, 여러 공항들이 재건축되었고, 새로운 공항종합시설들이 건설되었다. 모든 지역에서 항공운항조직체계에 새로운 기술이 도입되었다.

현재 관구 내에는 6개의 국제선 공항과 8개의 국내항공노선 공항이 있다. 지역 내 주요 공항으로는 야쿠츠크국제공항, 페트로파블롭스크-캄차츠키공항, 하바롭스크공항, 마가단공항, 유쥬노사할린스크공항, 블라디보스토크공항이 있다. 이 중 규모가 가장 큰 공항은 하바롭스크공항이다. 항공사들은 보유 항공기(투폴레프Tu-154, 투폴레프Tu-204, 일류신Il-76, 안토노프An-24, 안토노프An-140, 보잉 737, 보잉 757, 안토노프An-26, 야코블레프Yak-40, 카모프Ka-32, 밀Mi-17 및 기타 비행기와 헬리콥터 등)를 위한 격납고를 가지고 있다.

지역간, 그리고 특히 국가간 항공 노선의 수가 증가했다. 러시아 도시들 이외의 운항지로는 미국, 일본, 한국, 중국, 싱가포르, 프랑스, 이탈리아, 독일, 아제르바이잔 및 다른 국가들이 있다. 항공사들은 러시아 중앙 지역의 도시들과 외국에 다수의 지점을 가지고 있다. 아시아·태평양지역 국가들의 많은 도시들로 가는 전세기 노선들, 주로 관광 노선들이 조종사들에 의해 운항되고 있다.

이 지역에서 국제 노선 여객수송의 60퍼센트 이상이 항공운수에 의해 수행되고 있으며, 북쪽 구역들에서는 90퍼센트 이상을 담당하고 있다. 극동지역에서 항공운수는 매년 약 2백만 명의 여객과 50톤의 화물을 운송하고 있다.

러시아의 다른 지역들과 마찬가지로, 극동지역에서도 모든 운송수단 중 기본적인 비중을 차지하는 것은 자동차교통이다. 이 분야에서의 사유화와 함께 이 지역에는 엄청난 수의 민간차량운송업자들이 생겨났으며, 서비스 시장의 규모는 급격히 증대되어 소비자의 모든 요구에 부응하게 되었다. 새로운 차량보관소가 형성되었는데, 이곳은 본질적으로 러시아산 기계보다 뛰어난 기계인 수입산 화물차, 버스, 기타 장비들로 주로 이루어져 있다. 이와 함께 자동차교통의 발전은 자동차도로망의 상황으로 인해 지체되고 있다.

관구 내의 자동차도로망 분포상황은 매우 불균등해서, 연방급 자동차도로와 지역급 자동차도로의 총연장선에서 극동지역에 있는 40,700킬로미터 중에서 포장도로는 30,400킬로미터로 74.3퍼센트를 차지하고 있는데, 이 항목의 러시아 평균은 92퍼센트이다. 전체적으로 포장된 공공 자동차도로 확보상태를 보면 극동연방관구는 1,000제곱킬로미터당 6.6킬로미터인데, 러시아 평균 수치는 1,000제곱킬로미터당 31.7킬로미터로 4.7배 이상 높다. 이 지역 내에서 부하가 가장 큰 곳은 블라디보스토크~하바롭스크(《우수리》), 치타~하바롭스크(《아무

르〉), 볼쇼이네베르~야쿠츠크(〈레나〉), 야쿠츠크~마가단(〈콜리마〉)
등과 같은 연방국도이다.

하바롭스크에 있는 아무르강 횡단 자동차전용다리의 설치, 블라디
보스토크에 있는 졸로토이로크만을 지나 루스키섬에 이르는 두 개의
진귀한 사장교와 이 외에도 세단카역~데-프리스(Де-Фриз)반도를
잇는 수면 위로 낮게 위치한 교량의 건설에서 최근 몇 년 사이에 커다
란 진전이 있었다. 이 시기에 아태경제협력체 정상회의를 준비하는 일
환으로 노비(Новый)마을~세단카~파트로클(Патрокл)만을 잇는 새
로운 자동차전용도로가 건설되었고, 우글로바야(Угловая)~블라디보
스토크를 잇는 도로가 개선되었다. 이로 인해 도시로의 접근성이 확대되
었고, 도시들 사이를 왕래하는 도시간 자동차 수송 시간이 단축되었다.

이 지역 내 전체운송수단들 중에서 자동차교통은 69퍼센트의 비중
을 차지하고 있다. 축치자치구, 야쿠티야, 마가단도에서 이 비중은 상
당히 높게 나타나며, 반대로 이 지역의 남쪽 지역들에서는 낮게 나타
난다.

오늘날 이 지역 내에서는 여러 개의 대규모 자동차운송회사들이
활동하고 있는데, 이것들은 기술적 준비도, 운송 규모, 고객 봉사, 경
제적 효율성에서 눈에 띄게 높은 수준을 보여주고 있다. 주식회사 〈프
림아프토트란스(Примавтотранс)〉(블라디보스토크)는 극동지역 최
초로 러시아와 중국 사이에서 수출입 화물을 국제운송하게 되었다. 현
재 이 회사는 11개의 국제 노선을 포함해서 총 279개의 버스 노선을
운행하며 495개의 거주지들을 연결하고 있으며, 매일 59,500명의 승
객을 운송하고 있다. 이 회사는 러시아의 모든 지역들과 독립국가연
합(CIS) 국가들은 물론이고, 중국, 한국, 일본, 미국, 캐나다에서 화물운
송을 조직하고 있다. 이곳들에서는 이 회사의 지점들이 활동하고 있다.

이 지역의 운송분야에서 중요한 위치를 차지하고 있는 것은 하천 선단이다. 이곳에서 항행이 가능한 하천로의 확보율은 러시아 평균보다 3배 이상 높다. 항행이 가능한 하천의 총길이는 사하공화국에서만도 16,500킬로미터에 달한다. 극동지역 전체로는 매 10,000제곱킬로미터당 하천로가 31킬로미터에 달한다.

한편 극동지역에 있는 항행이 가능한 19개 하천들에서 많은 부분은 인구가 적은 영역을 흘러가며, 이러한 관계로 이것들을 교통수단으로 사용하는 정도는 그리 높지 않다. 수상교통은 대체로 아무르 수역과 레나 수역에서 사용되고 있는데, 많은 부분에 있어 이를 대체할 수단은 없다. 실제로, 사하공화국의 총화물운송에서 커다란 규모를 담당하고 있는 것은 레나하천선박사인데, 이 회사는 레나강에 속하는 4,000킬로미터 이상의 영역으로 물품을 운송하고 있다. 수송물의 상당부분은 아무르하천선박회사도 담당하고 있다.

그런데 하천로는 항상 자연적 특징에 따른 원인들(결빙, 범람, 홍수)로 인해 그 사용에 한계가 있었다. 장기간의 결빙으로 인해 아무르 수역의 항행기간은 연간 150일, 레나강은 130일에 불과하다. 집수지역에서의 삼림벌채와 제야수력발전소와 부레야수력발전소의 건설로 인해 최근 수년 사이에 아무르강의 수심이 눈에 띄게 저하되었는데, 이것이 선박 항행을 제약하고 있다.

시장 경제 조건 속에서 경제 침체로 아무르강을 따라 운반되는 장비, 건설자재, 원료 등등의 운송 총량이 감소하게 되었다. 경제개혁으로 아무르강의 하상운송업자들은 중국 내 항구들로의 국제운송에 적극적으로 참여하게 되었고, 극동지역의 해안 지역뿐만 아니라 상하이, 다롄, 일본의 항구들로도 화물운송을 하기 위해 하천-해양급의 선박을 사용하게 되었으며, 선박의 수를 최적화하게 되었다.

최근 수년 동안 러시아 통합 파이프라인 기반시설로 인해 극동지역 파이프라인 운송이 활발해지고 있다. 2011년에 사할린-하바롭스크-블라디보스토크 가스관 건설이 완공되었다. 동시베리아와 태평양의 코즈미노만(프리모리예변강주)에 있는 특별원유수출항을 잇는 송유관 건설이 진행 중에 있다. 이에 따라 나홋카에 거대한 원유정제공장을 건설하고 로모노소프곶의 페레보즈나야만 지역(프리모리예변강주)에 천연가스액화공장을 건설하기 위한 토대가 마련되었다.

전반적으로 극동지역의 운송기업들은 과도기를 견뎌냈고, 매우 성공적으로 시장경제에 진입했으며, 극동지역의 발전과 이 지역 및 러시아와 다른 국가들 사이의 대외경제 관계를 강화하는데 점점 더 크게 기여하고 있다.

시장경제로의 이전과 함께 사회적으로 중요한 과제들을 수행하는데 있어 교통의 역할이, 무엇보다도 해양, 항공 및 철도 교통의 역할이 감소했다. 캄차카도, 사할린섬, 쿠릴열도, 추콧카, 마가단도로부터의 해상여객수송이 전면 중단되었다. 1970~1980년대에는 극동해운의 선박들이 캄차카 노선에서만도 연간 200,000명의 여객을 수송했었다. 쿠릴열도는 교통 수단이 접근하기 힘든 지역이 되었다. 연안 노선들에서 운항회수와 여객수송 규모가 감소했다. 도서지역으로의 안정적인 교통망이 부재했다.

프리모리예변강주와 같이 멀리 떨어진 구역들에 거주하는 주민에게 있어 특히 중요한 의미를 가지는 것인 소규모 항공은 축소되거나 실질적으로 사라졌다. 항공방제대와 항공삼림소방대는 해체되었으며, 오늘날 그 기능은 사건이 일어날 때에만 일시적으로 사용되고 있다. 철도운수에서는 외곽지역의 여객수송 노선, 운행회수, 여객수송규모가 감소했다. 요금은 상승했고, 높은 비용으로 인해 교통수단을 통한 주민이동은 줄어들었다. 이 모든 것들이 사람들의 생활 조건, 지역으로의 유인, 인구수의 증가와 공고화에 부정적인 영향을 끼쳤다.

이 시기에 극동지역에서는 정보기술과 통신이 급격하게 발전했다. 이 시장은 1990년대 초에 형성되기 시작했으며, 현재는 늘어나는 소비자 수요를 충족시킬 수 있을 정도로 가장 현대적인 수준에 도달해 있다. 소비에트 시대에 있었던 주택은 물론이고 업무용 전화기와 관련된 잘 알려진 서글픈 문제들이 사라졌다. 휴대전화(무선전화)망 서비스가 모든 곳에 미치고 있고, 인터넷 이용 서비스의 할당이 보다 크게 확대되고 있다. 케이블 방송과 쌍방향 디지털 방송이 활발하게 도입되고 있다.

이 지역에서 휴대폰 단말기 가입자 총수는 2009년에 960만 명에 달했다. 약 1,500개의 통합 인터넷 접속 거점지들이 개설되었다. 연방목표 프로그램인 "전자 러시아(Электронная Россия)"와 국가사업인 "교육"의 실현을 통해 2009년까지 극동지역에 있는 국가기관들, 중등교육기관들과 전문교육기관들에는 거의 100퍼센트 가까이 컴퓨터가 보급되었고, 인터넷 접근이 가능하게 되었다. 이 지역의 고등교육기관들에서는 이러한 과제들이 이미 오래 전에 해결되었었다. 그 결과 새로운 교육기술들이 학업과정에 적극적으로 도입되었다.

2009년에 이 지역에서 인터넷 사용자 총수는 190만 명이었다. 2009년에 주민 1인당 제공받는 통신서비스 규모에서 극동연방관구는 중앙연방관구(Центральный федеральный округ), 서북연방관구(Северо-Западный федеральный округ)에 이어 러시아 내에서 세 번째 자리를 차지했다. 러시아의 정보 중심지이자 역사문화적 장소들인 서쪽 구역들에 살고 있는 친족들로부터 멀리 떨어져 있는 극동인들에게 있어 이러한 성과는 값으로 매길 수 없는 그리고 이에 더해 사회적인 중요성을 가지고 있다.

시장 조건과 농업

극동지역에서 농업은 주도적인 경제분야는 아니지만 지역 내에서 사회적 영역의 상황과 사회적 안정성의 수준과 관련이 있는 중요한 변수이다. 잘 알려진 것처럼, 복잡한 자연기후 조건과 토양의 낮은 비옥도로 인해 러시아의 이 지역에서 농업을 도입하는 것은 어려운 일이다. 실질적으로 극동연방관구의 모든 지방주체들이 위험부담을 안고 농사를 짓는 지역에 포함된다.

극동지역의 방대한 면적(620만헥타르)에도 불구하고, 1980년대 말까지 이곳에서 농경지는 이전과 마찬가지로 전 영역의 1.5퍼센트에 불과했다. 인구 1인당 경작지 면적에 있어 러시아 연방 평균이 0.8헥타르였다면, 극동지역에서는 주민 수가 극단적으로 적음에도 불구하고 평균 0.4헥타르였다. 관구 내에 있는 여러 지방주체들에서 이 지표는 상당히 낮아서, 하바롭스크변강주에서는 인구 1인당 0.16헥타르, 캄차카도와 사하공화국에서는 각각 0.14헥타르, 사할린도에서는 0.06헥타르였다.

극동지역에서 농업 발전은 언제나 하나의 목표로 집약되는데, 그것은 현지에서 생산된 식료품으로 가능한 최대로 주민을 부양하는 것이다. 이것은 변경지역 정착의 필요성, 인구의 유동성 감소와 확립, 노동자원의 보다 완전한 활용을 요구했다. 운송비 앙등으로 인해 이러한 과제들을 해결하는 것이 더욱 더 중요해지게 되었다.

국가, 지역 기관들, 누구보다도 생산자들 자신의 노력에도 불구하고,

극동지역의 농업은 문제 분야로 남아 있었으며, 식료품에 대한 주민의 수요를 충족시켜 주지 못했다. 예를 들어, 지난 15년(1971~1985) 동안 이 지역의 농업에 대한 국가의 자본 투여는 4.5배 증가했으나, 작물 재배에 따른 생산물 증가는 25퍼센트에 불과했다. 이 시기에 수요는 증가했는데, 왜냐하면 인구가 170만 명, 즉 29퍼센트 증가했기 때문이었다.

계획경제에 따른 비용, 즉 모든 곳에 가능한 더 많이 재배하려고 했던 노력은 성장이 그렇게 좋지 않게 되었던 이유들 중 하나였다. 이것은 중앙의 지시였다. 동일한 구역 내에서도 심지어는 부락에 따라 조건이 크게 차이가 나서 전문적인 접근방식이 요구되는 경우가 적지 않았지만, 이때 지역 조건은 고려되지 않았다. 이 지역에서 밀을 재배하는 것은, 러시아 평균 수확량이 헥타르 당 15~22첸트네르인데 반해 이곳에서는 7~14첸트네르인 것에서 알 수 있듯이, 그리 합리적인 것이 아니었다.

또 다른 문제는 상품생산에 대한 비용이 지속적으로 증가하고 있었다는 것이었다. 기후조건 만으로도 이 비용은 러시아 평균을 상회해서, 농업에서는 20퍼센트, 목축업은 15퍼센트가 더 많이 들었다. 원거리와 관련된 추가비용, 교통비용 등등이 더해져서 극동지역 생산품들은 1.3~1.7배 비싸게 출하되었다. 결론적으로 1980년대 말까지 극동지역의 소비구조에서 현지생산이 차지하는 것은 곡물이 28.7퍼센트, 고기가 51퍼센트, 우유와 유제품이 46퍼센트, 설탕이 39퍼센트, 채소와 멜론 류가 55퍼센트, 달걀이 91퍼센트, 감자가 96퍼센트였다. 이와 함께 극동지역은 콩, 쌀, 메밀의 생산, 양봉업의 발전(프리모리예변강주에서만도 러시아 꿀의 10퍼센트를 생산하고 있다.), 모피 생산에서 핵심적인 위치를 차지하고 있었다. 마가단도는 온실재배를 통한 채소 재배에서 선두를 달렸다.

시장경제로의 전이와 함께 농업분야는 급격하게 추락했다. 일정한 수준에서 이 과정은 객관적인 특징을 띠고 있었다. 낡은 방식의 노동과 생산은 붕괴되었고, 새로운 방식들은 곧바로 형성될 수 없었다. 이 행기에 나타나는 생산침체는 피할 수 없는 것이었다. 주관적인 요인으로는, 지방 당국과 지역 당국을 포함한 국가도, 농업기업들의 지도부도, 노동자 집단들도 조직적으로나 도덕적으로 이 분야를 개혁하기 위한 준비가 되어있지 않았다는 것이 드러났다.

사유화 과정에서 콜호스와 솝호스의 물적 토대는 손상되었고, 자산은 절취되었으며, 대형목축단지, 수리기술기반, 상품보관시설 등등이 파손되었다. 이와 동시에 국가는 농업을 운명의 전횡 앞으로 "던져버려서", 이미 1991년부터 보조금 지급을 중단했으며, 이후 10년 동안에도 사실상 보조금을 지급하지 않았다. 반면, 국경 너머에서는 심지어 가장 발전한 자본주의적 농업들도 국가의 지원을 받았고 현재도 받고 있는데, 그것은 농업발전의 사회적 중요성과 이 문제의 특수성에 대해 이해하고 있기 때문이다.

1990년대는 농촌에 있어 가장 힘든 시기였다. 이 기간에 농업용 농지의 총면적은 18.6퍼센트 감소했고, 경작지는 두 배 감소했다. 1999년에 이 지역에서 파종지 총면적은 1990년 수준의 47퍼센트였다. 곡물, 콩, 사료작물의 파종지 면적은 약 두 배 감소했다. 채소와 감자 재배지 면적은 반대로 각각 25퍼센트와 30퍼센트 증가했는데, 이것은 개인적인 부업경영 덕분이다. 지역 거주민 1인당으로 계산할 때 곡물수확은 3.5배 줄었고, 콩은 58퍼센트 감소했다.

목축업에서의 상황은 복잡했다. 1990년대 말까지 대유각가축의 수는 1990년과 비교했을 때 두 배 감소했고, 돼지는 75퍼센트 줄었다. 북부 구역들에서는 하락이 더 컸다. 생산량 감소와 주민의 생활수준

하락으로 생태적으로 가치있는 식료품에 대한 수요가 감소했다. 우유 수요는 60퍼센트, 육류는 39퍼센트, 달걀은 두 배 감소했다. 이와 함께, 감자, 곡물, 채소의 소비는 증가했다.

중앙집중적인 정부 공급의 폐지로 인한 가격 상승과 생산자들의 생산수단 결핍으로 인해 물적자원에 대한 보장성이 감소했다. 1990년대 동안에 광물비료의 사용은 7.5배, 유기비료는 10배 감소했다. 1990~2000년 동안에 트랙터 구매는 20배 감소했고, 곡물수확용 콤바인 차고지는 2배, 사료작물 수확용 콤바인은 64퍼센트 줄어들었다. 농업에서의 물적소비에 있어 종자, 파종용 장비, 비료, 수리용 재료의 비중은 감소한 반면, 같은 기간에 산업적으로 생산된 비료, 기술, 그리고 특히 전기와 석유제품에 대한 소비는 증가했다.

2000년 이후에 이 분야는 얼마간 회생되기 시작했고, 생산침체 속도는 늦춰졌다. 시장경제 조건에서 습득한 경제활동의 경험이 반영되었으며, 국가지원이 얼마간 나타났다. 이미 2000~2006년에 수확률이 증가해서, 곡물은 43퍼센트, 감자는 31퍼센트, 채소는 24퍼센트 증가했다. 가축 두수도 얼마간 늘어났다. 1989년에 비해 2011년에는 극동연방관구 거주민의 생활보장이 현지 생산으로 인해 우유와 유제품에서 3퍼센트, 채소에서 8퍼센트, 감자에서 2퍼센트 증가했다.

농산품 생산은 느리게 증가하고 있다. 이와 함께 성장률은 러시아 평균보다 낮게 유지되고 있다. 2011년에 러시아 전체에서 농산품의 생산 비중은 1990년에 비해 12퍼센트 적었고, 극동지역에서는 거의 절반에 가까운 45퍼센트 적었다.

원인은 여러 가지가 있다. 시장경제 시기에 형성된 새로운 경제형태, 즉 개인농장, 가족경영과 농민집단경영은 반드시 필요했던 국가지원을 받지 못했다. 높은 에너지 가격, 기술과 유류품의 가격은 토지와 대출의 분배에서의 관료주의, 세제혜택의 부재 등과 함께 농장이 발전은 고사하고 자립하는 것조차 할 수 없도록 했다. 국가적 수준의 대규모 소비자인 군부대, 지역의 노동교화기관 등은 경우에 따라서는 우유와 유제품조차도 나라의 서쪽지역들로부터 공급받고 있을 때 지역생산자들은 감자, 양배추 등등의 소비자를 찾고 있다. 중국인 생산자의 생산품이 대체로 높은 수준의 질산염 함량을 보이고 있다는 것은 잘 알려진 사실임에도 불구하고, 적지 않은 경우에 지역당국은 이들에게 토지를 임대해주는 것이 훨씬 이익이 된다고 여기고 있다.

농업전문가들의 평가에 따르면, 현재 이 지역에 있는 많은 농업경영 구역들에서 조차 극단적인 자연환경 조건에 대한 모든 극복책은 모두 생산품의 가격을 상승시키고 경쟁력을 하락시킬 뿐이다. 농예학(農藝學)에서의 전문화를 심화하고, 우량종 축산업, 양계업, 순록사육업을 발전시키고, 농업 생산품에 대한 가공을 확대하는 것, 즉 자연환경의 기후를 비롯한 다른 여러 조건들에 대한 의존성을 최소화할 수 있는 분야들로 관심을 돌리는 것이 반드시 필요하다.

주민 생활 수준과 사회적 영역에서의 변화

이미 앞에서 지적한 것처럼, 극동지역에서 시장경제로의 전환은 주민 생활 수준의 급격한 하락으로 대변할 수 있다. 나라 전반에 걸쳐 국가는 무상주택보급을 중단했고, 이에 더해 주택 그리고 또한 사회 및 문화생활 용도의 건물 건설을 축소했다. 교육과 의료에서 유료화가 나타났으며, 기본적으로 요양치료와 어린이 여름휴양은 완전히 유료화되었다. 주택관리비, 전기료, 모든 종류의 교통요금 등등이 계속해서 인상되었다.

일련의 긍정적인 점들에 대해서도 언급할 필요가 있다. 지난 20년 동안 고등교육기관의 수가 증가했다. 극동연방관구는 연방관구들 중에서 유일하게 연방대학이 두 개 ― 야쿠츠크에 있는 동북대학교와 블라디보스토크에 있는 극동대학교 ― 있는 곳이 되었다. 아태경제협력체 정상회의를 준비하는 일환으로 루스키섬에는 극동연방대학교를 위한 완전한 대학도시가 건설되었는데, 로모노소프모스크바국립대학교를 제외한다면 현재 러시아에서 이와 비견할 만한 곳은 없다. 유상교육체계의 등장에도 불구하고 학생 수는 두 배 증가했다.

전문교육을 위한 전공 수가 증가했다. 중등보통교육을 심화교육하는 리체이(лицей)[3], 김나지움 등이 나타났다. 2005~2006년에 국가 "교육" 계획의 틀 속에서 교육기관들의 물적 토대가 강화되었다.

또 다른 국가사업인 "보건"의 현실화와 함께 의료기관들은 현대적 장비를 갖추게 되었는데, 이것은 의료지원의 질적 향상을 가져왔다. 최근 몇 년간 유치원들이 복원되고 새로운 유치원들이 건설되었다. 군인주택공급 프로그램이 성공적으로 진행되고 있다.

같은 기간에 국가 전체에서와 마찬가지로, 관구 내에서도 초급전문교육체계가 실질적으로 축소되었으며, 이에 따라 최근에 와서 노동시장에서는 모든 전문분야들에서 숙련 노동자들에 대한 요구가 높아지게 되었다. 연계망 최적화라고 명명된 프로그램에 따라 최근 20년 동안 이 지역에서는 수백 개의 도서관, 문화전당, 조산원, 마을 입원병원, 정원미달학교, 보충학습을 위한 아동교육시설, 기타 사회시설이 문을 닫았으며, 국가, 지방 및 지역 당국은 이것들에 대한 재정지원을

---

3   리체이(лицей)는 사립중등학교이다.

중단했다. 2003~2005년에 프리모리예변강주에서만 입원병원이 9개 줄었고, 병상수는 성인용 10,000개로 7퍼센트, 아동용 병상은 10,000개로 9퍼센트, 지역 입원병원의 병상수는 29퍼센트 감소했다. 이 기간에 나타난 외래진료소(клиника)와 진료소(амбулатория)의 9퍼센트 성장은 제공되는 의료지원이 완전히 유료화 된 민영의료시설이 생겨났음을 의미한다.

2011년에 극동연방관구에는 180만 제곱미터 이상의 주택이 건설되었는데, 이것은 2010년에 비해서는 15퍼센트 증가한 것이지만, 1990년 수준에 비해서는 47퍼센트에 불과하다. 또한 관구 내 1인당 평균 거주지 공급 면적이 1990년 이래로 14.3제곱미터에서 21.9제곱미터로 증가했지만, 이러한 사실을 긍정적으로 평가할 수는 없는데, 왜냐하면 이 지표는 건설규모의 증가로 달성된 것이 아니라 이주라는 부정적인 과정에 따른 것이기 때문이다.

2006년부터 시작된 지역경제의 성장 흐름이 주민의 생활수준에 반영되었다. 2011년도의 주민 평균현금소득은 전년도에 비해 10.7퍼센트 증가한 23,000루블이었다. 같은 시기에, 극동인의 1인당 평균현금소득이 명목상으로는 전 러시아 평균을 12.3퍼센트 초과하고 있긴 하지만, 구매력 평가 수준을 계산하면 그 소득 크기는 러시아 연방 평균의 87퍼센트에 불과하다.

극동지역 거주민의 필요라는 측면에서 본다면, 기후조건을 고려할 때의 추가 지출(따듯한 의류 획득, 난방에 있어 보다 비싸고 긴 기간의 요금 지불), 또한 요양과 휴양을 위한 여행, 지역 내와 러시아 중심지역에 있는 문화시설 방문 등을 위한 교통비 지출 등이 요구되기에, 극동지역 주민은 생활 수준에 있어 러시아의 유럽 부분 평균에 비해 30퍼센트 이상 낙후되어 있다. 이미 앞에서 언급한 것처럼, 많은 측면들에 있어

서 바로 이 요인들로 인해 인구가 현재도 멈추지 않고 유출되고 있다
고 설명할 수 있다. 주민의 급박한 필요를 고려하지 않고 인적 요소에
대한 투자를 하지 않는다면, 이것은 어떠한 구조적 경제 개혁이나 전
지구적 투자 계획으로도 멈출 수 없다.

15장 러시아와 아시아 · 태평양지역 국가들 사이의 국제관계에서 극동지역의 입지

이 장의 주제에 대해서는 많은 연구가 행해졌지만, 본 주제를 살펴보기 전에 몇 가지 용어들(정의들, 의미들)을 분명하게 규정할 필요가 있다. 그것은 한 저명한 철학자가 확언했던 것처럼, 인류가 단어의 의미를 정확하게 정의할 수 있게 된다면 자신이 저지를 수 있는 오류의 반을 회피할 수 있을 것이기 때문이다. 사실 연구자들 사이에서는 아시아 · 태평양지역(아태지역)의 경계에 대한 다양한 정의들이 존재한다. 첫 번째 정의에 따르면, 아태지역은 남북아메리카 대륙의 서쪽 연안, 아시아의 동부 연안 그리고 오스트레일리아 지역으로 둘러싸인 광대한 지역을 포괄한다. 이러한 접근방식에 따르면 아태지역에는 남아시아 국가들도 포함된다. 두 번째 정의에 따르면, 아태지역에는 태평양 연안의 아시아 국가들, 미국, 캐나다, 오스트레일리아 및 뉴질랜드 지역, 그리고 남아시아 국가들이 포함되나, 라틴아메리카 국가들은 여기에서 제외된다. 세 번째 안은 베링해협에서부터 미얀마[1]에 이르는 지역에 있는 아시아 국가들만을 아태지역에 포함시킬 것을 제안하고 있다. 지역적 사건들에 대한 이해를 위해 필요하다면, 미국, 캐나다, 오스트레일리아, 뉴질랜드, 인도 및 ASEAN(동남아시아국가연합) 국가들의 정치와 관련된 문제들이 분석을 위해 더해질 수 있다.

1 　원문에는 "버마(Бирма)"라고 되어 있으나 여기에서는 현재 공식 명칭으로 사용되고 있는 '미얀마'로 번역했다.

V. 우솔체프(B. Усольцев)는 지리적 경계에 있어 또 다른 접근방식을 제안하고 있다. 그의 견해에 따르면, 태평양 연안 아시아 지역은 러시아 일부, 중국, 일본, 남북한, 동남아시아 국가들, 파푸아뉴기니, 오스트레일리아, 뉴질랜드를 포함하는 지역으로 구분할 수 있다. O. 아린(O. Арин)의 견해에 따르면, 아시아·태평양지역을 구별해 분리하는 것은 부적절하며, 아마도 21세기는 유럽-아시아 지역, 즉 유라시아지역의 시대가 될 것이다. 또 다른 학자들에 따르면 아태지역의 정확한 윤곽을 구획하는 것은 무의미한 시도인데, 왜냐하면 아태지역에 미국 영토 전부를 포함시킬 것인가 아니면 태평양 연안만을 포함시킬 것인가, 또는 러시아 전체가 아니라 시베리아와 극동지역만을 아태지역에 포함시킬 것인가 등과 같은 문제를 해결해야만 할 것이기 때문이다. 이들의 견해에 따르면, 아시아·태평양지역의 형성은 아직 완결되지 않았고, 그 경계선들은 상당히 불안정하며, 아태지역에의 포함 여부를 판별하는 기본 요소는 관련된 국가나 영역이 아태지역 발전에 연관되어 있는 수준과 복잡하고 지속적으로 발전하고 있는 통합체로 상정되는 거대한 지역을 이에 상응하게 인식하는 수준으로 이루어져 있는데, 이러한 판별에는 덜 형식적인 접근방식이 요구된다. 이들의 생각에 따르면, 아태지역은 북쪽으로는 일본에서부터 남쪽으로는 뉴질랜드에 이르는 지리적 공간을 아우르고 있는데, 이것은 동북아시아(일본, 남북한, 중국, 타이완, 몽골), 동남아시아(말레이시아, 싱가포르, 필리핀, 인도네시아, 태국, 브루나이, 베트남, 캄보디아, 라오스, 미얀마) 그리고 남태평양(오스트레일리아, 뉴질랜드, 태평양 도서국가들)이라는 세 개의 근간이 되는 하부지역을 포함하고 있다. 또한 이것들은 이 지역의 핵인 동아시아가 다양한 지역들에 동시에 속해 있는 새로운 국가들과 영역들(미국, 캐나다, 러시아 극동)을 모두 끌어들이고

있다고 생각한다. 다시 말해, 범주를 정해 놓고 어떤 국가가 아태지역
에 포함되는지를 정하는 대신, 국가의 입지적 특성, 지역적 역량, 발전
가능성을 고려해야 한다는 것이다.

국제관계에서 극동지역의 역할에 관한 문제를 고찰하는데 사용하
는 용어에 있어서도 이견이 존재한다. 1990년대 초에 오스트레일리
아의 학자들은 한 분석 보고서에서 "러시아 태평양(Тихоокеанская
Россия)"이라는 용어를 사용했는데, 이것은 극동연방관구의 행정
단위들을 가리키는 것으로 이해할 수 있다. 러시아 국내외에서 저명
한 역사학 독토르이자 러시아과학아카데미 극동지부 극동민족역사·
고고·민족연구소(Институт истории, археологии, этнографии
народов Дальнего Востока ДВО РАН)의 소장인 V. L. 라린(В. Л.
Ларин)의 견해에 따르면, 이 용어는 정치인들, 학자들, 전문가들로 부
터 지지를 받았으며, 현실적인 내용들로 채워지고 있다. 그의 생각에
따르면, "아시아-태평양지역"과 "러시아 태평양"는 순수하게 지리적이
라기 보다는 대체적으로 지정학적 및 지경학적 개념들인데, 아태지역
에는 동아시아 국가들(북쪽으로는 중국과 일본에서부터 남쪽으로는
인도네시아와 싱가포르에 이르는), 그리고 또한 오늘날 이 지역과 밀
접한 관계를 갖고 있는 미국, 오스트레일리아, 뉴질랜드, 인도 등이 포
함된다. 러시아 태평양은 바이칼 이동의 러시아 영토(극동지역과 바이
칼 연안지역)로, 경제적으로 태평양에 이르는 지역을 가리킨다.

수십 수백 년 동안 국가권력, 사회여론, 학계는 러시아 극동지역이
러시아의 명운에서 그리고 아시아·태평양지역 국가들과의 관계에서
차지하는 역할과 의미에 관한 문제를 주기적으로 다루어 왔다. M. V.
로모노소프(М. В. Ломоносов)는 다음과 같은 잘 알려진 고전적인
이야기를 했다.

"러시아의 권능은 시베리아와 북쪽 대양에 의해 증대되어서 아
시아와 아메리카에 있는 주요 유럽인 이주지역까지 다다를 것이
다." 그리고 계속해서, "여기에 …… 고대하던 북쪽 대양을 통해 가
는 길이 열리게 되면, 시베리아와 태평양 연안에 이르는 육로가 해
로와 병행하게 됨으로써 동방에서 러시아의 권능이 제한 없이 강화
되고 확대될 것이다."

몇몇 현대 연구자들의 생각에 따르면, 극동지역 영토를 확립하고
태평양 진출로를 확보한 이후 수 세기 동안 러시아는 아태지역의 지역
정치, 지역경제, 지역문화 공간에 통합되지 못했다. 러시아에서 중앙
권력이 태평양과 극동지역으로 관심을 돌리고 극동지역의 자국 영토
에 대한 개발에 착수했을 때 이곳을 점령하려고 하는 위협이 19세기
중반(당시 영국과 미국이 아무르 연안지역을 점령하려고 시도했다.),
19~20세기 전환기(세계 열강의 중국에 대한 경제적 분할 경쟁과 일
본의 한반도와 만주지역으로의 팽창 시기), 1930~1970년대(첫째로는
일본의 중국 침략과 국경분쟁을, 둘째로는 국경지역에서의 대립을 들
수 있다.)에 나타났다. 그 원인으로는 국가적 실익 조성에 있어서 중앙
정부의 역량 부족, 물품 부족, 비전문성, 결정 수용에 있어 일관성 부
재 등이 거명되고 있다. 그 결과 극동지역에는 군수지향적이고 원료기
반적인 경제 체제가 조성되었다.

지역연구 분야에 종사하는 주요 전문가들 중에서 많은 이들은 이
러한 상황이 나타나게 된 주요 원인을 러시아 지배 집단의 정책에 흐
르고 있는 유럽중심주의 때문이라고 생각하고 있다. 많은 정치인들은
시베리아와 극동을 식민 영토로, 본국에 부속된 원료 생산지이자 극동
국경지역에 있는 군사적·정치적 전초기지로 여겨왔다.

소련 붕괴 이후인 1990년대 초에 러시아 개혁가들은 서쪽으로 크게 기울어서, 여러 관계들 중에서 우선순위를 유럽에 두었으며, 극동과 시베리아 지역은 사실상 운명의 손에 버려두었다. 소련 해체 이후 극동지역은 범죄가 가장 크게 확산되고 사실상 주인이 없는 사회적으로 불안정한 지역, 다시 말해 러시아의 안보라는 관점에서 볼 때 가장 취약한 고리가 되었다. 이 지역은 사회 영역에서 가장 부정적인 변화를 겪고 있다. 극동 및 시베리아의 14개 지역은 러시아에서 실질 현금 수입이 가장 열악한 20개 지역에 포함되어 있다. 이 지역에서의 생활조건은 (모스크바와 상트페테르부르크를 제외한) 러시아의 유럽 부분보다 1.5~2배가 비싸며, 수명도 러시아 평균보다 5~7세가 낮다. 최근 십 년간 극동지역에서는 항시적으로 낮은 소득 수준, 항시적으로 낮은 임금 수준 그리고 항시적으로 높은 실업률이 나타나고 있다. 소련 붕괴 이후 극동지역 인구는 20~30퍼센트 감소했다. 인구는 극동지역의 도들로부터 이주해 나가는 사람들 때문만이 아니라, 출산율 감소와 사망률 증가에 의해서도 감소하고 있다. 20세기의 마지막 10년 동안에 극동지역은 이러한 지표들에서 러시아의 다른 대부분 지역들을 앞지르게 되었다. 1990년대에 극동지역은 러시아의 다른 지역들과 경제적으로 유리되기 시작했다. 그 경향은 다음과 같아서, 극동지역과 러시아의 나머지 유럽 부분 사이의 관계는 점점 더 약해지고 있다. 전문가들의 분석에 따르면, 극동지역 무역의 4퍼센트만이 러시아의 유럽 부분과 관련이 있으며, 나머지는 역내 무역과 해외 무역이 차지하고 있다. 극동지역은 해외 경제 주체들과 점점 더 복잡하게 얽혀가고 있다. 이것은 화물 및 여객 운임의 상승뿐만 아니라, 극동지역 무역 종사자들이 러시아 중심지역보다 아태지역의 상품 및 서비스 시장에 더 많은 관심을 가지고 있다는 것을 통해서도 알 수 있다. 극동지역의 상

황은 러시아의 안정적 유지보다는 오히려 붕괴를 촉진시킨다는 의견
이 있다. 이것은 국가 최고위층에서도 인정하고 있다. D. 메드베데프
(Д. Медведев) 대통령은 2008년에 극동사회경제발전회의(Совеща-
ние по социально-экономического развития Дальнего Восто-
ка)에서 다음과 같이 말했다.

> "만약 우리가 (극동지역의 발전에 대한) 일을 활성화하지 않는
> 다면, 최종적으로 모든 것을 잃을 수도 있습니다. 제가 무언가를 암
> 시하고자 하는 것은 아닙니다만, 소련의 와해는 그 가장 대표적인
> 예라고 할 수 있습니다."

최근 수년간 아시아·태평양지역에서는 무슨 일이 일어나고 있으
며, 러시아 대외정책에서 극동지역의 역할과 입지는 무엇인가? 여기
에서 우리가 말하는 극동지역은 극동연방관구를 의미하는 것으로, 여
기에는 러시아 연방의 9개 지역(2007년에 코랴크자치구와 캄차카도
가 통합되기 전에는 10개 지역)이 들어간다: 유대인자치도, 아무르도,
마가단도, 사할린도, 캄차카변강주, 프리모리예변강주, 하바롭스크변
강주, 축치자치구, 사하(야쿠티야)공화국.

극동연방관구는 러시아 연방에서 가장 외곽에 있고 인구가 적으며
지정학적 이해와 국가안보 측면에서 볼 때 가장 취약한 지역이다. 극
동연방관구의 영역은 러시아 연방 영토의 36.4퍼센트를 차지하고 있
으며, 2010년 인구조사에 따르면 630만 명(러시아 인구의 약 5퍼센
트)이 이곳에 거주하고 있다.

다른 국경지역과 마찬가지로, 러시아 극동지역은 주변국가들로부
터 상당한 정도로 압력을 받고 있기에, 중앙 당국의 특별한 관심이 필

요하다. 최근 십 년 동안 아태지역 국가들, 특히 동아시아와 동남아시아 국가들의 현저한 경제성장이 관측되고 있으며, 이것은 지역경제관계의 범주를 크게 확대시키고 있다. 이 국가들 중 다수는 경제적 자유화 단계를 넘어섰으며, 이로 인해 이들 국가들 간 상호 협력이 용이해졌다. 과거 중앙집권화된 경제 원칙을 고수했던 아시아의 사회주의 국가들인 중국과 베트남은 외부세계에 대해 점점 더 개방적으로 되고 있다. 오스트레일리아, 뉴질랜드 등과 같은 아태지역의 선진국들은 아시아 국가들이라는 커다란 잠재력을 가지고 있는 시장에 진입하려고 시도하면서, 아시아 국가들과 교역량과 금융관계를 증대시키고 있다.

역사적 경험과 현재의 추세가 보여주고 있듯이, 빠르게 성장한 경제들은 필요로 하는 것이 매우 많다. 이것들은 성장을 위해 자원, 특히 에너지 자원의 규모를 계속해서 증대할 필요가 있으며, 이러한 맥락에서 러시아 극동지역에 관심을 보이고 있다. 이러한 관심의 결과는 다양해서, 서로에게 유익한 협력이 될 수도 있고, 팽창주의적 기도로 인해 상호대치하게 될 수도 있다. 체니(Dick Cheney), 올브라이트(M. Albright), 브레진스키(Z. Brzezinski)와 같은 유명한 정치가들과 정치학자들이 반복적으로 언급한, 러시아는 11개 시간대에 걸치는 너무 커다란 국토를 소유하고 있기에 자신의 풍요로움과 생활 공간을 다른 국가들과 공유해야 한다는 말은 우연히 나온 것이 아니다.

미국은 물론이고, 중국, 인도, 일본과 같이 자국의 경제적 영향력을 늘려가고 있는 다른 나라들도 아태지역 국가들이라는 시장을 차지하기 위해 치열하게 경합하고 있다. 이러한 경합의 과정은 분명 러시아를 비롯한 다른 국가들의 경제에 영향을 미치게 되는데, 그것은 각국이 경쟁상대를 밀어내려 하면서 때에 따라서는 수단방법을 가리지 않기에, 경제분야에서의 경쟁이 종종 정치적 관계, 국가간 관계의 악화를 가져와서 다양한 차별적 조치들을 취하게끔 하기 때문이다. 러시아 과학아카데미 회원인 M. L. 티타렌코(М. Л. Титаренко)도 이 점에 주목하고 있다.

> "우리의 이웃국가들은 약해진 국가의 이익을 무시하거나 무력
> 을 포함한 압력을 통해 이 나라를 자신들의 이익에 복무하도록 하
> 기를 원하는 유혹을 받고 있다."

티타렌코의 견해에 따르면, 러시아를 아태지역 발전과정에 보다 적극적으로 통합시키는 것을 방해하는 여러 장애물들이 존재하는데, 이것들 중 일부는 (미국을 포함한) 서방국가들과 아시아에 있는 그들의 군사적·정치적 동맹국들에 의해 인위적으로 조성된 것이다. 러시아는, 지리적 관계에서나 문명적 관계에서 볼 때 유럽과 아시아를 잇는 실질적인 "가교"임에도 불구하고, 2011년 이전까지 아시아유럽정상회의(ASEM – 유럽연합(EU)과 중국, 일본, 한국을 비롯한 아태지역 10개 국가들을 연결하는 기구)의 가입 후보국 명단에서 제외되어 있었다. 다른 한편에서는 러시아 국가의 "서방적"(유럽적) 특성을 이유로 러시아의 아시아개발은행(ADB) 가입을 거부하고 있다. M. L. 티타렌코의 견해에 따르면, 러시아는 단지 다음과 같은 통합과정들에서만, 즉 우선적으로는 동아시아와 아태지역에서 러시아 연방의 협력 상대편들의 이익에 그리고 최소한으로는 러시아 자체의 이익에 부응하는 데에만 본능적으로 참여하고 있다.

이러한 상황들로 인해 국가 지도부가 극동지역을 개발하고 러시아를 아시아·태평양지역에 통합시키기 위한 일련의 진중한 조치들을 취했던 것이다. 러시아 극동지역과 시베리아의 개발 없이 러시아는 거대

강국이 될 수 없으며, 아태지역과의 경제적 통합 없이는 이 지역들을 보
존하고 발전시킬 수 없다고 푸틴 대통령은 여러 차례에 걸쳐 언급했다.

러시아가 시베리아와 극동지역의 경제성장을 위해 아태지역의 잠
재력과 가능성을 이용하려고 노력하고 있음을 보여주는 전략적 성격
의 여러 문서들이 최근 몇 년 사이에 채택되었다. 이것은《러시아 연방
대외정책구상》(2008),《극동지역과 자바이칼리예 발전 2013》연방 추
진 프로그램, 2012년 블라디보스토크 아태경제협력체 정상회의 개최
결정,《극동지역과 바이칼 지역의 사회경제적 발전전략 2025(Страте-
гия социально-экономического развития Дальнего Востока и
Байкальского региона до 2025 года)》이다. 여기에는 극동지역의
신속하고 종합적인 개발 필요성에 대하여(о необходимости уско-
ренного и комплексного развития Дальнего Востока)라는 러
시아 연방 안보회의의 2006년 12월 26일자 결정도 있는데, 이것은 이
지역에서의 상황이 러시아의 국가 이익을 위협하는 수준이라는 평가
와 관련된 것이다.

안보문제에 대해 연구하고 있는 몇몇 저자들의 지적에 따르면, 러
시아 정부의 관심은 실제 위협에서 가상 위협으로 자주 옮겨가는데,
이것은 극동지역에서의 위험도가 중앙 당국이 추정하는 것보다 더 작
다고 보는 것이다. 극동지역에 대한 도전들과 위협들의 우선순위를 결
정함에 있어 연방 수준의 전문가들과 관료들은 극동지역에 있는 동료
들과는 다른 견해를 가지고 있다. 이러한 상황은 극동지역의 이익을
침해하면서 국가 전체 이익을 추구함으로써 심화되곤 한다. 북조선이
시행하고 있는 지하 핵실험과 주기적인 미사일 발사에 러시아가 반응
하는 것에 대한 전문가들의 평가는 이러한 경향의 한 예이다. 한편에
서는 러시아가 "자국의 정책을 성실하고 양심적으로 수행하고 있다."

고 확신하고 있다면, 다른 한편에서는 러시아가 "지나치게 서방중심적이고 변동적"이라고 주장하고 있다.

2008년 주민설문조사 자료에 따르면, 프리아무리예와 프리모리예에 거주하는 주민 중 약 절반 정도가 러시아의 이익에 대한 핵심 위협으로 보고 있는 것은 중국의 영향력 증대, 한반도에서의 갈등 또는 쿠릴열도 문제로 인한 일본과의 분쟁이 아니라, 극동지역주민이 제기하는 요구사항들과 문제들에 대처하는 정부의 부적절한 정책, 특히 수입 자동차에 대한 높은 관세 도입과 보따리무역(челночный бизнес)과의 전쟁 정책이다. "형식상으로 올바르고 이론적으로 근거가 있는 이러한 조치들이 경제위기 시기에 채택되어서, 수십만 명의 극동지역 주민을 실업상태로 몰아넣었으나, 이들 러시아 시민들을 위해 상실된 생존 기반을 상쇄하는 건설적인 조치들이 취해지지는 않았다." 그 결과 프리모리예변강주에서만 6만 8천 명에서 10만 명이 일자리를 상실했다.

게다가, 또 다른 몇몇 저자들의 생각에 따르면, 극동지역에서는 안보문제의 우선순위가 러시아의 다른 부분과 다르게 배열되어 있다. 일반적으로, 국가안보문제의 우선순위는 전문적인 분석과 토의의 대상이다. 몇몇 저자들의 견해에 따르면, 현재 태평양 지역에서 러시아의 독립, 주권, 영토적 통일성, 군사적·정치적 안보에 대한 위협은 존재하지 않는다. 유일한 대외적 위협은 일본의 쿠릴열도 반환 요구이다. 그러나 이에 대한 결정권은 러시아에게 있다. 또 다른 주장들에 따르면, 지구상에서 아태지역이 "분쟁지역"에 해당되지는 않지만 대외적 위협요소가 극동지역을 거쳐 러시아의 중부와 서부 지역으로 이동할 수는 있다. 《러시아 연방 국가안보전략 2020(Стратегия национальной безопасности Российской Федерации до 2020 года)》에서는 국제 정세에 부정적 영향을 줄 수 있는 것으로서 한반도 정세에 주의를 기울이고 있다. 이와 관련하여 북조선이 핵미사일을 발사하거나 한반도에서 전쟁이 일어날 경우 극동지역에서 발생 가능한 위협에 대해 분석해 볼 필요가 있다. 한반도의 면적이 그리 크지 않다는 것을 고려할 때 파급효과에 대한 합당한 고려 없이 실행되는 어떠한 형태의 미사일 및 핵 실험도 러시아 극동지역에까지 영향을 미치는 심각한 환경문제를 야기할 수 있다. 한반도에서 전쟁이 일어날 경우 극동지역은 통제하기 어려운 이주 유입 등과 같은 일련의 여러 가지 위협에 처하게 될 것이다. 비교적 멀지 않은 역사에서 이러한 예를 찾을 수 있는데, 1970년대 후반에 사이공 정권이 붕괴된 후 남베트남 출신 피난민들("보트피플")이 고향으로부터 탈출하여 태평양 연안에 있는 이웃 국가들의 해변에 도착함으로써 여러 국가들의 정부들에서 문제가 되었다. 접경지역 거주지들의 안전 등등이 발생 가능한 위협에 포함되어야만 한다. 연구자들의 견해에 따르면, 한반도에서 전면전이 일어날 가능성은 매우 낮지만, 이곳 상황은 주기적으로 첨예화되곤 한다. 그 예로는 2010년의 극적인 사건인 대한민국 해군의 〈천안함〉 침몰과 북조선 영토에 인접한 위험 지역에서 실시한 군사훈련에 대한 대응으로 가해진 북조선군의 남한 연평도 포격을 들 수 있다. 러시아 외교당국은 한국문제를 조정하는데 참여하고 있으나, 분명한 것은 아태지역에서 안보와 협력은 동북아시아 문제가 한반도 비핵화에 기초해서 해결되지 않는다면 불가능하다는 점이다.

지역연구분야 권위자들의 견해에 따르면, 러시아 지도부는 아태지역 전체, 특히 동북아시아와 한반도에서 안보문제의 해결방안을 모색하는 과정에서 제도적이거나 비공식적인 지역 내 상호관계의 다양한 형태들을 정치적이고 조직적으로 지원할 필요가 있다.

극동연방관구 대통령 전권대표인 K. 풀리콥스키의 활동에서 알 수 있듯이, 한반도 문제를 해결하는데 있어 지역차원의 협력이 매우 효과적일 수 있다. 하지만 현재 이 방법은 거의 이용되고 있지 않다.

아태지역에는 동중국해와 남중국해, 인도차이나반도 등 해결되지 않은 국경 문제들이 적지 않다. 이러한 분쟁에 러시아는 관여하고 있지 않다. 그러나 자국의 국경과 영토에서라면 러시아는 군사작전을 할 수 있어서 문제를 해결할 수 있는 가능성이 매우 크지만, 타국에서, 이에 더해 멀리 떨어져 있는 곳에서 발생한 분쟁들에서 러시아는 보다 낮은 수준으로만 정세에 영향력을 행사할 수 있기 때문에 이 또한 위험하다 할 수 있다. 타이완을 둘러싼 긴장이 확산될 경우 러시아가 입장을 정하는 것은 쉽지 않다. 중국 지도부는 중화인민공화국 수립 100주년때까지 이 섬이 중국의 품으로 돌아올 것이라는 기대를 감추지 않고 있다. 의미심장하게도, 국가의 주권과 영토적 통일성을 수호하기 위해 비평화적이면서 필수적인 다양한 수단들을 사용할 수 있는 권한을 중화인민공화국에 부여하는 특별법이 2005년 3월에 채택되었다. 이러한 상황은 아태지역과 전 세계에 매우 심각한 영향을 끼칠 충돌을, 심지어는 군사적 충돌까지도 초래할 수 있다.

오늘날 많은 갈등들과 충돌들이 평화적인 방법으로 해결되고 있지만, 어떠한 심각한 변화들, 사건들(역내 특정 국가에서 권력을 잡고 있는 이러저러한 정당의 정치적 실패, 경제 위기)이 현실화되면 특정세력, 정치집단이 국경충돌이나 국지전을 통해 주민의 불만을 다른 쪽으로 돌리려고 시도하고 있다는 점을 배제할 수는 없다. 러시아 또한 심각한 문제들에 직면하게 될 수 있다.

영토 및 국경 관련 문제들의 시급성, 이러한 것들이 국가간 관계에 미치는 영향을 과소평가해서는 안 된다. 예를 들어, 현재 러중간 국경문제 상황을 보면 심각한 대립, 특히 군사적 대립이 발생할 위험은 없어 보인다. 2001년 7월 16일에 현 러중관계의 법적 토대가 되는 역사적인 선린우호협력조약(Договор о добрососедстве, дружбе и сотрудничестве)이 체결되었다. 본 조약의 6조와 9조는 특별한 의미를 갖는다. 6조에는, 양국은 서로에게 어떠한 영토적 요구도 하지 않고 공통의 안보 사항에 대해 함께 고민한다고 되어있다. 이것은 150만 제곱킬로미터에 달하는 러시아 영토에 대한 소유권 주장을 담고 있는 이른바 마오쩌둥 목록을 부정하는 것이다. 현시점까지 모든 국경선은 지도와 지형에 설정되었다. 본 조약 9조에서는 양측 중 어떠한 일방에 의한 위협이 발생할 경우 신속한 협의를 진행하도록 되어 있다. 이것은 대단한 성과이다.

대통령과 정부대표자들부터 지역당국의 부처들에 이르는 다양한 수준을 포괄하는 단일 대화 체계가 구축되었다. 러시아는 어떠한 나라와도 이처럼 다양한 수준에서 다양한 형태와 광범위한 관계 및 교류체계를 구축하지 않았다. 하지만 중국인들 중 일부는 (여기에는 일부 정치인과 과학자도 포함되는데) 현재의 국경획정이 불공평하다는 생각을 그대로 가지고 있다. 이미 2001년 7월 16일에 앞에서 언급한 조약을 체결하고 2004년에 하바롭스크에서 최종적인 국경을 획정한 이후에도 베이징대학 국제관계연구소의 한 연구원은 "현재까지 우리나라 동북부에 있는 100만 제곱킬로미터 이상이 러시아에 의해 강점되어 있으며 ……, 우리 국가의 영토를 상실했으며 지금까지는 이것을 돌려받을 방법이 없다."고 주장하고 있다. 이것은 비슷한 시각을 보여주는 수많은 의견들 중 하나에 불과하다. "위대한 강국의 팽창이라는 시각"을 고수하며 중국의 팽창을 북쪽과 서쪽의 육상방면인 중앙아시아와 시베리아 지역으로 돌리려고 하고 있는 중국의 일부 군부 및 정치 엘리트들은 이러한 종류의 시각에 동조하고 있다.

게다가, 러시아의 적대자들은 러시아에 대한 영토적 요구를 제기하도록 중국인들은 물론이고 일본인들까지도 선동할 것이라는 사실을 인식할 필요가 있다. 예를 들어, 미국의 정치학자인 브레진스키는 이렇게 질문한다.

> "당신들이 중국과 러시아 사이에 놓인 국경선을 보게 되면, 인구학과 천연자원에 대한 요구는 다음과 같아서, 세계지도의 이 부분에는 무언가 자연스럽지 않은 면이 있다. 경계선의 한쪽 편에는 아시아의 나머지 지역만큼이나 커다란 거대한 영역에 3천 5백만의 인구가 거주하고 있다. 다른 한쪽 편에는 아시아의 나머지 부분에 35억명이 거주하고 있는데, 이 중 15억명은 인상깊은 발전을 이룩하고 있어서, 점점 더 부유해지고, 강해지고, 현대화되고 있다. 이것을 안정된 상황이라고 할 수 있을까?"

브레진스키가 중국인들로부터 어떤 답변을 듣고자했는지는 분명하다. 비록 아태지역 국가들로부터 오는 러시아에 대한 군사적·정치적 위협의 가능성은 적다할지라도, 소련 붕괴 이후 이 지역에서 군사적·전략적 힘의 균형은 러시아에게 유리하지 않은 쪽으로 변했으며, 러시아의 극동방면 군사력은 거의 1/3로 감소했다는 점도 지적할 필요가 있다.

국방개혁과정에서 작성된 《군사력 균형 2011(Военный баланс 2011)》에 나온 자료에 따르면, 러시아 연방의 네 개 지역사령부들은 25년 전에 독일에 주둔하고 있던 소련군 한 개 부대보다도 적은 수의 병사와 장교를 보유하고 있다. 즉, 인구의 질적 특성에 대해 언급할 필요도 없이 일반적인 군사력 상황부터 심각하게 열악한 상황이다. 같은 시기에 중국, 한국, 일본을 포함한 아태지역의 많은 국가들은 자국 군사력을 확장하고 있다. 몇몇 지표들에서 러시아는 이 국가들에 뒤쳐지고 있다. 예를 들어, 일본자위대는 30만 명으로 추산되고 있으며, 현재 극동군관구의 병력수를 넘어서고 있다. 이에 더해 일본은 미국과 동맹관계를 유지하고 있는데, 미국은 아태지역에서 가상적국에 비해 핵잠수함에 있어 1.5배, 상륙함에 있어 4배, 항공모함에 있어 12배 이상을 능가하는 강력한 해군력과 공군력을 보유하고 있다. 비록 현재는 아태지역 국가들 중 어느 하나도 공공연하게 공격적인 계획을 드러내고 있지는 않지만, 향후에는 경제적 허약성, 사회적 불안정 등등의 이유로 역내 국가들 내에서 나타나는 변화 등으로 인해 상황이 변할 수도 있다. 따라서 러시아 군사력의 저하, 경제적 허약성, 사회경제적 불안정과 시베리아와 극동지역의 후진성은 치명적인 역할을 할 수 있다.

아태지역에는 러시아가 반드시 고려해야만 하는 다른 위협요소들 또한 적지 않다. 예를 들면, 동남아시아 국가들에서 확산되고 있는 테러와 분리주의 등과 같은 위험스러운 현상들을 들 수 있다. 이러한 현상들은 인도네시아, 태국, 중국에서 발생하곤 한다. 티베트와 신장위구르자치구에서 일어나는 사건들은 러시아 국경지역에서 상황이 안정되는 것을 막고 있다. 신뢰할만한 전문가들이 지적한 바에 따르면, "종족종교적 토대에 기초하고 있는 분리주의가 이제 가까운 미래에 지역 안정에 대한 초국가적 위협의 토대를 형성할 수도 있을 것이다."

테러와 극단주의의 위협은 교통 및 해양 안보, 해적, 역내 마약유통과 같은 문제들과 밀접하게 연관되어 있다. 아태지역의 해상공간은 가장 위험한 지역들 중 하나로 인식되고 있다. 새로이 만들어진 몇몇 기구들에서는 해적퇴치 문제 또한 다루고 있는데, 이러한 것으로는 유엔 국제해사기구(1983년창설), 2002년에 창설된 아세안지역안보포럼

(ARF), 남중국해연안국심포지엄(Симпозиум стран Южно-Китай-ского моря, 해적행위와 마약유통 근절) 등을 들 수 있다. 최근 수년간 러시아는 아·태안보협력회의(CSCAP)[2]에 빠짐없이 참여하고 있다. 아·태안보협력회의 러시아위원회의 구성에는 (극동지역 출신을 포함한) 러시아의 유수한 국제관계학자들과 동양학 연구자들이 포함되어 있는데, 이처럼 매우 유용하기까지한 이러한 인사들이 참석하지 않는다면 아·태안보협력회의는 대회부터 실무회담에 이르기까지 단 하나의 회의도 제대로 진행되기 힘들다. 바로 이 자리에서 아태지역 국가들에서 온 학술 엘리트계의 최고봉들이 모여서 학술토론을 통해 지역 의제들을 다룬다.

이 밖에도 아태지역에서 발생하는 이른바 비전통적인 위협요소들 중 다른 것으로는 자연재해와 환경재해 그리고 전염병을 들 수 있다. 러시아에서는 전형적인 현상인 홍수와 화재 외에도 극동지역은 또 다른 자연재난의 위험에 처해있는데, 이것은 강력한 지진을 초래하는 지각변동이 일어날 수 있다는 것이다. 이와 관련된 예는 많아서, 1995년에 사할린섬에서 일어난 지진만 생각해 보아도 충분히 알 수 있어서, 이 지진으로 인해 네프테고르스크(Нефтегорск) 주민의 80퍼센트가 사망했다. 또한 태평양 해저면에서 발생하여 지진과 쓰나미를 몰고 옴으로써 일본의 해안도시들은 물론이고 쿠릴열도까지 위협했던 진동도 있다. 이와 관련해서 재난의 예보와 종식을 위해 단일한 지역 재난 체계를 구축하는 것이 시급하다. 첫 번째 행보는 이미 2008년에 진행되었는데, 이때 러시아 전문가들은 중국 쓰촨성(四川省)에서 있은 파국

---

2 '아·태안보협력회의(CSCAP)'는 '아시아·태평양안보협력회의(Council for Security Cooperation in the Asia Pacific)'의 약칭이다.

적인 지진으로 인해 발생한 피해를 복구하는데 적극적으로 참여했다. 비상대책부(Министерство чрезвычайных ситуаций)는 중국과의 협력, 특히 구조 기술과 수단의 개발 및 구축과 관련된 문제들에 대한 협력을 강화시켜 나갈 계획이다. 러시아는 위기상황과 수색구조작업을 관리해본 경험이 적지 않기에, 아태지역에 있는 유사한 조직들 중 하나에 참여할 수 있다. 러시아는 이와 관련된 학문적, 교육적, 기술적 기반을 갖고 있다. 예를 들어, 러시아과학아카데미 극동지부 화산지진 연구소는 크로노츠키화산의 대형지진(1997년 12월 15일)을 예견한 바 있다. 이것은 화산활동 관측 역사상 가장 정확한 예보였다. 예를 들면, 연구자들의 견해에 근거해서 러중 지역조직들의 위기상황 대비훈련을 상하이협력기구(SCO)나 기타 다른 지역기구들에 기반을 둔 군사훈련과 함께 실행할 수 있다.

극동지역에서는 환경적으로 심각한 상황이 형성되고 있는데, 이것은 (통제가 가해지고 있음에도 불구하고 이루어지고 있는) 불법적인 생물자원 유출, 이웃국가들의 영토에서 초래되는 황사, 홍수, 산성비뿐만 아니라, 러시아 극동지역에서의 핵잠수함(NPS) 재활용 문제와도 관련되어 있다. 이러한 문제를 해결하기 위해 지역적 및 국제적 차원의 협력이 매우 실질적으로 진행되고 있음을 지적할 필요가 있다. 일본과 러시아는 러시아가 감축해야만 하는 핵무기의 축소, 확산방지, 재활용 활동에 협조하는 차원에서 양국협력발전에 관한 정부 간 양해각서를 체결하여 이행하고 있다. 무엇보다도 이 양해각서의 이행은 극동지역에서 환경보호 상황을 개선하는데 도움이 될 것이다. 미국은《위협 감축 협력》프로그램(Cooperative Threat Reduction Program)에 대한 재정 지원을 했는데, 이 프로그램에 따라 13척의 핵잠수함이 감축되었다.

중국의 빠른 경제성장 또한 극동지역의 환경상황에 상당한 영향을 끼치고 있다. 무분별한 삼림 벌목, 화재, 합리적이지 못한 토지 이용으로 인해 아무르강 수역에서 생물다양성이 축소되었다. 쑹화강 수역은 오호츠크해와 동해 연안까지 도달하는 황사의 근원지일 뿐만 아니라, 심각한 산업재난에 노출되어 있다. 예를 들면, 2005년 10월 13일에 지린성에서 벌어진 일련의 화학공장 폭발이 가져온 쑹화강 화학폐기물 유출로 인해 아무르강 수역은 오랜 기간 동안 심각하게 오염되어 있었다. 또한, 러시아 전문가들은 중국에서 진행되고 있는 초국경 수계인 아르군강(중국에서는 하이라얼강이라 부른다.) 유량의 2/3에 달하는 물을 달라이누르호(후룬호)로 끌어들이는 사업으로 러시아 연방 국경지역의 경제 및 환경에 입을 손실이 가져올 위험이 심각한 수준임을 지적하고 있다.

중국 신장위구르자치구 내에 있는 카라이르티시(Black Irtysh)강[3]에 건설된 영구적인 보(洑)는 카자흐스탄과 러시아 연방 옴스크도를 가로질러 흐르고 있는 이르티시강의 수자원 감소를 가져올 것이다. 한 카호 수역에는 중국 측에서 파헤친 세 개의 운하로 인해 이곳에 고유한 수역 환경의 자연적 구조가 파괴되고 있으며, 벼농사 과정에서 사용되는 화학물질들이 계속해서 호수로 유입되고 있어서 환경적으로 심각한 상황이 조성되고 있다.

인정할 필요가 있는 것은, 중국 정부 또한 환경보호 문제로 고민하고 있어서, 산업체 재구조화를 위한 조치를 진행하고 있고, 수자원보호법의 준수와 관련된 조치를 강화하고 있고, 환경적으로 유해한 생

---

3 '카라이르티시(Black Irtysh)강'은 이르티시강 상류 부분을 가리키는 명칭이다.

산시설들 중 일부를 폐쇄하고 있으며, 러시아 측과의 논의를 통해 환경문제를 해결하려 하고 있다는 사실이다. 예를 들어, 2006년에 구성된 러중의회위원회(Российско-китайская межпарламентская комиссия)에서는 정치, 경제, 인도주의와 같은 전통적인 문제들과 함께 환경, 자연개발, 이주 등에 대해서도 상당한 관심을 기울이고 있다.

극동지역에 있어 중요한 문제들 중 하나는 이주, 특히 중국으로부터의 이주문제이다. 1990년대 전반에 러시아 연방에는 이주를 세밀하게 조절할 수 있는 법률이 채택되어 있지 않았다. 그 결과 극동지역에는 중국인, 베트남인을 비롯한 타국 국민들이 다수 거주하게 되었다. 러시아 국가안보회의(ФСБ) 자료에 따르면, 극동연방관구에 거주하는 중국인 이주민은 13만 명을 넘어서고 있다. 지적할 것은, 러시아 영토 내의 (중국인 이민자를 포함한) 이민자 수가 공식기관을 포함한 여러 조사기관들에 따라 다양하게 언급되고 있다는 점이다. 여기에서 통계수치를 명확히 해야 할 필요는 없지만, 이 주제를 다루는 많은 출판물들이 복잡한 러중관계를 표면적으로 판단하고, 자의적으로 기술하고 설명하고 있다는 특징을 보이고 있어서, 사실관계를 확인하게 되면 어떠한 비판도 유지될 수 없을 것이라는 점에 대해 관심을 가질 필요가 있다. 근거없고 부풀려진 수치들을 제시하며 "중국의 확장"이라는 위협을 주장하는 자료들의 저자들은 동시베리아와 극동지역에서 러시아인이 떠나는 진정한 원인들에 대한 질문에 대해서는 답변을 조심스럽게 회피하고 있다.

이와 함께 주목할 필요가 있는 것은, 많은 중국 국민이 접경지역에 거주등록을 한 후 전국으로 흩어졌는데, 이것은 지하경제 성장, 범죄, 민족간 분쟁 등으로 인해 극동지역뿐만 아니라 러시아 전체에 부정적인 결과를 초래했다는 점이다. 게다가 노동이주는 불법으로 이루어지는 것이 다반사다. 적지 않은 수의 중국 국민이 여행비자를 가지고 러시아에 들어온 후 고국으로 돌아가지 않았다. 예를 들어, 2006년에 6,677명의 중국 국민이 러시아 연방 영토 체류 규정을 위반함으로써 행정처벌을 받았다. 이것은 외국인 전체 행정 위반자들 중 55퍼센트를 차지하는 것이다. 209명의 중국 국민이 법원의 판결에 따라 러시아 국경 밖으로 추방되었다. 2001~2004년에 프리모리예변강주로 들어온 중국관광객 60만 명 중 1천 명 이상이 관광단에서 벗어나 이 지역에 남았다. 프리모리예변강주 내무부 자료에 따르면, 이러한 방식으로 남게 된 중국인 대부분은 불법노동을 하고 있다.

당연한 말이지만, 이주문제의 부정적인 측면만을 보는 것은 옳지 않다. 러시아 연방은 새로운 이주정책법을 채택해서 이주과정을 조절하고 있다. 게다가 러시아 극동지역에는 노동력 부족이라는 문제가 존재하고 있다. 현 시점을 기준으로 극동지역에는 7백만 명이 안되는 사람이 거주하고 있는데, 같은 시기에 중국의 북부 세 지방에는 1억 명 이상이 거주하고 있기에 극동연방관구의 주요 외국인 노동력 공급처는 중국인 것이다. 최근 몇 년간 극동연방관구 내에는 중국에서 오는 노동이민이 증가하고 있다. 2007년에는 73,300명의 중국 국민에게 노동활동에 종사하는 것이 허가되었는데, 이것은 2006년보다 41.8퍼센트 증가한 것이다. 외국인노동력 고용허가를 받은 조직(고용주)의 수 또한 증가해서, 2007년에는 2,180개 기업이 이러한 허가를 받았다.

전문가들의 견해에 따르면, 가까운 장래에 중국에서 러시아로의 이주와 중국인 노동력의 수출이 증가할 것이다. 이것은 러시아와 중국의 노동시장 상황, 인구 및 경제발전 추세, 양국 대외정책의 개방성, 양국의 다각적인 협력 심화 정도에 달려있다. 이 모든 것은 또한 정부 간 실무협의체 구성에 관한 러시아 지도부와 중국 지도부의 결정에 달려 있는데, 이 실무협의체의 중심 관심사는 이주문제가 될 것이다. 러시아 측은 중국 국민의 러시아 연방 방문과 러시아 국민의 중국 방문이 규율 있게 이루어지는 체계를 구축하는데 양국이 노력을 집중할 것을 제안했다. 중국 전문가들은 중국 국민이 특별할당을 받아서, 이들이 대형투자계획의 수행에 참여하는 것에 관심을 표명했다. 그밖에, 러중 사이에서 체결된 모든 조약들과 협정들의 이행을 위한 의회의 감독과 관련하여 러중의회위원회에서 결정한 합의에 주목할 필요가 있다.

아태지역으로부터 극동지역에 가해지는 또 다른 비전통적 위협요소로는 전염병을 들 수 있다. 적지 않은 수의 사람들이 중국과 미국 및 멕시코와 같은 북미국가들에서 발생하는 몇몇 전염병들로 인해 희생되었다. 전문가들의 견해에 따르면, 동북아시아에서는 입국검역감독 수준이 아태지역 내 모든 국가들 중에서 극히 높다. 프리모리예변강주, 하바롭스크변강주, 아무르도만 보아도 합법적으로 출입국관리사무소를 통과해 들어오는 관광객 수가 일평균 1만 명에 달하는데, 이것은 얼마간 부정적인 결과를 가져다 줄 수도 있다. 이밖에 불법이주는 에이즈와 같은 고위험성 전염병에 노출될 위험성을 증가시킴으로써 전염병학적 상황을 악화시키고, 또한 주민 사망률을 높일 것이다.

아태지역에서 경제협력기구 창설은 오랜 역사를 갖고 있다. 이 지역에서 최초의 통합시도는 이미 1960년대에 실행되었다. 1967년에 태평양경제협의회(PBEC)가 창설되었고, 1968년에는 태평양무역개발회의(Pacific Trade and Development Conference), 1980년에는 태평양경제협력회의(PECC)가 창설되었다. 이 기구들은 모두 비정부기구였다. 통합이 시작되는 시점에 국가들 사이의 경제 및 정치의 발전 수준이 큰 차이가 없었던 유럽의 예와는 달리, 아태지역 국가들은 경제 및 정치 체계의 발전수준에서 현저한 차이를 보이고 있다는 것이 아태지역 통합 추진의 어려운 점이다.

1967년에 지역협력과 경제성장 가속화를 촉진할 목적으로 동남아시아국가연합(ASEAN)이 창설되었다. 소지역조직들의 창설은 아시아·태평양지역에서 커져가고 있던 경제협력구축에 대한 열망을 반영한 것이었으며, 정부간 회담이자 오늘날에 와서는 이 지역에서 가장 영향력있는 경제기구인 아시아·태평양경제협력체(Asia-Pacific Economic Cooperation)를 창설하는 기반이 되었다. 아태경제협력체는 지구상 인구의 약 40퍼센트, 세계 경제 성장의 2/3, 세계 GDP의 54퍼센트, 국제무역량의 44퍼센트, 전 세계 투자의 44.5퍼센트를 차지하고 있다. 세계 500대 기업 중에서 342개가 아태경제협력체 내에 있다.

아태경제협력체 회담은 캔버라에서 열린 아태지역 12개국 외무 및 경제 장관 회의에서 호크(R. Hawke) 오스트레일리아 총리의 제안으로 1989년 11월에 결성되었다. 여기에는 아세안 국가들이 포함되었다. 당시 회원국은 브루나이, 인도네시아, 말레이시아, 싱가포르, 태국, 필리핀, 오스트레일리아, 캐나다, 뉴질랜드, 한국, 미국, 일본이었다. 이 회의 참석자들은 아태경제협력체에서 할 일의 목표와 원칙을 정했다. 창설 당시 아태경제협력체가 선언한 장기목표는 무역 및 투자의 완전한 자유화를 통해 지역의 안정적인 성장과 발전을 견지함으로써 국민생활수준의 향상과 세계경제의 성장을 지향하는 것인데, 이것은 모든 회원국들의 의견에 대한 동등한 존중 위에서 상호이익과 숨김 없는 대화라는 원칙에 따라 협의하고 의견을 교환하면서 합의를 도출하는 것이어야 한다. 회원국들은 다음과 같은 원칙에 합의했다. 첫째, 아태경제협력체는 자유무역체제를 지지하며, 폐쇄적 무역장벽으로 전환하지 않는다. 둘째, 아태경제협력체는 경제회담으로, 향후 무역 자유화를 목표로 지역 경제 협력 문제 및 이와 관련된 문제만을 논의한다. 셋째, 지역 경제 협력은 동등한 권리에 기반한 협상을 통해 지속적으로 수행되어야만 한다. 이러한 목표들과 원칙들이 아태경제협력체에서 진행되는 일의 성격과 방향을 결정했다.

1991년에는 중국, 아직 영국의 식민지로 있었던 홍콩, 중화타이베이(타이완이 정한 명칭)가, 1993년에는 멕시코, 파푸아뉴기니, 칠레가 아태경제협력체 회원국이 되었다. 1997년에는 베트남, 페루, 러시아가 가입했다. 이렇게 해서, 현재 아태경제협력체에는 아태경제협력체에서 수용된 용어에 따르면 21개 경제권이 들어와 있다.

특정한 국가, 기구, 민간분야의 대표는 "손님"이라는 특별자격을 부여받아서 실무협의체 행사에 참여할 수 있다. 아태경제협력체는 정회원 이외에 공식 옵서버라는 자격을 두고 있다. 아세안 사무국, 태평양경제협력회의, 태평양제도포럼(Pacific Islands Forum) 등이 이러한 자격을 갖고 있다. 옵서버는 아태경제협력체의 정보 및 문서에는 접근할 수 있으나, 의사결정에는 참여할 수 없다.

본질에 있어 아태경제협력체는 일반적인 국제기구가 아니라 50개 이상의 다양한 실무협의체들과 회담들의 통합체로, 경제, 무역, 학술을 비롯한 여러 분야들에서 국제회의, 세미나, 전문가 모임이 다양하게 진행되고 있다. 이 중 가장 중요한 것은 참여국 최고경제수장들의 정상회의와 외무부 장관, 통상부 장관, 재무부 장관 등이 모이는 사전 회동, 그리고 이를 준비하는 차관급 담당자들의 회담이다. 예를 들어, 요코하마 정상회의(2010)를 앞두고 교통, 비상대책, 교육, 보건, 에너지, 금융, 환경, 중소기업, 무역 및 인터넷, 해양 자원 보존, 해적 및 테러 대응, 아동용 완구 안전 보장 등의 분야에서 100회 이상의 전문가 모임이 있었다. 블라디보스토크 아태경제협력체 회의 전에는 수십 번에 달하는 전문가와 학자 모임이 상트페테르부르크, 모스크바, 하바롭스크에서 진행되었었다.

아태경제협력체가 발전하면서 활동이 강화된 시기(1989~1944)는 물론이고 추진 주도권과 실행 계획의 규모가 침체하고 감소하는 시기 (1998~2001)도 있었지만, 아태경제협력체의 활동은 이 지역에서 경제와 정치 관계에 긍정적인 영향을 미쳤다. 학술서적과 교과서를 보면 러시아의 아태경제협력체 가입과 회의참석에 대해 여러 가지 의견이 존재한다. 한편에서는, 1990년대 중반까지 러시아는 대외정책에 있어 무엇보다도 유럽 국가들에, 즉 유럽연합(EU)과의 협력에 중점을 두었다고 생각하고 있다. 이와 다른 견해에 따르면, 러시아가 아태경제협력체 회의 활동에 참석하려고 시도한 것은 1997년 훨씬 이전부터였다. 이미 1992년에 아태지역 경제활동에 극동과 시베리아가 참여할 수 있는 방안을 정하기 위한 러시아태평양경제협력국가위원회 (Российский Национальный Комитет по Тихоокеанскому Экономическому Сотрудничеству: РНКТЭС)가 구성되었다. 러시아는 1992년 9월에 태평양경제협력회의에, 1994년 5월에는 태평양경제협의회에 가입했다. 1995년 3월에 러시아는 아태경제협력체 회의 사무국에 신청서를 제출했으며, 이 통합기구 내에서 러시아가 정회원이 되는 것을 방해하는 일련의 정치적 장애요소들을 제거해야만 했다. 러시아의 아태경제협력체 가입에 대해서는 찬성하는 측은 물론이고 반대하는 측도 있었다.

러시아가 아태경제협력체에 완전한 자격요건을 갖추고 가입하게 된 것은 말레이시아에서 정례정상회의가 있기 직전인 1998년 11월 14일에 열린 아태경제협력체 회원국들의 외무부 장관들과 경제부 장관들이 모인 자리에서 였다. 가입 목적으로 거명된 것은, 무엇보다도, 시베리아와 극동지역의 아태지역 경제권으로의 통합, 통신과 판매 시장 확

대, 국내 및 해외 투자 유치 등이었다. 연방의회에 보낸 1998년 2월 17일
자 러시아 연방 대통령 교서에서는 이 일을 "우리의 정치가 아시아로
향하는 진정한 돌파구"이자 "유라시아 강국이라는 러시아의 특별한 역
할"을 인정받은 것으로 기술했다.

하지만 이후 여러 해를 거치며 드러난 바에 따르면 이것은 과대평
가된 것이 분명해서, 러시아의 아태경제협력체 참여는 오랫동안 상징
적인 것으로 남아있으며, 러시아는 어떠한 중대한 발의도 하지 않았
다. 이것은 오랜 시간 동안 지속된 극동지역의 중요성에 대한 과소평
가 및 연방 당국 정책에 있어서의 왜곡과 관련된 내적·외적 원인들 때
문이었다.

2001년에 러시아의 "소극성"의 시기는 아태경제협력체 정회원국으
로서 적극적인 활동과 발의를 상정하는 것으로 바뀌었다. 상하이 아태
경제협력체 정상회의에서 회의의 의제가 안보문제를 논의하는 방향으
로 바뀌기 시작하면서 러시아는 (아태지역 국가들과의 저조한 경제관
계로 인해) 무역 및 투자 자유화 문제 등을 다루는 전통적인 소집에서
의 논의에 소극적인 태도를 보였던 시기를 끝내고 협상과정의 적극적
인 참여자가 될 수 있었다. 이 시기에 (블라디보스토크와 하바롭스크
등) 러시아 연방의 영토에서는 아태경제협력체의 행사들이 개최되었
고, 러시아는 태국 정상회의(2003), 칠레 정상회의(2004), 하노이 정
상회의(2006) 등등에서 일련의 중요한 입안들을 제안했다. 러시아 전
문가들도 아태경제협력체의 실무협의체와 위원회의 활동에 적극적으
로 참여하게 되었다. 러시아가 가입한 세 개의 다자간 협력기구, 즉 동
아시아정상회의(EAS), 아시아유럽정상회의(ASEM), 발리민주주의포
럼은 아태지역 여러 국가들과의 실질적인 관계개선, 다자간 지역통합
활동에 대한 러시아의 막대한 투자, 아태지역에서 러시아의 입지 강화

를 보여주는 것이다. 러시아와 아태경제협력체 사이의 협력은 러시아
가 2012년 아태경제협력체 의장국이 되어 블라디보스토크에서 정상
회의를 개최하는 것으로 결정됨으로써 최고조에 달했다.

객관적으로 볼 때 러시아 연방의 잠재력이라면 러시아가 정치적인
활동뿐만 아니라, 금융분야, 투자, 다국적 기업을 포함한 국제경제활
동의 여러 분야들에서도 적극적으로 참여할 수 있다. 아태경제협력체
회원국이 되면 러시아는 투자 유치 순위에서 20계단 그리고 국제 신
용등급에서 여러 단계를 상승할 것이고, 이것은 증권시장에서 러시아
유가증권 시세를 설정하는데 긍정적으로 반영될 것이라고 예측되었었
다. 그리고 아태경제협력체 가입으로 인해, 특히 경제무역관계 자유화
로 인해 러시아는 수십억 달러에 달하는 효과를 얻을 수 있을 것이라
고 기대했었다. 하지만 앞에서 거명한 경제 부문들은 아태지역에서 실
질적이고 중요한 영향을 체감하지 못하고 있으며, 러시아의 참여는 주
로 무역분야로 국한되어 있다.

러시아 연방 대외무역의 근본적인 부분은 주로 유럽연합과 독립국
가연합의 국가들이 차지하고 있으며, 최근 5년간 아태경제협력체 국
가들의 비중은 불과 18.1퍼센트에서 얼마간 늘어서 24퍼센트까지 증
가했는데, 이 중 중국(총무역거래의 약 10퍼센트), 미국, 일본, 한국
등 4개국이 차지하는 비중이 80퍼센트를 차지한다. 역내 국가들에 대한
수출 및 수입에서 러시아가 차지하는 비중은 각각 0퍼센트에서 1.3퍼센
트(수출)와 0퍼센트에서 3퍼센트(수입) 사이에서 변동하고 있는데, 이
것이야말로 아태지역에서 러시아의 실제 무역입지를 보여주는 것이
다. 이를 통해 볼 때, 아태경제협력체 대부분의 경제단위들에게 있어
러시아는 중요한 파트너가 아니며, 아태경제협력체 회원국들과의 무

역에서는 적자를 지속해서 그 액수는 110억 달러에 달한다.

러시아 지도부는 러시아의 아태경제협력체 참여를 시베리아와 극동지역의 사회경제적 문제들, 즉 러시아 영토 중에서 자원이 가장 풍부한 곳이지만 동시에 경제적으로 발전이 가장 미약한 곳이어서, 사회간접자본 확충, 가공원료, 반제품, 완제품의 수출 증대가 필요하다는 점에 대해 보다 자주 그리고 더 깊이있게 파고드는 계기로 삼았어야만 했다. 이 지역들에는 강력한 원료 생산 복합체와 허약한 가공업, 교통통신, 금융부문의 발전이라는 독특한 경제구조가 형성되었다. "천연자원 수출 – 원료생산과 일차가공을 위한 장비 수입"이라는 도식에 따라 수행된 대외 경제 정책은 러시아 동부지역의 경제성장에 도움이 되는 것은 적고, 이 지역의 원료중심적 성향은 고착화시키고 있다. 러시아 연방 극동지역과 아태경제협력체 참여국들 사이의 대외무역 자료가 이를 증명해주고 있다.

극동연방관구와 자바이칼리예가 아태경제협력체 참여국들과 가진 2009년 대외무역거래는 약 155억 달러에 달한다. 이 중에서 중국, 일본, 한국의 총비중이 70퍼센트를 넘어섰다. 대외무역 총량에서 가장 커다란 기여를 한 곳은 사할린도(극동연방관구 대외무역거래의 47퍼센트), 프리모리예변강주(22퍼센트)이고, 이어서 큰 수치 순으로 하바롭스크변강주(9퍼센트), 사하-야쿠티야공화국(8퍼센트), 캄차카변강주(4퍼센트), 부랴트공화국(3퍼센트), 자바이칼리예변강주(3퍼센트), 아무르도(2퍼센트), 기타 2퍼센트로 구성되어 있다. 극동연방관구와 자바이칼리예변강주는 2009년에 액수로 99억 달러에 달하는 상품을 수출했다. 이 중 한국으로는 36억 달러를 수출했는데, 그 가운데 73퍼센트는 원유 및 석유 제품이고, 18퍼센트는 냉동생선이다. 대일본 수출은 35억 달러에 달하는데, 주요 수출 품목은 68퍼센트를 차지하고 있는 원유와 석유 제품이다. 대중국 수출 규모는 28억 달러로, 원목(29퍼센트), 원유 및 석유 제품(28퍼센트), 냉동생선(26퍼센트)이 주를 이루고 있다. 결과적으로, 주요 수출품목은 석유 및 석유 제품(수출 상품 구성 중 45퍼센트), 금속 및 금속 제품(24퍼센트), 생선 및 해산물(10퍼센트), 원목 및 목재 가공품(8퍼센트), 기계 및 설비(3퍼센트), 기타(10퍼센트) 등으로 구성되어 있다.

극동연방관구와 자바이칼리예의 도들과 변강주들로 들어오는 총 수입량은 2009년에 56억 달러에 달했다. 중국으로부터의 수입은 23억 달러인데, 이 중 대부분은 경공업 제품이다. 미국 상품도 7억 달러(식료품, 펌프, 엔진)를 기록했다. 일본으로부터의 수입량은 5억 달러(완성차 및 그 부품)에 달하고, 한국으로부터의 수입은 4억 달러(석유 및 석유제품, 화학제품)를 기록했다. 결과적으로, 극동연방관구와 자바이칼리예 지역에서 주요 수입품목은 기계 및 설비(27퍼센트), 식료품(19퍼센트), 경공업 제품(16퍼센트), 금속 및 금속 제품(9퍼센트), 화학 제품(7퍼센트), 석유 및 석유 제품(4퍼센트), 기타 18퍼센트다.

극동연방관구와 자바이칼리예 지역 대외무역의 주요 특징은 다음과 같다. 첫째 러시아 연방 업체들의 대외무역은 동북아시아 국가에 집중되어 있고, 둘째 지역수출의 원료 지향성이 강화되고 있으며, 셋째 전반적으로 보아 세관 및 관세 규정 강화가 지역수출의 질적 구성에 변화를 가져오지 못했다.

극동지역 경제에 대한 외국인 투자에 대해 살펴보면, 21세기의 초반 10년 동안 13배(6억 달러에서 80억 달러로) 증가했지만, 다른 많은 지역들과 비교해보면 비중은 여전히 낮다. 외국인 투자 규모 면에서 극동연방관구는 러시아 연방의 7개 연방관구들 중에서 3위를 차지하고 있는데, 주요 투자지역은 사할린도다. 예를 들어, 2009년에 사할린도는 이 지역에 들어온 전체 외국인 투자의 69퍼센트(59억 달러)를 차지했는데, 이 중 90퍼센트 이상이 석유·가스 한 분야에만 집중되었다.

전문가들의 견해에 따르면, 현재와 같은 추세가 지속되는 상황 속에서 극동연방관구와 자바이칼리예 지역의 대외무역 강화, 나아가 무역의 질적인 변화는 아직은 가능성이 작다. 현재와 같은 형태 속에서 러시아 극동지역과 아태경제협력체 참가국들 사이에서 이루어지는 무역관계로는 러시아 태평양 지역의 아태지역으로의 성공적인 통합이 보장되지 않는다.

반면 다른 분야들에서는 우세한 것들이 있는데, 이것들을 이용하면 러시아와 그 일부인 극동 및 시베리아 지역은 아태지역에서 집약적인 경제성장으로 접어들 수 있다. 물류분야에서는 해상운수, 항공운수, 철도운수를 통합함으로써 동서간 최단운송로를 구축할 수 있다. 러시아는 독립국가연합에서 태평양 진출로를 가진 유일한 회원국으로서, 독립국가연합과 아태지역 국가들 사이에 있는 특별한 연결고리이다. 장기적으로 전망해 볼 때, 극동과 시베리아의 모든 사회간접자본들(항구, 공항, 기차역, 차도 및 철도, 현대적 통신로, 운송 등)을 발전시킴으로써 유럽연합과 아태경제협력체 사이의 관계에서 주도적인 위치를 차지할 수 있다.

천연자원으로는 엄청나게 매장되어 있는 유용한 광물자원은 물론이고, 수자원, 삼림자원, 생물자원이 있는데, 이것들을 토대로, 첫째 아태지역 석탄·석유시장 건설, 둘째 러시아를 포함한 동북아 다자간 준비기금 창설이 가능할 수 있다. 수력발전분야에서는 러시아 극동지역 국내시장에서 필요로 하지 않는 잉여 발전 전력이 있다. 휴양관련 자원분야에는 길게 펼쳐진 해변, 풍부한 자연환경, 관광지로서 매혹적인 지역들(화산, 호수, 섬 등)을 가지고 있다. 아태경제협력체는 전 세계 관광 여행의 40퍼센트를 차지하고 있다. 금융분야에서는, 예를 들면, 아시아 금융연합에 러시아가 지분투자를 함으로써 지역금융통합에 러시아가 참여할 수 있는 기회를 가질 수 있다. 극동지역에 증권거래소를 설립해서 해외의 (증권, 은행권 또는 지폐를 발행하는 기관이나 기업의) 발행소들이 주식을 상장할 수 있도록 하는 것 또한 도움이 될 것이다. 혁신발전분야에서 극동연방관구는 비교적 발전된 생산기반을 보유하고 있으며, 관구 영내에는 군산복합체(VPK)를 포함한 현대적 기업들이 있다.

러시아 과학기술 개발의 상용화, 첨단기술분야, 즉 원료 부문이 아닌 러시아의 해외 파트너들이 관심을 가지고 있는 다른 분야들에서도 상당한 가능성이 존재한다. 시베리아와 극동지역에서는 많은 러시아 기업들이 활동하고 있어서, 외국기업이 참여하는 제조업 및 지식집약적 분야의 사업에서 파트너가 될 수도 있다. 또한 극동연방대학을 포함한 극동연방관구내 대학들은 현대적인 전문가를 양성하는 역량을 갖추고 있다.

국가가 필수적인 조건들을 갖추어 준다면, 극동연방관구는 아태지역에서의 협력 잠재력을 성공적으로 현실화시킬 수 있을 것이며, 이것은 러시아 태평양 지역의 사회경제적 발전수준 향상이라는 문제를 해결하는데 도움이 될 것이다.

앞에서 이미 상기한 것처럼, 최근 수년간 러시아 정부는 극동지역의 발전과 아태지역으로의 지속적인 통합과 관련된 일련의 문서들과 프로그램들을 채택했다. 국가 프로그램과 연방 특별 프로그램에 따른 활동들을 조율하기 위해 러시아 연방 대통령은 2012년 5월 21일자 대통령령으로 극동개발부(Министерство Российской Федерации по развитию Дальнего Востока)를 신설했는데, 2013년 9월 11일부터는 A. S. 갈루슈카(А. С. Галушка)가 이끌고 있다.[4] 경제개발부 (Минэкономразвития)는 시베리아·극동개발공사(Госкомпания развития Сибири и Дальнего Востока) 설립안을 기획했는데, 이 공기업의 과업은 시베리아와 극동지역을 개발하고 자연자원을 효율적 으로 사용하기 위해 필요한 투자를 유치하는 것이다.

극동개발부(МВР)의 기본 과제는 극동 영토의 선도적 발전을 보장 하는 것이다. 상정한 목표를 현실화하는데 있어 핵심이 되는 고리들 중 하나는 극동연방관구의 교통, 에너지, 사회간접자본 개발이다. 관구의 역 내총생산에서 가공 생산 규모를 5.5퍼센트에서 10~12퍼센트로 약 2배 향상시키는 것이 과제로 설정되었다. 이를 달성하기 위해서는 지식집 약적 분야의 발전이 반드시 필요하다. 자원 부문은 분배를 보다 높은 수준으로 발전시켜 나감으로써 극동지역이 러시아 연방의 국내 경제 와 아태지역 국가들의 경제에 효율적으로 통합될 수 있도록 해야한다.

블라디보스토크에서 열린 아태경제협력체 정상회의는 러시아가 아태지역 경제에 깊숙이 통합해 들어가면서 극동지역과 시베리아의 구역들을 발전시키기 위해, 그리고 러시아 연방의 안보와 영토적 통일 성을 확보한다는 전 국가적으로 중요한 과제를 해결하기 위해 자체의 역량과 이웃국가들의 잠재력을 활용할 수 있는 또 한번의 기회이다.

4　원문에는 극동개발부를 "2013년 8월 31일부터는 Yu. P. 트루트네프(Ю. П. Трутнев)가 이끌고" 있는 것으로 되어 있으나, 이것은 필자의 오류이다. Yu. P. 트 루트네프가 2013년 8월 31일 이래로 담당하고 있는 직책은 극동연방관구 러시아 연 방 대통령 전권대표이며, 현재 극동개발부 장관직에 있는 인물은 A. S. 갈루슈카(А. С. Галушка)이다.

결론

극동지역은 러시아에서 중요한 위치를 차지하고 있다. 풍부한 물적 자원은 지역경제 발전을 위한 중요한 요소이다. 이 지역의 지표 아래에는 금, 은, 주석, 형석, 아연, 철광석 등의 두꺼운 층이 집중되어 있다. 수력발전과 삼림자원의 30퍼센트 이상이 극동지역에 있다.

17세기 중반 이래로 러시아인들은 극동지역을 탐험하면서, 오비강에서 예니세이강으로, 예니세이강에서 레나강과 나아가 태평양으로 진출했다. 17세기 후반 이래로 새로운 땅에는 목책들과 요새들이 건설되었고, 농업 중심지들이 형성되었다. 새로이 형성된 정착지들은 행정 운영의 중심지이자 러시아 문화와 경제 활동의 근거지였다.

루스키 인민의 시베리아와 극동지역으로의 이동은 합법칙적인 역사적 과정이었다. 상품화폐 관계의 발전, 전 러시아에 걸친 시장의 형성, 대외 경제 관계의 확대 필요성이 이 과정에서 결정적인 역할을 했다. 17세기 말에는 동방의 이웃 국가인 중국과 국경을 맞대기 시작했다.

18~19세기 전반부에 데쥬뇨프곶에서 아무르강 하구에 이르는 해안 지역 전반이 (코만도르제도, 사할린, 샨타르제도(Шантарские острова)를 포함해서) 러시아에 편입되었다. 극동 영토 개척의 평화적이고 문명적인 성격에 대해 지적하는 것이 중요하다.

19세기 초에 러시아-중국 관계들 중에는 아무르 문제라고 불리는 시급히 해결할 필요가 있었던 영토 문제가 있었다. 이를 위한 전제조건들이 19세기 중반까지 형성되었는데, 이 시기에 러시아와 중국 양측은 모두 유럽 국가들에 의한 실질적인 위협에 처하게 되었다. 공동 방어 조치를 취해야 할 필요성 때문에 러시아는 프리모리예와 프리아무리예에서 권력을 강화할 수밖에 없었다. N. N. 무라비요프 동시베리아군정지사는 이와 관련해서 수많은 일을 수행했다. 그가 실행한 가장 중요한 행보들 중에는 변경지역 행정 재건, 자바이칼리예 카자크 부대 창설을 포함한 군사력 증강, 연구 탐사 등이 있다.

1850년대 말~1860년대 초에 국경문제와 관련한 러중간 조약 체결은 러시아뿐만 아니라 중국에게도 매우 중요한 일이었다. 러시아는 17~19세기에 루스키가 발견하고 개척한 변경지역을 자기 소유로 최종적으로 확보하여 영토를 안정화시킴으로써 국가의 민족적 이해관계에 대한 책무를 다했다.

19세기 후반에 극동 영토에 대한 보다 광범위한 개척이 시작된다. 농민 이주는 인구 증가에 있어 매우 중요했다. 루스키에 의한 극동지역 정착과 농업개척으로 산업 발전이라는 가장 중요한 경제적 과업을 해결하는데 착수할 수 있었다.

러시아의 국가적 이해관계는 이 지역의 천연자원을 경제적 전환을 위해 사용할 것을 요구했다. 하지만 극동지역의 낮은 인구 밀도와 저개발 상태였던 교통통신으로 인해 자본 축적은 완만하게 진행되었고, 임금노동 시장의 형성은 지체되었으며, 대규모 산업 생산으로의 전환은 억제되었다.

러일전쟁에서의 패배와 러시아의 입지 약화로 차르 정부는 극동지역에 대한 관계를 재검토하게 되었다. 1909년에 P. A. 스톨리핀의 주도 하에 극동정주국가특별위원회(специальный Государственный комитет по заселению Дальнего Востока)가 구성되었는데, 이것은 이주 운동 장려, 아무르철도 건설, 기업 발전 협조, 자유무역항 체제 철폐 등등을 최우선적으로 이행할 계획을 세웠다.

극동지역에서 소비에트 당국은 구체제의 유산으로 내려온 문제들을 해결해야만 했다. 변경지역은 경제적이고 사회적인 면에서 원거리에 있는 낙후된 변방으로 남아있었다. 그러나 극동지역에서 1920년대에는 최소한의 국가 지원을 받아 전통적인 채광산업 부문만 발전했다면, 초기 5개년 계획들의 시기에 사회주의 건설의 주요 방향들 중 하나는 공업화였으며, 이것이 진행되는 과정에서 이 지역의 외형은 변모하게 되었다. 사회경제적 변혁은 인구 증가를 촉진시켰다.

1930년대에 극동지역은 스탈린 지도부에 의해 추진된 정책이라는 시련을 거치게 되었다. 변경지역 구축 과정에서 강제 노동이 광범위하게 사용되었다. 집단화 시기에는 극동지역 농민들에 대한 탄압이 이제까지 볼 수 없었던 규모로 이루어졌다. 탄압은 지도적 일꾼들, 인텔리겐치야, 종교 신도들로 이어졌다. 고려인들은 강제 추방을 당했다.

극동지역 발전에서의 진정한 약진은 1950~1960년대에 나타났다. 이 지역은 기본적으로 천연자원을 사용하는 산업 부문들을 통해 다방면에서 국가 경제에 실질적으로 기여했다. 짧은 가속기는 1970~1980년대에 경제 성장률의 감속으로 바뀌어서, 지역 발전에 부정적인 여러 경향들이 누적되었고, 강력한 경제적 잠재력과 원료적 특성 사이에서, 자원 부문의 발전과 생산기반시설 및 사회간접자본의 낙후 사이에서 지속적인 불균형이 초래되었다.

1990년대에 국가 내에서 진행된 과정들은 극동지역의 경제적·정치적·사회문화적 영역들에 변화를 가져왔다. 변경지역은 사회적으로 불운한 지역, 나라 안에서 가장 범죄화되고 실질적으로 주인이 없는 부분이 되었다. 사회경제적 문제들의 첨예화는 특히 극동지역의 북부 구역들에서 인구 유출을 초래했다.

21세기 초에 러시아 극동지역의 지정학적이고 경제적인 역할은 본질적으로 커졌다. 지역 발전 전망은 지리적 위치, 천연자원 상의 잠재력, 그리고 또한 오늘날까지 축적된 사회경제적이고 과학기술적인 잠재력이라는 세 가지 요인에 의해 결정된다. 정부에서 작성한《극동지역과 바이칼 지역의 사회경제적 발전 전략 2025》는 러시아의 아시아·태평양경제협력체 편입 필요성이라는 맥락 속에서 극동지역이 차지하고 있는 의미를 확증해 주고 있다.

참고문헌

1장　고대와 중세의 극동지역

Арутюнов С. А., Сергеев Д. А. *Проблемы этнической истории Берингоморья (Эквенский могильник).* М., 1975.

Броданский Д. Л. *Введение в дальневосточную археологию.* Владивосток, 1987.

Василевский А. А. *Каменный век острова Сахалин.* Южно-Сахалинск, 2008.

Государство Бохай (698-926 гг.) и племена Дальнего Востока России. М., 1994.

Деревянко А. П. *Палеолит Дальнего Востока и Кореи.* Новосибирск, 1983.

Древности Буреи. Новосибирск, 2000.

Диков Н. Н. *Древние культуры Северо-Восточной Азии.* М., 1979.

Дьяков В. И. *Приморье в эпоху бронзы.* Владивосток, 1989.

Дьякова О. В. *Военное зодчество Центрального Сихотэ-Алиня в древности и средневековье.* М., 2009.

История Амурской области с древнейших времен до начала XX века. Благовещенск, 2008.

История Дальнего Востока СССР с древнейших времен до XVII

века. М., 1989.

История Сахалина и Курильских островов с древнейших времен до начала XXI столетия. Южно-Сахалинск, 2008.

Лебединцев А. И. *Древние приморские культуры Северо-Западного Приохотья*. Л., 1990.

Лебединцев А. И. Древние культуры Северо-Востока России и этногенез северо-восточных палеоазиатов // *Народы Северо-Востока Сибири*. М., 2010.

Окладников А. П. *Петроглифы Нижнего Амура*. Л., 1971.

Пономаренко А. К. *Древняя культура ительменов Камчатки*. Петропавловск-Камчатский, 2000.

Российский Дальний Восток в древности и средневековье: открытия, проблемы, гипотезы. Владивосток, 2005.

Шавкунов Э. В. *Культура чжурчжэней-удиге XII–XIII вв. и проблема происхождения тунгусских народов Дальнего Востока*. М., 1990.

2장 동방 지역의 개척과 편입을 위한 국가정책: 16세기 말~18세기

Александров В. А. *Россия на дальневосточных рубежах (вторая половина XVII)*. Хабаровск, 1984.

Алексеева Е. В. *Русская Америка. Американская Россия?* Екатеринбург, 1998.

Артемьев А. Р. *Города и остроги Забайкалья и Приамурья во*

второй половине XVII–XVIII вв. Владивосток, 1999.

Артемьев А. Р. Забайкалье и Приамурье в геополитике царской России XVII–XVIII вв. // *Региональная структура России в геополитической и цивилизационной динамике: Международная научная конференция.* Екатеринбург, 1995.

Билим Н. Н. *История Российского Дальнего Востока (XVII–XX вв.): учеб. Пособие.* Хабаровск, 1999.

История внешней политики России. Конец XV–XVII век. М., 1999.

История Дальнего Востока в эпоху феодализма и капитализма (XVII – февраль 1917). М., 1991.

Кабузан В. М. *Дальневосточный край в XVII – начале XX вв. (1640–1917 гг.).* М., 1985.

Ключевский В. О. Курс русской истории // *Собр. соч. В 9 т.* М.; Л., 1987. Т. 1.

Крушанов А. И., Сергеев О. И., Чернавская В. Н. Исторические предпосылки открытия и хозяйственного освоения русскими людьми сибирских и дальневосточных земель в XVI – начале XVII вв. // *История Дальнего востока СССР. С древнейших времен до XVII века.* М., 1989. Т. 1.

Любавский М. К. *Обзор истории русской колонизации с древнейших времен и до XX века.* М., 1996.

Полевой Б. П. *Первооткрыватели Курильских островов: из истории русских открытий на Тихом океане в XVIII в.* Южно-Сахалинск, 1982.

Русская тихоокеанская эпопея. Сборник документов. Хабаровск, 1979.

Сафронов Ф. Г. *Тихоокеанские окна России: из истории освоения русскими Охотского и Берингова морей, Сахалина и Курил.* Хабаровск, 1988.

Тхомиров Л. А. *Монархическая государственность.* СПб., 1992.

Чернавская в. Н. *«Восточный Фронтир» России XVII – начала XVIII века. Историко-историографические очерки.* Владивосток, 2003.

3장 러시아 제국의 동방 변경 행정: 17세기 말~20세기 초

Азиатская Россия в геополитической и цивилизационной динамике XVI- XX века. М., 2004.

Власть в Сибири: XVI – начало XX в. Новосибирск, 2005.

Дубинина Н. И. *Приамурский генерал-губернатор Н. И. Гродеков.* Хабаровск, 2001.

Ерошкин Н. П. *История государственных учреждений дореволюционной России: учебник.* М., 1983.

Наумов И. В. *История Сибири: курс лекций.* Иркутск, 2003.

Резун Д. Я., Шиловский М. В. *Сибирь, конец XVI – начало XX века: фронтир в контексте этносоциальных и этнокультурных процессов.* Новосибирск, 2005.

Ремнев А. В. *Россия Дальнего Востока. Имперская география*

власти XIX – начала XX веков. Омск, 2004.

Сергеев О. И., Лазарева С. И., Тригуб Г. Я. *Местное самоуправление на Дальнем Востоке России во второй половине XIX – начале XX вв.* Владивосток, 2002.

Торопов А. А. Административно-территориальное деление Сибири и Дальнего востока (конец XVII в. – 1917 г.): Историческая справка // *Дальний Восток России: из истории системы управления. Документы и материалы.* Владивосток, 1999.

Умрихин А. В. *Очерки административно-территориального устройства Дальнего востока России во второй половине XIX – начале XX в.* Благовещенск, 2000.

4장   극동지역의 원주종족들: 17세기∼20세기 초

Дубинина Н. И. *Приамурский генерал-губернатор Н. Л. Гондатти.* Хабаровска, 1997.

История Дальнего Востока СССР в эпоху феодализма и капитализма (XVII в. – февраль 1917 г.). М., 1991.

История Сахалина и Курильских островов с древнейших времен до начала XXI столетия. Южно-Сахалинск, 2008.

Кочешков Н. В. Российские исследователи аборигенных народов Дальнего Востока (XVIII – XX вв.). Владивосток, 2003.

Народы Северо-Востока Сибири. Айны. Алеуты. Ительмены.

Камчадалы. Кереки. Коряки. Нивхи. Чуванцы. Чукчи. Эскимосы. Юкагиры. М., 2010.

Народы Дальнего Востока в XVII–XX веках: Историко-этнографические очерки. М., 1985.

Никитин Н. И. *Сибирская эпопея XVII века.* М., 1987.

Олех Л. Г. *История Сибири: Учебное пособие.* Ростов-на-Дону; Новосибирск, 2005.

Российский Дальний Восток в древности и средневековье. Открытия, проблемы, гипотезы. Владивосток, 2005.

Этнокультурные процессы и общественное сознание у народов Дальнего Востока (XVII – XX века). Владивосток, 1998.

5장　극동지역에서의 국경 형성 과정: 17세기~20세기 초

Акихиро Ивасита. 4000 *километров проблем. Российско-китайская граница* / пер. с. Яп. М. К. Горфункель. М., 2006.

Дацышен В. Г. *Очерки истории российско-китайской границы во второй половине XIX – начале XX вв.* Кызыл, 2000.

Захаренко И. А. Формирование Российской границы на Дальнем востоке в XVII-XIX веках. // *Отечественная история.* 2008. № 5.

История внешней политики России. Вторая половина XIX в. М., 1997.

История внешней политики России. Конец XIX – начало XX вв. М., 1997.

Мясников В. С. *Договорными статьями утвердили: Дипломатическая история русско-китайской границы XVII – XX вв.* Хабаровск, 1997.

Русско-китайские договорно-правовые акты. 1689-1916 гг. М., 2004.

Ткаченко Б. И. *Восточная граница между Россией и Китаем в договорах и соглашениях XVII-XX веков.* Владивосток, 1998.

Черевко К. Е. *Россия на рубежах Японии, Китая и США (вторая половина XVII – начало XXI века).* М., 2010.

6장 극동지역 이주에 대한 정치경제적 상황의 영향: 19세기~20세기 초

Васильченко О. А. *Государственная политика по переселению семей и организации их жизнедеятельности на Дальнем Востоке (1860-1941 гг.).* Иваново, 2005.

Васильченко О. А., Петрова О. А. Реализация государственной политики по организации жизнедеятельности переселенцев на Дальнем Востоке России (1860-1917 гг.) // *Власть и управление на востоке России.* 2009. № 4.

Завалишин А. Ю. *История Дальнего Востока России в новое и новейшее время: учебник.* Хабаровск, 2001.

История Дальнего Востока в эпоху феодализма и капитализма. XVII в. – февраль 1917 г. Т. 2. М., 1991.

Кауфман А. А. *Переселение и колонизация. Государственная политика и крестьянское землевладение в пореформенной России.* М., 2012.

Крестьянство Дальнего Востока СССР. XIX–XX вв.: Очерки истории. Владивосток, 1991.

Любавский М. К. *Обзор истории русской колонизации с древнейших времен и до XX века.* М., 1996.

Рыбаковский Л. Л. *Население Дальнего Востока за* 150 *лет.* М., 1990.

Сорокина Т. К. К истории создания Комитета по заселению Дальнего востока в начале XX в. // *Проблемы Дальнего востока.* 2002. № 1.

Топчий А. Г. Влияние политических реформ на процессы освоения восточных регионов России // *Исторический опыт открытия, заселения и освоения Приамурья и Приморья в XVII–XX вв.* Владивосток, 1993.

7장 러시아의 경제 근대화에서 극동지역의 역할: 19세기 후반~20세기 초

Алексеев А. И., Морозов Б. Н. *Освоение Русского Дальнего Востока (конец XIX в. – 1917 г.).* М., 1989.

Беляева Н. А. *От порто-франко к таможне: Очерк региональной истории российского протекционизма.* Владивосток, 2003.

Витте С. Ю. *Избранные воспоминания.* 1849–1911. М., 1991.

Галлямова Л. И. *Рабочие Дальнего востока России во 2-й половине XIX – начале XX в.* Владивосток, 2000.

Для пользы и процветания: из истории экономических связей российского Дальнего востока со странами АТР. 1856–1925 гг. *Документы и материалы.* Владивосток, 2012.

История Дальнего востока СССР в эпоху феодализма и капитализма (XVII в. – февраль 1917 г.). М., 1990.

Крушанов А. И. *Октябрь на Дальнем Востоке. Ч. 1. Русский Дальний Восток в эпоху империализма (1900–1917).* Владивосток, 1989.

Порто-франко на Дальнем Востоке: Документы и материалы. Владивосток, 1998.

Саначев И. Д. *История Дальнего Востока: курс лекций. Ч. 1.* Владивосток, 1997.

Тварковский Л. С. Дальний восток России в мировой внешней торговле (вторая половина XIX – начало XX в.) // *Тихоокеанская Россия в истории российской и восточноазиатских цивилизаций: Пятые Крушановские чтения, 2006 г. Т. 2.* Владивосток, 2008.

Артемьев А. Р. *Города и остроги Забайкалья и Приамурья во второй половине XVII-XVIII вв.* Владивосток, 1999.

Дударенок С. М. Религиозная ситуация на Дальнем Востоке: особенности формирования и тенденции развития // *Религия и право.* 2011. № 1. С. 20-27.

История Дальнего Востока СССР в эпоху феодализма и капитализма (XVII в. – февраль 1917 г.). М., 1990.

Курохтина Н. И. *Камчатка: от открытия до наших дней: популярный историко-краеведческий справочник.* Петропавловск-Камчатский, 2008.

Наумова О. Е. *Иркутская епархия. XVIII – первая половина XIX века.* Иркутск, 1996.

Приморский край: краткий энциклопедический справочник. Владивосток, 1997.

Религиозные организации Дальневосточного федерального округа: словарь-справочник / С. М. Дударенок, Е. А. Поправка, М. Б. Сердюк, Д. А. Владимиров, О. П. Федирко, А. И. Поспелова, Н. В. Полтапова, Н. Ю. Воложенинова. Владивосток, 2010.

Религиозные организации Приморского края: словарь-справочник / С. М. Дударенок, М. Б. Сердюк, Д. А. Владимиров. Владивосток, 2007.

Сердюк М. Б., Дударенок С. М. *Религиозная жизнь советского*

Дальнего Востока (1941–1954): монография. Владивосток, 2009.

Якутия. Хроника. Факты. События. 1632–1917 *гг.* / Сост. А. А. Калашников. Изд. 2-е. Якутск, 2002.

9장 러시아 극동지역에서의 사회정치적 생활: 20세기 초(1900~1917)

Белоусов А. А. *На алтарь Отечества: из истории меценатства и благотворительности: в России.* Владивосток, 1999.

Иконникова Т. Я. *Дальневосточный тыл России в годы Первой мировой войны.* Хабаровск, 1999.

История Дальнего Востока России. Т. 3. кн.1. Дальний Восток России в период революций 1917 года и Гражданской войны. Владивосток, 2003.

Кочеткова И. С. Выборы в Государственную Думу на Дальнем Востоке России (1907–1912 гг.) // *Гуманитарные проблемы стран АТР.* 2007. № 2(56).

Кузин А. В. Политические партии на Дальнем Востоке России: к истории возникновения // *Эволюция и революция: опыт мировой и российской истории: материалы международной научной конференции, Хабаровск, 22–24 сентября 1997 г.* Хабаровск, 1997.

Лазарева С. И. Общественно-благотворительное движение

на рубеже XIX-XX вв. // *Россия и АТР*. Владивосток, 2005.

Маркова Н. А. Съезды золотопромышленников как одна из форм общественно-политической активности дальневосточных предпринимателей (вторая половина XIX - начало XX вв.) // *Тихоокеанская Россия в истории российской и восточноазиатских цивилизаций. Пятые Крушановские чтения, 2006 г. Т. 1.* Владивосток, 2008.

Яковлева О. А. Дальневосточные депутаты в III Государственной Думе // *Эволюция и революция: опыт мировой и российской истории: материалы международной научной конференции, Хабаровск, 22-24 сентября* 1997 г. Хабаровск, 1997.

10장 1917년 혁명과 내전 시기의 러시아 극동지역

Бутенин Н. А., Бутенина Н. Д. *«Демократическая контрреволюция» на Дальнем Востоке России (конец 1917 - конец 1918 гг.).* Уссурийск, 2013.

Гражданская война и иностранная интервенция: на Российском Дальнем Востоке: уроки истории // *Материалы Второй Международной научной конференции, посвящённой 90-летию окончания*

Гражданской войны и иностранной интервенции на российском Дальнм Востоке, Владивосток, 25-27 октября 2012 г. Владивосток, 2012.

За Советский Дальний Восток. Воспоминания участников революции и гражданской войны. Вып. 1-6. Владивосток, 1982-1985.

История Дальнего Востока России. Дальний Восток в период революций 1917 года и гражданской войны. Владивосток, 2003.

Крушанов А. И. *Гражданская война в Сибири и на Дальнем Востоке (1918-1920 гг.).* Владивосток, 1972.

Мухачёв Б. И. *Александр Краснощёков: историко-биографический очерк.* Владивосток, 1999.

Подготовка и начало интервенции на Дальнем Востоке России: документы и материалы. Владивосток, 1997.

Светачев М. И. *Империалистическая интервенция. в Сибири и на Дальнем Востоке:* 1918 - 1922 гг. Новосибирск, 1983.

Сонин В. В. *Государство и право Дальневосточной республики. 1920-1922 гг.* Владивосток, 2011.

Ципкин Ю. Н. *Антибольшевистские режимы на Дальнем Востоке России в период гражданской войны (1917-1922 гг.).* Хабаровск, 2003.

Ципкин Ю. Н. *Гражданская война на Дальнем Востоке России: формирование антибольшевистских режимов и их* крушение (1917-1922). Хабаровск, 2012.

Щагин Э. М. *Октябрьская революция в деревне восточных окраин России (1917 – лето 1918 г.)*. М., 1977.

11장 소련식 근대화와 극동지역: 1920~1930년대

Васильченко Э. А., Васильченко О. А. *Переселение и организация жизнедеятельности семей на Дальнем Востоке России (1860-1941 гг.)*. Владивосток, 2008.

Глущенко И. И. *Рабочий класс советского Дальнего Востока в переходный к социализму период (1922-1937 гг.)*. Владивосток, 1986.

Лыкова Е. А., Проскурина Л. И. *Деревня российского Дальнего Востока в 20-30-е годы XX в.: коллективизация и её последствия*. Владивосток, 2004.

Марьясова Н. В. *Иностранный капитал на Дальнем Востоке в 20-30-е годы XX в.* Владивосток, 2000.

Мандрик А. Т. *История рыбной промышленности Дальнего Востока (1927-1940 гг.)*. Владивосток, 2000.

Медведева Л. М. *Развитие транспорта и его роль в освоении Дальнего Востока СССР в 20-30-е годы XX в.* Владивосток, 2002.

Саначёв И. Д. *Новая экономическая политика на Дальнем Востоке. 1922-1925 гг.* Владивосток, 1993.

Чернолуцкая Е. Н. *Принудительные миграции на советском Дальнем Востоке в* 1920-1950-*е гг.* Владивосток, 2011.

Черных А. И. *Становление России Советской: 20-е годы в зеркале социологии.* М., 1998.

Шабельникова Н. А. *Милиция в борьбе с преступностью на Дальнем Востоке России (1922-1930 гг.).* Владивосток, 2002.

Широков А. И. *Дальстрой: предистория и первое десятилетие.* Магадан, 2000.

Щагин Э. М. Опыт осуществления НЭПа на Дальнем Востоке и в Забайкалье // *Новая экономическая политика. Вопросы теории и истории.* М., 1975.

12장 대조국전쟁 시기의 러시아 극동지역. 소일(蘇日)전쟁

Абеленцев В. Н. *Российско-японское противостояние на Дальнем Востоке (1904-1945).* Благовещенск, 2004.

Великая Отечественная Война, 1941-1945. Военно-исторические очерки. Кн. 1-4. М., 1998-1999. *Герои великого океана.* Владивосток, 1969.

Гоголев Н. А. *Дальневосточники - фронту.* Хабаровск, 1967.

Дальневосточники на фронте и в тылу. 1941-1945 гг.: материалы региональной научно-практической конференции. Благовещенск, 2006.

Кошкин А. А. *Японский фронт маршала Сталина. Россия и Япония. Тень Цусимы длиною в век.* М., 2004.

Медведева Л. М. *Транспорт Дальнего Востока СССР в годы Великой Отечественной войны (1941–1945 гг.).* Владивосток, 2005.

Прохоцкий К. П. *Подвиги их бессмертны. Хабаровчане – Герои Советского Союза.* Хабаровск, 1975.

Такусиро Хаттори. *Япония в войне* 1941–1945 гг. М., 1973.

Тесельская И. П., Ципкин Ю. Н. *Железные дороги Советского Дальнего Востока в годы Великой Отечественной войны (1941–1945).* Хабаровск, 2012.

Ткачёва Г. А. *Дальневосточное общество в годы Великой Отечественной войны (1941–1945).* Владивосток, 2010.

Ткачёва Г. А. *Оборонно-экономический потенциал Дальнего Востока СССР в* 1941–1945 гг. Владивосток, 2005.

Широкорад А. Б. *Русско-японские войны* 1904–1945 гг. Минск, 2003.

13장 극동지역의 경제적 · 사회적 발전: 1940년대 후반부~1980년대

Ващук А. С. *Социальная политика в СССР и её реализация на Дальнем Востоке в середине 40–80-х годов XX в.* Владивосток, 1998.

Вглядываясь в прошлое: Дальневосточное общество в конце

1917–1960-е годы XX в.: Сборник научных статей. Владивосток, 2005.

Деревянко А. П. *Российское Приморье на рубеже третьего тысячелетия (1858–1998)*. Владивосток, 1999.

Зеленцов В. В. *Морской транспорт Дальнего Востока во второй половине XX века*. Владивосток, 2003.

История Дальнего Востока России. Т. 3, кн. 4. Мир после войны: Дальневосточное общество в 1945–1950 гг. / под ред. В. Л. Ларина. Владивосток, 2009.

Мандрик А. Т. *Очерк истории рыбной промышленности советского Дальнего Востока(1946–1965)*. Владивосток, 1968.

Минакир П. А. *Экономика регионов. Дальний Восток.* М., 2006.

Мотрич Е. Д. *Население Дальнего Востока России.* Владивосток; Хабаровск, 2006.

Нестеренко А. Д. *Дальний Восток в XX веке: уровень жизни.* Владивосток, 2004.

Очерки истории дальневосточных организаций КПСС (1938–1987). Хабаровск, 1987.

Романов М. Т. *Территориальное устройство хозяйства и населения на Дальнем Востоке.* Владивосток, 2008.

Свидерская В. В. О миграционной политике СССР на Дальнем Востоке в 60-е – 80-е гг. XX в. // *Россия и Китай на дальневосточных рубежах: материалы Второй Международной научной конференции, 15–17 мая 2002 г.*

Благовещенск, 2002.

Слабнина Л. А. *Уровень жизни рабочих Дальнего Востока СССР (1946 – начало 60-х годов)*. Владивосток, 1997.

Хорошоженко Н. В. *КПСС и развитие производительных сил Дальнего Востока (1946–1970)*. Владивосток, 1987.

14장 21세기 전환기의 러시아 극동지역

Быстрицкий С. П., Заусаев В. К., Хорошавин А. В. *Дальний Восток России: становление новой экономики*. Хабаровск, 2008.

Владивостоку – 150: История и экономика: статистический сборник. Владивосток, 2010.

Ларин В. Л., Ларина Л. Л. *Окружающий мир глазами дальневосточников. Эволюция взглядов и представлений на рубеже XX-XXI веков*. Владивосток, 2011.

Моисеева Л. А., Ващук А. С. *История предпринимательства на Дальнем Востоке России в конце XX – начале XXI в.* Владивосток, 2006.

Мошков А. В. *Структурные изменения в региональных территориально-отраслевых системах промышленности российского Дальнего Востока*. Владивосток, 2008.

Печерица В. Ф., Лейченко О. Ф. *Политическое лидерство*

в современной России: Дальневосточный регион. Владивосток, 2013.

Романов М Т. *Территориальное устройство хозяйства и населения на российском Дальнем Востоке.* Владивосток, 2004.

Социальная сфера Приморья. Состояние и оценка жителями края / под ред. Г. В. Васильевой. Владивосток, 2008.

Страны Северо-Восточной Азии в начале XXI века / под редакцией В. Л. Ларина. Владивосток, 2011.

Стратегия социально-экономического развития Дальнего Востока и Байкальского региона на период до 2025 года. Владивосток, 2010.

15장 러시아와 아시아 · 태평양지역 국가들 사이의 국제관계에서 극동지역의 입지

Алексеев В. В., Алексеева Е. В., Зубков К. В., Побережников И. В. *Азиатская Россия в геополитической и цивилизационной динамике. XVI–XX века.* М., 2004.

АТЭС: справочная информация. 2011–2012–2013. Российский центр исследований АТЭС, 2011.

Бакланов П. Я., Романов М. Т. *Экономико-географическое и геополитическое положение Тихоокеанской России.* Владивосток, 2009.

Барский К. М. Россия и АТР: достижения, задачи и перспективы // *Проблемы Дальнего Востока*. 2011. № 2.

Бергер Я. Эволюция геополитических взглядов в Китае // *Проблемы Дальнего Востока*. 2010. № 4.

Ларин В. Л. *Российско-китайские отношения в региональных измерениях (80-е годы XX - начало XXI века)*. М., 2005.

Ларин В. Л. *Тихоокеанская Россия в контексте внешней политики и международных отношений в АТР в начале XXI века*. Владивосток, 2011.

Локшин Г. АТЭС и саммит 2012: горизонты и надежды России // *Проблемы Дальнего Востока*. 2012. № 1.

Лукин А. Л. *Интеграционные процессы и институты в Азиатско-Тихоокеанском регионе. Политика. Экономика. Безопасность*. Владивосток, 2009.

Николаев М. Е. АТР и национальная безопасность России // *Международная жизнь*. 2010. № 4.

Титаренко М. Л. *Геополитическое значение Дальнего Востока. Россия, Китай и другие страны Азии*. М., 2008.

Усольцев В. Тихоокеанская Азия: экономическая интеграция и перспективы России // *Мировая экономика и международные отношения*. 2011. № 8.

옮긴이의 말

본 저서 『러시아 극동지역의 역사』는 러시아극동연방대학교에서 나온 *История Дальнего Востока России* (Владивосток: Дальневосточ-ный федеральный университет, 2013)을 한국어로 옮긴 것이다. 이 책은 러시아 연방 전체 영역 중에서 극동지역만을 다룬 지방사 개설서로서, 대학 재학 이상의 학력을 가진 사람을 대상으로 러시아 극동지역의 역사적 전개과정에 대한 지식을 전달하기 위해 이 지역의 전 역사를 개괄적으로 기술하는 것을 목적으로 삼고 있다.

이러한 목적을 달성하기 위해 『러시아 극동지역의 역사』의 저술에는 러시아 극동지역의 다양한 시대를 재구성하는 연구에 종사하고 있는 이 지역의 역사학자들이 다수 참여하고 있다. 즉, 러시아극동연방대학교 러시아사 전공자들을 중심으로 고고학에서 현대사에 이르는 다양한 시기를 연구하는 24명에 달하는 러시아 극동지역의 주요 학자들이 본 저서의 여러 부분들을 분담하여 기술했다. 이렇듯 많은 학자들이 이 책의 서술에 참여한 것은 이 책이 러시아인이 러시아 극동지역에 본격적으로 진출한 이후에 진행된 역사적으로 비교적 최근의 사건들에만 관심을 집중하고 있는 것이 아니라, 문자 시대 이전부터 이 지역을 배경으로 정치적, 경제적, 사회적, 문화적 공동체를 형성하고 발전해온 수많은 원주 종족들과 동아시아 공동체들의 역사적 활동들 또한 중요한 부분으로서 살펴보는 것을 목적으로 하고 있기 때문이다. 다시 말해, 이 책은 러시아 극동지역의 역사를 선사부터 현재에 이르기까지 체계적이고 개괄적이며 가능한 전문적으로 살펴보는 것을 목

적으로 하고 있기에, 이 지역의 다양한 역사적 시기들에 나타난 수많
은 역사적 사실들을 비교적 깊이 있게 알려줄 수 있는 전문 학자들이
다수 참여할 필요가 있었던 것이다.

이러한 목적과 참여 속에 기술된 『러시아 극동지역의 역사』는, 이
책이 비록 러시아 극동지역에 거주하고 있는 러시아인을 주요 대상으
로 상정하고 쓰여진 저작 임에도 불구하고, 몇 가지 의미에서 한반도
에 거주하고 있는 우리에게도 시사하는 바가 크다.

먼저, 이 책은 동아시아를 구성하는 주요한 일부인 러시아 극동지
역의 역사를 체계적으로 공부하고 관련된 기본 지식을 습득할 수 있는
기회를 우리에게 제공해 주고 있다. 러시아 극동지역의 인간 역사를
개괄적으로 제시하고 있는 이 책은 러시아 최초로 대학에서 출판한 지
방사 교과서로서, 러시아 극동지역의 고등교육기관에서 공부하고 있
는 학생들에게 러시아의 중심지역이나 러시아 전체가 아니라 극동지
역이라는 지방이 가지고 있는 역사의 중요성에 대해 생각해 보도록 하
는 것을 목적으로 삼고있다. 그런데 러시아 극동지역은 러시아라는 국
가의 한 구성요소일 뿐만 아니라 동아시아 지역의 뗄 수 없는 일부이
기도 하다. 이러한 의미에서 한반도의 역사와도 밀접한 관계를 가지고
있는 이 지역의 역사 전 과정에 관심이 있는 한국인에게도 이 책은 다
양한 역사적 사실들을 체계적으로 습득할 수 있는 훌륭한 안내서의 역
할을 할 것이다.

다음으로, 이 책을 통해 우리는 한반도를 비롯한 동아시아 지역의
다양한 문화 공동체들이 맺고 있었던 상호관계를 구조적으로 알 수 있
는 기회를 갖게 될 것이다. 러시아 극동지역이라는 러시아 연방의 태
평양연안 지방사를 살펴보고 있는 이 책은, 이 지역이 가지고 있는 지
정학적 중요성으로 인해 한반도, 중국, 일본, 몽골과 같은 접경국가들

은 물론이고, 근대 이후로는 미국과 유럽의 다양한 국가들과 이 지역 사이에 수립된 우호적이거나 경쟁적인, 그리고 때로는 적대적인 관계들을 정치적, 군사적, 외교적인 측면에서뿐만 아니라 사회적, 문화적, 경제적 접촉이라는 전방위적 구조 속에서 살펴보고 있다. 이러한 의미에서 이 책은 한반도를 중심으로 동아시아와 그 주변 지역을 해석하고 있는 한국인들에게 동아시아의 다른 구성원이 다른 입장에서 동일한 지역의 역사적 관계들을 해석하는 시각을 접할 수 있는 흥미로운 기회를 제공해 주고 있다.

마지막으로, 이 책을 통해 우리는 러시아 극동지역과 나아가 동아시아 지역에 대한 러시아인들의 인식 변화와 현재적 평가에 대해 알 수 있다. 이 책은 기본적으로 러시아 극동지역의 고등교육기관에서 교육용으로 사용하기 위해 만들어진 것으로, "러시아의 영토 확장은 합법칙적인 역사적 과정이었다."는 기술에서 알 수 있듯이 그 내용 속에 러시아 연방의 단일성과 통합 유지라는 국가 이데올로기를 분명하게 함유하고 있다. 그러나 이와 함께, 이 책의 저자들은 러시아 극동지역이 유럽 러시아 지역과 가지는 차별성과 이에 따른 다양한 차이들 또한 분명하게 지적하고 있다. 그 결과 우리는, 현 러시아가 안고 있는 국가적 보편성과 지역적 특수성 사이의 상보적인 면과 상충적인 면을 극동 지방적, 러시아 국가적, 동아시아-태평양 지역적, 그리고 세계적-지구적인 구조 속에서 이해할 필요가 있을 때, 이에 대한 러시아 극동인들의 생각을 알 수 있는 주요한 지표로 이 책을 활용할 수 있다.

앞에서 이야기한 것처럼 이 책은 24명이라는 많은 수의 역사학 및 관련 학문 분과들에서 연구하는 학자들이 참여한 협업의 산물이기에, 이 책을 구성하고 있는 각 장들은 서술 방식이나 용어 사용에 있어 다소간의 차이를 보이고 있다. 이러한 특징은 본 책이 일관된 어조로 서술되는 것을 방해하는 주요한 요인이다. 또한 본 옮긴이가 유럽 러시아 지역의 근대사를 전공했다는 개인적 학문 배경도『러시아 극동지역의 역사』를 빠른 시간 내에 충실하게 이해하고 한국어로 옮기지 못하게 한 방해요소로 작용했을 것이다. 이러한 이유들에 따른 번역 상의 오류를 줄이기 위해 옮긴이는 이 책을 구성하고 있는 각 장을 가능한 직역의 형태로 옮기려 했으며, 이를 통해 이 책을 집필하는데 참여한 필자들 각각이 보여주고 있는 문장과 내용 상의 특징을 살리려고 했다. 그럼에도 불구하고 러시아 극동지역은 물론이고 동아시아 공동체들의 역사를 연구하는 연구자들이 보기에 부정확하거나 잘못된 번역 또한 존재할 수 있을 것으로 사료된다. 이러한 오류와 오역은 전적으로 본 옮긴이의 잘못임을 분명하게 밝히는 바이다.

이 책이 한국어로 번역될 수 있었던 것은 많은 분들의 이해와 조언, 그리고 도움이 있었기 때문이다. 무엇보다도 먼저 이 책이 번역되고 출판되는데 있어 기회를 제공해 주신 서울대학교 아시아연구소의 강명구 전임 소장님, 번역이 지체되고 있음에도 기다려주신 박수진 현 소장님께 감사의 말씀을 드린다. 번역서 전체에 대한 감수와 조언이라는 번거로운 일을 기꺼이 맡아주신 국사편찬위원회의 강인구 선생님과 러시아 극동지역의 고고 시대와 관련된 부분을 읽고 이에 대해 전문적인 조언을 해 주신 경희대학교 강인욱 선생님 덕분에 본 번역서의 오류가 크게 교정되고 수정될 수 있었다. 두 분께 감사의 인사를 드리는 바이다. 이 책의 출판을 맡아주신 진인진 출판사와 그 구성원 여러분께, 특히 책의 출판과 관련된 문제들을 해결하고 전문적 감수를 받을 수 있도록 편의를 제공해 주신 김지인 팀장님께도 감사의 인사를 드리지 않을 수 없다. 마지막으로 이 책을 한국어로 옮기는 짧지 않은 시간 동안 함께 걱정해 주시고 격려해 주신 중앙아시아센터의 신범식

선생님, 고가영 선생님, 최아영 선생님께 진한 동지애(Fraternité)를
가슴 가득 담아 감사의 인사를 감히 드리는 바이다.

2018년 1월 13일
중앙아시아센터 연구실에서
양승조

러시아어 표기 원칙

『러시아 극동지역의 역사』에 나오는 러시아어의 한국어 표기는 기본적으로 〈국립국어원〉의 '러시아어 표기 원칙'을 준용했다. 그런데 이 원칙을 준용하는 과정에서 본 역자는 〈국립국어원〉의 표기 원칙이 몇 가지 점에 있어서는 (한국어 자모로 원어 발음에 보다 근접하게 표기할 수 있음에도 불구하고 외국어 발음 표기의 통일성이라는 보다 커다란 원칙을 적용하게 됨으로써) 한국어 표기의 이점을 포기하고 있음을 알게 되었다. 이에 본 역자는 (표기 상의 통일성 추구라는 대의가 가지는 중요성에 충분이 공감함에도 불구하고 외국어는 최대한 원어 발음에 가깝게 표기되는 것이 좋다는 또 다른 표기 원칙에 보다 비중을 두어) 본 역서에서 이러한 몇몇 항목들을 원어 발음에 가깝게 표기할 수 있도록 수정·적용했다. 자세한 내용은 다음과 같다.

	로마자	러시아어 자모	한글					
			모음 앞		자음 앞		어말	
			국어원	본 서	국어원	본 서	국어원	본 서
자음	b	б	ㅂ		ㅂ, 브		프	
	ch	ч	ㅊ		치	츠		치
	d	д	ㄷ		ㅅ, 드		트	
	f	ф	ㅍ		ㅂ, 프		프	
	g	г	ㄱ		ㄱ, 그		크	
	kh	х	ㅎ		ㅎ			
	k	к	ㅋ		ㄱ, 크		크	
	l	л	ㄹ, ㄹㄹ		ㄹ			

	로마자	러시아어 자모	한글					
			모음 앞		자음 앞		어말	
			국어원	본 서	국어원	본 서	국어원	본 서
자 음	m	м	ㅁ		ㅁ, 므		ㅁ	
	n	н	ㄴ		ㄴ			
	p	п	ㅍ		ㅂ, 프		프	
	r	р	ㄹ		르			
	s	с	ㅅ		스			
	sh	ш	시*	수, 시	시	슈		슈
	shch	щ	시*	쉬	시	쉬		쉬
	t	т	ㅌ		ㅅ, 트		트	
	tch	тч	ㅊ		츠			
	ts	ц, тс	ㅊ		츠			
	v	в	ㅂ		ㅂ, 브		프	
	z	з	ㅈ		즈, 스		스	
	zh	ж	ㅈ		즈, 시	쥬	시	슈
	j/i	й	이		이			
모 음	a	a	아					
	e	e	에, 예	에, 예				
		э		에				
	i	и	이					
	o	o	오					
	u	y	우					
	y	ы	이	의				
	ya	я	야					
	yo	ё	요					
	yu	ю	유					

* sh(ш), shch(щ)의 '시'가 뒤따르는 모음과 결합할 때에는 합쳐서 한 음절로 적는다.

제1항   p(п), t(т), k(к), b(б), d(д), g(г), f(ф), v(в)

파열음과 마찰음 f(ф)·v(в)는 무성 자음 앞에서는 앞 음절의 받침으로 적고, 유성 자음 앞에서는 '으'를 붙여 적는다.

- Sadko(Садко) 삿코
- Agryz(Агрыз) 아그리스
- Akbaur(Акбаур) 아크바우르
- Rostopchina(Ростопчина) 로스톱치나
- Akmeizm(Акмеизм) 아크메이즘
- Rubtsovsk(Рубцовск) 룹촙스크
- Bryatsk(Брятск) 브랴츠크
- Lopatka(Лопатка) 로팟카
- Yefremov(Ефремов) 예프레모프
- Dostoevskii(Достоевский) 도스토옙스키

제2항   z(з), zh(ж)

z(з)와 zh(ж)는 유성 자음 앞에서는 '즈'로 적고 무성 자음 앞에서는 각각 '스, 시'로 적는다. [zh(ж)는 유성 자음 앞세서는 '쥬'로 적고 무성 자읍 앞세는 '슈'로 적는다 – 역자].

- Nazran'(Назрань) 나즈란
- Nizhnii Tagil(Нижний Тагил) 니즈니타길
- Ostrogozhsk(Острогожск) 오스트로고시스크
- Luzhkov(Лужков) 루시코프

제3항   지명의 -grad(град)와 -gorod(город)는 관용을 살려 각각 '-그라드', '-고로드'로 표기한다.

- Volgograd(Волгоград) 볼고그라드
- Kaliningrad(Калининград) 칼리닌그라드
- Slavgorod(Славгород) 슬라브고로드

제4항　자음 앞의 -ds(дс)-는 '츠'로 적는다. 〔**미적용 – 역자**〕.

- Petrozavodsk(Петрозаводск) 페트로자보츠크
- Vernadskii(Вернадский) 베르나츠키

제5항　어말 또는 자음 앞의 l(л)은 받침 'ㄹ'로 적고, 어중의 l이 모음 앞에 올 때에는 'ㄹㄹ'로 적는다.

- Pavel(Павел) 파벨
- Nikolaevich(Николаевич) 니콜라예비치
- Zemlya(Земля) 제믈랴
- Tsimlyansk(Цимлянск) 치믈랸스크

제6항　l'(ль), m(м)이 어두 자음 앞에 오는 경우에는 각각 '리', '므'로 적는다.

- L'bovna(Льбовна) 리보브나
- Mtsensk(Мценск) 므첸스크

제7항　같은 자음이 겹치는 경우에는 겹치지 않은 경우와 같이 적는다. 다만, mm(мм), nn(нн)은 모음 앞에서 'ㅁㅁ', 'ㄴㄴ'으로 적는다.

- Gippius(Гиппиус) 기피우스
- Avvakum(Аввакум) 아바쿰
- Odessa(Одесса) 오데사
- Akkol'(Акколь) 아콜

- Sollogub(Соллогуб) 솔로구프

- Anna(Анна) 안나

- Gamma(Гамма) 감마

제8항 e(e, э)는 자음 뒤에서는 '에'로 적고, 그 외의 경우에는 '예'로 적는다. [e 앞에 ш, щ, ж가 오면 각각 '셰, 쉐, 제'로 적는다 – 역자].

- Aleksei(Алексей) 알렉세이

- Egvekinot(Егвекинот) 예그베키노트

제9항 연음 부호 '(ь)

연음 부호 '(ь)은 '이'로 적는다. 다만 l', m', n'(ль, мь, нь)이 자음 앞이나 어말에 오는 경우에는 적지 않는다.

- L'bovna(Льбовна) 리보브나

- Igor'(Игорь) 이고리

- Il'ya(Илья) 일리야

- D'yakovo(Дьяково) 디야코보

- Ol'ga(Ольга) 올가

- Perm'(Пермь) 페름

- Ryazan'(Рязань) 랴잔

- Gogol'(Гоголь) 고골

제10항 dz(дз), dzh(дж)는 각각 z, zh와 같이 적는다.

- Tetradze(Тетрадзе) 테트라제

- Tadzhikistan(Таджикистан) 타지키스탄

제11항　sh(ш), shch(щ), zh(ж) 〔**역자 첨가 항목 – 역자**〕.

sh(ш), shch(щ), zh(ж) 다음에 a(а), e(е), i(и), o(о), u(у)가 오면 이를 ya(야), ye(예), yi(위), yo(요), yu(유)로 적는다.

번역 용어 용례

이 책에는 러시아 극동지역뿐만 아니라 러시아 자체의 역사와 관련된 많은 다양한 용어와 개념이 사용되고 있다. 옮긴이는 이 책을 옮기며 이러한 용어들 중 국내에서 아직 번역되어 있지 않거나 단일한 번역어가 정립되어 있지 않은 것들에 대한 번역 용례를 정립해 보았다. 이러한 시도가 향후 러시아 자료의 번역은 물론이고 러시아 관련 연구에도 도움이 되기를 바라는 바이다.

원주민

- абориген = 토착민
- инородец = 이종족
- коренное население = 원주민
- туземное население = 토인

종교

1) 그리스도교: 정교

- Архидиакон = 대수도보제(수도사제)
- Архиепископ = 대주교
- архиепископство = 대주교구
- Архимандрит = 대수도사제(수도사제)
- архипастырь, архиерей = 주교(구 명칭)

- викариатство = 주교대리주교구

- викарий = 주교대리주교

- десятина = [러시아 정교] 십부장교구

- десятина = 데샤티나(러시아 정교회에서 10교회 단위로 구
  성된 교회 조직)

- Диакон = 보제(재속사제)

- Древлеправославная Старообрядческая Церквь = 고정
  교구의식교회(古正敎舊儀式敎會)

- епархия = 주교구

- епископ = 주교(신 명칭)

- Иерей (= Пресвитер) = 사제(재속사제)

- Иеродиакон = 수도보제(수도사제)

- Иеромонах = 수도사제(수도사제)

- Митрополит = 관구장주교

- митрополия = 관구장주교구

- Патриарх = 총대주교

- Патриархия = 총대주교청

- Протодиакон = 대보제(재속사제)

- Протоиерей = 대사제(재속사제)

- регулярные каноники(canoniciregulares) = 수도의전사제

- самокресты = 사모크레스트파(자기 스스로 세례를 주는 구
  의식교파의 일종)

- Священный Синод = 신성종무원

- секулярные каноники(canoniciseculares) = 재속의전사제

- согласие = 동의파(정교 구의식교파)
- токаревцы = 토카레프파
- толк = 해석파(정교 구의식교파)
- федосеевцы = 페도세예프파
- часовенное согласие = 소예배당동의파

2) 그리스도교: 개신교
- Адвентисты седьмого дня = 제칠일안식일예수재림교
- Евангельские христиане-баптисты = 복음주의그리스도-
  침례교
- Российский объединенный Союз христиан веры еван-
  гельской (пятидесятников) (РОСХВЕ) = 러시아복음주의
  신앙그리스도교(오순절파) 통합연맹(РОСХВЕ)
- Российский союз евангельских христиан-баптистов =
  복음주의그리스도-침례교러시아연맹
- Совет Церквей евангельских христиан-баптистов(СЦ
  ЕХБ) = 복음주의그리스도-침례교회회의
- Христиане веры евангельской(пятидесятники) = 복음
  주의신앙그리스도교(오순절파)

3) 이슬람
- верховный муфтий = 대표 무프티
- мечеть = 성원(聖院)
- муфтий = 무프티
- муфтият = 무프티청

- соборная мечеть = 중앙성원

규정 · 조약

1) 규정 · 지시

- декларация = 선언문
- декрет = 칙령[제정(帝政) 이전]; 포고령[소련 이후]
- директива = 지령, 지시
- инструкция = 훈령
- Манифеста = 선언서
- Мнение = 권고안
- Наказ = 훈시
- Положение = 규정, 조례
- Постановление = 결의안
- правила = 법규
- распоряжение = 명령
- указ = 칙령(勅令, 왕·황제의 명령서)[제정(帝政) 이전]; 정령(政令, 국가최고기관의 명령서)[소련 이후] / 조령(條令, 지방자치단체·종교기관 등의 행정명령서)
- Уложение = 법전
- устав = 규약
- циркуляр = 명령서

2) 조약 · 협정

- договор = 조약

- конвенция = 협정

- мир = 강화조약

- переговор = 협상

- соглашение = 협약

행정단위

- воеводство = 군정관구(軍政管區)

- военное губернаторство = 군무주(軍務州)

- военный округ = 군관구(軍管區)

- военный район = 군구(軍區)

- волость = 읍

- генерал-губернаторство = 군정주(軍政州)

- губерния = 주(州)

- деревня = 촌락

- дистрикт = 지구(地區) (=округ)

- край = 변강주(邊疆州)

- наместничество = 도독부(都督府)

- область = 도(道)

- округ= 지구(地區), 관구(管區)

- посёлок = 마을

- поселок городского типа = 도시형 마을

- приказ = 성(省, 17세기 러시아 지방행정단위 중 가장 큰 조직)

- приказная палата = 성(省) 행정청

- провинция = 현(縣), 지방(地方)

- разряд = 부(府, 17세기 러시아 지방행정단위 중 성(приказ) 보다는 작고 군(уезд) 보다는 큰 단위)

- район = 구, 구역

- село = 부락

- слобода = 슬로보다(제정 시기 해방 농노로 구성된 자유농 마을)

- съезжая изба = 치안소(治安所, 17세기 러시아에서 부(раз-ряд) 내의 행정기관)

- уезд = 군(郡)

- участок = 구역(區域)

- ясачная волость = 야사크 읍(원주민 지역을 야사크 징수 단위로 편성한 행정단위)

직위: 행정·군(軍)

- вице-адмирал = 해군중장

- воевода = 군정관(軍政官)

- военный губернатор = 군무지사(軍務知事)

- генерал-адмирал = 해군원수

- Генерал-адъютант = 황실부관

- генерал-губернатор = 군정지사(軍政知事)

- генерал-майор = 준장

- Генерал-полковник = 상급대장

- губернатор = (주)지사(州知事)

- десятник = 십부장(군대, 카자흐 / 러시아 정교회)

- капитан-командор = 제독(베링이 북빙양 탐사 시 가지고 있던 직위)

- контр-адмирал = 해군소장

- лейтенант = 중위

- милиция = 의용경찰

- мичман = 소위보

- наместник = 도독(都督)

- Полномочный представитель Президента Российской Федерации в федеральном округе = 연방관구 러시아 연방 대통령 전권대표

- прапорщик = 소위보

- приказчик = 집행관(군정관의 명령을 수행하는 관리)

- пятидесятник = 오십부장

- сотник = 백부장

- старший лейтенант = 상위(上尉)

- старшина 1 статьи = 중사

- Статс-секретарь = 국무대신(제정 시기) / 차관(러시아 연방)

군(軍)

- Военноесобрание = 군사위원회

- военныйкомиссариат(военкомат) = 군사위원부

- Генеральный Штаб = 총참모부

- Главнокомандование = 총사령부

- Группа армий = 군집단(軍集團, 2개 이상의 야전군으로 이

루어진 군부대 단위)

- дот = 특화점(特火點, 총구를 구비하고 있는 방어 진지)

- кампания = 전역(戰役)

- Краснознамённая армия = 적기장군(赤旗章軍)

- общевойсковая армия = 야전군

- Ставка Верховного Главнокомандования = 최고총사령부

- стрелковый корпус= 보병군단

- укреплённый район = 요새화 지역

- фронт = 전선, 전선군[러시아] / 방면군[일본]

필진

S. M. 두다료노크С. М. Дударенок   C. V. 플로히흐С. В. Плюхих

E. A. 리코바Е. А. Лыкова   O. I. 오호니코О. И. Охонько

S. V. 바타르셰프С. В. Батаршев   T. A. 크루파Т. А. Крупа

A. L. 이블리예프А. Л. Ивлиев   V. B. 세르듀크М. Б. Сердюк

A. A. 크루퍈코А. А. Крупянко   E. P. 수프루노바Е. П. Супрунова

A. V. 타바레프А. В. Табарев   E. N. 시네오카야Э. Н. Синеокая

Z. A. 코발레바З. А. Ковалева   A. A. 이사예프А. А. Исаев

A. M. 입코바А. М. Ивкова   A. P. 보트나리А. П. Ботнарь

L. A. 두다리Л. А. Дударь   O. V. 시도렌코О. В. Сидоренко

E. V. 체베랴크Е. В. Чеберяк   E. A. 리코바Е. А. Лыкова

P. A. 셰르비나П. А. Щербина   R. M. 사미굴린Р. М. Самигулин

O. D. 이스하코바О. Д. Исхакова   K. F. 리코프К. Ф. Лыков

러시아 극동지역의 역사

초판 1쇄 발행 | 2018년 3월 10일

지은이 | S. M. 두다료노크 외 23인 지음
옮긴이 | 양승조
편　집 | 배원일
발행인 | 김영진
발행처 | 진인진
등　록 | 제25100-2005-000003호
주　소 | 경기도 과천시 별양상가 1로 18, 614호(과천오피스텔, 별양동)
전　화 | 02-507-3077~8
팩　스 | 02-507-3079
홈페이지 | http://www.zininzin.co.kr
이메일 | pub@zininzin.co.kr

ⓒ 진인진 2018
ISBN 978-89-6347-372-7 93900

아시아시대를 맞이하여 서울대학교 아시아연구소는 아시아 근현대사에 대한 정확하고 기본
이 되는 역사연구들을 소개하고자 〈아시아연구소 근현대사〉 총서를 기획했다.